让 我 们 甲骨文 oracode 一 起 追 寻

First published in Great Britain in the English language by Penguin Books Ltd. 2016.

非凡抄本寻访录

Meetings with Remarkable Manuscripts

〔英〕克里斯托弗·德·哈梅尔
（Christopher de Hamel）
著
林国荣 — 译

社会科学文献出版社
SOCIAL SCIENCES ACADEMIC PRESS (CHINA)

Ci commencent les heures monseigneur
saint loys roy de france. A matines.
Domine labia mea aperies.
Et os meum annuncia
bit laudem tuam.
Deus in adiutorium

CONTENTS

目 录

导 言

写这么一本书，是为了领略欧洲中世纪的一批重要手抄本。这实 1
际上是一场访谈，且让我们看看它们说了什么，为什么在历史中占了这么重的分量。最初，这本书的名字是“抄本访谈录”（Interviews With Manuscripts）。本书内容实际上颇有名人访谈的风格。真实的访谈，也就是最终刊发出来的传统意义上的名人访谈，通常都要介绍访谈场所并交代一下这场访谈是缘何而起的。访谈中通常会涉及同受访人相遇或结识的经历的话题。也许你已经预先了解了一些受访人的相关信息，这是很自然的事情，不过，当那个人在现实生活中前来敲门，与你握手，同你一起落座的时候，他或者她究竟是怎样一个人呢？受访人的体格、穿着、举止以及谈话风格，这些方面也需要交代一番。你当然可以安慰自己说，名人也是人，跟普通人没什么实质差别，但在真正跟拥有世界名望的人会面并交谈的时候，你的内心难免会有兴奋感和期许。他或者她，究竟会是怎样的人，是魅力十足，还是枯燥无味？你在内心当然会好奇，想知道他或者她是怎么赢得此等名声的，更想知道是不是名副其实。倾听他们谈话，并且诱导他们谈话。一个好的采访人是要让受访人说出那些先前完全不为人知的秘密的，毕竟总会有些秘密是受访人希望保留给自己的。甚至可以说，当受访人将内心的隐秘之处袒露出来时，读者会有一种偷听的快感。

这个世界之上最有名的抄本，就如同名人一样，对普通人来说是难以接近的。不妨说得更直白一些，任何人，只要有一些毅力，再加上一笔盘
缠，是能够亲眼见到伟大画作和建筑，可以让自己置身于中国的长城之上 2

或者波提切利的《维纳斯的诞生》面前的。不过，且设想一下，你亲手将《凯尔经》(Book of Kells)从都柏林的玻璃展柜里拿出来，然后抚摸并翻动那书页；这样的事情是不会发生的。最有名的中世纪抄本，如今大多不再供世人观瞻了，即便有些会出现在光线暗淡的展柜当中，你也只能看看其封皮而已。它们已经变得非常脆弱，而且都太过珍贵。说白了，见教皇或者美国总统容易，要摸一摸《贝里公爵豪华时祷书》(*Très Riches Heures* of the Duc de Berry)可难比登天。春去秋来，岁月流转，要接近这些抄本，已经越来越难了。也正因此，本书要邀请读者陪伴笔者来上那么一趟私人之旅，跟这些最有名的中世纪抄本会面，去看看它们，摸摸它们，当然，还要跟它们畅谈一番。

古文书家，人们通常这么称呼我们这些古老抄本的研究者，其生活就是在善本图书室里面日复一日地劳作。善本室如同圣所，非常人能够触及，就像麦地那的“先知墓”之于我那样。现代世界的国家图书馆，大多跻身人类历史上最为昂贵的公共建筑之列，但是，绝少有人能够穿过那重重幽暗，进抵这善本秘境。有些抄本室的氛围极为威严，给人极强的压迫感，另一些地方则要随和很多。接触抄本的方式是内行人之间的秘密，接纳及处理抄本的方式也是有固定程式的，且各个地方的程式截然不同。这是学术史中的一个往往会被人完全忽略的方面。中世纪的顶级泥金装饰手抄本是我们文化的基石，不过，绝少有人会去造访并研究它们的栖身之地。

一些伟大的抄本已经有了影印本或电子版，就如同名人传记一样，大家都可以阅读，但那跟原本显然不是一回事。若是能跟原本相遇，那种体验是完全不一样的。影印本是没有根的，可以在任何地方现身，但跟任何地方都没有联系。若非亲眼见到原本并将其捧在手心，则不算了解这份抄本，也不能围绕这份抄本写点什么。任何影印技术都不可能复制原本的重量、质地、凹凸不平的纸面、厚度、味道、触感，当然，还有那时光在中世纪抄本上留下的印记。当一份顶级抄本终于被摆放在你的桌上时，兴奋
3 之情会从你的心间陡然涌现，那样的体验将是顶级的。这跟隔着玻璃展柜观赏抄本是完全不一样的，因为你真的可以触摸它了，可以见证此前无人

能够见证的诸多细节了。如此一来，你随时都可能有新的发现。做工、擦痕、刮痕、重绘痕迹、印痕、补片、针孔、封皮以及颜色和质地的细微变化，这一切都是在影印本上无法见到的。抄本会面对面地回答你的问题，有些答案是完全出人意料的，关涉抄本自身以及抄本诞生的时代。本书的每个章节都会有新的观察、评论和假设，这不是因为我有多聪明，只是因为我仔细翻阅了原本。且仔细观瞧。你愿意的话，还可以用上一个放大镜。坐下来，翻动书页，在一片宁静当中倾听它们讲述的故事。就这样，任由它们说。别的不说，这本身就是一个巨大的享受。中世纪抄本有自己的传记。它们穿越数个世纪的光阴而来，其主人和所在时代不断更迭，它们也在这个过程中跟主人和时代互动，在世事潮流当中载沉载浮。我们将破解它们不为人知的渊源。很多时候，它们的故事是极具戏剧性的，发生在欧洲社会的最顶层；从中世纪圣徒和君王的起居室到纳粹统治时期的德国的隐秘之所，它们都拥有自己的一席之地。“书本自有其命运”（*Habent sua fata libelli*）。有些抄本自诞生之日起便被尘封书柜；有些抄本则在世界上四处游荡，藏身木箱或行囊当中，随着马匹或小船或飞机，翻山越岭，跨越大洋；毕竟，它们都是非常便于携带的。很多抄本有过拍卖行或者交易厅的经历，它们的价格不断变化，这本身也揭示了人们的品位和社会潮流的变迁。抄本的命运就如同人的命运一样，各不相同，但每份抄本都有自己的故事要讲。

本书选择了十二份这样的抄本作为访谈对象。究竟有多少中世纪抄本存留下来，这个问题没人能回答，也许有上百万份，也许更多，我们的选择范围是非常广的。所有抄本都是令人着迷的；即便是最为浅白、最缺章法的抄本，也足以让我开辟专章予以阐述，只不过对读者来说，它们也许 4
不能带来那么非凡的体验。我们现在就要跟随一些伟大的同伴，开启我们的旅程了。坐在图书室里面，翻动着令人目眩神迷的泥金装饰抄本，很可能会引来旁边俯首阅读那些更为朴素的书册的学者的敬意，而我希望能分享这份因与抄本做伴而起的静谧的满足感，因此它们在接下来的时间里会成为我们的亲密伙伴。我们会陶醉于讲述与这些抄本届“大牌”相遇的故事。它们都是巨人，我将从中选择不同类型的代表，不仅仅是福音书和时祷书抄本，也包括天文学、文献评注、音乐、文学以及文艺复兴政治学方面的抄本；当然，仪典、医学、法律、历史、传奇、纹章、哲学、游记以及另外许多主题的抄本，也都是可以选择的，中世纪抄本的涵盖范围就是这么广泛。我甄选的这些抄本，在我看来，是能够代表它们各自所属的时代的，其时间跨度从6世纪一直延伸到16世纪。这些抄本会讲述一些造就了它们的时代和社会的事情。

为了写就这本书，我亲眼见到了我选择的所有抄本。应该说，在此之前我就已经跟其中一些抄本有过接触，不过这次我并没有事先设想它们能告诉我的内容，任何新的启示——当然会有一些新的启示——都是在我与它们相遇之后自然而然浮现的。本书便讲述了这一过程。

这些抄本的大小各不一样。彩饰师的技艺通常展现在小型画像中，这也是中世纪抄本的魅力之一，不过，有些抄本的体积是相当大的。艺术史的研究者，若是单单依靠微缩在教材里或放大在显示屏上的抄本复制品来展开研究，便会对抄本原本的相对大小毫无概念。实际上，在整个中世纪，等级观念十分强烈，无论是在自然界中，还是在人类社会中都是如此，且人这一情感通常是借助事物的体积大小来表达的。本书中，体积最大者当属《阿米提奴抄本》(The Codex Amiatinus)，这是一份完整的《圣经》抄本，也是一份“大全”抄本 (pandect)，是为了公共展示而作的。体积最小的抄本当属极为精致的《纳瓦拉的让娜时祷书》(Book of Hours of Jeanne de Navarre)，此书是专供这位女王用的袖珍手册。当一份抄本就这么在图书
5 馆的书桌上被展示在你面前的时候，通常在翻开它之前，你就能真正意识到它的大小。本书为此也采用了一个小小的手段，每章的开篇都会将闭合状态下的相关抄本呈现出来。《阿米提奴抄本》在本书开本大小允许的范围之内，被尽可能大地呈现出来了；其他章节涉及的抄本则以该抄本为基准，按照实际的相对比例，被呈现在相应章节的开篇。

一些问题会在行文过程中趋于明朗。第一章的主角是《圣奥古斯丁福音书》(Gospel Book of Saint Augustine)，这份抄本将引领我们进入那个基

督徒在古罗马的废墟之上开始识文断字的时代。第二章以《阿米提奴抄本》为主角，这份抄本是存留于世的最古老的拉丁文《圣经》抄本，抄本的献词宣示说，这是由一些对自己的罗马学问颇为自豪的人从世界的幽远之地送往意大利的。无与伦比的《凯尔经》是第三章的主角，这份抄本则是类型全然不同的福音书抄本，它将令我们沉浸在遥远的凯尔特世界，那是魔法和信仰密不可分的世界，那样一个世界最终成为爱尔兰人现代民族认同的元素之一。第四章是关于抄本抄写和抄写文化的。向着千禧年迈进和期待天启是 10 世纪的主旋律，这正是第五章的内容。1066 年的诺曼征服产生了深远影响，这样的影响我们可以在第六章探访的抄本当中真真切切地体验一番。12 世纪标志着一场大转折，从隐修文献制作向世俗书册制作的转变是阅读史和艺术史上的一道分水岭，同时也是我们文明脉流中被低估的转折点之一。第七章将解密一位君王，此人拥有当时最为精美的圣咏抄本之一。第八章将以慕尼黑的一份小抄本为主角，探索 13 世纪早期的学生和游方学者的情爱世界。第九章介绍的是一本精美的时祷书，这本时祷书是为一个公主而作的，但公主如同抄本一样，都成了政治抵押品。据信，这份抄本自诞生之后，便再也不曾隐没，就这么从多灾多难的圣路易的王朝一直被传递到赫尔曼・戈林手中。第十章讲述的是《坎特伯雷故事集》抄本，这份抄本带我们回到英格兰文学可以辨识的开端之处，那也是英格兰出版业的开端，同时，它的潜文本（Sub-text）为我们呈现了文学作品担当 6
的责任和承受的危险。《半神》抄本是第十一章的主角，它讲述的是战争、武器和近代俄国。第十二章是我们的结束曲，讲述的是奢侈和金钱。这十二场“访谈”串联起来，可以说是构成了一个有关智识文化和艺术的故事；从罗马帝国的最后时刻到文艺复兴的黄金时期，再到随后的各个时期，这些抄本就是这样穿越时光，被传递到我们所处的时代。

所有这些书册都名扬四海，不过，除了这个共同点外，它们还有另外一些共同之处。它们都是抄本。所谓“抄本”，顾名思义，就是“手抄写下来的东西”。这是没办法的事情。在欧洲，印刷术直到 15 世纪中叶才问世，在此之前，所有的书册都必须用手抄写。差不多所有的中世纪抄本都是有装饰的，最起码，书页上会有彩色的首字母，而且通常会贴金和配有插图。大多数抄本没有标注日期，也没有标题页。中世纪的书册也绝少有标注页码的。对于这样的书册的页数，现代的做法是以张数计，而不是以页码计，在具体的书页上记上右页（recto）或者左页（verso），分别以字母“r”和“v”来代表。中世纪欧洲的大多数抄本是以兽皮为书写材料的（对于大多数书册来说羊皮纸和牛皮纸是可以互换的），本书涉及的这些抄本都是如此。将八张，也就是十六页长方形的羊皮纸对折后叠在一起，并将其沿着中折线缝在一起，缝定之后，便是“一折”或者“一刀”，就如同现代精装书册里面的“书帖”一样。一系列“折”按照顺序排布起来，便构成了整部抄本。之所以要如此详细地解释这个情况，主要是因为这对抄本的“校勘”环节是相当重要的，校勘也是本书各章的关键内容之一。古文书家对此有一套自己的规则和表达程式，这些表达程式看起来极其神秘，就如同编织花样或基因序列那般令人难以理解，但实际上，它们不过是非常精确且简单的程式而已。不妨用小写体的罗马数字来表示“折”，每一折的张数则用上标的阿拉伯数字来表示。举一个简单的例子，一份八十六张的抄本由十折组成，每折八张，第十一折则由剩下的六张组成，对此古文书家的
7 表达程式就是：i-x^{8}，xi^{6}。许多中世纪抄本已经残缺了，实际上应该说，大多数抄本是残缺的。比如说，八十六张的抄本只需要前后各丢失一张，然后中间某个地方再随便丢失一张，就会残缺三张。这样的话，就会有这样的校勘程式：i^{7}（意思就是共有八张，但是缺了 i 这一张，也就是第一对开页前的一张），ii-v^{8}, vi^{7}（共有八张，缺了 iii 这一张，也就是第四十一对开页后面的一张），vii-x^{8}, xi^{5}（共有六张，缺 vi 这一张，也就是第八十三对开页后面的那一张）。

我们在展读一份又一份的抄本后，便会逐渐意识到，校勘是何等重要的环节。有了校勘，时常就能够出乎所有人意料地发现文本或者插图的错位或者疏漏。要认知一份抄本，就必须对这样的错位或者缺损有意识。更重要的是，校勘程序可以引领人们一个单元一个单元地熟悉抄本最初的成书过程。抄写员和抄本装饰师很显然是以折为单位进行劳动分工的，因此，

两类人员很可能就会在各个折间进行交接；这的确是很有意思的情况。在从 7 世纪晚期的《阿米提奴抄本》一直到那八百年后的《斯皮诺拉时祷书》（Spinola Hours）上，都可以见到这样的情况。我得承认，我是热爱校勘抄本的。就这么一折一折地将抄本校勘出来，最终发现得出的结果正好能对上抄本的页码，这是令人很有成就感的事情。答案是确定无疑的。你需要观察中折页，不断寻找缝合线，在这个过程中，就能逐渐建构出一系列的抄本“V”形结构图。影印本或者微缩胶卷是根本无法提供这些信息的，这些信息几乎就是一把魔力钥匙，可以解决所有的书页错位或者缺损问题。有时候我不免会暗自思量，要是有一天我退休了，也许我的退休屋应该叫作“校勘屋”（Duncollatin）才是。

抄本的另一个特点在本书中也反复出现：印刷本是一次性的印刷程序
就能搞定的，但是抄本需要历经时光打磨。甚至有些抄本的制作工程在某
个时代开启后，需要穿越几个世代的时光，才能最终完工。手抄这样的工
作，有点像盖房子或者手工打造大件家具，在完工之前，是可以中断的，
抄写员也可以将已经完工的东西部分地拆解而后重组，并在这个过程中添
加或者删除一些东西，这都取决于抄本历代主人的心思和需求。本书涉及 8
的抄本都有诸多明显的谜团，不过，一旦意识到抄本经历了时光打磨的过
程，其中的许多谜团也就迎刃而解了。

这一趟访谈之旅，倘若我们真的要一起走过，倘若它有一个明确的主题，那肯定就是欣赏这些抄本能够带来怎样的快乐。我希望我们能享受同这些抄本相遇的过程。我承认我有很多偏见，不过我确实觉得，中世纪抄本是非常迷人的，而且在很多层面上都可以这么说。我想知道有关这些抄本的一切；我想知道是谁、为何、何时以及在哪里制作了这些抄本，抄本里面都是什么，那样的内容从何而来，为什么人们会觉得有必要制作那样一份抄本，他们是如何制作的，当时的工作条件是怎么样的，这些又是如何影响到抄本的样式和大小的，他们用了什么材料，用了多长时间，为何以及如何绘制抄本的装饰，是谁绘制的（当然，如果有装饰的话，若是没

有装饰，又是为何），成本是多少，抄本是如何装订起来的，有谁用过这些抄本，是怎么用的，它们后来经历了怎样的变动，被存放在哪里，存放之时是如何归类的，它们经历了怎样的买卖过程，价格如何（毕竟，它们都价值不菲），最终又是如何传递到当前主人的手中的；我很想知道所有这些问题的答案。我们与很久以前的男男女女共享了一件艺术品，共享了该艺术品能带来的愉悦感，并借此鲁莽地偷窥了他们的生活，还乐在其中。

本书源自我跟卡洛琳·唐娜（Caroline Dawnay）的一次谈话。我曾建议她去剑桥大学的帕克图书馆走走看看；我经常干这种事情，把各种各样的人往那个方向引，并不预期会有什么结果。有那么一天，卡洛琳突然来访，忙完后还剩下半个小时。此前，卡洛琳从未接触过任何中世纪抄本。我们便从图书馆借出了伯里《圣经》（Bury Bible），这是英格兰最早的书册之一，出自职业彩饰师之手，成书时间大约是 1130 年。此番接触令我们都
9 大开眼界，同时也向我提出了一个挑战：倘若能引领更多的有智识但并非此方面专家的人同这样的中世纪抄本亲密接触，那将是多么令人兴奋战栗的事情。

因此这本书不会使用只有专业史学家才会懂的术语。本书实际上会引领我们去各个图书馆游历一番，在这个过程中，倘若遇到不清楚或者太过复杂的事情，我倒是建议各位读者暂时停下来，耐心一点。书当然是书，不过，同此等非凡抄本相遇，实质上也是一场谈话、一次拜访。也正因如此，我不会在行文过程中插入注释之类的东西。就我来说，我极其不愿意让我的书到处都是脚注，因为脚注会让读者在阅读的时候就只能近乎麻木地用手指摁住书页，以免发生阅读错位，如此一来，原本平顺流畅的叙事也会变得崎岖不平，令非专业读者厌倦不已。当然还有一些想要了解更多的人，对于这个群体，我会给每章提供单独的参考文献。不过，这方面也是存在问题的，毕竟我跟这些抄本已经是老相识了，我们之间的交情已经有四十多年了，因此，我无法记起我读过的部分文献的来源。更糟糕的是，在我写作过程中，很多人对我有所提点、有所建议，但我很可能记不全了，当然，我会尽力在致谢或者注释里提起这些事。我拜访了很多图书馆管理

员乃至馆长，他们都盛情接待了我，并且通常令我满载而归，我真的太感谢他们了。我们这些从事古文书研究的人，都很清楚在世界范围内存在着由志同道合的史学家和文献学家组成的研究网络，也都很乐于尽最大可能帮助彼此。我们会在图书馆的门厅里或学术会议上不断交流，也会借助电子邮件交换意见。有时候，我们也会相互走动、拜访。很显然，我的这本书之所以能问世，完全是靠着朋友和同僚的倾情襄助。

在此，有两个人是我要特别感谢的。第一个当然是我的妻子梅特，她陪伴我多年，对于本书中出现的几处笑料，她都欣然应允成为主角（这是我自己的一个诡计，她要读完全书才能找到这些情节）。另一个就是我的老友斯科特·施瓦茨（Scott Schwartz），他住在纽约，他从一开始就跟我讨论本书的规划，并帮我确定了本书的内容范围。有一段时间他的身体状况并不太好，但他的善意和帮助不曾减少，他审读了各章的初稿，他的智慧和敏锐令我获益良多。所以，这本书就是献给他的。

第一章

圣奥古斯丁福音书

6 世纪晚期
剑桥大学，圣体学院，
MS 286

10 本章结束的时候，我会讲述教皇本笃十六世和坎特伯雷大主教在西敏寺高高的圣坛前面向我弯腰致谢的场景，当时是有电视转播的。不过，在转向这个非同寻常的场景之前，我们应当先追随一份抄本，一起去穿越那段历时一千五百年之久的英格兰历史进程，在这趟悠长的旅程中，我们将遇到多个教皇，当然还有多个坎特伯雷大主教。马修·帕克（Matthew Parker, 1504~1575）就曾身居坎特伯雷大主教的大位，也曾是这份抄本的主人。帕克曾在剑桥大学求学，并在英格兰宗教改革不久后获得圣职，成为神父。机运不错，帕克很快便借助诺福克的家族关系，成为安妮·博林的家庭牧师，安妮·博林从 1533 年开始成为亨利八世的王后，一直到 1536 年因叛国罪被处决。路德宗的改革浪潮，正是借由安妮的圈子，渗透到英格兰宫廷当中的。这个于宗教大复兴时代涌动而起的思想浪潮势头猛烈，帕克显然是沉浸其中了。1544 年，在亨利八世举荐之下，帕克获得任命，成为剑桥大学圣体学院的院长。随后，帕克结婚了，这在当时的英格兰教会圈子里面可是相当激进的事情。1553 年到 1558 年是玛丽女王的统治期，这位女王秉持反改革立场，帕克遂失去了自己在剑桥的职位。1559 年，新王伊丽莎白登基，伊丽莎白是安妮·博林之女，帕克遂蒙伊丽莎白传召，
12 前往伦敦，成为女王驾前第一任坎特伯雷大主教，并受命将英格兰的宗教改革运动坐实。

帕克最终用《伊丽莎白宗教法案》（Elizabethan Settlement）给英格兰的这场宗教改革运动画上句号，新的英格兰教会起初在路线上就跟欧洲大

陆的新教相去甚远。马丁·路德回望基督教早期的使徒时代，并据此反对教皇制度，从这个方向对罗马教会实施打击，摧毁其制度和权威。为此，路德提供了新的《圣经》译本。这个译本所依托的原本，要比诞生于4世纪的圣哲罗姆拉丁通行本更为古老，也更贴近圣言。马修·帕克则走了一条不同的路线，他所倚重的是早期教皇序列以及以圣彼得为开端的正统使徒序列。教皇格里高利一世于590年到604年居教皇大位，教皇是帕克最为倚重的人物，是他的英雄，而这主要是因为这位教皇于596年向英格兰派出了第一个正式的传教团。这是一批意大利僧侣，以一个名叫奥古斯丁的人为首，奥古斯丁是罗马圣安德烈修道院院长，后来被人称作“坎特伯雷的圣奥古斯丁”。奥古斯丁于597年率团在英格兰东南部的肯特登陆，尔后归化了当时肯特王国的国王埃塞尔伯特（Ethelbert，约560~616）。这个来自意大利的传教团在坎特伯雷附近修建了一座教堂，并在城外建了一座修道院；这座教堂最初是作葬礼之用的，也是用来供奉圣彼得和圣保罗的，他们是罗马的护佑圣徒。奥古斯丁自己则自然而然地成为第一任坎特伯雷大主教。这座修道院后来被更名为圣奥古斯丁修道院，以纪念奥古斯丁。就这样，它在坎特伯雷郊区存续了近千年之久，直到1538年被亨利八世取缔，那也是帕克生平当中的大事件。

马修·帕克是第七十任坎特伯雷大主教，他以奥古斯丁为这个大主教序列的始祖。帕克相信，最初的传教团有意创建一个完全独立的英格兰教会，所谓完全独立，意思就是不受罗马管控。就帕克而言，自597年起，欧洲大陆的宗教发展历程便跟英格兰无关了。由此观之，也难怪帕克会给出论断说，放眼整个欧洲，唯有英格兰保存了基督教会的初始纯真，并且帕克认为，这也正是格里高利和奥古斯丁两位圣徒当年的心愿。如此看来，帕克完全有理由认为，这个纯净的英格兰教会是因1066年的诺曼征
13 服以及教皇格里高利七世（1073~1085年在位）开启的天主教集权进程而遭到腐化，并归于毁灭的。伊丽莎白时代有一批心怀乡愁之人，他们不免要回望盎格鲁－撒克逊时代，且将之视为英格兰民族认同和英格兰独立性的黄金时代。帕克更是认定，16世纪的改革实践，比如，宗教仪式使用地

马修·帕克（1504~1574），雷米吉乌斯·霍根贝格（Remigius Hogenberg）于 1573 年为帕克制作的刻版画，图中七十高龄的大主教正阅读《圣经》，窗沿上的沙漏在计算时间，显然，时间快用完了

方语言，再比如将王权置于教会的轴心，在 16 世纪的欧洲人眼中是相当激进的，但在盎格鲁－撒克逊时代的英格兰，则是由来已久的传统。1568 年，帕克从枢密院获得许可，可以将英格兰地界的一切宗教抄本查收并予以看管，只要这些抄本能证明这场“安立甘宗改革运动”的正确性，并最终为伊丽莎白的改革议程提供实实在在的先例支持。帕克最终斩获了大约六百份这样的早期抄本，这些抄本中的大多数来自新近重建的教堂图书馆或者先前的修道院，且有很多是当时英格兰拥有的年代最久远的文献。这令帕克成了伊丽莎白时代第一个真正意义上的伟大收藏家，远远早于罗伯特·科顿爵士（Sir Robert Cotton，1571~1631），后者收藏的抄本如今成了大英图书馆的镇馆之宝，也早于托马斯·博德利爵士（Sir Thomas Bodley,
1545~1613）。博德利爵士的收藏成就了牛津大学的博德利图书馆，我们将 14
在第六章走访这家图书馆。坎特伯雷附近那座存续千年但已遭废弃的圣奥

剑桥大学圣体学院的马修・帕克图书馆，这是图书馆楼上的房间，由建筑师威廉・威尔金斯（William Wilkins, 1778~1839）设计而成

古斯丁修道院，为帕克提供了大约三十份这样的早期抄本，其中最古老者当属那所谓的“圣奥古斯丁福音书”，它是中世纪英格兰存留下来的最为古老的书册。这份抄本就是本章的主角。

1574 年，大主教帕克正在走向生命的终点，他安排人将这些藏品从兰伯特宫，也就是他在伦敦的官邸，转移到剑桥大学圣体学院，后者算是他精神上的老家。捐赠契约开出了两大条件。其一是向公众开放，在这个问题上，圣体学院做得很糟糕；其二就是每年的 8 月对学院图书馆实施一次核查，只要这些抄本有残损或者丢失的情况，不管是否严重，学院图书馆都将失去全部获赠藏品，这些抄本也将随之被转送冈维尔与凯斯学院（Gonville and Caius College），这个学院跟圣体学院在剑桥镇的同一条街上，拥有帕克捐赠的一批都铎时代的餐桌银器，这也是可遇而不可求的物件。这样的惩罚条款实在有点吓人，令圣体学院不敢轻易让外人参观这些抄本。四百多年来，帕克图书馆的藏品的借阅难度之大一直是出了名的，甚至成了一桩丑闻，即便能够借到手，也完全是靠着奇怪的运气。说起来也不知道该不该骄傲，我于20世纪70年代中期第一次前往这座图书馆，希望能借阅一份抄本，就遭到了拒绝，如今我遍历世界各地的图书馆，帕克图书馆仍然是唯一一个曾将我拒之门外的图书馆。以如此严厉的态度对待读者，倒也不能完全说是坏事，毕竟如此一来，帕克图书馆的藏书就可以非常安全地待在高阁之上，完好如初，跟宗教改革时期的状况几乎没有差别。这些抄本在目前所藏之处的时间之长是本书涉及的其他抄本所不能比拟的。

20世纪90年代后期，圣体学院领导层决定改变这种与世隔绝的状况，将这笔伟大财富开放，供人们研究。为此，他们从各个渠道筹钱以便支付专职馆长的薪水，这中间，芝加哥唐纳利基金的贡献最大。二十五年前被拒之门外的那个人便在这个时候提出应聘申请，并于2000年获得任命。很快，帕克图书馆便成为借阅率和开放率最高的图书馆之一，无论是在实体借阅还是图书电子化方面都是如此，作为馆长，我在这件事上可以说有不小的贡献，不过主要功劳并不在我，而在于时代。时代变了，人们当然都希望帕克图书馆能顺应时代变迁，找到新的定位。

剑桥大学共有二十九个学院，圣体学院是其中的一个。该学院通常有两百六十名本科生。学院最古老的建筑恐怕要追溯到14世纪中叶。读者若是想借阅帕克图书馆的抄本，便可以穿过特兰平顿大道那处超大的中世纪风格门厅，在门廊左手边的登记处登记一下，让图书馆工作人员知晓情况，之后就可以进入学院了。再往前走便到了所谓的“新院”，这是一片人工修建的四方形草坪，面积相当大，一直有人负责维护，四周有灰白色仿哥特 16
风格的石头建筑将草坪围拢起来，这些建筑建造于19世纪20年代，建筑师是威廉·威尔金斯。（“新”在英格兰总是相对而言的；比如说，“新森林”的历史要溯源至11世纪。）游客来此，通常会聚集在拱道之上，做一些自拍或者偷看之类的事情，好奇心会让他们瞥一眼楼梯近旁房间里面的本科生和学院工作人员。继续往前就是学院教堂的大门，大门两边是尼古拉斯·培根和马修·帕克的雕像，前者是学院的捐款人，身上挂着钱袋，而帕克则两手放在书册之上。库房在教堂的左边，也就是培根雕像的那一边，院长办公室则在教堂的右边。在新院北边可以看见一排高高的尖顶窗，尖顶窗的后面就是学院食堂。草坪南侧建筑的一层以上空间大部分归属帕克图书馆。按响新院角落处高高的哥特式大门的门铃，你就能进入一条昏暗的走廊，走廊正前方是一道石头台阶，走廊右侧则是一道大门。游客通常会拾级而上。在台阶的尽头就是相当宽敞的帕克图书馆，它的屋顶非常高，四周墙壁上布满了伊丽莎白时代的抄本和后来印刷版的书册，更有灯光明亮的玻璃书柜，从厅堂的一端伸展到另一端，里面陈列的都是极为精美的抄本。有心研读珍本的读者，则会被领到底层安保措施更好的阅览室。

底层的厅堂不如楼上那么大，曾是本科生图书馆的一个角落。这里的墙壁是浅绿色的，地毯则是灰色的。南面墙上装有配备了遮光窗帘的竖框窗户，从此处可以俯瞰圣巴托尔福教堂的庭院；北面的窗户则可以看到新院。阅览室里配备了 20 世纪 30 年代的橡木书柜，后来还增添了灰白色的橡木桌子和十四张扶手椅，椅子则都配备了鲜红色的皮革坐垫，这是抄本收藏家季福德·康布斯（Gifford Combs）的赠礼。墙壁上还有一块玻璃饰板，是由利达·金德斯利（Lida Kindersley）设计的，上面呈现的是 2010 年 6 月 21 日菲利普亲王亲临阅览室开馆仪式的场面，菲利普亲王当时还是爱丁堡公爵。

现在是时候看看这里的第 286 号抄本了，这份抄本是帕克图书馆最古
17 老，且最珍贵的藏书。阅览这份抄本的读者因此也会享受图书管理员随时陪同的特权，且一般读者或者只是出于好奇心前来观瞻的读者是无缘展读这样的抄本的。这份抄本已经极为脆弱了，而且对很多人来说，其价值和意义是神圣的。大主教帕克不正是在 597 年以此为依托展开了追寻英格兰基督教之渊源的历程吗？这份抄本存放在带有报警器和空调设施的圆罩里面，一个坚实的橡木盒子就是它相当合身的住所，该橡木盒子是学院建筑师罗杰·米尔斯出资制作的，米尔斯是学院的老人了，如今他的名字就刻

在一块皮革名签上面。您需要稍等片刻，待我双手捧出这橡木盒子，将其轻轻放在桌子上面，然后我们揭开铜扣环，将厚重的盒盖掀开，借此将那精妙的压力释放出来，这盒盖的压力是为了确保抄本在没人使用的时候保持密闭状态。压力释放之后，便可以听到抄本在那舒适且坚实的灰色热塑性塑料泡沫床上沙沙作响。我们将小心翼翼地捧出抄本，此时，桌面之上已经备好了一块橙色书垫，那里将是放置抄本的地方。

人们在同名人会面之后，经常会评论说，太出人意料了，此等名人，身材竟然是那么矮小。就其在英格兰历史当中的分量而言，这份抄本的体
型当然不算大，第一次见到它的人，甚至不免会有些失望。抄本大约 10.5 18
英寸长、8.5 英寸宽、3 英寸厚，很轻，一只手就能轻轻松松地将其托起

这是打开后的《圣奥古斯丁福音书》，这一页呈现的是福音书作者圣路加的画像，照片拍摄于帕克图书馆

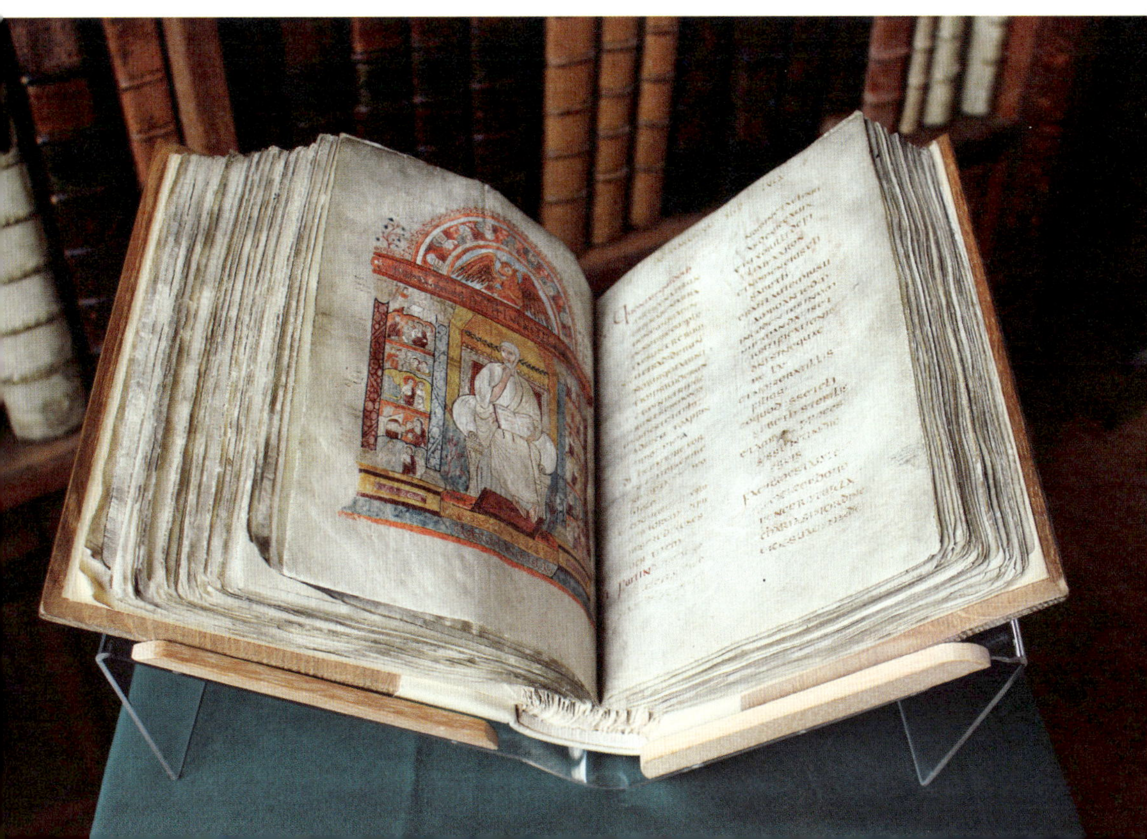

来。抄本被装订在橡木板里面，这些橡木板的内侧边缘都经过轻微打磨，形成斜边，书脊由用明矾鞣制过的奶油色山羊皮制成，正是英格兰“工艺美术运动”（Arts and Crafts Movement）所推崇的风格——装订工道格拉斯·科克雷尔（Douglas Cockerell, 1870~1945）在这场运动中发挥了特殊的作用。书脊本身已经因为年岁久远而失去了亮色，它被分成六个长方块，其中一块上刻着金色的“MS 286”字样，另一个长方块上刻着一个马耳他十字架；底端是“C.C.C.C.”四个字母，这是“Corpus Christi College Cambridge”（剑桥大学圣体学院）的首字母缩写。除此之外封皮上便没有别的字样了。1948~1949 年，抄本被送往大英博物馆重新装订，并于 1949 年 7 月被送还。抄本的这趟旅行当然还有别的结果。封底里之上多了一张标准的大英博物馆记录单，显示 1948 年 7 月时该抄本的总页数，出自时任大英博物馆抄本管理员埃里克·米勒（Eric Millar, 1887~1966）之手。当时的助理管理员是弗朗西斯·沃莫尔德（Francis Wormald, 1904~1972），他非常珍惜同抄本的此次接触机会。不久后，沃莫尔德在剑桥大学举办了著名的桑达斯讲座（Sandars Lecture），这个系列讲座开始于 1949 年 11 月 29 日，它极大提升了这份抄本在 20 世纪的世界知名度。

大英博物馆的装订工将各折跟独立且突出的护纸末端缝合在一起，令各折向外散开，这样就可以安全地在不折到原有羊皮纸的情况下以九十度角将抄本打开。这是那个时代流行的保护方法，现在已经不用这样的方法了，因为这会人为地改变原本的完整性，而且在书页被翻动的时候，各折之间会因此发生摩擦。此番重装工作添加了封底里，同时非常好地保留了 18 世纪中叶那次重新装订留下来的衬页，以及中世纪时候留下来的那些衬页。这些衬页当中，前两页是空白的，有可能来自中世纪晚期。至少有一张衬页很明显最初是封底里，是用来衬垫抄本最初的封底的。这张衬页和当前的封底衬页拥有能相互匹配的长方形凹口，顶端也都有微小的带有锈
19 迹的孔洞，这些孔洞很可能是中世纪装订工艺所需要的底板上端链搭扣留下来的。显然该抄本曾被用链固定，并以封面朝上的形式被保存。

后文会对这份编号为“MS 286”的抄本进行更详细的呈现，现在我们

先大致浏览一下抄本内部的情况，想必很多人已经急不可耐，毕竟这样的机会实在是太难得了。抄本的内容是《新约》的四福音书，均来自圣哲罗姆的拉丁通行本，这个拉丁译本是从最初的希腊原本翻译而来的，拉丁语是当时西欧的日常语言。“通行”一词自宗教改革之后便有了批判意味，在新教群体看来，代表了神秘的且普通民众无从理解的东西，但其最初的意思是说这是译本出现之时的日常语言。抄本创制之时，拉丁语仍然是西欧的通用语言，哲罗姆于 420 年谢世，其谢世到这份抄本问世的时间，差不多相当于沃尔特・司各特（Walter Scott）或者埃米利・勃朗特（Emily Brontë）距今的时间。抄本问世之时，罗马帝国刚刚解体。西哥特人于 410 年洗劫罗马，东哥特人则于 546 年再次洗劫罗马，相关记忆仍然留存在人们心中。基督教帝国的概念于此时出现，拯救了从罗马帝国传递下来的身份认同。圣奥古斯丁的英格兰传教使命，是罗马教皇之帝国情感和观念的最早的有意识表达。

《马太福音》正文内容的前面是“章节”（*capitula*）目录，现存抄本以目录的中间部分开篇。这些目录是由标题或者章节内容摘要组成的列表（当然，中世纪早期的章节划分模式跟现代不一样，现代模式直到 13 世纪才开始出现）。现存抄本开篇的几个词是“[nine] vitarum signum pharisaesis tradit”，指的应该是基督向法利赛人传递来自尼尼微人的消息（按照今天的章节排列，这部分内容应该出自《马太福音》12:41）。我们可以看到前面的文字都丢失了。《马太福音》的正文则是从第 3 对开页开始的，“*Liber generationis* ih[es]u xp[ist]i filii david...”（大卫的子孙，耶稣基督的家谱，《马太福音》1:1）。抄本当中，这句话的前两个词是红色的，我在这里用斜体予以标示，后面的词逐渐淡化成浅橙色，差不多接近褐色，而且最前面的字母“L”要比后面的字母稍稍高一些。显然，福音书开篇的风格是相当克制且拘谨的，没有非同一般的装饰或者着色，这跟后期的抄本，特别是 20
《凯尔经》，完全不是一种风格。

《圣奥古斯丁福音书》的正文以两栏并列的形式排布，且以小小的安色尔拉丁字体（uncial script）写就，非常工整。“安色尔”这个称谓的来历仍有争议，最早是哲罗姆使用的，但哲罗姆并不待见这个称谓，认为有些轻浮。讽刺的是，正是由于他的这个拉丁译本的通行，安色尔字体也被大范围地使用。有时候，人们会将“安色尔”一词同“*uncia*”联系起来，后者的意思是“一寸”（其副词形式是“*uncialis*”），人们经常相当夸张地认为大字体会有一寸那么高，这当然是错觉。安色尔体很快成为早期基督教文本抄本的通用字体，就如同俗大写体是世俗抄本的通用字体一样（参见第四章）。安色尔体是由曲线构成的大写字体，个别字母有点类似于其现代的小写体版本，比如说，字母“h”会有一个高出字母“x”高度的部分，字母“f”会有向下伸展的部分，字母“d”则会有一个优雅的圆背。写这种字体的书写工具通常是宽宽的羽毛管，也可能是芦苇秆，这样的话，笔画的宽窄就能够判然有别，而且不会形成密密麻麻的文字，抄本阅读起来也不会那么困难，特别是考虑到使用这种字体的抄本的年龄。在中世纪，安色尔体成了古老和权威的象征。《语词汇编》（*Corpus Glossary*）是一本按字母顺序编排的词典，大概诞生于800年，同样出自圣奥古斯丁修道院，如今也藏于帕克图书馆。据这本词典，“antiquarius”一词的意思是“qui grandes litteras scribit”，翻译过来就是“写大字体的人”，意思就是古物研究者都会使用安色尔字体。

“MS 286”号抄本的抄写模式是所谓的“*per cola et commata*”，翻译过来就是“从句和短句分行法”，也就是每句话的第一行覆盖一栏的整行长度，下面的所有行则都要短一些。哲罗姆拉丁本的原始抄本应该用的就是这种模式，早期抄本都奉行这种模式。一个人能够一次性阅读的内容或者能够一口气大声诵读出来的内容形成一个单元。比如说，“亚伯拉罕的后裔，大卫的子孙，耶稣基督的家谱”，这是第一行，尔后便是断句或者停
22 顿，这个时候，读者应该换口气并自然而然地寻找下面一行的文字，“亚伯

右页：现存的《圣奥古斯丁福音书》的开篇页，内容为该福音书的章节目录，顶端还有“L. 15”的字样，这是早先该抄本在帕克图书馆的书架编号

L. 15

uitarum signum
pharisaeis tradit
matrem et fra
tres spernit
XIII. de navicula ster
bis parabolas ex
ponit. prophetas
in patria sua
sine honore es
se dicit
[XI]IIII. de iohannis capite
in disco. de quinq(ue)
panib(us) et duob(us)
piscib(us) in quinq(ue)
milia viros ih(esu)s
supra mare am
bulans. petru(m)
mergentem al
levat.
X[V] quod ea macis quae
de ore exeunt
coinquinant
hominem. filia(m)
mulieris syro
phenissae a dae
monio liberat.
et multos alios
sanat.
XVI. de septem panib(us)
in quattuor milib(us)
virorum. a fer
mento pharisaeo
rum cavendum.
xp(istu)m d(e)i vivi filiu(m)
esse petrus con
fitetur. quem que
post paululu(m)
petrum dure in
crepat.
XVII. in monte transfi
guratur. puerum
lunaticum sal
vat. de statere
in ore piscis
XVIII. humilitatem docet
sicut pueri et
nec minimum
fidelium scan
dalizandum
quorum angeli

拉罕生以撒”，然后再换口气往下读，“以撒生雅各，雅各生犹大和他的弟兄”，等等，如此往复。温斯顿·丘吉尔的伟大演说就是遵循这样的模式写就的，因为如此一来，他便可以在眼光一闪之间获取所需表达。他那著名的修辞停顿也是在演说稿里面预先安排好了的。这样的模式主要是为大声诵读而设计的，这个情况恰好也令我们对《圣奥古斯丁福音书》有了更多的了解。这份抄本的文本来自一个口传文化的时代，那个时代的人通常不识字，因此，面对《圣经》经文，他们只能是听众而非读者。

第二部福音书，也就是《马可福音》，其内容是从第 75 对开页的右页开始的，也有引言和章节目录的部分，正文则是在六页之后开始的。第三部福音书是《路加福音》，正文前面也有引言和章节目录，不过，在这些页面之前还有一整页的图画（第 125 对开页的右页），呈现的是耶稣受难的十二个场景，这十二个场景被圈定在一个方格子里面。正文开始之页的对页也是一整页的图画（第 129 对开页左页），呈现的是这部福音书的作者本人路加，他坐在一处拱门下面，他的上方是象征他的那头牛，两侧则是他的福音书中的一些场景。在公开展示这份抄本时，人们通常是将这一页呈现出来的，因为这是唯一有彼此呼应的文字和配图的开篇页。要找到这一页实际上并不难，因为经年累月被人们反复翻看的这份抄本，会很自然地在此页处打开。最后的《约翰福音》则是从第 208 对开页的右页开始的，同样有引言和章节目录。该抄本以如下词句结束：“ D[E]O GRATIAS”（严格来说，第一个词应当是这么拼写的：D[OMIN]O），最后是“SEMPER AMEN”的字样。可能是因为在弥撒仪式上，在结束福音书宣读环节之后，人们按照规矩总要说上一句“感谢上帝”的，这也很可能表达了抄写员自己的情感，因为独自完成五百三十页之巨的文本的抄写工作可不是容易的事情，实在是应该感恩一番。此处的字体采用俗大写体而非安色尔体，因

右页：《圣奥古斯丁福音书》的插图页，呈现的是从“受难”到“进入耶路撒冷”再到“十字架事件”的连环画面

4

为此处文字并非经文，这就如同我们会使用斜体将其他语言的文字同正文区别开来一样。抄本的最后设置了一些空白页，用来展示特许状以及相关的修道院记录，这其中还包括了一份很有意思的 12 世纪遗迹名录。

抄本最后的衬页之上是昔日访客留下的一个令人震惊的印记——一句
24 以拉丁语写成的话，这句话颇为傲慢地告诉世人，这份抄本像极了《阿米提奴抄本》，因此定然是 6 世纪的东西。它的落款是“Const. Tischendorf”（康斯坦丁·蒂申多夫）。《阿米提奴抄本》是下一章的主角，它比《圣奥古斯丁福音书》晚了百年之久，而且二者之间的相似度并不高，除了都使用了拉丁安色尔字体外。康斯坦丁·蒂申多夫（Constantin Tischenforf, 1815~1874）是莱比锡人，于 1844 年发现了《西乃抄本》（*Codex Sinaiticus*），这是希腊语《圣经》的原始抄本，蒂申多夫也因此得以在 19 世纪圣经学界“肆意行走”。1865 年 3 月 9 日，星期四，他在《圣奥古斯丁福音书》上面留下了那句话并给出了签名，这一天他是来剑桥大学领取自己的法学博士学位的。最初浏览这份抄本的时候，我根本就不曾留意他留下的这个细小的印记；是西奈山的圣凯瑟琳修道院图书馆馆长兼修道院院长尤斯丁·西奈特斯（Justin Sinaites）后来提醒我注意它的，对此尤斯丁颇为恼怒。今天，西奈山方面仍然记得蒂申多夫，不过不是把他当作英雄——而是当作盗贼，他盗走了修道院最珍贵的东西，也就是4世纪的希腊语《西乃抄本》。

见到这份抄本的人的态度往往是截然两分的，要么是恭敬崇拜，要么就是嘲笑讥讽，对其真实性倍加怀疑，通常还带有那种清教徒式的蔑视，也就是清教徒在面对圣徒遗骸或者遗物之时的典型态度。（很奇怪，人们能够很轻易地接受中世纪抄本归属世俗名人的情况，比如秃头查理的那本《圣经》，但是一旦问题涉及圣徒，人们就会嘲讽他人盲信盲从。）当然，也会有很多人将《圣奥古斯丁福音书》奉为极具属灵价值的宗教遗物。亚利桑那州圣公会主教就写了本新书谈论这份抄本，立意是这份抄本对今日基督徒的意义。2005 年，这份抄本在菲茨威廉博物馆展出，当时，博物馆的抄本管理人斯黛拉·潘娜约图瓦看到一个访客一边啜泣一边亲吻玻璃展柜

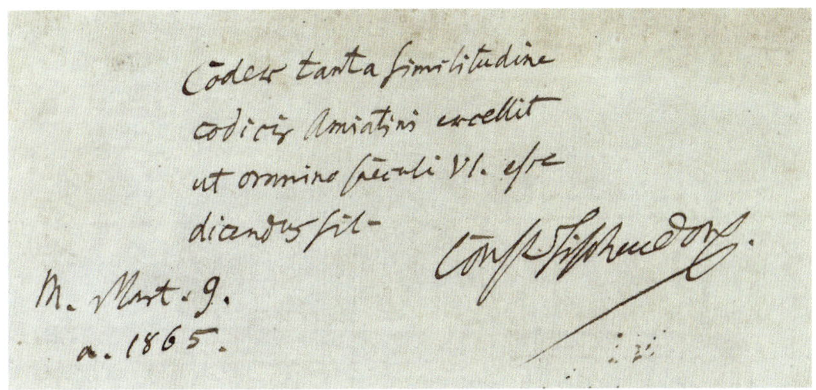
Codex tanta similitudine
codicis Amiatini excellit
ut omnino saeculi VI. esse
dicendus sit.
Const. Tischendorf.
M. Mart. 9.
a. 1865.

康斯坦丁·蒂申多夫（1815~1874）在抄本书页上添加的评注，蒂申多夫于1865年研读了《圣奥古斯丁福音书》，并将之同《阿米提奴抄本》进行了对比

前的地面。这类物件是有其意义的，因此我们有必要尽可能客观地对这份抄本的所有权问题进行考据。

汉弗雷·万利（Humfrey Wanley, 1672~1726）是一位古文物研究者，也是早期的盎格鲁－撒克逊主义者（而且肯定不是那种盲从盲信的天主教徒）。在后宗教改革时代，他是第一个将帕克图书馆中的这份藏品同坎特伯雷的那位圣徒联系起来的人。早期的学者中仅有寥寥几人可以自由接触圣体学院的那笔帕克遗产，万利就是其中之一。他于1699年拜访了帕克 25
图书馆。1705年，万利在牛津出版了一部讲述北欧古代文学的著作，并在书中对这份抄本进行了言简意赅的介绍。在这本书中，万利着重提醒人们注意比德（Bede）的格里高利纪事当中谈到的那个情况：格里高利在派遣奥古斯丁从罗马奔赴英格兰后，又于601年为其准备了在英格兰创立教会所需的物品，这其中就包括“大量的书册”（codices plurimos）。万利征引了一段出自15世纪早期圣奥古斯丁修道院的文字，文中提及格里高利的遗物中有两份福音书抄本。万利认为，这两份抄本中有一份就是帕克图书馆的《圣奥古斯丁福音书》，另一份福音书抄本与之类似但没有装饰，目前收藏在牛津大学博德利图书馆。早期的古文物家都接纳了这一看法，认为

这两份抄本都是由圣奥古斯丁引入英格兰的。这些古文物家中就包括托马斯·阿斯特尔（Thomas Astle，1735~1803）。1784 年，阿斯特尔出版了印刷版的《圣奥古斯丁福音书》。很快，这个版本便开始进入公众视野。

收藏在博德利的抄本很显然在盎格鲁-撒克逊时代便已经在英格兰现身了，不过，并无明确证据表明这份抄本同中世纪时期的坎特伯雷有什么关联。1603 年，罗伯特·科顿（Robert Cotton）将这份抄本捐献给博德利图书馆，在此之前，这份抄本的历史一直隐没在黑暗当中。在该抄本当中，某一书页的页底空白处有一个早期注释，注释内容是说，在圣徒查德（Saint Chad）的节日之时，人们应该诵读《约翰福音》第九章，而这章的内容就在这则注释的附近；由此便可知，麦西亚古国（Mercia）的人是用过这份抄本的，抄本具体的出现地点很可能就在利希菲尔德，那里是圣 27
徒查德的埋葬地。自万利之后，抄本研究工作在不断进展，人们逐渐开始意识到，博德利抄本由奥古斯丁引入英格兰的可能性并不大。不过，“MS 286”抄本由奥古斯丁引入英格兰的可能性在逐渐增大。这份抄本确实曾在圣奥古斯丁修道院内，并且可以肯定，在 7 世纪晚期它已经置身于英格兰了，因为其文本当中有一些修订，绘图旁也增加了一些说明，它们很显然都是用那个时代的南方英语字体写就的。抄本空白页后来被用于记录圣奥古斯丁修道院的特许状及修道院所有的财产。这其中最早的是 10 世纪时留下的文字，就在写有《马可福音》引言开篇的那张书页的对页上。它是用古英文写就的一份遗赠令，记录了一个名叫厄尔博格（Ealhburg）的妇女于 9 世纪中叶赠给修道院的财物，这些物品包括一头小牛、四只羊、几只母鸡、面包、奶酪和木料，都是她在肯特郡布拉伯恩的财产，作为交换，

左页：《圣奥古斯丁福音书》中的路加画像，图中，路加的两侧是福音书中的一系列叙事场景，路加的头顶则是一头长有双翼的小牛，那是圣路加的象征物

第 28~29 页：《圣奥古斯丁福音书》当中《马可福音》的引言的开篇，这一页的对页先前是空白页，后来有人在该页上用古英语记录厄尔博格的遗赠令

In nomine dñi ealhburh hafaþ geset mid hyre
freondæ geþeahtunga ꝥ man ælce gere agyfe þam hyrū
to scæ agustine of þā lande æt bradanburnan xl.
ambra mealtes 7 ealdhryðeran 7 iiii weþeras · 7 xl 7 cc · hlafes
7 ane wæge spices 7 cyses · 7 iiii foþro wudes 7 xx henfugla ;
swylc man se ꝥ land hebbe þa ðingc agyfe for ealdredes
saule 7 for ealhburge ; 7 þa hiwan asingan ælce dæge æfter
hyra ferþe þæne sealm for hia exaudiat te dñs · swæ hwylc
man swa ðis abrece sie he asceaden from gode 7 from eallum
hallgū 7 from þan halgan were on ðys sulfe 7 on ecnesse ·
þon synt her æft þara manna naman to gewitnesse ðisse
gesetednesse ꝥ is þon wulfred arcb prb · wigmund prb
æþelred prb · wynhere diacon · beahmund · cenheard · hyse ·
adda · cada · beornferþ · beornhelm · ealdred · ealhburh · ealhwaru
hof · here · leofe · wealdhelm · dudde · ofa · ofe · wighelm · wullaf · eadweald ·
gif hit þon swa gesæð swa ic ne wene ꝥ hwylc broc onbecume
þurh hæðen folc oððe hwylce oðre earfoðnesse ꝥ hit man ne mæge
þæs geres gelæstan agife on oðrū geare be twifealdum · gif
þon git ne mæge sylle on ðriddū geare be ðryfealdū · gif he þonn git
ne mæge ne nelle ; agife land 7 boc þā hiwū to scæ agustine ;

Marcus euangelis
ta dei electus et petri in bap
tismate filius atq
in diuino sermone
discipulus sacerdo
tium in isrl agens
secundum carne
leuita conuersus
ad fidem xpi euan
gelium in italia con
scribsit ostendens
in eo quod et gene
ri suo deberet et xpo
nam initium prin
cipii in uoce prophe
ticae exclamationis
instituens ordine
leuiticae lectionis
ostendit ut praedi
cans praedestina
tum iohannem filiu
zachariae in uoce
angeli enuntian
tis emissum non
solum uerbum car

nem factum sed cor
pus dni per uerbu
diuinae uocis animatu
initio euangelicae
praedicationis osten
deret ut qui haec le
gens sciret cui initiu
carnis in dno et dei
aduenientis habita
culum caro deberet
agnoscere atq in
se uerbum uocis
quod in consonantib
perdiderat inueniret
denique et perfecti
euangelii opus intrans
et a baptismo dni
praedicans dm in
choans non labora
uit natiuitatem car
nis quam in prioribus
uiderat dicere sed
totus exprimens
expositionem de
serti ieiunii numeri

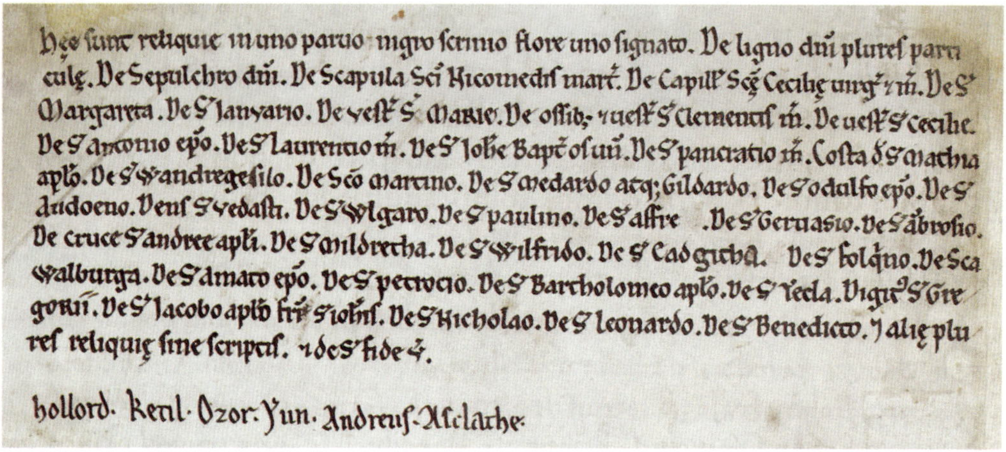
Hęc sunt reliquię in uno paruo nigro scrinio fiore uno signato. De ligno dñi plures parti
culę. De Sepulchro dñi. De Scapula Sci Nicomedis mart. De Capill Scę Cecilię uirg 7 m. De S
Margareta. De S Januario. De uest S Marię. De ossib 7 uest S Clementis m. De uest S Cecilię.
De S ancotrio epo. De S Laurentio m. De S Johe Bapt osui. De S pancratio m. Costa de S Mathia
aplo. De S Wandregesilo. De Sco martino. De S medardo atq; Gildardo. De S odulfo epo. De S
Audoeno. Deus S vedasti. De S Wlgaro. De S paulino. De S affre . De S Geruasio. De S ambrosio.
De cruce S andree apli. De S milldretha. De S Wilfrido. De S Eadgitha. De S folquo. De Sca
Walburga. De S amato epo. De S petrocio. De S Bartholomeo aplo. De S Tecla. Digit S Gre
gorii. De S Jacobo aplo fr S iohis. De S Nicholao. De S leonardo. De S Benedicto. 7 alię plu
res reliquię sine scriptis. 7 de S fide 7.

hollord. Ketil. Ozor. Yun. Andreus. Aslache.

圣奥古斯丁修道院的圣物名录，其中包括真十字架的残片以及圣格里高利的一根手指，这份名录是后来被添加到《圣奥古斯丁福音书》当中的

修士们将为她和她的丈夫厄尔德雷德吟唱圣咏，为期二十天。另一处出现在正对着《马可福音》正文开篇页的页面的上端空白处；这是以伍尔弗里克（Wulfric）的名义写下的一份土地许可状，伍尔弗里克于 989~1005 年担任圣奥古斯丁修道院的院长。封底前的衬页之上也有提到了圣奥古斯丁修道院的文字记录，其中包括一份土地赠送状，字体优美，是在如今的伦敦东南部的普拉姆斯特德（Plumstead）立下的，具体时间可以追溯到 1100 年，因为里面有文字指出，地产赠送之事发生在国王亨利的女儿玛蒂尔达同皇帝亨利五世订婚那一年的大斋节。帕克图书馆编号为“MS 270”的抄本——一份同样来自圣奥古斯丁修道院的弥撒书——出自同一个抄写员之手。土地赠送状下一页的顶端是一份 12 世纪的圣物名录，这些圣物被保存在修道院的一个小小的黑盒子里面，包括真十字架的碎屑、圣母袍服的碎片、圣塞西莉亚的头发，还有圣徒格里高利的一根手指。因此我们完全可以确定，这份抄本在盎格鲁－撒克逊时代已经是圣奥古斯丁修道院的财产了，而且很可能就在圣物管理人的看护之下。依据 14 世纪的一份修道院章程，圣物的管理权在教堂圣物管理人手中。

有两份重要的中世纪文献足以表明，修士们收藏并看护的这些宝贝是由教皇格里高利在归化英格兰之时赠送给修道院的。第一份文献是修道院的编年史，为托马斯·斯普罗特（Thomas Sprott）于 13 世纪末或 14 世纪

初所作。这份编年史的原件被保存在剑桥大学图书馆中。其中，斯普罗特
在提及圣格里高利的《圣经》的同时，也提到了“福音书”（“et evangelia
euisdem”），以及另外一批圣物，包括格里高利派人从罗马送来的法衣。第
二份文献则是修士托马斯·埃尔姆罕（Thomas Elmham）于 1414 年写就
的《圣奥古斯丁修道院镜鉴》（*Speculum Augustianum*），这是一份修道院
院志性质的文献，对修道院的历史进行了追溯，但较之上一份文献，显得
有些杂乱无章，原件收藏在剑桥大学三一学院。埃尔姆罕在其中详细介绍
了一批珍贵书册，它们被他称为英格兰教会的“第一批果实”。他还展示了
一幅绘有圣奥古斯丁修道院那高高的圣坛的画作，画中还绘有埃塞尔伯特
国王的圣物箱，圣物箱的两边斜靠着六本闭合的书册，其封面都是红色的。
这幅图的上方配有说明文字“libri missi a gregorio ad augustinum”（“格里
高利赠奥古斯丁”）。埃尔姆罕逐一描述了被赠的书册，当然，其中有一些
没有出现在圣坛上。如今那两份福音书也可以厕身其中了。1705 年，汉弗
雷·万利就是以此为证的。据汉弗雷的描述，这其中有一份抄本就保存在
帕克图书馆，并且是同圣格里高利的那两卷《圣经》保存在一起的（后来
那两卷《圣经》散佚了）。埃尔姆罕指出，福音书抄本是以“十大福音正典
表”（ten canon tables）和引言为开篇的，引言的开篇词是“Prologus cano- 31
num...”很明显，修道院图书馆的格里高利《圣经》和福音书抄本，正是斯
普罗特于一个世纪之前提到的那些抄本。埃尔姆罕于 1414 年谈到的“第一
批果实”当中的第二份福音书抄本，收藏于修道院的小礼拜堂，它就是人
们常常说起的《圣米尔德雷德福音书》（Gospels of Saint Mildred）。关于这
份福音书抄本，有一个故事说曾有一个塔内特的农夫因为在其面前立了假
誓而失去了双眼。

米尔德雷德·布德尼（Mildred Budny，注意米尔德雷德这个名字）一
直在准备详细讲述帕克图书馆的这份盎格鲁–撒克逊时代的抄本，并最终
于 1997 年出版了自己的相关著作。她在书中谈到了“MS 286”号藏品，
认为它应该就是《圣米尔德雷德福音书》。圣徒米尔德雷德于 700 年前后
谢世，是肯特郡一个公主的女儿；她的母亲在肯特郡的塔内特的明斯特 32

托马斯·埃尔姆罕 1414 年的画作，呈现的是圣奥古斯丁修道院的圣坛，画中，国王埃塞尔伯特的圣物箱两侧都放置着圣格里高利的赠书

（Minster-in-Thanet）创建了一座女修院，米尔德雷德遂成为这座女修院的院长。这座女修院在坎特伯雷东北方向，距离坎特伯雷大约十二英里。圣米尔德雷德据说是埃塞尔伯特国王的玄孙女，而奥古斯丁予以归化的就是这个肯特的埃塞尔伯特，这就为由奥古斯丁传教团引入英格兰的意大利抄本建立了一条合情合理的传承脉络。然而，问题仍然存在，圣米尔德雷德的这份福音书抄本显然曾在塔内特，毕竟有一个农夫因为在其面前立了假誓而遭到严厉惩罚，若真相如此，那么这份抄本应该就是在 1030 年前后来到圣奥古斯丁修道院的，因为就是在这个时候，圣米尔德雷德的所有遗物都被转交给了圣奥古斯丁修道院，这份抄本也应该就在其中；然而，修道

院方面有证据显示，这份抄本最迟在 10 世纪便已经是修道院的财产了。简言之，倘若“MS 286”号抄本是埃尔姆罕提到的两份福音书抄本之一，那么它肯定是他提到的第一份，也就是收藏在帕克图书馆的那份。如此一来，也就能够解释前文提到的链搭扣留下的痕迹了，原因很简单，图书馆藏书都是有链搭扣的，修道院礼拜堂的祈祷书是不会有这样的情况的。而《圣米尔德雷德福音书》当时就已经是一份残损的抄本了，如今则被拆分开来，由伦敦的大英图书馆和剑桥大学的帕克图书馆分别收藏。人们有时候也会将两份藏品统称为“伦敦—剑桥福音书”，两个收藏机构则将各自收藏的部分标示为格里高利给予奥古斯丁的赠礼，但实际上这份抄本是于 700 年前后在英格兰创制的，否则圣米尔德雷德就没有可能成为这份抄本的主人。

现在不妨归总一下，“MS 286”号藏品应该就是《圣奥古斯丁福音书》，理据有四个：其一，比德的记载，比德曾谈到格里高利赠予奥古斯丁一批抄本，让奥古斯丁带往英格兰，奥古斯丁极有可能完成了此一使命，而且赠礼中必定包括了一份福音书抄本；其二，圣奥古斯丁修道院的中世纪档案当中有两处证据显示，格里高利的赠礼当中的确包括了一份福音书抄本，并且是同一份《圣经》抄本一起保存的，这份《圣经》抄本据信也是圣奥古斯丁的遗物；其三，帕克图书馆的“MS 286”号藏品最晚在 7 世纪晚期便已经出现在英格兰了，并且最晚在 10 世纪时肯定已经是圣奥古斯丁修道院的财产了；其四，既然如此，这份抄本肯定以某种方式来到了圣奥古斯丁修道院，最大的可能性就是由 6 世纪晚期那个意大利传教团直接传递给圣奥古斯丁修道院的。这就是我们能从已有证据中得出的结论，且大体上情况应该就是这样，但我们无法给出最终定论。反对者当然也会提出自己的说法，认为这份抄本很可能是在问世一个世纪之后，借由什么中间渠道，从南欧来到英格兰的。

不过，还有一项证据是可以提起的。1933 年，法兰克福的汉斯·赫尔 33
曼·戈伦茨（Hans Hermann Glunz，1907~1944）出版著作，对这份抄本给出了很有意思的分析。他得出的一个结论恰好关系到我们眼前的这个问题，我也不是很能理解为什么戈伦茨的这个结论一直以来被人们忽略。哲罗姆的拉丁通行本逐渐成为中世纪的标准版本，不过，这个过程并不那么顺畅，因为这需要取代先前的“旧拉丁译本”（*Vetus Laina*），尽管这个旧译本的语言不太流畅，但已经在罗马帝国的基督徒当中流行了很长时间。哲罗姆译本虽然更为精准，但其被接受的过程一开始进展得相当缓慢，在几个世纪的时间里，欧洲的众多信徒秉持保守态度，仍然沿用他们更为熟悉的旧译本，因此留存下来的旧译本抄本是非常多的。帕克图书馆这份“MS 286”号藏品通常被视为哲罗姆新译本当中最为古老的四福音书完整抄本，当然这是就现存的抄本而言的。此一看法实在事关重大。在抄本家族谱系当中，我们的这份抄本享有“X”标记，足见其《圣经》文本的主要证人的地位。然而，即便是万利也不免注意到，我们的这份抄本出人意料地同哲罗姆拉丁通行本存在许多出入。戈伦茨颇为系统地辑录并归总了这方面的情况，举证了将近七百个这样的分歧之处。其中大多数是不足称道的微小差异，基本上是词语顺序或者拼写方面的。也有一些是因为抄写员选用了旧译本的拼写，根本就没有参考哲罗姆的译本。现在各位可要听好了，因为问题的关键就在这里。向奥古斯丁赠送了这份福音书抄本的教皇格里高利（圣奥古斯丁修道院的圣物箱里面保存了圣奥古斯丁的一根手指，这也一度为教皇格里高利所拥有），也是著名的《圣经》评注人。《道德论丛》（*Moralia*）是他对《约伯书》的评注和阐释，在这本评注当中，格里高利给出了如下结论：哲罗姆译本和旧译本在他那个时代的教皇宫里都在被使用，并且从他自己的评注当中也不难见出，他虽然使用的是新译本，但若是旧译本的某些词句更能契合他的具体思路，他也会予以采纳。中世纪的圣格里高利画像通常呈现的是他写作的场景，在那样的场景当中，圣鸽会在他耳边低语，由此表现他在做评注之时会得到超自然的启示。

格里高利还为四福音书编写了布道词，这份布道词于593年发布，四
36 年之后，他便派遣传教团开赴英格兰了。记录了这份布道词的最古老抄本之一如今也收藏在帕克图书馆，编号为“MS 69”，是一份8世纪晚期的抄本。以下情况便是问题的关键：但凡“MS 286”当中出现旧译本词句的时候，格里高利的福音书布道词当中也会出现相应的词句。尽管戈伦茨并没

有就此给出自己的结论，但结论是很明显的："MS 286"号藏品的确曾经是圣格里高利在罗马的家中的藏品。

在此，不妨从抄本当中摘引一些具体例证。第 134 对开页的右页讲述了一个著名场景，也就是天使在伯利恒附近旷野中的牧群面前显现的场景。此页第一栏第 16 行的文字是，"natus est nobis hodie salvator"（"今天，我们的救主诞生了"）。后来这句话被用更深一些颜色的字迹修订为"natus est *vobis*..."（"为你们生了人子"，《路加福音》2:11）。很显然，这抄本最初用的是格里高利使用的词句，而这样的词句显然出自旧译本，格里高利自己也说过，这么做主要是因为他那个时代的神学圈仍在沿用旧译本，据旧译本，救主之诞生，并不仅仅是为着当年的牧群，也为着今天的我们。还有一个例证。第 235 对开页的左页的第二栏为《约翰福音》10:11 的内容，其中，基督宣称自己就是那个好牧羊人，将为自己的牧群舍命。此处，抄写人采用了旧译本的表述："animam suam *ponit* pro ovibus suis"（这句话出现在这一栏的第 20~21 行；不过，后来依据哲罗姆译本被修订为"animam suam *dat*"）。格里高利在福音书布道词中，用的是旧译本中的"ponit"一词，意思就是"献出"自己的生命，而非新译本中的"dat"一词，意思是"舍弃"自己的生命，对此，格里高利解释说，"献出"要比"舍弃"更具有自我牺牲的意蕴。第三个例证出现在第 262 对开页的右页以及第 262 对开页的左页的顶端一行。此处讲述的是抹大拉的马利亚初次撞见复活的基 37
督，将之错认成看园之人（《约翰福音》20:15）。哲罗姆译本的措辞如下："illa estimans quia hortulanus *esset*"（此处"esset"一词用的是虚拟语气，句子意为"她觉得那人应该是看园的"）。在帕克图书馆的抄本和格里高利布道词中，这句话都使用了现在时，显然都采自旧译本，即"quia hortulanus *est*"，意思是"那人是看园的"，格里高利显然是在属灵意义上予以解

第 36~37 页：这幅插图呈现的是《圣奥古斯丁福音书》当中旷野里的牧羊人的故事，其中旧拉丁译本的"natus est nobis"在拉丁通行本当中被改成了"natus est vobis"

usq· in diem osten
sionis suae ad isrl;
Factum est autem
in diebus illis
exiit edictum a cae
sare augusto·
ut describeretur
uniuersus orbis
haec descriptio
prima facta est
praeside syriae
cyrino
et ibant omnes ut
profiterentur
singuli· in sua
ciuitatem
ascendit autem
et ioseph· a gali
laea de ciuitate
nazareth
in iudaeam ciui
tatem dauid quae
uocatur bethlee·
eo quod esset de
domo et fami

lia dauid
ut profiteretur
cum maria des
ponsata sibi
uxore praegnate
Factum est autem·
cum essent ibi
impleti sunt dies
ut pareret
et peperit filium
suum primo
genitum
et pannis eum in
uoluit et recli
nauit eum in
praesepio
quia non erat eis
locus in diuer
sorio
et pastores erant
in regione eadem·
uigilantes
et custodientes
uigilias noctis
supra gregem suum

ETECCEANGELUS
DNISTETITIUX
TAILLOS·
ETCLARITASDICIR
CUMFULSITILLOS
ETTIMUERUNTTI
MOREMAGNO
ETDIXITILLISANGE ll
LUSNOLITETI
MERE
ECCEENIMEUAN
GELIZOUOBISGAU
DIUMMAGNU
QUODERITOM
NIPOPULO
QUIANATUSEST uo
BISHODIESALUA
TORQUIESTXPS
DNSINCIUITA
TEDAUID
ETHOCESTUOBIS
SIGNUM
INUENIETISINFAN
TEMPANNISIN
UOLUTUMETPO

SITUMINPRAE
SEPIO·
ETSUBITOFACTAEST
CUMANGELOMUL
TITUDOMILITIAE
CAELESTIS
LAUDANTIUMDM
ETDICENTIUM
GLORIAINALTISSIMISDO
ETINTERRAPAX
INHOMINIBBO
NAEUOLUNTATIS
ETFACTUMESTUT
DISCESSERUNT
ABEISANGELI
INCAELUM
PASTORESLOQUE
BANTURADIN
UICEM
TRANSEAMUSUSQ
INBETHLEEM
ETUIDEAMUSHOC
UERBUMQUOD
FACTUMESTQUODFE
ET
CITDNSOSTENDITNO
BIS

此处呈现的是《圣奥古斯丁福音书》中《约翰福音》10:11 的经文，拉丁旧译本讲的是好牧羊人为自己的羊群“献出”生命，拉丁通行本中则是“舍弃”自己的生命

释的，将之视为实际情况，而非虚拟语态下的一种可能性。

据戈伦茨推测，格里高利手边很可能既准备了一份哲罗姆的新译本，又准备了一些旧译本，以便他在进行评注之时对照阅读。即便不是为了特意进行对比，格里高利也完全有可能使用一份混编抄本。无论是哪种情况，两份抄本之间的重合度可以说是高得惊人。很显然，“MS 286”号抄本就出自格里高利在罗马的书房。仅这一点，就足以令我们在谈论这部抄本之时去掉“所谓的”这个前缀，也足以让我们论定，这份抄本就是当年格里高利为传教团带往英格兰的圣物之一。

眼下，我们的抄本正躺在帕克图书馆长桌的书垫之上。跟古代晚期的许多抄本一样，这份抄本的羊皮纸也很薄，甚至会给人根本就没有重量的感觉。书页的尺寸并非现代书册那般统一齐整，这恰恰说明，这份抄本与其原始形态相差不大。我们的这份抄本通常是被密闭在圆顶展柜里的，且一直享受着最佳的温度和湿度，一旦它被从展柜里面捧出，进入一个对人体来说温度非常舒适的房间，羊皮纸就会开始迅速吸收空气中的水分。若我们不及时阻止，纸张就会开始卷曲，书页就如同有了生命，引领我们回到童年，令我们再次看到我们从玩具店里面买的纸鱼。童年的我们把纸鱼捧在温暖的手心里，看着它弯曲起来，若它有弯曲，则表明我们有心上人，

当然，它是一定会弯曲的，那令十岁的我感到何等快乐啊。奇怪的是，我们的这份抄本的羊皮纸是向着纸面颜色更深的一面弯曲的，那最初是羊皮有毛的一面，这跟羊皮还在羊身上之时的自然弯曲情形恰恰相反。管理员告诉我说，这是因为兽皮外侧的纤维更为稠密，同时也更为坚硬，相反，38
兽皮内侧的纤维则更为柔韧，一旦吸入水分，就会伸展得更为迅速，因此就会出现羊皮纸向外弯曲的情形。不过，这只是暂时的现象，一旦我们翻看下一页，这一页就自然而然地再次变得平展了。

哥本哈根皇家图书馆的羊皮纸专家伊日·维诺契克（Jiří Vnouček）曾告诉我说，这份抄本的大部分纸张甚至全部纸张，很可能是用绵羊皮制作而成的，这恰好十分适合格里高利，因为他的教皇称谓“格里高利”当中包含了“greges”一词，这个词的意思就是“羊群”——这位写了《教牧关怀》（*Pastoral Care*）的教皇，从来都把自己定位成“牧羊人”。这份抄本的书页上都刻有辅助线，以便抄写人将文字以每页两栏二十五行的格式呈现。差不多所有的抄本都是这样，抄本制作人在划线之时，会同时刺穿多张羊皮纸，以便保持格式一致；就和这份抄本的情况一样，纵向排列的孔通常位于每张纸的中央而非边缘。每张纸上只有一列孔，表明纸张必定是在被对折之前就已经被刺上辅助线了，因为对开页上的孔必须能够重合起来。

该抄本的校勘情况可见下方脚注*，具体程式则已经在导言里面解释过了。抄本由以对开页为单位构成的“折”组成，通常是八页，也就是四个开页为一折，每一折当中往往有多处书页佚失的情况，这一点从下方注释提供的校勘情况当中一看便知。在第 ii~x 开页上，每一页的右上角都有抄写人给出的原始标记，以标示抄本内容的正确次序。比如说，这几页上的标记是字母“Q”（“quaternum”一词的首字母，通常意思就是这部分内容覆盖了四个对开页），这个字母后面则是以罗马数字 IV~XII 中的一个。这

* 4 flyleaves（衬页）+ i^{2}（很可能共八页，缺了第 i~v 页及 viii 页，即第 1 对开页前面的五页和第 2 对开页后面的一页）、ii~x^{8}, xi^{9}（共十页，缺了第 iv 页，即第 77 开页后面的一页）、xii~xvi^{8}（共八页，缺了第 viii 页，即第 130 对开页后面的一页）、xviii~xxi^{8}, xxvii^{3}（共四页，缺了第 iv 页，即第 205 对开页后面的一页）、xxviii~xxxiv^{8}, xxxv^{4}+4 flyleaves（原均为空白页，后附有中世纪文件）。

意味着“I~III”折的大部分书页从一开始就丢失了，若以每一折为四个开
页，也就是八页来计算，佚失的部分加总起来很可能是二十二页。丢失的
内容可能涵括了总引言以及埃尔姆罕前面提到的十大福音正典表，正典表
中通常会有的尤西比乌斯（Eusebius）致卡皮亚努斯（Carpianus）的那封
解释性质的信，以及《马太福音》的引言和《马太福音》章节目录的前几
页。很显然，抄本原有一幅整页插图来呈现《马太福音》的作者。在画中，
39 就跟路加一样，马太也应当坐在一处拱门下，因为正对着这张插图页的页
面之上，有很明显的红色印迹。至于该部分会不会像《路加福音》那部分
一样，留有连环画式的插图页，以呈现《马太福音》当中的诸多场景，这
一点我们就无从确定了，不过，这个可能性是很大的。在正对着第 78 对开
页的右页的那个页面上肯定有马克的肖像，因为对面书页之上同样有微弱
的红色印迹，不过这一页也已经丢失了。第 130 对开页右页后面的那一页
丢失了，这一页应当是《路加福音》1:17~33 的内容。约翰的肖像插图页也
丢失了，不过出人意料的是，这张插图页很明显并没有出现在《约翰福音》
开篇页的对面书页之上，因为开篇页上没有残留的印迹，根据校勘情况此
处也没有缺漏，这张插图页其实在正对着引言页的地方，引言页上倒是留
有轻微的印迹。此外还有一张绘有多幅插画的书页丢失了，它原在抄本的
最后部分，且在第 215 对开页左页上留下了微弱的印迹。除这些外，校勘
情况表明抄本的其他地方是没有缺损的。

抄本当中出现了整页插图，虽然只有两幅这样的插图存留下来，但这本身已经是相当重要的情况，因为这佐证了抄本最初的主人就是教皇格里高利——这位教皇曾经对宗教插图的价值进行了著名辩护，具体可见他给时任马赛主教的塞勒奴斯（Serenus）的信。宗教插图，这位教皇说，是特别有助于向非信徒传递信仰的，同时也非常有助于将宗教故事传递给不识字的信众。而这恰恰是奉命前往英格兰的奥古斯丁最需要的。据比德说，奥古斯丁在最初引领肯特郡的埃塞尔伯特国王入会的时候，就是依托基督画像实施布道的。

现在不妨仔细看看这两幅存留下来的整页插图。第一幅以十二个方格

的形式呈现了十二个宗教故事中的场景，其画框给人一种错觉，仿佛是用红色纹理的大理石制成的。这幅图出现在第 125 对开页的右页。方格图呈四行排列，每一行为三个故事场景，都取材于基督受难的故事。当然我们不能把这种表现形式说成是连环画，不过，它们确实是以一连串图片的形式讲述故事的。简言之，这个系列的主题就是进入耶路撒冷、最后的晚餐、花园里的苦恼、拉撒路的复活（很显然，此处的顺序错了，其原因何在，我实在是琢磨不出来）、基督为门徒洗脚、犹大之吻、受捕、该亚法审讯基督、嘲讽基督、彼拉多为基督洗手、基督走向刑场以及基督背负十字架。不难注意到，基督受难记的核心事件，也就是基督被钉上十字架以及其复 40
活，并没有出现。我猜想应该是有后续插图将这个故事讲述完整，不过这些插图后来丢失了。据此推理，《马太福音》部分应该也有类似的整页插图讲述基督从出生到成年的故事。

第二幅整页插图是路加的大幅画像，距离第一幅整页插图九个页码。画中的路加以白胡子罗马元老的形象出现，双腿交叉坐在王座之上，一只手托着下巴，腿上放着一本翻开的书。这样的姿态显然不是在写作的姿态，这跟希腊译本的福音书中他的形象是有区别的，这里的路加是在倾心聆听启示。这样的构图显然具有古代晚期的特色，因为画中人更像哲学家而非创作者。路加的两侧是一红一绿大理石廊柱，白色的大理石柱顶支撑着过梁和巨大的拱门，此等情形像极了在罗马帝国威严的宫殿中。门楣中心是一幅长着双翼的公牛的半身像，它是圣路加的艺术象征。过梁上则是给这头公牛配的文字，出自 5 世纪诗人塞杜利乌斯（Sedulius）的《卡门·帕斯卡勒》（*Carmen Paschale*）；这些文字回应了与另外几个福音书作者的象征（马太的是人的形象，马克是一头狮子，约翰是一只鹰），或与这些象征本身有关的引文，这些象征的草图分别出现在第 2 对开页的左页、第 78 对开页的右页以及第 207 对开页的左页，它们足以证明，这份抄本中的福音书最初是有对应插图的。这可算是对图像式象征符号的早期运用，它们源于以西结见证的上帝宝座的异象（《以西结书》1:10 和《启示录》4:7）。人、狮子、牛和鹰的形象在《凯尔经》（这是第三章的内容）当中会重现，并且能与第十二章的《斯皮诺拉时祷书》中福音书作者的画像联系起来。圣路加两侧的两排柱子之间是几排小图，每边各有六幅，都取材于《路加福音》，从“报喜”（《路加福音》1:11）到桑树上的撒该（《路加福音》19:4）。页面两边的空白处均有8世纪的英语文字说明，它们对这些插图进行了仔细确认。鉴于这些插图本身难以辨识，文字作者应该接触并浏览过以木板
41 画或者壁画形式呈现的类似画作，否则就只能说，此人完全是在主题不明确的情况下，自行对这些插图可能呈现的场景进行了确认。

关于《圣奥古斯丁福音书》中的这些插图已有不少研究，在此不做过多关注。这些插图完全是古典风格，几乎都是立体的，是用那种我们在罗曼风格壁画当中已然熟悉了的地中海暖色颜料绘制的，诸如浅蓝色、乳白色、土红色和雅致的橙色。如今，差不多已经找不到6世纪的彩饰抄本了，但就算这些抄本真的全部散佚了，我们也仍然可以参考教堂的镶嵌画以及壁画。抄本画像中的圣路加本身就是位于一个建筑里的。连环画式的插图很可能就是仿照教堂壁画创制而成的。那样的呈现形式，给人的观感就是在看大理石框架当中的一幅巨大的古典风格的画作。我曾带领圣体学院的
42 一批同僚造访埃塞俄比亚，当时我吃惊不已，因为那里的巨幅木板画虽然以粗朴的形式呈现宗教故事，但同样用了一连串方格画来展现复杂场景，这些木板画今天在埃塞俄比亚的很多教堂里都可以看到，跟我们这份抄本里的插图实在是像极了。自《圣奥古斯丁福音书》的时代以来，埃塞俄比亚的宗教生活基本上没有发生变化。那里的人一直运用这类木板画向没有阅读能力的信众讲述基督教的故事，于是我不免想知道，格里高利一世时的罗马教堂是否也拥有类似的带边框的画作，而且我也禁不住怀疑，抄本中插图的表现形式是否就取材于罗马的教堂，甚至那些木板是否就是奥古斯丁从格里高利那里接受的赠品之一。

就在我写作这章的时候，达勒姆大学的安德鲁·比庇（Andrew Beeby）教授和理查德·贾默森（Richard Gameson）教授带着便携式拉曼光谱仪来到了帕克图书馆。这套设备可以对从色块上反射回来的激光束的波长展开分析，由此对颜料进行化学确认。我利用这个机会将《圣奥古斯丁福音书》

埃塞俄比亚的宗教木板画，在构图上跟《圣奥古斯丁福音书》里面的连环画式插图极为相像，很可能源自一个非常古老的传统

拿出来接受检测。结果不错，他们告诉我说，该抄本当中出现了三种红色颜料，分别是红棕色赤铁（也可能是赭色赤铁）、亮橙红色铅和朱红，朱红是抄本中红色字迹的颜色。这些颜料的成分当然都是天然矿石。至于蓝色，他们说是来自靛蓝染料，是从植物花瓣当中提取的。这种植物叫作木蓝（*Indigofera tinctoria*），在意大利等地颇为常见，不过，其原始生长地很可能如其拉丁语名所示，是在印度。拉曼光谱仪无从确定黄色颜料的来源，只能确定它并非雌黄。贾默森还指出，抄本当中的这些颜料都是经过明显的淡化处理的，跟早期希腊文抄本不一样，早期希腊文抄本的颜料通常很浓，因此经常发生颜料剥落现象。我们的这份抄本中的颜料则淡如水彩，

能够很好地附着在书页上，完全经得起长年累月的摩擦以及气候的变化。

这份抄本并没有用黄金进行装饰，可能是因为对于这样一本要辗转于欧洲大陆，最终前往英格兰的书来说，黄金被认为太过脆弱和容易受损了。严格来说，“泥金装饰”（illuminated）一词对抄本而言就是用黄金进行装饰，这样抄本就既能够反射光线，也能够捕捉光线。从技术上来讲，本书
43 涉及的这些抄本，大约有半数是没有任何泥金装饰的，包括《凯尔经》在内。这倒不是因为6世纪时黄金太过珍稀，实际上这个时期的很多抄本装饰有地中海珠宝和镶嵌画，那里面富含黄金。不过，我们的这份抄本非常低调。那两幅得以存留下来的整页插图是稀世珍品，但抄本文本页并没有装饰，甚至连首字母都很普通。不过，抄本最初的装帧可能用到了黄金，其古老扉页之上留有两处淡淡的菱形绿色锈迹，应该是黄铜或者紫铜留下的痕迹，当初抄本制作人应当是用这样的金属钉来穿透那厚厚的封皮的，以固定抄本的装饰物的。拉文纳的圣维塔教堂就有一些镶嵌画，展现了6世纪的有珠宝装饰的抄本的装帧工艺，画中呈现的是众神父簇拥之下的查士丁尼皇帝，其中一名神父手中捧着的肯定是一份福音书抄本，该抄本以镶金的硬板装订起来，这些黄金是随同绿色和白色的装饰物一起被嵌入硬板当中的。米兰附近蒙扎的圣乔瓦尼巴蒂斯塔大教堂仍然珍藏了一张装饰有珠宝的封皮，应该是6世纪末期或者7世纪初期的东西，是来自伦巴第
44 王后特奥德琳达（Theodelinda, 约570~628）的赠品。从这位王后的书信中我们得知，格里高利一世曾赠予她一份福音书抄本。这份抄本并没有存留下来，不过，人们普遍认为，圣乔瓦尼巴蒂斯塔大教堂的这件藏品就是该抄本的封皮，若真是这样，我们就有了线索，可以据此探明帕克图书馆“MS 286”号藏品的装帧工艺，因为这份抄本也出自格里高利。蒙扎这份藏品的装帧采用的是木料，其边框是用黄金装饰的，正面则饰有工艺精美的黄金十字、古典风格的小浮雕以及彩色宝石和珍珠。此等装帧工艺有可能被运用于《圣奥古斯丁福音书》抄本，而该抄本的封皮可能在宗教改革的大混乱和大劫掠时期之前都是完好的，到了这个时期，抄本上的黄金和珠宝对人们的吸引力变得非同寻常，因此封皮完全有可能就是在该暴乱时期

蒙扎的镶嵌有珠宝的抄本封皮，很可能是圣格里高利赠予伦巴第王后特奥德琳达的。它的装帧风格可能与《圣奥古斯丁福音书》抄本类似

被人撕去的，抄本前面的二十二页也可能就是这样佚失的。

帕克图书馆的这份抄本，很可能是在英格兰存留下来的最为古老的、暂且没有沦落成考古对象的工艺品，毕竟，很难想象会有如此古旧的东西，在这么长的岁月里一直在更换主人并且一直在被使用。甚至也可以说，这是当今世界上最为古老的插图本拉丁语福音书抄本。基督教东方王国中也许会有为数寥寥的福音书抄本存留下来，不过很难说它们会比我们的这份抄本更为古老，此处，我无意论定我们的这份抄本比基督教东方王国的抄本更为古老。后者当中最为神秘者当属两份抄本，它们是用吉兹字母（Ge’ez）写就的，因埃塞俄比亚北方阿巴该（Abba Garima）修道院最近的发掘工作而进入人们视野。这座修道院是可追溯至古代晚期的神秘文化宝藏。这批阿巴该抄本当中，有一些非常古老，依据碳元素日期测定技术，可以确定其诞生时间在 5 世纪和 7 世纪之间，若非这项测定技术，这样的事情实在令人难以置信。这些抄本中也有福音书作者的正面画像——作者在方形画格里向外盯着世人。著名的《拉布喇福音书》（Rabbula Gospels）乃以叙利亚文写就，这份抄本在日期上更为明确，且拥有更为丰富的相关记录，其上有抄写人拉布喇本人的签名，签名时间是586年。这份抄本如今收藏在佛罗伦萨的美第奇·洛伦佐图书馆（Biblioteca Medicea Laurenziana）。《拉布喇福音书》抄本拥有丰富的插图，而且这些插图极为生动，不过很显然都被重新着色了（我见过原本，那样的色彩太过艳丽了）。还有两份令人惊叹的希腊语福音书抄本，同样配有非常逼真的叙事性插图，大约问世于600年或者那之前不久。这两份抄本虽然已经残缺不全，但我们仍
45 然可见其当年的奢华，看看那被染成紫色并以金银装饰的羊皮纸就知道了，更不用说那些流光溢彩的插图了。其中一份抄本如今收藏在意大利东南部卡拉布里亚的罗萨诺教区博物馆，另一份抄本则收藏在法国国家图书馆，定名为《锡诺普福音书》（*Codex Sinopensis*）——因为人们是于1899年在土耳其北部的黑海海岸地区的锡诺普发现这部抄本的。上述这些抄本，连同我们的《圣奥古斯丁福音书》抄本，组成了一个集合，那就是已知的最为古老的彩绘本福音书抄本，这样一个集合世所罕见。

这样一个来自6世纪的彩绘抄本集合的确罕见，不过关于它们，有一个非同寻常的情况要予以说明。《罗萨诺福音书》（Rossano Gospels）完全是因为偶然因素才未能被收藏在帕克图书馆的。萨缪尔·萨维奇·刘易斯（Samuel Savage Lewis，1836~1891）精力充沛，蓄着黑胡子，是个收藏家，也是古典主义者，算是我的前辈，曾任圣体学院图书馆馆长。他的妻子艾格尼丝·史密斯·刘易斯（Agnes Smith Lewis）是著名的“西奈两姐妹”之一，是积极探索黎凡特基督教世界的非同寻常的旅行者和探险家，在那个时代，这样的旅行和探险通常是男性才会做的事情。丈夫死后，做妻子的给丈夫立了传，在这份传记中，艾格尼丝·刘易斯谈到了1889年12月二人携手展开的那趟罗萨诺之旅，这趟行程的目的就是要看一看著名的《罗萨诺福音书》。但是没人能告诉他们这份抄本在哪里，最终，他们来到了一个教堂会吏长的家中，所寻抄本就在此人卧室抽屉里的一个硬纸板盒子中。

这位会吏长和刘易斯开始低声交谈，谈到了这份抄本的价值，当然也谈到了会吏长所在的教堂正需要钱添置教堂物件。刘易斯夫人还听到了“立刻”这个词。在二人回到那不勒斯之后，谈判仍然在热烈进行。最后他们达成的协议是一千英镑。刘易斯夫人接着给出了如下记述：“他即刻发电报回家筹备款项，尔后有了一个疯狂计划，即乘火车返回罗萨诺，于午夜抵达，在站台上约见神父，当场买下那份抄本，乘坐下一趟火车返回。”此一计划显然引发了巨大的家庭内部分歧，不过这类争执在家庭度假中倒也常见，刘易斯女士那长老会信徒式的强烈正义感遂即爆发出来，令她最终否决了这项交易。刘易斯先生的其余私人藏品，包括藏书在内，如今依然是圣体学院的财产。

《圣奥古斯丁福音书》在抵达英格兰的时候，最开始应当只是日常手册，还不至于成为圣物。这份抄本当然会出现在宗教仪式上或者庆典场合 46

圣马太的画像，出自8世纪的《奥里斯抄本》，该抄本目前收藏在斯德哥尔摩。这幅画像应该是根据《圣奥古斯丁福音书》中的一幅现已丢失的画像仿制而来的

中。它可能也被用作新抄本的范本。不过，要确定这一点，需要在创制于英格兰的抄本当中寻找证据，可惜能够存留下来的英格兰福音书抄本很少，根本不足以得出明确结论。据比德说，670 年到 709 年，哈德利安担任圣奥古斯丁修道院院长（当然，当时该修道院还不叫这个名字），在这个时期，圣奥古斯丁修道院里掀起了一股新的《圣经》研究热潮。哈德利安出生在北非，精通拉丁语和希腊语，此前曾在意大利南方担任修道院院长。7 世纪晚期，英格兰人对“MS 286”号抄本实施了大范围的修订，这恰好就是在哈德利安任职院长的时期，此番修订令抄本内容同哲罗姆译本更为贴近，前文提及的那些旧译本词句都在修订之列。其中一些词句干脆被抹去或者重写，抑或是被抄写员以打叉或者做红点标记的方式删除，抄写员用颜色更深的黑墨水将修订内容以及更为准确的词句插入原文。自此往后，再也没有其他明确证据证明这份抄本仍被用作其他英格兰抄本的范本，但考虑到这份抄本的渊源以及其由此享有的巨大权威，它被用作范本的可能性是存在的。

47 不过，抄本当中的插图毫无疑问拥有漫长的“来世”。特别是其中的福音书作者画像被《奥里斯抄本》（Codex Aureus）[*] 仿制，《奥里斯抄本》是诞生于 8 世纪中叶的一份相当华美的福音书抄本，如今收藏在斯德哥尔摩皇家图书馆。令人遗憾的是，瑞典的这份抄本当中，路加的画像已经遗失了。但路加的画像是“MS 286”号抄本唯一存留下来的福音书作者画像，因此我们无法就两份抄本当中的福音书作者画像进行直接比较。不过，《奥里斯抄本》为我们留下了《圣奥古斯丁福音书》当中遗失了的马太画像和约翰画像的仿制品，而且它们毫无疑问是相当可靠的仿制品。一看即知，这些仿制品跟《圣奥古斯丁福音书》里面的路加画像同宗同源。画像当中，福音书作者都端坐在拱门之下，头顶都是各自的象征物。在斯德哥尔摩的抄本的马太画像当中，福音书作者的座椅两边各有一小束植物，这一点跟《圣奥古斯丁福音书》抄本当中的路加画像完全一致。《奥里斯抄本》具体

---

* 也被称作“黄金福音书”或“金典”。——译者注

《圣奥古斯丁福音书》抄本中“最后的晚餐”的场景（左图），将近五百年后，贝叶挂毯复制了这幅图，只不过对画面内容有所调整，贝叶挂毯之上呈现的是贝叶的奥多宴请达官贵人的场景（右图）

是在何地创制的，我们不得而知，我们只知道在9世纪时它被一批维京人劫掠了，后来由坎特伯雷的一对夫妇用黄金赎回，该夫妇中的丈夫名叫阿尔多曼·埃尔弗雷德（Aldorman Ælfred），妻子名叫韦尔贝格（Werberg）。因此，《奥里斯抄本》最初的诞生地有可能是坎特伯雷。“MS 286”号抄本当中，路加画像当中的那头牛很显然被大英图书馆收藏的一份福音书抄本仿制过，这一福音书抄本的内容也是以圣奥古斯丁修道院于8世纪晚期创制的一份完整的《圣经》抄本为依托的。两幅插图当中牛的形象是一模一样的，都那么疲态尽显地横卧着，牛身横跨了整个页面。这就更加证明，“MS 286”号抄本在第一份特许状于10世纪出现在抄本后衬页上之前很久就是圣奥古斯丁修道院的财产了。

该抄本插图中类似埃塞俄比亚教堂的木板画的那种多图并置的图片排列方式，对英格兰艺术有着更为长远的影响。该插图页中最引人注目的是处于顶端中央位置的“最后的晚餐”的图，这幅图于11世纪晚期被仿制在贝叶挂毯（Bayeux Tapestry）上，画面内容仅有细微变动。挂毯上的画面呈现的是诺曼人于1066年9月在佩文西登陆之后，贝叶主教奥多在圆桌之上为圣餐杯祝圣的场景。由此，我们的《圣奥古斯丁福音书》抄本佐证了这么一个情况：贝叶挂毯实际上是在坎特伯雷制作的。用多图并置的方式排列图片，以构成一个叙事序列，这样的设计和做法一直延续到12世纪，

这一点从《埃德温圣咏抄本》（Eadwine Psalter）的前言当中不难看出，这
48 份抄本是 1160 年前后在坎特伯雷基督教堂小修道院中创制出来的。尽管抄本的风格和主题已经跟随时代变化了，但格式没有变，仍是坎特伯雷的专属格式。所谓的《盎格鲁－卡塔兰圣咏》抄本（Anglo-Catalan Psalter）的引言中也出现了这样的插图，据我们所知，这是这种插图形式最后一次出现，该抄本如今收藏在巴黎，是公元 1200 年前不久在坎特伯雷创制的，此时距离《圣奥古斯丁福音书》进入英格兰已有六百年之久。一些艺术史学家认为，这种插图形式仍可以在现存于坎特伯雷的源自 12 世纪晚期的花窗玻璃上看到。坎特伯雷大教堂的圣三一礼拜堂的建筑样式也跟抄本中的插图有关联，这个礼拜堂建造于 1179~1184 年，位于高高的圣坛后面，后来被改造为圣徒托马斯·贝克特的礼拜堂，是欧洲最著名的朝圣地之一。礼拜堂四周是成双排列的廊柱，其白色的柱顶将拱门支撑起来；每一对柱子都是一根为红色一根为绿色，且均由带有斑点的大理石制成，跟《圣奥古斯丁福音书》的福音书作者画像中的柱子一样。

我们的这份抄本一直被存放在圣奥古斯丁修道院而非坎特伯雷大教堂，不过在时间进入现代之后，它又同坎特伯雷大教堂产生了联系。生活在坎特伯雷的人时常会将之称为“坎特伯雷福音书”。如今，坎特伯雷大主教在履行誓言之时，都会用到这份抄本。自圣奥古斯丁之后，坎特伯雷大主教的位置便以继承人直接继承的方式从 6 世纪一直延续到今天，可谓源远流长，包括英格兰国王在内的一切职位在时间跨度上都无法与之比拟。马
49 修·帕克若是见证了此等连续性，想必会觉得它是得到神意嘉许的。今天的坎特伯雷大主教已经是第一百零六任了，在这之前共有十八位大主教是获得了封圣的。当然会有人怀疑我们的这份抄本同圣奥古斯丁没有任何关联，这些人在造访帕克图书馆的时候总是会嘲讽说：“要说坎特伯雷大主教也会使用这抄本，我觉得这又是发明于 19 世纪的一个传统。”不，这既不是传统，也不是 19 世纪的发明。直到乔弗里·费雪（Geoffrey Fisher）于 1945 年接手大主教职位之时，这份抄本才第一次被纳入誓言仪式。坎

特伯雷大教堂档案馆里如今保存有一份非常有意思的打印文稿，作者是威廉・乌尔里（William Urry），它描述了 1961 年 6 月 27 日米克尔・拉姆塞登临大主教职位时，警车于中午十二点半准时将抄本从剑桥运抵仪式现场的情景。威廉・乌尔里时任坎特伯雷大教堂档案管理员，这是抄本第二次现身此类仪式现场。那天的情形颇有点类似于旧喜剧电影里面经常会出现的情形：圣体学院院长乔治・汤普森、学院资深教授米克尔・麦克格鲁姆，还有几名警员，紧紧跟随抄本，在大教堂里四处奔跑。影片最终在乌尔里的钢琴声中结束，随之还有端上来的茶水和点心。

我本人曾两次随同抄本前往坎特伯雷，分别是为了 2003 年 2 月 27 日罗万・威廉斯的大主教就职仪式和 2013 年 3 月 21 日尤斯丁・威尔比的大主教就职仪式。这样的日子的确值得纪念，不过我不想对此着墨太多（如果各位读者想知道具体情况的话，我还是能够说道说道的），因为我接下来就会说到一个与之相关的事件。不过，确实有一个情况出现在威廉斯大主教的就职仪式之上，它也许能为早期抄本的研究提供一些帮助。仪式当天，我必须从西门进入大教堂，并且必须在仪式队伍开始吟唱第一首圣咏之时加入仪式队伍，那圣咏吟唱的是“不朽的上帝、不可见的上帝，智慧全备的上帝”，用的是威尔士的调子，以此凸显新任大主教的民族背景。当时我捧着《圣奥古斯丁福音书》，抄本是打开的，下面有衬垫保护，两条透明的绶带将抄本保护起来。当时，在这个关上了门的石头建筑里，有两千五百多人在高声吟唱那熟悉的圣咏，歌声令空气震动不已——声波的性质就是如此。前文我已经谈过，抄本的羊皮纸书页是极其精细的，非常之薄，这样的羊皮纸会吸收声波，结果便是这些书页跟音乐产生了共鸣和共振。在那样的一个时刻，这份来自 6 世纪的抄本就仿佛有了生命并且也在参加仪式一样。于是我想到，基督教的古老抄本也许都有这样的功能，毕竟，此 50
类抄本所用的羊皮纸通常要比后来的纸张精细得多，因此但凡在有音乐和演唱的场合，抄本都是打开着的，以产生如此强有力且动人的效果。不过，我还是要从纯科学的角度补充一下，类似的事情在 2013 年的仪式之上就没有再出现了。

最后，我还是要回归本章开篇之时提到的那件事情。此事源自 2010 年 6 月来自乔纳森・古达尔牧师的一个试探性电话，当时，古达尔是坎特伯雷大主教派驻兰伯特宫的牧师，他在电话里说，他有一个“有趣的想法”。他解释说，他和几个同僚正在安排教皇本笃十六世当年 9 月访问英格兰的事情。此事若能成行，就会是历史上第二次有一位在任教皇访问英格兰。他说，他希望教皇和坎特伯雷大主教能有机会在西敏寺共同主持一次圣礼。之所以选择西敏寺而非坎特伯雷大教堂（安立甘宗大教堂）或威斯敏斯特主教座堂（天主教教堂），是因为西敏寺享有“皇家特权”（royal peculiar），这也就意味着，这座修道院是直接从属于女王的，是独立于坎特伯雷的管辖的。由此，教皇和坎特伯雷大主教便可以平等身份出现在西敏寺，这能省去外交上的繁文缛节。当然，西敏寺一度是本笃会的修道院，并且也是敬奉圣彼得的（就此事而论，这一点特别重要）。古达尔牧师于是想知道，我们是否能让《圣奥古斯丁福音书》抄本也加入仪式，在当天的福音书布道结束之后，由教皇和大主教共同为这份抄本祝圣。

正式的请求在圣体学院的行政管理体系当中被层层推进。最终，保险和运输方面的事宜都准备就绪了。2010 年 9 月 17 日，星期五，这天一大早，还没到六点，我便已经来到学院。抄本已经在前一天的晚上完成打包，被放在一个深蓝色的防弹盒子里面。运输工具是一辆安全车，并非警车。我陪护抄本到伦敦，并沿着泰晤士河岸一直将其送到西敏寺。八点，抄本便已被存放在修道院东侧走廊的图书馆下方的保险箱里了，由西敏寺的图书管理员托尼・特罗勒斯看护。从十一点半开始，整个仪式彩排都在极为精
51 细、准确地按照预定计划进行。我们都按照规定的步调行进，连大主教本人也参加了彩排，教皇并没有到场。最后时刻我们做了一些调整，以便能够进行适当的电视转播。彩排之时，我用的是另外一本书，没有用抄本原本。

下午三点前后，整个西敏寺已经完全由警力保护起来了。安全措施的确非常严密。在四点之前的那段时间里我要重新进入修道院成了一件很困难的事。入场队伍当中恰好有一个神父认识我，于是我提前进入修道院，并急忙赶往东面的走廊。在那里，我们用一个经过特殊处理的红色垫子来

放置抄本，那衬垫的形状有点像病人专用的早餐托盘。人们希望将抄本打开，翻到插图页，从管理员的角度来看，这种做法是不负责任的。于是，我将书页翻到跟布道词对应的部分，也就是《马可福音》10:35~45，以便教皇为刚刚宣读过的布道词祝圣。

我穿上了得当的学院礼服，这也是我第一次穿戴剑桥大学的博士服。接着，我连同抄本一起被护送到修道院西门边上的耶路撒冷礼拜堂，这里是当年亨利四世驾崩的地方。和蔼可亲的大主教阿尔马格已经等在那里了。我选择一处角落坐下，并把抄本放在我的腿上。不列颠各个教会的头面人物陆续到达，一些人已经在外袍里面穿戴好中世纪风格的精美服饰，另一些人则随身带着漂亮的小衣箱，时刻一到，衣箱里面就会蹦出来各种神秘衣物和饰品。我就在旁边，偷偷地看着这些人在装扮自己，那情形就如同在观赏一棵又一棵行走的圣诞树，所有人都有各自的风格，这一天的情景实在是令人愉快且难忘。英格兰各个新教教会的领袖，比如长老会、英格兰和威尔士的独立教会（Free Church）以及联合归正会（United Reformed Church）的领袖，都在跟主教和大主教们低声攀谈；卫理公会理事会以及联合王国东正教会教会会议的领袖也到场了（两者对比十分鲜明），其中包括迪亚提拉和大不列颠大主教；此外，卫理公会、路德宗、救世军（The Salvation Army）等组织的成员也都聚集一堂。

数千名贵宾如约而来，齐聚西敏寺，场面相当安静，但外面街道上的人群在吟唱和呼叫，令修道院内部的安静场景显得有些无趣。我和枢机主教大人走到窗前向外观看。街道之上旗帜和标语四处飘扬，一半是在抗议 52
教皇造访英格兰，另一半则是在表示欢迎。597 年奥古斯丁登陆英格兰时，很可能也遇到了类似的场面。一名教堂牧师在耶路撒冷礼拜堂打开电视，以便我们观看教皇在西敏寺大厅的演讲，同时也让我们可以提前知道教皇代表团会在哪个时间点上穿过街道前来修道院，若是到了那个时刻，我们就要走出耶路撒冷礼拜堂，前往修道院本堂的西侧，盛装等待教皇的驾临。我手捧抄本，来到我的指定位置——大卫·劳合·乔治的纪念石上方的一根廊柱旁。“您是否也想过，自己究竟是在这里做什么啊？”我跟旁边一个身穿盛装的教堂管理人低声嘟囔了一句，他手里正捧着金光闪闪的西敏寺十字架，那是专供游行之用的。这个问题令他一脸茫然。他说："没，从没想过，这就是我们的日常工作。"

此时，外面街道上一片喧闹，无数相机同时响起的快门声就如同万千
53 只飞鸟腾空掠起，这预示着教皇将要从西门进入修道院本堂了。欢迎仪式结束之后，教皇穿上长袍，我们则列队穿过宽阔的哥特式本堂，经过唱诗班所在的地方，并且在 1268 年专门为亨利三世铺设的马赛克甬道上穿行而过。我将手中的珍贵抄本置于高高的圣坛之上，这是在复制中世纪早期圣奥古斯丁修道院里的情形，然后便鞠躬并（有点不自然地）走向圣坛旁边的祭司席，那里是我的座位。那长长的仪式队伍仍在行进，高潮部分是西敏寺的主任牧师、坎特伯雷大主教、教皇及其随行牧师的出现。随后，苏

教皇本笃十六世在西敏寺朝拜《圣奥古斯丁福音书》的场景，图中手捧《圣奥古斯丁福音书》的人是克里斯托弗·德·哈默尔，坎特伯雷大主教罗万·威廉斯则侧立一旁

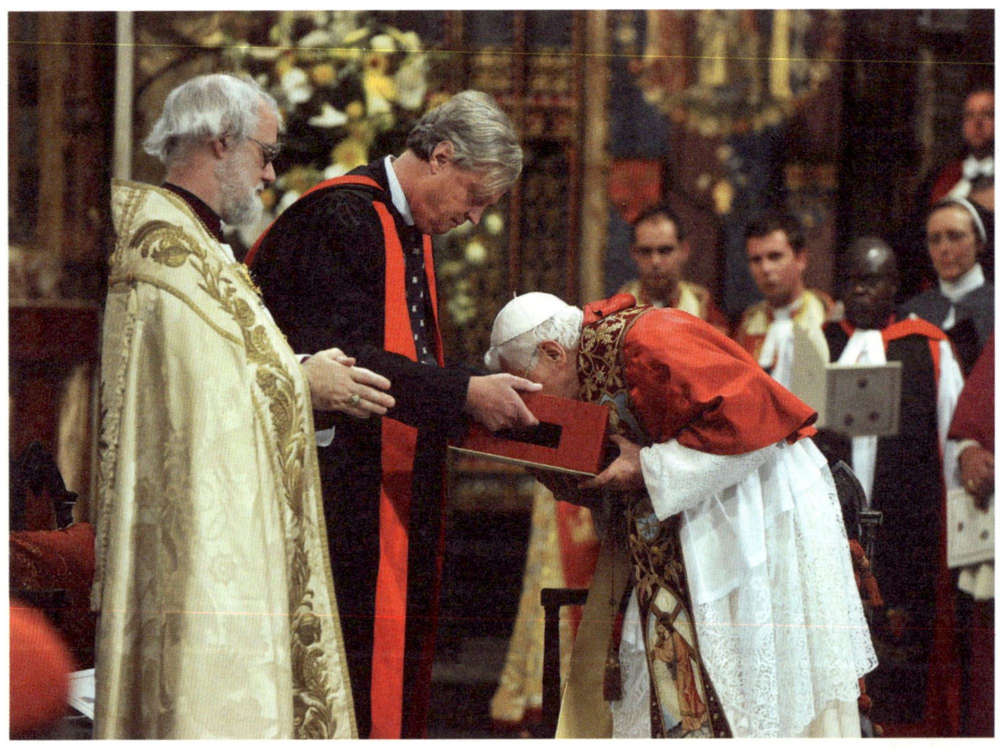

格兰教会长老会主席用英语宣读了福音书，这个程序完结之后，便是我的简短任务。我用垫子托着抄本，走到教皇面前，教皇躬身亲吻书页，然后我又转向大主教，大主教同样躬身亲吻书页。这个过程中，我最担心的就是自己会在从高高圣坛之上铺展下来的光滑台阶上摔倒，我希望自己能尽快安全地折返回来。拾级而上的这个过程很耗时间，虽然这为电视转播提供了极好的场景，但对抄本而言可不是什么好事情。尔后，唱诗班吟唱《圣母颂》；主任牧师同时在圣坛燃香，并拿着香炉在抄本上方不断地绕来绕去。我的天啊，要是香灰落在羊皮纸上，我该怎么办啊。

还好，熏香的味道不久后就从抄本上消散了。大主教在致辞之时说，英格兰的教会都要追根溯源至罗马教皇制度，眼前的这份《圣奥古斯丁福音书》抄本当初就是罗马的教皇格里高利命人送往英格兰的。于是，在预定的时刻，我再次将抄本捧出来，然后再次返回我在劳合·乔治纪念石上方的座位，看着教皇从我身边走过且在一片掌声当中消失在外面的暮色里面。集会的人群散去，西敏寺附近的街道重新开放，安全车遂驶入主任牧师的庭院，我们将抄本重新打包并带回剑桥。夜深之时，抄本在经历了那么一场“中世纪盛况”之后，总算安全回到了它在剑桥的家，回归了原来的安身之所，在黑暗中归于静寂，并恢复了它平时的身份：马修·帕克图书馆的“MS 286”号藏品。

第二章

阿米提奴抄本

约 700 年
佛罗伦萨，洛伦佐图书馆，
Cod.Amiat.1

54 7 世纪英格兰的物件绝少有留存下来并重见天日的。在蒙克维尔茅斯的圣彼得教区教堂的西端还能看到那个时期的建筑的残迹，这座教堂坐落在今天英格兰东北地区的泰恩 - 威尔郡，这里曾是古诺森布里亚的地界。尽管这一 7 世纪建筑的残迹已被列为世界遗产，但其所在环境在今天看来还是颇让人失望的，它就那么孤零零地伫立在同为港口和工业城镇的桑德兰的远郊，湮没在四周的公寓楼里面，跟维多利亚时代整洁的城市公园里面的教区教堂没什么两样。教区教堂南面的草坪之上有工整的指示牌，大致标示出了最近的一些考古发掘成果。此等情形之下，我们需要非同一般的想象力才能见到中世纪时此地的狂野风景，当时宽广的威尔河就是从此地注入北海的（如今，无论是威尔河还是北海，都已经不在教堂的视野之内了），674 年，诺森布里亚国王埃克格里菲斯（Ecgfrith）发布令状，命人仿照古代晚期的罗马风格，在此地修建一座大型的修道院。

于是，英格兰北方便崛起了一座新的修道院，这座修道院的第一任院长兼创建人本尼迪克特·比斯科普（Benedict Biscop，约 628~690）是当地的贵族，一生当中曾至少五次前往罗马朝拜。这样的经历对他的文化视野产生了巨大的影响。于是他决心当一名修士。669 年，他在第三次朝拜罗马之后，陪伴第七任坎特伯雷大主教返回英格兰（该大主教序列是从圣奥
56 古斯丁算起的）。这位大主教就是西奥多·塔尔苏斯（Theodore of Tarsus，602~690），他身负在英格兰南部传播希腊学问的职责。来到英格兰之后，西奥多任命身边的本尼迪克特为坎特伯雷附近的一座修道院的临时院长，

这座修道院就是后来的圣奥古斯丁修道院。因此，比斯科普一度掌管了《圣奥古斯丁福音书》抄本，就像我今天这样，当时关于这份抄本的记忆应该就已经被珍藏在这位未来的诺森布里亚修道院创建人的心中了。几年之后，也就是674年，诺森布里亚国王埃克格里菲斯提供了威尔河附近的一块土地，用于修建修道院，本尼迪克特成为该修道院院长的不二人选，奉派返回诺森布里亚。我是从出类拔萃的盎格鲁-撒克逊作家比德那无与伦比的历史撰述当中了解到其中详情的。

在维尔茅斯的新家中安顿下来之后，本尼迪克特于679年再次动身陪伴年轻修士塞奥尔夫利特（Ceolfrith，约642~716）前往罗马。两个旅人在罗马购买或者用别的什么手段获得了“难以计数的各类书册”（这是比德的原话），这些书册将在随后的故事中扮演重要角色。比德认识这两个旅人，他暗示说，是塞奥尔夫利特而非本尼迪克特在罗马斩获了三份《圣经》新译本，也就是哲罗姆的通行本抄本，以及一份规模庞大的《圣经》全本抄本，比德称后者为《圣经》的“旧”译本抄本。这些抄本，连同另外一批书册，加上诸多圣物，被全部装船，跟随本尼迪克特和塞奥尔夫利特返回维尔茅斯。这两位英格兰修士还设法让罗马方面来人，包括一个来讲授罗马的吟唱方法的名叫约翰的领唱人，以及一些手艺人。蒙克维尔茅斯教堂外面的景点介绍中记录了遗址的发掘情况，其中提到了罗马的玻璃和砂浆，这两方面的技术在当时的北欧暂且是不为人知的。从罗马带回的那批抄本在比德在世的时候是珍宝，但是在距今很久之前就已经差不多全部丢失了，只有一小张出自6世纪意大利的残页得以存留下来，其内容来自哲罗姆《马卡比书》拉丁译本。这张残页是因为被一份中世纪抄本用作衬页才得以存留下来的，这完全是机缘之事，如今这份中世纪抄本收藏在达勒姆教堂图书馆里。

682年，埃克格里菲斯国王在亚罗划拨了更多的土地供修道院使用，新土地位于诺森布里亚另一条大河泰恩河的河口附近，在原址西北方向约
57 七英里处。修士们决定在此地再建一座教堂。修道院院长本尼迪克特将这项任务交给塞奥尔夫利特，后者率领二十名修士进驻新址，其中就有比

德，当时的比德是一个年轻的修士。这两处被视为一体，距离并不远，行走起来也并不困难。现代史学家在谈到这两座修道院的时候，通常将之称为“维尔茅斯－亚罗修道院”，仿佛那就是一座修道院，他们也将两座修道院的图书馆称为“维尔茅斯－亚罗图书馆”或者“维尔茅斯－亚罗缮写室”，仿佛那也是一体的。维尔茅斯修道院是敬奉圣彼得的，亚罗修道院则是敬奉圣保罗的，这两位乃共同守护罗马的圣徒。塞奥尔夫利特很可能将自己从罗马带回的抄本转移到了亚罗修道院，因为比德很显然跟这些抄本有长时间的接触，当然，这么做只是换个抄本收藏地而已，两座修道院仍然是共享这些抄本的所有权的。686 年，塞奥尔夫利特被任命为两座修道院的院长，此后他在亚罗修道院待了三十年之久。

今天亚罗的圣保罗教堂显然要比其南面的那座姊妹教堂更能唤起人们的回忆。圣保罗教堂在如今的亚罗市区之外的一片绿树成荫、曲径通幽的美妙园林之中，这一园林中四处都有长凳供人休憩，阳光透过那绿荫斑斑点点地洒落下来，而我就曾在那绿荫下做了不少的笔记。教堂的南侧是一座 12 世纪修道院的废墟，这座修道院是在塞奥尔夫利特的修道院的原址之上重建的，跟维尔茅斯修道院一样，它如今也被发掘出来，并且被很清晰地呈现在草地上。此地一度是梯田状的，地形相当陡峭，且一直伸展到缓缓流动着的唐河的松软河岸地带，唐河在这里同泰恩河汇流，并随同泰恩河一起汇入北海。教堂东面是一处被称为“亚罗风化地”（Jarrow Slake）的荒地，从此处可以看见不远处泰恩港船坞的繁忙景象。这片土地在海岸地带，这对建筑工人和建筑材料供应人来说当然是好事，不过，对修道院本身来说则是危险的，794 年修道院就因此遭遇了维京人的第一次洗劫。

一个星期天的早晨，我坐在这里的一张长椅上。随后，一个老人过来与我同坐。我询问他教堂开门的时间。他说，早祷时间是十一点，我说我非常希望能参加。老人还跟我讲述了很多事情，我并没有全部听懂，毕竟，老人那浓重的纽卡斯尔口音对我这样的南方人来说是有难度的。当年塞奥
尔夫利特和来访的罗马领唱人毫无疑问是用拉丁语交流的，这会容易得多。 58
进入教堂之后，我在本堂的木椅上坐了下来，这些木椅已经取代了先前的

亚罗的圣保罗教堂，这是从北面取的景；图中的那座塔楼以及教堂建筑的最东边部分都是盎格鲁－撒克逊时代的遗产

长椅（刚才的那位老人是不太赞同这样的革新的）。在这个座位上，我能够透过塔楼的基座看到东侧的那个古老圣坛，那圣坛很小，是塞奥尔夫利特时期的遗物。教堂南侧的墙壁之上，有三个很小的古旧窗户，那是从7世纪遗留下来的，其中一扇窗户已经被人们用发掘出来的盎格鲁－撒克逊时期的彩绘玻璃镶嵌起来了，这是已知的最古老的彩绘玻璃。朝向南面的窗户在早期爱尔兰教堂中是很典型的，因为南面是迎着阳光的一面。北面墙上也都有与之对应的窗户，但那些窗户是现代的，设计者是约翰·派珀（John Piper）；1985年，威尔士王妃戴安娜主持了这些窗户的启用仪式。圣坛拱顶上方的墙壁之上镶嵌了两块彼此相切的石板，从本堂就能看到它们，石板上面就是著名的源自685年的拉丁铭文，表明这座教堂是敬奉圣保罗的，铭文的日期是艾克格弗里特国王统治期的第十五年的4月23日（IX

石碑铭文，是 685 年亚罗教堂馈赠之物，纪念的是埃克格里菲斯登基十五周年以及塞奥尔夫利特在任四周年

Kal. May），这也是修道院创建人塞奥尔夫利特院长在任的第四年，铭文当中是有这位创建人的名字的。我坐在赛奥尔利特和比德曾经每天都可以看 59
到的这些铭文下祈祷，内心受到了很大的触动。我在思考当年的修士们是否认可安立甘宗的主日祈祷仪式，不过，那又另外一回事了。这座教堂的唱诗班以及零散会众中女性的比例相当大。不过，福音书是由两名神父予以宣读的，在宣读之前，两名神父分别身着绿色和白色长袍，以庄重仪态进入本堂，手中高高捧着封面精美的圣书，那圣书是闭合着的，毕竟，它是于 680 年从罗马带回来的。

塞奥尔夫利特看护的这些《圣经》抄本随后成了大量抄本的范本，关于这一情况的记载在 8 世纪早期的文献中出现了两次。有关盎格鲁 - 撒克逊时代的抄本制作工作，存留下来的文献记载极为稀少，因此，这两处相关记载都是值得仔细研读的。第一处出现在一部有关塞奥尔夫利特的匿名传记当中，这一传记很显然出自该修道院的修士之手。传记中说，塞奥尔夫利特极大地丰富了亚罗修道院的室内陈设，并且在他和本尼迪克特·比斯科普从罗马带回来的抄本之上增添了许多藏书。这份传记的作者解释说，塞奥尔夫利特创制了三份《圣经》抄本（很可能都是前文提到的全本抄
60 本），这样一来，两座修道院就可以各自存留一份，方便大家阅读。此事的具体日期我们无从确定，只知道这是塞奥尔夫利特还是修道院院长时期的事情，不过，这些抄本的抄写工作很可能在 7 世纪末期便已经开启了，且这项工作极有可能持续到了 8 世纪初。

比德对亚罗修道院的这些抄本非常熟悉，因此他的《修道院院长列传》（*Historia abbatum*）能为有关这些抄本的记载补充信息。据列传记载，塞奥尔夫利特曾从罗马带回了全本的《圣经》拉丁“旧”译本，之后便扩展了这神圣馈赠，创制了三份抄本，不过，他是依据“新”译本创制这三份抄本的。关键就是后面这个情况。比德总是能够发现并记录下抄本所用的译本。塞奥尔夫利特手下的抄写员是以从意大利传来的全本的形式创制这些抄本的，不过，旧瓶装新酒，抄本的内容则是以哲罗姆的“新”译本为准的。此一情况在随后的故事里面将变得极具分量。

新译本的抄本由维尔茅斯修道院和亚罗修道院各自保存一份，这种做法尽管颇令人吃惊，但也是可以理解的；问题在于，第三份抄本的用途呢？对这个问题的答案，我们只能猜测了。也许，在诺森布里亚这个地方还有再建一座修道院的计划，由此形成独特且不可被分割的三一体的格局（这一不切实际的想法在当时肯定会受到欢迎的）；或者塞奥尔夫利特也许暗怀大志，希望有一天能够更上一层楼，接替塔尔苏斯入主坎特伯雷大主教之位，甚至有一天登临教皇大位，若果真如此，多出来的一份抄本也就不难解释了——那是供他异地晋升之时用的。无论是那本匿名的《塞奥尔夫利特传》，还是比德的《修道院院长列传》，都谈到了事情的终局。七十四岁高龄之时，塞奥尔夫利特决定再访罗马，此行，这位修道院院长带上了多出来的那份《圣经》全本，作为给众使徒之王圣彼得的赠礼。（中世纪的惯例就是如此，通常用护佑圣徒的名字来指代对应的教堂，就仿佛那圣徒仍然活着；此处的这个圣彼得当然是指教皇宫。）院长的此番决定令

维尔茅斯 – 亚罗圈子大为震惊。我们不知道塞奥尔夫利特的动机何在，实际上，比德对此也困惑不已。是不是已经七旬高龄的塞奥尔夫利特仍然希望能在罗马求得一官半职？若如此，这份多出来的抄本则显然是可以用作 61
敲门砖的。时任教皇康斯坦丁于 715 年 4 月 9 日谢世，塞奥尔夫利特很可能是在消息传到英格兰的时候做出了这样的决定。或者是不是还有这样的可能：679 年他将那批抄本从罗马带回诺森布里亚的时候，是接受了一定条件的，这条件就是要将依托该抄本制作的新抄本送回罗马。这两种可能性都是存在的。《塞奥尔夫利特传》在开篇精确记录了塞奥尔夫利特在圣彼得进献这份赠礼之时的献词，内容大概是说，英格兰的修道院院长塞奥尔夫利特从“地极带一国”（extremis de finibus）进献此物。据这份传记记载，716 年 6 月，已经被写上献词的这份抄本被人携着沿亚罗教堂所在的斜坡而下，登上已经在唐河上等待着的一艘船；那船顺流而下进入泰恩河，然后驶向大海。塞奥尔夫利特和一干修士随行陪护着这份抄本。这也是英格兰第一次向外输出抄本。可惜的是，我们的这位修道院院长在这一年 9 月抵达法国中部的朗格勒后，客死他乡了，这便是这个故事的终局。

意大利藏有一份著名的《圣经》抄本，名叫《阿米提奴抄本》。这是藏于坐落在阿米亚塔山（Monte Amiata）的圣萨尔瓦托雷修道院的一件古老珍宝。阿米亚塔山位于托斯卡纳的南部，这份抄本就是因为这座山而得名的。圣萨尔瓦托雷修道院有一份 1036 年的圣物名录，上面就记载了这份抄本。据相关的说明文字，这份抄本涵括了《新约》和《旧约》，“是教皇格里高利那经过祝圣的手抄录而成的”。将这个抄本归于圣徒格里高利一世（约 540~604），倒也不是不合情理，毕竟，抄本的字体是典型的意大利式安色尔体（Italianate uncial），像极了《圣奥古斯丁福音书》的字体。不管怎么说，这份抄本是在意大利创制的，这一点是没有疑问的。抄本的开篇是一份整页的献词，大意是：本书是一个“地极带一国”的名叫彼得的伦巴第修道院院长，敬献给救主（也就是萨尔瓦托雷）修道院的。这样的词句颇有《申命记》28:49 的意味。即便是在今天，在托斯卡纳人眼中，伦巴第人仍然是异域群体，也就是远居化外之地的人（也许，伦巴第人也是这么看待托斯卡纳人的）。圣萨尔瓦托雷修道院心满意足地接纳了这份颇为怪异的献词。《阿米提奴抄本》乃现存的最为古老的哲罗姆通行本完整抄本，而且见证了拉丁语《圣经》的编修过程。

62 康斯坦丁·蒂申多夫曾在前文中短暂露面，但是那次登场不是很体面。正是此人于 1854 年依托《阿米提奴抄本》编修了拉丁语《新约》。他注意到抄本的献词部分是有细微改动的，确切地说，在作为进献方的伦巴第修道院院长彼得以及作为收受方的修道院的名字上，都有涂抹的痕迹。三十年之后，铭文家乔万尼·巴蒂斯塔·德罗西（Giovanni Battista de Rossi，1822~1894）最终解码了更早期的名字，并由此揭示出，这份抄本最初是一个名叫塞奥尔夫利特的“英格兰的修道院院长”进献给圣彼得的。很快，剑桥大学三一学院的教授 F.J.A. 霍尔特（ F. J. A. Hort，1828~1892）也因此回忆起一件事情：这样的献词跟《塞奥尔夫利特传》当中出现的那份献词是一模一样的。霍尔特意识到，《阿米提奴抄本》定然就是来自维尔茅斯－亚罗修道院的那份《圣经》全本，这份抄本在 716 年离开英格兰后便不知所踪了。1887 年 2 月，此消息散布开来，遂引发了一场震动，特别是在不列颠。当时近东地区以及埃及的俄克喜林库斯地区（Oxyrhynchus）正处于《圣经》发掘热潮中，不过，还没有什么发现能比这个发现更让人震惊，因为这就等于说，目前最为古老的拉丁语《圣经》全本实际上是在英格兰创制的。1890 年，H.J. 怀特（H. J. White），也就是后来的牛津大学基督教堂学院院长，在谈到《阿米提奴抄本》之时说，这“也许是这个世界之上最美妙的书”，当然，此话不是没有爱国和夸张的成分的。

在拜访亚罗四天之后，我动身前往翁布里亚的西南地区，与尼古拉斯·巴克尔（Nicolas Barker）以及他的妻子乔安娜（Joanna）会面，巴克尔是《藏书家》杂志的编辑，他们夫妻二人在博赛纳湖区（Lago di Bolsena）有一处度假房。那是在一个夏日，阳光十分刺眼，他们驱车赶往奥尔维耶托车站迎候我。当天我们的目的就是去看一看《阿米提奴抄本》的收藏之地。尼古拉斯负责驾驶，乔安娜在后座为她指路。很快，我们便驱车进入

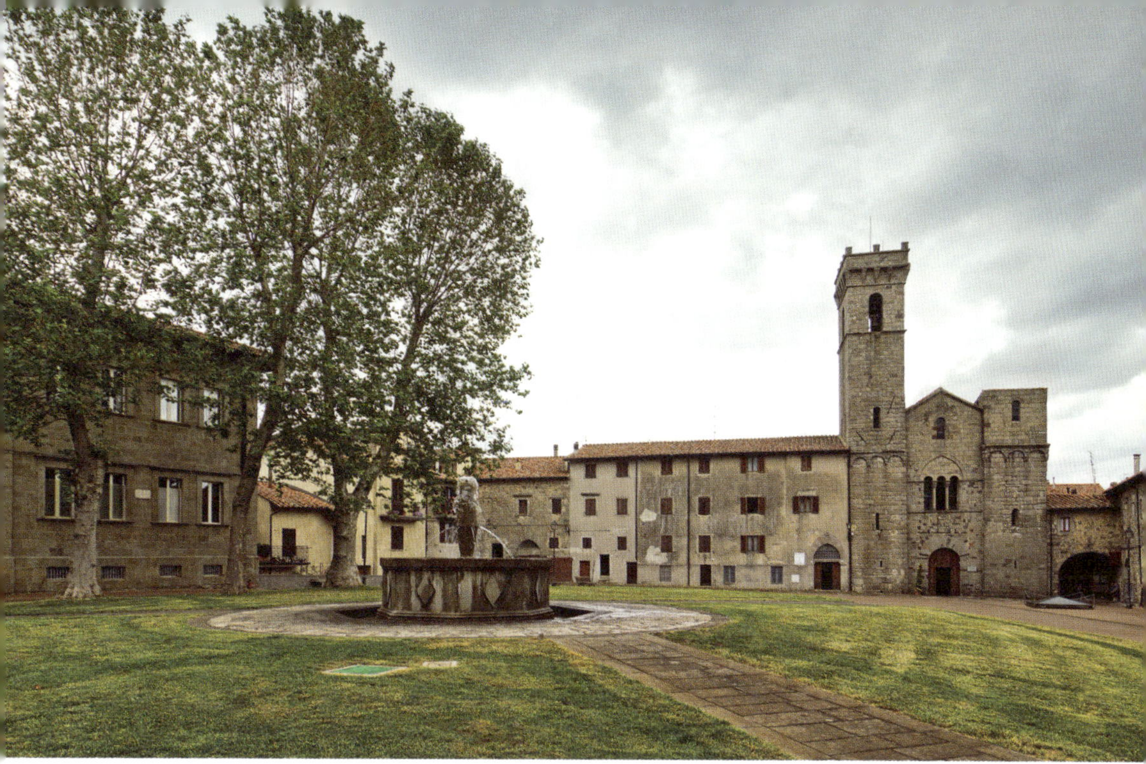

阿米亚塔山的圣萨尔瓦托雷修道院，位于托斯卡纳南部，这是从西面取的景，可以看到喷泉和栗子树

托斯卡纳的最南部，阿米亚塔山遂映入眼帘，它在那一列火山中属最高的一座，如同“大洪水”里面的阿勒山（Ararat）一样耸立着。我们沿着E35号山路向上行驶，这是昔日的南北A1干道，跟前往罗马的古老朝圣之路弗兰西格纳古道有部分重合。之后，我们向左驶入岔路，沿着山间小路蜿蜒而上，路边的路标就指向圣萨尔瓦托雷修道院。周围是一片贫瘠荒凉之地，颇有《圣经》里面的风格，完全不像托斯卡纳北方那样温婉宜居，令人多多少少有些吃惊。

修道院并不在山顶，山顶是一处滑雪胜地，修道院位于东面坡地的一片平地之上。一座建于中世纪的市镇将修道院环绕起来，修道院则连同这座市镇一并被称为阿巴迪亚圣萨尔瓦托雷（Abbadia San Salvatore），实际上，这座中世纪市镇已然是修道院生活的附属品了，修道院藏于市镇当中，令我们在一开始的时候根本就找不到修道院的具体位置。于是，我们在市镇广场上问路。那个路人非常友善，且当时应该也不是很忙，听完便跳进他自己的车里为我们领路。他带着我们穿过镇中小巷，沿着加富尔路向北而行，最后来到米开朗琪罗广场，那座古老的教堂随即出现在了我们眼前。我们的向导指向教堂，神态非常骄傲。这座教堂确实非常壮观，拥有两座中世纪塔楼，一座高一些，另一座则要矮胖一些，分别位于一条低调的罗马式甬道的两侧。教堂里面很高，不过光线不好，仅设有圆拱形的小窗，跟亚罗修道院的教堂窗户完全不同。教堂内部有现代翻修或者重建的痕迹，中央楼梯的顶端是圣坛和一个精美的 12 世纪的木十字架。中央楼梯的两侧是向下伸展的台阶，一直通向一个神奇的由柱子支撑的密
64 室是从 8 世纪留下来的。教堂的北面是一处回廊，曾经是修道院图书馆所在地。回廊南侧的上方是一个小小的修道院博物馆。此博物馆要到下午四点才开放，我们再三央求一个满脸倦容的神父以及几名修士，但都被拒绝了。于是我们回到镇中，享用了一顿美妙的午餐，然后闲逛了一番，最终在规定的开门时间获得许可进入了博物馆。令人惊奇的中世纪物件和抄本随即出现在我们眼前，还有《阿米提奴抄本》的很多照片。

我们在这里了解到，这座修道院有记载的历史可以回溯至 742 年。1228 年，这座修道院加入了西笃会（Cistercian Order）。据说，800 年，查理曼曾于前往罗马接受加冕的途中在这里住了一段时间。1462 年的夏天，教皇庇护二世，或者说人文主义学者埃内亚·西尔维奥·皮科洛米尼（Enea Silvio Piccolomini），也曾在这里盘桓数月，对此教堂外面的一棵栗子树下面有拉丁铭文为证，尼古拉斯用英文大声朗读了那份铭文。可以想见，这位教皇肯定是见过《阿米提奴抄本》的，查理曼也极有可能见过。实际上，在那个时候（以及如今），《阿米提奴抄本》是拉丁通行本的首要参考文本，因此在反宗教改革运动期间，它拥有极大的分量。16 世纪备受围困的天主教徒感受到了新教《圣经》译本的威胁，因为新教的诸多译本都是直接从《圣经》原文的语言翻译而来的，天主教方面则只有拉丁译本。然而，有了《阿米提奴抄本》，天主教方面便可以完美地回应此等威胁。确切地说，这份著名的 6 世纪拉丁语“圣格里高利《圣经》”，要比已知的所有希伯来语《圣经》抄本都更古老，而且在那个时代，也只有梵蒂冈收藏的

一份希腊语抄本能够在年龄上跟“圣格里高利《圣经》”相提并论。因此，在那场围绕时间轴展开的《圣经》文本战中，《阿米提奴抄本》是重头宣传品。1572 年，西笃会总会长曾派人前来借阅这份抄本；格里高利十三世身边的顾问人员也这么做过。但是修道院一概拒绝。最终是教皇西克斯图斯五世强烈要求借用这份抄本，以创制新的教皇版《圣经》，修道院才做出了让步。1587 年 7 月 12 日，抄本离开修道院，奔赴罗马；1590 年 1 月 19 日，抄本回归圣萨尔瓦托雷修道院。以《阿米提奴抄本》为范本创制的西斯廷通行本也于 1590 年问世，并于 1592 年被修订为里程碑式的克雷芒版《圣经》，作为天主教方面对路德译本做出的回应，至今这个版本仍在发行。

18 世纪晚期，现代进程中的世俗政治旋涡将神圣罗马帝国吞没，许多 65
意大利修道院被卷入其中，阿巴迪亚圣萨尔瓦托雷也不例外——它于 1782 年 6 月遭到这股潮流的彻底压制。在接下来数年时间里，《阿米提奴抄本》的处境相当危险，只要是有点胆量的盗贼都可以将之盗取。1789 年，托斯卡纳大公彼得·利奥波德（Peter Leopold，1747~1792，也就是后来的神圣罗马帝国皇帝利奥波德二世）得知这份抄本躲藏在“黑暗和灰尘当中，就仿佛已经散佚了一样”，便命人将抄本从阿米亚塔山转移到佛罗伦萨，它先是被交付一个神学院看管，不过很快就被转移到了洛伦佐图书馆。该抄本一直在洛伦佐图书馆中被保存至今，编号是“Cod. Amiat. 1”，很可能是那里最有名的藏品。

我第一次提出来要看一看这份抄本的时候遭到了拒绝。那种深感遗憾的表情恐怕只有意大利人能做出来了，他们告诉我说，抄本太脆弱了，经不起移动，且太珍贵了，经不起触摸。不过，在意大利，“不”这个词不一定意味着否决，只不过是谈判的开端。于是我前往劳拉·诺沃罗尼（Laura Nuvoloni）处寻求建议，同时也去拜会了乔万尼·拉奥（Giovanna Rao），希望他能听从我的恳求。

半个世纪之前，英国考古学家鲁伯特·布鲁斯 – 米特福德（Rupert Bruce - Mitford）成为描述拜望《阿米提奴抄本》的经历的第一人，他说：

洛伦佐·美第奇图书馆老阅览室，由米开朗琪罗设计，位于佛罗伦萨洛伦佐大教堂回廊的上方

在等了很长时间后，抄本在两人的陪护下出现了，还有第三个人专门负责开门，那情形令人敬畏，一行人捧着抄本，小心翼翼地走了进来。厚厚的六大卷，必须将其安放在桌子上后才能解开上面的搭扣，再之后才能翻开封面。因为米开朗琪罗的八角阅览室光线不足，于是我用提前预备好的自行车灯照亮抄本，细细观瞧那装帧，浑身不免因为紧张而发抖。

这是很久之前的一幅研究古物画面，这样的情景是很难令当今时代的人们相信的。但实际上，我本人跟《阿米提奴抄本》接触时的情形也与之差不多。

洛伦佐·美第奇图书馆坐落在佛罗伦萨这个极其美丽的城市中。洛伦佐图书馆的核心藏品最初是由科西莫·德·美第奇（Cosimo de' Medici，1389~1464）搜集的人文主义书册，后来得到了他的孙子“伟大的”洛伦佐（Lorenzo “the Magnificent”，1449~1492）的收藏品的补充。洛伦佐死后，藏书遭到洗劫和变卖，后由生活在罗马的美第奇家族的后裔重新收回。最终，由教皇克雷芒七世（即朱利奥·迪·朱利亚诺·德·美第奇，Giulio di Giuliano de' Medici，1478~1534）送还佛罗伦萨，这位教皇还委托米开朗琪罗在圣洛伦佐教堂回廊上方设计并修建了一座极为典雅的图书馆，圣洛伦佐教堂自 1419 年之后便一直是美第奇家族的家庭教堂。图书馆于 1517 年在教皇的旁系亲戚科西莫一世·德·美第奇（Cosimo I de' Medici，1519~1574）手中完工，科西莫也曾是托斯卡纳大公，当时收藏有大约三千份抄本。当彼得·利奥波德于 18 世纪 80 年代派人将《阿米提奴抄本》从“地极带一国”送至洛伦佐图书馆的时候，这座图书馆还没有褪去昔日的王族气派。

圣洛伦佐广场西南角的一处入口可以带领你进入图书馆，此处的广场正对着圣洛伦佐教堂未完工的砖墙墙体。入口处悬挂着意大利和其他欧洲各国的国旗，还有另外一些当时在举办的展会的横幅。穿过售票大厅便可 67
以进入建于 1462 年的回廊。回廊四周的墙体上布置着文艺复兴时期的物件。回廊的中心是一个精美的花园。我敢肯定花园里的果树是橘子树，尽管游览手册上说是石榴树。通往图书馆的楼梯在正前方，楼梯旁就是保罗·乔维奥（Paulo Giovio，1483~1552，著名的抄本收藏家；我很高兴能在这里见到他）的墓。楼梯向上伸展，越过已经褪色的壁画，升至回廊东侧区域的上方。第一道门是公共入口，可以进抵通往图书馆的楼梯，此图书馆就是由米开朗琪罗设计并建造的，里面放置着一排又一排表面倾斜的藏书柜。第二道门的旁边放置了一个赤陶土花盆，穿过这道门，你就可以进入图书馆办公室了。

在我进入图书馆办公室的时候，两位女士正在聊天。我告诉她们，我预约了见一份中世纪抄本。她们遂打电话询问。很快，一位穿牛仔裤的男士出现了，问我是不是会说意大利语。我先用英语回答，后用法语，再后用德语，最终我甚至用了拉丁语，我希望他能听懂；他耸耸肩，用意大利人特有的方式说看来我此行肯定是要看一看《阿米提奴抄本》，甚至都没有容我自我介绍。我表示赞同，如释重负。他引领我穿过一间墙上布满了带框印刷品的低矮房间、员工储物柜，以及右手边的藏书保险库——它在米开朗琪罗图书馆的下方。最后我们来到了回廊远角处的一个小房间，这里很显然是用于拍摄的，因为里面摆放了照相设备、胶卷和影印机。此时，另一位男士出现了。这位男士手指一辆手推车，手推车上的毛毯盖着一个大物件。“那就是阿米提奴！”他们告诉我说。两位男士合力将手推车里面的东西放在摄像用的高桌之上，那情形令人不禁回想起布鲁斯－米特福德当年的经历，然后便准备离开。我没有找到可以安全支撑打开的抄本的相关设备，便恳请他们提供合适的物件，并在我捧起抄本之时，将之放在封皮的下面。两位男士遂带着布里奎特（Briquet）的四卷本《论水印》（*Les Filigranes*）折返回来，显然，这部已有百年历史的参考书并不是第一次付诸如此可怜的用途。之后，整个房间便只剩下我一个人，且在我的整个拜访时间里该房间都无人监管，只是偶尔会有人前来使用影印机。

正如阿米亚塔山是一座大山，《阿米提奴抄本》也无可否认地是个庞然大物。这一抄本看起来并没有那么“高大”，毕竟很多中世纪晚期的唱诗班
68 手册都比它更大；不过，它的厚度是超乎想象的。其页面的长度大约 20 英寸，书脊的厚度——不妨想象一下——达到了约 11.5 英寸，全书朝着书口的方向略略收窄。其书页被用非常现代的包裹着黄褐色牛皮的木板装订起来，封底板之上附有皮革带子，这些带子由黄线缝在一起，并配备了现代的黄铜扣环，扣环则是跟封皮边缘的一组金属饰针搭配使用的。坦白地说，这看起来就像是一只巨大的意大利皮革衣箱，而且是颇为昂贵的那种。我翻开封面，确切地说是举起封面，发现那封面对于下面垫着的布里奎特四卷本大书还是太高了。抄本中有一张长条的书架标签，上书“Amiatino 1”的字样，另有一张打印出来的纸条松松地塞在书页里，上书“文化遗产和文化活动事务部”（Ministero per i beni e le attività culturali）字样，这显然是授权文物保护的部门，其保护范围也涵括了 2001 年对抄本进行的重新装订，纸条上写明了萨比纳·玛格里尼和塞尔吉奥·乔万尼为文物保护人。这份抄本实在是太过厚重，所以它能维持单一全本的状态这一点还是非常不错的，此一情状当年也令比德本人以及塞奥尔夫利特的传记作者印象深

《阿米提奴抄本》，体积巨大，单卷本，在 2001 年被用棕褐色小牛皮重新装订，并被配上了黄铜搭扣和抓钩

刻；而且如今的这份抄本并没有像《凯尔经》（本书第三章的主角）或者《贝亚图斯抄本》（本书第五章的主角）那样，只是因为图书管理的需要就依据现代的卷册体系被人为划分。抄本底页的边缘上依稀可见锈迹，这表明封皮上曾钉有金属配饰。

出于好奇，我试图将整个抄本拿起来。我也有能力这么做，把两条手臂都用上就可以，不过，在抄本打开着的时候可不能这么干，否则抄本的中间部分必然会发生沉陷，这将会是无法控制的。布鲁斯－米特福德估计

第 72 页：《阿米提奴抄本》的题词页，其中的人名有改动的痕迹

第 73 页：以斯拉在书橱旁边进行抄写的场景

+ CENOBIUM AD EXIMII MERITO
UENERABILE SALUATORIS
QUEM CAPUT ECCLESIAE
DEDICAT ALTA FIDES
PETRUS LANGOBARDORUM
EXTREMIS DE FINIB· ABBAS
DEUOTI AFFECTUS
PIGNORA MITTO MEI
MEQUE MEOSQ· OPTANS
TANTI INTER GAUDIA PATRIS
IN CAELIS MEMOREM
SEMPER HABERE LOCUM

CODICIBVS SACRIS HOSTILI CLADE PERVSTIS
ESDRA DŌ FERVENS HOC REPARAVIT OPVS

裸书的重量是 75.5 磅，加上装饰物、封皮以及装运箱，大约为 90 磅。米特福德先生对此给出了一个令人难忘的对比：这份抄本在重量上相当于一头成年大丹犬（当然是母犬）一个十二三岁的男孩的体重跟这也差不多。

不妨稍微花点时间，仔细打量一下抄本的前八页，这八页比其余的书页要约略小了一些，装饰却是相当华美。第一页的左页有一个圆拱图案，圆拱下面就是极为珍贵的献词，献词的签名是深褐色的，显然有修改痕迹，不如没有修改过的文字那么工整。正对着这一页的页面上就是那极为有名的以斯拉画像——英格兰最为古老的肖像画，其创作日期为 716 年之前。佛罗伦萨有大量艺术品为人们熟知，然而，当我们真的跟这样的原本面对
面时，仍然会感受到一番战栗。在此番相遇中，令我吃惊不已的就是画像 69
上闪烁着金光，这金光出现在以斯拉头部周围的光晕中、书柜后的背景墙壁上、凳子的四围和凳面，以及画像边框四个角落的方块中。此前我看过复制品，从那上面我了解到当初的创制人的确使用了黄金（这样的事情通常发生在早期希腊语抄本上，在拉丁语抄本上比较少见）；不过，我的确没有想到原本的图竟然如此生动且闪亮。可能在人们创制这份抄本的时期里黄金并不是很难得到，毕竟，它跟萨顿胡古墓（Sutton Hoo）出土的盎格鲁 - 撒克逊国王的珠宝以及斯特拉福德郡宝藏（Staffordshire Hoard），差不多是同时期的。

这份巨大抄本除了这八页外，还有差不多两千多页，其中大部分是极为简约但也不失优雅的文字页面，正文以两栏格式写就，基本上没什么装饰；这同前八页的情况形成了鲜明对照。这部分抄本保存得相当好，给人感觉就如新本一样，着实令人震惊。通常来说，早期抄本会有用旧的痕迹，
而且还会有从各个时代以不同字体留下的批注、修订以及参引的内容。《阿 73
米提奴抄本》则不一样，除了最初诺森布里亚的缮写室中的人们留下的一

左页：基督圣像，四周是四福音书作者及其象征物，在《阿米提奴抄本》当中，《新约》文本由此幅整页插图开启。页面左侧的缺口由动物脖颈处皮的自然形状造成

些修订内容和仪式标记而外，整部抄本中几乎没有任何使用的痕迹。看这情形，就仿佛抄本在诞生之后便一直被封存着，不曾被人翻看过一样。这很可能也是实际情况，因为圣萨尔瓦托雷的修士从来都是将之视为圣物的，不可能真的使用这本书。《诗篇》部分的页码显然是在后中世纪时期编排的，同时该部分文本中还被加上了现代的章节序号，我认为后者很可能就是 1587~1590 年抄本在罗马的通行本编修部流浪期间发生的事情。这样的情况当然令人惋惜，不过想想也是，你若是极不情愿地将珍贵物件借出，通常也就别指望这物件能完璧归赵。

总体而言，《阿米提奴抄本》是以八个对开页为一“组”创制而成的。* 抄本的研究者们甚至一度觉得这极为怪异的第一折也许是从其他抄本上直接挪过来的，并且很可能来自一份意大利抄本，因为这一折的样式和形态跟原本的其余部分或者已知的中世纪《圣经》抄本都完全不一样。这一折里面有一页是紫色的，还有一页是黄色的，完全符合古典样式。不过，今天人们普遍认为，这几页是原本的组成部分，尽管不是那么合拍，但校勘显示，它们与抄本中第 796 对开页左页呈现的新约基督圣像（ Christ in Majesty for the New Testament ）出自同一批英格兰抄写员和装饰人之手，用的也都是同样的颜料，而画有圣像的这一页毫无疑问是原本就有的。

这极为怪异的最初几页为我们提供了全新的且非同寻常的证据，佐证
74 了有关本尼迪克特·比斯科普和塞奥尔夫利特的一个情况，那就是二人于

* 具体校勘情况如下：i^{8}（一个双开页 + 四个对开页 + 两张单页），$ii\sim xxi^{8}$，xxii^{4+1}（第 173 对开页为单页），$xxiii\sim xxiv^{8}$，xxv^{4}，$xxvi\sim xlvii^{8}$，xlviii^{8+1}（第 378 对开页为单页），$xlix\sim lxvii^{8}$，lxviii^{4+1}（第 535 对开页为单页），$lxix\sim lxxxix^{8}$，xc^{4+1}（第 708 对开页为单页），$xci\sim cxviii^{8}$，$cxix\sim cxx^{8+1}$（第 941 对开页和第 950 对开页为单页），$cxxi\sim cxxx^{8}$。抄本当中，每一“组”的底页的下端内角处都会有罗马数字标记，注明其最初所在的“折”的序列，有时候会用字母“Q”起首（这是 quaternion 一词的大写首字母），有时候则没有这样的情况。麻烦的是，第一折并没有进入序列（这里指的是第 1~8 对开页，也就是最前面的几页），而且在抄写员给出的折的序列标记当中，标记“XXIV”是发生了重复的，这显然是疏忽所致，这个标记出现在实际上的第二十五组的底页（即第 193 对开页的左页）之上，后来又出现在第二十六组的底页（即第 201 对开页的左页）之上。抄写员在抄本上标记的第 CXXVIII 折，也就是抄本的最后一折，实际上应当是第 130 组。

679 年造访罗马的时候确实获取了“无数的书册”，其中就包括了卡西奥多罗斯（Cassiodorus，约 485~580）收藏的一批抄本。卡西奥多罗斯是罗马帝国晚期的一名元老，也是哲学家，相当多产，后皈依基督教并且成为《圣经》研究史上的巨人。此人在退隐之后，在意大利东南角落的卡拉布里亚（Calabria）创建了一个修道院式的研究机构，叫作“Vivarium”（玻璃池），这个名字源自其院子里的鱼塘。卡西奥多罗斯将自己的收藏都赠给了这个研究机构。他写了一本名为《制度》（*Institutiones*）的指南，论述圣俗学问，这本书不仅阐述了划分并解读《圣经》的方法，同时也详细讲解了他是如何运用这独特的方法来解读自己收藏的一些抄本的。他给出的抄本细节跟《阿米提奴抄本》开篇几页的内容可谓完全一致，由此可以认定，这些细节是直接从《阿米提奴抄本》抄录而来的，或者不妨这么说，比斯科普和塞奥尔夫利特在罗马获取的“无数的书册”当中，必定就包含了卡西奥多罗斯先前收藏在卡拉布里亚的一些抄本，这些抄本后来进入流通并被转手。卡西奥多罗斯的“玻璃池”图书馆很小而且资金也少得可怜，这样的图书馆和研究机构在创建人谢世之后通常不会维持太久，因此，这些藏品很显然在卡西奥多罗斯谢世之后流散四方。如果塞奥尔夫利特购进这些藏品中的部分抄本，那么这些抄本当然就会在诺森布里亚成为维尔茅斯 - 亚罗修道院修士们的抄写范本。古典学问如此广博的比德，很有可能有缘得见这些传承自罗马帝国晚期的极具价值的私人藏品，虽然他那个时候未必能意识到，眼前的这些抄本曾经的主人竟然就是大名鼎鼎的卡西奥多罗斯。

卡西奥多罗斯在《制度》一书中提到一个情况，说他自己拥有一份巨大的拉丁《圣经》全本，他将之称为“大抄本”（Codex Grandior）。卡西奥多罗斯还谈到，“大抄本”的《旧约》部分取自哲罗姆的希腊语译本第一修订版，而不是后来从希伯来语翻译而来的通行本。这部分内容显然涵括了三百八十页的篇幅。在那个时代，单卷本的拉丁《圣经》是极为罕见的，

第 78~79 页：《阿米提奴抄本》中的耶路撒冷圣殿结构图，跟卡西奥多罗斯的描述颇为近似，卡西奥多罗斯曾将一幅相应的绘图插入自己收藏的“大抄本”当中

ASER N XLI D
BENIAMIN N XXXV CCCC
EFRAIM N XL D
MANASSE N XXXII CC
ARETOS
FILII MERARI VI CC
DYSIS
FILII GERSON VII D
ARCA TEST
SCA SCORUM
ALTAR THIM
CANDE
MENSA
FILII CATH VIII DC
MESEMBRIA
GAD N XLV DCL
RUB

Lxii DC

NEPTHALIM N Liii CCCC

ISSACHAR N Liiii CCCC

IUDAS N Lxxiiii DC

ZABULON N Lvii CCCC

HOLOCAUSTI

ALTARE

LABRUM

MOSES ET AARON

ANATOL

xLvii D.

SYMION N Lviiii CCC

因此，这份抄本完全有可能就是塞奥尔夫利特从意大利带回的那份“旧”
75 译全本。卡西奥多罗斯还说，他曾在“大抄本”里面插入了一张耶路撒冷圣殿的结构图，这张图是以《出埃及记》26 中的描述为依据的。《阿米提奴抄本》最初几页当中恰恰有一组跨页（也就是第 6 对开页的左页和第 7 对开页的右页）呈现了这样的一张图，展现的是圣殿内殿也就是“帐幕”（Tabernacle）的结构。帐幕的中心就是“至圣所”（Holy of Holies），当然，还有约柜。卡西奥多罗斯还记录说（所有这些内容都在《制度》一书第一卷的第十四章），他将圣希勒里、圣哲罗姆和圣奥古斯丁的《圣经》文本划分方式分别以图示方式嵌入“大抄本”当中。这些恰恰也都出现在了《阿米提奴抄本》当中，分别在第 3 对开页的右页、第 4 对开页的右页和第 8 对开页的右页。

《阿米提奴抄本》第一折当中，最有名也最为怪异的一页就是以斯拉画像插图页，这一页如今已经成为抄本的卷首页了。画面呈现的是一个头戴光环、身穿犹太祭司袍服之人的侧面像，此人端坐在凳子上面，正在腿上放着的一本半开的书上写着什么。他的双脚放在一个低矮的架子上面。四周散落着各种各样的缮写用具，尖笔、分规、笔、墨水瓶等，旁边桌子上很可能还放置了一碟颜料。他身后是书橱，绘制有方格镶嵌图案的书橱门打开着，里面略带坡度的五层书阁便映入眼帘，书橱里面有九本书，都有着暗红色的封皮。拉文纳（Ravenna）的迦拉普拉西狄亚陵寝（Mausoleum of Galla Placidia）中有一幅圣劳伦斯的镶嵌画像，画面当中也出现了极为相似的书橱，里面放置了四福音书，该画像可以溯源至 5 世纪的后期，差不多就是卡西奥多罗斯所在的时代。《阿米提奴抄本》的这幅插图当中，书橱四周的家具和装饰物展示出来的木工技艺是极为精巧的。该图还尝试了透视技法。墨水瓶在地面之上制造了一团暗影，之所以提及这个情况，主要是因为人们通常认为暗影技法直到 15 世纪才开始出现在欧洲艺术当中。虽然这只是一幅由 7 世纪晚期的一个英格兰抄写员所作的插图，但是它提供了相当有意思的信息：画中人并没有书桌，他是直接将书册放在腿上展开工作的，而今天的埃塞俄比亚的抄写员仍然是这么做的。就在我记录这些

情状，并据此想象这样的缮写室跟中世纪缮写室的日常环境有着怎样的差 78
异的时候，我突然意识到，我不也正是在自己腿上的硬板笔记本上写下这点点滴滴的吗？眼前的《阿米提奴抄本》已经将整个的桌面都占据了，没有给我留下任何空间。此时在洛伦佐图书馆的微缩胶卷柜和复印设备旁、运笔写些什么的我，不就像是一个安坐在书橱前的抄写员吗？

这幅插图的确很奇怪，所呈现的显然不是抄写员的工作场景，而是写书人的工作场景。书册之上的字迹非常潦草且散乱。有人说那其实是“提洛速记体”（Tironian notes）——中世纪早期的一种速记体，不过，那其实只是插图创制人为呈现一些无具体含义的文字而采用的艺术手法。画框之外的页面顶端是一组俗体对句：“Codicibus sacris hostili clade perustis / Esdra deo fervens hoc reparavit opus”（大致意思是“圣书被毁，以斯拉受命于天，恢复圣书”）。这一题词指的是在公元前457年前后巴比伦之囚结束的时候，作为祭司兼抄写员的以斯拉被送回耶路撒冷，发现希伯来《圣经》已经丢失并且被人们遗忘了，于是在上帝的引领之下，凭借记忆再现神圣经文。这幅插图的配图文字以及画中人的《旧约》中的祭司服饰，表明此人就是以斯拉。

卷首的作者画像插图页是自古典时期开始希腊文本中就有的一个特点。本书第一章我们谈到的《圣奥古斯丁福音书》里面的路加画像就是如此。不过，《阿米提奴抄本》里面的以斯拉显然不是作者。以斯拉的贡献，在于将《旧约》第一部分的经文保存了下来，这当然不是基督教《圣经》的全本，因为全本的大部分文本是以斯拉死后很久才出现的。从很多方面来说，这样一份通行本的全本的卷首插图人物也许选择正在写作的圣哲罗姆更为合适，实际上，后来的许多中世纪《圣经》抄本就是这么做的。《阿米提奴抄本》的插图风格完全是地中海式的，因此肯定是以从意大利输入的范本为依托的，我们甚至有理由认为，它就是以“大抄本”为依托的，尽管卡西奥多罗斯并没有提及这幅插图。对于这幅画像，人们普遍认为，那里面
的人实际上就是卡西奥多罗斯自己。跟哲罗姆（当然还有以斯拉和塞奥尔 79
夫利特）一样，卡西奥多罗斯也是在经历了一段混乱期之后，成了坚定的

《圣经》看护者和传播者。他见证了546年东哥特人对罗马实施的大洗劫，他自己的在卡拉布里亚的研究基地在那样的情形之下就成了沙漠里的小小绿洲，因此，他献身于经文的保护工作，令其免遭野蛮人和叛教者的毁灭性打击。在《制度》中，他不仅仅描述了“大抄本”，也谈到了一个“新抄本”（novem codices），即他在按照自己的方法将《圣经》划分后，抄写而成的九个独立文本。画像中以斯拉身后的书橱里恰恰就展示了这九个独立文本，而且其各自的标题也都被呈现在书脊上。在这一画像的复制品中这些标题基本上是无法辨识的，不过，在原本中，书脊上的标题是可以反射光线的，由此我们便可以在无光泽的书脊的衬托之下，将标题辨识出来，它们分别是：《旧约前八卷》（Octateuch）、《列王记和约伯记》、《历代志八卷》、《诗篇》、《所罗门书》、《先知书》、《福音书》、《书信》以及《行传和启示》。这其中，顶多也只有第一层书阁之上的书册能匹配以斯拉所在的历史时期，但这九个文本在卡西奥多罗斯的卡拉布里亚图书馆都有收藏。说这幅画像是以卡西奥多罗斯为原型创制而成的，也许更为合适一些。当然，卡西奥多罗斯是否会找人给自己画像，这一点是存疑的，不过，他谢世之后的图书管理员以及他的继承者们是有可能将这样一幅圣徒传记式的卷首插图嵌入他们的已故院长最为喜爱的“大抄本”当中的。

画中人拥有多种身份，可能是卡西奥多罗斯，也可能是以斯拉，这一现象在7世纪晚期或8世纪前半叶得到了延续：在诺森布里亚北部海岸这幅画像再次被精确复制，这一次画中人物被换成了福音书作者圣马太，涉及的抄本正是如今由大英图书馆收藏的《林迪斯法恩福音书》（Lindisfarne Gospels）。在此抄本中，原来的“以斯拉”画像得到精确的仿制：两人姿态是完全一样的，手都放在翻开的书册之上，两人穿有同样的草带鞋，画中都有两张凳子——一张用来坐，另一张用来放脚。

现在我们要离开抄书员，转而看看抄本字体。《阿米提奴抄本》是用安色尔体写就的，也就是典型的“罗马书写体”（romana scriptura）；并且
80 跟传自罗马的《圣奥古斯丁福音书》一样，它是以长句分行的两栏格式写就的，也就是所谓的“从句和短句分行法”，方便大声诵读。安色尔体跟

7 世纪晚期或者 8 世纪早期的《林迪斯法恩福音书》抄本中的圣马太画像，跟《阿米提奴抄本》中的以斯拉画像一样，也是在诺森布里亚创制完成的，并且用的是同样的范本

爱尔兰抄本运用的本土的大写和小写字体完全不一样，抄本研究者通常将后者称为“岛屿”体（Insular Style），其覆盖范围包括了英伦诸岛上所有的凯尔特人居住区。《阿米提奴抄本》运用的安色尔字体同地中海安色尔字体形成鲜明对照，这也进一步表明，维尔茅斯 – 亚罗的抄写员圈子是有意识地远离爱尔兰风格并且特意效仿罗马的书写习惯的。本尼迪克特·比斯科普和塞奥尔夫利特有可能从意大利带回了一批相当熟练的抄写员，让他们前来英格兰传授安色尔体抄写技艺。《阿米提奴抄本》第 86 对开页的左页上记录的是《利未记》的引言内容，在这个页面上可以看到书写着多个相当笨拙的希腊语词，表明这份抄本的制作人是某个塞尔万多大人（Lord Servandos）。这显然不是一个盎格鲁 – 撒克逊人的名字，而且，这些词定然是某个懂得拉丁语但并不懂得希腊语的人，在不理解文本内容的情况下，从范本当中抄录而来的。尽管抄写员严格按照意大利范本进行了抄录和仿

81 制，但可以看出这些人毫无疑问都是英格兰人。缩写格式以及一些诺森布里亚安色尔体抄本独有的特征，都足以让我们得出这一结论。

人们常说，仅凭字体就能够看出维尔茅斯－亚罗抄写员圈子和林迪斯法恩圈子在文化观念和视野上的巨大差异，前者是以罗马字体为模板的，后者则惯用爱尔兰的岛屿体，虽然后者也只是位于前者北面大约五十英里的地方。不过，无论是在事实上还是在常识上，两个圈子之间都是互相吸引且互相影响的。《阿米提奴抄本》虽然是以罗马字体写就的，但一些文本的开篇词也会展示出明显的岛屿体风格，例如“渐弱”风格（diminuendo）——一开始字母很大，之后逐次缩小。《创世记》的开篇就是一个例子。开篇的前两个词“In Principio”，也就是“起初”（第 11 对开页右页），其首字母“I”很大，比常规文本的字母要高出很多倍，第二个字母“n”则要小一些，字母“p”就更小一些，依次递减，直到最后的字母同正常字体的大小无异。这是典型的爱尔兰抄本风格，本书第三章将要讲述的《凯尔经》有多处比这更夸张的例子。《阿米提奴抄本》的抄写员肯定在林迪斯法恩修道院见识过这样的风格。如实情所示，林迪斯法恩的修士也从亚罗“大抄本”中借鉴了圣马太的画像，并将小小的安色尔字体运用于他们所钟爱的 8 世纪早期的《圣库斯伯特福音书抄本》（“Saint Cuthbert Gospel”）中。如今，后者被保存在大英图书馆里；同巨大且厚重的《阿米提奴抄本》比较起来，它显得很是小巧，也没什么重量，很显然是 698 年葬于林迪斯法恩的圣徒库斯伯特早期随葬品之一。

应该有不下七个（甚至可能有九个）抄写员参与了《阿米提奴抄本》的抄写工作，由此便也不难感受到其所属缮写室的大小以及组织严密程度。一些人的字体要比其他人大一些，在各个《圣经》文本之间的隔断处可以很明显看出这一点。抄写员的工作量是以文本集来划定的。据校勘情况显

右页 :《阿米提奴抄本》的《创世记》开篇页，首行的前几个字母字号逐渐缩小，呈现出典型的岛屿风格

IN PRINCIPIO CREAUIT DS
CAELUM ET TERRAM
TERRA AUTEM ERAT INANIS ET UACUA
ET TENEBRAE ERANT SUPER
FACIEM ABYSSI
[illegible]SPS DI FEREBATUR SUPER AQUAS
[D]IXITQUE DS FIAT LUX ET FACTA EST LUX
ET UIDIT DS LUCEM QUOD ESSET BONA
ET DIUISIT LUCEM AC TENEBRAS
APPELLAUITQUE LUCEM DIEM
ET TENEBRAS NOCTEM
FACTUMQUE EST UESPERE
ET MANE DIES UNUS
DIXIT QUOQUE DS
FIAT FIRMAMENTUM IN MEDIO AQUARU
ET DIUIDAT AQUAS AB AQUIS
ET FECIT DS FIRMAMENTUM
DIUISITQUE AQUAS QUAE ERANT SUB
FIRMAMENTO AB HIS QUAE ERANT
SUPER FIRMAMENTUM
ET FACTUM EST ITA
UOCAUITQUE DS FIRMAMENTUM
CAELUM
ET FACTUM EST UESPERE ET MANE
DIES SECUNDUS
DIXIT UERO DS
CONGREGENTUR AQUAE QUAE SUB CAELO
SUNT IN LOCUM UNUM
ET APPAREAT ARIDA
FACTUMQUE EST ITA
ET UOCAUIT DS ARIDAM TERRAM
CONGREGATIONESQUE AQUARUM
APPELLAUIT MARIA
ET UIDIT DS QUOD ESSET BONUM ET AIT
GERMINET TERRA HERBAM UIRENTEM
ET FACIENTEM SEMEN
ET LIGNUM POMIFERUM FACIENS
FRUCTUM IUXTA GENUS SUUM
CUIUS SEMEN IN SEMET IPSO SIT SUPER
TERRAM. ET FACTUM EST ITA
ET PROTULIT TERRA HERBAM UIREN
TEM ET ADFERENTEM SEMEN
IUXTA GEN[U]S SUUM
LIGNUMQUE FACIENS FRUCTUM
ET HABENS UNUMQUODQUE SEMENTEM
SECUNDUM SPECIEM SUAM
ET UIDIT DS QUOD ESSET BONUM
FACTUMQUE EST UESPERE ET MANE
DIES TERTIUS
DIXIT AUTEM DS
FIANT LUMINARIA IN FIRMAMENTO CAELI
UT DIUIDANT DIEM AC NOCTEM
ET SINT IN SIGNA ET TEMPORA
ET DIES ET ANNOS
UT LUCEANT IN FIRMAMENTO CAELI
ET INLUMINENT TERRAM
ET FACTUM EST ITA
FECITQUE DS DUO MAGNA LUMINARIA
LUMINARE MAIUS UT PRAEESSET DIEI
ET LUMINARE MINUS UT PRAEESSET
NOCTI ET STELLAS
ET POSUIT EAS IN FIRMAMENTO CAELI
UT LUCERENT SUPER TERRAM
ET PRAEESSENT DIEI AC NOCTI
ET DIUIDERENT LUCEM AC TENEBRAS
ET UIDIT DS QUOD ESSET BONUM
ET FACTUM EST UESPERE ET MANE
DIES QUARTUS
DIXIT ETIAM DS
PRODUCANT AQUAE REPTILE
ANIMAE UIUENTIS
ET UOLATILE SUPER TERRAM
SUB FIRMAMENTO CAELI
CREAUITQUE DS COETA GRANDIA
ET OMNEM ANIMAM UIUENTEM
ATQUE MUTABILEM
QUAM PRODUXERANT AQUAE
IN SPECIES SUAS
ET [O]MNE UOLATILE SECUNDUM
GENUS SUUM
ET UIDIT DS QUOD ESSET BONUM
BENEDIXITQUE EIS DICENS
CRESCITE ET MULTIPLICAMINI
ET REPLETE AQUAS MARIS
AUESQUE MULTIPLICENTUR
SUPER TERRAM
ET FACTUM EST UESPERE
ET MANE DIES QUINTUS

示，有多折包含的书页数量不同于常规，这种情况通常出现在相关卷册的结尾之处：比如，xlviii（拥有 9 个对开页，《历代志》的结尾，第 378 对开页左页）、lxviii（拥有 5 个对开页，《以赛亚书》的结尾，第 535 对开页左页），以及 xc（拥有 5 个对开页，《托比书》的结尾，第 708 对开页左页）。所有这些中断处都代表了抄写员的轮换，因为除非是接下来的文本的抄写工作
82 已经开始了，否则的话是不会出现总页数为奇数的折的。由此便也可以让多个抄写员同步展开工作。

抄本所用羊皮纸是很宽大的，因此一份全本抄本需要大量羊皮或小牛皮。通常来说，一张皮只能被制成一个对开页。《阿米提奴抄本》用掉了一千零三十张纸，这么算下来也就有五百一十五头小牛为此遭殃了。塞奥尔夫利特从意大利带回的是三份全本抄本，因此要将这个数量乘以三。虽然没有证据，但有人认为，692 年维尔茅斯 – 亚罗修道院获得的那块地产就是为了开辟牧场，以便为创制《圣经》抄本提供更多牲畜用的。实际上，在塞奥尔夫利特超过三十年的院长任期当中，对一个大型且组织良好的乡间社区来说，同时饲养几千头牲畜倒也并不是什么超常之事，更何况，畜群除了提供兽皮而外还能有很多别的产出，这些也都是修道院的生活必需品。比如众多修士日常所需的肉食，还有羊角、羊胶、骨头等，以及大量农用血肥。羊皮纸尽管质量通常很好而且极其柔软，但还是会有家庭作坊制品的触感，那样的触感是我们在本书第十一章的维斯孔蒂《半神》或者第十二章的《斯皮诺拉时祷书》上不会遇到的，当然后两份抄本都是 15 世纪的物件了。有些书页上会留有斑点；还有些书页则留有羊皮本身的缺口以及抄写员留下的印迹；有些羊皮纸非常精细，几乎是透明的（比如第 810 对开页），使得部分字迹有些模糊不清；有些书页稍微短一些，或者少了边角，这种情况就需要抄写员予以适应了（比如第 613、第 735 对开页等）。抄本研究领域中的许多人，若非专家，很可能会怀疑我将要说的话，而且一些考古学家也可能会秉持这种态度；不过话又说回来，倘若我事先不知道《阿米提奴抄本》是英格兰人的作品，我仅凭纸张的触感及其味道上也会产生这样的怀疑。我很难用语言来形容这种感觉，即英格兰人用的羊皮

纸有一种奇怪且温软的皮革味道，相形之下，意大利的皮革味道则更刺鼻一些，也没那么温软。这也许是因为英格兰抄写员使用了不同类型的动物的皮，比如用小牛皮取代绵羊皮，或者是这些动物的生长环境不同。与今天的家畜饲养相比，中世纪时期的家畜饲养应该更容易受到地区差异的影响。未来，DNA 技术也许会改变这个领域的研究。 84

7 世纪到 8 世纪的档案材料和抄本是极为稀少的，因此得以存留下来的材料之间若是能形成互证，将会对本章产生极大帮助，事实也的确是这样的。那个时代的抄本的存留率几乎到了可以被忽略不计的程度，因此，比德记载过的抄本竟然留存到了今天，的确太令人难以置信了。即便是 15 世纪的抄本也要靠着非凡机缘才能够存留到今天。然而，以下的事件则更是一个奇迹：迄今为止，整个欧洲唯有一份有关私人图书馆之情况的详细描述存留下来，这座私人图书馆距离诺森布里亚 1500 多英里，正是它提供了用于制作那份存留下来的抄本的范本。而且接下来，我们还将见证一个更大的奇迹。

此一发现始于 1908 年 9 月初，这一天，牛津大学的教会史学家库斯伯特・特纳（Cuthbert Turner，1860~1930）正在达勒姆教堂图书馆询问有关早期《圣经》抄本的事情。同为教堂图书管理员、考古学家和收藏家的威廉・格林韦尔（William Greenwell，1820~1918）邀请特纳到家中用晚餐。特纳注意到格林韦尔家的客厅里裱有一张书页，这书页显然是来自一份巨大的抄本，上面的文字是用安色尔体写就的，特纳遂在言谈间提到，这张书页看起来很像是《阿米提奴抄本》里面丢失的书页。此话引起了主人出人意料的反应。格林韦尔断言说，这张书页来自塞奥尔夫利特创制的另外两份《圣经》抄本。但在接续的考察到来之前，而且也在特纳将这张书页刊印之前，格林韦尔就将书页捐献给了大英博物馆，大英博物馆也得以在 1909 年初收到了这张书页。如今，这份藏品以一个令人喜爱且“绿意盎然”的名字为世人所知，“格林韦尔（绿泉）书页”（Greenwell Leaf）——有点像《罗宾汉》的故事里面的名字。书页之上是用拉丁文语写的《列王记》III 9:29~12:18 的内容。现在回想起来，格林韦尔为这张书页提供了一

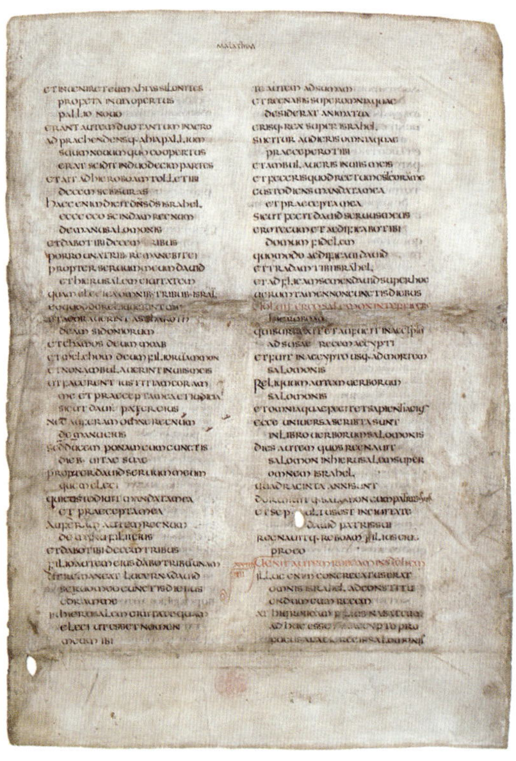

威廉·格林韦尔，英国古物收藏家（左图），也是达勒姆大教堂的图书馆馆长，右边是一份 7 世纪晚期《圣经》抄本的书页（右图），这张书页是 1908 年 9 月库斯伯特·特纳在格林韦尔家中发现的

个无法证实的故事，这个故事有多个版本，细节上有诸多差异：有时他说他是于 1890 年在纽卡斯尔的一家书店里发现的这张书页，有时又说那是一
85 家“古玩店”。纽卡斯尔距离亚罗只有六英里，因此这个说法看来是有可能的，尽管我很难相信，像格林韦尔这样一位并不低调的古物家，竟然在有了如此令人震惊的发现后的二十载的时间里，忘记对任何人提起此事。

1911 年，W.H. 斯蒂文森（W. H. Stevenson，1858~1924，牛津大学圣约翰学院的研究员兼图书馆馆长），发布了他为历史抄本委员会关于米德尔顿勋爵的契据编制的一份目录，这些契据都收藏于诺丁汉的沃拉顿庄园

（Wollaton Hall）——建于 16 世纪 80 年代的英格兰的一批大庄园之一。斯
蒂文森在目录中提到了十页用同样的安色尔字体写就的抄本书页，以及三
张很小的类似的残页，它们所属抄本的装帧工艺是威洛比家族（Willoughby
family, 其成员后获封米德尔顿男爵）于 16 世纪使用的那种工艺。这些书页
的内容同样出自《列王记》III~IV。事情到了这一步，我们完全可以肯定，
这些幸存的书页都来自《阿米提奴抄本》的孪生抄本，也就是来自塞奥尔
夫利特当年交给维尔茅斯 - 亚罗修道院的两份全本抄本之一。1938 年，这 86
些“威洛比书页”以一千镑的价格被卖给了大英博物馆。1982 年，尼古拉
斯·匹克沃德（Nicholas Pickwoad）在肯斯顿 - 拉西的班克斯家族地产文件
当中，又发现了一张来自《便西拉智训》的书页，当时，这些财产的所有
者是英国托管协会（National Trust）。如今，这张残页被交由大英图书馆长
期保管。我去往阿米亚塔山之旅的司机尼古拉斯·巴克尔（Nicolas Barker）
曾负责大英图书馆的书稿保护工作，他当时也参与了这张残页的认定工作，
并在那之后将藏品转交给了抄本部门的同僚詹内特·拜克豪斯（Janet Back-
house）。詹内特注意到，这张残页跟沃拉顿庄园也是有关联的，因为书页本
身曾被用作多塞特一处地产的转让契约的包装纸，此处地产是于 1585 年
11 月从沃拉顿的弗朗西斯·威洛比爵士那里购得的。请相信我，我曾不辞
辛劳，在诺丁汉的威洛比家族档案室的书柜里面竭力搜索，希望能找到更
多的书页，但是一无所获。我只在斯蒂文森发现那些书页的资料中，看到
了各种各样的特许状登记文书和其他契据的副本，其中几张书页上面仍然
有用 7 世纪晚期安色尔体写就的文字的反像印迹。因此，我就不免要猜测，
格林韦尔手中的那张书页很可能也来自米德尔顿勋爵的契据室，而且，斯
蒂文森很有可能将自己的发现送交格林韦尔，寻求确认，斯蒂文森则利用
这个机会，提出不算合理的请求，希望能留下一张书页，尽管这只是私人
请求，但斯蒂文森为了表示感谢，予以应允。

这些书页极有可能来自沃切斯特大教堂曾经藏有的一份《圣经》抄本。证据就在于，人们在威洛比档案室里面也发现了跟 11 世纪的沃切斯特大教堂的特许状副本差不多大小的纸张。我们都知道，麦西亚国王奥法（Offa,

757~790 年在任）据说曾赠送沃切斯特大教堂一份巨大的《圣经》抄本，而且，于 1062~1095 年任沃切斯特主教的沃尔夫斯坦（Wulfstan）曾命人将教堂特许状文件抄录到“神圣教堂的经书”里面。在 12 世纪时，人们曾确认奥法的这份《圣经》抄本是在罗马创制的，那就意味着这部经书应当是用安色尔字体写就的。792 年，奥法的女儿嫁给诺森布里亚国王，而塞奥尔夫利特的《圣经》全本之一很有可能作为这桩政治婚姻的交易品，于 8 世纪晚期来到奥法的王国（这也许正是 794 年亚罗修道院遭受维京人洗劫时发生的事情）。

87 于是，我拍下了“格林韦尔书页”和“威洛比书页”的照片，前往佛罗伦萨，将其跟《阿米提奴抄本》进行对比。当然，这样的事情此前应当已经有人做过了，比如说 1909 年的库斯伯特·特纳，他在跟教堂牧师格林韦尔共进晚餐之后肯定会有奔赴佛罗伦萨的念头；还有理查德·马斯顿（Richard Marsden），此人于 1995 年的时候出版了《盎格鲁－撒克逊时代英格兰的〈旧约〉文本》（*Text of the Old Testament in Anglo-Saxon England*）一书，这本书对本章来说是一份重要的参考文献。不过，话又说回来，倘若能逐字逐句地对照两份抄本，那将是很有意思的事情。

两份抄本的内容总体上是完全一样的，当然这两份抄本应该出自同一个范本（或者其中一份以另一份为范本），并且是在同一间缮写室里创制而成的，所以我们对此也不会感到惊讶，甚至能预料到这样的情况。具体用词方面偶尔会有细微的差异，比如说肯斯顿－拉西抄本上的“oblectavit”（意为“使其幸福”，《便西拉智训》35:25），在《阿米提奴抄本》里面被呈现为“oblectabit”，但这丝毫不影响句子的意思。不过，还是存在两点重大差异。大英图书馆的“威洛比书页”在《列王记》III 的结尾和《列王记》IV 的开篇处并没有停顿，只是在页边空白处写有一个由希腊字母 X 和 P 组成的凯乐符号以及一个被放大的首字母“P”，属于“Praevaricatus”一词（意为“背叛”，依据现代版《圣经》的排版序列，此处应该是《列王记下》1:1）。但是《阿米提奴抄本》的文本在此处是明确中断了的。《列王记》III 的内容在第 303 对开页左页结束，结尾被标注了“FINIT”（意为“完”）一词，留有十行的空白，《列王记》IV 则在下一页开篇，第一行用了红色字体，首字母拥有三行的高度。

经文本身是不支持第三卷和第四卷之间的这种中断的，因为这两卷的叙事是一体的，而且它们在希伯来经文当中更是一个单一叙事文本。在《旧约》的希腊语译本中，此一单一叙事文本才被分成各自独立的卷册，这个希腊语译本也就是人们常常说起的“七十士译本”（Septuagint）。应该说，维尔茅斯－亚罗修道院所用的范本也是没有中断的，否则的话，抄写人是不会注意不到的。在创制《阿米提奴抄本》时，编排抄本的人做出决定让拉丁语译本同希腊语译本保持一致，便划分出了单独的卷册。此一改变为抄写工作带来了极大便利，于是自《阿米提奴抄本》开始，所有的拉丁语《圣经》都沿用了这样的编排方式，而且所有的现代版《圣经》也都如法炮制。这样一条线索有可能表明，《阿米提奴抄本》是在“威洛比书页”之后创制的，而且抄本编排上的这项变动在维尔茅斯－亚罗修道院创制这些全本抄本的时候仍然存在。

另一处重大差异出现在“威洛比书页”的第 11 对开页左页上。为了更 90
有效地说明这一点，且容许我征引相关的拉丁语文本（相应的译文会在后文给出）。以下是这一页第一栏的第 6~18 行：

Et constituerunt sibi regem Iosiam filium eius pro eo. *Reliqua autem sermonum Amon quae fecit, nonne haec scripta sunt in libro sermonum dierum regum Iuda. Sepelieruntque eum in sepulchro suo in horto Aza, et regnavit Iosias filius eius pro eo.* Octo annorum erat Iosias cum regnare coepisset et triginta et uno anno regnavit in Hierusalem.

第 92~93 页：分别是《阿米提奴抄本》当中《列王记》III 的结尾和《列王记》IV 的开篇，从中可清晰地看出两份文本之间是存在中断处的。页面底端的缺口同样是兽皮本身的缺口

ET UNIUERSA QUAE FECIT
ET DOMUS EBURNEAE QUAM
AEDIFICAUIT
CUNCTARUMQUE URBIUM
QUAS EXSTRUXIT
NONNE SCRIPTA SUNT HAEC
IN LIBRO UERBORUM DIERUM
REGUM ISRAHEL
DORMIUIT ERGO AHAB
CUM PATRIBUS SUIS
ET REGNAUIT OHOZIAS FILIUS
EIUS PRO EO
L I IOSAPHAT FILIUS ASA REGNARE
COEPERAT SUPER IUDAM
ANNO QUARTO AHAB REGIS ISRAHEL
TRIGINTA QUINQUE ANNORUM ERAT
CUM REGNARE COEPISSET
ET UIGINTI ET QUINQUE ANNOS
REGNAUIT IN HIERUSALEM
NOMEN MATRIS EIUS AZUBA
FILIA SALAI
ET AMBULAUIT IN OMNI UIA ASA
PATRIS SUI
ET NON DECLINAUIT EX EA
FECITQ; QUOD RECTUM EST
IN CONSPECTU DNI
UERUMTAMEN EXCELSA
NON ABSTULIT
ADHUC ENIM POPULUS SACRIFICABAT
ET ADOLEBAT INCENSUM
IN EXCELSIS
PACEMQ; HABUIT IOSAPHAT
CUM REGE ISRAHEL
RELIQUA AUTEM UERBORUM
IOSAPHAT
ET OPERA EIUS QUAE GESSIT
ET PROELIA
NONNE HAEC SCRIPTA SUNT
IN LIBRO UERBORUM DIERUM
REGUM IUDA
SED ET RELIQUIAS EFFEMINATORŪ
QUI REMANSERANT IN DIEBUS
ASA PATRIS EIUS ABSTULIT
DE TERRA

NEC ERAT TUNC REX CONSTITUTUS
IN EDOM
REX UERO IOSAPHAT FECERAT
CLASSES IN MARI QUAE NAUIGARENT
IN OPHIR PROPTER AURUM
ET IRE NON POTUERUNT QUIA CON
FRACTAE SUNT IN ASIONGABER
TUNC AIT OHOZIAS FILIUS AHAB
AD IOSAPHAT
UADANT SERUI MEI CUM SERUIS
TUIS IN NAUIBUS
ET NOLUIT IOSAPHAT
DORMIUITQ; CUM PATRIBUS SUIS
ET SEPULTUS EST CUM EIS
IN CIUITATE DAUID PATRIS SUI
REGNAUITQUE IORAM FILIUS
EIUS PRO EO
L II OHOZIAS AUTEM FILIUS AHAB
REGNARE COEPERAT SUPER
ISRAHEL IN SAMARIA
ANNO SEPTIMO DECIMO
IOSAPHAT REGIS IUDA
REGNAUITQUE SUPER ISRAHEL
DUOBUS ANNIS
ET FECIT MALUM IN CONSPECTU DNI
ET AMBULAUIT IN UIA PATRIS SUI
ET MATRIS SUAE
ET IN UIA HIEROBOAM FILII NABAT
QUI PECCARE FECIT ISRAHEL
SERUIUIT QUOQUE BAHAL
ET ADORAUIT EUM
ET INRITAUIT DNM DM ISRAHEL
IUXTA OMNIA QUAE FECERAT
PATER EIUS

FINIT

Praevaricatus est autem
moab in israhel postquam
mortuus est ahab
Ceciditque ohozias per cancellos
cenaculi sui quod habebat
in samaria
et aegrotavit misitq; nuntios
dicens ad eos
ite consulite beelzebub
deum accaron
utrum vivere queam de in
firmitate mea hac
angelus autem dñi locutus est
ad heliam thesbiten
surge ascende in occursum
nuntiorum regis samariae
et dices ad eos
numquid non est dš in israhel
ut eatis ad consulendum
beelzebub deum accaron
quam ob rem haec dicit dñs
de lectulo super quem
ascendisti non descendes
sed morte morieris
Et abiit helias reversiq; sunt
nuntii ad ohoziam
qui dixit eis quare reversi estis
at illi responderunt ei
vir occurrit nobis et dixit ad nos
ite et revertimini ad regem
qui misit vos
et dicetis ei haec dicit dñs
numquid quia non erat dš
in israhel mittis ut consula
tur beelzebub deum accaron
idcirco de lectulo super
quem ascendisti non descendes
sed morte morieris
qui dixit eis cuius figurae
et habitu est vir qui
occurrit vobis
et locutus est verba haec
at illi dixerunt vir pilosus
et zona pellicia accinctis renib;
qui ait helias thesbites est
Misitque ad eum quinquagenariū
principem et quinquaginta
qui erant sub eo
qui ascendit ad eum sedentiq;
in vertice montis ait
homo dī rex praecepit
ut descendas
Respondensq; helias dixit
quinquagenario
si homo dī sum descendat ignis
e caelo et devoret te
et quinquaginta tuos
descendit itaque ignis e caelo
et devoravit eum et quinqua
ginta qui erant cum eo
Rursum misit ad eum principem
quinquagenarium alterum
et quinquaginta cum eo
qui locutus est illi
homo dī haec dicit rex
festina descende
Respondens helias ait
si homo dī ego sum descendat
ignis e caelo et devoret te
et quinquaginta tuos
descendit ergo ignis dī e caelo
et devoravit illum
et quinquaginta eius
Iterum misit principem
quinquagenarium tertium
et quinquaginta qui erant
cum eo
qui cum venisset curvavit
genua contra heliam
et praecatus est eum et ait
homo dī noli despicere
animam meam et animam
servorum tuorum
qui mecum sunt
ecce descendit ignis e caelo
et devoravit duos principes
quinquagenarios primos
et quinquagenos qui cum eis erant.

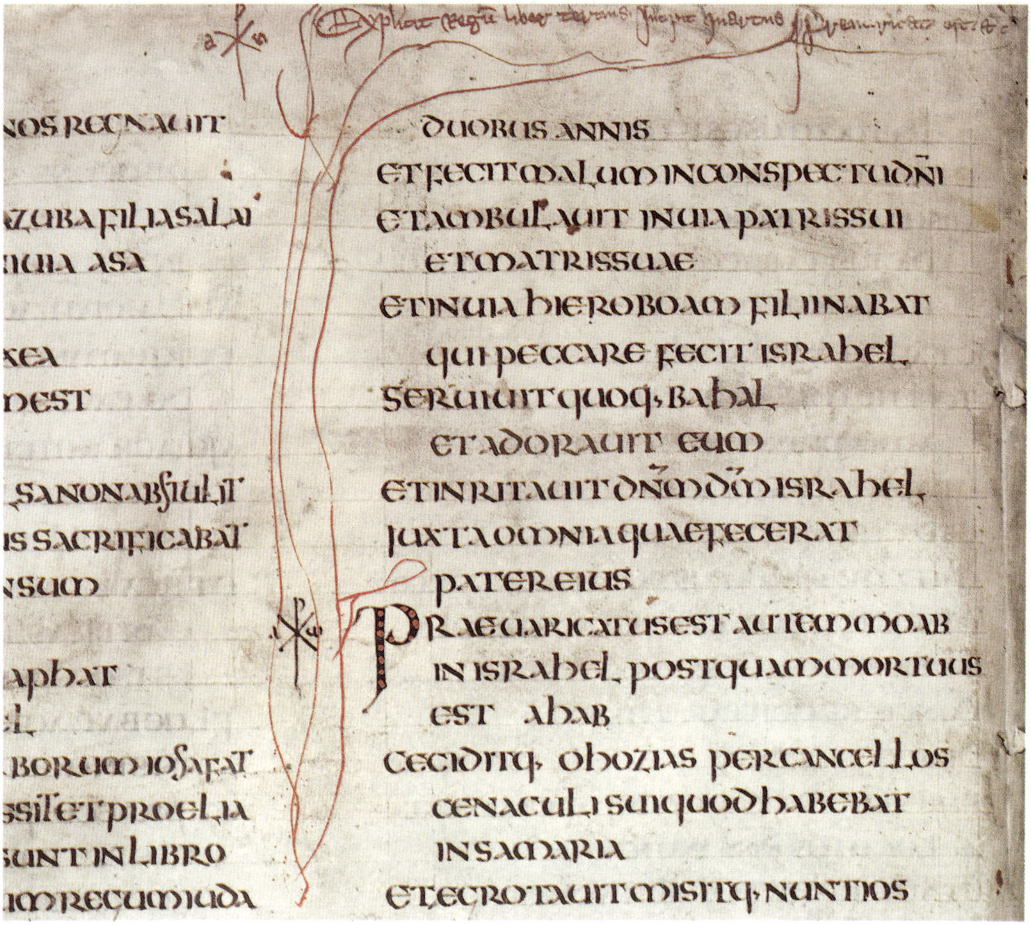

“米德尔顿书页”当中《列王记》III 的结尾和《列王记》IV 的开篇，这两个文本的叙事是连贯的，并无中断

这是《列王记》IV 21:24~22:1 的内容（对应于现代版《圣经》的《列王记下》21:24~22:1）。令人吃惊的地方在于，这一文本的斜体部分在“威洛比书页”里面是存在的，但是在《阿米提奴抄本》里面则完全不见踪影（见《阿米提奴抄本》第 325 对开页左页）。对此，一个简单的解释就是抄写错误，也就是所谓的“homeoteleuton”（跳读）——抄写人在将第一行的“eius pro eo”抄写完毕之后，停顿了一下，然后再回看范本的时候，眼睛跳到了几行之后的“eius pro eo”上面，于是便从“Octo annorum...”开始接着抄写了。这样的错误其实是很容易出现的，其结果便是抄本中丢失了

经文的两节内容，而且正是因为《阿米提奴抄本》的这个错误，反宗教改革运动期间出现的天主教修订本同样缺失了这两节的内容。目前我用的以1592年的克雷芒版为依托的拉丁通行本（马德里1965年版）也缺失了这两节的内容。这件事情本身是相当有意思的，而其源头显然就在那个时代的维尔茅斯－亚罗修道院。

不过，这两节内容的缺失是十分可疑的。其大致内容是，“亚们（Amon）其余所行的事都写在犹大列王记上。亚们葬在乌撒的园内自己的坟墓里，他儿子约西亚接续他作王”。尽管用今天的标尺来看这些文字的
确有经文风格，但是听起来无论如何都像是伪作，因为这些文字差不多就 91
是在逐字重复《列王记》III 15:7~8的内容，后者的开篇和结束文字分别是：“Reliqua autem sermonum ...”和“... filius eius pro eo”。但凡有经验的文本编辑都不免会怀疑，这些文字只是偶然插入的一段针对“eius pro eo”的评注文字，由此便成了逆向的“跳读”。换言之，《阿米提奴抄本》的范本当中定然是有这两节内容的，但是我们无从确定《阿米提奴抄本》之所以遗漏了这两节，究竟是因为抄写员看错了行，还是一个刻意为之的聪明之举。

倘若是后面这种情况（毕竟《阿米提奴抄本》中的其他内容不曾出现此等错误），那我们就可以推测当时的维尔茅斯－亚罗修道院的确有这样一
位抄写员，此人有信心也有能力根据文本的合理性，对既有文字实施删节， 92
而且，此人还应当有足够的知识将拉丁语《列王记》中合并在一起的III和IV部分编排成希腊语译本的格式。同时，这个非同一般的《圣经》学者和评注人还应当在全本的整个创制期都居住在亚罗修道院。如此推断，则只有一个人符合这个标准，那就是比德。这种可能性是很大的，因为正是比德说服了塞奥尔夫利特，令新的全本抄本依从哲罗姆新译本，不过，比德也是应当有参照文本的，那就是卡西奥多罗斯的“大抄本”，特别是“大抄本”里摘引自希腊语译本的古旧文本。

还有一处相当有意思的差异出现在《创世记》8:7。这段文字讲述的是诺亚派出飞鸟去查探洪水是否退去。在现代经文中，诺亚派出的飞鸟是渡

此处为《阿米提奴抄本》当中《创世记》8:7 的内容，其中第三行被增补了“NON”（没有）一词，由此同希腊语译本的意思保持一致，很可能是比德所为

鸦，渡鸦数次飞去又飞回，直到洪水完全退去、大地回归干燥。这正是希伯来原本中的说法。但是希腊语译本添加了一个否定性的说法，其意思就有所改变：渡鸦飞离方舟，一直等到洪水退去、大地回归干燥才返回。两种说法都说得通。比德在评注《创世记》之时，还详细讨论了这两种说法，他本人是倾向于采纳希腊语译本里面的说法的。将《阿米提奴抄本》中《列王记》的 III 和 IV 拆分开来的那个抄写员，也秉持这样的看法。在有关渡鸦的那个段落当中，《阿米提奴抄本》的抄写员在相应的地方写下了既有拉丁语译本中的词句“qui egrediebatur et revertebatur ...”（它飞去又飞回），但这段文字在同一时期被修改了，而且看字体，这样的修改并非出自职业抄写员之手；其修改方式是在“revertebatur”（飞回）一词的前面插入了用
93 安色尔字体写下的“non”（没有）一词，使经文同希腊语译本保持一致。这个情况出现在《阿米提奴抄本》第 15 对开页右页第二栏倒数第 17 行处。“Non”这个词是否就是比德的手笔呢？极有可能。当我在洛伦佐图书馆的影印室里时，有那么一刻我突然意识到，我正在触摸的这一页，也许正是 7 世纪晚期比德本人读过而且亲笔修正过的书页，这样的想法给我带来的兴奋之感实在是莫可名状。

现在，该回到阿米亚塔山的圣萨尔瓦托雷修道院了。我们不知道《阿米提奴抄本》是何时以及如何来到这座修道院的。“伦巴第修道院院长彼得”这个捐赠献词本身应该是伪造的，不过捐赠一事很有可能是真的，因为此番伪造有可能是为了掩盖一个令人尴尬的情况：这份抄本当时并不在塞奥尔夫利特为其计划的目的地。如前文所见，圣萨尔瓦托雷修道院俯临弗兰西格纳大道——意大利北方前往罗马的朝圣之路，因此此处肯定也是朝圣客的歇息之处。这条古道一直向南延伸，经过洛桑穿越勃艮第地区，在翻越大伯纳德隘口之后，从奥斯塔进入意大利，穿越帕维亚、卢卡、锡耶纳和维泰博，最终抵达罗马。塞奥尔夫利特客死朗格勒之后，理论上任何人都有可能在这条路线上得到这份抄本，包括查理曼在内，而且任何人都有可能在南去或者北归途中将抄本留给圣萨尔瓦托雷的修士们。

7 世纪晚期或者 8 世纪岛屿风格的圣物箱，发现于 20 世纪 60 年代阿米亚塔山的圣萨尔瓦托雷修道院

前文也曾提及圣萨尔瓦托雷修道院的博物馆。几个月前，我在伦敦与尼古拉斯·巴克尔共进了午餐，他跟我谈到了这座博物馆里的一件展品，令我对其产生了浓厚兴趣，于是我们便计划一起前往阿米亚塔山亲眼看一看。这件展品是于20世纪60年代在这座修道院发现的。据载，人们在第二届梵蒂冈大公会议的允准下重建修道院教堂时，发现它被藏在圣坛下面的密室里面。这一发现于1974年第一次发布于世。它是一只精美且便携的小圣物箱，形状类似一间住房，有山墙有屋顶，嵌有暗红色的方框图案，且装饰了彼此交错的金属工艺品，包括鸟头顶饰，跟《杜若经》（Book of Durrow）以及《林迪斯法恩福音书》的装饰物非常相像，后面这两份抄本
94 很可能都是7世纪晚期的物件。除了镶嵌在上面的石榴石而外，这一圣物箱应该来自爱尔兰（这些石榴石在盎格鲁-撒克逊时代的英格兰是有记载的，很明显不是爱尔兰当地之物）。它还装饰有一些彩绘玻璃，我们在本章开篇所附的插图里面也见过这样的彩绘玻璃，那应该是亚罗修道院的独有之物。箱子上面还附有金属标牌，用来系挂绳索，以便搬运或者携带。我们完全可以确定，此一圣物箱是与塞奥尔夫利特同时代的物品。

同样的，位于朝圣路之上的修道院随时都有可能接收过往旅人或者朝圣客的异域赠礼。此一圣物箱跟《阿米提奴抄本》之间不存在任何已知的联系，唯有一个巧合情况值得注意：圣萨尔瓦托雷修道院距离诺森布里亚如此遥远，却拥有两件同一时期且同一产地的伟大艺术品。对此，一个简单的解释就是，这两件艺术品是同时抵达这座修道院的。尼古拉斯和我在这个问题上花费了不少精力，我们相互鼓励、共同推进对这一猜测的思考。其实，个中情形倒也不难想见：为了维持旅途当中的宗教生活，塞奥尔夫
95 利特一行人势必会带上维尔茅斯-亚罗修道院里的便携的圣坛、圣杯以及圣物等。据《塞奥尔夫利特传》记载，716年9月，塞奥尔夫利特去世，那之后随行的一些修士返回诺森布里亚，另一些人则携带着《圣经》抄本继续前往罗马，后者的路线应该就是沿着弗兰西格纳大道向南。意大利北方的乡间都开垦得相当好，很适合旅行。但是，一旦进入托斯卡纳和翁布里亚之间的蛮荒区域，环境就陡然变得凶险起来：这片区域人口稀少而且山

路崎岖，匪帮和狼群四处出没，有时候还会出现野熊。不难想见，此时的这个失去了首领的旅行团肯定会暂时停留下来，等待更好的时节，结果他们便不再前行了。当时阿米亚塔山的坡地上应该已经有了一些宗教场所，这些英格兰修士在这些地方一个接一个亡故。742 年，圣萨尔瓦托雷修道院第一次见诸记载，此时塞奥尔夫利特的随行人员当中年龄最小的修士虽然顶多只有四十五岁，但也应该开始向往安宁的生活了，而且他们的人数太少了，无法再次成团。于是，他们很有可能带着那份《圣经》抄本和圣物箱，在圣萨尔瓦托雷修道院落地生根了。当然，这只是猜测而已，不过，这样的猜测倒也可以填补《阿米提奴抄本》的历史中长达一千三百年的空白期，在此期间，它完成了从维尔茅斯－亚罗修道院到佛罗伦萨图书馆影印室的旅程。

第三章
凯尔经

---

8 世纪晚期
都柏林，三一学院，
MS 58

96 《凯尔经》据报道被盗过两次。第二次发生在 1874 年。这一年 11 月 5 日的《伯明翰每日电讯》（*Birmingham Daily Post and Journal*）报道说：“都柏林的三一学院陷入一片绝望。他们最珍贵的一件藏品丢了——圣科伦基尔（Saint Columbkil）于 475 年所书的《凯尔经》。这本世界上最古老的书是爱尔兰艺术最完美的标本，拥有最华丽的装饰，价值一万两千镑……”那个星期英国和爱尔兰的媒体中充满了大量类似的报道。报道中的估价很有意思：就在前一年，用上等牛皮纸制作的《古腾堡圣经》在伦敦附近地处汉沃斯公园的佩尔金斯拍卖行被拍出了三千四百镑的价格，那已经是书册拍卖史上的最高价了，而且要比第二价位高出很多，另有一份普通纸张抄本以两千六百九十镑的价格成交。然而，三一学院对丢失的《凯尔经》所做的四倍于世界已知最为昂贵的书册的估价并不离谱。据说当时是三一学院的院长在打算将这份抄本展示给几个来访的女士看时，才发现抄本已经不见了。没有人能回忆起这份抄本上一次出现在人们的视野中是何时，图书管理员不在，也无法询问。于是，流言四起，不过暂且仅限于大学校园里通常会有的那些流言。《伯明翰每日电讯》则接触到了更深一层的秘密：“借阅签名单上是一个来自大英博物馆的名叫邦德（Bond）的先生的
98 名字，三一学院院长目前已经收到了这份借阅单。”不出一个星期，抄本便被找到了，是三一学院的图书管理员 J.A. 马莱特亲自将抄本送到伦敦的大英博物馆的，为了询问重新装订抄本之事。报纸以大写字体刊印的嫌疑人名“邦德先生”，实际上是指爱德华·奥古斯都·邦德爵士（Sir Edward

Augustus Bond，1815~1898）。邦德从 1867 年起担任大英博物馆的抄本管理员，并且于 1873 年升任大英博物馆的首席管理员。他曾劝马莱特不要轻易动重装抄本的念头，因为这份抄本实在是太过珍贵了。不过，邦德先生还是希望征得马莱特的同意，将抄本留在大英博物馆几天，以便他进行研究。此时三一学院已经派出了自己的律师摩尔先生前往伦敦，要求邦德先生归还抄本，《凯尔经》便被火速送回爱尔兰，对此双方都心有怨愤。那些日子正值爱尔兰民族主义浪潮翻滚涌动的时期。1874 年，爱尔兰自治同盟（Home Rule League）成立。1886 年，格莱斯顿提出的“爱尔兰统治法案”以微弱之差遭遇挫败。1888 年，在伦敦奥林匹亚会展中心举办的政治色彩浓厚的爱尔兰会展中，展方要求将《凯尔经》也放在展览名录当中。“相信双方会就这个问题达成满意安排的。”这是都柏林的报纸《自由人和商业广告人报》（*Freeman's Journal and Daily Commercial Advertiser*）于当年 4 月 5 日给出的委婉说法。伦敦方面则大肆宣传《凯尔经》会来伦敦的消息。此番预期显然未能考虑政治因素。三一学院理事会对此严词拒绝，“他们不认为自己有义务将这件独一无二、价值无量的国宝”暴露在英格兰。

《凯尔经》上一次被盗则是八百五十年前的事情了，确切地说是 1007 年的事情。关于此次事件，我们只发现了一处文献记载，而且其中的一些细节也是相当模糊的。这一文献就是所谓的《乌尔斯特志略》（*Annals of Ulster*），这份部分以古爱尔兰语写就的年代记一直更新到 16 世纪初。该抄本也收藏在都柏林的三一学院。其中一个关于 1007 年的条目记述得非常粗略，大意是说：“科伦·基尔（Colum Cille）的伟大福音书被渎神之徒趁夜从肯纳纳斯教堂（Church Cennanas）西侧的圣物室盗走了。这是西方世界最为珍贵之物——那样的封皮和里面的画像实在是太珍贵了！两个月零二十天后，这本福音书回归了教堂，上面的黄金已经被取走，还出现了一
99 处缺损。”这里的“Colum Cille”就是指圣徒科伦巴，字面意思是“教会的科伦巴”。肯纳纳斯是米斯郡凯尔城的旧称，该城也被叫作肯利斯城，在都柏林西北方大约四十英里处。圣物室位于“西侧”，对于这一位置原文的表述是“*airdom iartharach*”，意思就是教堂的西端，也可能是指教堂西侧独

立于主体建筑的一个宝库。文中明示的失窃原因是抄本的装帧或者装抄本的箱子的装饰物极为昂贵——爱尔兰人制作的福音书抄本通常会配备可便携的圣物箱。这份年代记中表达“圣物箱”之意的词是“*comdaigh*”；而在其他文本中这个词通常被写作“*cumdach*”。凯尔的这个圣物箱是用黄金制造的，并且装饰有福音书作者的人像。盗贼只对上面的贵重金属感兴趣，而这些盗贼很可能是维京人。在这个时代，抄本失窃的事情在其他地方也有发生，比如1012年卢森堡的圣于贝尔修道院中一份饰有珠宝的圣咏抄本就遭到了维京人的劫掠，英格兰东南部的坎特伯雷的《斯德哥尔摩奥里斯抄本》也被维京人偷走，英格兰人很快将之赎回，不过维京人在归还抄本之前已经将上面的装饰物劫掠一空了（本书第一章谈到过这件事）。盗走《凯尔经》的人很可能在取走抄本和箱子上他们认为值钱的东西后，将他们认为没有任何价值的抄本抛弃或者掩埋在某个地方。这两个月零二十天的炼狱之旅，恰恰是福音书里基督在旷野中度过的那段时日的两倍，也是基督教大斋节时长的两倍。而且，抄本和基督的结局是一样的：在被埋葬之后重获新生。

“西方世界最为珍贵之物”如今已经成了爱尔兰头号的民族瑰宝。《凯尔经》可能是所有中世纪抄本当中最有名的和最能激发人们情感的。它已然是爱尔兰文化的象征，并且已经被收入联合国教科文组织编修的“世界文化遗产名录”当中。1971~2000年爱尔兰的两便士硬币和2012年面值二十欧元的纪念币上都使用了《凯尔经》中的图案。爱尔兰发行过一张面值五镑的纸币，其背面印有《凯尔经》里面的首字母图案。爱尔兰当然也发行过《凯尔经》主题的邮票。世界上所有的爱尔兰酒吧里多多少少都会有《凯尔经》的印记。爱尔兰制作的数以万计的亚麻茶巾上大多有《凯尔经》中的文字或装饰，更不用说那些用来表达爱国情怀的纪念品上了，比
如纪念围巾、丝带、饰针、啤酒瓶、袖扣以及杯垫等。这份抄本如今收藏 100
在一个专门调暗了光线的“圣龛”里面，那就是都柏林三一学院图书馆东端的“Treasury”（国宝展厅），此处每年大概要接待超过五十二万的访客——他们都要购买带有编号的彩色门票才能“觐见”正在展出的《凯尔

经》。从 1992 年这个展览中心开张到二十年后的今天，已经有一千多万人排队从《凯尔经》的玻璃展柜面前走过。对于这样一份拉丁语抄本来说，其每天的访客数量到了令人难以置信的程度。在都柏林，到处可见路标标示出前往《凯尔经》所在之处的方向和路线。三一学院校门附近新立的电车站也是以这份抄本命名的。其他的中世纪抄本都不曾如此贴近人们的生活，即便人们并不一定知道《凯尔经》究竟是什么。我自己就经常遭遇这样的问题：《凯尔经》差不多就是“时祷书”之类的东西吧？如果是这样的话，《凯尔经》有何特别之处呢？

《凯尔经》这个名字取自最初拥有这份抄本的市镇，但在 1007 年，有人将这份抄本从这座市镇盗走了。它实际上是四部福音书——《马太福音》、《马可福音》、《路加福音》以及《约翰福音》——的合集，文本本身采用的是哲罗姆的拉丁通行本，其中当然也有一些变更（后文将会看到），同时它在《马太福音》的前面添加了一些传统的引言。在这几点上（而非整体上），源自 8 世纪末的《凯尔经》有点类似本书第一章讲述的《圣奥古斯丁福音书》。

我搭乘一趟早晨的航班从伦敦抵达都柏林，前去拜望这份抄本。这趟旅程几乎在通勤距离之内，机场大巴直接将我送到了都柏林城南部中心地段。那是一个秋高气爽的日子，天高云淡。穿过一座古典风格的建筑——摄政院（Regent House）——的拱门，我进入了三一学院。学院实际上是一座微缩城市，拥有宏伟建筑和雅致广场。拱门下方的路的正前方设置有路牌，指向《凯尔经》的所在；我跟随上面的标识，在路牌处右拐，绕行到那座长长的 18 世纪图书馆建筑的南侧。此时国宝展厅外面的鹅卵石路上已经排起了长长的队伍，等待“觐见”国宝；我则（稍微有些不好意思地）穿过了这些队伍。进入或者离开这座建筑，都要经过一间书店，毕竟《凯尔经》可不普通，见这样的抄本跟中世纪的朝圣之旅实质上没什么区别。

右页：都柏林三一学院的“长厅”阅览室，始建于 18 世纪早期，并于 19 世纪时扩建

除了忙碌的收银员外，我没有看到问询台之类的设置。就在此时，我看到一个身着公务服装的人，于是便上前询问在哪里能见到抄本部管理员伯纳德·米汉（Bernard Meehan）。“哦，跟我来吧。”他用爱尔兰人特有的轻快语调说道。我不禁怀疑此人是专门奉派来迎候我的。他引领我直奔写着“仅供出口之用”的主楼梯，进入了“长厅”（Long Room）的正中央。所谓“长厅”，就是三一学院图书馆的昵称，这是一个辉煌且精美的木制藏书室，由建筑师托马斯·伯夫（Thomas Burgh）于1712~1732年设计。他最初设计的容量是十万册书稿，不过，在19世纪中期时人们为其增设了多个夹层回廊，用于放置镀金且皮革装帧的书稿，从而将藏书量提升了一倍之多，并且将藏书空间从底层一直扩展到了穹顶。这样的场景实在壮观。连我的向导都停了下来，以确保这震撼效果有充分的时间透入我的心灵。“我猜你来过这里，是吗？”我的向导问道。我表示同意。倘若豪尔赫·路易斯·博尔赫斯的“巴别图书馆”真的存在，那它大概就是三一学院长厅的样子吧。我们沿着长厅前行，经过一个又一个大理石半身像以及书柜，并穿过用绿色绳子设置的一系列障碍，走向左手远端角落的一道相当陡峭的木楼梯，此处的楼梯颇有点像航船上的梯子。“小心脑袋。”向导提醒我，后来我知道他的名字是布里安。他带我走上楼梯来到一个阳台，（阳台上有两个图书保护员正在一张桌子上办公），经过这个阳台，我们便进入了图书馆西端的珍本阅览室，它就和用于存放《凯尔经》的圣物室一样。已经有几个人在那里伏案工作了，我不禁注意到其中几个人还戴了手套。不过，向导领着我先向右拐，然后向左拐，进入了格局开阔的图书馆办公室，伯纳德·米汉就在这里极为和善地接待了我。米汉留着修剪得相当整齐的灰色胡子，有点像戴了眼镜的雪纳瑞犬。他与每个人都很亲近，人们都很喜欢他。

《凯尔经》太过珍贵，而且很容易被辨认出来，因此，伯纳德解释说，这样的珍本是不适合放在阅览室的。此等待遇是其他抄本都不曾享受的，即便是保存在法国尚蒂伊的《贝里公爵豪华时祷书》抄本也没有这样的待
103 遇。《凯尔经》很容易引发众人骚动，就如同明星或者国家领袖一样。因

此，《凯尔经》的安保措施就跟大国元首的安保措施一样复杂且缜密。后来，米汉先生在阅读了本章的初稿并提出了颇有见地的意见之后，恳请我不要太过详细地描述我见到这份抄本的地方。我无意保持神秘，但也要遵从他的谨慎意见。因此，我只能说我们一行三人离开办公室进入了图书馆的一个保密的房间——那里是不可能有外人不小心闯入的。当天一早，伯纳德先生就已经将一个巨大的加湿器运进这个房间了，以便将这个中央供暖的房间的湿度维持在最佳标准。这个程序显然是很有效的，因为房间的小窗上面已经笼罩了一层水汽。他们带我走到一张圆桌前面，圆桌之上盖有绿色的罩布，且放置了泡沫衬垫、温度计和白手套。“准备好了。”伯纳德先生向布里安点头示意，于是两人便一起去取第一卷抄本。不能否认的是，在等待抄本的这段时间里，我按捺不住内心的莫名兴奋。十三岁的时候，我在新西兰的达尼丁公共图书馆（Dunedin Public Library）第一次接触到了中世纪抄本，如今已经过去五十多年了。倘若当时我就知道自己有一天会来到都柏林，等待着同这份世界上最为著名的抄本约会，又会有何感想呢？

大英博物馆曾于1874年建议不要轻易重装《凯尔经》，虽然这份抄本的装订状况并不够好；然而在1953年，当时最著名的英国装订工匠罗杰·鲍威尔（Roger Powell，1896~1990）还是对其进行了重新装订。鲍威尔将《凯尔经》分成四卷以便四部福音书可以被同步展出，当然也是为了方便轮换，不让每卷都长时间地暴露在外。此行，我事先就跟米汉先生约定好，只需要见到当天没有展出任务的两卷就可以了。伯纳德和布里安回来的时候带回了一只很是精巧的小盒子，很像一只小小的木质衣箱，盒子上面有一条皮革带子。这盒子显然太小了，根本装不下《凯尔经》，不过我很快意识到，里面肯定装着第一卷。这个盒子是木匠爱德华·巴恩斯利（Edward Barnsley，1900~1987）制作的，他当时制作了四个这样的盒子，它们可以被叠放进一个书箱，就如同玩偶屋里面的抽屉柜一样，而这一书 104
箱就是三一学院为抄本提供的现代圣物箱。盒子的形状像木制文件盒，盒子上安有大小合适的盖子，盖子被长长的铜质弹簧固定在盒子上面，只需

爱德华·巴恩斯利和罗杰·鲍威尔为拆分为四卷本的《凯尔经》专门制作的木盒，每个盒子放置一卷，辅以铜弹簧，弹簧的压力可令抄本在盒子里面保持被压紧的状态

扭动弹簧就可以打开。这个装置形成的压力可以令各卷保持合拢状态，因此每卷抄本也就不需要搭扣了。

伯纳德·米汉先生将第一卷搬出来，放在我面前的桌子上。我就那么凝视了片刻，并没有急着打开。抄本长度约为 13.75 英寸，宽度大约是 10.5 英寸。虽然经过了 1953 年的重装，但它看起来仍然十分古旧，而且也是“工艺美术运动”风格，跟在同一时期接受了重装的《圣奥古斯丁福音书》的样式有点类似。《凯尔经》的两面是径面刨切的橡木板，很朴素，如今已经有大量的触摸痕迹。书脊则由白色矾鞣革制成，有螺丝钉将其由内而外地同橡木板接合起来。曾需要修补的书页已经由很明显的白线缝合完整了，缝合的原则就是：痕迹可以明显，但必须是传统工艺。衬页以及重要的修补页使用的都是干干净净的白色羊皮纸，十分显眼。我觉得若是换作今天的装订工，就很可能用上一些遮掩之术。罗杰·鲍威尔遇到的主要问题就是经书当中大约有一百四十张纸已经相当松软了，急需他从书页内侧入手实施加固。要完成这项任务，他需要将书页内侧粘在新的羊皮纸纸根上。这也就意味着，这些纸张的内侧部分的厚度将会加倍，变成书口部分厚度的两倍。面对此种情况，装订工通常的解决办法就是对内侧部分的羊皮纸进行打磨，使之变得特别薄，以此抵消新纸的厚度。三一学院理事会坚决拒绝这样的做法，他们的态度是：原本上面的任何东西，哪怕是污渍，都不得清除。在这个问题上，鲍威尔和学院方面几乎谈崩。鲍威尔说那些理事“偏执到了荒谬的地步”。我倒是觉得应当赞扬学院的这种审慎态度。最终，鲍威尔还是找到了另外的解决办法，那就是将新的空白羊皮纸插入各折之间，并将这些新纸张的内侧部分打磨到极薄的程度，其他地方则维持正常厚度。这样一来整卷都保持了正常形态，不过抄本的厚度被很不自然
地提升了，翻动书页会带来的那种愉悦感也彻底消失了——总会有新插入 105
的纸张突然出现，打断平顺的翻阅过程。这的确太令人遗憾了。当然，隔着玻璃欣赏抄本或者靠着影印本或电子版进行研究的人对此倒也无所谓，因为他们观察不到这一情况。

伯纳德在我到来之前提出了另外一些规则，希望我能接受。他们允许我按照自己的时间安排跟两卷没有展出任务的抄本会面，会面时长由我自己决定，但是，每次只能同一卷会面，而且需要伯纳德先生本人来翻动书页。为此，伯纳德先生刻意腾出了一整个白天的时间，而且也很乐意让我遍览每一张书页，他展现出的无尽耐心令我感动且钦佩：他会时不时地评说一番，并在我记笔记时小心翼翼地暂时退避到一旁；翻动书页之时，伯纳德先生极为小心，用的都是指尖，并且是将页顶和页底同时翻起。

这份抄本给我的第一感觉就是它非常顺滑，有时候甚至有透明流体的触感，书页本身是完全平展的，跟印刷书页没有差别。大型抄本通常会有书页不平整的情况，在这份抄本里是见不到的。此番平整工作是罗杰·鲍
威尔完成的，目的当然是压紧书页以防灰尘进入。要完成这样的工作，需 106
要首先极为小心地将书页打湿，然后在用长尾夹将书页四周同时夹起的情况下将书页悬空晾干。书页的边缘在此之前就已经被裁切得非常干净整齐了，那是一个名叫乔治·穆伦（George Mullen）的书稿修订人的遗产，此

人在 19 世纪 20 年代对抄本实施了重新装订。不管怎么说，如今的《凯尔经》已然极为整洁，肯定不是中世纪时候的样子了。

这一卷的第一页令人略微有些失望。原来的长方形书页已经是黄褐色的了，并且有大量的磨损痕迹，书页的边缘并不齐整（之所以是这样的形状，是因为这一页是照着左页上的图案进行裁剪的，在伯纳德先生翻页的时候，我注意到了这一点）。在重装之时，鲍威尔采取了大胆手法，将之缝在一个干净的现代羊皮纸框里面。这一页显然曾经满是褶皱，鲍威尔将之平展开来，并放回了原来的位置。页面中的内容被分隔成了纵向的两栏，其四边都被以有装饰的边框围拢起来。这一页的文字内容是以大号的圆体字开启的："Sadoc iustificatus, Sidon venatio, Thomas abysus ..." 这是现已丢失的、作为原始抄本开篇文字的名录里最后一栏的内容，这份名录应该就是圣哲罗姆编排的《马太福音》和《路加福音》里面希伯来人名的缩编目录，其中的人名是按照字母顺序排列的（8 世纪就已经出现了按照字母顺序的编排方式，这的确令人吃惊），并且都被同相应的拉丁人名对应起来了。《圣经》里面的人名和地名在希伯来语当中还有其他的含义，而这些含义是只懂拉丁文的读者无法了解的，因此他们很可能会在解读经文的时候错失另外的含义，这令哲罗姆感到非常焦虑。有人认为名录对于《凯尔经》这种大型展示性抄本来说是非常实用的，这一看法有些奇怪，因为《凯尔经》并不是用来为《圣经》评注学者做参考的。此处出现的第一个名字是"Sadoc"（Zadock，也就是扎多克），哲罗姆对其的解释是"称义"。据我所知，祭司扎多克在福音书里面根本就不曾出现，叫这个名字的祭司出自《列王记》和《历代志》，并且最后是在《以西结书》里面有所引述。接下来是地名"Sidon"（西顿），对其哲罗姆给出的意思是"狩猎"；福音书里面的确出现过西顿城，是跟推罗（Tyre）一起出现的（《马太福音》11:21~2 等）。第三个名字是指使徒托马斯（Thomas），对其哲罗姆给出的意思是"坑"

右页：如今的《凯尔经》的首页，以《福音书》的希伯来人名名录的结尾处为开篇

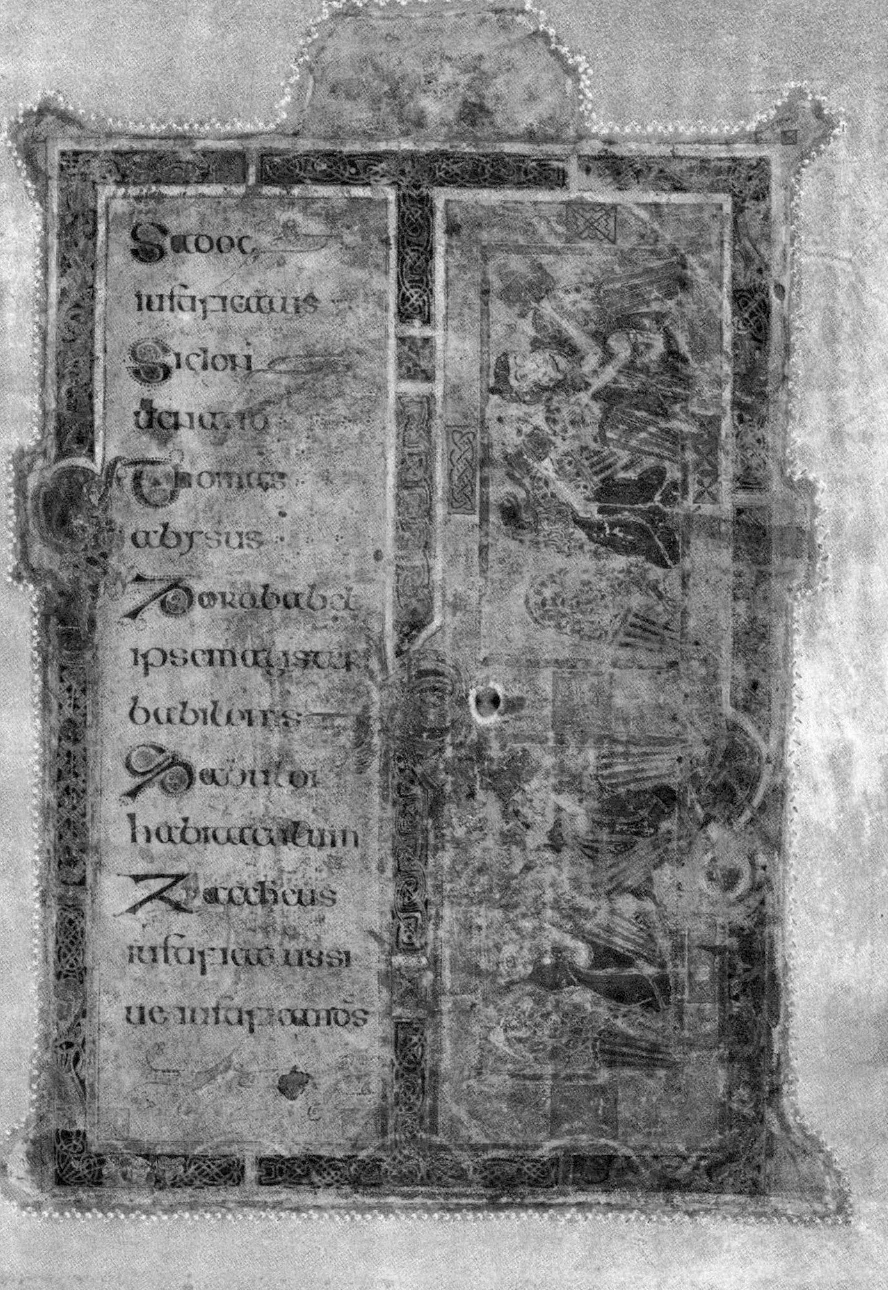

（或者“深海”），福音书中这个名字当然出现过很多次，第一次是在《马太
福音》10:3 处。名录最后出现的名字是“Zacchaeus”（撒该），也就是指那 109
个出现在《路加福音》19 中的税吏。它跟扎多克这个名字一样，在希伯来
语中都有“称义或者正直”的意思。

抄本第一页的第二栏呈现了《凯尔经》的第一张插图，不过这张图现在已经变成黄褐色，看起来相当陈旧了，令人很难辨识其内容。插图是卧排的，似乎历来人们都是从右侧欣赏的。抄本当中有许多小画像似乎朝着错误的方向，这是其中第一幅。不难想象，在 8 世纪，人们蜂拥而来，群集在抄本周围，从各个方向凝视这份抄本；或者，这是为上帝提供的视角。这张褪色的插图所展示的是四福音书作者的象征物，《圣奥古斯丁福音书》里面也有这样的画像：马太的象征物是手持书册的天使，一头有翼且长舌的狮子代表马可，路加的象征物必定是一头牛（尽管在这份抄本里已经很难辨识清楚了），约翰的象征物则是一只鹰。这是这份抄本当中最常见的一类画像，它们在这里成了福音正典表前面的卷首插画的一部分。

福音正典表是凯撒里亚的尤西比乌斯（Eusebius of Caesarea，约 260~340）的首创，它是四福音书中的平行经文的索引。《圣奥古斯丁福音书》里也有过这类正典表，只是这份抄本后来丢失了前面的 22 页。在很多早期的希腊语和拉丁语《圣经》抄本中福音正典表都会被置于两列廊柱之间，廊柱顶端由雅致的圆拱连接起来，就像教堂回廊的拱顶一样。读者尽可以用手指滑过书页，对两列廊柱之间的章节序号进行横向对照。实际上，大多数抄本是可以被比作古典建筑的。倘若你凝视希腊语或者加洛林时期的抄本里的福音正典表，你就会感觉自己如同置身于洒满阳光的庭院，或是拜占庭宫殿里色彩斑斓的走廊，抑或是地中海地区的修道院里。但是在这远离欧洲大陆的岛国——8 世纪的爱尔兰，是绝对没有这样的廊柱的，更没有廊柱

左页：《凯尔经》的福音正典表，其背景很显然是古典建筑，列示了福音书中各对应段落的编码。该页右侧明显可见罗杰·鲍威尔的缝合痕迹

Robo prim [illegible] .i. Maelsechnaill mc Conchobair hui
Maelsechnaill. ocus comarba coluim cill .i. Domnall mc Robar-
taig dhulib sruithib Erenn ar ecna ar chrabud ... ocus espoc ocus
fer leginn. Robo prim dno [illegible] .i. Cormacc mc
[illegible] comarba ... Coluim chille archena. Robo prim [illegible]
[illegible] Coluim chille [illegible] do
[illegible] ocus [illegible] chirtelb [illegible] domnach [illegible]
[illegible] abbad dodia ocus [illegible]

Riat [illegible] ocus [illegible] .i. [illegible]
[illegible] Ri Mide .i. Maelsechnaill mc Conchobair huimael
sechnaill ocus [illegible] ocus [illegible] Mide archena. Donnchad mc
[illegible] hui [illegible] ocus Gallsig [illegible]
[illegible] Gallsig archena [illegible] Caisil [illegible]
[illegible] hui Chellachain Chaisil [illegible]
[illegible] Coluim chille [illegible] ocus [illegible]
[illegible] ocus [illegible]
[illegible]
[illegible] Tanacht [illegible]
[illegible] ocus [illegible]
[illegible] Ocus domne [illegible] ocus
[illegible] dodia ocus [illegible]

[illegible]
[illegible]
[illegible]
[illegible]
[illegible]
[illegible]
[illegible]
[illegible]
[illegible]
[illegible]

上面那如同彩虹般的圆拱。这里的教堂通常相当低矮而且光线暗淡，只有 111
方形过梁横跨在小小的门窗上。就《凯尔经》里面的这张福音正典表来说，其传统的仿建筑式设计差不多已经被爱尔兰式的装饰湮没了。廊柱看起来是空心的，并被彼此交织缠绕着的生物填满了。廊柱基座的结构因此被消解得无影无踪。柱顶的圆拱也被各种装饰和福音书作者的正脸画像以及其象征物挤得满满当当——的确是太拥挤了，这样的风格应该说是爱尔兰抄本或岛屿风格抄本所独有的。实际上，到了《凯尔经》的福音正典表的最后两页，设计者差不多已经放弃了，或者他可能效仿的是一份有缺页的范本，因此开始自由发挥了。因为在最后几页上他只是简单地将页面用方框分隔开来，廊柱和圆拱都消失不见了，使得这些书页有点像现代的图版游戏。（如果三一学院的商店的工作人员在读了我的这段文字后决定设计并出售这款游戏，可不要忘记这是我的创意。）

在正典表的最后几页以及之后几页的原为空白的书页上，其底端空白处都抄有以中世纪爱尔兰语写就的各种契据。抄本的其他地方也有这类文字。这些契据都与 11 世纪晚期到 1161 年凯尔修道院周围的地产有关，且就是在当时或者稍晚一些被抄入抄本的。立约双方很可能就是在这本福音书面前立誓的，之后便将契据文字抄入抄本当中，希望借助这神圣文本来确保契约得到尊奉和履行。早期欧洲各地的福音书抄本（如《圣奥古斯丁福音书》）都会被这样使用。此类契据的内容通常是这样的：凯尔教堂的牧师乌亚·布莱斯伦（Ua Breslén）及其亲族以 18 盎司白银的价格购入穆恩·考斯凯恩（Muine Choscáin）地产，随附地产范围内的草地和泥煤（拥有泥煤的开采权），此范围的西部边界为多纳夫摩尔沼泽地的边缘，立此为据，多人见证（由此便不难想见立约之时许多人乱糟糟地围拢在《凯尔经》周围的场景），见证人包括希尔·图亚泰尔族（Sil Tuathail）族长兰坎

左页：以古爱尔兰语写就的特许状，此页原为空白页。这些后来添加进抄本的文件当中包括了一份签有凯尔教堂神父乌亚·布莱斯伦之名的文件

（Rancan）之孙安格斯（Oengus），科伦·基尔的继承人费尔多姆纳赫·乌亚·克鲁凯恩（Ferdomnach Ua Clucáin，卒于 1114）以及科伦基尔教堂全体成员，爱尔兰北方的高级牧师乌亚·杜南（Ua Dúnán，卒于 1117），塔 113
拉国王弗兰·乌亚·马尔塞克奈尔（ Flann Ua Maelsechnaill，1087~1094）之子唐纳尔（Domnall），以及凯尔教堂看门人埃赫特加尔（Echtgal）之子奥辛（Ossín）。这份契据出现在《凯尔经》第 6 对开页的左页。这些人的名字听起来有些传奇色彩，仿佛他们来自一个极为古老的世界，从中我们也完全可以确定《凯尔经》当时的所在地。实际上，这也是唯一一份早期证据，证明《凯尔经》在 11 世纪时的确归属凯尔教堂，而这一点恰恰也同《凯尔经》于 1007 年失窃的情况形成互证。

伯纳德继续翻动书页，我们便见到了《凯尔经》的第一幅整页插图。这幅插图出现在第 7 对开页的左页。插图呈现的是四天使围绕着圣母和圣子的场景。1972 年，帕特里克·司各特（Patrick Scott）设计了一组爱尔兰邮票，再现了这幅插图里面的一个细节场景。似乎是在这幅插图中，圣母和圣子的形象第一次出现在欧洲艺术作品里。我要说的是，这幅画实在是太丑陋了，尽管这话很可能会令我再也无法进入爱尔兰共和国。圣母的脑袋显然太大了，跟身体完全不相称，她的嘴极小，用红色线条描绘出来的眼睛却瞪得硕大，鼻子又那么长，仿佛要从脸上滴下来了；透过她紫色的外袍，还能看见圣母那低垂塌陷的乳房，以及两条扭向同一边的小了一号的腿——这简直就是一幅儿童画。圣子则以侧面示人，同样被画得如同鬼怪，令人心生厌恶：他的红头发呈现出狂野之态，如同横生的杂草，鼻子和下巴都向前突出且向上翘起，更有一条红线从鼻子一直延伸到耳朵处，也太吓人了，看这意思是为了告诉世人，这位基督日后会在红线区域内长胡子；更可怕的是，婴孩的两只脚竟然都是左脚。四天使的形象也不敢恭维，至于是不是逼真，我当然没有资格妄加评论，不过有一点是可以肯定

左页："圣母和圣子"画像，据说是欧洲艺术史上最早的"圣母和圣子"图，四周有天使环绕

的：从人体解剖学的角度来看，四天使是绝对承受不住那么沉重的外套的。当然，有一点是我必须承认的：在艺术史上，“内在美”是一个太过艰深的概念，尤其是对于一千两百年前的画作来说。插图制作人的手艺是无须怀疑的，看一看极其精美的边框装饰就知道了。也许，画中的几个核心人物的形象取自更为古老的画作，而那个时候人们对此种形象是有特殊崇拜的，
114 或者认为画中人物本来就是这样的。因此这种怪异风格只是由来已久的传统，而不是技艺水准的问题。据说路加就绘制过一幅圣母画像，后来（甚至今天）的很多希腊圣像是以那幅画像为范本的。早期的叙利亚语和科普特语（Coptic）抄本中也出现了畸形的圣母和圣子画像。此等画像手法是如何传播到西方岛屿的，我们无法了解，就如同我们今天仍然不能解释鸟类的大迁徙一样。8 世纪的圣徒奥兰（Saint Oran）石质十字架碑的架柄上面也出现了跟这幅插图的上半部分极其相像的画面，这座十字架碑是在爱奥那岛出土的，最近刚刚被修复并在当地的博物馆展出。

抄本中的这幅插图当然是指“圣子降生”事件，因为它就出现在《马太福音》章节概要部分的开篇页的对页，《马太福音》则正是以“圣子降生”开篇的。页面中有几行字采用了装饰体，彩绘图案极为密集，几乎无法辨识字母本身，多亏 17 世纪的一个抄书员将这些开篇文字转录到了页面下方的空白处：“Nativitas xpisti in bethlehem...”（“基督降生伯利恒”）。《马太福音》的确以此事件为开篇。到了下一页，我们便遇见了那优雅的岛屿大写体（insular majuscule script），《凯尔经》正是以这样的字体著名的。（此处的“大写体”有时候也被称为“半安色尔体”，是横向书写且带有装饰的大写字母的字体，为英国和爱尔兰的岛屿所特有。）不过，福音书正文是在二十一页之后才开始的。非经文内容的引言部分显然太长了，可能结合了多份早期抄本的完整引言，以便人们的日常使用，尽管这些内容对抄本的第一批主人来说没有太大的实际价值。这就如同圣诞午餐的“装饰品”会年复一年地增加并且变得越来越精美，此等福音书抄本也会在历史进程当中被添加越来越多的东西，而且这些添加的内容会随着新抄本的创制被不断承续下来，成为抄本本身的组成部分，即便它们已经失去实用价

《马太福音》引言开篇，“Matheus ex iudaeis sicut primus ponitur ...”（马太，犹太人，被置于第一位……）

值了。实际上，福音正典表以及概要部分多多少少已经无法使用了，原因很简单：《凯尔经》正文中已经没有了对应的章节划分。

这之后的内容是《马太福音》的传统引言，引言以一个巨大的方形首字母开篇，字母上方绘有一个吃惊不已的人正向外窥视的场景，就如同海边的沐浴者躲在毛巾后面窥探海滩上的情形一样。再往后便是《马可福音》的章节概要和引言，之后是《路加福音》和《约翰福音》的引言，然后又跳回《路加福音》和《约翰福音》的章节概要——这个部分采用了红色和紫色的文字，装饰得相当华美；最后则是《马太福音》的引言插图，这里再次出现了四个福音书作者的象征物（都在各自的华美的方框里面手舞足蹈），以及一整页的圣马太站立画像（第28对开页的左页）。图里的圣马太

第120~121页：《马太福音》的开篇页，这是一幅整页插图，呈现的是福音书作者马太的画像，该图对页上绘有《马太福音》的开篇文字“Liber generationis ...”（……的家谱）

就那么直直地盯着读者，左手持书册，右手则伸入罩袍当中，就像拿破仑一样。其罩袍是紫色的，上面点缀着黄色斑点。尽可以将这样一个人物想象成幽灵，就在一堆抖动着的饰品以及眼露凶光的野兽中间幻化而出。他仿佛飘浮在空中，因为他的脚是朝外的，罩袍的褶边也在抖动。这一页已经很暗淡了，必然是在过去的千年时光里被展览并且触摸过无数次了。

118 最终，在我翻到这一卷四分之一处的时候，《马太福音》的正文内容才开始现身，此处是在第 29 对开页的右页。开篇这一页上的文字实际上是无法阅读的，那是一堆旋转着的曲线以及圆形和方形的几何图案，其间填充着极为精巧的装饰。一个小人在页面顶端向外窥探，那神态就像是一个刚刚穿过无数的装饰品攀爬到楼顶的建筑勘察员，正在观察着下面的一团乱象。这个小人当然就是圣马太，因为他有光晕而且手持书册，还有一个天使在页面上端空白处的角落里，那是马太的艺术象征。该页左下角绘有一个站立着的人，手持一本闭合着的书册。这可能也是马太，虽然其头顶没有光晕；或者可能是一个神父或者牧师，他现身这里的目的是要将手中的福音书打开，解锁那里面的所有预言。尽管这近乎疯狂的装饰令人基本上无从辨识书页上的文字，但我们知道《马太福音》的确是以“liber”一词开篇的——“Liber generationis ...”（……的家谱）。后来的两个读者，很可能是因为实在忍受不了这一页的乱象，已经将这两个词抄录在页面下方的空白处了。

几页之后又是《马太福音》的一个多页开篇。首先是一幅整页的基督画像，这里的基督端坐在王座之上（第 32 对开页左页）；与插图页相对的是所谓的“地毯页”（carpet page），这一页没有文字，全部是装饰。“地毯页”这个术语艺术史家们使用得实在是恰如其分，因为这样的书页看起来就像是一张织工极为精巧的东方地毯。有些人希望在科普特人所在的北非

右页：《马太福音》1:18 的开头文字“XPI autem generatio”（耶稣基督降主的事），几乎已经无从辨认的凯乐符号将基督的名字装饰了起来

h generatio

duo ex uobis super terram de omni re quae-
cumque petierint a patre meo qui in
caelis est fiet cum illis. Ubi enim
sunt duo uel tres congregati in nomi
ne meo ibi ego sum in medio eorum
Tunc accedens petrus ad eum dixit
domine quoniam si peccauerit in me
frater meus quoties dimittam ei us
que in septies. Dicit illi ihesus non dico
tibi usque septies sed usque septua
gies et septies.
Ideo adsimilatum est regnum ce-
lorum homini regi qui uoluit ra
tionem ponere cum seruis suis
Et cum coepisset rationem po
nere oblatus est ei unus qui debe-
bat decem milia talenta cum autem

地区找寻爱尔兰基督教之起源，那么这些人完全可以这样的“地毯页”为强有力的证据，因为它们像极了科普特人的织物。下一个开篇出现在第34对开页的右页，这一页又是无法阅读的。该页上其实就只有一个词——“Christi”（基督），因为基督降生这个情节就是从《马太福音》1:18开始的。这个词是以传统的中世纪缩写方式书写的，取自其对应的希腊语词的前几个字母“XPI”，具体呈现出的效果如万花筒一般。后来无数的抄本都采用了这样的设计，因此见多识广的我们也就很难想象，8世纪的会众在第一次见到此等书页的时候有着怎样的感受。

后面的几部福音书都设置有大幅的整页插图。福音书正文前总有呈现
福音书作者象征物的插图页，以及装饰极其复杂的开篇词页。对经文不熟 121
的读者是根本无法看明白这几页的，例如第130对开页右页的《马可福音》
开篇、第188对开页右页的《路加福音》开篇，以及第292对开页右页的
《约翰福音》开篇。

在这么一整个白天中，《凯尔经》一页一页地在我眼前被翻过，我的一个内心感受是：尽管这些插图名扬四海，但它们打断了正常的叙事脉络，因此要想享受阅读的过程实在是件很难的事情。我甚至都不能确定它们算不算美观。它们在艺术史上的地位自不待言，商业价值当然也是无可估量的（我曾是苏富比拍卖行的雇员），但它们过于混乱，令人难以阅读。插图中的人物造型都相当原始，甚至有些粗俗。画面本身也装饰过多，几乎让人无处着眼。而且，书页已经陈旧发黑，在人们过于热忱的抚摸甚至是虔诚的亲吻后，它们的表面就像涂了一层清漆。这也解释了为什么抄本修复人乔治·穆伦会在19世纪20年代对纸张边缘实施清洗并做增白处理。插图页和文本页的保存状况是存在差异的，这一点在影印本上表现得不太明显。在影印本里，所有书页在被渲染后看起来都是一样的。因此，这些插图页在抄本创制完成后的初期应该更令人印象深刻。

左页：《凯尔经》的文本页，呈现的是《马太福音》18:19~24的内容，抄本制作人用狮子脑袋的图案装饰首字母

然而，《凯尔经》的文本页比我预想的要美观得多，也精致得多。文本是以字号相当大的岛屿大写体写就的，文字本身的风格正常且克制，无可挑剔，令人不得不对抄写员的书法技艺啧啧称奇。它们虽然是手写的，却如同印刷体一样精准；与此同时，较之印刷技术，手写显然更为灵活，且能更为充分地利用空间。有时字体也会略略膨胀一些，看来就像是在每一行的结尾缓口气。页面装饰的覆盖范围之大，超乎想象，且美不胜收。每一行都带有彩绘或者装饰。每一句的首字母都展示出抄写员相当精湛的书法技艺以及彩绘技艺，如同上了釉彩的宝石。彩饰经常由动物以及怪物的图案组成。但凡是大写字母，都会被以鲜亮色彩标示出来。页面的主色调也变幻多端，如同烟火大会，有时候是鲜艳的黄色，有时候又是红色或者
122 浅绿色，并且时而会闪现金属光泽；整体效果非常流畅且充满动感，如同海面一样随着潮起潮落而变化，令我不禁想起潮水涌入岩石，回旋，退去，留下阵阵泡沫（这泡沫又幻化成数不清的红点和旋涡，有时候甚至留下一些大鱼或者深海怪物）的场景。书页上的图案包含了人脸、狮子、豹子以及野兔等。伯纳德·米汉先生特意将第40对开页右页上的手绘狮子指给我看，这一图案被印在爱尔兰的五镑面额纸币上。当然还有著名的猫的图案（在我敲下这段话的时候，我自己的猫正躺在我身后的椅子上，好像是在提醒我圣哲罗姆在抄写的时候，就有一头狮子在他脚下；依我的经验，这样的事情当然不可能真的发生，因为狮子通常会抢在哲罗姆前面，把那椅子

爱尔兰于1976年发行的五镑纸币，上面的图案是从《凯尔经》第40对开页右页复制而来的

《路加福音》概要，描述了天使在祭司撒迦利亚面前显现的情形，爱德华·苏利文爵士在于 1914 年出版的《凯尔之书》当中复制了这一页

舒舒服服地据为已有）。这些图案中最厉害的就是极为精细的手工卷轴以及精巧和繁复的凯尔特花饰。伯纳德给了我一副放大镜，我并不十分情愿用这样的物件，因为这份抄本本身就已经很大了，而且我觉得我的视力还是不错的。不过，放大镜下我们可以看到真正令人称奇的细微之处。休·马克迪亚米德（Hugh MacDiarmid，1892~1978）曾有一首题为《诗才》（*The Poetic Faculty*）的诗，其中有一句是说唯有用显微镜才能研究《凯尔经》。现代的抄写员曾经做了实验，他们想知道这卷轴和花饰是如何创制出来的，然而，实验很快便让人意识到，即便只是将羽毛管削到极细的程度，也是一个令人难以想象的工艺成就。

岛屿艺术史的教材中都会提到一份跟《凯尔经》很像的抄本，并引用一段中世纪对它的描述。虽然这一描述已经被引用了太多次，但我在这里还是要重提一番。威尔士的杰拉德（Gerald of Wales，约 1146~1223）是旅行家和编年史家，他曾于 1185 年在基尔代尔（Kildare）见过一份抄本，这份抄本应该不是《凯尔经》，因为我们可以确定 12 世纪时《凯尔经》不在
123 基尔代尔，但它跟《凯尔经》定然极为相像。杰拉德记述说，这份珍贵的抄本中充满了插图和装饰，简直令人无所适从。“不过，若是仔细观瞧，”他写道，“用你的眼睛去探察工艺背后的奥秘，你就会注意到那是何等精巧复杂的东西，如此紧密地结合在一起，并且着色是如此新鲜，令你毫不犹豫地认定，这并非出自人类，而是天使的作品。”

威尔士的杰拉德见证的这份跟《凯尔经》极其相像的抄本现已丢失，但此一情状提醒我们，《凯尔经》并非独一无二，而是一系列曾经存在于世的爱尔兰福音书抄本当中的一份。不过人们也许会因此认为类似的抄本很常见。这样的看法是错误的。此类抄本在今天已然是稀世珍品，也是一切中世纪艺术品当中的瑰宝。只是《凯尔经》的巨大声望很容易令人们忘记了都柏林的三一学院另外珍藏的不下五份的爱尔兰福音书抄本，这些抄本比《凯尔经》更为古老。它们的装饰也许不如《凯尔经》那般丰富华丽，
124 但它们的确都算得上岛屿文明一等一的珍贵遗物。而且也可以说，这半打的抄本加总起来，差不多就是爱尔兰中世纪早期的全部抄本遗产。其中最为古老的抄本已经严重残损，大约有一百八十对开页，它的名字并不十分雅致，不过也十分响亮，这就是《乌塞尔第一抄本》（Codex Usserianus Primus），这份抄本很可能是于 7 世纪早期在爱尔兰创制的。抄本的装饰非常朴素，其中以红点串联而成的边框后来成了岛屿风格抄本的典型特征。它的同伴《乌塞尔第二抄本》（Codex Usserianus Secundus）有一个更富诗意的名字，“Garland of Howth”（霍斯的花环）。这份抄本拥有两幅整页插图，不过，用古文书家 E. A. 罗威（E.A.Lowe）的话来说，这样的插图“实在是野蛮”——罗威将这份抄本的创制时间定位在 8 世纪到 9 世纪。《杜若经》的品质是没有人怀疑的。这一抄本应当是 7 世纪后半叶的物件。跟《凯尔经》一样，它据传也是由圣徒科伦基尔创制的，属于杜若教堂——此教堂在凯尔教堂的西南方向六十五英里处，并且是圣徒科伦基尔本人创建的。这份

抄本同样有福音正典表，还有六张相当精巧的“地毯页”，以及五幅展现福音书作者象征物的整页画像（第 2 对开页右页同时呈现了四位作者的象征物，另外四页则分别位于每部福音书的开篇处），此外就是五个巨大的首字母，填满了整个页面，和许多更小一些的首字母。《杜若经》并没有《凯尔经》那般精美，也没那么大，但依然展现出了凯尔特螺旋状花饰和内饰的早期特征。最后则是《穆林书》（Book of Mulling）和《迪马书》（Book of Dimma），这两份抄本应当都来自 8 世纪后半叶，它们也都有福音书作者画像和象征物，以及巨大的且令人惊叹的首字母。若不是它们最年轻和体格最为巨大的姐妹《凯尔经》令它们黯然失色的话，它们显然也都会是一等一的民族瑰宝。

初识这些抄本的人不免会发出疑问：这些抄本是否能告诉我们一些关于创造了它们的人所处时代的信息呢？从某种意义上说，这些福音书抄本本身是不会讲述这些事情的，毕竟，福音书并不是地方志，而是标准的宗教文本的拉丁语译本，而且这些宗教文本来自异国他乡。不过，若是换一个角度看问题，也可以说这些抄本本身是能为我们展现当时的爱尔兰社会的。爱尔兰人很可能就是凭借从北非传来的这些文献，第一次学会了识文断字并且也第一次接触了基督教，至于这个过程究竟是怎样的，则无人知晓。正因如此，爱尔兰不再是原始的蛮荒之地，而是成了能够阅读拉丁语文本的文明之地，尽管它从来没有被罗马人征服过；而且，爱尔兰人在这 125
个过程中熟悉了可以在科普特教会和希腊教会的抄本中见到的文本以及艺术风格，比如“地毯页”和“福音正典表”等。《凯尔经》本身当然是爱尔兰的独特产物，里面的文本却来自地中海，使用的颜料当中也包括了雌黄，这种颜料是从源自意大利的火山地区雄黄提炼而来的。因此，当时肯定存在我们不知道的贸易路线和交通路线。

这样的交流应当是双向的。爱尔兰的僧侣不知停歇地游走四方。各个教团于 6 世纪晚期越过爱尔兰海进入苏格兰和英格兰，由此便同奉派从罗马而来的意大利传教团不期而遇（参见第一章的相关叙述）。也会有一些精美的 8 世纪福音书抄本是在现代爱尔兰地界之外用爱尔兰风格或者说是岛屿风格创制的，不过会受到在英格兰的罗马抄本的影响。在遗传学上，纯粹的族裔基本上是不存在，抄本风格也一样。《林迪斯法恩抄本》是唯一能够同《凯尔经》一争高下的爱尔兰抄本，也是除《凯尔经》外最精美的爱尔兰抄本。它很可能是于 8 世纪早期在诺森布里亚创制的，是伦敦大英图书馆的镇馆之宝。这份抄本的字体和装饰完全是爱尔兰风格的，而且也正如我们在上一章所说，其中的圣马太画像是从《阿米提奴抄本》的以斯拉画像那里照搬而来的，而《阿米提奴抄本》的渊源毫无疑问是在意大利。可见这些教团从英格兰出发，穿越欧洲大陆，将自己的抄本创作传统同德意志、奥地利以及意大利北方这些遥远之地的传统融合起来。会有一批在英伦诸岛创制的福音书抄本跟随他们来到欧洲大陆，比如巴黎的《埃希特纳赫福音书抄本》(Echternach Gospels) 和罗马的《巴尔贝里尼福音书抄本》(Barberini Gospels)；还有一些抄本有可能是在旅途当中创制完成的，比如维也纳就有一份抄本是在萨尔斯堡完成装饰的，抄写人是库特卜希特 (Cutbercht)——听名字就是爱尔兰人。

所有这些抄本，以及其他的一些抄本 (它们也都是宝物)，都包含了令土生土长的《凯尔经》名扬四海的一些特征，例如巨大的岛屿风格的大写字母、精美的地毯页、福音书作者及其象征物画像、以复杂的交织在一
126 起的纹饰装饰起来的首字母，当然还有令人震惊的工艺水准。这些抄本组成了一个令人目眩神迷的系列，《凯尔经》在这其中最为年轻，也最为精美——她就是歌剧中那个高贵的歌手。歌剧结束时，她要站到舞台最前面接受观众的掌声并向观众鞠躬致谢；她就是这岛屿抄本里的女主角，知道自己是无与伦比的。在她谢幕之后舞台上的灯光渐渐熄灭，维京人、瘟疫、饥荒以及生存斗争轮番上阵，占据了这个空间。《凯尔经》之后的重要抄本几乎无一幸免。当欧洲其他地方开始在抄本装饰艺术领域觉醒的时候，爱尔兰却从人们的视野当中消失不见了。

19 世纪早期，重生的《凯尔经》第一次进入公众视野，此时人们仍然认为它来自 6 世纪，因为圣徒科伦基尔是于 597 年谢世的。前文引述的

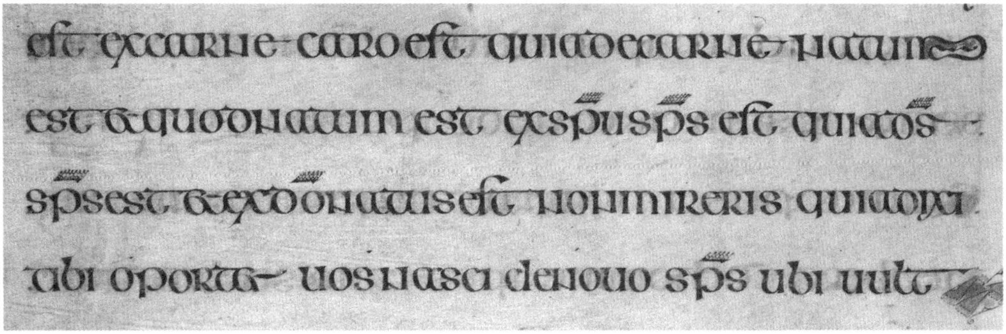

这是一段增补经文，“quia deus spiritus est et ex deo natus est”（上帝就是灵，上帝就是从上帝生的），用来增补《凯尔经》当中《约翰福音》3:5~6 部分的经文

1874 年的媒体报道颇为自信地称之为“这个世界上最古老的书”。也正是因为《凯尔经》，人们相信爱尔兰的基督教历史极为悠久，只是后来脱离了欧洲的主流发展脉流，就如同传说里仍生活着恐龙的失落山谷一样。且看一看埃塞俄比亚，那里的基督教因为地理上的隔绝，仍然保留了许多久远的风俗，同样的，人们一开始也期望《凯尔经》能够提供更古老的版本的福音书，因为这样一来这个版本肯定要比其他版本更接近原文。对《凯尔经》的最早研究出自约翰·奥巴迪亚·维斯特伍德（John Obadiah Westwood），此人于 1843~1845 年出版了《古〈圣经〉抄本插图集》（*Palaeographica Sacra Pictoria*）。在该作品里，维斯特伍德写道：“这份抄本的经文同样重要，其分量并不逊色于那些彩绘体的首字母。”维斯特伍德提醒人们注意《约翰福音》3:5~6 处的一段话。此处，尼哥底母询问耶稣，人何以寻求属灵的重生，耶稣回答说，从肉身生的就是肉身，从灵生的就是灵。《凯尔经》对此给出了如下增补：“上帝就是灵，上帝就是从上帝生的”（quia deus spiritus est et ex deo natus est）。这句话出现在第 297 对开页左页的第 5~6 行。最早一批教父之一德尔图良（Tertullian，约 160~225）就引述过这段增补文字，但它们在现代经文里面已然消失不见了。维斯特伍德着重指出，圣安波罗修（Saint Ambrose，约 339~397）记述说，这句话是被阿里乌斯派教

127 徒（Arians）从经文当中删除的，因为他们并不接受三位一体信仰。如果只以此为例，我们就可以说《凯尔经》代表了极为久远的未删节的真实经文。

实际情况并非这么简单。即便跟今天的爱尔兰相比，古老的爱尔兰也没有这么偏远。《凯尔经》——正如同本书第一章和第二章中的抄本一样——其经文也来自圣哲罗姆的拉丁通行本，这个新译本是于 384 年完工的。跟第一章讲述的《圣奥古斯丁福音书》一样，《凯尔经》也借鉴了更早的有缺陷的“旧拉丁”译本，只不过这一次，由此形成的文本差异并非抄写员刻意为之。在当时的爱尔兰已经出现了旧译本，实际上，都柏林三一学院图书馆收藏的另外三份福音书抄本，《乌塞尔第一抄本》、“霍斯的花环”以及《迪马书》，都是以旧译本为依托的。许多爱尔兰抄写员是先从旧译本中接触经文的，而且将旧经文烂熟于心了。因此，《凯尔经》里的很多字句很可能就是因为抄写员于无意识之中将孩童时代就已经烙印在心中的文句插入了文本当中。前面提到的“上帝就是灵”就是其中一例，德尔图良使用的旧译本中当然有这句话，但不能因此就认定《凯尔经》的经文更接近原文。已有足够多的例子能证实这一点：《凯尔经》应当属于哲罗姆新译本的一个爱尔兰分支，跟《杜若经》的情况类似，经文中存在许多由抄写员模糊的记忆或者疏忽造成的细小的怪异之处。《路加福音》3:26 就是这方面的一个小小例证，此处经文回溯了基督的家谱，从马利亚的丈夫约瑟一直到亚当。经文原文是“玛押是玛他提亚（mattathias）的儿子，玛他提亚是西美的儿子”，拉丁通行本对此给出的译文是“Maath, qui fuit Mattathiae, qui fuit Semei”。然而在抄本的范本中，“Mattathias”这个长长的
128 且令人感到陌生的名字可能被分成了两行。很显然，抄写员因此将之误认为是两个人，并将经文处理为“Maath qui fuit Mathath, qui fuit Iae, qui fuit Semei”，由此基督便凭空多出来一个名叫“Iaus”的先祖。这个情况出现在第 200 对开页的左页。这并不是多么严重的教义错误，但的确是不正确的。

说实在的，《凯尔经》的经文质量不高，经常出现前后不一的情况，甚至存在令人根本无法理解之处。它有点像是初期准备材料，根本就不是用于研究或者解读目的的。仅仅是此一情况就足以在很大程度上揭示这份抄

本的创制初衷。一份岛屿福音书抄本实质上是一件艺术作品。它本身就是神圣的，而且也是看得见摸得着的神性象征物；它会被闭锁在圣物箱里，等待着为某座教堂祝圣，等待着参加宗教仪典或者作为誓愿的见证物之用，当然也等待着世人的敬拜。这样一份福音书抄本是宗教的催化剂，也是宗教仪式的核心工具，但肯定不是用来供人们做文本研究或阅读的。今天人们会排着长长的队伍，前去观瞻这部圣书，这跟先前并没有多大区别。

《凯尔经》已然是残缺的。如前文所述，这部经书的开篇就已经是希伯来人名名录的尾声了，如此算来，前面应该丢失了大约十二页。最后几张书页也非常陈旧，而且都经过了修补，最后一页根本就无法辨认。经文在《约翰福音》17:13 处结束。据我的计算（当然，各方的算法是不同的），抄本中这部福音书部分最后应该缺了十页以上。正文的校勘相对来说要容易
一些，毕竟，罗杰·鲍威尔插入的纸张已经非常清楚地标示出各折之间的 129
分隔处。* 问题出在张数上，有些对开页已经沦为单页，因此我们无法确定这样的单页是否得到了正确识别并被置于其原来的位置上。还有一些理应会有插图的地方并没有插图出现，比如第 129 对开页后没有出现马克的画像，可能的情况是原来就没有这幅插图。

在此需要指出两点。第一，全页插图都是在单页上面的，主要分布在

---

* 依据目前的装订方式，校勘情况如下：i^{3}（张数不清楚，均为单页），ii^{8+1}（第 7 对开页是单页），iii^{10}，iv^{4+2}（也可能是 4+3，第 26 对开页后面缺了一页，第 27~28 对开页均为单页），v^{10+3}（第 32~34 对开页均为单页），vi^{8+1}（第 41 对开页为单页），vii~viii^{10}，ix^{8}，x^{10}，xi^{8+2}（第 91 和 96 对开页为单页），xii~xiii^{10}，xiv^{6+1}（第 120 对开页为单页），xv^{4+1}（第 129 对开页为单页），xvi^{10+1}（也可能是 10+2，第 130 对开页前面可能缺了一页，第 140 对开页为单页），xvii^{8+2}（第 143 和 149 对开页为单页），xviii^{10}，xix^{8}，xx^{6+3}（第 170、172、175 对开页为单页），xxi^{9+1}（也可能是 10+1，缺了 i，也就是第 178 对开页前面的一页，第 180 对开页为单页），xxii^{10+1}（也可能是 10+2，第 188 对开页前面可能缺了一页，第 188 对开页为单页），xxiii^{10}，xxiv^{4+4}（第 210、212~214 对开页均为单页），xxv^{6+1}（219 对开页为单页），xxvi^{10}，xxvii^{9}（共十页，缺了 vii，也就是第 239 对开页后面的一页），xxviii^{2+6}（第 234~235 对开页和第 248~250 对开页，均为单页），xxix^{8+1}（第 253 对开页为单页），xxx~xxxi^{8}，xxxii^{2+9}（第 277~285 对开页都是单页），xxxiii^{4}（均为单页），xxxiv^{10+1}（第 291 对开页为单页），xxxv^{10}，xxxvi^{12}，xxxvii^{8}（也可能是 10+1，缺了第 330 对开页后面的 viii~x 页，第 331 对开页是单页），xxxviii^{8}。第 36 对开页被算了两次，因此总计是三百四十对开页，并非标注的三百三十九对开页。

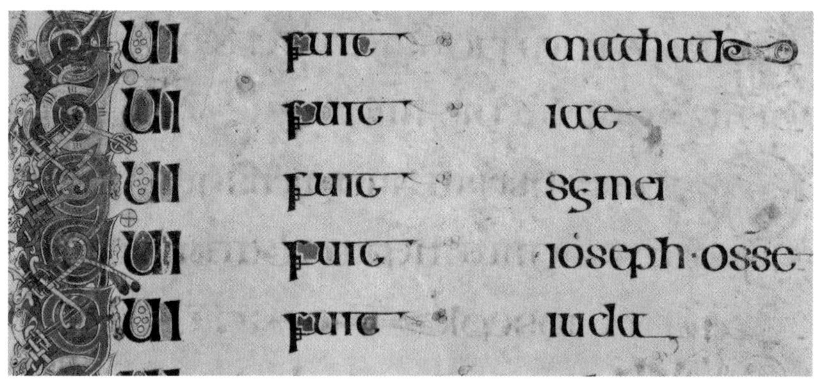

基督的先祖 Matthathias 在《凯尔经》当中被错误地当作两个人，“Mathath”和“Iaus”

第 7、27、28、32、33、34、129、188、291 对开页；而填满整个页面的大写首字母插图，例如《马太福音》《马可福音》《约翰福音》的开篇，通常是同文本页连在一起的。因此可以说，插图创制应当是单独的工作。事实上，《凯尔经》里面的插图页和文本页不一定就是在同一时间、同一地点创制的，理论上讲，插图页完全是可以在文本页之后绘制的，甚至也可以是从其他抄本上借用而来的。第二，抄写员通常是在折与折之间轮换的。《阿米提奴抄本》也是这样的情况。人们普遍认为，《凯尔经》是由四个抄写员创制完成的，都以折为单元进行工作分配，有时，抄写员会被分配到多折的工作量。将未装订起来的折分配给不同抄写员的工作方式表明缮写室的劳动组织化程度已经相当高，而且也已经相当精细了。这一点非常有助于我们推断抄本的创制地点和创制环境。

130 《凯尔经》曾数次出现书页松散的情况。第 337 对开页右页顶端就有一个 17 世纪的标注，“here lacketh a leafe, beinge y^{e} begini[n]ge of y^{e} xvi chapt[er] of St John”（此处有一页缺失，为《约翰福音》第 16 章的开篇），对此，又有人给出如下标注作为回应，“This Leaf found 1741”（此页于 1741 年找回）。1621 年 8 月，詹姆斯·乌塞尔（James Ussher）仔细清点了书页，得出的总数为三百四十四，因此，他也就在第 334 对开页左页的底端空白处做了标

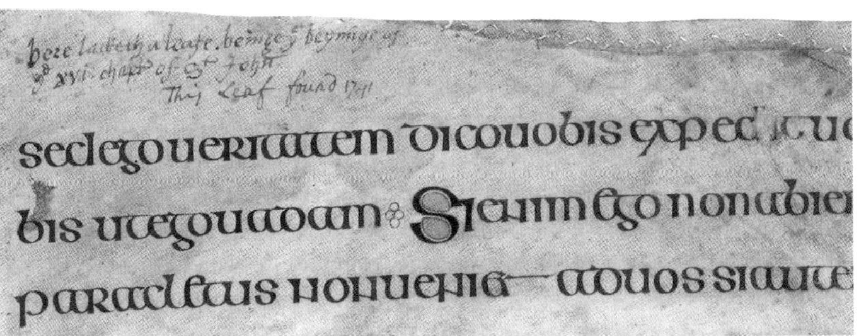

该页的上端空白处被加了旁注，讲述了这一页曾经丢失后又寻获，并于 1741 年被重新插入抄本的经历

识。如今，这份抄本的总页数是三百四十。应该是自 17 世纪以来丢失或被取走了四页，这倒也并非不可能的事情。有理由设想，丢失的这四页当中就包括了整页的马克和路加的画像插图，也就是在第 130 对开页的前面和第 188 对开页的前面的那两页。还有六张文本页也丢失了。倘若有幸运之人发现自己竟然拥有其中一页，那么（如果愿意的话），出售这份财产就可以得到能尽享一辈子富贵的收入。这些书页的上边缘甚至也有可能存活下来了。1825~1826 年对《凯尔经》进行重装的时候，乔治・穆伦对页边实施了大幅度的剪裁，甚至有时裁去了一点原本的装饰。“无知且恶劣的装订工。”爱德华・苏利文爵士在 1914 年就是这么称呼乔治・穆伦的，在穆伦的时代，《凯尔经》已经是名扬四海的古物了。另一件民族圣物《末日审判册》（Domesday Book）于 19 世纪在伦敦接受重装之时，装订人也对其修剪了页边，并且得到允许将修剪下来的残片收为私人财物。倘若您姓“穆伦”，那就不妨找一找家里面是不是有一个装着碎羊皮纸条或者纸屑的信封，要是有的话，请让我知道，我们来一起决定是否通知都柏林三一学院。

前文已述，《凯尔经》在 12 世纪早期就已经藏于凯尔教堂了。到了 15 131
世纪时，它仍然在那里，因为也就是在这一时期，《路加福音》结尾处的

詹姆斯·乌塞尔（1581~1656），阿马格大主教，最先研究提出“凯尔经”这个名字并研究这份抄本的人

空白页上被人添加了几行相当潦草的小字，那是一首表达对米斯的教堂地产税的不满的打油诗。这首诗召请这部圣书的帮助，它在圣书的上方加上了“科伦基尔”这个名字，并说，“它被供奉在教堂圣坛之上，各圣物之间”（qui inter reliquias templi venerat[ur] ad aras）。显然，这份抄本此时仍是拥有相当魔力的圣物。倘若今天的爱尔兰人仍然能够用这样的办法避税，那么毫无疑问，这份抄本还会被这么用的。在漫长历史当中，偶尔也会有人在前往凯尔教堂欣赏圣书的时候，将自己的名字留在上面。我就见到这样一个签名，来自都柏林的“George Plunkett”（乔治·普伦基特），此人还用显然是 16 世纪的笔法留下一些俏皮说辞以及一首很糟糕的诗。那首诗就那么硬生生地被嵌入抄本第 4 对开页左页的正典表上方的圆拱里：“此书流转世间；而今不知停泊何方。我不怀疑世间一切；唯不信作者得圣恩。”（This work doth pass all mens conyng / that now doth live in any place. / I doubt not therefore in anything / but that the writer hath obtayned god's grace.）此人在抄本里面留下旁注的时间被标为 1568 年。前文提到有人在第 337 对开页

右页留下文字说抄本丢了一页，根据字迹那人正是普伦基特。此人身份无从考证，看起来应当是一个落魄诗人，然而，也正是这个落魄书生，标志了《凯尔经》身份的第一个转变——从教会圣物转变为艺术瑰宝。

詹姆斯·乌塞尔（1581~1656）也仔细研究过《凯尔经》，他是出类拔萃的《圣经》学者，最终还成了阿马大主教和全爱尔兰大主教。最让他出名的是他所做的一项运算（对此今天的人们当然是不以为然的）：这个世界是在公元前 4004 年 10 月 22 日（星期六）和 23 日（星期天）之间的那个夜晚被创造出来的。乌塞尔也在《凯尔经》里面留下了自己的印记，包括他于 1621 年也就是他成为米斯主教的那一年，留下的那个总页数标注。他还安排人用爱尔兰语抄录了不少的特许状，如今这些文件都收藏在都柏林三一学院，其中“凯尔经”这个名字第一次被使用。1639 年，乌塞尔出版了有关不列颠古物的作品，其中就提到了《凯尔经》，并指出米斯郡的人相信那是圣徒科伦基尔的作品，且将之奉为圣物（“eidem... sacrum habent”）。

有人说是这位大主教自己收藏了《凯尔经》。乌塞尔的确是一位很厉害 132
的抄本收藏家，但《凯尔经》并未落到他的手里。（还好，倘若真落到乌塞尔手里，那《凯尔经》岂不就成了“乌塞尔第三抄本”。）实际情况是，这本圣书一直就待在凯尔镇；在 1641 年的叛乱当中，该镇遭到严重破坏，但直到 1653 年，凯尔地区的总督卡文伯爵才出于安全考虑，将《凯尔经》送往都柏林。后来，乌塞尔的侄子亨利·琼斯成为米斯主教，也获得了对凯尔教堂的司法管辖权，琼斯遂借此机会将《凯尔经》转到三一学院，一并转交的还有《杜若经》。这两份抄本究竟是在哪一年抵达三一学院的，并没有记载，我们只知道琼斯主教的任期是从 1661 年到 1682 年。令人震惊的是，它们最初是可以被人们借阅的，和三一学院图书馆的其他藏书一样。1686~1687 年，三一学院副院长理查德·阿克顿就曾以三镑十先令的保证金借阅了“一份通常被称为《圣科伦基尔福音书》的抄本”，这份抄本很可能就是《凯尔经》，因为在 1688 年《凯尔经》正式进入三一学院的借阅书单时，它仍然被认为出自圣科伦基尔之手。

我们都知道，《凯尔经》是在 19 世纪初开始成为国际明星的，这一转

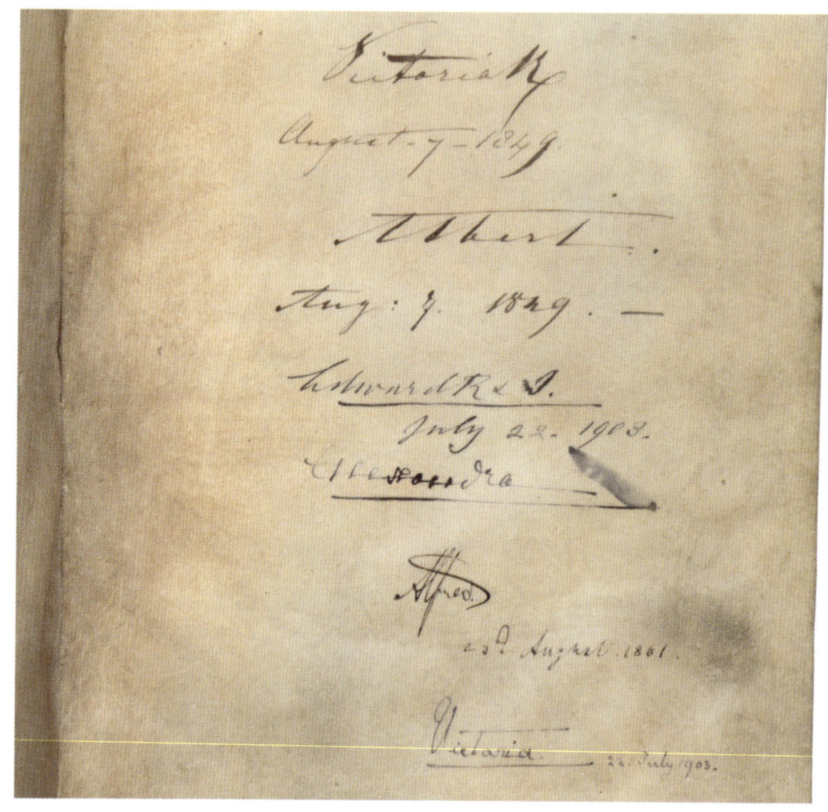

王室访客在《凯尔经》衬页上面的签名，包括维多利亚女王和阿尔伯特亲王，还有爱德华七世和王后亚历桑德拉以及阿尔弗雷德亲王

变中有部分政治因素的功劳。古老的看法是将圣徒科伦基尔视为该抄本的
133 创制者，这位圣徒死于 597 年，这也就意味着抄本是 6 世纪的物件。597 年这一年在历史上是有着极大分量的，因为圣奥古斯丁也是在这一年从罗马抵达坎特伯雷，将文明和基督教带到了英格兰的，这一点我们在第一章已经提过了。圣徒科伦基尔是在 597 年谢世的这一点，令《凯尔经》在围绕爱尔兰教会和罗马教会权威等级问题的论战当中，获得了无可辩驳的优先地位；至少在爱尔兰人的记忆当中，这一点自 664 年的惠特比宗教会议否决了爱尔兰代表团的权利起，便不曾被淡忘。

1821 年，英王乔治四世造访都柏林三一学院图书馆的时候，想必是见了《凯尔经》的。1849 年，维多利亚女王和阿尔伯特亲王前来访问的时候，则肯定见过《凯尔经》。女王在日记里记录了当天的情形：图书管理员 J.H. 托德“给我们展示了一些非常有意思的古代抄本和遗物，其中就包括圣科伦基尔抄本（我们在抄本上签了各自的名字）”。抄本同圣科伦基尔 134
的这种关联，很显然是展出方特别向前来访问的王室成员强调的，因为凭借这一点，就足以证明爱尔兰的基督教的历史要比英格兰更悠久。事实上，维多利亚后来对此事的记忆也就只剩下这个细节了。她的儿子阿尔弗雷德亲王于 1861 年见到了这份抄本。爱德华七世和亚历山德拉王后则是在 1903 年见到了这份抄本。三一学院邀请了所有这些王室来访者在《凯尔经》上签名，当然是签在一张现代衬页，而非古老的书页之上。这些用来签名的衬页如今被单独装订了起来。《凯尔经》已经成为爱尔兰文化之优越性的象征，看这情形，仿佛一旦在上面签名，英格兰女王就承认了这一点。1877 年，也就是在《凯尔经》于争议声中出访大英博物馆并返回之后不久，这一抄本又来到威廉·格莱斯顿（W.E.Gladstone）面前，先后四次担任英国首相的威廉·格莱斯顿是爱尔兰独立的坚定倡导者（据记载，格莱斯顿是在“内室”里见到《凯尔经》的）。同样也是在这一年，坎特伯雷大主教阿奇博尔德·泰特（Archibald Tait）、巴西皇帝佩德罗二世（Pedro Ⅱ）以及来自中国的大使也都得见《凯尔经》，其中大使是在都柏林市长的陪同之下前来拜见《凯尔经》的，对此，《自由人杂志》（*Freeman's Journal*）和《每日商业广告》（*Daily Commercial Advertiser*）报道说：“《凯尔经》令这个中国人仰慕不已。”两年之后，尤利西斯·S. 格兰特（Ulysses S. Grant）将军也见到了《凯尔经》，他于 1869~1877 年担任美国总统。

《凯尔经》那无与伦比且风格独特的艺术风格激发了凯尔特复兴运动中的人们的想象力。前文提到过的牛津大学教授、昆虫学家约翰·奥巴迪亚·维斯特伍德（1805~1893），在 1843~1845 年出版的《古〈圣经〉抄本插图集》当中，刊印了自己动手绘制的《凯尔经》插图页。令人震惊的是，1853 年，也正是这个维斯特伍德在《凯尔经》的一张内页（第 339 对开页右页）的边缘空白处大胆地留下了自己的首字母签名并且标注了日期。这一页是《凯尔经》的最后一页，如今已经破旧不堪。有没有可能这一页当时已经散落下来并且实际上在维斯特伍德手中，只是后来才被放回的呢？19 世纪诞生的所有有分量的中世纪抄本插图册都收录了《凯尔经》，比如 H.N. 汉弗雷（H. N. Humphreys）和欧文·琼斯（Owen Jones）于 1849 年出版的《中世纪彩饰抄本》（*The Illuminated Books of the Middle Ages*）、欧文·琼斯（Owen Jones）于 1856 年出版的《装饰原理》（*The Grammar of Ornament*）、亨利·肖（Henry Shaw）于 1866 年出版的《彩饰工艺手册》（*A Handbook of the Art of Illumination*）、W.J. 罗夫提埃（W. J. Loftie）于 1885 出版的《彩饰工艺教程》（*Lessons in the Art of Illuminating*）等。这
135 些书则又相应地成为彩饰图案样式书，催生了维多利亚时代的无数抄本和

海伦·坎贝尔·德·多利埃用水彩绘制的清晰版《凯尔经》彩绘首字母，沙利文爵士将其复制在了 1914 年的《凯尔之书》中

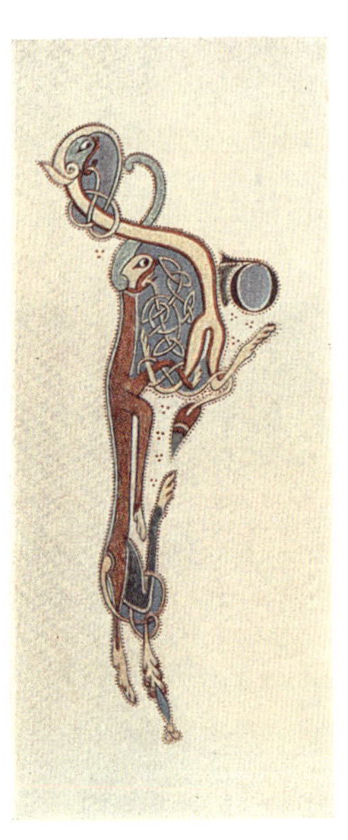

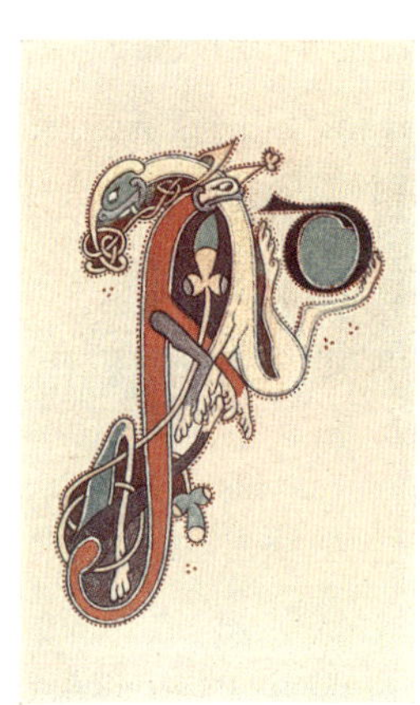

改编本。此一潮流当中，《凯尔经》便成为那一时期颇为时髦的彩饰信的取材来源（如 1880 年红衣主教纽曼就收到了这样一封信），同时，金属工艺（如 1858 年，爱尔兰妇女取材于《凯尔经》，制作了一个盒子并将其作为纪念品送给当时的爱尔兰总督卡里斯莱勋爵）、刺绣工艺（1886 年，一场巡回刺绣展在英格兰和苏格兰举办）、家具、服饰、书稿装订工艺、雕刻、陶艺等领域的设计也都开始取材于《凯尔经》。1890 年，爱尔兰的几家大百货商店，主要是罗伯特逊百货店、莱德利百货店和弗格森百货店，联合宣传一种叫作“科伦基尔”的绸缎，显然是从《凯尔经》中得到了灵感。都柏林的霍普金斯和霍普金斯（Hopkins & Hopkins）珠宝行于 1896 年圣诞节期间推出了一批黄金饰针，其设计也取材于《凯尔经》里面的首字母，单价是二十一先令。

维多利亚时代的抄本装饰人是能够将他们的颜料盒和水桶放在《凯尔经》旁边，直接对其进行复制工作的，这样的情形在今天看来简直不可思议。海伦·坎贝尔·德·多利埃（Helen Campbell D'Olier，1829~1887）女士是都柏林人，她花费多年时间来复制《凯尔经》里面的彩绘首字母。
1884 年，这位女士在亚历山大学院展出了自己的精美画作，这些取材于 136
《凯尔经》的画作在“魔灯”以及石灰灯的映衬之下，实在是美轮美奂，俘获了大批观众。其中一些复制品目前收藏在三一学院图书馆。芝加哥的书稿装饰人兼收藏家 C. 林赛·里克特斯（C. Lindsay Ricketts，1859~1941）于 1908 年 7 月来到都柏林，据他讲述，他是最后一个获得允许直接依照《凯尔经》原本制作水彩复制品的人。当然，到了他那个时代，摄影技术也已经是可行的替代办法了。实际上，早在 1888~1889 年，三一学院图书馆方面就已经在出售成套的《凯尔经》的影像作品了，当时这些影像作品在都柏林以及伦敦的南肯辛顿博物馆都有展出。

1914 年，爱尔兰财政大臣之子爱德华·沙利文爵士（Sir Edward Sullivan，1852~1928）出版了《凯尔之书》（*The Book of Kells*），这是《凯尔经》的插图集，后来变得非常流行。这本书中附有二十四张全彩插图，奇怪的是，其中五张插图并非出自抄本本身，而是取自海伦·德·多利埃的复制本。沙利文的这本插图集很快便成为爱尔兰家庭的必备之物，在那个时代，这些家庭中当然也包括了大量身在美国的爱尔兰移民。最为典型的爱尔兰作家詹姆斯·乔伊斯（James Joyce，1882~1941）就收藏了一本。在 20 世纪 20 年代，他向阿瑟·鲍尔（Arthur Power）描述了自己的这份藏品："我去过很多地方，罗马、苏黎世、的里雅斯特，无论去哪里我都带着它，并会花上数个小时的时间仔细端详它的做工。那是最纯正的爱尔兰艺术品，有那么几个填满整整一页的巨大的首字母，本质上就像《尤利西斯》里面的一章。没错，你可以将我的作品跟这些精细复杂的绘图做比较。"

在 1939 年出版的《芬尼根的守灵夜》（*Finnegans Wake*）一书中，乔伊斯提到了《凯尔经》。就我自己来说，我当然不会假装能读懂乔伊斯的作品，那些文字对我来说就如同《凯尔经》里面的一些内容一样，如同天书——即便在抄本新创制出来时我也读不懂。在我考察《凯尔经》之时，这个问题总是反复出现，而且可以说是完全出乎意料的。《凯尔经》当然是一等一的艺术品，但是，其叙事文本绝不能说是连贯的。文本中承载的内容太丰富了，令这抄本不堪重负。词语不是怪异地纠结、缠绕在一起，就是分散在整页插图的迷宫当中，令人无从找寻。《芬尼根的守灵夜》中的
138 情形显然也是类似的，其中有一整段文字就是单独的一个长句，真要读出来，恐怕会让人直接断气。这段话回应了沙利文的那篇虚饰过度的导言，而且提到了古文书学家、添加在抄本家族中的"次好的面包"（second-best buns，为什么不呢？）、象形文字、"附言直接引发的《凯尔经》中晦涩难解的于是页"（指《马太福音》27:38，在抄本第 124 对开页右页）、沙利文的 XI 号图，以及"太多的、多得太多的所有那些四腿 M；为什么用粗大的 D 来拼写亲爱的上帝（为什么，哦为什么，哦为什么？）；半结尾那准备好的 X 和 Y 形；18 个或 24 个，但是至少，多亏了莫里斯，最后当所有都说完做完，最后的花笔签名中包含的帕涅洛佩德耐心，出版说明不少于 732

右页：《凯尔经》第 8 对开页右页的影印版，很可能是 C. 林赛·里克特斯于 1908 年从原本复制而来的，里克特斯是来自芝加哥的画家和收藏家

1934 年的詹姆斯·乔伊斯（左图）；右图是《凯尔经》的“色调暗淡的‘Tunc’页”，沙利文爵士的《凯尔之书》复制了这一页，乔伊斯收藏了《凯尔之书》并在《芬尼根的守灵夜》中提到了该页

笔，每笔都用一只跳跃的套索收尾……”*，等等。

那么，最后的问题便是，这个“最纯正的爱尔兰艺术品”究竟是在哪里以及在什么时间创制的呢？政治以及民族意识方面的元素已然如此深刻地渗入《凯尔经》当中，即便是最有经验的中世纪历史研究者也会在这类问题上变得极其小心谨慎。在今天，实际上已经没有人认为这本经书是出自圣徒科伦基尔之手的，尽管如下情况也是相当有分量的：这本书自 1007 年第一次进入人们的视野起，就拥有了“圣科伦基尔之书”的名声。科伦基尔的确带领过一个教团从爱尔兰来到苏格兰西海岸群岛中的爱奥那小岛，并于 563 年在这座小岛之上建立了一座修

---

* 译文参考自戴从容译《芬尼根的守灵夜》（上海人民出版社，2013 年版）。——译者注

道院。即便是在今天，这座小岛也是一处令人敬畏的偏幽之地，岛上仍然弥漫着浓烈的宗教氛围。在 7 世纪和 8 世纪时，这座小岛乃爱尔兰向不列颠以及更远的欧洲大陆传播基督教火种的主要据点，因此，那里定然是设有一个缮写室的。在这两个世纪中，这座小岛富饶且多产。不过，维京人于 795 年袭击了这座小岛，并于 802 年烧毁了岛上的修道院。在 806 年，维京人再度攻击了这座小岛，杀死了六十八名修士。据《乌尔斯特志略》记载，此番劫难之后，大多数乃至全部的修士放弃爱奥那岛，返回爱尔兰了。很可能是在 807 年的时候，这些人在米斯郡的一个名叫凯尔镇的地方留驻下来，并称之为“科伦基尔的新居所”。凯尔教堂于 814 年完工。自此，《凯尔经》便一直归属这座教堂，直到 1007 年失窃——这一时间点是没有疑问的。那时《凯尔经》已经成了圣科伦基尔修道院的头号圣物，并且修士们也都颇有信心地认定，这份抄本就出自修道院创建人之手。

《凯尔经》的创制工作究竟是在爱奥那岛还是在爱尔兰的凯尔镇全部或 139
者部分完成的，这个问题完全取决于世人所认定的《凯尔经》的诞生日期。古文书学家们给出的不同的答案基本上在 7 世纪晚期到 9 世纪中期这个时段内。通常的看法是 8 世纪末。《凯尔经》的做工之精巧毫无疑问是无与伦比的，在它的制作团队里，各类工种之间以及各个工种内部的协作水准也达到了相当高的程度，这足以说明这份抄本是大规模且高度组织化的群体劳作的产物，这个群体绝对不会是由一群四处漂泊的逃难者组成的。我们甚至知道爱奥那岛上一个大师级抄写员的名字，那就是修道院院长孔纳希塔赫（Connachtach），此人于 802 年谢世。关于他是不是该抄本的设计者这一点我们就不得而知了，但他很有可能是。倘若《凯尔经》的渊源就在爱奥那岛，这倒也不会减损抄本本身那绝对的爱尔兰品性，因为其制作者全是爱尔兰人，尽管现代的政治边界并没有将爱奥那岛划归爱尔兰，但他们身处的这座小岛就在爱尔兰的旁边。从历史实情角度来看，《凯尔经》虽然是最具爱尔兰品性的艺术品，但实际上很可能是在今日苏格兰的地界内创制完成的；不过，想想看，《芬尼根的守灵夜》不就是在巴黎写成的吗，我们对于这部作品的爱尔兰品性同样是没有疑问的。

第四章
莱顿的阿拉图斯抄本

9 世纪早期
莱顿大学图书馆，
Cod. Voss. Lat. Q 79

140 我们不妨先大致谈一谈抄写问题。所有的中世纪抄本，除非其创制者就是作者本人，否则都是抄写员抄写他人作品而成的。所谓抄写员实际上都是在复制已经存在的手稿或抄本，而且，中世纪的人已经学会了如何尽职尽责地复制出一份抄本。抄本装饰人的工作应该说也是以前人提供的插图为依托的。不过，抄本本身也会在随后的时光里演变成范本，供后人抄录，这样一个抄录进程将持续数个世纪。并非所有的抄本都能精确地复制范本，毕竟，抄写员和装饰人的技艺、工作环境以及抄本自身的抄写难度等方面都存在极大差异，工艺水准和风格更是在代代传承当中不断演进。不过，有些抄本跟前人的版本是极为接近的。本章要探讨的莱顿的《阿拉图斯抄本》（The Leiden *Aratea*）是一首古代天象长诗的抄本。就我们了解到的情况而言，这份抄本几乎是一字一句地精确复制了其范本，而在抄本创制之时，范本已经走过了数个世纪的光阴。怎么会出现这样的情况呢？这份抄本究竟讲述了加洛林时代的人们怎样的愿望和品位呢？这些都是极其有意思的问题。

在现代世界，单纯的抄录已然成了贬义概念，特别是在文学和艺术领域。如今的作家和艺术家都致力于原创。抄袭是令人憎恶的。但是在中世纪欧洲，抄写是令人仰慕的事情。那个时候的艺术家所受的训练就是相互
142 模仿。既有的模式和程式会得到人们尽心竭力的尊奉和执行，至于现实已演进到怎样的地步，倒不会被人们特别在意。权威（*auctoritas*）总是能够得到尊重和召请。作家会尊奉先前的作家，为此，即便自己制作了什么，

他们也通常会选择将这创新之处掩盖起来，并假装说这些东西前人都已经说过了。即便是在本身就具备创新性的虚构作品中，诸如薄伽丘和乔叟这样的作家的故事里，作者也会在开头处宣示说自己是在某个古老书册里面发现这些故事的。科学文献，诸如医学或者自然史领域的作品，倘若其内容传承的是古老的知识，特别是传自古代世界的学问，就会更受尊崇。整个中世纪都有这样一种挥之不去的意识和感受：希腊人和罗马人在文化上是优越的，古人知道很多如今已经被人忘记的事情，古代的很多知识也已经几乎无人问津。在那样的时代里总是涌动着一股对已经消失了的美好的古典学问的怀旧之情。

所谓“复兴”一词，就其字面意思而言就是重生。这个词通常被用来刻画欧洲历史的三个时段，而这三个时段都不乏“抄录”。本书第十一章涉及 14 世纪的意大利，当时的意大利也有着对古典学问的终极热爱。第八章和第九章论述的是 12 世纪和 13 世纪早期对古典文化的痴迷，那造就了世人所谓的“罗曼风格”。本章则要聚焦最早的这场复兴，也是 9 世纪前半叶西欧加洛林王朝的统治者们精心安排的一场古典文明复兴运动，这场运动的实质就是效仿古典文明。

查理曼（Charlemagne，约 742~814）是法兰克人的国王。这位君主是有雄心壮志的，他有意识地四处搜寻并复制古罗马的制度和文化。他还发明了“神圣罗马帝国”这个观念，800 年，他前往罗马接受教皇的加冕，由此成为第一个新型的基督教皇帝。他就是为了新宗教而复活的奥古斯都。他采用了古代的诸般习俗和惯例，并命人用紫色羊皮纸创制福音书抄本，因为这样的羊皮纸据说只有古罗马的皇帝可以使用。他在亚琛修建了皇家教堂，这座教堂是以查士丁尼皇帝在拉文纳的教堂为模板的，那还是旧王朝向东方迁移之前的事情。查理曼及其继承人虔诚者路易（Louis the Pious，778~804，于 813 年成为查理曼的共治皇帝），在享尽天年之
143 后，都被葬在罗马石棺当中。查理曼更召请英格兰学者阿尔昆（Alcuin，约 735~804）来到自己的帝国，为的是催生一场古典学问复兴潮流。阿尔昆来自英格兰的约克郡，他是联结当时的帝国与一个世纪前兴盛地中海学问

9 世纪的皇帝铜像，很可能就是查理曼或者查理曼的孙子秃头查理，如今收藏在卢浮宫

时期的英格兰北方地区的桥梁，那里孕育了《阿米提奴抄本》。在他的引领之下，查理曼手下的一批顾问、学者建立了类似皇家图书馆的机构。机构中很可能就收藏了诸如卢坎（Lucan）、斯塔提乌斯（Statius）、特伦斯（Terence）、尤文纳尔（Juvenal）、提布鲁斯（Tibullus）、贺拉斯（Horace）、克劳迪安（Claudian）、马提亚尔（Martial）、塞尔维乌斯（Servius）、西塞罗（Cicerro）以及萨鲁斯特（Sallust）等人的作品。查理曼和虔诚者路易还时不时会得到古代晚期的抄本。对于此番收藏的具体情况，我们也只能有个大概且模糊的了解，不过，他们的确是中世纪时期最早进行古代抄本收藏的。其中有两份抄本存留到了今天，应该都来自意大利，显然是被人带到法国以供加洛林宫廷之用的。它们是著名的 4 世纪的维吉尔作品彩绘抄本，后来这两份抄本离开宫廷，分别被图尔修道院和圣丹尼斯修道院保管，如今则都藏于梵蒂冈图书馆。对于其他的那些古代抄本，我们之所以

144 有所耳闻，完全是因为加洛林宫廷对这些抄本进行了抄录，9 世纪早期，加洛林宫廷试着仿制这些抄本，由此我们知道了这些抄本的存在。这些珍贵抄本的原本当然都已经散佚了。其中很显然就包括了 4 世纪中期的“354 年编年史”（Calendar of 354），这是一份早期基督教年历，带有插图（自 9 世纪起便消失不见了，今天的人们也是因为很久之后的一份加洛林仿制本而知道了它的存在）；一份 4 世纪或者 5 世纪的特伦斯喜剧作品集，拥有

《梵蒂冈维吉尔抄本》，4 世纪早期作品，很可能是从查理曼的宫廷图书馆来到法国的；图中场景呈现的是海蛇在缠绕拉奥孔

一百五十幅插图，今天的人们也只能在 9 世纪的一份出自抄写员赫罗德加利乌斯（Hrodgarius）之手的抄本中见到这些插图，该抄本今天同样收藏在梵蒂冈图书馆；一本主题是罗马的土地丈量技术的论著的抄本，题目是《土地丈量法》（*Agrimensores*），带有插图，很可能是 6 世纪的物件，当然，这一点同样是通过加洛林抄本得到证实的；还有两份截然不同的阿拉图斯作品的抄本，都是讲述古代天象学的，其中有一份抄本就是加洛林抄本的范本，如今收藏在大英图书馆，另一份就是莱顿的《阿拉图斯抄本》，是全部加洛林 *145*
彩绘抄本当中的顶级瑰宝。我们现在将前往荷兰对最后这份抄本展开考察。

当我初次向莱顿大学图书馆发出请求，希望能见一见这份天象诗抄本时，得到的回答是：没这个必要。因为自 1989 年起，这份抄本已经拥有了一份高质量的影印本，而且，其全部的内容都已经被转化成电子版并公布在网上了。这样的回答当然不出乎意料，毕竟它是一份极其珍贵的抄本。倘若你在 9 世纪之初向亚琛的宫廷图书管理员提出类似的请求，希望见一见来自古代晚期的特伦斯作品集抄本，对方肯定也会告诉你，赫罗德加利乌斯新创制的抄本也不错，你就跟新抄本见面得了。不过，我还是稍稍坚持了一下，在我的此番坚持之后，西方抄本管理员安德烈·博沃曼博士（Dr André Bouwman）还是非常友好地应允了我的请求，一部分是因为荷兰人本就不善于拒绝人，另一部分则是因为我来莱顿是为了围绕这份抄本做“利夫廷克讲座”（Lieftinck Lectures）的，因此，我利用这一点，告诉莱顿大学他们欠我一个小小的人情。他们当然也非常大度地认可了这个亏欠的人情。法国学者约瑟夫·尤斯图斯·斯卡利杰（Joseph Justus Scaliger，1540~1609）为莱顿大学留下了著名评论：“Est hic magna commoditas Bibliothecae, ut studiosi possint studere”（这里的图书馆的厉害之处就是，学者可以在这里有所学）。这一评价对于今天的莱顿大学图书馆来说仍然是有效的。

莱顿是一座令人流连忘返的荷兰商业城市，位于阿姆斯特丹的西南面，由古老的风情街道和 16 世纪的运河组成。莱顿大学创建于 1575 年，是荷

莱顿大学图书馆，建于 1977~1983 年，在初建于 1575 年的老馆的基础上扩建而成

兰最古老的学府。我到访之时，这里正下着大雨，我步行到威特辛格尔大街——一条沿中世纪时莱顿城的环城河而建的路——的时候，身上已经湿透了。这样的天气不禁令人怀疑，来自中世纪的抄本是如何在这样的欧洲北方之地存留下来的呢。莱顿大学的主图书馆是一座巨大的现代建筑，由建筑师巴特·范·卡斯迪尔（Bart van Kasteel）于 1977~1983 年设计。乍一看，我一点都看不出来这是一座图书馆，其入口藏于混凝土建造的廊柱之间，几乎无处找寻，这些柱子的顶部呈喇叭形，如同颠倒的小号。各处可见斑驳的混凝土和闪光的铬。最后，我还是设法站到了红白相间的问询台前，身上的雨水就那么一直往下滴着，我将已经湿掉的羊毛帽子放在外套的口袋里，努力装出一副得到上级允许可以觐见荷兰最珍贵抄本的样子。

莱顿大学图书馆的安保体系并没有那么严苛。保安人员更是非常随和，我们很快便用英语聊起家常。图书馆里面到处都是学生。这座学府仍然延续着荷兰的大学特有的那种随意和快活的风格，学生们都像刚刚从床上爬起来，这样的风格显然是今天更为专注的英国和美国年轻人所缺乏的。借阅区的助理人员会用工作台前的相机为你拍下一张照片（照片里的我看起来就像是一个邋遢不堪的连环杀手），照片很快就被嵌入一张浅蓝色的塑料图书卡，有了这张卡，你就能够穿越主电子门了。过了电子门之后，即刻右拐，穿过整个图书馆，然后再穿过一个摆放了数百台的计算机和显示器的明亮房间，接着在书柜中间继续穿行——书柜里面的书册皆贴有彩色纸条，纸条从书页中间伸出来，随风飘动，甚是好看（我觉得这么做应该是为了方便给图书归类，不过看起来很是喜庆，那情形就如同步入了一片荷兰花海）。最后，你可以选择从中央旋梯往上走，或者乘坐电梯往上走，抵达二楼。这里就是图书馆的珍本室。这里安放了许多储物箱，供访客存放淋湿了的衣服，当然衣服里要是塞了同样淋湿了的帽子也是没问题的。

工作人员已经做好了接待我的准备。“一般人，我们是不会给他看的。” 147
抄本保管人说了这么一句话，令人印象深刻，他同时将一个存放着《阿拉图斯抄本》的深黄色布箱递给我。“您可以随便坐，坐哪里都可以。”他补充说道，同时手指指向了眼前这个空无一人的“L”形阅览室。阅览室里面有一排黑色的长桌，镶着亮色的铁边，还配备了相当整洁的灰色或者橙色的带有坐垫的椅子，椅子不大，但都装备了轮子。阅览室的窗户很大，可以望见城市的运河，玻璃窗外大雨如注。馆内并没有可以放置并固定抄本的支架，不过过了一会儿，保管员便找了一个白色垫子用来放置抄本。我拿出了一支铅笔，尽管并没有人要求我用铅笔，而且工作人员实际上在我在读者登记簿上签名时给了我一支圆珠笔；更没有人要求我佩戴手套。我终于明白了为什么大家都喜欢荷兰人。

抄本很小，只有九十五页，差不多 9 英寸长、8 英寸宽，基本上呈一个长方体（关于形状问题，后面还会谈到）。但是抄本很重，这一点倒是出乎意料，当然，一翻动封皮，我就明白了这样的重量主要是因为用于装帧的木板太厚了。1989 年，奥斯特豪特的一个本笃会修女卢西娅·吉姆布瑞尔（Lucie Gimbrère）对抄本实施了重装，这位修女曾为莱顿图书馆做了不少事。重装的起因也许是在同一年，人们需要拆解抄本以便通过摄影的方式制作影印本，该影印本于当年出版发行（制作影印本实际上也是一种抄本创制工作，今天的一些保管员会参与这项工作）。差不多在同一时期，抄本在美国进行了展览，因为既然书页已经被拆解开来，那么人们就能同时见到更多书页。新的装订工艺很好地模仿了 9 世纪创制《阿拉图斯抄本》之时人们会使用的那种工艺。黄褐色的仿绒面的皮革包裹着厚厚的木板，这些木板则是依照书页大小切割而成的。书脊并不平整，很显然是皮革下面的四股缝合线造成的，书脊的顶端和底端都有突出的花饰堵头布。封皮被一张保护纸松松地包裹起来了，此举很可能是为了不让卢西娅修女在皮革表面留下的污渍渗入底页。抄本翻口处很可能从 17 世纪起便没有被修整过了，点缀着红色斑点，并以对角线的形式印有如下的黑色字母，“ACAD.”和“LVGD.”，意思应该就是莱顿大学的“*Academiae Lugdunensis*”（里昂学院）——幸亏卢西安修女没有修整翻口。不过，图书馆方面也告诉我，
148 并没有人能阻止卢西娅修女用刷子去仔细清洗书页边缘，这也就是为什么《阿拉图斯抄本》以及莱顿大学收藏的很多抄本都新得很不自然。

《阿拉图斯抄本》是以一张衬页开启的，这几乎是一张空白页，上面仅印有雅各布·苏西乌斯（Jacob Susius，1520~1596）的购买凭证，后文中我们会有机会谈到这张购买凭证。这张衬页原先是封里，从上面可以看出中世纪时的皮革封皮的边缘留下的染色印迹。翻过衬页便直接是文本页了。第一行是以红色墨水写就的，以天神朱庇特为开篇：“Ab iove Principiu[m] magno dedux[it] aratus ...”（阿拉图斯源于主神朱庇特）。这份抄本是在获得了教会封圣的查理曼的基督教宫廷中创制而成的，或者就是在他的儿子——虔诚者路易——的宫廷里面完成的，然而，它竟然如此明目张胆地召请古代异教神灵。此举全靠一个模糊处理才避免了渎神之罪名。文中用拉丁文写有如下词句：“阿拉图斯（也就是这首天象诗的作者）可溯源至朱庇特……”不过，诗人将这首诗献给了以一个不具名的“你”，并且说，这是最伟大且最神圣者，在古代原文当中，这个“你”当然是指某个古罗马

右页：《阿拉图斯抄本》的开篇页，开篇文字以俗大写体写就，“Ab iove Principium deduxit aratus...”（“阿拉图斯源于主神朱庇特”）

AB IOVE PRINCIPIŪ MAGNO DEDUX̄ ARATUS·
CARMINIS AT NOBIS GENITOR TU MAXIMUS AUCTOR
TE VENEROR TIBI SACRA FERO DOCTIQUE LABORIS
PRIMITIAS PROBAT IPSE DEUM RECTORQ· SATORQUE
QUANTUM ETENIM POSSENT ANNI CERTISSIMA SIGNA
QUA SOL ARDENTEM CANCRUM RAPIDISSIMUS AMBIT
DIVERSASQ· SECAT METAS GELIDI CAPRICORNI
QUE VE ARIES ET LIBRA EQUANT DIVORTIA LUCIS

Ab ioue pncipiū magno deduxit aratus.
Carminis at nobis genitor tu maxim⁹ auctor
Te ueneror tibi sacra fero doctiq; laboris
Primitias pbat ipse deū rectorq; satorq;
Quantū etenī possent anni certissima signa
Qua sol ardentē cancrū rapidissim⁹ ambit
Diuersasq; secat metas gelidi capcorni
Que ue aries 7 libra equant diuortia lucis.

皇帝，不过，在抄本当中，它也完全可以用来指古罗马皇帝的效仿者——加洛林王朝的统治者。诗人最后说，在你的仁慈统治之下，我们可以举眼望天，研究天体和星辰的位置和运动，以此为航海者导航，并指引农人，让他们懂得季节变换。

《阿拉图斯抄本》最明显的特征就在于其文本都是以“俗大写体”（capitalis rustica）写就的。这是罗马帝国的文学抄本用的典型字体。其名字中的形容词“俗体”的意思就是朴素，因为该字体曾经是日常字体。庞贝城的残垣断壁之上经常能看到各种政治标语，这些标语就通常是用俗大写体写就的。这是一种竖直的字体，颇为紧凑，全部用大写写就，这一点看字体的名称就知道了；其粗细笔画之间的对比是极为鲜明的，竖直笔画的顶端和末端都有非常显眼的小衬线。这一字体本身非常优雅，极具书法的美感，而且读起来也很方便，帝国晚期的罗马人偏爱用这一字体来书写世俗文本，而不是用安色尔圆体字，后者成了更为精美的早期基督教作品抄本选用的字体，比如《圣奥古斯丁福音书》以及《阿米提奴抄本》。加洛林时代的人们在创制抄本之时，当然要先行考虑抄本与原本的逼真度，因
150 此他们在抄写过程中保留了此一字体选择模式。若是《圣经》文本，他们会使用安色尔字体，比如 9 世纪的《乌得勒支圣咏抄本》就是这样，不过，对于来自异教世界的文学作品，他们则会回过头来重新采用俗大写体，比如我们眼前的这份《阿拉图斯抄本》。

应该说，这主要是一本描绘各个星座的插图册，正如希腊人所知的那样。“Aratea”这个词，也许各位一直都很想问我是什么意思，但出于礼节又都不方便打断我，在此我不妨明确一下，这个词是指这首天象诗出自索里的天象家阿拉图斯（Aratus of Soli，约前 315~ 前 240/ 前 239）之手，该诗后被译成拉丁语。目前的抄本共有三十九幅整页插图，全部在对开页的左页，并且附有几段配图文字，文字均以诗歌的形式呈现，每一行都以红色大写字母为首。有些诗节非常之短，像是图片的标题。插图基本上都呈方形，以深蓝色为背景，代表夜晚的天空。插图的边框为亮橙色，这显然是最后才添加上去的，因为亮橙色跟深蓝色色块的边缘多多少少有重叠，

且有时前者遮盖了后者。这情形就仿佛这些插图复制了装裱好的画作，这倒也是可以想见的：这些插图的当初有可能就悬挂在某座罗马或者希腊宅邸的墙壁之上。天空的底色从深蓝色到青绿色不等。将这些画对着光，就可以看到那蓝色的底色是用时而垂直、时而横向延伸的笔画涂抹上去的。

不管怎么说，《阿拉图斯抄本》里面的插图都令人感觉怪异。也许对加洛林王朝的人来说，那里面定然封存了他们并不一定就能弄明白的学问。要保存此等古代隐秘智慧，唯一的办法看来就只能是如实且精准地将其抄录下来，即便是不能很快被人理解并且同主题本身似乎没有关联的细节也不能漏过。

第一幅插图出现在第 3 对开页的左页。画面之上，一条粉色和灰色相间的蛇曲曲折折地布满了整个书页，两头小熊在这条蛇形成的回环里面跳跃、翻滚。整幅画面当中，看似随意地点缀着很小的方形金叶子，当然，这只是看起来随意，实际上是很有讲究的，因为它们代表的就是对应文本所描述的星座里面的星辰。这些对应文本会占据数页的篇幅，解释了星辰在天极之间永无止息地旋转，而且这些星辰都由克里特棕熊保护起来——在希腊神话当中，正是这些熊保护了婴儿时期的朱庇特，使他没有被父亲萨图恩吃掉，它们也因此幻化在天空之中，代表天极。它们被称为赫利刻（Helice of seven stars）和库诺苏刺（Cynosura）。这两大星座是从来没有欺 151
骗过腓尼基水手的。配图文字继续说道，那条怪蛇如河流般蜿蜒其中并环绕着两个星座，诸多星体沿着蛇的躯体排布。北极星在那个较小的熊身上。这便是我们今天所说的大熊星座和小熊星座，美国人也称之为“大斗和小斗”（Great and Little Dipper）。

第 159~169 页：《阿拉图斯抄本》标志性的双开页插图，分别呈现的是：大熊座和小熊座，小熊在盘绕着的蛇的身体中间翻滚，指示北极；武仙座，手持一张狮子皮的赫丘力；牧夫座，牧人形象，后面配备了有关处女座的一段文字，此处恰巧丢失了一页；双子座，分别呈现的是卡斯托耳和波吕克斯；狮子座，狮子的形象；五大行星，分别以萨图恩、朱庇特、墨丘利、维纳斯和玛尔斯的脑袋予以呈现，它们的运行轨迹跟其他星体是不一样的

Cetera que toto fulgent uaga sidera mundo
Indefessa trahit ꝓprio cum pondere celum.
Axis at īmotus semꝑ uestigia seruat
Libratasq; tenet t̄ras. ⁊ cardine firmo.
Orbē agit. extremū geminus determinat axem.

CETERA QUAE TOTO FULGENT UACA SIDERA MUNDO
INDEFESSA TRAHIT PROPRIO CUM PONDERE CAELUM
AXIS AT IMMOTUS SEMPER UESTIGIA SERUAT
LIBRATASQ: TENET TERRAS ET CARDINE FIRMO
ORBE ACIT EXTREMÚ CEMINUS DETERMINAT AXEM
QUEM GRAI DIXERE POLUM QUO MERSA SUB UNDAS
OCEANI PARS CELSA SUB HORRIFERO AQUILONE
AXEM CRETAE DEXTRA LEUAQUE TUENTUR.
SIUE ARCTOAE SEU ROMANI COGNOMINIS URSAE
PLAUSTRA QUAEQ: FACIES STELLARÚ PROXIMA UERO
TRES TEMONE ROTISQ: MICANT SUBLIME QUATERNAE

Quem grai dixere polum quo mersa subundas
Oceani pars celsa sub horrifero aquilone
Axem crete dextra leuaq; tuentur.
Siue arctoe seu romani cognominis urse
Plaustra q; que facies stellaꝝ proxima uero
Tres temone rotisq; micant sublime quat̄ne

IPSAM HELICEN SEQUITUR SENIOR IACULOQ MINATUR
SIUEILLE ARTOPHYLAX SEUBACCHIO MUNERECESUS
ICARUS EREPTAM PENSABIT SIDEREUITAM

Ipsam helicen sequit senior iaculoqz minat
Siue ille artophylax seu bacchio munere cesus
Icarus ereptam pensabit sidere uitam

VIRGINIS INDE SUBEST FACIES CUI PLENA SINISTRA

FULGET SPICA MANU, MATURISQ. ARDET ARISTIS.

QUAM TE DIUA UOCEM TANGUNT MORTALIA SI TE

CARMINA NEC SURDAM PRAEBES UENERANTIBUS AUREM

EXOSA HEU MORTALE GENUS MEDIO MIHI CURRU

STABUNT QUADRIPEDES ET FLEXIS LAETUS HABENIS

TEQ. TUUMQ. CANAM TERRIS UENERABILE NUMEN

AUREA PACATI REGERET CUM SAECULA MUNDI

IUSTITIA INUIOLATA MALIS PLACIDISSIMA UIRGO

SIUE ILLA ASTREI GENUS EST QUEM FAMA PARENTEM

TRADIDIT ASTRORUM SEU UERA INTERCIDIT AEUO.

ORTUS FAMA TUI MEDIIS TE LAETA FEREBAS

SUBLIMIS POPULIS NEC DEDIGNATA SUBIRET

TECTA HOMINUM ET PUROS SINE CRIMINE DIUA PENATIS

IURA DABAS CULTUQ. NOUO RUDE UULGUS IN OMNES

FORMABAS UITAE SINCEROS ARTIBUS USUS

AD CAPITI SUBERUNT GEMINI PROLEMQ. TONANTIS
AEGRECIAM ET PROPRIO POST REDDITA NUMINA CAELO
NAM LACHEDEMONIIS CUM MARS CALUISSET APHIDNIS
CASTOR ACECROPI TULIT INCREMENTIA BELLI

Ad capiti suberunt gemini prolemq; tonantis
Aegretiam et pprio post reddita numina celo
Nam lachedemonijs cū mars caluiss& aphidnis
Castor acecropi tulit incrementia belli

O RA TORRENTISQ· IUBAS ET FULUUM CERNE LEONEM
H UNCUBI CONTIGERIT PHOEBI UIOLENTIOR AXIS
A CCENSA INCANCRO IAMTUM GEMINABITUR AESTAS
H INCNYMFE TENUES TUNCEST TRISTISSIMA TELLUS

O ra horrentisq; iubas 7 fuluū cerne leonem
H unc ubi contigerit phebi uiolentior axis
A ccensa in cancro iamtū geminabit' estas
H inc nymfe tenues· tunc est tristissima tellus

ATQUINQ: STELLAE DIUERSA LEGE FERUNTUR
ET PROPRIO MOTU MUNDO CONTRARIA UOLUUNT
CURRICULA EXCEDUNTQ: LOCO ET UESTIGIA MUTANT
HAUD EQUIDEM POSSIM ALIO CONTINGERE SIGNO
QUE DIUI SA DI ES HINC ATQ: HINC SAEPE UIDENTUR

At quinq; stelle diuersa lege ferunt
Et pprio motu mundo contraria uoluunt
Curricula. exceduntq; loco et uestigia mutant.
Haud equide possim alio contingere signo
Que diuisa dies hinc atq; hinc sepe uident.

第二幅插图表现的是一个面容非常整洁的年轻人正在迈步向右走，同时也在回头观望。这个年轻人身穿粉红色的金边短袍，足踩一双精巧的草带鞋。他右手持有一个金色弯钩，左臂上则搭着一张有绿色斑点的狮子皮。从其皮肤来看，这个人就是赫丘力。对应的配图文字当中并没有提到这个年轻人的名字，只是陈述说，他是两头熊的守护者。尽管年轻人身上点缀着许多星星，而且“都相当明亮”，但文字只提到了其中一颗星星的名字，那就是大角星（Arcturus），位于年轻人的衣服打结的地方。大角星实际上也正是北半球夜空当中最明亮的星。

第三幅插图则呈现了由黄金和褐色树叶编织而成的古典风格的花环，花环上系着长长的红色丝带。配图文字称之为“科罗娜”（Corona，“花环”），它是巴库斯（Bacchus）和阿里阿德涅（Ariadne）婚礼之时佩戴之物。阿里阿德涅未及成年便去世了，她死去之后，巴库斯将花环抛入天空，它遂幻化成星座。接下来的插图呈现的是所谓的“持蛇人”。画面当中是一个裸体男人，他以后背示人。他戴着一条相当紧致的黑色头巾（看起来就像我们今天的浴帽一样），手持一条正在扭动的蛇，并且站立在一只巨型蝎子的背上。配图文字给出的说明是：这个持蛇人背对着“花环”，肩膀上是极为明亮的星，即便在满月时分，这些星的亮光也不会减色。再往下的一幅插图则看起来又像是赫丘力的形象。此人极为健硕，左手持有一根杆子，仿佛是要阻挡交通一样。附有该图解释文字的书页已经丢失了。眼前的这份《阿拉图斯抄本》当中，现代人用铅笔为其标注了页码，由此也就不难见出，这里的确发生了缺页现象，因为并没有被标注为第 13 页对开页
164 的那一张纸，当然，此一对开页左页原本应当有的一张插图也已经丢失了。不过，接下来的配图文字还是能够揭示出这幅佚失的插图呈现的是什么内容——显然是“处女座”。文字中描绘了一位典雅端庄的女神，她曾统治着黄金时代的世界，那时没有纷争，从互不侵犯；但是在白银时代，这位女神绝少从奥林匹斯山降临凡间，除非是在悲伤时刻；到了已然堕落的青铜时代，人们开始吃肉，学会了使用铁器，这位女神也就抛弃了大地，转而化成天空中的一个星座，就在北斗七星附近。“双子座”的插图存留下

来了，位于第 16 对开页的左页。此幅插图展示的是两个古铜色皮肤的年轻人，戴着白色的小帽子，头顶都有一个金色的十字架，全身赤裸，只是在一个肩头披着外袍，脚上穿着精致的靴子。其中一人手持大棒和长矛，另一人则是一手持竖琴一手拿着琴拨。接下来的插图以及配图文字则是按照下面的顺序依次展开的：位于“大熊座”正下方的“巨蟹座”；“大熊座”脑袋的下方就是“双子座”；“狮子座”在“巨蟹座”的黑色长腿的下面，正在发出警告说当太阳神的战车碰触到狮子座的时候，就是盛夏，那将是农田缺水的时候，水手也最好不要冒险远航；“御夫座”以三只蓝色的小山羊的形象呈现，它们是水手的噩兆；接下来是“金牛座”和“仙王座”；之后的“仙后座”中女神的长袍已经从一侧的胸部脱落，幸好有一颗金色的星星将之遮挡起来；“仙女座”中的仙女是仙后的女儿，她的双臂伸出，被绑缚在石柱之上；如此等等。这些插图都配有诗歌体的文字说明，用来讲述图中场景或者相关故事。

三十六幅星座插图之后，便是两幅组合图。第一幅中是当时已知的五颗行星，分别以人的脑袋呈现，四男一女，都如同圣徒一般拥有淡淡的光晕。这幅插图出现在第 80 对开页的左页。对应的配图文字解释说，这些行星都是“四处游走的星体”，运行规律各不相同，“它们各自独立运行，选择相反的路线越过地球，并且会偏离原来的位置，改变原来的轨迹”。文字里面并没有提及这些行星的名字，不过它们很显然就是木星、土星、水星、金星和火星。金星当然被展示为一个女性形象。今天的人们当然都明白太阳系的行星的运动轨迹为何不同于银河系中其他的那些遥远星体，不过，中世纪的天象学家对这一点是极为困惑的，那个时候的人们对行星和太阳的运行轨迹一无所知。

两页之后出现了一幅类似的插图，将四位女性的头像呈现在天空当中，165
以此昭示四个季节。同样的，今天的我们当然都知道地球是绕着太阳运行的，因此四季变换也就很容易理解，但对中世纪的人们来说这的确是很难理解的。于是，插图后便出现了相当长的配图文字，而且解释得相当复杂，至少对我来说是这样的，大致意思是：这些星体都有各自的环状运行轨迹，它们同包括银河系在内 [这里用了“lactis ei color”(牛奶的颜色) 来比喻银河系，以表现这座星系的乳白色，配图文字认为这是天空当中的最大星系] 的苍穹形成切面，太阳的运行轨迹则会穿越所有这些星体的运行轨迹，此一过程会影响太阳的热能，于是，一年便有了四季之分，并且一天中白天的时长也有了划分；这样的巨大旋转轮有很多，黄道带就是其中之一，太阳每年都会穿越黄道带上的十二个点，由此引发天气和气候的变化；这就是为什么会有季节转换。我的拉丁语还算够用，不过，我的星体知识显然是不足以理解如此复杂的解释的。

在数万年的人类历史当中，我们可能是第一代无法再仰视夜空中星座的人。实际上，直到二十世纪晚期，夜晚的天空都还算明净，更多的人生活在乡间而非城市。在昔日的夜晚，人们都会仰望天幕上的数百万颗星，此等惊奇和兴奋的体验，在我们这个时代已经不是寻常之事了，实际上，对今天的大多数人来说，要是能够在那苍穹当中辨认出猎户腰带，就已经是相当令人满足的事情了(《阿拉图斯抄本》第 58 对开页的左页便是猎户座，此人是波塞冬之子，跨步而出，相当孔武，一页之后的左页之上给出了如下的配图文字，“sic balteus exit”，意思就是“猎户腰带就是如此伸展开来的”，即三颗非常明亮的星星排成一排)。自人类意识觉醒之时，人类就沉迷于凝视夜空，不停地找寻其中的规律和含义。人们很难不将无尽的威严和神性赋予这天空。太阳的运行轨迹有六个月是向左的，还有六个月是向右的，由此形成了一年的周期——对所有的文明来说，这就是最早的时间标尺和季节标尺。

现存的希腊文献当中，最早提及星体和行星的名字及其相对位置的文本便是天象诗《物象》(*Phaenomena*)，是索里的阿拉图斯于公元前 3 世纪
166 所作。基本上可以肯定，这首诗取材于尼多斯的欧多克索斯 (Eudoxus of Cnidos) 的一部已经佚失的作品，当然并非所有的研究者都赞同这一点。欧多克索斯是柏拉图的学生，生活的时代比阿拉图斯早了一百多年。有关这些星座的名称以及故事，阿拉图斯和欧多克索斯提供的信息毫无疑问可以追溯至文明出现以前很久的口传时代。阿拉图斯的《物象》在古代世界已然极为

流行了，无论是作为关涉宇宙和神话的教学文本，还是作为用于农业和航海的手册文本都是如此。这样一首古典希腊诗竟然在《新约》当中也被征引，由此便可见其非凡地位。圣保罗在雅典传道之时，曾告诉听众说，是那个唯一的神创造了世界，“我们生活、动作、存留，都在乎他，就如你们作诗的，有人说，‘我们也是他所生的’”（《使徒行传》17:28）。这句希腊引文来自《物象》的第五行，指的就是朱庇特，如我们所见，《阿拉图斯抄本》就是以朱庇特开篇的。这位使徒在游走地中海之时，很有可能随身携带了阿拉图斯的《物象》。

《物象》在古代就已经至少有三次被译成或者改编成拉丁语。这其中最早的一个版本是伟大的政治家西塞罗于公元前 80 年左右创作的。加洛林的宫廷图书馆很显然获得了一份残缺的西塞罗译本抄本并对其用俗大写体进行了精确抄录。10 世纪时，制作于 9 世纪的新抄本抵达盎格鲁－撒克逊时代的英格兰，如今它被集合为一卷，收藏在大英图书馆，如前文提到的那样。这份抄本令人吃惊的地方在于，其配图文字是在星座插图的边框之内的，因此是密密麻麻的文字而非色块填充了整幅插图。

第二个拉丁译本则要流行得多，这个译本出自日耳曼尼库斯·凯撒（Germanicus Caesar）。我们仅仅是因为有作品提到过那么一两次这个译本才得知日耳曼尼库斯·凯撒这个名字的，其中就包括了圣哲罗姆的《保罗书信集评注》，因为哲罗姆认出了出自《使徒行传》17:28 的引文。人们普遍认为该译本的译者就是马克·安东尼（Mark Antony）的孙子、提比略皇帝的养子日耳曼尼库斯（公元前 15/ 前 16~ 公元 19），当然，并没有切实证据支持这种看法。还有几个人也叫作日耳曼尼库斯，都可以作为候选人。我们眼前的这份抄本就是以这个译本为依托的。实际上，这个译本在开启其悠长的文本传播旅程之前，就已经是仿制本了——先是阿拉图斯仿制了 167
欧多克苏斯的文本，之后又是日耳曼尼库斯仿制了阿拉图斯的仿制本。

第三个拉丁译本是鲁弗斯·费斯图斯·阿维恩奴斯（Rufius Festus Avienus）于 4 世纪制作的，关于此人，我们几乎没有能够确证的信息。这个译本是三个译本当中篇幅最长的。莱顿的抄本当中，时不时会出现阿维恩奴斯译本中的些许内容被插入日耳曼尼库斯译本当中的情况。比如说“双子座”的配图文字，在日耳曼尼库斯的版本中相当简洁，只有四个词，但是那后面就被插入了阿维恩奴斯的版本中的七行文字。“巨蟹座”的配图文字则差不多全部是从阿维恩奴斯译本借用过来的。这样的做法在抄本传播过程中倒也并非不常见（无论是《圣奥古斯丁福音书》还是《凯尔经》都有这样的情况），不过，这个情况也就表明，加洛林宫廷获取并抄录的古代晚期抄本，肯定不可能诞生于阿维恩奴斯之前的时代。事实上，这份抄本很可能就是 4 世纪晚期或者 5 世纪初期的物件。

乍一看，这份抄本很像罗马帝国晚期的抄本原本。它的插图通常以浓重的深色颜料轻描而成，时不时会有一些斑点出现，甚至给人以印象派的感觉，这实际上就是在效仿罗马风格——例如我们较为熟悉的庞贝古城的壁画以及埃及的石棺画像。文本的字体则是相当好看的俗大写体，看起来十分纯正。整体书页呈现为方形，这也完全是古典风格。最初的抄本很可能更为方正一些，因为一些书页外缘处较小的说明文字，遭到了近乎野蛮的剪裁。

对于古代抄本的这种方形形状，在此我有必要简单地说明一下。在 1 世纪之前，所有文学文本都是写在卷轴上的，这样的卷轴偶尔会用皮革或者羊皮纸制成（比如《死海古卷》中的大部分书卷就是这样的情况），但一般情况下是用纸莎草纸制成的。《阿拉图斯抄本》第 68 对开页左页的河神手中握着的植株应该就是纸莎草。在基督教传入西方前后的那个时期里，抄写员开始使用抄本，也就是类似于现代书册的那种格式：将书页在其内
168 侧边缘处粘合起来，如此一来便可以一页一页地连续翻动它们了，而且书页的双面都可以用于书写。这样的发明是有很多好处的，因为有些文本需要来回翻阅，而不是从头到尾展读，对于基督教礼拜文本以及法律文献来说，这样的做法特别有用。（今天我们仍然会说将一份法律文本“法典化”，所谓“法典化”，其最初的意思就是指转化为抄本格式。）到了 3 世纪和 4 世纪，抄本格式已然成为罗马帝国晚期书册的标准格式。

早期抄本的一折书页，是将一整张纸莎草纸对折两次，然后沿着一侧

边缘切开，由此形成四张书页，或者说是形成两个对开页，一个对开页夹在另一个对开页的中间。纸莎草纸是用交叉相叠的芦苇捆压制而成的，因此，未折叠的纸张都是方形的，抄本也由此呈现为方形。我们眼前的莱顿的抄本所依托的范本很可能用的就是纸莎草纸。罗马帝国灭亡之后，埃及的纸莎草纸贸易路线也随之中断，抄写员便不得不转而使用兽皮（不管怎么说，这对抄本是有好处的，因为纸莎草纸在翻动的时候很容易断裂）。兽皮通常是长方形的。不难想见，将长方形的兽皮折叠并切开之后，必然会制作出长方形的书册，因此长方形成了中世纪抄本的标准形状。最终当现代用纸被引入中世纪晚期的世界之时，抄写员已然习惯了将纸张对折并切割为长方形，这使得现代的书册也都呈现为长方形。这为现代书册都是长方形的而不是正方形的情况提供了一个可能性很大的解释：古代晚期的地中海世界用羊皮纸取代了纸莎草纸。

《阿拉图斯抄本》的校勘情况显示出当初的纸张是如何被折叠的，同时也表明其中有五页佚失。*当然，我们知道这些丢失的书页讲述的是什么，因为所有这些内容都已经被转移到另一份抄本里面了，这份抄本如今收藏在布洛涅，我们很快就会谈到它。佚失的书页呈现的是朱庇特和一只鹰、处女 169
座、人马座、驾着战车的赫利俄斯（太阳神）以及月亮神。插图页的厚度有时候显然超出了一般书页（与该插图页相连的书页也会是同样厚度，尽管有时候并没有这个必要）。这很可能是出于对实际情况的考量，毕竟要将一堆水彩颜料码在相对而言并不大的羊皮纸书页之上，倘若纸张太薄就很可能发生纸张变形。这又令我怀疑这些抄本所用的古代范本是否是在纸莎草纸上创制的，因为纸莎草纸不存在这个问题。我感觉 viii 折（也就是第 57~64 对开

* 具体校勘情况如下：i^7（共八个对开页，缺了 i 页，即第 1 对开页），ii^7（共八个对开页，缺了 v 页，即第 13 对开页），$iii\sim viii^8$，ix^{2+6}（两个对开页，分别是第 69 和第 71 对开页，以及六张单页），x^7（共八个对开页，缺了 ii 页，即第 74 对开页），xi^{10+1}（第 81 对开页是单页），xii^8（共十个对开页，缺了 iv 页，即第 95 对开页，和 vii 页，此页没有编码）。前文已经指出，现代人用铅笔给出的对开页页码将佚失的书页都计算在内了，这令人有些迷惑，因为抄本的原卷首页已经丢失了，如今的这份抄本实际上是从第 2 对开页开篇的。

页）出自另外一个绘图人之手，因为这些书页上的颜料略有不同。

亲身前往图书馆研究一份著名抄本的原本的后果之一就是，圣物从其藏身处露面这一消息会不胫而走，传遍整个图书馆，如同珍禽被鸟类学家在社交网络上发现。中午刚过，莱顿图书馆阅览室里就已经集结了一群莱顿大学的博士生，他们十分恭敬地询问我能否在我翻动书页的时候，让他们站在我的椅子后面。很快我便发现，这成了一个非正式课堂，任课老师是我，课程内容就是《阿拉图斯抄本》。

我告诉学生们，加洛林抄写员在抄录抄本之时表现出了非同一般的水准，不仅完全忠于原书，更将原书的样貌和格式也都照搬下来了；对此有一个学生提问说，我们要如何确定这是 9 世纪的抄本而非罗马帝国晚期的原本呢。这个问题的确很难回答。答案之一就是其羊皮纸的厚度和材料都符合 9 世纪的羊皮纸的特征（这一点前面已经谈到了）。古代所用的羊皮纸通常很薄，几乎感觉不到重量，而且书页很容易发生轻微的卷曲，这个情况我们在第一章有所提及。其次，书页里面的绘图尽管看起来很像是来自古代，但拥有加洛林时代特有的画风，特别是人物的脸部。我也很奇怪，人类大脑在脸部识别方面好像是受过本能的训练。在艺术作品中，往往就是眼睛泄露了有关伪造或者时代错误的信息。“仙王座”插图就是这样的一个例子——画面当中克普斯的脸部跟收藏在大莫图书馆的《洛泰尔圣咏抄本》（Lothair Psalter）当中大卫王的脸部几乎是一模一样的，而后面这一抄本是 9 世纪 40 年代在亚琛为加洛林皇族成员制作的。最后一点是，《阿拉图斯抄本》里面有一整页插图的配图文字是用加洛林小体字写就的，这样的字体是不可能出现在公元 800 年之前的。

这一页就是第 93 对开页的左页，抄本在此处已经临近结尾。这是一 171
整幅精美的天象图，各个行星以及太阳和月亮都在各自环状轨道的不同位置上绕着地球运转，最外围是各个星座组成的环带。这幅插图表现得非常

左页：天象图，呈现的是诸行星以及太阳和月亮环绕地球运行的轨迹，绘有黄道带以及表示十二个月份的标志

精确，跟抄本里面的其他插图都有所不同，但跟第八折的插图使用了一样的粉红色颜料（具体可比较第 60 对开页左页上的狗的形象）。天象仪肯定不会是阿拉图斯使用过的天象工具，尽管这样的工具跟天文学的确有莫大关系。这张天象图设计得极为精细，各个星体的运行轨道被极为细致地用红墨水标示出来。如果将抄本捧起来对着光，就可以看到非常细小的针孔，表明在制作这幅插图之时绘图人肯定使用了罗盘进行比照。地球在中心位置。土星、木星和火星则处于环绕地球的椭圆形轨道之上。值得注意的是，金星和水星处在画面左侧，它们并没有环绕地球运转（哥白尼之前的人都是这么认为的），而是很正确地环绕着太阳，太阳本身当然也在环绕地球运转。各行星的运行轨道之上铭刻着摘自普林尼《自然史》（*Historia naturalis*）的引文，是用很小但相当精美的加洛林小体字写就的，这一字体是在 800 年早期的那场文化变革潮流中被有意识地创造出来的。普林尼的《自然史》是阿尔昆向查理曼明确推荐过的文本。这幅天象图的外缘为一条色带，色带里面绘有黄道十二宫的标志，以小圆盘的形态呈现，圆盘当中分别是相应的人物形象，并以金色背景为映衬，此设计是为了表示一年当中的十二个月。这些小小的人物形象是很有分量的，因为它们并非来自《阿拉图斯抄本》的范本，而是来自那极为古老的“354 年编年史”——4 世纪的一份抄本，曾为加洛林宫廷所斩获，前文也曾谈到这一点。这份年历的原本当然没能存留下来，而且据我们所知，9 世纪也没有对其制作新的抄本［自这份年历最后一任有记载的主人天文学家及古物家尼古拉斯 - 克劳德・法布里・德・佩雷斯科（Nicolas-Claude Fabri de Peiresc）于 1637 年谢世之后，它便从人间消失了，再也没有露过面］，不过，16、17 世纪均有这份年历的彩绘抄本，而且都制作得相当好，其中最好的一些收藏在梵
172 蒂冈图书馆。《阿拉图斯抄本》以这样一份年历作为其天象插图的绘图素材的情况，足以证明该插图出自 9 世纪的加洛林宫廷。

还有第三个因素可以将这幅天象图论定为 9 世纪的物件，在三个因素中这个因素是最诱人的：这幅图在细节上的准确度之高引起了现代天文学家的极大关注。在这个问题上，不妨设想这幅图上行星和太阳的相对

位置并非随机的，而是基于对天空的实际观测，我们知道这样的工作恰恰是加洛林时期的人们能够做到的。1999 年，理查德 · 默斯特（Richard Mostert）和马克 · 默斯特（Marco Mostert）两兄弟联名发表了一篇令人震惊的论文。这篇论文提出的设想是将莱顿抄本里面的这幅天象图的外环分解成三百六十度。画线将图的中心点分别同各个行星连起来，并以外环黄道带上的恒星为参照，对这些行星进行定位。默斯特兄弟用这个办法确定了这幅图的确切观测日期：816 年 3 月 18 日，星期二。当然，这幅天象图顶多也就是一个碟子那么大，而且其具体尺寸也未必就是绝对准确的。不过，论文作者们将这一问题置于现实情况中考虑，并提出如下论点：如果行星的位置是基于准确的科学观测标示出来的，那么这样的位置分布需要 17000000000000 年方能再现一次。兄弟俩还说，倘若允许 5 度的偏差（这个偏差已经很大了），那么再现就需要 216000000 年。倘若允许 15 度的偏差，则需要 98000 年。在 2007 年的一篇补充论文中，作者埃利 · 德克尔（Elly Dekker）提出论证说，在同一阴历月的另一端，也就是 816 年 4 月 14 日，也可能出现这样的行星分布。两种算法中间的时间差不足四个星期，我是没有能力评估这两种算法的，不过，我们可以有理有据地提出莱顿抄本的制作时间是在 816 年这一观点，当然为了谨慎起见，我们还是将其论定在 9 世纪的前三十年（但不会早于 816 年）。

无论这两种算法是否准确，3 月 18 日这一天都是一个十分重要的纪念日。比德（约 672~735）在《论计时》（*De temporibus*）中提出的时间算法在 9 世纪仍然通行，据此算法，这一天正是创世的那一天。上帝正是在此日说道：“天上要有光体，可以分昼夜，作记号，定节令，日子，年岁。” 173
（《创世记》1:14）并且，按照比德的记述，上帝是在 3 月 18 日这一天完成了创世：“天地万物都造齐了。”（《创世记》2:1）

倘若这个解读是正确的，我们也就相应地能对这份抄本的制作初衷做出很大程度的解释了。抄本里面的插图是在传播来自古代世界的天文知识，加洛林时期的人们毫无疑问是极为仰慕这样的知识的，但是对他们而言，图中展现的天空是由上帝亲自打造并启动的。莱顿抄本的创制者们尽可能准确地在天象图中展示他们观测到的在创世纪念日当天的行星分布情况，使其更近上帝创世当天的星象。（当然，加洛林时期的人们对行星的运行的了解足以令他们意识到，816 年 3 月 18 日在天文历法之上并不一定就对应着公元前 3952 年 3 月 18 日，后者是比德推算出来的创世时间点；不过话又说回来，在属灵的意义上，每年的复活节和圣诞节也都选取了基督复活和诞生的日子，那么每年的 3 月 18 日同样可以被选定为上帝创世的纪念日，且中世纪的年历通常就是这么记载的。）莱顿抄本以朱庇特开篇，但最后是以基督为结尾的，其结束页的文字是“Vale, fidens in d[omi]no xp[ist]i vestitutus amore”（再见，且要信从救主，沐浴基督恩泽）。中世纪的人们的基本观念为，上帝创造的宇宙万物都是有意义的，是出于人类福祉的考量的。因此，基督徒的职责就是要去研究并解读其神圣目的。这也就意味着，认识星体是如何创造出来，以帮助人类适应季节转换、天气变动并形成航海知识，同样是神学的题中之义，甚至是一种信仰操练。

实际上，虽然有“信从救主基督”这样的献词，但莱顿抄本当中并无明确的内容表明献给的人是谁，除了日耳曼尼库斯在原本的前言中给出的帝国统治者这一信息。倘若 816 年或者稍晚一些这一时间点是正确的，那么查理曼毫无疑问就要被排除，因为他是在 814 年驾崩的。因此人们普遍认为，这份抄本的资助人是查理的儿子兼继承人虔诚者路易，或者该皇族的某个近亲。这份抄本很有可能是在亚琛被制作完成的，因为这应该是宫廷图书馆的所在地。献词当中的“vestitutus”只能指男性，因此也就排除了于 819 年同路易完婚的巴伐利亚的朱迪斯（Judith of Bavaria），她有时
174 候也被认为是抄本的潜在所有人之一。虔诚者路易本人于 816 年加冕称帝（很遗憾，是在这一年的 10 月而非 3 月），有证据表明，这位皇帝对宗教和天文都很有兴趣。虔诚者路易的标准的同时代传记《皇帝路易生平》（*Vita Hludowici*）几乎全是由无情的战争和争斗串联而成的。若是路易获胜，则证明上帝站在他这边；若是失败，则表明他遭到了背叛。传记的作者是皇族成员，并以“天文家”（Astronomer）这个名号为后人所知，因为他在传记当中频繁地提到各个星座。比如说，他记载了 817 年一颗彗星出现在

御夫座上的现象，而他最有名的记载是 837 年的我们今天所谓的哈雷彗星现身事件。当时，这颗彗星出现在蛇夫座下面的处女座上，向东而行，穿越狮子座、巨蟹座和双子座，一直抵达金牛座的头顶和御夫座的脚下（很 175
显然，这个作者是很了解这些星座的，或者说是很了解《阿拉图斯抄本》的）。这个“天文家”还说，这颗彗星的运行轨迹跟那些“四处游走的星体”（也就是行星）的轨迹是不一样的。据他记述，面对此等情形，路易因为“认为他是了解这些事情的”而传召他，随后两人来到跟宫殿相连的一

虔诚者路易的画像，他很可能是莱顿抄本的资助人，图中，他还坐在两个帝国外交使者中间，该图出自 11 世纪晚期的《夏巴纳的阿德马尔编年史》抄本

个露台上，讨论此事究竟是神的征兆，还是自然现象，皇帝最终得出的结论为两者实际上没什么区别。《阿拉图斯抄本》毫无疑问在这件事情上扮演了重要角色。露台之上的皇帝和“天文家”肯定拿着这份抄本。此举甚至有可能是在回应奥古斯都皇帝的故事，据说，当年这位古罗马皇帝也是手持《蒂沃利预言书》（Tiburtine Sibyl）观看天空中的异象的。

在加洛林宫廷对古代抄本实施抄录和仿制这件事中，真正令人产生兴趣的地方在于，罗马晚期的抄本原本在得到抄录和仿制之后，便就此消失不见了。被收入加洛林宫廷图书馆之后仍然能够存留下来的古代抄本，就是那两份 4 世纪的维吉尔抄本，如今收藏在梵蒂冈图书馆；而这两份抄本之所以能够存留下来，就是因为加洛林宫廷没有为它们制作新的抄本。至于其他的古代抄本，一旦有新的抄本诞生，那古老的原本显然被认为没有价值了。也许这些原本的确难以阅读，也许是因为纸莎草纸已经太过脆弱了，所以加洛林时代的人干脆将之抛弃了。此等情形之下，新的抄本便自己成了范本，例如《阿拉图斯抄本》和特伦斯作品集，当然还有《土地丈量法》等。新的抄本便由此开始“繁衍后代”，这个进程本身也开始有了自己的生命力，如同人类自身的繁衍进程一样。

到了下午过半的时候，外面的雨已经停了，太阳从云端露出脸来。此时图书管理员便需要花几分钟的时间，尽职尽责地将威尼斯风格的窗帘拉下来。在这几分钟的时间内，抄本就直接暴露在阳光之下。也就是在这样的一个时刻，我突然注意到一个在别的抄本上从来没有见识过的现象。在晨昏时段对某处历史名胜进行航拍时，人们有时会发现一些从地面根本看不到的考古痕迹；此刻的情形也差不多。在明亮的光线之下，我可以很清晰地看到，很多幅插图的边框都有被人为地重压过的痕迹。抄本当中略微
176 超过半数的插图有这样的情形。这些插图的边框（仅仅是边框）很显然被用某种钝器或者尖笔仔细且有力地重描过，这一动作在羊皮纸以及下面插入的新纸上都留下了印记。许多书页的左页都存留着同一轮廓的镜像印记，看起来像是用铅笔留下来的。实际上，一些岛屿抄本的插图页的反面也有

类似的印记，如大英图书馆收藏的 8 世纪的《林迪斯法恩福音书》。对于《阿拉图斯抄本》，人们很可能运用了碳纸技术将这些插图转移到新的书页之上。不过，这一工艺被严格地限制于插图的边框部分，对插图里面的星体或者人脸，是不曾动用这样的工艺的。请记住这个细节，因为后文会继续探讨这个问题。这种办法实际上就可以制作出插图轮廓模版，并以此为范本不断地对插图进行复制。

人们都知道，《阿拉图斯抄本》于 1000 年前后被用作范本，催生了另外两份新抄本，而这两份抄本很可能都是在法国西北部的加来海峡省的圣贝尔坦（Saint-Bertin）修道院制作而成的。其中一份目前收藏在布洛涅的市政图书馆。这份抄本显然是为圣贝尔坦修道院的修士们制作的，这座修道院在布洛涅东面，距离布洛涅大约三十英里，抄本的具体制作时间应该是在奥德波特（Odbert）于 986~1007 年担任院长的时候。随后的千年光阴当中，这份抄本并没有走太远，一直就在附近活动。第二份抄本的制作时间可能要稍晚一些，很可能是在圣贝尔坦修道院完成的，不过不久就被韦林哈尔（Werinhar）赠给了斯特拉斯堡教堂，韦林哈尔于 1001~1028 年在斯特拉斯堡担任主教。如今，这份抄本收藏在瑞士伯尔尼的公共图书馆。人们普遍认为，莱顿抄本在那段时间里肯定在圣贝尔坦修道院，由此这座修道院可以依托它而创制出两份新抄本，奥德波特本人很可能也参与了创制工作。

要确证这一点，就需要短暂地拜访一下布洛涅——有了英法海底隧道，从伦敦抵达布洛涅倒也是很方便的事情。在一个温暖且多雾的春日，我和我的妻子从加莱驱车南下。如今的布洛涅市政图书馆坐落在城市的中心区，在 17 世纪时，这里曾经被用来接待前往布洛涅圣母教堂的朝圣客。图书馆就坐落在老城中心用鹅卵石铺就的“抵抗运动广场”（Place de la Résistance）。进门以后，穿过封闭的回廊，就能抵达对角处的“遗产”（Patrimoine）阅览室，此处主要收藏的是地方志方面的书册，图书馆助理维尔日妮·奥迪凯（Virginie Haudiquet）引领我从这里上楼，抵达一个摆放着长桌、有点像是教室的空房间（维尔日妮告诉我，这部分建筑的主体可追溯至 13 世纪)。他们已经在这里单独为我安排了一张桌子，桌子上布置了深蓝色的书垫，还有一双白色手套。之后，维尔日妮便去取“ms 188”号藏品。抄本很大，但也很薄，大约是 14 英寸长、12 英寸宽，封面上用墨水写了“Calendrier”字样。这份抄本实际上是有关天文历法的文本和图示汇编，其中就包括了诸如如何计算复活节的日期一类的信息。第 10 对开页左页上的表格展示了未来二十五年，也就是从 999 年往后的二十五年的天文历法算式。因此，我们完全可以将这份抄本的创制时间定在 999 年(显然，此时千禧年即将到来，世人对宇宙的兴趣和热情涌动了起来，我们会在下一章谈论这个话题)。从第 20 对开页往后，这份布洛涅抄本便开始忠实地抄录莱顿抄本的内容了。

布洛涅抄本里的插图像极了莱顿抄本里的，那情形实在是令人感觉诡异，就如同人们有时会遭遇的那种梦境一样：某个场景似曾相识，但仔细一看又是全然不同的。布洛涅抄本将两幅插图安排在同一页，形成上下格局，右页上则是莱顿抄本的配图文字。字体不再是俗大写体，不过仍然是大写的，显然是为了保留范本的这个非同寻常的特征。这一次我也带来了我自己对莱顿抄本的描摹本(当然，我可以向各位保证，这份描摹本是依托影印本制作出来的)，据此来考察一下布洛涅抄本上的插图边框是否直接复制于莱顿抄本，答案是否定的。这的确让我略感失望。为了将两幅插图整合到一个页面之上，制作人缩小了插图的尺寸，图中的一些细节和比例也都因此发生了变化。它们都是很接近原作的仿作，但并非精准的复制品。莱顿抄本里面一些已经佚失的插图，在布洛涅抄本里被忠实地呈现了出来，比如用来展示朱庇特和鹰的第一幅插图，很显然，这些插图当时都还在于原本里。不过，也有一些插图是布洛涅抄本漏掉了的，至于为何会这样，我们并不清楚，比如野兔图和四季图，在莱顿抄本里它们都是完整的整页插图。天象图当然也在布洛涅抄本里，不过，布洛涅抄本对之实施了拓展，将地球的纬度带、太阳的运行轨迹以及一张相当简单的世界地图也包括了进来，其中的世界地图将世界划分为亚洲、欧洲和非洲。显然，这已经不再是如莱顿抄本那样的单纯复制早期范本的作品了，而是一个与时俱进的版本，并且为了新的目的而进行了更新——主要是为了修道院中的时间记录。

布洛涅抄本的绘图颜色跟莱顿抄本也常常大为不同。比如说，双子座插图中的第一个人物，在布洛涅抄本当中其左肩披的是绿色袍服，但是在莱顿抄本中则是红色袍服；另一人在布洛涅抄本当中手持绿色竖琴，且竖 178
琴的边缘是橙色的，在莱顿抄本里竖琴则是红色的，饰有金色外缘；布洛涅抄本当中的克普斯身披褐色外袍，内衬灰色和白色相间的长袍，但是莱顿抄本里面的克普斯则身披红色外袍，内衬褐色长袍；赫丘力身披的狮子皮也从绿色变成了黑色；如此等等，不一而足。当然，颜色的变化并没有影响插图内容本身，不过，从中可以见出，布洛涅抄本的图片是依照线条画绘制的，并非直接对照着彩绘范本创制而成。同时别忘了，依托莱顿抄本创制的这些线条画上应该只有轮廓，并无具体的脸部画像。这导致了一个十分怪异的结果。布洛涅抄本插图中的基本轮廓出自同一个绘图人之手，

圣贝尔坦修道院院长奥德波特资助创制的莱顿《阿拉图斯抄本》的新抄本，如今收藏在布洛涅市政图书馆

但是所有的面部特征，诸如眼睛、鼻子等，很显然是由不同的人填充进去的，而且很可能是后来才被填充进去的。布洛涅抄本的第一幅插图是用褐色墨水绘制的，用的是流行于 1100 年前后的典型的盎格鲁－法兰克风格；“猎户座”的脸部则完全是一片空白（见布洛涅抄本第 27 对开页的左页）；此后所有的脸部细节都是被人草草地用黑墨水完成的。此一情况足以表明，布洛涅抄本所用的范本并非莱顿抄本，而是一些没有脸部细节的线条画；而且，圣贝尔坦修道院的绘图人一开始很可能误以为这些没有脸部内容的轮廓，是出于设计上的考虑。

179 若此论是真的，那也就足以论定，圣贝尔坦修道院在创制抄本的时候不一定拥有莱顿抄本原本，而且，在该修道院 11 世纪和 12 世纪的藏书名录上面，确实没有莱顿抄本的名字。实际上，莱顿抄本甚至有可能已经在英格兰待了一段时间。加洛林宫廷图书馆应该在 9 世纪之前便已经不复存在了。其中的一批珍贵藏书很可能来到了盎格鲁－撒克逊时代的英格兰，例如《乌得勒支圣咏抄本》以及阿拉图斯天象诗的西塞罗译本。这些藏书前往英格兰的线路绝非一条，比如说，通过虔诚者路易的孙女朱迪斯，她于 856 年嫁给了维塞克斯国王埃特尔沃尔夫（Aethelwolf, king of Wessex）——阿尔弗雷德大帝的父亲。圣贝尔坦修道院的格林巴尔德（Grimbald of Saint-Bertin，亡于 901 年）也是一条潜在的线路，阿尔弗雷德大帝将这名学者从圣贝尔坦带到了英格兰，就如同当年查理曼将阿尔昆从英格兰带到加洛林宫廷一样，目的也是请他襄助文化变革事宜。此一时段的法兰克宫廷和英格兰宫廷之间很显然是存在思想和文化上的沟通和交流的，且每次交流应该都会途经英吉利海峡渡口附近的圣贝尔坦修道院。完全可以肯定，在布洛涅抄本创制期间担任圣贝尔坦修道院院长的奥德波特，从英格兰和法兰西两方面都获取了抄本的范本以及所需的绘图人。

现在我们该返回莱顿大学图书馆了。1300 年前后，有人将莱顿抄本的配图文字逐节逐节地抄录到了既有的书页上面，用的是相当潦草的哥特式手写体，并且就在原来的俗大写体文字旁边；此举显得非常突兀，而且令抄本的美观度陡然下降。这些丑陋的文字填满了抄本的许多空白页，同时也填满了各个诗节之间原有的空间。这项转录工作干得很是糟糕，经常出现低级错误。此番抄录之后，中世纪晚期抄本及其古代范本的内容都被集中在了同一份抄本内，甚至就在同一页上。很显然，对 13 世纪晚期的大多数读者来说，漂亮且古老的大写字体已然难以阅读了。《凯尔经》上也有转录的文字，一些书页上的字母组合图案令人难以理解，有人便在很久之后将其文本用清晰易读的拉丁语转录在页面下方的空白处。很显然，莱顿抄本在诞生四百年之后，仍然是有自己的功用的，即使这时的人们已经无法解读上面的古老文本了。实际上，莱顿抄本之于四百年后的人们，相较于 4 世纪晚期的原本之于加洛林时代的人们，更为老旧。即便如此，当时的人 180
们仍然认为这份抄本是有用的，并且是需要予以转录，以便世人阅读的。

莱顿抄本在中世纪晚期的时候，很可能根本就不在修道院的图书馆或者某个机构的图书馆里。抄本的后衬页之上有字迹已然模糊了的用铅笔写的标价，很可能是 14 世纪或者 15 世纪留下来的，标价为“xxii lb. xix s.”，应该是 22 利弗尔和 19 苏的意思。不管汇率如何，这肯定是一大笔钱。它要么是出售标价，要么是购买标价，当然也可能是抵押或者典当估价。尽管抄本中的文字都得到了转录，但抄本本身的价值主要还是在于其插图，因为这些插图是可以被用作其他艺术作品甚至建筑设计的范本的。很显然，在中世纪晚期，莱顿抄本应该在工匠手中。一些书页的边缘处绘有彩绘首字母的草图，比如第 63 对开页右页边缘空白处的彩绘字母“A”以及第 82 对开页左页的那个站立着的人的形象，它们随意地融入了插图背景当中，若不将书页对着光看，根本就看不出来。还有一些符号是以铅笔写就的，在我看来，这样的符号都是典型的中世纪晚期工匠的标记。

因此也就可以确定，莱顿抄本在遇到自己第一个有据可考的主人之前，应该一直都待在某个工匠的作坊里。其卷首衬页的顶端有一份 16 世纪的题词，“Sum Iacobi D[anielis] F[ilius] P[atris] N[icholai] Susii, E pictoris pergula emptus mihi”——这句话的最后一个词被插在这一行的上方——“Gandavi Anno a Chr[ist]o corporato MDLXXIII, Mense Januario, Machlinia bis capta

care[n]ti, καὶ παροικῷ”。这话的意思是说，“我属于……（显然这是以抄本自己的语气在说话）……雅各布，是他的父亲尼古拉斯·苏西乌斯购买了
181 我……(接着就是苏西乌斯在说话了)……我是在根特的一间画室买到它的，具体时间是1573年的基督显圣节，也就是那年的1月，当时我正在逃难，远离了我的家乡梅赫伦，我的家乡已经被征服两次了”。这里的雅各布·苏西乌斯就是人文主义者兼语文学家苏伊斯（Suys），在1572年西班牙人洗劫梅赫伦之后，他便暂时寄居根特。苏西乌斯在自己于1590年出版的一部作品的献词中提到了这份抄本，那段献词是给他的友人——莱顿大学图书馆的第一任馆长雅努斯·多萨（Janus Dousa，1545~1604）的。苏西乌斯在献词中承诺，一旦找到合适的雕刻工匠，就会着手创制莱顿的《阿拉图斯抄本》的复制品。

苏西乌斯的一个学生名叫胡果·格劳秀斯（Hugo Grotius，1583~1645），此人非常早慧，后来成为著名的古典学者和法学家，苏西乌斯的承诺实际上正是在格劳秀斯手中得到实现的，当然，那已经是十年之后的事情了。格劳秀斯在十六岁就写了自己的第一部作品——他编纂的马提亚努斯·卡佩拉（Martianus Capella）作品集于1599年出版，不久后，他又翻译了阿拉图斯的《物象》，格劳秀斯将之定名为《阿拉图斯之法：诗篇与天文之

雅各布·苏西乌斯的题词，题词显示，苏西乌斯是于1573年在一个画师的学校里买到这份《阿拉图斯抄本》的

道》（*Syntagma Arateorum, Opus poeticae et astrono miae utilissimum*），该书于 1600 年在莱顿出版。格劳秀斯并没有明确说过，莱顿抄本当时属于他个人，不过情况很显然就是这样的。后来的安德烈亚斯·塞拉里乌斯（Andreas Cellarius，约 1596~1665）在自己于 1661 年出版的《星图》（*Atlas Coelestis*）一书中谈到这件事情，他特别指出，格劳秀斯是从雅各布·苏西乌斯的继承人手中得到莱顿抄本的，多萨在这件事情上也帮了忙。格劳秀斯是一个伟大的收藏家，他拥有的藏品最终组成了一座令人惊叹的图书馆。1618 年，格劳秀斯因为自己的神学异见而被判终身监禁，监禁之地在荷兰中部的罗夫斯泰因城堡（castle of Loevestein）。在妻子的积极帮助之下，格劳秀斯于 1621 年策划了一场戏剧性的越狱行动，两人藏身于堆放着书册的箱子里面成功逃脱，并带着藏书逃往巴黎。在巴黎，瑞典女王克里斯蒂娜（Christina of Sweden，1626~1689）联系上了这两口子。三年后，格劳秀斯谢世，他的妻子遂同意将丈夫那估价两万四千荷兰盾的全部藏书，一次性卖给克里斯蒂娜。1648 年 10 月中旬，格劳秀斯的藏书抵达斯德哥尔摩，我们完全有理由认定，莱顿抄本也在其中。

跟纳瓦尔的让娜（Jeanne de Navarre）和奥地利的玛格丽特（Margaret of Austria）一样，克里斯蒂娜也是一个藏书家，也属于这个完全出乎世人意料的“藏书女主”（reines bibliophiles）群体（关于前两位，我在后文中会有记述）。克里斯蒂娜是瑞典国王古斯塔夫·阿道夫（Gustavus Adolphus，1611~1632）唯一的继承人，她六岁便继承了王位，并从 1644 年（十八岁）开始，掌控了斯堪的纳维亚王国的实权。对于宗教、科学以及密仪领域的 182
一切稀有之物，她都有浓厚兴趣，已经八百五十岁的莱顿抄本里面的神秘插图当然也是她的兴趣点所在。这位瑞典女王不仅尽心竭力地搜罗书册和抄本，还尽心竭力地网罗天下名士，资助他们研究这些书册和抄本。三十年战争期间瑞典军队在欧洲大陆的一番劫掠，为这位女王的宝库做出了突出贡献，其中包括来自奥托王朝的一批质量极佳的抄本。最终，克里斯蒂娜于 1654 年逊位，并于 1655 年改宗天主教，将自己连同多达两千册的珍贵抄本都迁移到罗马，如今，那著名的“女王藏书”（Codices Reginenses）

藏书女王：克里斯蒂娜，瑞典女王，1632~1654 年在位，这幅画应该是 1649~1650 年由弗莱芒画师伊拉斯谟·奎里努斯绘制的，图中的女王被呈现为智慧的守护神雅典娜的形象

系列收藏仍然是梵蒂冈教廷图书馆的珍宝之一。

克里斯蒂娜在斯德哥尔摩主政的时候，曾罗致一批学者来到她的宫廷，担任她的导师和图书管理员。这些人的到来为她的沙龙增色不少，其中就包括了哲学家勒内·笛卡尔，这位哲学家在 1650 年谢世前仍然在为克里斯蒂娜效力。笛卡尔之后便是著名的伊萨克·沃斯（Isaak Voss，1618~1689，此人的拉丁语名字写作“Vossius”）。沃斯诞生于荷兰的一个备受世人尊崇的学问家族，是古典学家和神学家，在来到克里斯蒂娜的宫廷之前，他已经在欧洲各大收藏抄本的图书馆广泛游历。他认识詹姆斯·乌塞尔，也就
183 是当时的阿马大主教，正是此人最早令《凯尔经》获得了世人的关注；当然在巴黎的时候，他也结识了胡果·格劳秀斯。1648 的夏天，沃斯收到了来自克里斯蒂娜的皇家诏令。1649 年 3 月，他抵达斯德哥尔摩；同女王第一次会面之时，沃斯用的是拉丁语，女王则以荷兰语回应。一开始，两人

的关系十分融洽。沃斯向女王传授希腊语，并将自己收藏的相当可观的文献一并转移到瑞典，任由女王使用。然而，伴君如伴虎，同这类专制君主的关系从来都是很危险的。最终，在 1653 年的秋天，克里斯蒂娜单方面结束了沃斯的服务契约，并请沃斯从女王的藏书当中选择一批书，以此替代薪酬，女王此前曾吞掉了沃斯的一大批藏书，所以这也算是补偿；至少沃斯方面是这么说的。任何藏书家都抗拒不了这样的诱惑。（在此，我应当暂停片刻，且让藏书家们想象一下倘若自己处身那样的境地，会做出怎样的选择！）最终，有十箱子书从皇家图书馆被运出，于 1654 年 3 月经由汉堡抵达阿姆斯特丹。斯德哥尔摩方面流言四起，说沃斯洗劫了女王的图书馆（这样的传闻当然是可以理解的），沃斯对此予以坚决否认。这批书册当中不仅包括莱顿抄本，还包括了 6 世纪用哥特语写就的伟大抄本《银色福音书抄本》（Codex Argenteus of the Gospels），沃斯很快将这份抄本转卖了，如今，它被收藏在乌普萨拉大学（Uppsala）图书馆。不过，沃斯将莱顿抄本留了下来。在他死后，莱顿抄本于 1690 年连同沃斯其余的个人收藏一并被卖给了莱顿大学。在该抄本第一页底端空白处有一个印在一张纸条上的标签，上书“Ex Bibliotheca Viri Illust. Isaaci Vossii”，后来这个编号又被用墨水加上了“296”的字样。展读完毕后，我将抄本连同放置抄本的盒子一并交还阅览室的保管员，此时才注意到盒子的脊背上有一个红色的方框，随附一张纸条，上书“IS. VOSSII Codex Latinus Q$^{\text{to.}}$ N$^{\text{o.}}$ 79”字样。

对抄本的精确复制并没有随着中世纪一起结束，即便到了今天也依然
在延续。格劳秀斯于 1600 年推出的阿拉图斯《物象》译本，就当时的技术
和品位而言，应该说是莱顿抄本的精确复制本。译本中的插图跟 9 世纪的
范本极为切近。当然，在细节上是有一些变动的，例如“金牛座”插图里
的牛角的长度不一样了，所有图的背景也都被置换为乱云滚动的天空，且 184
插图的边框也被去除了。在这个译本当中，格劳秀斯毫不犹豫地依据自己
对托勒密《天文学大成》（*Almagest*）的解读，改变了抄本中插图的顺序，
并且还自行绘制了范本当中没有的插图，如天秤座和处女座的图。范本中

卷首的朱庇特插图当时已经丢失了，格劳秀斯便用莱顿抄本中的天象图予以取代，并将其上下颠倒了过来（至少我看到的版本是这样的）。不过，从根本上来说，格劳秀斯这个版本的插图，无论是在大小还是严肃程度上，都和那份极为神秘的加洛林时期的范本（以及罗马帝国晚期的原抄本）保持了一致。到了这幅天象图下一次被复制的时候，情况就不是这样的了：下一位复制者以格劳秀斯的插图为范本，将天象图放大至占据一整个对开页后，置于 1661 年的《星图》中，并为其装饰了相当华丽的巴洛克边框、撑起插图名称的小天使，以及一群在讨论并测量星体和地球的怪异天文家。这份里程碑式的天象图被进献给了 1660~1685 年主政英格兰的查理二世国王，想象一下，查理就那么看着这幅源自加洛林时代的《阿拉图斯抄本》的天象图，这样的场景倒也令人愉悦。

影印技术使抄本的复制工作变得现代化。4 世纪的《梵蒂冈维吉尔抄本》（*Vatican Virgil*）逃过了 9 世纪在法兰西涌动的抄本创制浪潮，成了最早一批拥有影印本的抄本之一。该影印本于 1741 年出版，里面的插图是由皮埃特罗·桑蒂·巴尔托利（Pietro Santi Bartoli）于 17 世纪从原本当中复制而来的。诞生于 19 世纪的影印技术，大大增强了人们复制中世纪抄本的能力，其威力就如同今天的数码扫描技术。平版彩印技术于 19 世纪 60 年代臻于完善。这很快就为彩饰抄本的复制创造了良机，这样的情况是中世纪之后从未出现过的。此等技术催生了许多非常有名的抄本的影印本，其中就包括：《格里玛尼日课经》（Grimani Breviary，1862 以及 1903~1908）；《乌得勒支圣咏》（*Utrecht Psalter*，1874）；13 世纪的《启示录》抄本（博德利图书馆收藏，编号“MS Auct. D. 4. 17”，1876），罗克斯堡俱乐部（Rox-
186 burghe Club）的第一本影印本抄本；米兰安波罗修亚图书馆（Ambrosiana）

右页上图：《阿拉图斯抄本》的天象图，胡果·格劳秀斯将其收录在了自己于 1600 年翻译出版的《阿拉图斯之法》当中。

右页下图：绘有丰富的边饰图案的天象图，出自安德烈亚斯·塞拉里乌斯的《星图》，1660 年于荷兰出版

Stella Saturni peragit circulum suum annis 30,

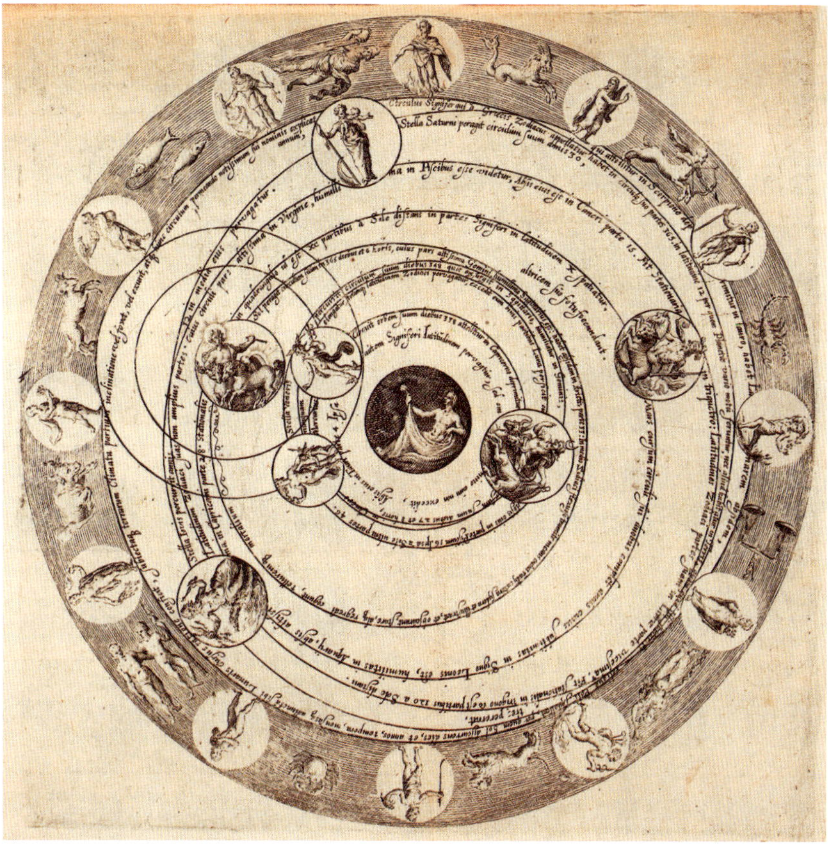

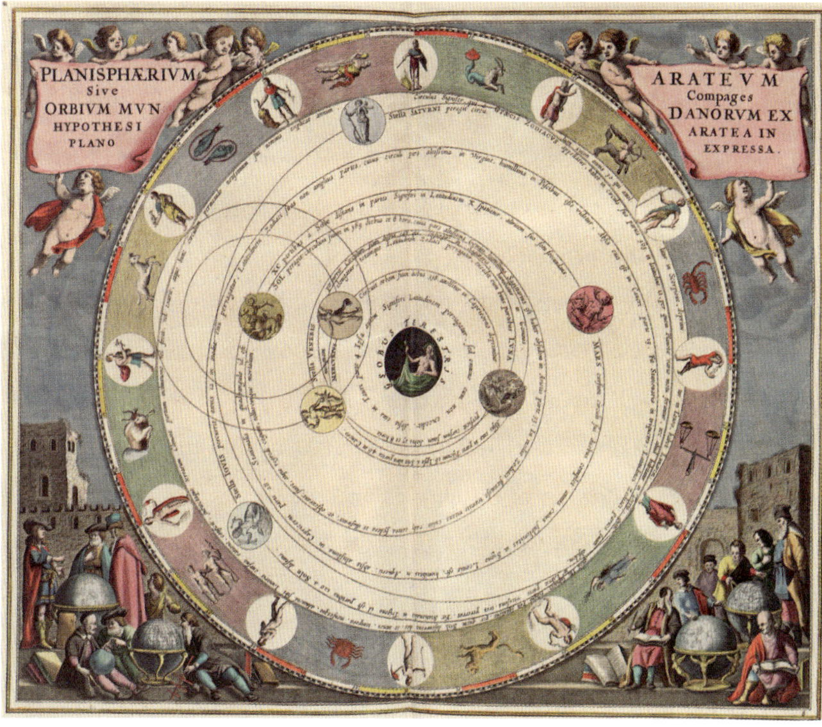

PLANISPHÆRIVM
Sive
ORBIVM MVN
HYPOTHESI
PLANO
ARATEVM
Compages
DANORVM EX
ARATEA IN
EXPRESSA.
MARS

收藏的 6 世纪的叙利亚文《旧约》抄本（*Syriac Old Testament*，1876）；收藏于伦敦的希腊语《圣经》抄本，也就是著名的《亚历山大抄本》（*Codex Alexandrinus*，1879~1883）；特里尔（Trier）的《爱格伯特抄本》（*Codex Egberti*，1884）；《劳伦丁索福克勒斯抄本》（*Laurentian manuscript of Sophocles*，1885）；藏于博德利图书馆的米耶洛（Miélot）的《圣母的奇迹》（*Miracles de Nostre Dame*，1885）；慕尼黑的《尼布龙根之歌》（*Nibelungenlied*，1886）；《波利莫特之书》（*Book of Ballymote*，爱尔兰皇家学院，1887）；塔尔霍夫的《战斗手册》[Talhoffer *Fechtbuch*，哥达（Gotha），1887]；《马内赛古抄本》（Manesse Codex，1887）；《赫洛德冈规则》（*Rule of Chrodegang of Metz*，1889）；4 世纪的《梵蒂冈抄本》（*Codex Vaticanus*，1889）；希尔德斯海姆（Hildesheim）的《奥托福音书》（*Ottonian Gospels*，1891）；《老爱达经》（*Elder Edda saga*，1891）；《博纳·斯福尔扎时祷书》（*Hours of Bona Sforza*，1894）；《亨尼塞时祷书》（Hennessy Hours，1895 和 1909）；新近确认的《圣玛格丽特福音书》（Gospels of Saint Margaret of Scotland，1896）；《埃蒂安·舍瓦利耶时祷书》（*Hours of Étienne Chevalier*，1897）中散落的插图集；收藏于柏林的 5 世纪的《奎德林堡古拉丁圣经》残片（*Quedlinburg Itala fragments*，1898）；《萨拉热窝哈加达祈祷书》（Sarajevo Haggadah，1898）；收藏于剑桥大学的《伯撒抄本》（*Codex Bezae*，1899）；《查理五世加冕礼祈祷书》（Coronation Book of Charles V，1899）；《梅斯主教祈祷书》（Metz Pontifical，1902）；收藏于莱顿的豪华《圣路易圣咏》（Psalter of Saint Louis，1902）；《贝里公爵豪华时祷书》（1904）；《斯托祈祷书》（ Stowe Missal，1906~1915）；《维拉尔·德·奥内库尔绘本》（*sketchbook of Villard de Honnecourt*，1906）；藏于阿瑟纳尔图书馆（Bibliothèque de l'Arsenal）的《泰伦提乌斯剧作抄本》（*Térence des Ducs*，1907）；《布列塔尼的安妮时祷书》（Hours of Anne of Brittany，1909）；《腓力三世日课经》（Breviary of Philippe le Bon，1909）；《三一学院启示录抄本》（Trinity College Apocalypse，1909）；《圣埃塞沃德祈祷书》（Benedictional of Saint Aethelwold，1910）；《哥斯拉福音书》（*Goslar Gospels*，1910）；秃

头查理《圣经》抄本（Bible of Charles the Bald，1911）;《西奈抄本》（*Codex Sinaiticus*，1911~1912）;《弗瑞抄本》（Freer Gospels，1912）;《玛丽女王圣咏》（Queen Mary Psalter，1912）；等等。就跟中世纪的抄本一样，在现代的这些影印本当中，有些是属于严格意义上的学术性质的，有些则主要是为了愉悦读者，满足他们对美的追求。

为这些著名的中世纪抄本制作昂贵且“精美的摹本”这一行当，在 20 世纪的后半叶开始真正流行起来，如今已经发展为一个规模巨大的产业，特别是德国、瑞士和西班牙的收藏家们都成了其中的弄潮儿。卢塞恩图文出版公司（Faksimile Verlag）创建于 1974 年，在 1989 年，这家出版社发行了莱顿抄本的彩印本，这是面向奢侈品市场发行的。此一现代彩印本的诞生，标志着阿拉图斯的作品的抄本创制史上一个全新的阶段——9 世纪的莱顿抄本，抄本本身就是 4 世纪或者 5 世纪的一份抄本的抄本，而后者完全有可能是以罗马教廷收藏的一份抄本为范本的，而罗马的这个范本又是以古希腊的一份抄本为范本的。《阿拉图斯抄本》的现代彩印本，当然不再直 187
接以珍贵的莱顿抄本为范本了，通常取材于瑞士出版的那个影印本，或者用网络上的电子版，由此创制出来的彩印本则相应地成为后续作品的范本。今天，这个过程仍然在继续。这些彩印本的拥有者通常会告诉你说，他们拥有一份限量版的“原本”，然而，何谓“原本”，这个问题对于中世纪抄本来说历来都是极为复杂的。

第五章

摩根的贝亚图斯抄本

10 世纪中叶
纽约，摩根图书馆与博物馆，
M 644

188 若有谁想使用皮尔庞特·摩根图书馆的抄本，那他或她就需要提前几天熟悉该图书馆的标准借阅流程和规则，而其中的一条规则是其他地方都没有的："禁止涂有色指甲油，因为指甲油很可能会在珍贵书页上留下痕迹。"这样的规则虽然非同寻常，但也很有意思。浮夸的色彩和文化自觉的确同时存在于纽约这座令人惊奇的现代巴比伦中。我先前就已经向摩根图书馆提出书面申请，希望能获准面见其收藏的一份 10 世纪的关于《启示录》中世界末日的预言的彩绘抄本。摩根图书馆"M 644"号藏品就是我要约见的抄本，其插图呈现的是有关混乱和毁灭、预言中的末日审判和文明终结的大型场景，这份抄本也正是因此而名扬四海。于是，有那么一天，我沿着麦迪逊大道前行，置身于这城市的无情噪声当中，在我周边，到处都是发了狂的黄色出租车，警笛声此起彼伏，建筑工地嘈杂一片，地下供热系统喷射出魔鬼一般的蒸汽，商业大潮如同洪水一般在城中涌动，路旁的高楼大厦鳞次栉比，此等场景唤起了我对在此拍摄的许多末日灾难片的记忆——且这些记忆变得格外鲜活。曼哈顿毫无疑问是西方世界头一号的现代大都市。《启示录》18:16 和 18:18~19 中有如下喟叹："哀哉！哀哉！这大城啊！素常穿着细麻、紫色、朱红色的衣服，又用金子、宝石和珍珠为妆饰"——且看一看第 26、27 街区那金色的保险公司大厦，难道不正是这样的场景吗——"有何城能比这大城呢？哀哉！哀哉！这大城啊！凡有
190 船在海中的，都因她的珍宝成了富足……"当然，这经文本身并非指现代的纽约城，但那样的描摹完全符合这座现代大都市中的情境。这是错综复

杂之地，也是令人兴奋之地，它矗立在罪恶的边缘，令所有造访它的人战栗。这座城市永远都是吵闹且繁忙的。在美国，纽约是唯一一座人行道上永远都有大批行人的城市，随着路灯的变幻，人群也在城市的各个角落迅速地涌动、集结。盲目地向前行进的人潮中似乎没有人会抬头看看自己的方向，因为差不多所有人都手拿一杯咖啡，低头看着自己的手机——要么是在读信息，要么是在发送信息。在纽约，所有的事情似乎都在跟时间赛跑。当我也置身于麦迪逊大道的人潮中时，我觉得这是一个可以思考一下世界末日的问题的好时机。

遍观历史，你会发现很多时代的人相信自己就生活在世界末日。今天，这样的观念仍然有不少的信从者和追随者。中世纪早期有一种普遍的基督教信念认为，宇宙的生命期可被划分为六个均等时段，而当时他们正处于最后时段的尾声。此等观念是以六天创世为神圣计划的预演这一理念为基础的。据《彼得后书》3:8 的说法，上帝眼中的一天等同于地上的一千年（此一说法本身则对应了《诗篇》90:4），因此，从尘世之人的角度来看，创世的过程也将延续六千年。在最后一个千年结束之后，基督将会降临并进行统治，撒旦将会被封闭在无底坑中又一个千年（《启示录》20 对此有详细描述），直到末日审判的来临。若是将《旧约》中的家谱涵括的时间跨度计算在内，我们就可以将创世之开端论定在公元前 5500 年前后，由此便可以得出一个推论：第六个千年将会在 500 年或者这一年的前后结束。希拉里亚努斯（Hilarianus）在他于 397 年写就的《年代记》（*Chronologia, sive Libellus de mundi duratione*）中就是这么推断的。据希拉里亚努斯估算，他生活的时期距离末日到来也只有一百年多一点的时间了。希坡的圣奥古斯丁（Saint Augustine of Hippo，354~430）是与他的同时代人，包括圣奥古斯丁在内的一些人也都认为，第六个世代已经以基督道成肉身这个事件终结了，世界已经开始对撒旦的千年封印进行倒计时了。不过，奥古斯丁
191 也告诫人们，不要太过字面化地理解贯穿经文各处的这些数字线索，为此他还引述了相关经文，以证明甚至连耶稣自己都不确定预言中的末日究竟何时到来（《马可福音》13:32、《使徒行传》1:7）。

不管怎么说，《圣经》的最后一卷，也就是《启示录》，显然非常清晰且详细地呈现了世界末日的场景，那正是神明圣约翰在拔摩（Patmos，即帕特莫斯岛）见证的场景。经文里面谈到了种种标志着末日预言实现的征兆，其中就包括了巧舌如簧的敌基督降临人世，他将如同野兽一样，从地中出现，虔信之人也会被他欺骗（《启示录》13），还有就是巴比伦娼妇现身，她浑身珠光宝气（肯定也涂了指甲油），喝饱了圣徒的血（《启示录》17）。可以肯定，各个时代的人都能够很轻易地在自己的时代中找到对应的末日之人和末日之地，由此也就能够很轻易地将眼前的乱象同经文当中预言的事件对应起来。

现在我们就去看一看西班牙的修士列瓦纳的贝亚图斯（Beatus of Liébana, 约 740~800）汇编的《启示录评注》。贝亚图斯是图里恩奥圣马丁修道院的一个修士，这座修道院也就是今天列瓦纳的圣托里维奥修道院（Santo Toribio de Liébana），位于西班牙北部，莱昂和桑坦德中间的地方。虽然贝亚图斯是一位有据可考的作家，但是贝亚图斯这个名字不曾在任何手稿或者抄本中出现。到了中世纪晚期的时候，他的作者身份得到了确证，并且获得了普遍认可。贝亚图斯还写了另外一些作品，这些作品提供的诸多线索可以证实，他的《启示录》评注工作大约是从 776 年开始的，并且经历了随后一个十年的修订期。而这个十年恰恰就是《启示录》的毁灭预言极端流行的一个时段，特别是在西班牙：旧有的罗马 – 西班牙文明正处于明显的毁灭当中；北非的穆斯林也于 711 年越过直布罗陀海峡，向着西班牙本土席卷而来；倭马亚王朝最终于 756 年在科尔多巴建立起来。此等情形之下，西班牙的基督教修士当然就会将穆罕默德认作《启示录》中的那个敌基督。查理曼的反攻浪潮于 778 年开启，那个时代的基督徒将其视为《圣经》中的善恶之战。另外也有一些算法将创世之举的开端论定在公元前 5200 年前后，因此，第六个千年
的结束时间也就随之被调整到 800 年前后，随着 8 世纪走向尾声，这种算法 192
至少对西班牙列瓦纳的贝亚图斯来说，必然是值得信从的。

一份抄本突然变得流行起来，这样的事情往往也是清晰的风向标，表明了一个文化体当前的主要关注点。实际上，贝亚图斯的《启示录评注》

抄本不如其作者长寿。800年这个关键年份过去了，并没有灾难发生。于是，在随后的百年间，贝亚图斯的《启示录评注》抄本便少有人问津了。人们只知道有一张插图页从9世纪晚期靠着机缘存留了下来，就藏于西班牙北部布尔戈斯省西洛斯的一座修道院图书馆里。最早的插图本贝亚图斯抄本数量很少，只是“一股涓涓细流”，到了10世纪中后期，1000年这个千禧年已然在望时，其队伍已经不断壮大，汇聚成河。现存的有据可考的最为古老的贝亚图斯抄本，正是在接近这个千禧年的时间段当中创制完成的，我们要在摩根图书馆约见的就是这份抄本。

摩根图书馆（如今又加上了“博物馆”这个名字，试图削弱其学术精英气质）占据了第36大街和第37大街之间面向麦迪逊大道的那个街区。其
193 核心是于1902~1906年以意大利文艺复兴风格修建的图书馆，它为银行家

摩根图书馆的谢尔曼·菲尔柴尔德阅览室，它是珍本和抄本阅览室，自2006年起开放

约翰・皮尔庞特・摩根（John Pierpont Morgan，1837~1913）而建，后来由J.P. 摩根的儿子扩建并于 1924 年向公众开放。父子俩的藏书加总起来无论是在品质上还是藏书范围上都是世界级的，绝不逊色于欧洲的任何馆藏。后来，这座图书馆又经历了多次扩建，最近一次改造的力度非常之大，而且花费惊人，是建筑师伦佐・皮亚诺（Renzo Piano）主导的，于 2006 年完工。由于我预定的到达时间是在规定开馆时间之前，摩根图书馆的抄本部负责人罗杰・维克先生便建议我通过位于东 37 街 24 号那座褐色古老建筑一侧的员工入口进馆。抵达员工入口之后，我按响了蜂鸣器，里面有人问我需要什么帮助，在回答之后，我便被接入一个像卸货间一样的大厅，滑动玻璃门后面是安检台。我在来客登记册上的号码“ID #1214”旁写下我的名字，这个号码同样被印在我的信用卡大小的访客通行卡上。在这个环节上，工作人员做得万分谨慎。在我等待片刻之后，一个铁路调度员打扮的人出现在我面前，他身穿暗红色制服，夹克的口袋上印有图书馆的标志，他引领我进入皮亚诺设计的开阔中庭，此中庭跟图书馆一样高。其窗户被用半透明的彩色片状玻璃装饰起来了，看起来就像是贴有剪纸花饰，一片片巨大的玻璃从天花板垂下，反照着窗户，并且一直在转动。中庭中还设置了两台用玻璃罩起来的电梯，并排而置，显然这里是没有楼梯的。我的向导引领我进入电梯，并悄悄告诉我说，我们要去三楼。电梯带领我们上行，我感觉到自己陡然上升了，高高地越过公共阅览区，这对于恐高症患者来说绝不是什么愉快的事。出了电梯右拐，便进入了谢尔曼・菲尔柴尔德阅览室（Sherman Fairchild Reading Room）。这个阅览室设置了双门厅，并且两端的门都锁着，就像动物园狮子展区的看守员入口一样。此处也设置了一张查验台，你需要在这里签名，并写下到达和离开的时间。在此，我们不妨先快进到第二天，在我第二天抵达这里的时候，工作人员问我是否洗过手了。我问道：“这是贵馆的要求呢，还是健康检查？”我假装很是困惑。“这是规定。”她回答得很干脆，忽略了我的讽刺，随后我注意到，入口处设置了一个非常方便的洗手池，供访客使用，就在读者物品存放柜的旁边。应该说，这并不是什么坏主意，比戴手套要更好一些，于是我便从命了。

194 最后，他们终于打开了门廊的第二道门，我也随之进入了研究室的最里面。这是一个长方形的房间，没有窗户，四周墙壁上排满了参考书，有一个铺着玻璃地板的夹层，天花板为一扇有幕罩的天窗。房间里面摆放了六张木质长桌，打磨得非常精细，每张桌子旁都至少有三把银色和黑色座椅，并配有红色坐垫。桌子上整齐地摆放着可弯折的灯具。我在一个可调节的木质书托旁边找了个面对借阅台的位置坐下来，然后便直接将那书托调至一个很大的角度，因为在我的预期中我将见到的抄本十分巨大。此时，管理员的脸上掠过一丝不快，不过，他们也没说什么，只是静静地把一张单子递给我，抬头是“Rules for Handling Bound Manuscript”（抄本使用规则），其中就包括了如下规定：“必须将书放在书托上阅览，以防损害装帧。不要调整书托支架。如需调整，请寻求管理人员的帮助，由管理人员决定安全做法。”（很显然，摩根图书馆跟佛罗伦萨的洛伦佐图书馆完全不是一回事。）此时，一个大约也就是我三分之一年纪的年轻人过来重新调整了书托支架，令其完全直立起来，而且他根本就不曾征询我的意见。我看到《贝亚图斯抄本》已经在桌子上的一个很大的灰色布盒里等着我了。“您是要先看第一卷吗？”一位女士询问我，她的一头金发修剪得非常精致，身穿非常漂亮的蓝色夹克。我回答说，我还不知道这份抄本已经被分成两卷了。此时，另一位穿着同样昂贵的衣服的女士（别忘了，这里可是纽约）怀疑我根本就什么都不知道，于是便询问我，是否愿意浏览图书馆自己制作的抄本述要；我说我很乐意。这一次，她们给了我一个很大的放大镜，我尽管不曾提出这个要求，但还是很乐意有这样的工具；此外，她们也给了我软塑料尺，因为她们并不放心我自己带的塑料尺，认为那会对抄本构成潜在的危害；同时还给了我书镇，用来保持抄本的打开状态，书镇由金属链制成，并被相当绵软的蓝色绒布包裹起来了。最后，管理员觉得我可以继续下去了，便送来了第一卷。

从西班牙到纽约，这份抄本的冒险之旅足以令摩根图书馆的这些管理员感到万分震惊。摩根图书馆制作的三页纸的述要，我当然是先行细读了一番，从中也了解了关于这趟旅程的一些情况。应该说，最晚从 1566 年开始，这份抄本就属于圣地亚哥骑士团（Order of Santiago），这个骑士团的老巢在西班牙中部的昆卡的乌克莱斯。该骑士团 18 世纪的藏书名录里就有这
份抄本，在名录的第三十九位，从名录中可以看出，是阿亚拉的马丁·佩 195
雷斯（Martín Pérez de Ayala，1504~1566）将其赠送给圣地亚哥骑士团的，马丁·佩雷斯于 1548~1560 年担任瓜迪克斯主教，1560~1564 年担任塞戈维亚主教，并于 1564~1566 年担任瓦伦西亚大主教。1837 年，圣地亚哥骑士团遭到镇压。此后发生的事情实际上可以被部分地还原，因为《贝亚图斯抄本》里面曾有一张浅蓝色的折叠起来的纸，上面留有相关信息，不过现在这张纸已经被大英图书馆收藏在一个信件和文件包里面了，我此前在伦敦见过它。纸条上面有古格列尔莫·利布里（Guglielmo Libri）的签名，签名日期是 1848 年 4 月 19 日。纸条传递了这样的信息：《贝亚图斯抄本》曾有一个主人叫罗伯托·弗拉西尼利（Roberto Frasinelli，1811~1887）。弗拉西尼利是德意志出身的自然科学家，后来在马德里成为书商。据这张便条透露出的信息，在弗拉西尼利当初得到《贝亚图斯抄本》的时候，抄本是没有被装订起来的，而且他是用自己的一块银表从莱昂王国（kingdom of Léon）的巴尔卡瓦多修道院换得这份抄本的，这只银表当时的估价是三十
法郎。在这样的信息中，至少有一部分是可以被证伪的。贝亚图斯本人据 196
信在巴尔卡瓦多有过一段修士生涯，这座修道院也的确拥有过《贝亚图斯抄本》，不过，当修道院于 18 世纪早期被废弃的时候，其收藏的抄本便也离开了那里，如今，该抄本收藏在巴拉多利德（Valladolid）的大学图书馆。因此，很可能是人们将两份不同的抄本弄混了，或者是有人伪造了这样的信息，目的是将这份抄本同贝亚图斯本人联系起来。据纸条上的信息，弗拉西尼利曾试图向多家机构转卖手中的抄本，价格非常之高，其中就包括了柏林和巴黎的国家图书馆，不过，这些机构都要求先验货再出钱（这样的回复当然是策略性的，毕竟，抄本之真伪是存在大量疑问的）。于是，弗拉西尼利听从了中间人的建议，这个中间人就是波尔多的弗朗西斯科·米克尔教授（Professor Francisque Michel，1809~1887），此人曾编辑了《玫瑰

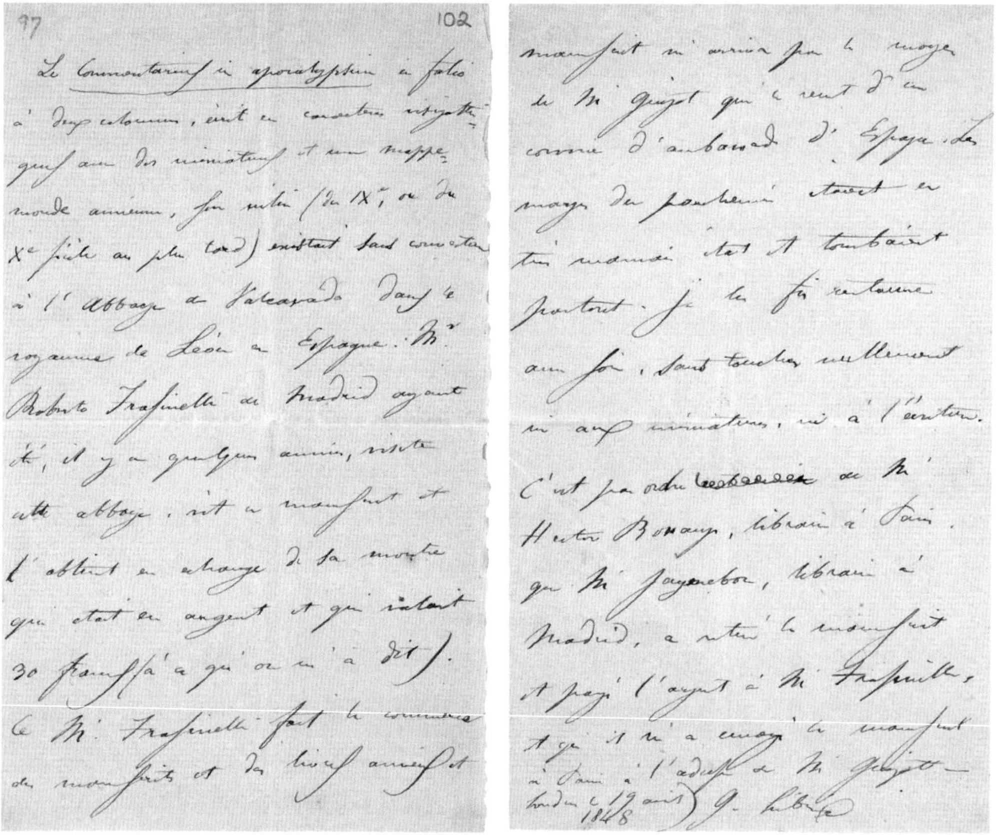
97 102

Le Commentarius in apocalypsim in folio
à deux colonnes, écrit en caractères wisigoth-
iques avec des miniatures et une mappe-
monde ancienne, fin ... (du IXe, ou du
Xe siècle au plus tard) existait sans contestation
à l'Abbaye de Valcavado dans le
royaume de Léon en Espagne. Mr
Roberto Frasinelli de Madrid ayant
été, il y a quelques années, visiter
cette abbaye, vit ce manuscrit et
l'obtint en échange de sa montre
qui était en argent et qui valait
30 francs (à ce qu'on m'a dit).
Ce Mr Frasinelli fait le commerce
des manuscrits et des livres anciens et

manuscrit m'arriva par le voyage
de Mr Guizot qui l'avait ...
courrier d'ambassade d'Espagne. La
marge du parchemin était en
très mauvais état et tombait
partout. Je le fis restaurer
aux ..., sans toucher nullement
ni aux miniatures, ni à l'écriture.
C'est par ordre de Mr
Hector Bossange, libraire à Paris,
que Mr ..., libraire à
Madrid, a retiré le manuscrit
et payé l'argent à Mr Frasinelli,
et qu'il m'a envoyé le manuscrit
à Paris à l'adresse de Mr Guizot —
Londres le 19 août 1848) G. Libri

古格列尔莫·利布里的便条，曾被夹在《贝亚图斯抄本》里面，利布里在这张便条上说自己是用一块银表换来的这份抄本

传奇》(*Roman de la Rose*)和《罗兰之歌》(*Chanson de Roland*)。米克尔遂将抄本卖给这张浅蓝色纸条的作者，时间是 1847 年 5 月 6 日，这个买家也就是前文提到的古格列尔莫公爵（Count Guglielmo Bruto Icilio Timoleone Libri-Carrucci dalla Sommaia，1802~1869），此人是收藏家、伪造者，也是一个盗贼，他欣然接受了弗拉西尼利的报价，并在马德里进行了交割，另付米克尔五百法郎的佣金。

抄本研究者都知道古格列尔莫公爵或者说利布里的大名，此人绝对可以成为一本传奇小说，甚至一部音乐剧的主人公。他极为有趣，强壮如牛，几乎是个秃子，只有两个鬓角毛发浓密且从不打理——“就像是从来没用过肥皂、水或者刷子一样”（这是大英博物馆的弗雷德里克·马顿爵士对此人的观感）；而且他着装怪异，身穿披风，脚踩高跟鞋，一直怀疑有人要暗杀自己。总之，他既有着无穷魅力，又是一个彻头彻尾的浪荡公子。利布里曾是比萨大学的数学教授，在告假离开后再也没有回去，再后来成了托斯卡纳的一个失意革命者。1831 年之后，他以流亡者身份寄居法国，并在索邦学院获得了一个教职，之后又转往法兰西学院。1837 年，他获得法国荣誉骑士勋章（Légion d'honneur）。1841 年，他成为法国抄本名录委员会（Catalogue général des manuscrits des départments）的秘书，该委员会编纂的名录涵括了法国各个市政图书馆的抄本名单，至今仍然是标准索引名录，利布里利用这个身份走访了许多市政图书馆，这也就令他有了龙入大海的感觉。在这个问题上，我认为我无论如何都应当为利布里申辩，因为一直有很多人在恶意诋毁他，甚至今天也不乏这样的人。他其实是一个很有见地的古文书家，也是珍本研究者，同时是资深的收藏家，慧眼独具。他是史上最早一批研究抄本文本历史和早期书册装订工艺的鉴赏家之一，且他将书册的装帧视为独立的艺术品。在利布里的时代，欧洲刚刚经历了半个世纪的革命乱世，当时究竟有多少没有被记载、没有被归类的早期抄本，就那么混入了大众市场，或者干脆就躺在破败且缺乏监管的市政图书馆里，这个问题的答案恐怕是超乎想象的。利布里遂抓住这个机会，大肆购置，将许多珍贵抄本收入囊中，其中就包括了摩根的《贝亚图斯抄本》，此举实际上也等于帮助公共图书馆解决了问题，因为这些图书馆实在是不愿意被这些所谓的宝藏拖累。有时候，甚至都无须公共机构授权，只需要已经到了黔驴技穷地步的地方图书管理员私下里点个头，利布里就可以将宝藏转移走了。当然，今天的人们会对利布里的此等行径做出截然不同的判决。在抄本史上，他已经成了最有名的盗贼。人们认定他的这种偷盗行径遍布法国的各个市政图书馆，包括第戎、里昂、格勒诺布尔、卡庞特拉、蒙彼

197

古格列尔莫·利布里（1802~1869），特立独行的收藏家，一度是《贝亚图斯抄本》的主人；该画像由埃多亚尔德－路易·迪比夫于1850年绘制

利埃、普瓦捷、图尔、奥尔良、欧坦在内，甚至巴黎的皇家图书馆也留有他的脚印。他会拆开抄本以获取其中最有价值的部分；他会刻意模糊化处理抄本的渊源，对其进行做旧甚至重造，令人无从辨识，并将古老的题词抹去，伪造另外的题词——为此，他专门在巴黎雇用了一批造假者。毫无疑问，他乐在其中。对他来说，这全然是一场荣耀游戏，令他沉迷其中不
198 能自拔；为着一己的快乐，他极尽欺诈和伪装之能事。他伪造的《贝亚图斯抄本》和巴尔卡瓦多之间联系，很可能也仅仅是为了自我愉悦。他还对这份抄本实施了修复，将受损的边缘修补完好，并用看起来非常古旧的紫色天鹅绒将之重新装订了一番。

对于利布里这样花钱大手大脚且常常入不敷出的人，藏书当然是十分昂贵的娱乐活动，即便他可以靠着盗窃来补充一些新书。实际上，就在他于1847年购买《贝亚图斯抄本》之时，他便已经在同大英博物馆方面协商，希望将自己收藏的全部抄本一次性卖给后者，他给出的报价是一万英镑。在最后一刻，大英博物馆方面对这些抄本的来源产生了疑虑，双方的协商看上去就要陷入僵局了，恰在此时，阿什伯纳姆勋爵（Lord Ashburnham）通过书商威廉·布尼（William Boone）介入了这一交易，勋爵趁此机会，以八千英镑的价格将利布里的全部藏书收入囊中。很可能就是在当时或随后的一年里，利布里将自己刚刚改造完的《贝亚图斯抄本》也卖给了此时已经是伯爵的阿什伯纳姆，成交价是一万两千五百法郎。1853 年，这份抄本进入了位于东苏塞克斯的巴特勒附近的阿什伯纳姆家族（Ashburnham Place）图书馆的藏品名录，编号是“no. XV”。

第四代阿什伯纳姆伯爵伯特拉姆（Bertram，1797~1878）绝不是浮夸之辈。他出身贵族世家，孤傲但极为刚正，是一位高教会人士，在道德上无可指摘。在吸收了利布里的全部收藏后，他的珍宝库拥有了近四千份抄本，其中很多是极为古老的彩饰本。也许在后人的记忆中，伯特拉姆并不是那种讨人喜欢的人，也不是什么正襟危坐的学院派人士，但是即便如此，他也没有理由莫名地被利布里这个臭名昭著的怪异大陆客带来的各种令人尴尬的“藏品”拖累。1850 年，法国对利布里进行缺席审判，判处其十年监禁，剥夺荣誉骑士勋章。这个罪犯遂逃往英格兰，在英格兰先后结婚两次，1869 年，有人发现他死在佛罗伦萨郊外的菲耶索莱。与此同时，第四代阿什伯纳姆伯爵及其继承人、更为随和的第五伯爵（1840~1913）发现自己开始因为那些抄本而陷入各种麻烦当中，更有法律诉讼在威胁自己，最终，他以协商的方式解决了问题：来自意大利的抄本于 1884 年被交给佛罗伦萨的洛伦佐图书馆，来自法国的抄本于 1888 年被交还巴黎的国家图书馆，至于来自西班牙的《贝亚图斯抄本》，既非来自意大利，也非来自法国，则被归入所谓的“附录”（Appendix）条目之下；归在这个条目之下的大约两百份抄本，其来源被认定是清白的，于是在 1897 年，它们被阿 199
什伯纳姆家族以三万英镑的价格卖给了亨利·叶茨·汤普森（Henry Yates Thompson，1838~1928）。

叶茨·汤普森实际上是一个职业抄本收藏家。他继承了不少家产，还娶了一个相当富有的太太，但即便如此，三万英镑在那个时候也是一笔巨款。汤普森便规划将自己的藏书规模精确地控制在一百册，并且尽可能地提升藏书品质，也就是说，一旦市面上有更好的抄本，他会即刻将手中不那么有价值的抄本出仓，以此将总规模非常精确地维持在一百册。“阿什伯纳姆‘附录’”中被淘汰的藏书便于1899年5月1日被交付苏富比拍卖行进行拍卖；还有一些藏书则是在随后其新主人不断升级藏书的过程中，渐渐被剔除下来的。在整个过程中，《贝亚图斯抄本》始终在叶茨·汤普森的“百册”精品中保持着既有的位置。1902年，剑桥古文书家兼鬼故事作家M.R. 詹姆斯为汤普森撰写了《第二批五十份抄本名录述要》，在这份述要里面，《贝亚图斯抄本》排在第97号。为了得到这份抄本的述要，汤普森将这份抄本打包，将其从自己在西伦敦波特曼广场的寓所邮寄到剑桥大学的国王学院。詹姆斯为撰文一事索要了五个基尼的酬劳，无论述要篇幅长短。最终，这篇介绍性文章在打印出来后长达二十七页，这也是詹姆斯毕生写过的最长的单篇述要。

詹姆斯等人认为，汤普森的这些藏品注定是要摆脱私人所有权的羁绊，为英国公众所有的，但令他们震惊的是，汤普森最终决定将这些抄本悉数交付苏富比拍卖行，由此便开启了1919年的一系列拍卖。汤普森的视力缺陷是家族遗传病，此时这个病症已然令他无法充分享受这样的私人藏品了。恰恰就是在这个时候，小J.P. 摩根（1867~1943）正在着手扩充并升级父亲的伟大收藏，为之规划未来。叶茨·汤普森遂于1918年9月8日致信摩根先生的图书管理员贝拉·格林（Belle da Costa Greene，当然，贝拉·格林也是父亲留给儿子的），信中，汤普森告诉格林，自己的藏品即将在伦敦被拍卖了。实际上，在这封信抵达纽约之前，伦敦书商伯纳德·夸里奇（Bernard Quaritch）就已经将这一重大消息送达摩根了；格林回信叶茨说：
200 “馆中响起了惊呼声。”第一次拍卖是在1919年6月3日举行的。《贝亚图斯抄本》是“XXI”号拍卖品（拍卖序列是用罗马数字编号的）。叶茨·汤普森亲自为这份抄本撰写了述要，目的当然是激发竞拍者的兴趣，为此，汤普森将抄本的装帧同爱尔兰和凯尔特抄本的装帧进行了对比，同时也跟拜占庭工艺以及汤普森自己所说的“萨拉森”工艺进行了对比。老摩根手里实际上已经有一份13世纪的《贝亚图斯抄本》（摩根图书馆编号“M 429”）了，不过，小摩根及其图书管理员都意识到，在摩根家族的收藏中，最薄

J.P. 摩根（1867~1943），他继承并壮大了父亲的庞大藏书，并将其于 1924 年向公众开放（左图）；贝拉·达·科斯塔·格林（1883~1950），摩根父子的图书管理员，也是皮尔庞特·摩根图书馆第一任馆长（右图）

弱的环节就是早期抄本。因此，二人觉得这是弥补此一缺憾的大好机会。J.P. 摩根便在夸里奇的协助下，从 1919 年的汤普森藏品竞拍中，斩获了七份早期抄本，其中就包括以三千英镑的价格竞拍到手的《贝亚图斯抄本》。叶茨随后致信贝拉·格林表示祝贺（这封信至今仍然收藏在摩根图书馆的档案室里）："这七件宝贝总算进驻摩根图书馆了，没有比摩根图书馆更尊贵、更惬意的地方了，我的心愿也算了了。"叶茨在信中还补充说，摩根为这七件宝贝支付的总价钱，"跟一个热情法国人为《让娜时祷书》支付的价钱，差不多是一样的，当然，这个法国人的名字我不能透露。"叶茨提到的这份时祷书以及叶茨拍卖名录里这个购买者的身份，将出现在本书的第九章。

于是，这份来自 10 世纪的列瓦纳的抄本就这样出现在纽约的摩根图书馆，出现在我的面前。我眼前的这份抄本已经没有了利布里添置的紫色天 201

鹅绒封皮，因为在 1993 年，德博拉·艾维特斯（Deborah Evetts）在摩根图书馆重装了此书，并将之分成两卷。在此次重装中，艾维特斯用崭新的白色鞣革将封面木板包裹起来。实际上，帕克图书馆在重装书册之时，也会采用这种风格，不过，前来迎候我的图书馆资深管理员威廉·沃克勒对此颇有微词，他说，如此一来，这份抄本看起来就像是婚礼相册。抄本很大，约 15.5 英寸长、11.25 英寸宽，仅此一点就足以表明，这份抄本主要是用来公开展示的，确切地说，是在修道院团契仪式上使用，而非作私人研究之用的。在它还是完整的单卷本时，这份抄本共三百页之多，想要单手搬运它恐怕是很困难的，这跟《阿米提奴抄本》的情况差不多。

抄本的封皮内侧贴有一块灰色的藏书者标签，上面以白色字体标注了“The Pierpont Morgan Library”（皮尔庞特·摩根图书馆）字样。这行字的下面是叶茨·汤普森的金色印鉴，被印在黑纸之上：“EX MUSÆO HENRICI YATES THOMPSON”，还有当年的编号“97”以及“bsee.e.e, The Earl of
202 Ashburnham May 1897”（价格为 bsee.e.e，阿什伯纳姆伯爵，1897 年 5 月）字样。汤普森的私人价格暗码是“bryanstone”，此处，“b”=1，“r”=2，“y”=3，如此类推，则可以推算出 1897 年的购买价是 1600 镑 0 先令 0 便士。需要指出的是，该印鉴显然是从先前的装帧上转移过来的，这并不是容易的事情，看一看其被磨损的边缘就知道了。

抄本上用铅笔标注的对开页页码很可能出自利布里之手，从这些页码不难见出，在早期该抄本的前四十页是以随机方式单独装订起来的，而且是以目前抄本的第 10 对开页为首页的，开篇内容为贝亚图斯本人撰写的引言。这一对开页的底端和外缘已经因为潮气或者腐坏而严重受损了。黑色的斑点也渗透到了原先在这一对开页后面的几张书页上。很显然，这份抄本在某段时间内是没有被装订起来的，而且最初也没有像样的防护

右页：《贝亚图斯抄本》的第一页，抄写员以精美的离合体拼出了抄本最初主人的姓名，“sancti micaeli liber”（圣米迦勒之书）

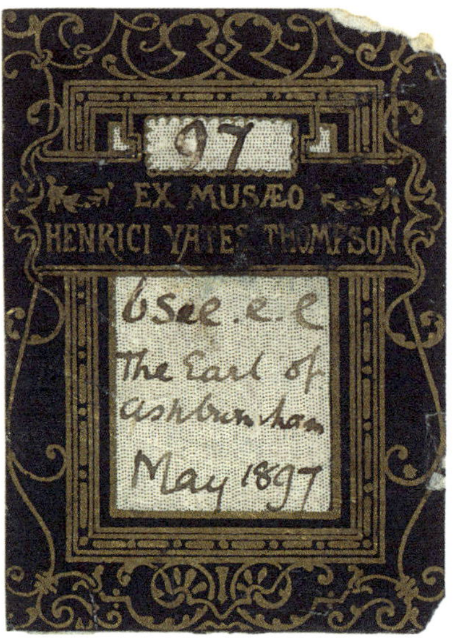

亨利·叶茨·汤普森（1838~1928）（左图），他于 1919 年卖掉了《贝亚图斯抄本》，照片拍摄于 1906 年；叶茨·汤普森的藏书者标签（右图），原附在《贝亚图斯抄本》先前的封皮上，上面的文字显示，他于 1897 年从阿什伯纳姆伯爵那里购得《贝亚图斯抄本》

措施，它就那么暴露在动物啮蚀或者空气侵害中。* M.R. 詹姆斯初次整理抄本之时，各折的情况仍然十分混乱。不过我可以肯定，现在这个抄本的

---

* 前面这几页的情况仍然相当复杂，不过，两卷抄本的具体校勘情况如下：i^{5}（共六个对开页，缺了第 1 对开页后面的第 ii 页），ii^{4}（很可能共六个对开页，缺了第 5 和第 9 对开页后面的 i 页和 vi 页），iii^{6}（很可能共八个对开页，缺了第 12 对开页后面的 iv~v 页），iv^{8}，v^{6}（共八个对开页，缺了第 26 对开页后面的 iv~v 页），vi^{2}（共八个对开页，缺了第 30 对开页后面的 ii~vii），vii^{3}（共八个对开页，缺了第 32 对开页后面的 ii~vi 页），viii~xi^{8}，xii^{6}（这一折是完整的），xiii~xvi^{8}，xvii^{7}（共八个对开页，缺了第 105 对开页后面的 ii 页），xviii~xxi^{8}，xxii^{6}（共八个对开页，缺了第 144 和 146 对开页后面的 ii 页和 v 页），xxiii^{8}（现装订得不整齐，但页码是准确），xxiv^{7}（共八个对开页，缺了第 161 对开页后面的 v 页），xxv^{7}（共八个对开页，缺了第 170 对开页后面的 vii 页），xxvi~xxvii^{8}，xxviii^{7}（共八个对开页，缺了第 190 对开页后面的 iv 页，xxix^{7}（共八个对开页，缺了第 195 对开页后面的 ii 页），xxx^{7}（共八个对开页，缺了第 208 对开页后面的 viii 页），xxxi~xxxiii8，xxxiv6（这一折的情况一目了然），xxx~xl8，xli7（很显然共八个对开页，第 293 对开页后面的 viii 页很明显缺失或者被取消了），xlii6；最后几页上面标注有抄本创制之时的折的序号，从第 3 折（第 15 对开页左页）开始，序号后通常都会标记有字母“q”或者“Q”（*quaternio*）。

页码排列顺序是正确的，并且是依照 10 世纪的排列顺序重装的。我眼前的这一卷的最前面被加上了一叠很厚的现代羊皮纸衬页，其中一页被弄皱了，这让人感到沮丧。抄本本身的内容则是以一页绘有菱形的彩绘花框的书页开启的，花框里面是一副棋盘，棋盘格子里面是以离合体形式呈现的红色、蓝色和金色字母，字母向着各个方向排列出如下词，“s[an]c[t]i micaeli lib[er]”（圣米迦勒之书），也就是说这份抄本曾归属一座敬奉这位天使长的修道院，或者是由这座修道院主持创制的。接着便是如早期福音书抄本中那样的四位福音书作者的画像（参见第一章和第三章），以及成对的天使将福音书擎在中间的图。接下来是《旧约》中从亚当到耶稣的家谱，由彩绘的环状物和拱状物串联起来。书页上方的角落里，亚当和夏娃都赤裸着身 205
体，膝盖的关节很明显，肤色都是鲜亮的粉红色，就如同刚刚抵达西班牙海滩的英格兰游客一样。家谱中体现出世界的前五个世代，分别是从亚当到诺亚（尽管第二页丢失了）、从诺亚到亚伯拉罕［标注有如下字样：“Incipit secunda etas seculi.”（第二世代由此开始。）］、从亚伯拉罕到大卫、从大卫到巴比伦之囚，最后就是从巴比伦之囚到基督道成肉身。既然图当中的前五个世代都已经结束，那就很容易令人认为，自己身处的是第六个也就是最后一个世代，而且很快就要面临《启示录》中的末日了，时间很快就要结束了，而这正是《贝亚图斯抄本》的主题所在。

所有这些内容都是铺垫性质的，就如同福音书抄本正文前面的增补内容一样。贝亚图斯写的《启示录》引言是从当前抄本的第 10 页开始的。这一页里面赫然矗立着一个很高的字母“I”，字母的笔画中填充着彩色花朵和交叉图案，这个字母实际上既引领了祈祷语［“In n[o]mine d[omi]ni ...”（以主之名）］，也引领了起首语［“Incipit liber revelationis ...”（此为《启示录》的开篇）］。开篇词跟圣经《创世记》的开篇有几分相像。作者解释说，此举意在记录《圣经》中的主要预言，目的是确证基督的神性，巩固信者，并令不信者动摇（显然此处所谓的不信者，指的就是西班牙的穆 206
斯林）。在上一章中我已经阐述了，中世纪的作家通常会声称他们是在抄录前人的作品。贝亚图斯也很实在地告诉读者，这些解读并非他自己创作

IURE SACERDOTII LUCAS TENET ORE IUBENCI

左页：跟早期福音书抄本一样，《贝亚图斯抄本》也以福音书作者画像开篇；此处是圣路加画像，路加正将自己的福音书递给一个见证人

《旧约》世系，将世界历史划分为五个世代，以亚当和夏娃为开端

的，并且在第二栏的顶端列出了这些解读的来源，包括哲罗姆、奥古斯丁、安布罗斯（Ambrose）、傅真修（Fulgentius）、格里高利、提刻尼乌斯（Tyconius）、爱任纽（Irenaeus）、阿普林吉乌斯（Apringius）以及依西多禄（Isidore）。实际上，他的引用范围并不仅限于他提到的这些人，还包括了昆提良（Quintilian）、萨鲁斯特以及维吉尔等更早期的人。在引言中，贝亚图斯为自己的拙劣文风道歉，他将这部作品题献给圣埃特里乌斯（Holy Father Etherius），并希望他能够原谅自己。圣埃特里乌斯的名字出现在页面下端的角落里，那里已经被损毁并且染上了污迹，本来我是辨识不出来的，多亏旁边放着一份该文本的影印件。

实际上，贝亚图斯此番解释并非谦辞。他书中的大部分内容的确是逐字逐句取自前人的，尤其是从 4 世纪晚期北非的《圣经》评注人提刻尼乌斯的作品中。即便是在引言中也有大量语句引自塞维利亚的圣依西多禄（Isidore of Seville，约 560~636），而且他用 785 年的奥斯玛主教（bishop of Osma）埃特里乌斯的名字取代了圣依西多禄在《驳犹太人》（*Contra*

IN NOMINE DNI NSTRI IHU XPI INCPT LIBER REVELATIONIS DNI NSTRI IHU XPI

Iudaeos）的引言中提到的其姐姐佛罗伦缇娜（Florentina）。在敲下这些话的时候，我本人也很清楚，在我所做的这些介绍中，有很多内容是引自约翰·威廉斯教授（Professor John Williams）的，威廉斯围绕这个主题写了不少的专著和文章，2015 年威廉斯教授谢世的时候，本书的这一章还只是草稿。我对威廉斯教授心怀敬重，就如同贝亚图斯对圣依西多禄心怀敬重一样——对引文作者心怀敬重是一个仍在延续的传统。贝亚图斯将这份书稿分为十二卷，每一卷都设置了前言。《启示录》的内容则被分成六十八章（即相对独立的《圣经》叙事段落），各章篇幅不一，其后都配备有长篇的寓意解释，以及用红蓝色大写字母（有时候也会用绿色和紫色）呈现的巨大标题："explanatio suprascripte historie"（对上述章节的解释）。每章的各个段落通常会用红色字体书写，有时候也会用蓝色字体。

在哲罗姆的诸多引言及其注解之后，便是《启示录》正文的内容，第一章是《启示录》1:1~6。此时，实际上我们已经翻到了抄本第 22 对开页的左页，显然，作者并不急于切入正题。随附的"解释"（explanatio）提 208
点说，《圣经》的这一卷被称为"启示"（Apocalypsis，这个词实际上就是拉丁通行本中该卷的开篇词），是因为万物都是隐藏着的，而"启示"一词的意思就是揭示万物之奥秘。从《启示录》经文的第一节就不难见出，上帝派遣天使前往"他的仆人约翰"那里，这就表明这卷经书并非人类思考的结果，也非植根于虚假文本，而是源自真理的使者，他向约翰——众使徒当中最为圣洁者——揭示了基督的神性（可参见《约翰一书》1:1~2）。基督致信亚细亚的七大教会，而不仅仅是一个教会，并引用了《玛拉基书》1:11 的话（"我的名在外邦必尊为大"）。数字 7 是有寓意的，6 和 7 都是神圣数字，正如上帝六天创世和一天休息，世界也被分为六个世代和另一个末日世代，由此，所谓七教会也就代表了总共的七个世代，而七教会之所

左页：贝亚图斯的《启示录评注》的引言，解释了他为何会评注《启示录》并提供了文献来源。该页曾长期被置于抄本第一页，因此受损严重

以都在亚细亚，是因为“asia”一词有“升华”（elevated）的意思，人们所处的是被上帝“提升”的世界，约翰正是奉上帝之命向这个世界传递恩典，可参见《出埃及记》3:14 和《约翰福音》1:1~2，上帝将“充满天地”（《耶利米书》23:24），“创造万物”（《便西拉智训》24:8），等等。此外，贝亚图斯还引用了《智慧书》1:7、《使徒行传》7:8、《以赛亚书》40:12 等。此处只是一个提要。这些引文填满了整整四大张纸。第二章涵盖了《启示录》1:7~11 的内容，在此，上帝驾云降临，并向人间宣示：我是阿拉法，我是俄梅戛（“阿拉法”“俄梅戛”乃希腊字母首末二字），是昔在今在以后永在的全能者。贝亚图斯对此给出的解释是：上帝在此是以鸽子的形象出现的，就如同降临基督洗礼的圣鸽一样，“鸽子”一词的希腊语是“*peristera*”，这个词中的字母按其代表的传统数值加总起来正好是 800，而“俄梅戛”（omega）也是这个数字，且希腊语中“阿拉法”（alpha，即 A）这个字母是由等长的三画组成，寓指三位一体，拉丁语中的字母“omega”（O）差不多就是一个完整的圆环，寓指包裹并保护万物；贝亚图斯还给出了很多类似的解释。说实在的，这就是典型的修道院式的经文解读方式，也就是对经文全方位地进行研究，逐字逐字地展开解读，不放过任何一种解释的可能性，力争从每个笔画当中看出寓意——这样的方法当然是可恼的，不过倒也迷人。

作者能做到这般旁征博引，表明他对整部经文是极为熟悉的。无数引文就那么娓娓道来，甚至都没有加注，作者显然预期读者对引文的来源同样是十分熟悉的。文中时不时地还会出现希腊语，表明作者认为读者至
209 少是具备基本的希腊语阅读能力的。8 世纪时，西班牙的修道院应该是被笼罩在文明即将坍塌的浓重阴云当中的，但即便这样，修士们也仍然在学习古典学问。抄本中的一些《圣经》引文是用红色墨水写就的，或者被用“diple”这样的符号被标示了出来。“diple”是希腊语，意思是“双重的、两个的”，其发音由两个音节组成，念作“dip-lay”；它指的是设置在引文旁边的小小的曲线符号，它们往往从上而下排成一列。这种符号第一次出现在第 27 对开页的左页，位于《耶利米书》31:33~4 的长引文的旁边。这

种古老的引文方式是有着相当高的价值的，早期的打字员复活了这种符号，毕竟对早期打字员来说，以彩色字体标注引文是太过昂贵的事情，后来，这种古老的引文符号便演变为上标符号，也就是我们今天所谓的双引号。这份抄本的彩绘师有另一个非常可爱的特点，那就是采用了成列的小红心标识，使得抄本的页面就如同思春少女的练习册一样，这样的格式是用来充当分隔线以及丰富抄本装饰的。

摩根图书馆的这份《贝亚图斯抄本》是用古文书家所谓的西哥特小体字写就的。要解释这一点，我们还需要回头看看拉丁语字体在古罗马的起源。古代罗马有两大类通行字体。第一类是极为庄重的罗马大写体，诸如在古代碑文上很常见的“S.P.Q.R.”使用的字体，清晰易读，以及通常用于书册的俗大写体，比如莱顿的《阿拉图斯抄本》中用的就是这种字体。另一类字体则完全不同，是一种用于速写的草体书法，也就是孩子们所谓的“连体字”（joined-up writing），通常被用于公务函件的纸莎草纸。就总体情形而论，罗马大写体经过数个世纪的时光后演进为安色尔字体，当然，具体的演进过程略显复杂，它经历了诸多细微且渐进的变化——就如同遗产学中的那样——最终演变为现代欧洲的字体。也正是在这个过程中，草体字伴随着帝国官僚体制的扩张，被散播到帝国的各个行省，并在各个行省催生了许多地方变体，比如法兰西的那种怪异的、像蜘蛛爬过留下的痕迹一样的墨洛温小体字（Merovingian minuscules）、西德意志的阿勒曼尼小体字（Alemannic minuscules）等。9 世纪早期，查理曼在帝国境内推行了他精心备制的标准字体规划，一时之间，这些地方字体便被著名的“加洛林小体字”（Carolingian or Caroline minuscule）取代。此等情形之下，罗马草体字的“后裔”便只能在欧洲边缘、加洛林权威无法触及的地区顽 210
强存续，就如同史前动物存活在传说中与世隔绝的失落山谷里一样。在这些“活化石”当中，最有名的就是南意大利的贝内文托小体字（Beneventan minuscule），这种字体还出现在了地中海东海岸的荒僻区域，诸如克罗地亚的一些地方；另一种字体是西班牙和葡萄牙的很多地方在使用的西哥特小体字（Visigothic minuscule）。此类字体逆世事潮流而存留了下来，甚至一直到 11 世纪和 12 世纪仍有出现，这本身也颇能揭示时代政治背后的文化疆界。

事实上，西哥特小体字跟大字不识的西哥特部族没有任何关系，除了二者都跟伊斯兰教出现以前的伊比利亚半岛有关联之外，这种字体相当美观，也相当讲究，但是读起来十分困难，令人懊恼。它的每个字母显然都是从罗马草体字发展而来的，比如字母“e”和“r”连接，看着就像是一个字母一样；小写“a”的上端是开口的，看着就像是字母“u”；字母“s”看着像是字母“r”，“t”则像是现代字母“a”。在西哥特字体面前，我像是刚进入暑假的学童。一开始，我赤脚行走在海滩的鹅卵石上，只能假装轻松惬意；到了假期结束的时候，我也被磨砺得差不多，可以轻松行走了。但是，在第二年暑假的时候我就需要重新体验一遍这种痛苦。同样的，我瞪着无从解读的西哥特小体字，几乎要陷入绝望当中，只能一个字母一个字母地辨认，直到快到傍晚、图书馆就要关门的时候，我才吃惊地发现，自己竟然能读懂了；但是第二天一觉醒来，一大早来到图书馆，我就又发现自己什么都看不懂了。这也许部分地解释了为什么《贝亚图斯抄本》在中世纪早期西班牙之外的地方，传播范围如此有限。

我眼前的这份“M 644”号抄本是用连体字写成的，其文本被分为两栏，每一栏通常有三十二行到三十四行。抄本上有非常明显的刻痕，如留在已经变成暗黄色的羊皮纸表面的洁白的痕迹。跟《圣奥古斯丁福音书》一样，其页面的两栏中间有竖直的单列刺痕，像是刀尖留下的刺孔。真正令《贝亚图斯抄本》名扬四海的，并非书中的内容，也非抄本所用的字体，
212 而是大幅的插图。我们眼前的这份抄本，拥有六十八幅整页插图，如同木板画那么大，还有四十八幅小一些的插图，以及许多的图表和装饰。那天，我周围的研究者都只是在研读书页泛黄的文献和小开本的印刷书；只有我

右页：西哥特字体是早期伊比利亚字体，看起来很是怪异；图中的十二枚圆盘象征着天上二刻的寂静（《启示录》8:1）

...gillo fecerit si non eam recipiat
...uiderit. nunc uero in quo uat
septimum sigillum.

EXPLICIT SEXTI SIGILLI EXPLANATIO

INCIPIT EXPLANATIO SIGILLI SEPTIMI

Et cum aperuisset sigillum
septimum factum est
silentium in celo

...aperuisset silentium uidit. quia et de ani...
...uisionem uidit hoc plus planius
...futurus erat. quod in hoc septimo
signo non uidit. et una cum qui...
adhuc futurus erat uidere.
...tur et superius multos et inde
...tur in aperuisset silentium
...uod fieret lucis locum ... [illegible]

fuit sub ubi. hic uidendum erat.
nu... si non fuerit. nunc uero
recipiat ... [illegible] passione. et ...
ulterius dicatur.

EXPLICIT LIB. QUARTUS

INCIPIT LIBER QUINTUS

Et uidi septem angelos
qui stabant in conspectu
dei qui acceperunt septem tubas.
Et alius angelus uenit et stetit
super aram habens turibulum
aureum. Et data sunt illi
odoramenta multa de orationibus
sanctorum omnium super aram auream.
que erat in conspectu dei.
Et ascendit fumus odoramentorum
de orationibus sanctorum. et de manu
angeli in conspectu dei.
Et accepit angelus turibulum
et implevit illud de igne are.
et misit eum in terram.
Et facta sunt uoces et tonitrua
et fulgura et terre motus

EXPLICIT ISTORIE

在卖力翻动这千年之久的巨大羊皮纸书页，书页上不时地会出现鲜艳的、令人惊奇的图画。这种感觉实在是太好了。

《贝亚图斯抄本》的每一章内容都配有至少一幅插图，这些插图通常都紧随相应的经文，无论是在内容还是位置上，都是跟前面的经文匹配起来的。这一点倒是有点怪异，毕竟，通常的情况是先出现插图，然后才会跟进文本。其中一些插图旁有配图文字，用来提示读者应当注意的细节，且跟某些中世纪艺术品不一样，这份抄本里面的插图可不是为文盲提供的。第一章包括《启示录》1:1~6。这一部分的插图出现在第 23 对开页的右页，前面就是《启示录》中的相应经文，插图本身被分为上下两栏，上栏图中是端坐王位的基督，两个天使簇拥在侧，其中一个天使带来了蜡版，是要给下栏图中的约翰的。下栏图中的天使旁是用大写字母写就的一句话："UBI PRIMITUS IOHANNES CU[M]ANGELO LOCUTUS EST"（此处，约翰先对天使说）。这听起来有点像是舞台提示。第二章包括《启示录》1:7~8。这一部分的插图出现在第 26 对开页的右页，图中的基督驾着流水般的彩云降临，"众目要看见他"——图中有九个圣徒在仰视基督，跟经文的字面意思很配。第三章是《启示录》1:10~20。这一部分的插图可以从左下角的约翰的角度往上看，人子端坐在王位之上的，身穿橄榄绿色长袍，披着金色肩带，其上方悬挂着七盏烛架，旁边给出了大写的文字说明，"SEPTEM CANDELABRA"（七盏烛架），这样的说明也许会有帮助，但也确实没有太大必要，人子的右手边就是七星，约翰则匍匐在他面前，他手持死亡的钥匙予以安抚。该页下半部分的图则是约翰观瞻七个圆拱的场景，上面刻着亚细亚七个教会的名字，分别是以弗所（Ephesus）、士每拿（Smyrna）、别迦摩 [Pergamon，值得一提的是，羊皮纸（parchment）就是因这座城市而得名的，其拉丁语是"*pergamenum*"]、推雅推喇（Thyatira）、撒狄（Sardis）、非拉铁非（Philadelphia）和老底嘉（Laodicea）。

右页：上方画框里的基督命两个天使将启示传送给下方的圣约翰

EXPLANATIO SUPRA

A SCRIPTE STORIE:

POCALIPSIS IHU XPI QUEM DEDIT
illi ds palam facere servis
... que oportet fieri cito.

Habet legitur quod apocalipsis
idem revelatio dicitur secretorum
licet rerum manifestatio ubi con-
quod nisi ipso revelante quis
intelligere non valebit e
... Apocalipsis Ihu xpi

第二部分（Book Ⅱ）的引言也配有插图，不过，令人吃惊的是，这幅
214 插图竟然是双页的长方形世界地图。它出现在第 33 对开页的左页和第 34 对开页的右页。在讨论约翰向七教会传递的神圣信息之前，贝亚图斯转而谈了十二使徒传道区域的情况，因为对于贝亚图斯的同胞来说这一点非常有意思：耶稣本人的门徒圣雅各将基督教传到了西班牙。在这幅世界地图当中，整个世界被宽阔的黄色海洋环绕，海中布满了蓝色的鱼，非洲南部海域更有怪异的海蛇出现。在画面左侧和下端的海洋地带，古代船只被刻在图上，若是在复制品中，则很难见证这样的细节。地图的方位是：地图的顶端指向东方，是伊甸园所在，亚当和夏娃就站在一棵多刺的树下。大陆板块则被地中海分成欧洲、非洲和亚洲。左下方的海洋的边缘处，有一个长方形的框，借助图书馆提供的放大镜我能够辨识出那上面写着一个岛的名字“Britannia Insula”（不列颠岛），再往南一些有另一个岛的名字，“Scotia Insula”（苏格兰岛），但那实际上是爱尔兰。在地图中西班牙当然占据了相当突出的位置，四周是被树林覆盖的山。非洲被尼罗河分为两个巨大的国家，其一是利比亚，其二是埃塞俄比亚（这里生活着各色怪物和凤凰）。耶路撒冷则以一个小小的城堡大门标示，它也是地图中唯一被呈现出来的城市。地中海诸岛都是正方形的。这样一张基于罗马人的地理知识的地图当然是极其幼稚的，不过，仔细观瞧后我们可以从中辨识出一系列相当熟悉的名字，诸如纳博讷（Narbonne）、德意志、罗马、马其顿以及君士坦丁堡等，此外，图中对大范围地区的形状的具体呈现，也令人生出一丝敬意，毕竟，那个时代的人能够获得的最高视点不过是山顶或者树顶。

让我们继续翻动书页。这份抄本的羊皮纸大多很厚，而且质地粗糙，其毛面已经泛黄，经常会有褶皱，可能是很久之前暴露在外遭受湿气侵袭

右页：人子，他的右边是七烛台和七星（《启示录》1:12~16），以及圣约翰和七教堂的拱门

第 226~227 页：世界地图，四周为黄色海洋；上东下西，欧洲在左下角，非洲在右侧，西班牙的位置十分显眼

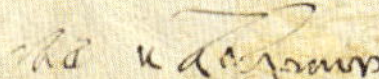

SEPTEM
CANDE
LABRA

VBISTAT LEON
FILIUMHOMI
NIS·VESTITUM
PHODERE·ET
PRECINCTUM
ADMAMILLAS
ZONA AUREA

VBIIHO
ANNES
EPHESUM
REDIT

EFESUM

ZMIRNA

PERGAMUM

Albania
Babilonia
A
S
Licia
Cõnstantinopoli
Pannonia
Spania

Iudea
mons libani
sodoma
TERRA VICINA SOLI AB ARDORE INCOGNITA NOBIS

的缘故。还有很多当初兽皮之上就有的缺口和相当大的椭圆形的洞，应该都是剥皮或者造纸的时候不小心留下的（有些洞很大，就跟大孔奶酪上的洞差不多），遇到这样的情形，抄写员就只能绕着这些洞进行抄写。大部分
218 书页底端的外缘已经被损毁，如今被新的羊皮纸填补完整了，翻动这样的书页，实际上主要就是在触摸后来黏附上去的替代纸片，而不是在触摸从 10 世纪传递下来的原件。

有些插图，比如说亚细亚七教会的插图，看起来异域风情浓重且色彩斑斓，如同清真寺一样；诺亚方舟的插图就像装了隔板的孩童玩具屋，其中还有一头长着斑点的黄色大象和两头长颈鹿，以此来表示大洪水期间教会是安全的（长颈鹿在中世纪艺术品当中的确是很罕见的）；还有一幅插图呈现的是“上帝的羔羊”持着十字架，站在一个多彩的巨大圆轮里的画面，这个圆轮也就是《以西结书》里面提到过的活物和长者之轮，众星环绕着圆轮，天使长在推动圆轮；其余的插图中还有以下画面：七个天使在吹响号角，并将天火如同箭矢一般射向大地，火光映衬之下，天空变为黄色；大火席卷之下，山峦崩塌，倒入大海；深海当中，船只破碎，赤裸的尸体漂浮在船体碎片当中，恶鱼四处游窜；太阳、月亮和星辰变得暗淡无光，一只巨鹰掠过天空，号叫着“悲哉，悲哉，尘世之人”；蝗群成灾，铺天盖地而来，如同巨大怪兽；以及第一卷的最后一幅插图，呈现的是《启示录》11:3 中两个穿着粗布衣戴着兜帽的见证人，他们口中喷火，发出预言。最后这幅插图出现在第 149 对开页的右页，也就是这一卷的末页，到此处我们的《启示录》之旅刚刚走了一半。

我将第一卷还回借阅台，并请求借阅第二卷。我当然是自己做这件事的，却因此遭到斥责。显然，正规程序是请管理员来做。摩根图书馆的抄本上面都松松地附着纸条，纸条上面印有条形码以及一个六位数的档案编

右页：诺亚方舟以及其中的各种动物，包括衔着橄榄枝的鸽子和正在吃死尸的乌鸦，此页位于第二部分结尾处

号，在我归还抄本的时候，管理员对条形码进行了扫描。我随口说我从前从未见过这样的东西。管理员非常怜悯地看了我一眼，告诉我，如今大图书馆都这么做，有了它们，抄本的管理和统计就非常方便且规范了。

第二卷是从第 150 对开页开启的，这一对开页的内容是《启示录》11:7~10。第一幅插图呈现的是敌基督，敌基督的脸部已经模糊难辨了，应该是某个愤怒的读者的复仇举动造成的（当然，我希望这是很久以前发生
220 的事情了）。图中敌基督正在将两位见证人剁成血淋淋的肉块，上方敌基督的追随者们则在拆毁耶路撒冷城。接下来几页的画面变得越来越恐怖，我也翻得越来越快。圣米迦勒在天空中同七头蛇怪恶斗的插图占据了两页，图中，这位天使长将蛇的尸身扔向地面；一头可怕的有角怪兽从地下爬上来；一个带条纹的天使掠过天空，巴比伦被毁灭，被撕扯下来的四肢四处乱飞；七种瘟疫席卷大地，河流变成洪荒，闪电如同血色长矛，无情地刺向尘世；巴比伦大娼妇正同尘世君王们开怀畅饮，他们刚刚交媾完毕（这幅插图出现在第 194 对开页的左页，画面当中，巴比伦大娼妇的脸同样被人刮掉了，这显然也是某个读者在发泄义愤时所为）；整个巴比伦城陷入一片火海——这一场景由一幅斑驳色彩和火焰交织而成的拼贴画呈现；撒旦被锁链捆绑起来，然后被抛入深渊；还有巨幅的末日审判图，这幅插图同样占据了两个页面，难以尽数的亡灵站在上帝的王座前面，但凡有罪之人，都将从天堂的砖瓦地面的裂缝处被抛掷下去，落入火焰翻腾的紫色无底坑里面。《启示录》经文注解实际上在第 233 对开页的左页就结束了，但是，抄写员似乎仍然沉浸在此等《圣经》异象和预言催生的狂热情绪当中，无法就此停手。于是，抄写便继续下去，使得哲罗姆对《但以理书》的注解也被这一抄本包括在内。这些内容同样是围绕《圣经》异象和预言展开的，不过，相对而言，没有《启示录》那么集中，而且也更为温和一些。这部

右页：目前装订顺序下的第二卷开篇，呈现的是杀死见证人的画面，其中敌基督的形象已经被某个读者抹去了

EXPLANATIO SUPRASCRIPTE ISTORIE

Et vincet eos et occidet eos
vincet utique xps eos quos se
duxerat antixps.
Occidet autem scos qui confessi dnm
fuerint. Spaliter autem hic

exercitu vincet. quia evangelio
traditi non esse ... occidet
autem eos qui xpo ...
... sicut
dns in evangelio ...
nos in persecutione occiderunt ...

分内容的插图涵括了“尼布甲尼撒之梦”（Nebuchadnezzar’s dream）、“巴尔萨扎之宴”（Balthazar’s feast，图中烛台上伸出了抄写员的手，他在王宫的穹顶上写下了末日预言，用的是西哥特小体字），还有就是置身于狮子巢穴但脸上并无惧色的但以理。

这些画的画风是人们通常所谓的“莫扎勒布风格”（Mozarabic），这种风格融合了基督教、犹太教和伊斯兰教的传统，虽然此时的西班牙主要由穆斯林占据。实际上，阿拉伯语抄本和希伯来语抄本都是没有插图的，至少在当时肯定是那样的，彩绘本的拉丁语抄本在此一时期的伊比利亚半岛极为罕见，因此也难以用来做比较。《贝亚图斯抄本》的鲜亮的色彩和有些异域风格的抽象图案，毫无疑问都是可以在伊斯兰建筑里面找到对应的；北非马格里布海岸地带出产的地毯和金属工艺品，也有着类似的风格。画
222 面当中，鲜黄色和深橙色的色块极为惹眼，根本不像是比利牛斯山以北地区的风格，而且原本的色泽肯定更加鲜艳。浅绿色的色块也非同寻常，看着十分活泼可爱。一些色块展现出了明显的用笔痕迹，仿佛绘图人不是用软刷，而是用刮刀或者铲子直接点上去而后抹开来的。

艺术史家通常都能指点出《贝亚图斯抄本》插图当中蕴含着十足的东方风情的细节，例如棕榈树和巴比伦娼妇斜卧着的有软垫的床榻（后者出现在第 194 对开页的左页）。然而，真要说起来，在此等细节，特别是人物细节上，与之最为切近的并非东方艺术，而是科普特艺术（Coptic art），特别是埃塞俄比亚的抄本和绘画，即便在今天也是如此。当然，我并不是第一个发现这一点的人。西德尼·科克雷尔（Sydney Cockerell）曾协同 M.R. 詹姆斯一起为叶茨·汤普森收藏的抄本撰写名录述要，他就在自己撰写的一份述要里给出了这样的私下点评：“它们非常接近埃塞俄比亚风格。”（这个科克雷尔将是本书第九章中的重要人物之一，到时我们会专门谈一谈这个人。）我们可以在刚刚从埃塞俄比亚北部阿巴该修道院（Abba Garima

---

右页：基督驾云降临，眼睛直视读者；这种画风跟埃塞俄比亚艺术作品的画风极为相似

monastery）发掘出来的两份 6 世纪福音书抄本中，看到与《贝亚图斯抄本》中的极为相像的人物脸部，以及同样睁得大大的眼睛（参见本书前文第 44 页的论述*）。当然，人们也许会有疑虑，毕竟，6 世纪的埃塞俄比亚与 10 世纪的西班牙之间的时空跨度也太大了，不过，也切不可忘记，在抄本中的古代晚期风格的世界地图里，埃塞俄比亚被圈定为世界上最大的国家，并且跟西班牙非常近，甚至连希腊都不如埃塞俄比亚来得那么近。更何况《贝亚图斯抄本》的插图里面出现了长颈鹿。显然，在 10 世纪的时候，非洲文化同欧洲文化之间的关联要比今天紧密得多。

这些插图算得上很好的艺术作品吗？显然，它们就算跟《凯尔经》里面那些有着最糟糕的表情的人物画像相比，也算不上精细。M.R. 詹姆斯对 14 世纪哥特式绘画之优雅称慕不已，但对《贝亚图斯抄本》里面的这些插图的品质没有太好的印象。在 1902 年的名录述要中，他留下了这样的评价："它们的画风简直太粗俗了。眼睛大得离谱，神态之僵硬，更是到了荒谬地步。"不过，我要说的是，此等夸张的风格，应该是非常契合配图的初衷的，毕竟，经文的内容也是十分吓人的。鲜亮的色调以及莫可名状的恐
224 惧感，都有着巨大的冲击力。在这恐惧感中还夹杂着一丝紧迫感。这样的风格天然地契合了超乎想象的恐怖场景和变幻莫测的灾难旋涡，它们就如同毕加索的《格尔尼卡》（*Guernica*）那样，野蛮狂暴、令人难忘。

《贝亚图斯抄本》插图里的烈火翻腾的场景，以及扑面而来的怪异风格，应该说都是有实际诉求的。修士们研读经文的方式非常特殊，他们通常是大声朗读一句或者两句经文，然后逐字展开思考，慢慢地去发掘其中的多层含义。这也就是人们所谓的"圣言诵读法"（lectio divina）。由此催生的冥想本身就被视为一种祈祷方式。如果修士们在细看经文后记住其内容，那么即便在经书被闭合并收入密室的盒子后，他们仍然能够继续之前的缓慢且虔诚的冥思过程，对经文进行理解。对于普通的经文，特别是以字词间几乎没有分隔的西哥特小体字写就的经文，修士们是很难凭借记忆

---

* 正文、参考文献与注释、索引部分中提到的本书页码均为原书页码，即本书页边码。——编者注

予以再现的，不过，若是经文附有复杂且极其夸张，甚至令人惶恐的插图，那人们就很难将其从记忆中抹去了，《贝亚图斯抄本》的插图应该说就是要达到这样的效果。而这些效果正来自它们的原始性。它们的鲜亮的色调以及令人震惊的戏剧场面，都有实实在在的功效。这样的插图实际上起到了辅助记忆的作用，可以令众多读者同时对《启示录》展开思考，不分白天黑夜，也不分具体哪个时刻。

这份抄本还有一个重要特征，我一直保留到现在才予以介绍。实际上，我们不仅知道是谁设计并绘制了这份抄本，甚至还知道其中的情由以及可能的绘制时间。且看第 293 对开页右页的上半页，上面留有一篇长长的版本纪要，是用字号较小的大写体写就的，这篇纪要以如下文字开启：

> Resonet vox fidelis, resonet et concrepet. Maius quippe pusillus, exobtansq[ue] iubilet, et modulet, resonet, et clamitet. Mementote enim mihi, vernuli xp[ist]i,quorum quidem hic degetis cenobii summi dei nu[n]tii Micahelis arcangeli. Ad paboremq[ue] patroni arcisummi scribe[n]s ego, imperansq[ue] abba victoris equidem ud[u]s amoris ui[u]s libri visione Iohanni dilecti discipuli ...
>
> [愿信徒的声音响彻四海，四海回应！我，梅雅斯，虽卑微但心中有希望，我且纵情欢唱！基督的仆人啊，请记得我，您是天使长米迦勒，这座修道院是属于您的。我奉维克多院长（后文可见，可能是
> “胜利者院长”）之命，书写此书，乃为着献给天使长，也是为着对写 225
> 有基督钟爱的门徒约翰之意象的书的爱……]

由此，我们得到了抄写员的名字，“Maius”（梅雅斯），意思是“重要的”（major，抄写员在自己的名字上用了一个双关语，谦虚地将自己称为卑微的梅雅斯），并知道了他是为天使长圣米迦勒的修道院的修士们效劳的。纪要中，从“Memento”一词往下，每隔一行的首字母依次是“M”、“A”、“I”、“U”和“S”，正是抄写员的名字。这个名字也出现在第 233 对开页右页文本结束的地方，“Maius Memento”（记住梅雅斯）：依据我的判断，这

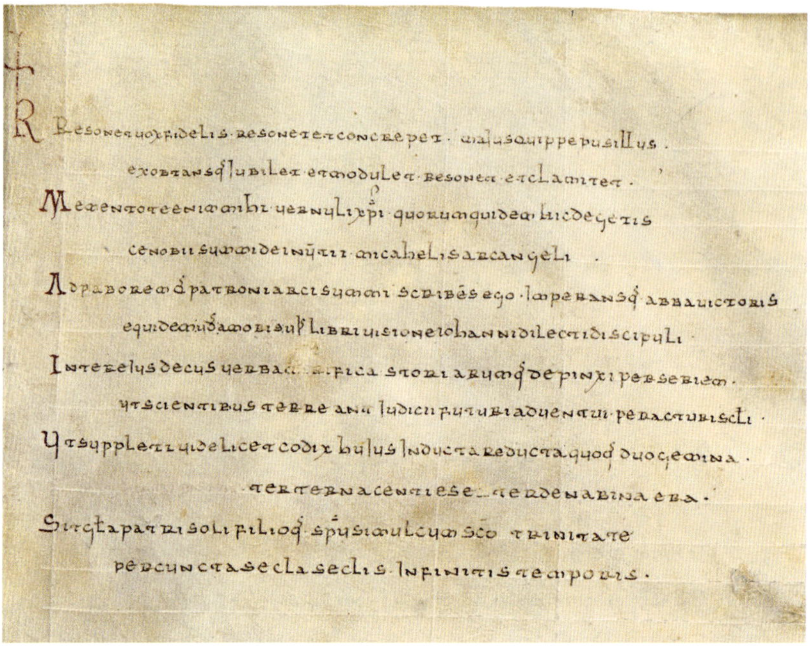

摩根的《贝亚图斯抄本》里面的一篇韵文体纪要，有抄写员梅雅斯的签名和日期标注，显示是为一座敬奉圣米迦勒的修道院创制的，这座修道院很可能就是莫鲁埃拉的圣米格尔修道院

两个词的字迹与前先的稍有不同，有可能不是抄写员自己的手笔，而是其他人为了纪念这个抄写员而添加上去的。机缘使然，贝亚图斯的另一份抄本是由梅雅斯的学生和传承者、抄写员埃梅特利乌斯（Emeterius）创制完成的，这份抄本如今收藏在马德里的国家档案馆。埃梅特利乌斯在他本人创制的抄本的纪要中，将已故的老师（同时也是抄本合作者）梅雅斯称为“大画师”（archipictor），并指出自己的老师是塔巴拉圣萨尔瓦多修道院的
226 抄写员，于 968 年的 10 月 30 日谢世。一个抄写员的生平节点，竟得到了如此精确的呈现，这实在是罕见。“大画师”的称号显然意味着梅雅斯身兼抄写员和彩饰师两种身份。在这份马德里抄本中的同一页上，埃梅特利乌斯提供了一幅自己的画像，呈现的是他在塔巴拉圣萨尔瓦多修道院一座钟楼的缮写室里工作的场景。抄本已经残缺不全了，这幅插图的边缘也已经

出自 13 世纪早期的布尔戈斯《拉斯乌埃尔加斯贝亚图斯抄本》，这是抄本中一幅早期插图的复制品，呈现的是抄写员埃梅特利乌斯在塔巴拉一座钟楼里工作的场景

被磨损，不过，两百五十年后的另一份《贝亚图斯抄本》将这幅插图极为小心地进行了复制，该抄本一度收藏在布尔戈斯（Burgos）的拉斯乌埃尔加斯教堂（church of Las Huelgas）。又是一个机缘巧合，老皮尔庞特·摩根于 1910 年在伦敦将这份抄本买回，令其同样成为摩根图书馆的藏品，编号“M 429”。因此无须离开摩根图书馆谢尔曼·菲尔柴尔德阅览室的椅子，我就可以见到在 13 世纪的塔巴拉圣萨尔瓦多修道院中，一个认识梅雅斯且跟其一起工作过的抄写员，复制的 10 世纪抄本的插图。

插图里耸立着一座钟楼，敲钟人站在梯子上。也许这只是一厢情愿，不过我们不妨这么设想一下：梅雅斯在纪要当中谈到的钟声，可能就来自这座钟楼。紧贴着钟楼右侧的是一个两层的砖瓦结构的延伸建筑。其地板是用石头铺就的，窗户狭小，大门上面落了锁；这里可能是藏书室，也可能是修道院的金库。再上面就是缮写室，是抄写员工作的地方。缮写室里，有一人安坐在椅子上，一手执笔，一手持刀，正在面前的一个斜架之上写着什么。他的旁边则是另一名抄写员，在用分割器在羊皮纸上刺孔。外侧还有一个小男孩在用剪刀裁剪羊皮纸。

这幅图呈现了一个主抄写员跟两个副手的协作模式，这正是修道院抄本创制工作的一个特点。摩根图书馆的这份编号“M 644”的抄本，经常会被人们认为全部出自梅雅斯的手笔，然而其前五折的创制工作其实是有另一个抄写员零星参与的，此人的笔法没有那么熟练。在一间有组织的缮写室中，这样的事情倒也属常规，因为此等抄本往往不是由一个与世隔绝的天才独立完成的。

塔巴拉位于西班牙西北部，坐落在莱昂古国萨莫拉城的北面。这里的中世纪教堂仍有用石料建造的古老塔楼，同埃梅特利乌斯插图中的那种
227 差不多。可以认定我们眼前的这份抄本是在此地创制完成的，且是献给一座敬奉天使长圣米迦勒的修道院的。因此人们普遍认为，这座修道院必定是埃斯卡拉达的圣米迦勒修道院，它就在塔巴拉北面偏东约八十英里处，跟莱昂城非常近。这份抄本经常也会被称为《埃斯卡拉达贝亚图斯抄本》（Beatus of Escalada）。此论的理据其实相当薄弱，不过是因为到了 12 世

纪的时候，埃斯卡拉达成为阿维尼翁圣鲁夫修道院奥斯定会（Augustinian canons of Saint-Rufe d'Avignon）的属地，以及在抄本第 293 对开页的左页上面，有后来增补上去的一份讣告，写着“obit petrus levita $\mathrm{C^{us}S^{i}\ R^{i}}$”。此处的“C.S.R.”这三个字母，有可能代表的是“圣鲁夫修会”（canonicus sancti Rufi），当然也可能并不是这个意思。很显然，在没有旁证的情况下，这样的证据太过薄弱了。我曾在威廉·沃尔克勒（William Voelkle）的襄助之下，有幸读到了一份由约翰·威廉斯为摩根图书馆的一次展出的展品名录撰写的文稿，文稿当中征引了费雷奥·古铁雷斯（Ferreo Gutiérrez）提出的相关论证，这一论证的力度则要强得多。据古铁雷斯论述，塔巴拉的圣萨尔瓦多修道院是由莱昂的圣弗洛伊兰（Saint Froilán）创建的，这位圣徒同样创建了莫鲁埃拉（Moreuela）的圣米迦勒修道院，就在塔巴拉东南大概四英里的地 228
方。与位于北方山区并且同塔巴拉相隔数天行程的那座孤零零的修道院相比，圣米迦勒修道院当然更有可能是这份抄本的恩主。倘若风向有利，在莫鲁拉是能够听到梅雅斯提到的钟声的。这两座敬奉圣米迦勒的修道院都不曾有一个名叫“维克多”（Victor，意为胜利者）的院长，不过，“维克多”这个词本身，在这样的语境中完全有可能是指天使长自己，因为在《启示录》里，圣米迦勒在同撒旦的决斗中成了“胜利者”。

以上只是梅雅斯的纪要的一部分。其接下来的内容为：

> ... inter eius decus verba mirifica storiarumq[ue] depinxi per seriem, ut scientibus terreant iudicii futuri adventui peracturi s[e]c[u]li. Ut suppleti videlicet codix huius inducta reducta quoq[ue] duo gemina ... ter terna centiese, [et] ter dena bina era. Sit gl[or]ia patri soli filioq[ue] sp[irit]u simul cum s[an]c[t]o trinitate, per cuncta sec[u]la sec[u]lis in finitis temporis.
>
> （……作为装饰，我为这部分瑰丽经文绘制了插图，这样一来智者自然会对末日审判心生敬畏。为了将抄本完整地呈现给世人，我还特意添加了两份孪生文本……在三倍于三百和三倍于二十的年代。荣耀尽归圣父、圣子和圣灵，尽归那神圣的三位一体，且历经世代变迁，直到时间尽头。）

在这段话里，梅雅斯首先告诉读者，他亲自为这份抄本画了插图。就此一时期的抄本创制工作而言，这没什么好奇怪的，因为直到 11 世纪和 12 世纪，抄写和绘图之间的分工，才真正开始成为常规。倒是他特别提到了此一情状这一点，才真正令人出乎意料。所有的《贝亚图斯抄本》当中，这是最为古老的一份拥有插图的抄本。那么，梅雅斯此话是不是说，他自己设计并绘制了这些插图呢？似乎有这种可能。毕竟他身后拥有“大画师”的称谓。若真是如此，那这份抄本就为我们带来了中世纪艺术史上最为罕见情况之一：其中的这批插图是由一个我们知道名字的艺术家首创的，而非从既有的和传统的作品中复制而来的。随后，梅雅斯进一步谈到了为什么要这么做——他要让世人对世界末日心生恐惧。

229 接下来一句话不太容易理解。梅雅斯的意思似乎是说，他正在对一份关于末日审判的抄本进行补充，补充的内容是彼此关联的两份文本，应该就是紧跟在贝亚图斯的评注之后的那两份文本：其中较短的一份讲述的伊西多尔的亲缘关系（*De affinitatibus et gradibus*），较长的一份则是哲罗姆的《但以理书评注》。不过，包括 M.R. 詹姆斯（他的拉丁文要比我好很多）在内的一批人认为这句话是在计算时间，据詹姆斯等人的理解，梅雅斯完成抄本创制工作的年份中有一个 2 乘以 2 的个位数，也就是 4，余下的则是三百的三倍和二十的三倍，这么算起来就是 4+900+60，964 年；倘若此处有关个位数的表述指的并不是数字，而是上述两份文本的话，那么这个算法就更简单了：900+60，也就是 960 年。不过，梅雅斯用到了“年代”（era）这个词，这是西班牙独有的一种纪年方式，这种方式较之传统纪年要多出三十八年。减去这三十八年，这个年份就应该是公元 926 年，或者 922 年。

倘若梅雅斯确实是在 968 年谢世的，那么这个结果就是可信的（也就是说，他在二十五岁的时候抄录了这份《贝亚图斯抄本》，在七十一岁的时候去世），不过，历时差不多五十年的抄写生涯是不太可能的，特别是在还没有老花镜的那个时代，毕竟，对于到了一定年岁的人来说，这样的镜片是必不可少的。原抄本上，“ter terna”的前面很明显有一处一英寸宽的空白，我在抄录的时候特意用一排点标示了出来。此处肯定是被抹去了什么内容。究竟是在创制抄本之时，梅雅斯自己抹去的（埃梅特利乌斯提供的插图里面的抄写人是一手执笔，一手持刀的），还是后世诸如“利布里”这样的无赖为了做旧抄本而刻意抹去的，我就没有能力判定了。抄本研究者们如今都相当谨慎地将摩根的《贝亚图斯抄本》论定为 920 年至 968 年，尤其是接近 950 年的物件。

事实上，还有另外八份现存的《贝亚图斯抄本》是可以被论定为创制于 10 世纪后半叶，接近 1000 年的那个时间段的。这些抄本大体上可以被分为两大文本“家族”，它们通常被用“IIa”和“IIb”来指代，前者就包括摩根图书馆的那份抄本，后者则是摩根抄本的近亲，尽管我们不能完全肯定后一类抄本的源头就是摩根抄本，也不知道两大家族是否享有一个共同的祖先，只是这份更早的抄本已经丢失了。当然，这份丢失的抄本倘若 230
真的存在，也完全有可能是梅雅斯在更早的时候创制出来的（比如说 922 年），所以梅雅斯才会声称是自己首创了那些插图；即便摩根图书馆的这份编号为“M 644”的抄本并非两大家族的唯一且共同的原始抄本，这一说明也站得住脚。

“IIa”家族包括了以下这些抄本：巴拉多利德抄本（Valladolid），收藏在位于巴尔卡瓦多（Valcavado）的巴拉多利德大学图书馆，抄写员是奥贝库斯（Obecus），创制时间是 970 年 6 月 8 日和 9 月 8 日之间；莱里达抄本（Lérida），收藏于塞奥－德乌赫尔博物馆（Museo Diocesá de La Seu d’Urgell），编号“inv.501”，于 10 世纪后半叶创制完成，1147 年之前收藏于乌赫尔教堂；埃斯科里亚尔（Escorial）抄本，收藏于圣洛伦索－德埃尔埃斯科里亚尔皇家修道院图书馆，编号“&.II.5”，很可能于 1000 年前后从圣米兰素索修道院转移而来；马德里抄本，这份抄本堪称奇书，收藏于西班牙国家图书馆，编号“ms Vitr. 14-2”，抄写员是法肯多斯（Facundus，他可能也绘制了抄本中的插图），创制于 1047 年，曾经的主人是莱昂和卡斯蒂尔的费迪南一世（Ferdinand I of Léon and Castile）和王后莱昂的桑查（Sancha of Léon），两人都于 1065 年驾崩；伦敦抄本，收藏于大英图书馆，编号“Add. MS 11695”，抄写员是来自西罗斯修道院（abbey of Silos）的多米尼克斯（Domenicus）及其亲戚努恩纽斯（Nunnius），创制工作从 1073 年开始，到 1109 年结束。“IIb”家族包括了以下抄本：马德里抄本，也就是来自塔巴拉的抄本，收藏于西班牙国家历史档案馆，编号“Cod. 1097B”，抄写员是蒙纽斯（Monnius）和塞尼奥尔（Senior），绘图人是梅雅斯和埃梅特利乌斯，于 970 年 7 月 29 日创制完成，如前面曾谈到过的那样，抄本内有插图呈现埃梅特利乌斯在塔楼缮写室里工作的场景；赫罗纳抄本（Gerona），收藏于巴塞罗那大教堂博物馆，编号“inv. 7 (11)”，抄写员是塞尼奥尔，绘图人是埃梅特利乌斯和恩德（Ende），“pintrix”（女性），于 975 年 7 月 6 日创制完成，1078 年之前收藏在赫罗纳大教堂（Gerona Cathedral）；此外还包括 12 世纪和 13 世纪早期的多份抄本，如摩根图书馆中编号“M 429”的那份抄本，其创制日期是 1220 年，来自布尔戈斯的拉斯乌埃尔加斯修道院，1220 年也是我们可以论定的所有《贝亚图斯抄本》的最晚创制时间。

不妨注意一下，这里面的很多抄本上都标注有日期，更有创制人的签名，其中一份的插图还是由一名女性彩饰师绘制的，她很可能是个修女。抄本创制人留下签名的做法并不常见，这里有可能是因为抄本内容关乎末日审判，若真到了那个时候，想必每个人都希望给判官留下好印象。至于如此精确的日期呈现，同样表明了抄本资助人对于千禧年念念不忘。“巴拉多利德抄本”更是将抄本创制工作的起始和完工日期标注了出来，由此表
231 明这份两百三十页的抄本耗去了抄写员九十三天的时间；除去礼拜天的时间，算下来恰好是一天三页的进度，这样的进度是相当快的。

世界并没有在 1000 年迎来末日。11 世纪的一些编年家，诸如不来梅的亚当（Adam of Bremen），显然是在如释重负的心态下记述说，这一年就这样圆满地过去了，没什么大事发生。英格兰拉姆塞修道院的修士伯特菲斯（Byrhferth）大约是在 1011 年前后写下了这样的文字：“这个千年时光已经完结，不过这是我们人类的算法，余下的便只能交由救主去决定。”这话的意思应该是说，该算法不一定准确。还有一种算法认为，千年的起算时间

并非基督道成肉身之时，而是耶稣基督受难之时，此种算法上的调整令世人开始极为焦虑地将目光投向 1033 年。但这一年同样平静地过去了，没有灾难发生。此后的《贝亚图斯抄本》都变得十分浮夸和华美，但也正是因此，它们都缺少了 10 世纪梅雅斯抄本的那种强烈且紧迫的恐惧感——那样的恐惧感我们只有透过梅雅斯这些抄写员的眼睛方能见证了。

对末日的想象并没有随同《贝亚图斯抄本》一起终结，它们仍然涌动在我们生活的这个时代中。《启示录》12:6 讲述了一个妇女带着一个男孩（通常被认为是指圣母和圣子），在天堂里那场标志着时间终结的战争开启之前，逃入旷野之中，躲避了长达一千二百六十天的时光。原则上讲，天上的一天就是地上的一年，因此，在 1260 年这一年，人们又迎来了一股创制插图本《启示录》抄本的热潮，特别是在英格兰，这股热潮一直延续到了 1293 年，因为这一年恰恰是耶稣被钉十字架之后的第一千两百六十个年头，此后，这些抄本便开始归于沉寂了。1500 年前后，这些抄本在荷兰和莱茵兰地区迎来了复兴，因为人们又开始对半千禧年这个节点产生恐惧，此时的抄本已经是运用了印刷技术的木刻版了。阿尔布莱希特·丢勒（Albrecht Dürer）这样的画家是绝对不会错过任何拓展市场的机会的，他遂于 1498 年适时出版了那组无与伦比的木刻版画《启示录》——这为他带来了丰厚的收入。我们应该都记得，当 2000 年迫近时，千禧年主义日益兴盛。但这个时间节点也很平静地过去了，甚至连很多人预言中的计算机瘫痪现象都没有出现。倘若有一天世界真的终结了，那么列瓦纳的贝亚图斯的所有抄本也将随着世界一起烟消云散，不过，正如我们期待的那样，至少现在世界仍然在运行，一如既往。

第六章

画师雨果

11 世纪晚期
牛津大学，博德利图书馆，
MS Bodley 717

232 猜谜在一千年前的欧洲是大家都喜闻乐见的娱乐活动。今天，在英格兰西南边陲之地的德文郡，古老的埃克塞特教堂图书馆收藏了许多抄本，其中最为古老的就是所谓的“埃克塞特之书”。这是一份 10 世纪的抄本，集合多份不同的古英语（或盎格鲁 - 撒克逊语）文本而成，且是由于 1046~1072 年担任埃克塞特主教的列奥夫里克（Leofric）赠送给埃克塞特教堂的。书中有一章记录了九十五个针对日常用品的谜语，谜面都以诗歌的形式呈现。这就跟《霍比特人》（*The Hobbit*）里面的咕噜给比尔博 · 巴金斯设置的谜语一样，在猜谜过程中，猜谜人会遭遇种种误导和迷障，非常有趣。比如书中有一个谜语是这么开篇的，“Mec feonda sum / feore besnyþede / woruld strenga binom / wætte siþþan, dyfde on wætre...”乍一看，我根本无法相信这竟然是英语，它的意思是“小鬼取我命与力，将我弄湿之后泡水中……”这东西后来还被置于太阳下面晾晒，去除了毛发，接受打磨之后又被切割和折叠。正确答案想必大家都已经猜出来了，那就是羊皮纸卷，显然这个谜语讲的就是制作并折叠羊皮纸的过程。谜面接着说，“鸟儿啾啾”（指的是羽管），在它身上轻快跑动，留下黑色足迹以及植物制成的颜料，它的全身覆盖着硬木板和皮革，为的是成就伟人功名，而它自己也很神圣。《埃克塞特之书》里的另一个谜语开头是这么说的：“Ic seah wrætlice / wuhte feower...”（我见到四件东西，美妙无比……）这很显然是
235 指一支羽毛笔和三根手指在快速“行走”，越过整张的羊皮纸，留下鲜活的黑色印记。

qua uorace flamma pascatur. Si quis autem habet in conscientia sua zizania que i
nimicus homo dormiente patrefamilias superseminauit, hec ignis exuret et
uorabit incendium. et omnia sanctorum oculis eorum supplicia monstrabuntur. qui pau
et argento et lapide pretioso edificauerint super fundamentum domini sensum. ligna. stipul
ignis pabulum sempiterni. Porro qui uolunt supplicia aliquando finiri. et licet
post multa tempora. tamen habere terminum tormenta. his utuntur testimoniis.
Cum intrauerit plenitudo gentium. tunc omnis israhel saluus fiet. Et iterum. Concl
deus omnia sub peccato. ut omnibus misereatur. Et in alio loco scriptum est. Iram domini sustinebo
quoniam peccaui ei. donec iudicet causam meam. et auferat iudicium meum. et educa
in lucem. Et rursum. Benedicam te domine quoniam iratus es mihi. Auertisti faciem tuam a me. et
miser tus es mei. Dominus quoque loquitur ad peccatores. Cum ira furoris mei fuer
rursum sanabo. Et hoc est quod in alio loco dicitur. Quam grandis multitudo bo
tis tue domine. quam abscondisti timentibus te. Que omnia replicant. affirmare cupier
post cruciatus atque tormenta futura refrigeria. que nunc abscondita sunt
quibus timor utilis est. ut dum supplicia reformidant. peccare
desistant. Quod nos deo soli us debemus scientie derelin
quere. cuius non solum misericordie sed et tormenta
in pondere sunt. et nouit quem quomodo.
aut quamdiu debeat iudicare.
Solumque dicamus. quod humane conueniat fragilitati. Domine ne in furore
arguas me. neque in ira tua corripias me. Et sicut diaboli et omnium nega
atque impiorum qui dixerunt in corde suo non est deus.
credimus eterna tormenta. sic pec
catorum atque impiorum et tam
christianorum quorum opera
igni probanda
sunt atque
purganda. moderata
arbitramur et mixtam clementie
sententiam iudicis.

EXPLICIT LIBER BEATI
IHERONIMI SUPER YSAIA

这一章的主人公最开始跟《埃克塞特之书》一起收藏在埃克塞特教堂图书馆，并且很可能是由列奥夫里克的继任者、于 1072~1103 年担任埃克塞特主教的奥斯伯恩（Osbern）带到埃克塞特教堂的。这份抄本的采集、抄写和装订过程，大致上就跟上述盎格鲁 - 撒克逊谜语呈现的差不多。这份抄本的重要性在于，我们不仅知道那个在 11 世纪晚期用三个手指运笔抄写之人的名字，还拥有一幅呈现此人工作场景的插图，这幅插图出现在抄本结尾处，我们也正因此得到了可能是英格兰艺术史上最早的签名自画像。这份抄本如今收藏在牛津大学的博德利图书馆，编号“MS Bodley 717”。抄本的内容是翻译了《圣经》通行本的圣哲罗姆为《以赛亚书》所作的拉丁语评注。在抄本的著名的底页插图中，一人安坐椅子上面，仿佛是在享受抄写工作开启之前的片刻静寂时光，他用左手的拇指和另外两根手指夹着羽毛笔，将其浸在墨水壶中。此人的名字就在他的脑袋边上：“*Hugo Pictor*”（画师雨果），插图上方还有另一个图题，“*Imago pictoris & illuminatoris huius operis*”（本插图为本抄本的画师和彩饰师所作），这些文字都很清晰。图中呈现的这个人物是个剃发修士，左撇子，且头发是绿色的。这三点中至少有一点是失真的，甚至很可能都不是实情。这就跟《埃克塞特之书》里面的谜语一样，雨果在此留下了虚假信息和诸般暗示，其谜底便是本章要去破解的。

博德利图书馆的这份编号“Bodley 717”的藏品，是该图书馆创建人的赠品之一，如今，这座图书馆已经壮大为牛津大学的大学图书馆。这份抄本的借阅号，就跟这座利维坦式建筑本身一样，带上了托马斯·博德利爵士（Sir Thomas Bodley，1545~1613）的名号。托马斯·博德利爵士是家中长子，其父亲是印刷技工和出版商，也来自埃克塞特。1609 年，博德利写了一份自传并将其于 1647 年出版，这样的事情在当时可不多见。在自传

左页：埃克塞特教堂的哲罗姆《以赛亚书评注》抄本的尾页，绘有抄写员的自画像，签名是“画师雨果”（后文中有该图放大版）

当中，博德利爵士讲述了自己的家族在玛丽女王那极具压迫性的天主教主政时期（Catholic regime of Queen Mary，1553~1558），是如何背井离乡的，
236 他们于 1557 年迁居日内瓦，当时托马斯才十二岁。陪伴博德利家族的孩子们一起流亡的，还有一个十岁的孩子，名叫尼古拉斯·希利亚德（Nicholas Hilliard，约 1547~1619），此人日后将成为北方文艺复兴运动中最著名的微型肖像画家，当然这话有点离题了，不过，我们在此讨论的正是英格兰艺术家的话题。托马斯·博德利在自传中回忆说，在日内瓦的时候，他聆听了加尔文和贝扎（Beza）的布道。1558~1603 年，英格兰迎来了改革派君主伊丽莎白一世的开明统治期，博德利一家也就此返回英格兰。回国之后，博德利便进入了牛津大学的莫德林学院，后来成为墨顿学院的研究员，并在那里教了一小段时间的希腊语。不过，博德利把主要时间和精力花在了作为皇家特使出访欧洲上，特别是去德意志和荷兰。在那个时代，外交行当可是有相当赚头的。1586 年，博德利娶了一个有钱的寡妇，由此扩充了自己的财富，此女曾是德文郡的一个富有鱼商之妻。博德利夫妇婚后无嗣。

1598 年，托马斯·博德利第一次向牛津大学校长建议重建大学图书馆，并提出自己可以给予资助。此时的牛津大学已经有一座图书馆了，是身为格洛斯特公爵的汉弗莱亲王（Prince Humfrey，1390~1447）出资修建的，但公爵的赠书以及后来购买的一系列藏书，都因为外借以及管理上的疏忽渐渐丢失了，在宗教改革时期藏书流失情况尤其严重，结果就像博德利在向牛津大学校方递交的建议信中说的那样，此时的大学图书馆已经是“家徒四壁”了。于是，博德利便主动提出，“我来承担这个重建任务，出资令图书馆回归原样，并将之重新装修，为之配备漂亮舒适的座位、书架和桌子”。这样的慈善项目，若是放在今天，很可能会因为大学的各个委员会以及数年的申请规划而最终演变成很复杂的事情。1598 年，牛津大学只用了三个星期的时间，便接纳并通过了博德利的提议。博德利即刻聘请建筑师开启重建工程，修复了汉弗莱公爵于 15 世纪出资修建的图书馆，并新建了一座詹姆斯一世风格的四方院子同它联结起来，今天，这里是牛津的主要景点之一。1599 年 6 月，托马斯·博德利致信自己选定的图书管理员托马

托马斯·博德利爵士（1545~1613），博德利的童年伙伴尼古拉斯·希利亚德于1598年绘制，博德利也就是在这一年向牛津方面提议创建一座图书馆的

斯·詹姆斯，向他抱怨说：“这些木工、细木工、雕刻工、玻璃工，都是优哉游哉的，不出活儿。”然而实际上工人们还是很勤快的，不到一年时间，他们就已经在给新定制的橡木书柜安装拉杆了，还配备好了防盗用的锁链和锁具，博德利和詹姆斯也开始着手为新的书架准备足够的书册了。

人们常说托马斯·博德利跟马修·帕克一样，对宗教改革的经典文献有所倾心。虽然这种看法确实符合托马斯的清教徒背景，但事实上，托 237
马斯尽心竭力地四方搜寻，所得的藏品并不只跟清教徒精神有关，有时甚至跟基督教也不一定能扯上关系，它们来自全世界，其中不少书册还是来自中东和远东的。博德利在荷兰生活过，当然很了解诸如莱顿大学图书馆这样经过了文艺复兴洗礼的现代图书馆的——莱顿大学图书馆于1594年开馆，我们在本书第四章前去拜访过这座图书馆。这样的经历不免会令博德利心生紧迫感，希望牛津大学不要甘为人后，也尽快建立一座尽可能全面的大学图书馆。博德利图书馆的最早一批珍贵藏品中，就有埃克塞特教堂图书馆的差不多全部中世纪收藏，双方大约在1602年完成了这个交接过程。博德利本人就来自埃克塞特，他的弟弟劳伦斯（Laurence，约1547~1615）是一名神职人员，就在埃克塞特教堂担任法政牧师。在共同努力之下，他们二人最终说服了教堂的主任牧师和参事会，将这些古老书册交付牛津大学，以作更好用途。于是，便有八十一份抄本穿越英格兰全境，从埃克塞特来到博德利图书馆，其中就包括了著名的《列奥夫里克主教祈祷书》和画有“画师雨果”插图的哲罗姆《以赛亚书评注》抄本。《埃克塞特之书》——连同里面的那些古英语谜语——则遭到了怠慢，被留在了德文郡，有可能是因为这份抄本当时并不在主图书馆，或者当时的人们
238 确实不觉得它是什么珍贵物件。能够被运往牛津的藏品通常是知识性文献，不仅古老，而且都是珍本，但跟它们大多是中世纪天主教书册这一点无关。哲罗姆评注抄本就出现在博德利图书馆于1605年印制的第一份名录当中，据这份名录，这一抄本当时的收藏位置是“H”号书架、第2格，跟伊拉斯谟编辑的九卷本哲罗姆作品集是邻居，伊拉斯谟编辑的这个文集是于1526年在巴塞尔问世的。

博德利图书馆有一间阅览室，因其原来是汉弗莱公爵图书馆而得名，或者也会被直接叫作“汉弗莱公爵”，我读研究生的时候，就是在这间阅览室写毕业论文的，它还保持着托马斯·博德利爵士将之修复后的模样。当时的“汉弗莱公爵”是抄本和早期印本阅览室。我的导师就是博德利图书馆的抄本管理员理查德·亨特（Richard Hunt，1908~1979）。实际上，在我读研究生的时候，博德利图书馆所有的抄本都已经被转移到地下藏书阁的J层架子上了，此举是为了保障安全，不过，印刷版的哲罗姆作品集仍然待在原来的地方。博德利修建的方形庭院的角落里设置了一道詹姆斯一世风格的橡木楼梯，通过它就可以进入图书馆的“艺术藏品区”（Arts End），之后再通过一道松松悬垂着的护栏便可以进入“汉弗莱公爵”阅览室，但普通的访客都只能毕恭毕敬地站在护栏外面。阅览室右侧的借阅台上堆放着一摞抄本，每份抄本上都贴有一张绿色标签，上面是借阅人的名字以及代表“汉弗莱”的字母“H”。我很享受坐在这里的伊丽莎白时代的桌子旁的感觉，这些桌子紧挨着博德利摆放的贯穿了整个阅览室的长列书柜，桌旁

就是高高的哥特式窗户，桌上堆满的传奇抄本将我围在一个暖巢中。1973年的冬天十分寒冷，我们还遭遇了能源短缺，在“汉弗莱公爵”阅览室时，我只能裹着厚厚的外套，而且到大约下午四点的时候就得离开，因为光线太暗，已经没办法阅读了。在这样的冬天，若是不戴手套，执笔的手很快就会冻僵（那个时候“汉弗莱公爵”是容许使用墨水的），就这样，我实实在在地体验了一千多年前北欧抄写员的辛苦，毕竟，那个时候的学术研究活动是完全没有电力系统和中央空调系统的支持的。

今天的管理员基本上不会关心这样的浪漫氛围了。他们用微型轨道将珍贵抄本从其地下藏身处牵引出来，然后再用吱吱作响的电梯运载着它们攀升数层楼，这对这些珍贵藏品来说，的确是危险之事。2011 年起，“汉弗莱公爵”阅览室的珍本不再对读者开放，这令全世界研究中世纪的学者
备感沮丧——他们再也不能在这些桌子旁边做研究了，当年牛津大学的古 239
文物家杰拉德·朗拜因（Gerard Langbaine，1609~1658）就冻死在了其中一张桌子旁边的座位上。在接下来的四年时间里，前来约见抄本的人，都被迫去了大学博物馆附近地下室里的一间阴暗的阅览室。校方斥资八千万英镑进行整修的建筑就是“新博德利”，此图书馆的设计出自吉尔斯·吉尔伯特·斯科特爵士（Sir Giles Gilbert Scott，1880~1960）之手，建于1937~1940 年，是一座浅色石制建筑，就在宽街尽头克拉伦登楼的正对面，跟原博德利图书馆隔了一条街。这座新馆如今被命名为韦斯顿图书馆（Weston Library），以此致谢 2008 年 3 月加菲尔德·韦斯顿基金会提供的一笔两千五百万英镑的公益捐助金。维拉德·加菲尔德·韦斯顿（Willard Garfield Weston，1898~1978）是加拿大的一个饼干生产商，与靠着贩鱼积累起财富的托马斯·博德利爵士相比，也不能算不相称。

第一次拜访新馆的时候，我心情并不好。当时的新馆已经接近完工，且开始接待读者了，但我预计我会厌恶它，因为我本能地反感现代建筑风格，也反对迁址。但实际上，它给了我一个惊喜。读者仍然从公园路上正对着金斯阿姆（King’s Arms）酒吧的正门进入新馆，门前是一道低缓台阶以及一个斜坡。原先是“新博德利”问询室的地方，如今成了一个门厅，

里面放置了投币即可使用的储物柜，供读者存放书包和衣物之用。门厅里面有两个中年人负责安检事务，态度非常温和，他们引领我沿楼梯而上，前往珍本室，走到半途才记起来询问我是否有借阅单。我的此次造访期间，一楼的工程仍然在进行当中，空气中混杂着电钻的声音和湿混凝土的味道，地面几乎没有一处空地，那里将成为后来的“布莱克维尔厅”（Blackwell Hall）。这样的场景跟四百年前，博德利在信中谈到的木工、细木工、雕刻工和玻璃工忙碌的场面应该不会有太大区别。几个月后，我再次前去拜访时，工程已经完全结束了，而且我发现，“画师雨果抄本”正在参加名为“天才印记”（Marks of Genius）的展出，参与此次展出的主要是图书馆中最伟大的藏品。

韦斯顿图书馆二楼那正对着公园路的一片开放的公共空间，如今被命名为三星大厅（因为是韩国方面提供的工程资金），里面摆放了绿色和黄色的矮座沙发和咖啡桌，以及几台计算机。新设立的麦克拉斯阅览室（Mack-
240 erras Reading-Room）同三星大厅形成横切之势，中间隔了一道玻璃门。在这一阅览室入口处的门厅里，一个操持外国口音的男孩要求查验我的读者证，然后便将我的名字和入馆时间缓缓地抄录到借阅册上。这正是我喜爱的那种老办法。在我离开的时候，他还要将该程序重复一遍。眼前的这个长厅之所以被命名为麦克拉斯阅览室，是为了纪念澳大利亚悉尼交响乐团的首席指挥查尔斯·麦克拉斯爵士（Sir Charles Mackerras，1925~2010）。如今，知识已然可以在国际范围内传播了，托马斯·博德利爵士若是看到这种情形，定然会非常高兴。我前往中央借阅台，将我的名字告诉管理人员，一名女士没有按规定扣留我的借阅卡，便从后面的书架上取出一个已经有了岁月留下的磨损印记的盒子，盒子是用朱红色的外罩包裹起来的，在其底端处可以看到“MS BODLEY 717”一行金字。这是西方抄本部的负责人马丁·考夫曼先生为我预留好的。我询问那位女士，我是不是能自己
241 选座。她非常和善地回答说：“没问题，只不过隔壁房间会更宽敞一些。”于是我捧着盒子离开了。

跟麦克拉斯阅览室平行的是曾经的“新博德利”里的老“PPE 阅览

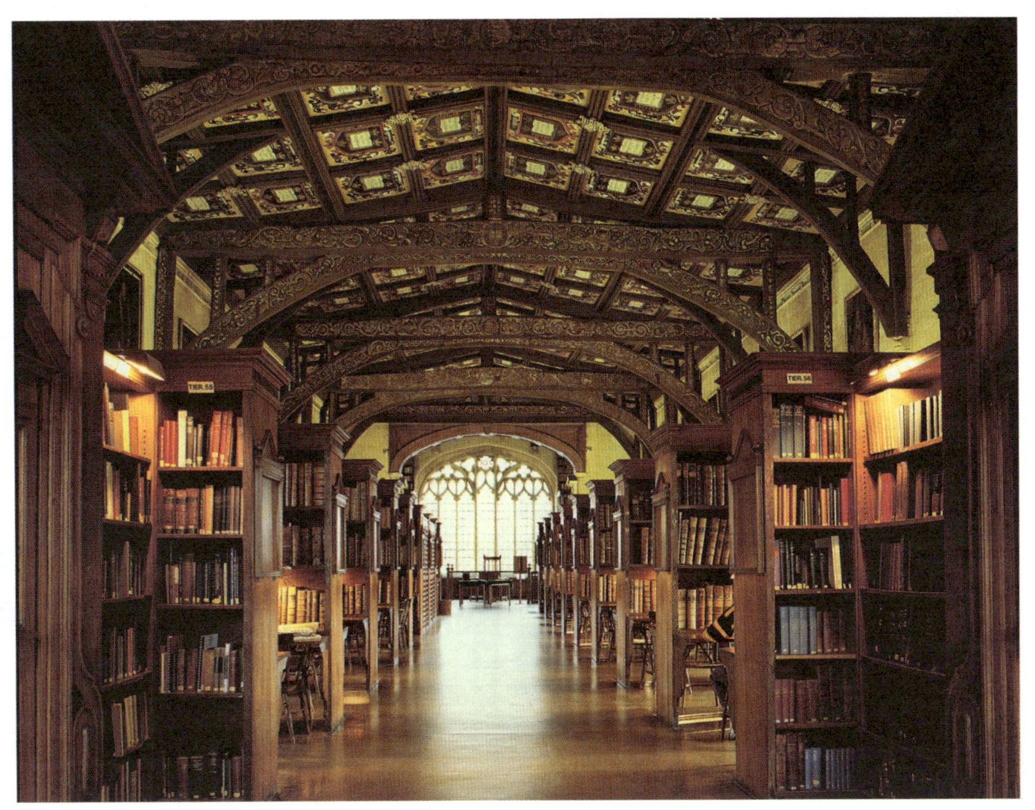

博德利图书馆的“汉弗莱公爵阅览室”，这里本是一个中世纪图书馆，博德利将之重新装修，用作珍本阅览室，直到 2011 年

室”。如今，这里已经接受了重修，供人们研读从前收藏在马路对面的汉弗莱公爵图书馆的珍本。这间阅览室差不多贯穿了整栋建筑，北面墙体之上共有七扇很高的小格玻璃窗，透过窗户可以俯瞰三一学院的花园。新装修的这间阅览室暂且没有命名（“多好的命名机会。”马丁·考夫曼后来还特意跟我提到这件事情，希望我在这本书里顺便做个广告），它保留了 20 世纪 30 年代晚期吉尔伯特·斯科特的装修和设计特征，比如横跨头顶的华美木梁，上面有印第安风格的镶嵌细工。“汉弗莱公爵”阅览室的高屋顶是以都铎风格的镶金嵌板装饰起来的，每一块板上都镶嵌着牛津大学的徽章，做工精美，相比之下，新阅览室虽然没那么气派，但也是派头十足，令人 242

博德利图书馆新建的珍本阅览室，位于韦斯顿图书馆内，20 世纪 30 年代由吉尔斯・吉尔伯特・斯科特设计

震撼。阅览室里面共设置了四盏巨大的装饰吊灯，两端各有两盏。吉尔伯特・斯科特的长桌两侧各能坐五个人，这些长桌都被从中间向外非常巧妙地加宽了，以便于引入中央电力供应设施，这些当然是托马斯・博德利爵士无从想象的事情。紧靠着阅览室的墙壁，是一排排宽大的黑色木质书柜，书柜分为四层，且还没有被塞满，跟“汉弗莱公爵”阅览室远端的古老的塞尔登阅览区不一样，在塞尔登阅览区，新进的大量文献就那么堆叠在窗沿上和桌角处。在这间新阅览室，书柜的上方都安装了闭路摄像头，但除此之外便没有别的监控设备了。在这么一间全部贯通且开放的阅览室里，人们是可以随时看到其他读者，甚至向对方挥手示意的，这个出乎意料的

好处在传统的伊丽莎白风格的阅览室里是享受不到的，因为那样的阅览室里会有很多幽僻之处。拜访新馆的那天早上，我就很高兴地看到了阅览室另一端的理查德·贾默森（Richard Gameson），此人来自达勒姆大学，于2001年发表了一篇专论“画师雨果”的文章，这篇文章也成了我研究博德利“717”号藏品的主要参考文献之一。实际上，那天早上，我的文件夹里就有这篇文章的复印件。

我找到一个位置坐了下来，然后打开盒子。抄本有点分量，大约是14.5英寸长、10英寸宽、3.25英寸厚，当然这是将装帧也计算在内了。“717”字样是17世纪的手写体，就写在抄本的书顶处，写在这一位置是因为这样一来，若是将抄本闭合并按照书脊朝上的方式（博德利图书馆早期应该就是这么放置抄本的，就像一个人跪爬在地上一样）放进书架，人们也能看到这一编号。将书册直立在书架上，并令书脊朝外，这是今天的人们通常采用的放置方式，但这样的方式在17世纪晚期之前，差不多是无人知晓的。关于这一点，看一看墨顿学院教堂里面托马斯·博德利爵士的纪念碑就知道了，那里的博德利爵士的半身像被安放在一个建筑框架里面，这个框架则是由几根书籍形状的柱子支撑起来的，这些柱子中的书册则都是书口朝外的，很显然，博德利图书馆就是这么存放书册的。“MS Bodley 717”号藏品是由暗色皮革装订起来的，封皮上有一个滚压而成的无色压印框，框的四角都有花饰。抄本的封底显然是博德利图书馆强行重装过的，用的是现代皮革，呈现出鲜亮的黄褐色，而且可以肯定它是在1950年3月被重新装订的，因为在封底内页上有日期标识。我推测，很可能是奥托·帕
赫特（Otto Pächt，1902~1988）在将这一抄本从默默无闻的状态中拯救出 243
来时采取的举措。奥托·帕赫特在维也纳被占领期间流亡牛津，1950年的秋天，他在《博德利图书馆名录》（*The Bodleian Library Record*）中公布了有关这份抄本的信息。新书脊的底端印有烫金字样“MSS. BODL. / 717”（严格来说，这个编号是错误的，因为“MSS”是复数）；从中可以看出，最迟到帕赫特流亡牛津的时候，这份抄本已经是以直立方式被收藏在书架上的了。

画师雨果自画像，画中人一手持刀，一手执笔沾墨水，墨水就放在椅子扶手末端的牛角里面

我将抄本支撑起来后打开。和很多人一样，我也不由自主地先翻到最后一页，也就是第 287 对开页的左页，想看一眼这一页上著名的“画师雨果”的画像。画像就在文本收尾段的右边，画面当中，这位画师躬在壁龛拱顶的下方，壁龛则被红色和绿色的折线圈围起来。这幅插图非常小，但
244 也非常精细，就那么小心翼翼地蜷缩在页面的内角处。如此谦卑和私密的一幅自画像，竟被今天的人们不断地复制和传播，人们所用的方法以及意

图，更是超出了雨果时代的人的想象——它甚至出现在了 T 恤衫、鼠标垫、屏保以及手机保护壳上。

饱了眼福之后，我便返回抄本首页，进入常规程序。开篇几页的插图非常华美，这对于一份常规的教父经文评注来说有点非同寻常，出乎我的意料。第 1 对开页的左页是一幅整页的卷首插图，跟早期福音书抄本正文前面通常会出现的福音书作者画像颇为类似。这幅插图的具体构图跟《圣奥古斯丁福音书》里面的路加画像有点像。此处呈现的是先知以赛亚，他面对着读者坐在一处拱门下面的凳子上，拱门则是由镶饰着条纹的石柱支撑起来的，这很可能是在一座神庙里，不远处是一座巨大的城市，应该就是古城耶路撒冷。这幅插图的画师对耶路撒冷的建筑进行了想象（他一定这么做过，因为第一次十字军东征于 1095 年开始，那之后耶路撒冷便在人们的心中留下了烙印），他恰当地用东方式的穹顶勾画出了这座圣城的天际线，只不过，穹顶之上树立着的十字架有些不合时宜，原因很简单，先知以赛亚生活的时代是公元前 8 世纪。图中的这位先知跟《阿米提奴抄本》里面的以斯拉一样，头上也有光环。以赛亚的头发很是怪异地被编成了很多根小辫子，而且还是中分，不由得令人感受到《旧约》里的异域格调，更令人联想起拉斯塔法理教信徒（Rastafarian）的打扮。先知的手臂伸展着，如同冥思中的佛教徒，一个长长的卷轴从他两手间穿过，卷轴的两端清晰地写着“ISAIAS P[RO]PHETA”（先知以赛亚）的字样，整幅卷轴以红色大写字体呈现出如下内容：“ECCE VIRGO CONCIPIET ET PARIET ET PARIET FILIUM, ET VOCABITUR NOMEN EI[US] EMMANUEL”，意思就是，“必有童女怀孕生子，给他起名叫以马内利”（《以赛亚书》7:14）。对基督徒来说，这是《以赛亚书》里最有分量的一句话了，《马太福音》里也重现了这句话（1:23）。

双页的卷首绘图中，正对着以赛亚画像的那一页，呈现的是彩绘标题，“这是（此处添加了‘第一部’）圣哲罗姆评以赛亚书的开篇”（当然，是用拉丁语写就的）。标题被分为三行，呈现为红绿相间的彩绘体大写字母。其上方是占据了半个页面的插图，图中人物被嵌在一个回廊的两个隔间内，回廊的顶部则是砖瓦砌起来的屋顶。第一个拱门下是一个个子很高的剃发修士，头带光晕，他的名字写在他脑袋的两侧，“HIERONIM[US]”，这当
245 然就是哲罗姆，《圣经》学者和译者、四大教会圣师之一。尤西比乌斯·热罗尼莫（Eusebius Hieronymus，约 342~420），生于罗马行省达尔马提亚的斯特黎敦（Stridon，今天的学者对斯特黎敦的确切位置是有争议的，它可能在克罗地亚、斯洛文尼亚或波斯尼亚）。哲罗姆是最早的国际性基督教学者之一，在高卢、安条克、叙利亚、君士坦丁堡、罗马以及埃及游学，最终落脚伯利恒。画面当中的圣哲罗姆身穿蓝色长袍，一身教士而非红衣主教装扮，尽管 13 世纪后的西方艺术作品都将他呈现为红衣主教，但那其实是错误的（8 世纪之前并不存在现代意义上的红衣主教）。画面当中的圣哲罗姆正在书写一份长长的卷轴，里面呈现的就是他的《以赛亚书评注》的开篇词。这份卷轴伸展到了相邻的隔间，由端坐在那里的一个修女接收，此人也有光晕，并且她的名字也是由红色大写字母呈现的。尽管她的名字的后缀表明该词是中性的，但世人都知道这就是圣女欧多钦（Saint Eustochium，亡于约 419）；欧多钦是哲罗姆的密友圣保拉（Saint Paula，亡于 404）之女；圣保拉和欧多钦是哲罗姆忠实的追随者，二人一起离开罗马，并最终落脚伯利恒，跟哲罗姆比邻而居，后来，母女俩更在伯利恒建立了四座修道院。此事跟后文是有关联的。第 2 对开页的左页是哲罗姆的开篇词的全文：“Expletis vix longo tempore…”。首字母“E”占据了半页，并且被呈现得相当复杂，纹饰里面绘有很多人物形象。“Bodley 717”抄本的介绍文字中对这些人物究竟是何人进行了不同的推测。在题献给欧多钦的引言当中，哲罗姆告诉受献人说，自己不久前完成了对十二使徒以及《但以理书》的评注工作，现在要着手评注《以赛亚书》了，因为这是在保拉活着的时候，他对保拉做出的承诺。“E”字母的下半部分中，有两个人正在伯利恒的主诞教堂埋葬圣保拉。哲罗姆在引言中继续说道，他之所以要评注《以赛亚书》，还有一部分原因是他对帕玛丘（Pammachius）这个博学之士也做出了承诺，而帕玛丘是欧多钦的姐夫。书页的左侧是一个剃发圣徒在写作的场景；这毫无疑问也是哲罗姆，他面对着分别坐在中间和右边的

一个年轻女人和一个男人，姿态非常谦卑，此二人也都拥有圣徒光晕，定然就是欧多钦和帕玛丘。

哲罗姆在引言中说，他解释《以赛亚书》，主要是为了那里面先知对 248
于基督降临的说辞，这里的基督被称作“以马内利”（Emmanuel），为贞女所生，并将成为尘世的救主。贝亚图斯的《启示录评注》是在竭力发掘语词背后隐藏的多层奥义，那种解读实际上已经到了荒谬的边缘，因为其中发现的含义是原作者根本就想象不到的。跟贝亚图斯不同，哲罗姆是通情达理之人，兼具常识和理性，他仅仅是想要揭示以赛亚实际上想说的东西，同时借助逐字逐句的分析来阐述如何将先知的话融入基督教的教义。哲罗姆充分利用了他的语言优势和翻译《圣经》拉丁通行本的经验，有时候甚至有些自我炫耀。不妨举个例子，且看他如何评注《以赛亚书》1:3。此处，主告诉先知以赛亚，“牛认识主人，驴认识主人的槽，以色列却不认识，我的民却不留意”。哲罗姆将此措辞同希腊文《旧约》进行了比照，后者给出的说法是，“以色列却不认识我，我的民却不理解我”。他同时也比照了希伯来原文对这个比喻的拓展，“以色列却不认识他的主人”以及“我的民却不认识其主人的槽”。据此，哲罗姆提出，这里没有将以色列人与狗之类的更为聪明且已被驯服的动物做比较，而是将他们与更蒙昧的兽类做了比较。负着律法之轭的牛象征犹太人，背负着罪恶的驴则象征异教徒。牛和驴都是用来负重的，而遭到子民拒斥的与其说是上帝，倒不如说是基督，因为基督说，“凡劳苦担重担的人，可以到我这里来”（《马太福音》11:28）。在今天的基督教堂，这就是一段十分正统的布道词。

在所有的先知书里，最富争议性的词之一就是预言救主为谁所生之时所说的“处女”，我们眼前这份抄本的卷首插图展示的卷轴里，也出现了这个词。对此，哲罗姆在第三卷的第十六章进行了讨论和解说。这部分文本

第 260~261 页：卷首页插图，左页呈现的是以赛亚在耶路撒冷接受加冕的场景，其对页上则是一幅半页插图，呈现的是哲罗姆给自己的门生圣女欧多钦写卷轴的场景

IERON SUP YSAYAM;

ISAIAS

ECCE VIRGO CONCIPIET ET PARIET FILIUM. ET VOCABITUR NOMEN EIUS EMMANUEL.

PROPHETA.

NCIPIT LIBER SCI
ERONIMI PBRI SUPER
SAIAM PPHTAM AD EUSTOCHIU
VIRGINE XPI

出现在抄本的第 38 对开页的左页和第 39 对开页的右页，并且在这段话的边上已经有一个中世纪读者用一条颤巍巍的标记线将之圈点出来了。在此，哲罗姆说道，希伯来语中“处女”一词通常被表达为“bethula”，但是以赛亚用的是“alma”，这个词被希腊文《旧约》通篇采用，意思仅仅指年轻女性。哲罗姆也承认，犹太人实际上否认以赛亚所谓的“处女”是指其字面意思。不过，哲罗姆在此给出了详尽的解释，他不仅引用了《旧约》里面
249 这个词的多种表达形式，还参考了 2 世纪的犹太改宗者阿奎拉（Aquila）提供的希腊文《创世记》，最终对这个词在希伯来语中的另一层意思进行了揭示。他认为这另一层的意思指的是被隐藏起来的东西，就如同处女是被父母隐藏起来、任何其他男人都无法见到的人，这与“alma”一词在古迦太基语中的意思一致，而古迦太基语乃源于希伯来语，因此凭借此类考证可以得出结论说，以赛亚此一预言当中“alma”一词的确就是指贞洁之女。“Bodley 717”号抄本的抄写员将此希伯来语词直接转译为对应的拉丁语词，不过，他在这个词的上面画了条横线，以表示这是外来词，就像我们今天会使用斜体字一样。哲罗姆语言功夫之广博，即便用今天的标准来衡量，也是令人震惊的，这便增加了他的解释的可信度。

《圣经》评注抄本在中世纪文献当中，通常会被归入最为朴素的抄本的行列，博德利图书馆的这份抄本做得如此奢华，的确是罕见情况。其正文以一个很大的彩绘首字母为开篇，表现的是以赛亚向以色列人发布预言的场景，场景里的犹太人头戴有尖角的犹太帽（*Judenhut*），这是中世纪神圣罗马帝国境内犹太人典型的装束。抄本的十八卷文本都是以很大的首字母开篇的，这些彩绘的字母被呈现为摆动着的植物茎秆或花冠的形状，有时候还装饰有龙形或者狮形图案，其前景则为彩色色块。每个页面上都会有小小的、红色或者绿色的大写字母，有时候抄写员还会对这些字母进行彩饰。这样一份抄本是非常华美的，而且看起来也很昂贵。

抄本页面的边缘处并没有裁剪过的样子，许多页面的底端还留有兽皮的原始曲线，这一点非常有意思。有时候，页面外角处可以很清晰地看到动物脖颈或者肩膀的弧线，甚至还有平行的波纹状脉络，那是在纸张制作

过程中，用框架拉伸并悬挂兽皮而留下的印记。《埃克塞特之书》中的谜语提到了羊皮纸的制作程序，其中包括将其浸泡水中，之后用阳光烤晒，然后除毛，最后用刀具进行刮擦。制作羊皮纸的基本原则就是将充分浸水的兽皮用一定的力度拉伸开来并悬挂起来，在其逐渐干燥的过程中对其进行
反复打磨，令其变得越来越薄。倘若这毛皮是来自绵羊或者山羊的，那么 252
制作者在它被晒干前就可以完成刮擦程序。倘若是牛皮，则需要在毛皮晾干之后但仍然在晒架上的时候继续打磨它。班贝格州立图书馆收藏有圣安波罗修的一份 12 世纪早期的抄本，这份抄本的卷首插图极为有名，呈现的就是羊皮纸的最后一道制作工艺。图中是一张不大的兽皮，各个边角都被紧紧地系在木架里面，一名修士正在用一种特殊的铲子对兽皮进行打磨。这个带柄的弯曲铲子被称为“月亮铲”（lunarium）。当然，即便是这种特殊的工具，偶尔还是会弄破兽皮表面。因为兽皮在各个方向都受到了拉力，所以即便是很小的切口，都很容易变成圆形的或者椭圆形的洞。比如，我们眼前这份博德利馆藏抄本的第 36 对开页和第 53 对开页，就出现了这样的情况。不过制作者要是能在刚出现这种情况的时候，足够快地将兽皮从晒架上取下来，倒也不是不能就此将先前留下的切口缝合起来。我们在眼前这份抄本的第 42 对开页就可以见到这种修补痕迹，这里的切口被用白线缝合起来，做工非常精细，第 188 对开页上则用的是绿线。这些工作毫无疑问是在最初的兽皮上进行的，远在纸张被最终制造完成并派送给抄写员之前。这样的缝合工艺在罗曼时期的抄本上并不罕见，但它从未得到应有的系统研究，尤其是对于这些与贝叶挂毯工艺处于同一时期的针线工艺来说。中世纪的所有精美艺术品当中，缝制品的保存状况是最为糟糕的，实际上，我们基本上也只能在抄本里与其偶遇了。

第 264~265 页：哲罗姆《以赛亚书》7:14，以赛亚预言处女怀育男婴处文本的左下方被画了一条边线，并有标注文字“contra iudeos”（与犹太人说法不同）

signum petierint et acceperint. Quamquam iuxta hebrei sermonis ar
itatem in quo scriptum est: vloenasse adonay et omnis similiter transt
non temptabo dominum possit legi non exaltabo dominum. Sciebat enim
prius quod si signum peteret acceptus esset. et glorificaretur dominus. e
quasi idolorum cultor qui in omnibus angulis platearum et in monti
cisque nemorosis aras constituerat. et per leuitas habebat phanati
uult signum petere quod preceptum est. Et dixit. Audite ergo domu
Numquid parum uobis est molestos esse hominibus quia molesti e
deo meo? Quis est iste qui dixit. audite ergo domus dauid. Nequ
deus qui super ad achaz dixerat. pete tibi signum a domino deo tuo. sed
ut ex consequentibus approbatur. Quia molesti estis et deo meo. Et est sen
Quia non solum prophetas persequimini et eorum dicta contemnitis. sed
et iubentis dei sententie contra itis. ita ut ei exhibeatis laborem
alio loco ait. laboraui sustinens. idcirco dominus faciet que secuntur
Pro labore et molestia quod aquila et simmachus transtulerunt. sept
ta et theodotion agonem interpretati sunt. id est luctam atque cer
quia contentiose non subiciant collum dei seruituti. sed illo uul
eorum uolente curare. respuant sanitatem. Et hoc notandum quo
rege impiissimo nolente signum petere. sermo propheticus ad do
dauid hoc est ad tribum regiam conuertatur. de qua super legim
et nunciauerunt hec domui dauid dicentes. Consensit siria cum e
Propterea dabit dominus ipse uobis signum. Ecce uirgo concipiet et par
filium. et uocabis nomen eius emmanuel. Nequaquam multiph
iuxta apostolum paulum et multis modis loquetur deus. nec iuxta ali
prophetam in manibus prophetarum assimilabitur. sed qui ante loquebatur
lios dicet ipse assum. De quo et sponsa rogabat in canticis cantico
Osculetur me osculo oris sui. Dominus enim uirtutum ipse est rex glorie
descendet in uterum uirginalem. et ingredietur et egredietur or
talem portam que semper clausa est. de qua gabriel dicit ad uirgine
Spiritus sanctus superueniet in te. et uirtus altissimi obumbrabit tibi. Propter
quod nascetur in te sanctum. uocabitur filius dei. Et in prouerbiis. Sa
entia edificauit sibi domum. Quando autem dicitur. dabit dominus i
uobis signum. nouum debet esse atque mirabile. Sin autem iuuencul
uel puella ut iudei uolunt et non uirgo pariat. quale signum pot
appellari. cum hoc nomen etatis sit non integritatis. Et reuera ut c
iudeis conferamus pedem. et nequaquam contentioso fune perbeam
eis risum uestre impietatis. uirgo hebraice betula appellatur. que in p
loco non scribitur. sed pro hoc uerbo positum est alma. quod preter septuag

adolescentulam transtulerunt. Porro alma apud eos uerbum ambi
n est. Dicitur enim & adolescentula & abscondita. id est apocrifos
le & in titulo psalmi noni ubi in hebraico positum almanot. ceteri
ites transtulerunt pro adolescentia. quod septuaginta interpretati sunt
sconditis. Et in genesi legimus ubi rebecca dicitur alma. aquilam
adolescentulam nec puellam. sed absconditam transtulisse. Su
nitis quoque mulier amisso filio cum helisei fuisset pedibus prouo
& prohiberet eam giezi. audit a propheta. Dimitte eam. quia in do
e est & dominus abscondit a me. In hebreo scriptum est. celimmenimenni. — Pro eo quod in latino dicitur abscondit a me.
a. non solum puella uel uirgo. sed cum epitasi. uirgo abscondi
ta & secreta. que numquam uirorum patuerit aspectibus. sed mag
parentum diligentia custodita sit. Lingua quoque punica que de
hebreorum fontibus ducitur. proprie uirgo alma appellatur. Et ut
m probeamus iudeis. nostro quoque sermone alma sancta dicitur. Omnium quoque
e linguarum uerbis utuntur hebrei. ut est illud in cantico canticorum.
greco forion id est ferculum fecit sibi salomon. quod & in hebreo
legimus. Verbum quoque nugas & mensuram hebrei eodem m
isdem appellant sensibus. Et quantum cum mea pugno memoria. numquam
arbitror alma in muliere nupta legisse. sed in ea que uirgo est. ut
n solum uirgo sit sed uirgo iunioris etatis. & in annis adolescentie.
st enim fieri. ut uirgo sit uetula. Ista autem uirgo erat in annis
ellaribus. uel certe uirgo non puellula. & que adhuc uirum nosse
osset. sed iam nubilis. Denique & in deuteronomio sub puelle
adolescentule nomine. uirgo intelligitur. Si inuenerit inquit
mo in campo puellam desponsatam. & ui opprimens dormierit
n ea. interficietis uirum solum qui concubuit cum ea. & puelle nichil
cietis mali. Non est adolescentule peccatum mortis. quia quomodo
quis insurgat contra proximum suum & interficiat animam eius. sic
c negotium accidit. In agro inuenit eam. clamauit puella des
nsata. & non inuentus est qui auxiliaretur ei. Et in regum uolu
ine legimus. quod quesierunt puellam uirginem nomine abisag
introduxerunt ad regem. que dormiret & foueret eum. & erat puella
ulcra nimis. & ministrabat ei. & rex non cognouit eam. Quodque sequitur.
uocabis nomen eius emmanuel. & septuaginta & tres reliqui similiter
anstulerunt. Pro quo in matheo scriptum est. uocabunt. quod in he
aico non habetur. O iste puer qui nascetur ex uirgine o domus
auid nunc a te appelletur emmanuel id est nobiscum deus. quia
eb; ipsis probabis a duobus inimicis regibus liberata. deum te habere

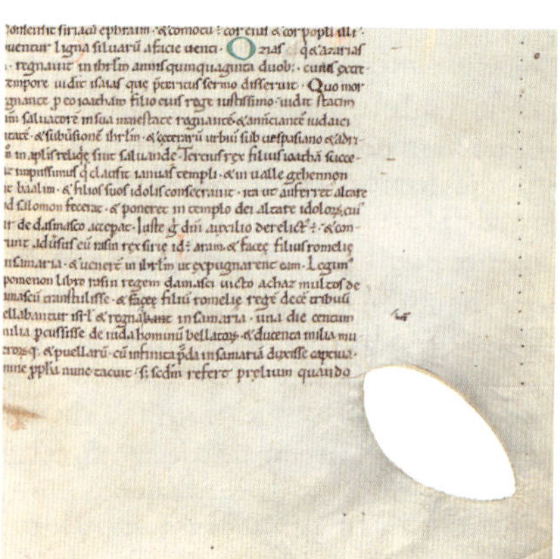

12 世纪早期的绘图（左图），呈现的是羊皮纸制作人刮擦、打磨束紧的羊皮的场景；“画师雨果抄本”的书页上的一个洞（右图），是由于羊皮纸工匠不小心割破了羊皮而形成的

253 刮擦程序之后，便是切割和折叠工作，如同谜语中描述的那样，最终羊皮纸会以“折”为单元被叠放起来。* 这份抄本是完整的，完全没有缺页的情况，这在中世纪抄本当中是非常罕见的。抄本里面有现代的用铅笔标注的页码，其中“165”这个页码发生了重复，因此，实际页数要比标注的页数多出一页。每页都有三十八行，通过刻痕或者铅制铅笔画出来的线分行，书页的三边都留有清晰的针孔。文本是以单栏格式写就的，并没有被分为两栏，这种单栏文本页面通行于 11 世纪，但是到了 12 世纪就很少见了，12 世纪时，类似尺寸的页面通常会采用两栏格式。

一番仔细观察之后可以看出，这份抄本保留了初始装订成果的核心部分。页边处完全没有整修的痕迹，17 世纪的重装通常会令页边变得极为工整并且会在页边留下斑痕，但这份抄本上全然不见这些东西，只有三条带子将其各折缝合起来，这要是放在 17 世纪，应该是最低标准了，在 11 世

---

* 具体校勘情况如下：两张中世纪衬页 + 四张单页（第 iii~vi 页）+i~xxxii^{6}, xxxiii^{8}, xxxiv~xxxv^{8}, xxxvi^{10}+ 两张中世纪衬页。大多数折的最后一页上被标注了罗马数字。后文会就第 iii~vi 页的这四张单页进行研究，因为这四张单页隐藏了十分重要的信息。

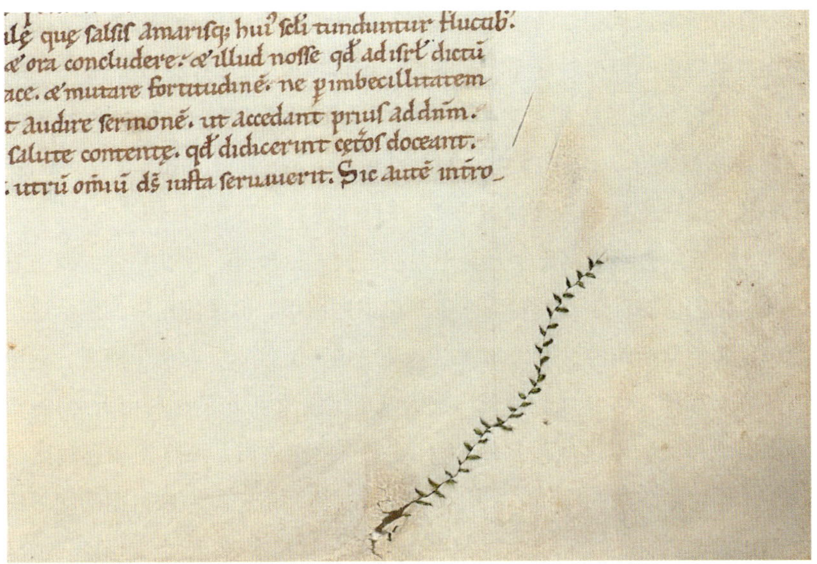

纸边的一处切口，是工匠在造纸之时不小心割破的，随后被用绿线缝合起来了

纪却是标准装订方式。皮带的位置正好跟中世纪衬页上的印痕形成对应， 254
这些衬页最初是粘在封面板材上的，而皮带最初应该位于封面和衬页之间。第 19 折和第 20 折之间有一条带子（在第 152 对开页的后面），很可能是中世纪书签的一部分，因为如果抄本被重新装订过，那么在各折被拆解开来的时候，它就应该已经脱落了。第 129 对开页和第 130 对开页之间的书页出现了一定程度的松动，由此也令我们得以瞥见书脊内侧的情况：并没有重新缝合的痕迹。很可能在 1602 年，抄本的书页仍然是用钉子跟厚厚的封面木板钉在一起的，木板则被皮革包裹，而这一包裹程序恰恰也就是谜语当中提到的抄本装订的最后一道环节。后来，很可能是为了减轻重量、方便运输，人们将钉子拿掉，并将木板也拆掉了。在抄本运抵牛津之后，11 世纪的皮带被穿入新的简易纸板，而纸板也被重新包裹起来。抄本内部已经历经千年时光的古老结构则未受到触碰，功能完好。

这份抄本是从他处转移到牛津的，这一点是有案可查的，同时，它源于埃克塞特这一点也是毫无疑问的。在卷首右页上方的空白处，有一份题词，很显然是出自约翰·格兰迪森（John Grandison）、1327~1369 年的埃克塞特主教之手，该题词是，“lib[er] Ecc[lesi]e Exon[iensis] de [commun]i[bus]”（埃克塞特教堂公共藏书），并且“埃克塞特教堂藏书”这几个字在两页之后的彩绘首字母上方又出现了一次。1327 年，就在格兰迪森走马上任主教之职的前夕，教堂制作了一份财物清单，以便副司库使用，这份清单上面就包括两份哲罗姆的《以赛亚书评注》抄本，据清单描述，其中一份抄本很小，估价为 13 先令 4 便士（也就是中世纪的 1 马克），另一份抄本则比较大，不过估价偏低，为 10 先令。应该说，很难想象还有比这份小抄本更为精美的作品了，因此它也就更为昂贵一些。中世纪的图书馆借阅单上面的标价实际上就是图书丢失后，借阅者必须上缴的罚款数额。1412~1413 年，埃克塞特教堂图书馆停止外借藏书，当时教堂要建造一座新馆，于是原来的藏书都被锁进了书柜。到那个时候，哲罗姆的《以赛亚书评注》抄本只剩下一份了，可能是有人借走另一份后没有归还。1506 年
255 的教堂图书名录里面，可以见到剩下的那份抄本，我们可以认出这份抄本是因为中世纪晚期的图书名录通常都会记录下抄本第二页的开篇词，而选择第二页则是由于内容相同的不同抄本，其卷首开篇词都是一样的，但到了第二页，页面中的文字就会开始变得不同。在这份名录中，“埃克塞特哲罗姆抄本”的描述文字为，“2 folio *eiusque sapiencia*”，后面这两个词的确是该抄本第二页的起始词。当时的这份抄本收藏在图书馆南侧十一张桌子的第九张桌子上，并且是这张桌子上的第九本藏书。抄本底端存留有很清楚的链搭扣留下的绿色印迹，当然，这也可能是 17 世纪博德利图书馆在给抄本上链搭扣时留下的。

抄本的文本也能够形成独立证据，证明在 14 世纪早期这份抄本仍然是存放在埃克塞特的。当时，牛津的方济各会修士正在着手创制一份他们所谓的“*Registrum Anglie de libris doctorum et auctorum veterum*”，这是一份馆际联合借阅名录，涵括了英格兰、苏格兰和威尔士近百家教堂收藏的主

要的神学文本和教父著作，根据抄本作者顺序编排。在这份名录中，有多条哲罗姆的《以赛亚书评注》抄本的记录，这些抄本遍布不列颠的二十四家图书馆，也就是说全英国差不多四分之一的图书馆都有馆藏，其中就包括埃克塞特教堂图书馆。

然而，到了 11 世纪晚期，哲罗姆的《以赛亚书评注》已经成了珍品。在盎格鲁 - 撒克逊时代晚期的英格兰，已经不存在这一文本的已知抄本。实际上，哲罗姆在《以赛亚书评注》里面是提到过不列颠的，他在评《以赛亚书》40 的时候，专门讨论了地球之上各个族群的扩张（一直在伯利恒写作的哲罗姆，竟然听说过不列颠，这实在是令人愉悦）。1090 年前后，有三份哲罗姆《以赛亚书评注》抄本差不多同时现身英格兰，分别归属埃克塞特教堂（就是我们眼前的这份抄本）、坎特伯雷大教堂和索尔兹伯里（Salisbury）教堂。问题在于，这些抄本是如何以及为何突然现身英格兰的呢？这个问题的答案将把我们带入政治史和社会史的核心地带，因为 11 世纪晚期的英格兰正处于一个超乎想象的动乱时代。

你不妨随意地问一个英国人他或她心目中不列颠历史中最值得铭记的日子。当然，会有人说是 1966 年，因为那一年英格兰赢得了世界杯，这些人显然还没有从那样的兴奋当中回过神来，不过，我想大多数人会说是 1066 年。诺曼人的舰队在诺曼底公爵威廉的统领之下，于这一年的 9 月 28
日在佩文西湾登陆，此一历史场景已然见诸贝叶挂毯了。入侵者击败了盎 256
格鲁 - 撒克逊军队，并在当年 10 月 14 日的黑斯廷斯战役中杀死了国王哈罗德。威廉公爵也就是后来人们所谓的征服者威廉，他于这一年的 12 月 25 日，也就是圣诞节那天，在西敏寺加冕成为英格兰国王。此一历史性的事件，对盎格鲁 - 撒克逊的生活方式产生了毁灭性的打击，不过，换个角度看问题，英格兰也因此被拖入更为宏阔的欧洲历史进程当中。于是，这个日子便在英国人的心当中留下深深的烙印，从此挥之不去了。诺曼征服以及随之而来的占领行动，彻底改造了英格兰统治体制中的许多方面，如地产权、封建特权、语言以及社会认同等，所有这些变化在不列颠肌体之上留下了持久的印记。今天的不列颠风景中，仍然保留着当年征服者以傲慢之势建造的建筑——制霸中世纪各个城市的巨大的石头城堡，以及罗马风格的教堂和修道院，这些都是从欧洲输入的。甚至有时候连作为建材的石块都是从诺曼底穿过海峡运来的。这些建筑中配备的人手都是诺曼人，主教和修道院院长也几乎全是从诺曼底调派过来的。这倒也不能说完全是坏事。马姆斯伯里的修士威廉（William of Malmesbury，约 1080~1143）曾留下一段著名言论，讲述了征服者们是如何将新的活力和生命力注入已然是暮气沉沉的盎格鲁 - 撒克逊的修道院生活的。新的修道院如同雨后春笋般纷纷建立起来了。从这场征服行动到 1135 年威廉的小儿子亨利一世驾崩，英格兰大地之上教堂和修道院的数量从原来的六十座一下子提升到了两百五十多座，毫无疑问，它们都需要藏书。

有不少此一时期的抄本存留下来，从中便不难见出这股复兴潮流之强劲。从圣奥古斯丁传教英格兰到 1066 年，有五个世纪的光阴流转而去，在这五个世纪当中，英伦列岛上的基督教和修道院一直在发展壮大，但是在抄本收藏方面，即便是残片断章都是很罕见的。然而从威廉的征服到 1130 年这六十四年间，就有上千份书册见诸记载和名录。从 1130 年到 12 世纪结束的时候，这类书册已然是难以尽数了。此等巨大数量实实在在地证明了诺曼人入侵之后，英格兰在抄本创制方面以及图书收藏方面，都有着相当快速的发展。

应该说，盎格鲁 - 撒克逊时代的英格兰并不是没有书册，只不过，其
257 数量以及获取此类藏品的机会都是相当有限的。此一时期，维尔茅斯 - 亚罗修道院的那种地中海式学术氛围已然消逝很久了，维京人的无情侵袭令昔日的修道院损失惨重。《埃克塞特之书》的捐赠者列奥夫里克主教曾将一批很有意思的抄本赠送给自己担任主教的埃克塞特教堂，不过，其中除了仪典和两份古英语抄本，其他的赠品应该说大多是他在洛泰林吉亚（Lotharingia）做研究之时从所用书册当中随机挑选而出的，而且，埃克塞特教堂的牧师对这些书册很可能都是充满困惑且缺乏兴趣的。不过话又说回来，若非这位主教的捐赠，盎格鲁 - 撒克逊时代晚期的埃克塞特恐怕就没有藏书可言了。

标准化是这批诺曼征服者的特质所在。他们在领导英格兰既有的教会机构或打造新的时，仿佛手中握有一份清晰的任务清单和统一的藏书文本名录。其紧迫的心情和态势足以同1600年前后的托马斯·博德利爵士一较高下，而且，征服者开出的这份清单显然要比博德利爵士的清单更为精细且明确。一夜之间，英格兰所有的修道院图书室都被要求按照清单，添置一套传统基督教神学的主流文本。读者重新拥抱国际性语言拉丁语。征服者设立的宗教机构也全面收藏了同样的教父文本，特别是安波罗修、哲罗姆、奥古斯丁、卡西奥多罗斯（Cassiodorus，约485~580）和格里高利的文本。核心清单通常包括如下文本：安波罗修的《路加福音评注》以及他的《六日创世述》（Hexamaeron）；哲罗姆书信和评注集；奥古斯丁（354~430）的《上帝城》（*De civitate dei*）以及他对《创世记》、《诗篇》（通常是三卷本）以及《约翰福音》的评注；卡西奥多罗斯的《诗篇评注》；还有就是格里高利的长篇大论——《训道》（*Moralia*），这是对《约伯书》的评注，其中融合了大量生活箴言。英格兰的藏书室里此前可能并没有这些传统文本，即便是有，也都已经破旧不堪了。于是，在短时间之内，大量书册涌现英格兰，且新制作的抄本就如同此一时期诺曼人竞相建造的教堂，彼此间十分相像。1602年，埃克塞特教堂超过半数的藏书被转运到牛津，其中就包括了一批创制于11世纪晚期到12世纪早期的抄本：如安波罗修的四卷作品、哲罗姆的三卷作品、奥古斯丁的十五卷作品，还有格里高利的九卷作
品，如今，这些抄本都收藏在博德利图书馆。它们的风格跟我们眼前的这 258
份“画师雨果抄本”的风格极为相似。1327年的埃克塞特教堂藏书名录里面，记载了更多的教父著作，其中哲罗姆的作品为十一卷，奥古斯丁的为二十二卷，格里高利的则为十五卷。在11世纪晚期之前，这类文本中的大多数在埃克塞特是见不到的，还有一些在整个英格兰都找不到，比如哲罗姆的《以赛亚书评注》。要围绕这些文本创制抄本，就必须找到范本才行，而这些范本应当都来自诺曼底。

“Bodley 717”号藏品属于哲罗姆《以赛亚书评注》抄本家族中所谓
的“高卢”谱系（“Gallican”family），这个抄本家族主要分布在法国北 259

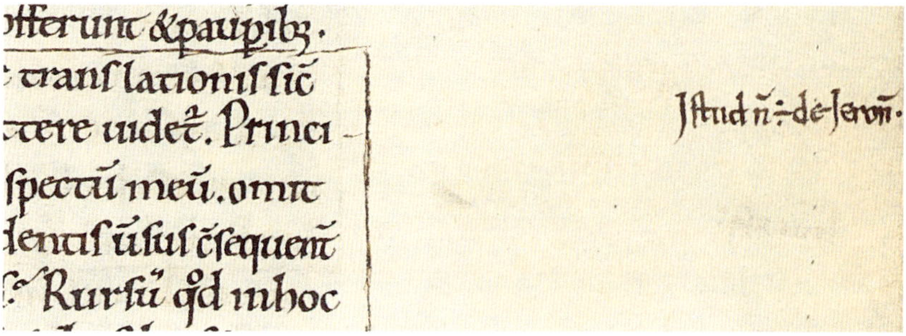

很可能是一个来自埃克塞特的读者，将该抄本的文本同其他的抄本进行了对照，尔后在页边的对应位置批注说，这几行文字并非哲罗姆所作

方，包括来自亚眠附近的科尔比埃修道院和位于里尔和瓦伦谢纳之间的圣阿芒修道院的 8 世纪晚期的一批抄本。据信，这些抄本的范本是一份已经佚失的抄本，这份抄本一度收藏于查理曼的宫廷图书馆。就其所属谱系来说，“Bodley 717”号藏品的文本内容存在怪异之处，在中世纪时期的埃克塞特已经有人注意到了这种情况。比如说，第 7 对开页的右页和左页之上，哲罗姆对《以赛亚书》1:12 的评注中被插入了一段文字。11 世纪晚期的一个修订人在页边空白处发出警告，“Istud non est de Jeronimo”，意思是说，“这并非哲罗姆的原文”（此一注释非常正确，而且我根本找不到这段插入文字的出处）。该修订人还在另外多处给出了对文本的不同解读。开篇附近的文本旁就不乏这样的例子，比如在第 3 对开页的右页上面，文本中“Isaiah”一词被解释为“salvator domini”（救主），修订人则提出“salutare domini”（救赎）一词更为适当；再如第 6 对开页的右页，此处是
259 对《以赛亚书》1:8的评注，文本指出，保罗就这个话题继续写道，“scribensque dicit, ‘*Ergo numquid ...*’”，修订人则正确地指出，这句话的正确表述是，“... scribensque, ‘*Dico ergo,* numquid ...’”（“我且说，……吗？”，见《罗马书》11:1）；还有第 9 对开页的右页，文本当中出现了“ministeria vini”的字样，修订人则认为“misteria vini”更为合理一些。这位修订人更是在第 227 对开页的右页给自己留下了如下备注，“huc usque emendatum est”（修订到此

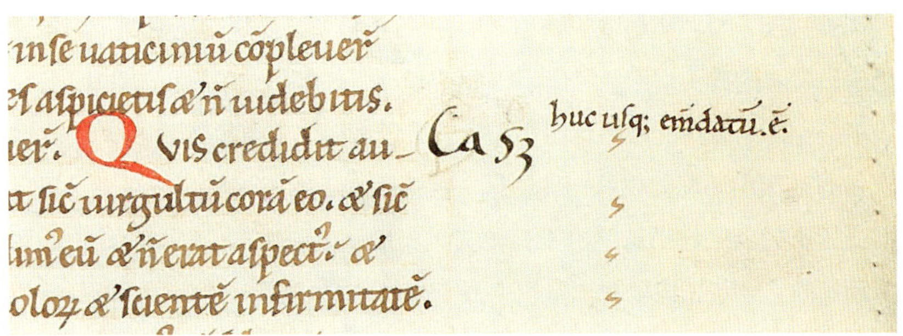

抄本修订人在第 227 对开页右页给自己留下的备注，称校对工作到此暂停

暂停）。实际上他此后又继续修订，应该是忘记抹去这一标注了。

虽然埃克塞特教堂的藏书大部分归博德利图书馆所有了，但是英格兰还有一些教堂保留了大部分的中世纪藏书，而且这些藏书自中世纪以来几乎不曾有人触碰过。为了加深对眼前这份“Bodley 717”号藏品的理解，我们有必要拜访一下其中的两座教堂。首先是索尔兹伯里教堂图书馆，这座美丽的哥特式教堂坐落在威尔特郡，在伦敦西南方向，距离伦敦大约八十五英里，就在前往埃克塞特的途中。教堂始建于 13 世纪 20 年代，迁移自附近老塞勒姆遗址（Old Sarum）所在的山顶。教堂的图书馆则是于 260
1445 年在回廊东侧区域的上方修建起来的。教堂南耳堂的尽头处有一道没有任何标识的中世纪橡木大门，穿过这道门便可以进入教堂，尔后沿着一段狭窄的螺旋形阶梯上行，可以抵达另一道中世纪大门，门上钉有金属凸饰和一个铁环柄。教堂图书管理员埃米利·奈什就在这里迎候我。我看了一下访客登记册，在差不多一个月的时间里，我是头一个访客。图书室里面，有一张八角形的小木桌可供工作，书柜则被隔离开来了，就如同教堂里面的圣坛。埃米利已经为我备好了“MS 25”号藏品，这份藏品是与教堂同时代的哲罗姆《以赛亚书评注》抄本，是在圣奥斯蒙德（Saint Osmund）时代从老塞勒姆来到索尔兹伯里教堂的，当时的奥斯蒙德是征服者威廉的财政大臣，并于 1078~1099 年担任索尔兹伯里主教。他本人就是一位抄写员和装订人，来自诺曼底的塞埃（Séez），于是他亲自坐镇，指挥了清单上的宗教文本的购买和抄录工作。13 世纪早期，在索尔兹伯里新城动工之时，奥斯蒙德的老教堂的藏品也随同教堂的搬迁来到了南面两英里之外的新址，这里的地形和环境要更好一些，就在艾芬河边。约见这样一份在近乎千年时光里不曾变换过主人，也没有参与过长途旅行的抄本，那样的愉悦是可想而知的。索尔兹伯里抄本看起来跟“Bodley 717”号抄本完全不一样。索尔兹伯里抄本极具实用风格，书页上面密密麻麻地挤满了文字，装饰元素更是少得可怜。我特意找到前文提到的埃克塞特抄本中那四段文字，发现插在埃克塞特抄本里面的那段话，在索尔兹伯里抄本里并没有出现。埃克塞特抄本修订人做出的三项修改，恰恰与索尔兹伯里的原始文本相同。换言之，这两份抄本各有范本，且在抄本制成后不久，埃克塞特的某个抄写员在老塞勒姆对“画师雨果抄本”和索尔兹伯里抄本进行了对勘，或者是做了类似的工作，并将修订添加到了埃克塞特抄本的页边空白处。此一情况向我们揭示了诺曼文化历程当中的一个特殊时刻。中世纪的英格兰拥有九座“在俗”教堂，索尔兹伯里和埃克塞特都位列其中，所谓“在俗”，意思是指非修道性质的。这两座教堂都地处英格兰西南地区，因此，它们很有可能是熟知彼此的，且时常会拿出各自的藏品比对一番。在奥斯伯恩担任埃克塞特主教的时候，双方毫无疑问是有联系的，因为埃克塞特教堂的《末日审判书抄本》（*Domesdoy Book*）就是由一名索尔兹伯里抄写员抄写的。中世纪的习惯是这样的：在比对双方的哲罗姆抄本的时候，来自埃克塞特的校勘人是不会对文本进行改动的；倘若他注意到其中的差异，只是会将“vel”字样添加上去，意思就是“或者”，并不会给出自己的裁断。

为了找寻跟“画师雨果抄本”类似的抄本，我们的第二趟旅行是深入
262 英格兰东北地区，来到跟西南地带的埃克塞特教堂形成对角的达勒姆教堂。

藏于索尔兹伯里教堂的 11 世纪晚期的哲罗姆《以赛亚书评注》抄本，该抄本没有那么奢华，文本装饰也相当朴素，羊皮纸上有很多洞，应该是制作纸张时候留下来的

达勒姆教堂和城堡，诺曼征服者权威的宏伟象征，摄于火车站附近

达勒姆教堂一度处于偏远之地，如今通了火车，从国王十字车站出发，顶多需要三个小时就可以抵达了。火车慢慢驶入达勒姆车站，对面山坡上诺曼征服留下的壮观建筑即刻映入眼帘。那是一座震慑人心的城堡，始建于 1072 年，旁边就是达勒姆教堂，用黄褐色石料修筑而成，二者形成交相辉映之势。这座教堂于 1093 年加固了根基，它修建在一处峭壁的边缘，下方的威尔河在这里形成一个回湾，令这座巨大的建筑变得无法攻克，而威尔河在路过这回湾之后，要继续前行，赶往维尔茅斯，最终汇入北海。达勒姆车站建在一个山坡上，走出车站，顺着山坡而下，途中经过理查德·贾默森的家，穿过米尔伯恩门大桥，然后沿着相当陡峭的萨德勒老街而上，最终便进入了一座中世纪风格的市镇。诺曼时期的抄本基本上原封不动地收藏在昔日教堂的修道之所。穿过教堂的本堂，绕行到回廊的远端，就能看到台阶尽头的教堂图书馆。这里的图书管理员是一个澳大利亚人，而他的助手则是一个新西兰人。

在中世纪，达勒姆的历任主教自然也都是世俗王公，既统领世俗领地，

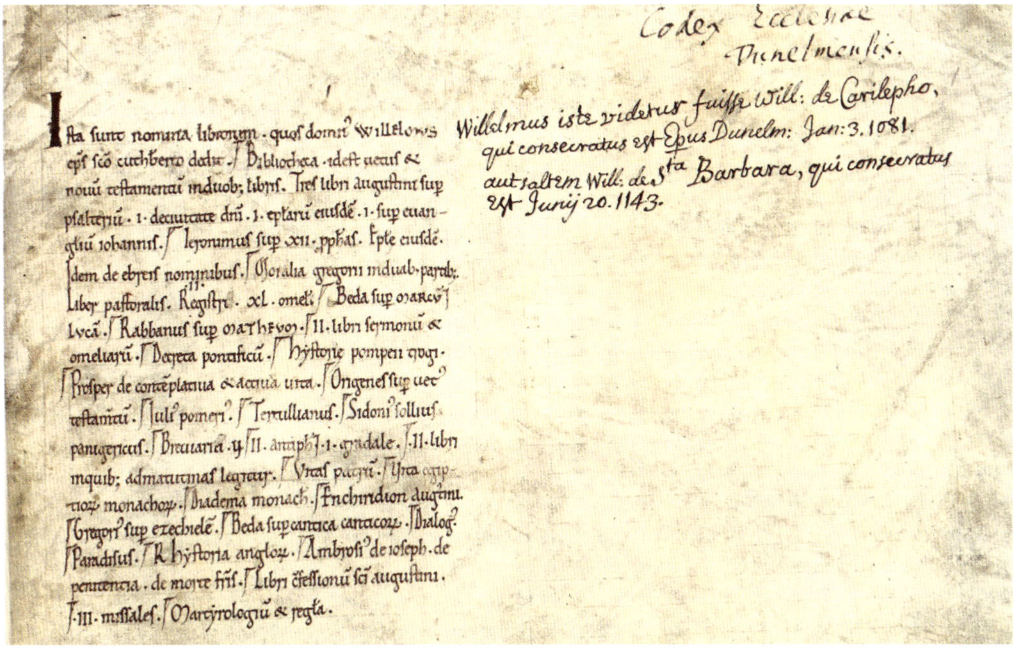

圣加莱的威廉赠送达勒姆教堂的书册名录，威廉于 1081~1096 年间在此担任主教，该名录出现在威廉所赠送的一份圣经抄本的衬页上

又掌管教会财产。达勒姆教区极为富有。诺曼征服者在此任命的第一任主教是圣加莱修道院的威廉 [William of Saint-Calais，此修道院有时也被称作圣卡里利夫（Saint Carilef）]，威廉于 1081~1096 年在此担任主教。他生于 263
诺曼底的心脏之地贝叶（Bayeux）。圣加莱修道院位于法国西北部，就在勒芒的东边，威廉先是这座修道院的副院长，后升任院长，再往后便追随诺曼人，来到英格兰，其恩主是贝叶的奥多（Odo），奥多乃英格兰新王同母异父的兄弟。威廉带来的《圣经》第二卷今天仍然珍藏在达勒姆教堂图书馆，那是 11 世纪晚期的抄本，是按照王公规格创制的，风格很像“画师雨果抄本”。这卷抄本的第一页上是一份清单，列的是主教威廉赠给自己的新教堂的四十九本书，其中第一本就是《圣经》。这份书单差不多就是诺曼人

为新教堂开具的基础书目。其中包括：三卷本的奥古斯丁《诗篇评注》；奥古斯丁《上帝之城》以及《约翰福音评注》；哲罗姆的《十二先知书评注》（但没有《以赛亚书评注》）；两卷本格里高利的《训道》以及格里高利《以西结书评注》；拉巴努·莫鲁斯（Rabanus Maurus）的《马太福音评注》；此外就是奥利金（Origen）、比德、安波罗修等人的作品。其中，大约有二十本至今仍然可以在达勒姆教堂图书馆的书架上看到。它们能幸存至今
264 应该说是有运气成分在内的。其中奥古斯丁的《诗篇评注》的第三卷，在结尾处有一份长长的纪要，它以韵文体记述道，这本书是在主教威廉离开教区的时候（具体表述为“tempore quo proprio cessit episcopio”）托人创制的。此等纪要是非常精确且十分珍贵的，因为借此就可以将这份抄本的创制时间定位在 1088 年年底和 1091 年 9 月之间——威廉就是在此期间被迫离开达勒姆并返回诺曼底的（当时他被牵扯进了一场由他的恩主贝叶的奥多领导的反威廉·鲁弗斯的阴谋）。威廉当时肯定已经将抄本送回了英格兰，或者是在自己返回之时随身携带着。这也完全应和了达勒姆教堂的史学家西米恩（Symeon）于 1104~1107 年提出的相关说法：圣加莱的威廉在 1091 年结束流亡并回归之前，从诺曼底送了一批书册过来。

奥古斯丁的《诗篇评注》抄本里面的纪要诗中还有进一步的记述。从中可以得知，制作抄本所需材料的费用是威廉主教自己出的，不过，具体抄写工作是另外一个也叫作威廉的人负责的，纪要里的具体表述为，“Materies sumptu sed labor imperio / Nominis eiusdem confers Willelmus”。我们也因此得知了抄写员的名字，至少是这一卷的抄写员的名字。这份三卷本抄本中的第二卷提供了更多的信息，该卷也仍收藏在达勒姆。其中有一个彩绘首字母，同雨果抄本里面的首字母风格极为相像，字母内部绘有一个站立着的主教，主教的头顶有如下字样：“vvillem[us] episcop[us]”（主教威廉）。圣加莱的威廉身着绿色罩衣，身材高挑，仪态庄严，他脚下是一个躬

右页：圣加莱的威廉被画在一份献给他的抄本的一个首字母内部，他的脚下躺着抄本画师本杰明

c tribulati
q; pace sim
le. et necesse
a gemat
iat. donec
uentilatio.
horreum
ego u egen
con infesto
eris. Una
ec. Quid g.
ante qm
uotu. ne
uentur es.
det. cui
gilie. S; tu
e cu tardu
is q inhe
tere deli
non da
ent. mur
egypti.
ier. Holi
ntas. me
bata de

TRACTATUS PRIMUS.

IN OMNIBUS SCIS SCRIPTIS

gra di que liberat nos comendat se
nobis. ut comendatos habeat nos.
Hoc in isto psalmo cantatur. de quo cu
uita caritate loqui suscipimus. Adsit
dns. ut sic ea corde concipiam. quomodo dig
nu est. et sic ea pmam. quomodo expedit nob.
Multu eni mouet di amor et timor.
Timor quia iustus est. amor quia misericors est.
Quis eni ei diceret quid fecisti. si dampnaret
iustu. Quanta g misericordia ei. ut iustificet
iniustu. Ex hoc plectu nobis et aplm
audiuimus. eande gram maxime co
mendante. de cuius comendatione ha
bebat iudeos inimicos uelut de legis litte
psumentes. et tamq iusticia sua dili
gentes atq; iactantes. De quib; dicit.
Testimoniu phibeo illis quia zelu di habent.
s; n scdm scientia. Et tamq ei diceret.
quid est eni habere zelu di non scdm scientia. subiecit
continuo. Ignorantes eni di iusticia et sua uolentes
constituere. iusticie di non st subiecti. Ostantes
inquit tamqm de opib;. excludunt a se gram. et tamq

身屈膝的人物，也被标注了名字，“Rob[er]t[us] Beniamin”（罗伯特·本杰明）。跟画师雨果一样，本杰明也是一个剃发修士，身着蓝色外袍，正用一根修长的手指指向主教大人，同时另一只手持有一个长长的卷轴，卷轴上是敬献给自己恩主的词句，他在祈祷主教大人能在未来收获奖赏，当然也更为实际地希望作为画师的自己能够收获尽可能多的报偿（“et pictor mercis maxima dona”）。

以上情况足以揭示出，达勒姆教堂收藏的三卷本奥古斯丁《诗篇评注》抄本，是于1088~1091年在诺曼底创制完成的，主教自掏腰包提供了抄本
266 所需的材料，其中一个抄写员也叫作威廉，其画师当中包括了一个名叫罗伯特·本杰明的人，他期待斩获酬劳，因此很可能是个职业画师，而非义务劳作的修士。画师的自画像和名字一起出现在了抄本当中，这样的情形是极为罕见的，也正是这一点，令奥古斯丁的《诗篇评注》抄本跟“画师雨果抄本”产生了联系，甚至可以说在这方面挑战了“画师雨果抄本”的地位，因为人们常常认为，后者是英格兰最早的拥有画师自画像和姓名的抄本。

不难想见，如此详细的信息引发了英格兰罗曼时期抄本艺术研究者的极大兴致，比如说古文法学家米克尔·古利克（Michael Gullick）、理查德·贾默森以及罗德尼·汤姆森（Rodney Thomson），此三人都是我的朋友和同事，并且对我帮助极大。我们曾多次畅聊到深夜，从各个切入点探讨这些抄本。当我们将达勒姆抄本同埃克塞特抄本进行仔细比较时，我们看到，同一批抄写员不仅参与了供这两座英格兰教堂使用的抄本的创制工作，也参与了供诺曼底信众日常使用的抄本的创制工作，诺曼底正是圣加莱的威廉的流亡地，且他很可能主要是在自己的出生地贝叶度过这段流亡时光的。比如说，威廉主教所用的《圣经》抄本的主要的抄写员，在威廉主教结束流亡的三十年之后，仍然生活在贝叶（主要是米克尔·古利克发现了这一点），这一点是可以肯定的，因为正是这个抄写员代表贝叶教堂写了贝叶修道院院长、来自萨维尼的维塔利斯（Vitalis of Savigny）的讣告，而维塔利斯的亡故日期是1122年10月。这份讣告现在保存在巴黎的

国家档案馆。此抄写员参与了奥古斯丁《诗篇评注》抄本的抄写工作（罗伯特·本杰明是该抄本画师之一），更有意思的是，他还抄录了兰弗朗克（Lanfranc）的作品（这份抄本曾收藏在埃克塞特教堂，如今则在牛津大学），以及格里高利的两卷作品（如今仍然收藏在贝叶教堂图书馆）。而且，还有一名曾参与威廉主教的《圣经》抄本的修订工作的抄写员，也参与了威廉主教赠送给达勒姆教堂的奥利金抄本的校对工作。奥利金抄本的主要抄写员为达勒姆教堂抄写了格里高利的一卷作品，为埃克塞特教堂抄写了奥古斯丁的一卷作品，很可能还参与了奥古斯丁的另一卷目前存放在诺曼底的作品的抄写工作。最后这一卷一度是鲁昂（Rouen）附近、贝叶以东八十五英里的朱米耶热（Jumièges）修道院的藏品。与该抄写员合作的画师 267
包括罗伯特·本杰明，也就是将自画像添加到达勒姆奥古斯丁抄本里面的那个人。从艺术风格可以判断出，威廉主教所用的《圣经》抄本的卷首首字母，出自本杰明之手，这位画师还参与了埃克塞特的奥古斯丁抄本以及贝叶的格里高利抄本的创制工作；并为奥古斯丁的《约翰福音评注》抄本提供了绘图，这份《约翰福音评注》抄本如今收藏在鲁昂，是当地的圣鲁昂修道院的藏品。很显然，他并非在埃克塞特单干的画师，而是参与了一场大规模的国际协作，达勒姆、埃克塞特和诺曼底在这个国际协作网络当中特别突出，形成了一个“三角轴心”。

且将这些情况牢牢记下，然后我们返回牛津，回到博德利图书馆的麦克拉斯阅览室，这份拥有“画师雨果”签名的“Bodley 717”号藏品仍然安全地躺在那里，等待着我们的归来。现在我们可以看出，这份抄本同达勒姆和诺曼抄本是何其相像，它们有同样的大陆抄本风格的整齐针孔，有同样复杂的，饰有深蓝色、绿色以及红色的植物纹理的彩绘首字母。“画师雨果抄本”一定也是在诺曼底创制的。我注意到了一个细节（倘若我错了，地方古物家们尽可以纠正我）：雨果自画像里面，雨果所在的壁龛上方的屋顶显然是砖瓦结构的，但是德文郡的屋顶通常是用茅草铺就的，而砖瓦结构其实是诺曼底地区的传统。米克尔·古利克告诉我，“画师雨果抄本”的羊皮纸完全是来自欧洲的材料，跟埃克塞特当地创制的抄本所用的柔软皮革不一样，而且，“画师雨果抄本”的内页分栏模式是每栏中间刻四条竖线，这是典型的法兰西模式，英格兰抄写员通常会刻三条竖线。这些当然都是小细节，但汇总在一起后意义重大，足以确证我们前面从达勒姆和诺曼底方面了解到的情况，那就是常常被认为是英格兰的画师雨果自画像，实际上源自欧洲大陆。

“Bodley 717”号藏品由四个抄写员协力完成，不过画师只有一个。四个抄写员的分工情况如下：第 1 折，也就是第 1 对开页右页到第 8 对开页左页归一个抄写员；第 2~18 折，从第 9 对开页右页到第 144 对开页左页，归第二个抄写员；从第 145 对开页右页到第 185 对开页左页的第 18 行，归第三个抄写员；从第 185 对开页左页的第 19 行到结束，归第四个抄写人；

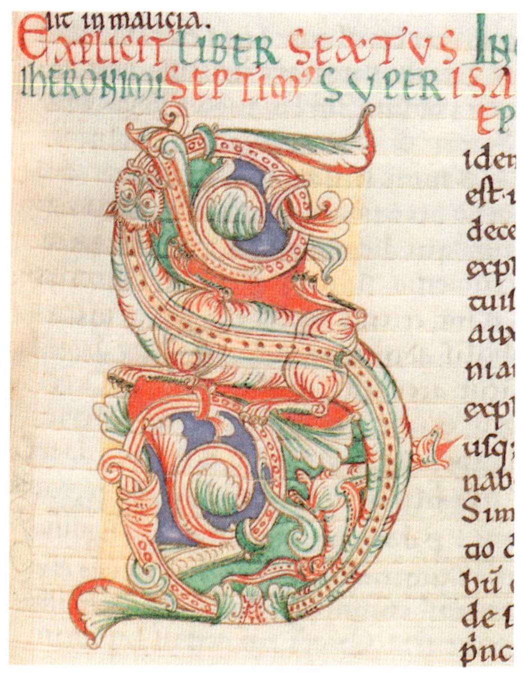

左页和右页：博德利图书馆的一份抄本上的两个彩绘首字母，出自画师雨果之手；从图中不难看出，当该页面的画师也是抄写员时（如右页所示），正文文字和首字母搭配得相当妥帖；不过，若是先前已经有抄写员完成了文本部分（如左页所示），那么首字母跟文本之间的配合就显得相当勉强

全书在第 287 对开页左页上的画师雨果自画像处结束。和本书其他章中的情况一样，我们需要关注抄写员的工作量是如何在各折之间划分的。抄写员会用不同的工具来确定羊皮纸页面版式，这也表明抄写员都是自行准备抄写纸张的，比如刚刚提到的四个抄写员当中，第一个和第四个抄写员负责的纸张上会有很深的刻痕；第二个和第三个抄写员则是用铅制铅笔来画线的。抄本研究者普遍认为，这里的第四个抄写员就是画师雨果，但真的是这样吗？

提出这样的问题是有道理的。达勒姆的奥古斯丁抄本提醒我们，抄写员威廉和画师罗伯特·本杰明之间是存在分工协作的。更何况，在画师雨果的自画像中，有明确文字显示雨果是“画师和彩饰师”，并没有提及抄写员这一身份。我认为由此我们可以得出结论，雨果是整部抄本的画师，毕

竟，抄本里插图的风格跟自画像的风格是完全一致的。不过，雨果实际上将自己描画成了抄写员，这一点基本上是没有疑问的。画中的雨果正一手在羊皮纸上刻线，为抄写工作做准备（可以看出这是抄写员的工作），另一只手将羽管浸在墨水里面——显然那是羽管，不是画笔。抄本页面上为
269 特殊的彩绘首字母留下的空间可以辅证雨果作为抄写员和画师的双重身份。暂且抛开第一个抄写员不谈，第二个和第三个抄写员都为首字母留出了简单的长方形空白部分，并未事先考量首字母的形状或者构造，他们在这一空白部分的边缘处加上了一些说明文字，以此提示应当嵌入的字母。画师雨果后来绘制的首字母，虽然绚丽且灵动，仿佛在向四处伸展，但在这些四方形空间里仍显得十分拘束。不过，从第 185 对开页的左页开始，也就是在第四个抄写员负责的折里，文本的边缘会逐行逐行地沿着彩绘首字母的轮廓曲线和笔画调整位置，双方形成了紧密依偎的格局，如同新婚在床的小两口。由此可以推断出，文字和绘图必定是由同一人在同一时间抄录和绘制的。也就是说，第四个抄写员定然就是画师雨果。

达勒姆抄本的抄写员留下了自己的身世，至于雨果，无论是作为画师还是抄写员，其身份在多份抄本中得到了披露或者提及。这些抄本中就包括了另外两份同样是从埃克塞特来到博德利的抄本［分别是奥古斯丁的《上
270 帝之城》抄本和格里高利《教牧关怀》（*De cura pastoralis*）抄本］；圣加莱的威廉赠予达勒姆教堂的哲罗姆《十二先知书评注》；奥古斯丁的箴言集（这份抄本最终辗转到了瑞典，具体经过无从得知，有可能是从英格兰传过去的）；以及一份最能说明问题的安瑟伦（Anselm）的次要作品集抄本（现今收藏在鲁昂，一度属于诺曼底的朱米耶热修道院）。这份安瑟伦抄本之所以重要，是因为其抄本文字显示，安瑟伦在写作这些作品时，正在坎特伯雷大主教的任期当中，而安瑟伦是在 1093 年登临大主教之位的，因此这

右页：一份赞美诗集抄本的残片，是在诺曼底完成插图绘制和装饰的，该抄本画师的画风跟画师雨果的风格非常相像，留有签名“Hugo Levita”，他们有可能是同一个人

BENEDICTIO CEREI SABBATO SCO PASCE

EXULTET IAM ANGELICA
turba caelorum · exultent diuina mysteria .
et p tanti regis uictoria tuba intonet salutaris.
Gaudeat se tellus tantis irradiatam fulgoribus .
& aeterni regis splendore lustrata totius orbis
se sentiat amisisse caliginem . Laetetur &
mater aecclesia tanti luminis ornata fulgoribus. et magnis populorum
uocibus hec aula resultet. Qua propter astantibus uobis fratres karis
simi ad tam miram sancti huius luminis claritatem · una mecum queso
dei omnipotentis misericordiam inuocate · ut qui me non meis meritis
intra leuitarum numerum dignatus est aggregare . luminis sui gratia
infundente · cerei huius laudem implere perficiat. Per dominum nrm
ihm xpm filium suum · cum quo uiuit et regnat in unitate spiritus sci ds
p omnia scla sclorum · Dominus uobiscum · Et cum spu tuo · Sursu
corda . Habemus ad dnm . Gratias agamus domino deo nostro , Dignu ·

UERE DIGNUM QUIA
et iustum est · inuisibilem deum patrem omnipotentem · filiumq;
eius unigenitum dominum nostrum ihesum xpistum cum sco
spiritu toto cordis ac mentis affectu · & uocis ministerio personare .
Qui pro nobis eterno patri ade debitum soluit · & ueteris piaculi cautionem
pio cruore detersit . Haec sunt enim festa paschalia . in quibus uerus ille
agnus occiditur · eiusq; sanguine postes consecrantur . Haec nox est in
[illegible] primum p[illegible] res nostros filios isrl eductos de egypto · rubrum mare si
uestigia [illegible] transire fecisti . Haec igitur nox est que peccatorum [illegible]
colu [illegible] illuminatione purgauit . Haec nox est que hodie [illegible]

份抄本的创制时间肯定在这之后，也就是在圣加莱的威廉回归达勒姆之后。由此便可以推断出，雨果并没有像人们一度认为的那样，以随从身份陪伴威廉返回英格兰，而是留在了诺曼底。雨果在朱米耶热修道院收藏的另一份抄本中以画师而非抄写员的身份出现，这是一卷圣徒传记抄本，如今收藏在鲁昂。他有可能还担任了 11 世纪晚期的一份赞美诗集抄本的画师，仅凭风格就可以断定那是朱米耶热修道院出品，如今该抄品的残页收藏在巴黎的国家图书馆。此一推断十分可信，因为这份赞美诗集抄本里面有一幅配图，呈现的是一个正在吟唱和祝圣的神父，人物形象很小，旁边写有红色的“Hugo levita”（意思很可能是“Hugo the Levite”，或称教会执事雨果）的字样。这幅图跟“Bodley 717”号藏品里的绘图风格极为相近，名字也很相像，真的是同一个人吗？可能是，不过我还无法确定。

可以肯定，有一批组织严密的抄写员和画师在为英格兰的埃克塞特教堂和达勒姆教堂创制抄本；而达勒姆教堂的抄本提供的诸般证据显示，贝叶而非朱米耶热更有可能是这些抄本的创制地。圣加莱的威廉主教所用《圣经》抄本的抄写员，在三十年之后仍然在为贝叶教堂参事会工作。埃克塞特教堂和索尔兹伯里教堂一样，并非本笃会性质，而是在俗性质的，由教堂牧师管理教堂，这跟贝叶教堂的情形也是一样的。因此可以想见，埃克塞特教堂参事会更可能跟诺曼底的姐妹教堂合作创制抄本，而它跟一个本笃会修道院协作的可能性倒不是那么大。实际上，贝叶教堂并非人们看起来那般偏远且难以抵达。确切地说，它到埃克塞特的距离，跟埃克塞特同伦敦之间的距离是差不多的，而且，从贝叶乘船前往埃克塞特，较之埃克塞特和伦敦之间的陆路，便利得多。倘若雨果也同贝叶的这间“出口作
272 坊”有关联，那么诺曼底远端的朱米耶热从逻辑上来看很有可能跟埃克塞特和达勒姆一样，是“进口方”。实际上，法国和英格兰最早一批提及修道院雇用抄写员和画师进行规模空前的抄本创制的文献，虽然记录得并不十分详细，但都来自这一时期。

甚至有迹象显示，这些作坊是有办法接触到预先备好并等待抄录的抄本的，更有可能接触到先前规模宏大的，但未完工就暂停了的抄本创制工

程。有人提出，圣加莱的威廉接管了达勒姆奥古斯丁抄本中第二卷后半卷起的创制工作，也就是从画师罗伯特·本杰明和主教大人的插图起。“Bodley 717”号抄本也有类似的情况。雨果接手抄本之时，文本抄写工作已经进展到第 185 对开页的左页，但还没有绘制插图。雨果遂抄录完了剩下的文本，然后从头开始，在先前抄写员留下的长方形空白部分画上插图。抄本构造方面的一个小细节足以向我们表明，绘制插图发生在抄写文字之后，而且这是对该抄本进行的一次有意识的升级。前文给出的校勘情况提到，第 1 对开页前面有四张单页（博德利图书馆的页码标注员将之标注为第 iii~vi 对开页）。当时我说这个小细节背后隐藏了重要信息。在雨果接手的时候，第一对开页前应该只有普通的一页纸的开篇，开篇词为“Unde orationum tuarum ...”（见 1993 年影印版的第 13 行）。而雨果在接手后将此一单页撤除，用四页全新的开篇彩图取而代之，它们都由雨果亲自绘制，画工之精美可谓前所未有，雨果借此强调欧多钦及其母亲作为文本的雇主，在哲罗姆评注本诞生过程中的作用。在抄写至接近第 vi 衬页左页的底端时，雨果很可能意识到，他用红色和蓝色抄写的文字可能无法跟前人留下的“Unde orationum ...”行衔接。于是，雨果开始缩小各行间距和字体。但是最终，他还是放弃了这个尝试，转而在“Unde orationum ...”行上方，也就是第 1 对开页的右页顶端加了一行文字，即便如此，他还是无法做到精确衔接，只能擦掉重写，由此才得到了平顺的开篇。

实际上，我们根本无法确认雨果是不是修士。无论是雨果还是罗伯 273
特·本杰明都不曾以“修士”自称（“修士”应被表述为“frater Hugo”）。倘若二人真的是修士却没有给出这样的称谓，那就只有一个很简单的原因可以解释：二人都不觉得 11 世纪时，还有修士以外的人在创制抄本，更

第 288~289 页：该抄本一开始十分朴素；画师雨果增加了相当奢华的开篇页，令抄本得到升级，他同时也相当小心地将左页的文本与右页上先前已经抄录完毕的文本衔接起来。在彩绘首字母当中，哲罗姆以抄写员的形象出现在最左侧

:lib: Ecce: Exon:

XPLE
VIX
GO
POR
INDO
DE

PROPHETAS UIGENTI EXP
NATIONUM LIBRIS: ET INDA
ELEM COMMENTARIIS: COGIS M

Virgo xpi Eustochiu̅ transire ad ysaiam: Et qd̕ sc̨e
tri tuę Paulę du̅ uiueret pollicitus su̅. tibi reddere.
quidem & eruditissimo uiro fr̅i tuo Pammachio
se me memini. Cumq; in affectu par sis presentia. Itaq;
illi p̄te reddo qd̕ moneo. obediens xpi p̄ceptis q̄ ait. scr
ni Scripturas & querite & inuenietis. ne illud audiam cu̅ iu
Erratis. nescientes scripturas. neq; uirtute̅ di̅. Sicu̅ iu
paulu̅ xpc di̅ uirt⁹ .e. di̅ sapientia. & q̄ nescit scripturas nescit

sapientiā. ignoratio enim scripturarū. ignoratio xp̄i est

orationū tuarū fultus auxilio que diebus ac noctibus in dei lege me-
s. & templum es spc̄ sc̄i: imitabor patrē familias qui de thesauro
fert noua & uetera. & sponsam dicentem in cantico canticorū.
& uetera fratruelis mi seruaui tibi. sicq; exponā ysaiā. ut illū non
pphām. sed euangelistam & apostolū doceam. Ipse enī de se & de
euangelistis ait. Quam speciosi pedes euangelizantium bona.
gelizantiū pacem. Et ad ipsum quasi ad apostolū loquitur dn̄s.
mittā. & quis ibit ad populum istum. Et ille respondit. Ecce
mitte me. Nullusq; putet me uoluminis istius argumentū breui
sermone comprehendere. cū uniuersa dn̄i sacramta presens
ura contineat. & tam natus de uirgine emmanuel quā illustri
patrator operum atq; signorum. mortuus ac sepultus & resurgens ab
s. & saluator uniuersarum gentiū predicatur. Quid loquar
sica. aethica. theologica. Quicquid sanctarum ē. scripturarum.
uid potest humana lingua pferre. & mortaliū sensus accipere.
olumine continetur. De cuius mysteriis. testat' ipse qui scripsit.
t uobis uisio omniū. sicut uerba libri signati. Quem cū dederint
litteras dicent. Lege istum. Et respondebit. Non possū. signatus
im. Et dabitur liber nescienti litteras. diceturq; ei. Lege. Et res
ebit. Nescio litteras. Siue igit' hunc librum dederis nescienti lit-
populo nationū. respondebit. non possum legere. quia ñ didicit
as scripturarū. siue dederis scribis & phariseis qui legis litteras
se iactant. respondebunt. Non possum legere. quia signat' ē. liber.
certo eis signatus ē. qm̄ non receperunt eū quem signauit deus
. qui habet clauē dauid. qui aperit & nemo claudit. qui claudit
no aperit. Neq; ū ut montan' cū insanis feminis somniat pro
in extasi sunt locuti. ut nescirent q'd loquerent'. & cū alios eru-
it ipsi ignorarent q'd dicerent. de quibus apl's ait. nescientes que
ant' & de qb; affirment. s; iuxta salomonē q' loquit' in puerbiis.
ns intelligit que pfert de ore suo. & in labiis suis portabit scientiā.
ipsi sciebant quid dicerent. Si enī sapientes erant pphete quod
re ñ possum'. & moises omni erudit' sapientia loquebat' ad dn̄m.
s respondebat ei. & de danihele ad principem tyri dr̄. nūq'd tu
ntior es danihele. & dauid sapiens erat q' gl'abat' in psalmo. incerta
ulta sapientie tue manifestasti m̄. qm̄ sapientes pphe instar
& animantiū q'd dicerent ignorabant. Legim' & in alio apli loco.
phārū pphis sub iecti sunt. ut in sua habeant potestate quādo
nt. quando loquant'. Quod sicui uidet' infirmū. illud apli eidem

t g

nō

p̄s & excellen' ysa' pphe

何况二人在自画像中都是剃发修士的形象。实际上，还有一个稍晚一些的画师，威廉·德·布莱利斯（William de Brailes，约 1230~1252）也曾在一份英语抄本里留下了签名自画像，牛津的书册交易档案里有他的名字，德·布莱利斯在一份时祷书抄本中以及一份《圣咏》抄本的引言中都留下自画像；而且，我们可以肯定，他并非修士，因为他有一个名叫塞丽娜的妻子，并且在凯特街（Catte Street）上有一处私宅。由此可见，自画像中剃发的形象有可能只是在向教堂中的神职致敬，并表明自己作为神圣之书的抄本创制者的身份。就自画像之真实性而言，剃发的形象跟雨果的绿色头发或者罗伯特·本杰明的光晕差不多，都不过是意思意思而已。

现在我们回头看看“Bodley 717”号抄本里面的自画像。其中的配图文字“pictor & illuminator”显然是重复了，这一点很是怪异，因为两个词都指的是画师职业。严格来说，“illuminator”指的是抄本彩饰师，他们通常用金银来装饰抄本，令其在光照之下可以闪闪发光 [因此被称为“illuminator”（也有照明者之意）]，但是在埃克塞特 - 达勒姆 - 诺曼底的抄本体系当中，并没有出现用金装饰抄本的情况。因此，此处这个词应该是泛泛地指装饰抄本的人。所谓“pictor”是指“画师”，其意思应当与彩饰师略有不同。画师当然不可能指抄写员。就我们对中世纪抄本装饰行业的了解，彩饰师通常也会创作壁画以及人们需要的其他艺术作品。雨果很可能就是这样一个涉足多个领域的手艺人，并且也有可能是此抄本的总设计人。在达勒姆抄本里面，画师罗伯特·本杰明的自画像呈现了他本人在跟资助人交谈而非作画的情景。因此也存在这样一种可能性：罗伯特和雨果在他们各自的抄本的创制过程中，扮演的是管理人和协调人的角色。

276 事实上，雨果不太可能是左撇子。左撇子的字迹通常会向左倾斜，雨果的字迹并无这方面的迹象。他可能是照着镜子给自己画像的，尔后忘记进行调整了 [也可能他知道这画像是相反的，所以才称之为“*Imago*”（镜像）]。最有可能的原因是，在自画像中，他左手拿着羽管的形象并不是为了呈现他抄写或者绘图的情景，而是要呈现他在设计书页版式的情景。画面中的他正在用右手刻线，左手的笔因此就只作备用。

倘若画师雨果的确是贝叶教堂的主画师，那就为我们追踪埃克塞特教堂这批著名抄本的赞助人的身份提供了一条线索。跟罗伯特·本杰明不一样，雨果并没有提到资助人的名字。这么大的抄本，装饰得如此华丽，有如此丰富的插图，即便在圣加莱的威廉这样的采邑主教（prince-bishop）获取的藏品当中，也是找不到的，其所需的花费当然是非常高的，更何况这份抄本是一套九卷的抄本集之一。因此我们有理由认定，这些抄本是在奥斯伯恩主教任期的后半段，也就是 1072~1103 年来到埃克塞特的。有关奥斯伯恩主教，来自同时代的评价并不多，据这些有限的信息，这位主教并非铺张之人，也不以对自己的教堂的慷慨捐赠著名——这一点跟圣加莱的威廉不一样——而且在任期的最后几年中，奥斯伯恩深受疾病折磨，眼睛也瞎了。但不管怎么说，奥斯伯恩出身于一个诺曼显贵家族，是征服者威廉排行第二的堂弟，也是威廉·菲茨奥斯本（William FitzOsbern，亡于 1071）的弟弟，在黑斯廷斯战役当中，他紧紧陪伴在征服者威廉的左右，后来成为第一任赫里福德伯爵，并很快成为英格兰的巨富。更重要的是，菲茨奥斯本兄弟俩同时也是贝叶的奥多的堂兄弟。奥多在黑斯廷斯战役当中同威廉·菲茨奥斯本并肩作战，并于 1049~1097 年担任贝叶的主教。奥多甚至比菲茨奥斯本兄弟俩更有钱，拥有的财富仅次于征服者威廉。在埃克塞特抄本和达勒姆抄本的创制过程中，他很有可能扮演了关键角色。1088 年，他在圣加莱的威廉的陪伴之下，从英格兰返回贝叶，而且两人在 1089 年共同见证了贝叶获得特许状之事。奥多很可能资助了贝叶挂毯，也因此名扬四海。那么接下来发生的事情，想必诸位就不难猜测了。集“画师”、抄本设计人、手艺人这三个身份于一身的雨果，很可能就依附于奥多家族。在“Bodley 717”号抄本中叙事性的插图和贝叶挂毯呈现的画面之 277
间，存在总体上的相似性，这一点非常有意思：如小而圆的眼睛、长鼻子、小嘴，复杂的建筑背景，以很大的大写字体为标题，字体色彩交替变化等。雨果是抄本彩饰师，这一点是大家都认可的，但是他的“画师”身份呢？有理由认为，他和罗伯特·本杰明都是主教大人麾下的团队的成员，也正是这个团队设计了贝叶挂毯。

在对近乎千年之前的历史的探察中，有一个由长久的时间间隔带来的小小好处，那就是你可以尽可能大胆地猜测，而不需要超乎可能的证据的支撑。达勒姆的奥古斯丁抄本和埃克塞特的哲罗姆抄本很可能在被罗伯特・本杰明和画师雨果分别接管时，创制工作就已经进展到中途了，具体接管时间有可能是在 1088 年前后。此一时期，部分抄本流入埃克塞特和达勒姆，这有可能是因为贝叶教堂的抄本创制工作出现中断，这些书册碰巧被拯救出来并发往英格兰。若真是这样的情况，那么这些抄本的创制工程的“策源地”应当就是贝叶，“策动者”应当就是贝叶的奥多，并且很可能是奥多为了自己的教堂而启动了这项工程。1087 年，奥多失去皇族恩宠，也失去了自己的财富，书册的流散很可能与这个情况有关。恰恰就是在这个时候，圣加莱的威廉手头正有不少钱财，并且很可能另一个来自埃克塞特的人也有闲钱。后者并非没有可能是菲茨奥斯本家族的成员。第一任伯爵的遗孀及大部分孩子过早谢世，因此没有可能资助画师雨果的抄本，不过其中有一个例外，那就是伯爵的一个名叫艾玛（Emma）的女儿。1095 年，艾玛仍然在诺曼底，并立誓加盟贝叶的奥多发起的第一次十字军东征，她最终也死于诺曼底。不难设想，艾玛・菲茨奥斯本完全有可能为了舅舅的教区而资助如此奢华的抄本，更何况“Bodley 717”号抄本里后增的卷首插图强调了此抄本得到了两名妇女的资助，同时也呈现了圣地的景象。

最后，我们来看看画师雨果的自画像，找一找画像中有关 11 世纪晚期抄本创制工艺的信息。插图当中，雨果所坐的椅子上两边扶手末端都打
278 了孔。其中一个孔里面松松地放置着一个墨水壶，且这墨水壶显然是有意识地被这样放在距离抄本最远的地方的，毕竟，它看上去摇摇晃晃的，非常不安全。倘若将两个孔都用上，那么抄写员就能够同时将墨水和各色颜料置于手边。雨果使用的笔显然是一整根羽毛（正如埃克塞特谜语里面说的那样，“鸟儿啾啾”），它很可能是鹅毛，上面的羽枝仍在，尽管现代的抄写员通常觉得羽毛笔的羽枝应当被全部剪除。那墨水应当是鞣酸铁墨水（Iron gall ink），是从栎五倍子（Oak apple）里面压榨出来的。栎五倍子是一

种球状瘿，长得像木制小球，会于五倍子蜂在橡树树枝之上产卵之后生长出来；将其提取物同绿矾混合起来，就可以制造出鞣酸铁墨水了。埃克塞特谜语里面也曾提及从树木提炼而来的颜料，很可能就是指来自橡树的黑色墨水，这种墨水也可以是红色的，只需要将原材料换成巴西红木或者茜草就可以了，两者都是植物（其他红色颜料如朱红色则是由矿石提供的）。雨果正在创制的抄本被放置在一个单独且倾斜的小读经台上，读经台乃以衣物覆盖，目的是保护和固定抄本。读经台的倾斜度可以令抄写员手中的笔同页面形成四十五度的夹角，这样一来，墨水就不会过快滴漏下来，弄脏抄本——我们在童年时代从海滩上捡羽毛试着写字玩时常会遇到墨水滴得过快的情况。雨果另一只手中的刀（当然是一把小刀）可以作刻线之用（雨果本人的刻线力度是非常大的），也可以用来固定书页，使书页不会沾染手指上的天然油脂，当然还可以用来将羽管削得更为尖锐一些，毕竟削笔的工作在一个白天里要重复多次。

抄本的开篇另有两幅抄写员的画像，也都呈现了哲罗姆在写作的情景。第一幅图差不多就是雨果自画像的孪生体，可能是雨果有意向哲罗姆这位勤勉的圣徒致敬并寻求认同，我们要特别考虑到，雨果和圣徒哲罗姆背后的资助人都是女性。两幅画像当中人物穿着非常相像的宽袖蓝色长袍，都戴有兜帽，也都穿着白色贴身衣。两人的鼻子都长且弯曲，脸颊上有粉红色的斑点，两人的胡子被刮得干干净净，头发为绿色并且头顶都被剃光了。实际上，图中的绿色应当是用来表现灰色的。在第一张用来呈现哲罗姆写作情景的插图当中，哲罗姆是坐在一张有坐垫的凳子上面的。在此不可忘记，当时的抄本采用的是单栏格式，因此每一行都很长。此等情形之下，抄写员通常会选用凳子而非椅子，以方便自己在凳子上来回滑动，而不需要不断地扭动整个身体。第二幅插图里面的哲罗姆则更黑一些，也蓄了胡 279
子，跟雨果的相似度没有那么高了，而且这里的哲罗姆坐在椅子上面，椅子两个扶手的末端都有龙头装饰。龙的嘴是张开的，用来放置墨水壶和活动书架。值得一提的是，这样的配备了龙头装饰的椅子，在贝叶挂毯里面出现了两次。

请注意三幅画像里面的抄写员是如何执笔的。今天人们的执笔习惯是将笔夹在食指和中指之间，并通过来自拇指的压力稳定笔杆。具体的运笔则是由拇指和食指来操控的。在这些画像里面，确切地说是在所有呈现了抄写员工作情景的中世纪抄本插图里面，抄写员都是用拇指将笔抵在食指和中指的内侧，就像是在倒拿画笔一样，且其无名指和小指会紧紧地蜷缩起来。要进行这样的抄写工作，就需要整只手在页面上来回移动，整个手臂也要参与运动。中世纪抄本中常常会有这样的来自抄写员的感叹，“Tres digiti scribunt totum corpusque laborat”，意思就是，“三根手指在写，全身在劳作”；在 11 世纪晚期的英格兰的抄本当中，就至少有一份抄本中出现了这样的句子。不过，雨果的执笔方式毫无疑问会使他在写作时更容易转动笔尖，由此写出当时非常流行的粗细或宽窄不一的笔画，这也正是罗曼时代的书法的迷人之处。正如埃克塞特谜语讲述的那样，三根手指和一支笔，共同踏上旅程，身后留下的黑色脚印最终填满抄本并辅助了伟人，同时抄本自身也变得神圣。哲罗姆以及画师雨果分享了这一体验，是抄本将相隔七百年时光的两人联系在了一起：雨果带着哲罗姆写就的文本，与征服者一同进入诺曼英格兰。

第七章
哥本哈根圣咏

12 世纪的第三个二十五年
哥本哈根，丹麦皇家图书馆，
MS Thott 143 2 °

280 进来吧，别紧张。先在管理员处登记一下——出于礼节，其实在哥本哈根的皇家图书馆，人们是不会介意这些的，丹麦人从来都是那么友善和好客。拉一张黄色的转椅过来，然后安坐下来，仔细观察眼前的这份抄本。声音别太大，因为这里还有其他人在翻阅抄本。丹麦王国中最为精美也最为著名的彩饰抄本就在你面前的桌子上，打开着，两侧由泡沫垫子支撑着。且在我身边坐下来，我们一起仰慕一番。先别碰它，只是看着。无论从哪个角度看，眼前的这份抄本都是一件令人震惊的杰作，保存状况近乎完美。这是一份巨大的拉丁文《圣咏》（Psalter）抄本，取自《旧约》中的《诗篇》，诞生于 12 世纪的第三个二十五年。我一直觉得，那是西欧抄本史上最伟大的时间段。眼前这份抄本恰恰就是大多数人想象中的“彩饰抄本”的模样。其精美和丰富程度，远胜于早了它七十年的“画师雨果抄本”，尽管后者也是精美之作；当然也胜过塔巴拉的梅雅斯那虽然朴素但也触碰人心的作品。倘若抄本也有配乐，那么《哥本哈根圣咏》抄本就需要小号和教堂风琴予以支撑。它的每一页都闪着金光，装饰之华丽令人赞叹。经文
282 的书法更是堪称恢宏。抄本开篇是十二页圣徒年历，文本用多种颜色写就，接着在《诗篇》第一篇开始之前，还有十六幅整页插图，这些插图令人叹为观止，是抄本的荣耀所在。我们就从这十六页插图开始吧。插图都是圣像画的大小，呈现的场景彼此相继，一页一页翻过去，就如同在看一本画册。这不仅是一组装饰了彩绘文本的书页，更是一件完整的艺术品。

其中第一幅插图在第 8 对开页的右页，呈现的是“圣母领报”（Annuciation）

的场景。画面当中，天使加百利和圣母面向对方、目光相对，分别站在回廊的两座拱门下，并且都举着右手，表明他们正在说着什么。从二人的左手中各有卷轴垂下，分别表现的是加百利所说的话，“ave maria gr[ati]a plena d[omi]n[u]s t[ecum]”（蒙大恩的女子我问你安，主和你同在了），以及圣母的回答，“fiat michi s[e]c[un]d[u]m v[er]bu[m] tuum”（情愿照你的话成就在我身上）（见《路加福音》1:28 和 1:38）。加百利长有紫色和褐色、中间点缀着白色斑点的双翼，身穿浅蓝色袍服，外披极为华美的红色和绿色的斗篷，斗篷在他身后迎风飘动，仿佛他在跟圣母交谈时，仍然在空中飘动。他的眉毛很浓，前额有皱纹。他赤着脚并且惦着脚尖，但即便如此，圣母仍然要比他高出一些。此处的圣母并没有像后来的欧洲艺术作品里的那样身着蓝色服饰，而是穿了有深紫色色调的褐色长袍，长袍做工极为精美，像是上乘绸缎，衬裙色彩丰富，尤其是在圣母脖颈处。圣鸽已然飞临圣母头顶。插图的背景是一整面极为鲜亮的金色色块，我们甚至能从中看到我们自己的映象。两个拱门的上方是拿撒勒那罗曼风格的色彩斑斓的砖瓦屋顶。

现在且让我为诸位翻动书页。同一书页的另一面呈现的是“圣母往见”（Visitation）的场景。这幅插图的边框十分鲜亮，如同默兹珐琅（Mosan enamel）一般。画面当中，圣母和她的表姐以利沙伯紧紧握着对方的手（《路加福音》1:40），两边是两棵摇曳着的树，树上结满了充满象征性意味的红色果实，寓示这两个女人都有了身孕。二人的着装同样极为艳丽，且都饰有丰富的花纹，背景仍然是鲜亮如镜的金色。《哥本哈根圣咏》抄本中的插图并没有标题点明图中场景，这跟其他很多抄本不一样。应该说，中世纪时但凡拥有这些抄本的人，都是熟悉图中场景的，或者此等抄本的主人也只能是那些拥有私人牧师的人，而私人牧师可以在主人打开抄本时向主人讲述里面的故事。比如说，在看到这幅插图时牧师就会告诉抄本的主

右页：“圣母领报”图，天使长加百利祝贺圣母，圣母回应说，自己会接纳圣言

第 300~302 页：“圣母往见”图，圣母和以利沙伯拥抱在一起；天使向牧羊人报喜，牧羊人被呈现为长相怪异的农夫；基督诞生，周围环境相当奢华，马槽里的圣子头顶悬挂着一顶王冠

AVE.MARIA.GRA.PLENA.DNS
FIAT.MICHI.SCDM.VBV.TVVM

ECCE ANNUNCIO·VOBIS·
GAUDIUM·MAGNU

人说，此时马利亚将诵唱《尊主颂》，《尊主颂》是一首《新约》颂歌，就在这份《圣咏》抄本的最后。

跟“圣母往见”图正对着的插图，呈现的则是前者所在的九个月之后的一个场景。一个巨大且看来很重的天使从金色天堂落下，正落到三个极为丑陋的乡间牧羊人的头顶，这三人正在看守他们那瘦骨嶙峋的山羊（注意不是绵羊），旁边应该是一只灰色的猫（也可能是一只变形了的小狗）。这样的画面很可能会令现代人感到震惊：中世纪艺术作品通常将这些乡野之人呈现为次等人。图中显然没有什么田园风情。天使告诉他们说，即便他们只是普通农夫，“**ecce annuncio vobis gaudium magnu[m]**”*（见《路加福音》**2:10**；此处就不对拉丁文做翻译了，因为这句话对 **12** 世纪的欧洲人来说家喻户晓，即便是半文盲也明白其意思）。再次翻动书页便能看到这一大喜的消息，因为插图呈现的是基督诞生的场景。那场景中丝毫没有乡村马厩的原始气息。确切地说，我们现在来到了上流社会，这里可能是一座宫殿，最起码也是一座气势恢宏的教堂。圣母是画中主角，躺在一张巨大的斜榻之上，一只手枕在脑袋下面，斜榻铺有极为华贵的蓝色布料。这里的圣母没有光晕，取而代之的是一个深红色的绸缎枕头。她的右边侍立着约瑟，灰白胡子，戴着红色的犹太帽。循着两人的眼神而去，便可以看到一个蓝色盒子，如同石棺一般飘浮在金色空间里，那里面就是被紧紧地包裹在紫色襁褓里面的圣子，一头蓝色的驴子和一头湿鼻子的牛正在用脑袋安抚那婴儿。两道红白相间的布帘打开着，将这场景呈现在我们眼前，其中一道布帘卷在圣母床榻后面的画框上，另一道则在约瑟背后。屋顶有吊灯垂下。一个镶嵌着多彩珠宝、类似皇冠的东西，悬浮在圣子的脑袋上方。

接下来的四幅插图的主角是王（这些国王有好有坏），它们极为详细地 289
以东方三博士的叙事顺序展开（见《马太福音》**2:1~12**）。它们位于第 **10** 对开页的右页到第 **11** 对开页的左页。其中有三个王头戴王冠，他们在希律王的王宫见到希律，向他询问预言中那犹太人的王在哪里降生。之后，三

* 即“我报给你们大喜的信息”。——译者注

王便骑马穿过一片树林赶奔伯利恒，虽然有皇家的威严气质，但也行色匆匆，并由那颗星来引路。我们楼下的图书馆商店里有用这幅插图制作的明信片。（实际上，这一抄本中的很多场景都可以被制作成圣诞贺卡。）正对着这一页的插图呈现了三王抵达目的地并指引人们敬拜圣子的场景，圣子坐在母亲的腿上，手持权杖（俨然已经是王了），圣母则端坐在王位之上。接下来的场景是希律王，也就是王宫里面的那个坏王，命人屠杀犹太全地的婴孩，这一场景被呈现得极为生动且可怕，背景中的果树变黑并干枯了。这里面也有故事可以讲述，并且也能提供范例供人们效仿或者规避。

插图的故事还在继续。圣母一家由天使引领逃往埃及。他们身后的那个年轻人，据中世纪的说法，就是与耶稣一同接受十字架之刑的“善贼”（Good Thief）。随后幼年耶稣出现在神殿当中，他的头顶同样有吊灯和镶嵌了珠宝的王冠。接下来是圣子在长大成人之后，接受施洗者约翰洗礼的场景，耶稣和约翰就站在约旦河的绿色水波当中，水中有鱼儿在游动。第13对开页的右页插图里耶稣骑着一头驴子，以谦卑之态进入耶路撒冷，城中居民则宣示耶稣为王。这幅插图有一个怪异之处。耶稣头顶有一个手持镶嵌着精美珠宝的圣物十字架的天使飞临。此一细节在中世纪艺术品当中独一无二，至少就我所知是这样的，它很可能是在暗指7世纪的拜占庭皇帝赫拉克利乌斯（Heraclius）的神奇传闻，据说这位皇帝只有卸去皇冠，如同骑驴进入耶路撒冷的耶稣那般，以赤脚忏悔者的身份谦卑地进入圣城，才能将“真十字架”（ True Cross）送还耶路撒冷。接下来耶稣在客西马尼（Gethsemane）遭到出卖，并被钉上十字架（十字架上方有“犹太人的君王”的字样），再往后就是他复活并最终荣登天堂王座的场景。君王身份是反复出现的主题。在中世纪观念当中，基督之道成肉身和降生，已然是在
大卫的《诗篇》当中被预言了的，而大卫本身就是王，也是一个王朝的先 291
祖。于是，接下来便是《诗篇》的正文。在开篇页第17对开页的右页上，

左页：三博士，以三王的形象出现，他们在星辰引领下策马穿越树林，前往伯利恒朝见圣子

有一个差不多占了整页的巨大的字母“B”，该字母中呈现了一个热闹的场景：一个怪物从口中吐出无数触须，它们如树丛般纠结成团。该场景的背景是亮金色的，上面压印了花。其中还有一条狗在一个裸体的不幸之人的两腿之间嗅探，此人正试图穿越这片低矮树丛。这一页的文字是以如下字句开篇的：“Blessed is the man,who walks not in the counsel of the ungodly...”（不从恶人的计谋，……这人便为有福）。《哥本哈根圣咏》抄本的奢华、精美程度，的确是在其他抄本中都见不到的。粉红色的边框将那开篇首字母围绕起来，边框上有七颗巨大的金色星星。每颗星星的正中央都粘了一颗宝石，这些宝石都是（或曾是）货真价实的。此等情形实在是非同寻常。这些都是很小的宝石，很可能是蛋白石。若真是如此，那么这些宝石应该来自波希米亚、匈牙利，甚至埃塞俄比亚。我禁不住想用指甲抠下来一颗，而实际上，已经有一些宝石不见了。

在仔细翻阅这样的抄本时，当然会很想知道，究竟何人才是其背后的资助人，在这个问题上，我有一个自定的准则：倘若不能确定某份抄本是不是皇家抄本，那该抄本就不是皇家抄本。原因很简单，倘若抄本的资助人是中世纪的君王或者皇帝，那它的奢华程度定是一目了然的。2011 年，大英图书馆举办了一场名为“彩饰中的天才之作”（The Genius of Illumination）的精彩展览，专场展出皇家抄本。想想这些抄本诞生时期的欧洲大地，半数人口在饥饿中挣扎，君王们却在私人书册上肆意挥霍钱财，这光鲜与黑暗的剧烈反差，令人禁不住生出义愤之情。此类抄本是自成一个“阶层”的。《哥本哈根圣咏》是那样的精美，令人目眩神迷，全书穿金戴银，仿佛在昭示君王取之不尽的黄金和珠宝，君王们的画像更是反复出现（别忘了，到此处，我们才看了十二三页），这一切都可以让我们基本确认，我们眼前的这份抄本就是为一个皇家主顾创制的。

左页：基督进入耶路撒冷，他谦卑地骑着驴，头顶有天使飞临，带来极为奢华的镶嵌着宝石的十字架

如今，丹麦王室成员也都骑单车，会去超市购物，过着普通人的生活，并因此获得世人称赞。但是在中世纪，情况肯定是全然不同的。在那个时代，富人和穷人的生活方式判若云泥，这种差异在当今的斯堪的纳维亚已
292 然踪迹全无。当时的平民若是有幸觐见王室成员，肯定会被后者的财富和派头彻底吓倒。那都是王权的标志，并非纯粹的个人贪欲所致。在那样一个躁动不安的等级社会，权威之维持依赖于对自己拥有的优越地位和丰富资源的不断重申。我本人在翻阅另外五份罗曼风格的私人《圣咏》抄本时，也曾为它们展示出的巨大财富所震慑，这些抄本将在本章反复出现。现在，且想象皇家舞会的场景，五份光芒四射的抄本就那么从楼梯上款款而下，而我可以借此机会将它们一一引荐给诸位了。（1）《亨特圣咏》（Hunterian Psalter），收藏于格拉斯哥大学图书馆，这份抄本的资助人后文中会有提及；（2）《英厄堡圣咏》（Psalter of Queen Ingebourg），丹麦的英厄堡是法兰西国王菲利浦·奥古斯都（在位于 1179~1223）的王后，这份抄本收藏在尚蒂伊（Chantilly）的孔德博物馆（Musée Condé）；（3）《阿弗朗什圣咏》（"Avranches" Psalter），很可能是为菲利浦·奥古斯都本人创制的，今天收藏在保罗盖蒂博物馆（J. Paul Getty Museum）；（4）《卡斯蒂利亚的布兰卡圣咏》，布兰卡是法兰西国王路易八世（在位于 1223~1226）的王后，该抄本现藏于巴黎阿瑟纳尔图书馆；（5）《莱顿圣咏》（Leiden Psalter），这份抄本很可能是为英格兰国王亨利二世之子、若弗鲁瓦·金雀花（Geoffrey Plantagenet）创制的，跟莱顿的《阿拉图斯抄本》一样，它如今也收藏在莱顿大学图书馆。这五份抄本都是非凡之作。跟《哥本哈根圣咏》抄本一样，它们在造价和奢华程度上都超过了本书中目前出现的所有其他抄本，与君王的派头十分相衬，且它们对自己的皇家身份毫不掩饰。

我们眼前的这份抄本属于一座皇家图书馆。但今天的丹麦皇家图书馆（Det Kongelige Bibliotek）实际上发挥着国家图书馆的作用。这座图书馆

右页：《哥本哈根圣咏》中的开篇彩绘首字母，绘有半纹章式的鹦鹉和狮子图案，边框上装饰了真宝石

in consilio impiorum: et in uia peccatorum non stetit. et in cathedra pestilentię non sedit.

Sed in lege domini uoluntas eius: et in lege eius meditabitur die ac nocte.

早先是丹麦国王的私人图书馆，是丹麦国王弗里德里克三世（Frederik Ⅲ）于 17 世纪创立的。自 1793 年开始，这座皇家图书馆便成了公共图书馆。1906 年，丹麦在城堡岛（Slotsholmen）上修建了一座巨大的砖墙建筑供该图书馆使用，城堡岛通过一座大桥与陆地连接，位于哥本哈根旧城以南大约一英里的地方。1999 年，人们对这座建筑进行了大规模扩建，由此打造出了所谓的“黑钻石”（*den Sorte Diamant*），“黑钻石”通过多个通道与
294 旧建筑连接，由此将整座建筑延伸至街对面，且一直到港湾的水边。扩建部分就像是两个巨大的接近长方形的方块，并且是倾斜着的，由抛光的黑色花岗岩和玻璃建造而成，设计师是施密特（Schmidt），来自哈默尔和拉森建筑公司（Hammer & Lassen K/S）。这是现代斯堪的纳维亚的地标建筑之一，建筑成本之高令人震惊——你若是跟任何丹麦人说你来过这里，他们都会跟你提到这一点。在一个早晨，我离开哥本哈根老城区，穿过尼尔斯朱尔斯大街（Niels Juels Gade）和克里斯蒂安码头区（Christians Brygge，这实际上是一座啤酒厂的名字，因为丹麦国王克里斯蒂安四世曾在附近建了一座啤酒厂），迎着雨点步行前往图书馆，一边躲避着过往的单车，一边挡着运河方向吹来的阵风。图书馆的大门并没有开在港口边上，而是建在“黑钻石”另一边的角落附近，这可能跟人们的预期不一样。进入大门后你首先看到的是一间书店（书店里面也出售雨衣，丹麦人是非常讲究实用性的），穿过这间书店，便可以进入中庭，从中庭出发，登上一架长长的坡度较缓的扶梯，就可以到达一楼（但这架扶梯的速度之缓慢令人难以置信）。一楼问询台的女士非常和善，她会指引你进入身后的电梯，抵达被标注为“F Vest”的楼层。出了电梯向左拐，就可以看到一条安装了玻璃护栏的通道，通道尽头左侧是一道大门，上面标注了“Center for Manuskripter og Boghistorie”（抄本和珍本中心）的字样，进入这道大门，你便会发现自

右页：“黑钻石”，哥本哈根皇家图书馆的扩建部分，站这一中庭内可以远眺海港；珍本阅览室就在照片右上角的露台后

己位于一个夹层画廊里，这就是珍本阅览室，它的下方是图书馆中庭的开放空间。这样的格局有点像是一艘游轮，珍本室所在的顶层甲板下方还有多层甲板（实际上那些也都是阅览室），每一层都要比下面一层多向外伸出一部分，最下方还有多个楼层。巴比伦的空中花园想必也是这样的格局吧。底层就是图书馆的门厅，门厅中间是那架运行缓慢的自动扶梯，右边是一整面巨大的玻璃墙，透过玻璃就可以看到港湾里闪闪发光的水波，仿佛在装点着图书馆。

在我进入图书馆的时候，里面有一群显然是乡下来的人，他们就像是《哥本哈根圣咏》插图里面那些牧羊人的后代，正围在入口边上的问询台前喋喋不休地说着什么。我听不太明白他们那复杂的问题，很可能跟家族
296 史有关，而唯一的工作人员在耐心且悉心地帮助他们。我难以想象这样的场景出现在其他国家图书馆里。我站在旁边等着，不知道他们的问询会持续多长时间，就在此时，图书馆的研究中世纪抄本的首席专家埃里克·皮特森（Erik Petersen）匆匆走过来，将我拉到一边，非常礼貌地对我表示欢迎。他的头发颜色很浅，略显稀薄，还有些散乱；他戴着小小的眼镜，而且跟许多丹麦人一样，也是那种你会特别喜欢的和善、平易之人。他穿着开领的衬衫——丹麦人都是这样的装束。实际上，他的胳膊下已经夹着那份著名的《哥本哈根圣咏》抄本了，只不过抄本仍然藏身于一个深绿色的盒子里。埃里克带着我，顺着阳台边缘走到一排桌子面前。读者区是由一块块长方形的直立玻璃隔开的，玻璃的形状就如同书档。桌子都是铁灰色的，这是典型的斯堪的纳维亚风格或者说现代古斯塔夫风格，桌面上铺着厚厚的透明塑料板，这样桌面就更柔软一些，不像金属那般冷硬，在那上面写字也会更舒适一些。管理员在一些塑料板下压了注意事项单，但并不是禁止事项单，这一点跟大多数图书馆的做法不一样，它们是为了告诉读者一些可能会有帮助的事，比如说读者可以给抄本拍照，我也照办了。埃里克将桌子上的小灯打开，并帮助我将泡沫衬垫放好，以支撑抄本。之后他便将盒子放在我面前。我说我还不知道该如何去确定《哥本哈根圣咏》那谜一样的起源。他也叹息了一声。“我不是什么艺术史家，”他说，音调

不高，用的是丹麦人说英语时常用的那种平缓且单一的语调，仿佛是在讲一个冷笑话，“艺术史学家总是一下子就跳到结论部分，那也太快了。”在整个这一章中，我们都应当将埃里克的这项劝诫记在心里。

为了弄清楚究竟是哪个国王或者王后命人创制了这份抄本，我们需要探访 12 世纪的多个王室。当时欧洲的大部分国家是君主制的，因此我们的选择范围非常广。我们就需要从既有事实入手，其中有些事实恰恰就是埃里克·皮特森发现的。关于这份抄本，最早的明确的描述出现在约翰·海因里希·冯·席仑（Johann Heinrich von Seelen）的《解经考》（*Meditationes Exegeticae,* Lübeck，1737）当中，书中提到了一句题外话，说北德意志汉堡大学的希腊语和历史学教授鲁道夫斯·坎贝拉（Rudolphus Capellus，1635~1684）曾是该抄本的主人。坎贝拉后来将自己的藏书 297
传给儿子蒂耶特里克斯·马提亚斯·坎贝拉（Dietericus Matthias Capellus，1672~1720），小坎贝拉死后，在 1721 年，这份抄本以“坎贝拉家族藏书”（*Bibliotheca Capelliana*）第 556 号藏品的身份被拍卖，一个名叫米夏埃尔·利希（Michael Richey，1678~1761）的人将它买走，并将它借给了席仑，希望席仑帮忙检验这份抄本。后来，德意志著名的文献学家约翰·阿尔伯特·法布里丘斯（Johann Albert Fabricius，1668~1736）见到了这份抄本，将里面的圣徒年历抄录了下来。之后，这份抄本落入如饥似渴地收集藏书的丹麦收藏家奥托·索特公爵（Count Otto Thott，1703~1785）之手，此人是政客，还是皇家枢密院的成员。索特毕生搜集了规模庞大的藏书，大约有十四万册之多，其中包括大约四千份抄本。他在哥本哈根的国王新广场（Kongens Nytorv）的宅邸，如今已是法国大使馆了。后来，索特将自己的早期印刷书以及抄本捐赠给丹麦皇家图书馆。这也就是为什么这份抄本的书架编码（“Thott 143, 2°”）上会出现索特的名字，至于后面的数字和符号，是指其在书架上的对开本卷册当中按尺寸大小排列的序号。

被捧出盒子后的抄本分量十足。包括装帧在内，它大约是 12 英寸长、8.25 英寸宽、2.75 英寸厚。封皮用的是 18 世纪的红棕色摩洛哥羊皮，颜色很暗，表面有金色的同心框。书脊上有几个贴金区域，但没有印字。压印显得十分粗糙，且金箔层过于厚重。从抄本的历史来判断，它定然是在北德意志或者丹麦接受装订的。（由于这样的封皮过于夸张、缺乏品位，丹麦人肯定会说这是德意志货。）环衬和底页都是鲜红色的，贴金且印有花纹，偶尔会出现小天使和鸟的图案，印痕都很深。18 世纪的印花贴金纸，如今已经成了鉴赏家和收藏家追求的对象，但对我来说那总是让我想起圣诞拉炮。抄本的最后一页上留有早期封皮的折进布料留下的清晰印痕，这一出人意料的情况表明，早先这份抄本是被用织物包裹起来的，且在书口的顶端和底端有两条宽宽的饰带。其中一张衬页上还有环形的压印字样，“BIBLIOTHECA REGIA HAFNIENSIS”（哥本哈根皇家图书馆），文字的中央是一顶王冠的图案。

抄本的文本涵括了整部《圣咏》，它以一份年历作为前引（前文中有
298 提及），后面接的则是常规的圣歌，以及用圣徒名字组成的连祷词，还有一些短小的祈祷词。拉丁《圣咏》抄本，实际上跟福音书抄本一样，都可以追溯到古代基督教时期甚至更早，毕竟，希伯来语的诗篇本身就是《犹太圣经》的一部分。修士和牧师会在日常宗教仪式中使用拉丁语的诗篇，慢慢地令《圣咏》成了最早得到抄录并为修道院外的私人所有的文本。在俗教众的读经活动究竟始于何时，这一点非常难确定。有一些《圣咏》抄本跟加洛林王朝的帝王及其宫廷有关，比如 8 世纪晚期著名的《达古尔夫圣咏》（Dagulf Palster）抄本，也就是由查理曼支持创制并被用来进献给于 772~795 年担任教皇的阿德利安一世的，如今这份抄本收藏在维也纳，不过，这些抄本中的大部分应该是在俗封建君主给予教堂或者教团的赠礼，或者为宫中的教士所用。实际上，只有到了 12 世纪中叶，《圣咏》抄本才开始为在俗私人所用或者所有。最早的一批《圣咏》抄本当中，有很多是在英格兰创制的，此一现象倒是有点怪异，迄今都没有出现很好的相关研究或者解释。此类《圣咏》抄本还有一项重要功能，那就是帮助人们学习阅读。这种做法在修道院已经成为惯例，修道院通常就是用《圣咏》抄本来培养见习修士的阅读能力的。前文提及的 12 世纪晚期的《莱顿圣咏》抄本就是在英格兰创制的，其中第一篇诗篇的下方有一则中世纪的注释，从

中可以见出，这份抄本是供孩童时期的圣路易学习阅读使用的，具体注释文字如下：Cist Psaultiers fuit mon seigneur saint Looys qui fu Roys de France, Ou quel il aprist en s'enfance. 圣路易生于 1214 年，因此他很可能是在 1220 年前后开始使用这份抄本的。很有意思的是，《哥本哈根圣咏》中也有明显证据表明，这份抄本从一开始就是为了阅读训练而创制的。在圣歌部分和连祷词部分之间，有一份完整的字母表，由该抄本的主抄写员抄写，书写得非常清晰，表的下方还附了一排中世纪阅读者需要学习的基本标点符号和缩略符号。字母表的后面接的是主祷文和信经（the Creed），实际上，直到 19 世纪，孩童的初级识字本和字母学习板上也都附有这些内容。孩童以及其他学习阅读的人会先学习字母，然后便按照常规，将《天主经》（*Pater Noster*）作为自己的第一份读物。

到目前为止，我们从《哥本哈根圣咏》的装帧品质以及文本中特殊字 299
句推断出，这一抄本有可能是供皇家或者贵族子弟作阅读训练用的。不过，这一推论没有缩小我们的选择范围。稍稍浏览一下 1170 年前后的北欧诸王，会发现有适龄王子或者公主需要训练阅读能力的国王就包括了：英格兰国王亨利二世，1154~1189 年在位，他于 1157 年、1158 年和 1166 年都有儿子出生；罗马人民的国王腓特烈·巴巴罗萨（Frederick Barbarossa），1152~1190 年在位（并于 1155 年成为神圣罗马帝国皇帝），他分别在 1164 年和 1165 年获得王子；法兰西国王路易七世，1137~1180 年在位，1165 年有儿子出生；丹麦国王瓦尔德玛（Valdemar），1157~1182 年在位，他的儿子生于 1163 年；甚至连 1161~1184 年在位的挪威国王马格努斯五世（Magnus V）本人也可能正在接受这方面的训练，因为他生于 1156 年。

《哥本哈根圣咏》中有三处后来添加进去的内容，根据这些内容可以推断出，这抄本很早便已经在斯堪的纳维亚并且为王室所有了。第一处添加内容是一份讣告或忌辰记录性质的东西，被添加在圣徒年历的 5 月 27 日条目旁，具体文字如下："Anno d[omi]ni. Mo. cco. lxxiio. Obijt illustris dux Jucie Eric[us] filius Abel regis"。它出现在抄本第 4 对开页的右页，是在纪念日德兰公爵埃里克（ Erik, duke of Jutland）于 1272 年谢世一事，埃里克

Suscipe digneris sancta trinitas. hos psal
mos consecratos. quos ego miserima et pec
catrix cupio decantare in honore nominis tui.
et in honore sancte marie uirginis. et omnium sanctorum
tuorum. pro me misera peccatrice. et pro anima
patris mei. et matris mee. et pro anima Byrgeri
ducis. et pro animabus fratrum meorum. et sororum mearum.
et omnium consanguineorum meorum. et omnium
fratrum et sororum et familiarium ordinis nostri. Suscipe
clemens et misericors deus hanc oblationem psalmorum.
quam ego peccatrix tibi humiliter offero. et quicquid
aures tue pietatis digne pulsauero misericorditer
concede. Tu enim corda omnium nosti. tu scis quid
mihi expediet. Concede ergo ut hec oblatio psalmorum
ad salutem tam corporis quam anime proficiant. pro
pinquisque meis uiuis prosint ad ueniam. et de
functis ad requiem sempiternam. Amen.

Duorum Birgerorum fit mentio in historiâ Suecicâ. Prior est Birgerus Jerl prorex, rege Waldemaro, A. C. 1251. Posterior est Birgerus Magni filius, A. C. 1291. De utroque vide Joh. Loccenium in historiis rerum Suecicarum p. 88. 98. et in fine libri. In Calendario huic libro præmisso, sub mensis Mai die 27. mors filii Regis Abelis Erici, Ducis Jutiæ, addito A. C. 1272 indicatur. Ex his annis C. 1251, 1291, 1272 collatis colligo hunc librum circa A. C. 1270, ante annos minimum 400 scriptum esse.

是于 1250~1252 年在位的丹麦国王阿贝尔（Abel）的幼子。1260 年，埃里克获封成为日德兰半岛南部的石勒苏益格的公爵。抄本的年历上记录的逝世纪念日，应该说通常是由死者的家族成员在死者离世时添加上去的，这样就能够提醒相关的人在每年的这一天缅怀死者并为死者的灵魂祈祷。埃里克公爵的母亲，也就是阿贝尔国王的王后，是荷尔斯泰因的梅希蒂尔德（Mechtilde of Holstein），她的名字在丹麦语中便是“梅蒂”（Mette），她于
1288 年亡故。据信，《哥本哈根圣咏》抄本的主人一度就是这位王后，或 301
者是王后的近亲。此论的切实理据在于第二项添加进抄本里的内容。这项内容出现在第 16 对开页的左页，是一份长长的献堂祷文。从中不难见出，这份祈祷词是于 13 世纪晚期被抄录在抄本上的，当时，有人（一位女性）将该抄本捐赠给一座女修道院，希望修女们多多使用该抄本，同时希望修女们为自己父母的灵魂祈祷，为贝尔格尔公爵（Duke Birger）的灵魂祈祷（“& p[ro] anima Byrgeri ducis”），也为自己的兄弟姐妹等所有亲人的灵魂祈祷。这与抄本主人的联系在于，阿贝尔国王驾崩之后，荷尔斯泰因的梅希蒂尔德改嫁贵族贝尔格尔（Birger Jarl，约 1200~1266），贝尔格尔是当时的瑞典摄政王，也是斯德哥尔摩城的创建者。[“Jarl”是贵族封号，类似于英格兰的“伯爵”；今日的斯德哥尔摩就有一条主干道被命名为贝尔格尔伯爵大街（Birger Jarlsgatan）。] 祈祷词表明当时贝尔格尔已经谢世，但祷文

年历当中增补的纪念日是阿贝尔国王之子埃里克公爵的忌日，埃里克于 1272 年 5 月 27 日亡故

左页：13 世纪的亡灵祈祷文，以女性的口吻写就，目的是为包括贝尔格尔公爵在内的家族亡灵祈祷

中没有出现梅希蒂尔德的名字，这让我们可以将祷文出现在抄本上的时间推定在 1266~1288 年，并推断出有可能就是梅希蒂尔德本人写了这份祈祷词。梅希蒂尔德在最终谢世之时，被同她的第二任丈夫合葬在瑞典南部的瓦尔汉（Varnhem）皇家修道院，他们的墓碑之上刻有王后本人、贝尔格尔伯爵以及王后的爱子埃里克公爵的形象，埃里克公爵也就是抄本当中提到的那个人。2002 年，人们打开了这座坟墓，发现里面的确有三具骸骨。

第三处添加文字更引人注目，比第二处早几十年出现。它们出现在第 1 对开页的右页，也就是抄本第一页的顶端，若没有这些文字，这一页就是空白页。此处的文字是：“Reliquiarum enumeratio”（圣物清单）。它出现在抄本上的时间应当只比抄本的创制时间稍晚一些，肯定在 12 世纪。圣物清单在中世纪并非罕见之物，倘若有人认为某一份抄本特别珍贵，他就会将自己的圣物清单添加到抄本的空白页上。《圣奥古斯丁福音书》里也有后人添加进去的圣物清单，清单上描述了藏在坎特伯雷修道院里的一个盒子中的圣物，当时的《圣奥古斯丁福音书》也被保存在这个盒子里，这一点本书第一章已经有所提及（见本书第 30 页）。这意味着倘若我们能够确认清单上所列圣物的主人，基本上也就能够确认《哥本哈根圣咏》在 12 世纪晚期的主人了。

这份清单的不同寻常之处在于，里面的圣物显然都属于私人。清单的
302 开篇是“Has reliquias possidet ...”，但接下来的情况实在是令我们失望，因为差不多整整一行的文字被抹去了。不过，我们隐约还是能够辨识出第一个被抹去的词是“dns”，也就是“*dominus*”。这是指某某“大人（显然是指某个个人，但其名字和封号都无从辨识了）拥有这些圣物……”一般来说，重要圣物是相当昂贵的，通常属于教堂，不过有些也会成为君王和贵族的私人收藏（在本书第九章中，我们将有机会见识一下法兰西国王路易九世和腓力六世私人收藏的圣物）。这个神秘主人的圣物清单大体如下：真十字架上的木屑；圣母的几缕头发；使徒圣雅各、巴多罗买、马太、圣劳伦斯、圣克勉和希波吕托斯（Hippolytus）等人的骸骨；圣雷米吉乌斯（Saint Remigius）的内脏残片；抹大拉的马利亚（Saint Mary Magdalene）的

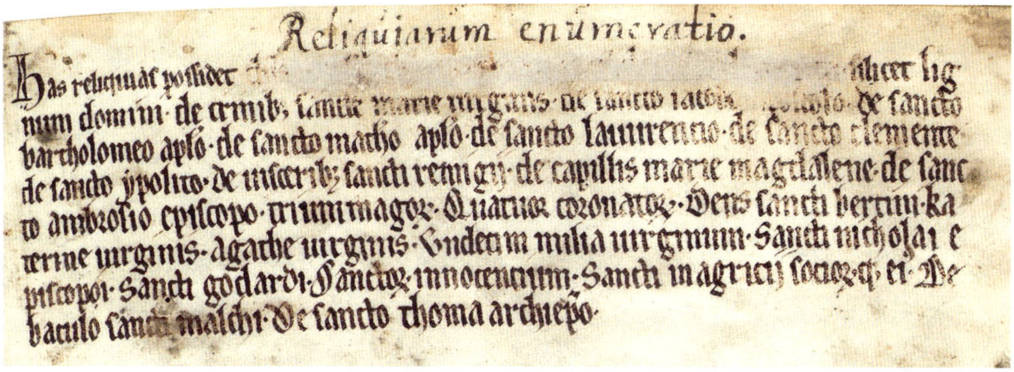
Reliquiarum enumeratio.
Has reliquias possidet ... scilicet lig
num domini. de crinib; sancte marie virginis. de sancto iacobo apostolo. de sancto
bartholomeo aplo. de sancto matheo aplo. de sancto laurentio. de sancto clemente
de sancto ypolito. de visceribus sancti remigii. de capillis marie magdalene. de sanc
to ambrosio episcopo. trium magorum. Quatuor coronatorum. Dens sancti bertini. ka
terine virginis. agathe virginis. Undecim milia virginum. Sancti nicholai e
piscopi. Sancti godardi. Sanctorum innocentium. Sancti mauricii sociorumque eius. De
baculo sancti malachi. De sancto thoma archiepiscopo.

私人圣物藏品清单，其最初主人的名字被人小心翼翼地刮去了

几缕头发；圣安波罗修、三博士、四圣殉道者（Four Crowned Saints）的骸骨；圣贝尔坦（Saint Bertin）的一颗牙齿；圣凯瑟琳（Saint Katherine）、圣阿加莎（Saint Agatha）、一万一千名童贞女、圣徒尼古拉、圣高达（Saint Godard）、诸圣婴孩（Holy Innocents）、圣莫里斯（Saint Maurice）及其同伴的骸骨；圣马拉奇（Saint Malachy）的权杖的残片；大主教圣托马斯的骸骨。我们至少可以确定最后这份圣物是何时进入清单的，因为托马斯·贝克特是于 1170 年 12 月在坎特伯雷殉道的；他最终于 1173 年获封圣徒，他的遗骨也因成为圣物而迅速进入全世界的圣物交易市场。

2012 年，纽约大学的克里斯托弗·诺顿（Christopher Norton）发表了一篇有关历史检测的典范论文，文中他对《哥本哈根圣咏》圣物清单上各个条目的可能来源进行了确认。诺顿指出，斯堪的纳维亚半岛上已知的唯一的真十字架残片于 1110 年，被耶路撒冷王国国王鲍德温（King Baldwin of Jerusalem）赠予挪威国王西格德（Sigurd，于 1103~1130 年在位），此后，至少在 1153 年之前，这份圣物都被收藏在位于今天挪威特隆赫姆（Trondheim）的尼达洛斯教堂（cathedral of Nidaros）。诺顿还说，清单的第八条，也就是圣希波吕托斯骸骨，其来龙去脉不是十分清楚，很可能是于 1161 年从罗马来到斯堪的纳维亚的，并且也被供奉在尼达洛斯教

堂里。1107~1110 年，挪威国王西格德参与了前往耶路撒冷的十字军东征，1160~1161 年，尼达洛斯大主教爱斯坦（Eystein）前往罗马进行朝圣，诺顿详细考证了这些旅程之上所有合乎逻辑的驻留之地，并且提出清单上差不多所有圣物都可能来自这些地方。诺顿推测，这张清单是挪威国王马格努斯五世（于 1161~1184 年在位），也就是西格德的孙子，存放在尼达洛斯教堂的圣物的完整清单。诺顿教授的最终结论是，《哥本哈根圣咏》的主人很可能就是马格努斯五世，而且极有可能是这位国王出资创制了这份抄本。此一推理很有说服力，且它将《哥本哈根圣咏》的出资人的所在地确定在了斯堪的纳维亚。诺顿教授更据此结论提出，第 1 对开页上的圣物清单中被抹去的那行文字应当是，“Has reliquias possidet *dominus magnus rex norvegiae in ecclesia nidrosiensi*”（尼达洛斯教堂的挪威国王圣物清单），或者类似的句子。

当然，坐在哥本哈根的图书馆高层阅览室的我也目不转睛地盯着圣物清单上被抹去的那行文字，还用上了放大镜，并将那一页纸对着光来回翻动。有太多的事情取决于这个被抹去的名字了。图书馆抄本部的同僚若是看到我的此番行径，想必会认为这太过怪异了，我来来回回研究了这张纸一个多小时，而这是整份抄本里唯一没有任何彩绘的书页。《哥本哈根圣咏》是这个世界上最为华美的抄本之一，我却盯着其中一个已经无从辨识的词反复琢磨。实际上，这是一种享受，识别这里的文字就像进行填字游戏一样，可以通过推敲出每一个字母来拼凑出最终的答案。在抄本中，就像在填字游戏的表格中，肯定存在（或曾经存在）答案，我们能做的只有寻找。抄本开篇的那行字的大部分已经被抹去，不过，其上缘还留有个别字母的升部的笔画残余，那些残余仍然是可以辨识的。“dominus”一词后
304 面很可能有两到三个没有升部的字母。接着是一个很高的字母，高出了其所在行，向右倾斜，跟行中最后一个词“Ligum”中的“L”字母极为相似，跟第三行的起首词“Lauurencio”中的字母“L”也非常相像。紧跟着的同样是一个很高的字母，这是一个词的最后一个字母，这个字母前后分叉，既向后弯曲，像字母“L”一样，同时又向前伸展，应该就是字母“d”，跟

第二行的“de crinibus”一词里的“d”极为相像。接下来便是几个矮字母。由此推断，此处的人名肯定不会是“magnus rex”，因为“magnus rex”里没有字母有升部。同时，该名字的前五个字母当中，最后两个字母是“ld”。突然间，我得到了答案，而且就像在最终解决了填字游戏时那样，还疑惑自己为什么花了这么久。被抹去的词中，第一个定然是“uualdemarus”，也就是“Waldemar”，指的是于 1157~1182 年在位的丹麦国王瓦尔德马大帝（Valdemar the Great），此人也是日德兰公爵。他是阿贝尔国王的祖父，而阿贝尔国王的王后、荷尔斯泰因的梅希蒂尔德于 13 世纪成了《哥本哈根圣咏》的主人。由此便可以推断出，清单上的圣物是瓦尔德马的，当然，《哥本哈根圣咏》也是如此。

此时已经差不多下午一点了，我事先跟妻子约好在图书馆中的一家非常漂亮的滨海餐厅会面。这家餐厅名叫“Søren K”，我们点了侍者推荐的上餐速度最快、价格也最合适的餐品，在丹麦，但凡好一些的餐馆，上菜速度都慢得惊人，就跟那自动扶梯一样慢，而且贵得让人心疼。我们点了荨麻黄油拌白笋、烟熏三文鱼，还有一杯嘉士伯啤酒。世界上所有的珍本图书馆当中，还有哪一家能提供这样的午餐呢？吃完饭后，我们坐在外面享受阳光，此时已经是晴空万里了，我正好利用这段时间重读我的老朋友巴黎的帕特里西亚·斯蒂尔尼曼（Patricia Stirnemann）所做的相关研究，此前我已经将她的研究成果汇总并打印出来了。

帕特里西亚用她婚前的名字帕特里西亚·丹茨（Patricia Danz），围绕《哥本哈根圣咏》写了一部颇具原创性的专著，该作于 1976 年在哥伦比亚大学出版社出版，而那个时候尚少有人知晓《哥本哈根圣咏》。帕特里西亚分别在 1998 年、1999 年和 2004 年回归这个话题，写了一系列的相关文章。她的主要关注点一直是抄本的彩饰师，不过当然，她也会就抄本的来源展开探索和思考，也正是她将众人的关注点引到了抄本中的那张儿童字母表上。据她推断，《哥本哈根圣咏》是为于 1170 年发生在丹麦的两件大事而 305
创制的。其一，国王瓦尔德马的父亲克努特·拉瓦德（Knud Lavard）的遗骸因成为圣物而得到迁移，其二，瓦尔德马那还是孩童的儿子于同一天加冕登基，此子也叫克努特，当时只有七岁，正值一个基督徒王子应当开始学习阅读的年龄。小国王的祖父，也就是第一任石勒苏益格公爵、圣徒克努特·拉瓦德，于 1131 年在灵斯泰兹（Ringsted）附近的哈拉德斯泰德斯科夫（Haraldsted Skov）森林遭到杀害，这一森林位于今天的哥本哈根的西南方向大约四十英里处。老克努特于 1169 年获封圣徒，他的遗骸遂于 1170 年 6 月 25 日正式被迁至灵斯泰兹修道院教堂，此一宗教仪式是充满了政治意味的两场典礼的一部分，瓦尔德马国王凭借这样的仪式主张了自己的王权，同时也为自己那拥有继承权的儿子加冕，由此小克努特成了圣徒名号的继承人。帕特里西亚相信，正是这两个事件催生了《哥本哈根圣咏》。那么这份带有字母表的《哥本哈根圣咏》显然是为六岁的克努特王子创制的，它既是王权继承者的入门读物，也是阅读学习者的入门读物。

我回看了午饭之前我围绕圣物清单上被抹去的文字而做的一些笔记。克里斯托弗·诺顿认为，这行字的结尾应当记录的是这些圣物的收藏地，对此，诺顿给出的自己的推测是“... *in ecclesia nidrosiensi*”。但我非常肯定其结尾字母应当是“... sta”，在一定的角度下这几个字母是隐约可辨的，它们之后很可能还有一个缩写符号。字母“s”前面的那个字母应该是有降部的。一开始我觉得这可能是“in cista”，意思是“在盒子里面”，尽管我想不到任何将这个语词抹去的原因。不过，再次掂量之后，我赞同这个词更可能是一个地名的想法。倒数第八个字母留有一个升部，大体上可以确定是高字母“d”，因此这个词可以被想象为“apud”。那么，最后几个字母很可能就是“apud ringsta[dium]”，意思是“在灵斯泰兹”，它们的笔画与残余部分相符。圣物清单中没有提及圣徒克努特的遗骸，原因很简单，这位圣徒的独立圣所就在灵斯泰兹。如此推断，《哥本哈根圣咏》应当是克努
306 特王子的，是为王子的加冕礼创制的，而清单是后来才被添加上去的，用来记录这位王子的父亲在灵斯泰兹皇家修道院收藏的圣物（瓦尔德马国王最终于 1182 年被安葬在这座修道院）。父王驾崩之际，小克努特便以自己的单名继承了王位，史称克努特六世，他的统治期一直延续到他谢世之时，

也就是 1202 年，死后，他也被安葬在了灵斯泰兹。他的纹章印章是丹麦王国中已知最早的印章，上面的图案是三头奔跑中的狮子，实际上，《哥本哈根圣咏》的卷首页中那个巨大的贝亚图斯式的首字母右侧，就有极为相似的狮子奔跑的场景（当然，这也许只是巧合）；首字母的左侧则呈现了三只鹦鹉。我们并不知道国王瓦尔德马的纹章是什么，不过我们可以设想这份皇家《圣咏》抄本是为两个丹麦国王创制的，一个是被加冕为共治之王的年幼王子，另一个就是他的父王瓦尔德马。

当然，这样的想法并没有完全否定诺顿教授的观点，他认为，清单上至少有一部分圣物是曾经属于挪威的马格努斯国王和尼达洛斯教堂的。实际上，很多圣物，即便是最为细小的残片或者碎屑，也是可以被无限制地分割的，而斯堪的纳维亚半岛上的诸王肯定会交易这些圣物。1180 年之后，马格努斯被逐出挪威，尔后他作为瓦尔德马的座上客在丹麦待了两年。赠金和赠礼则是中世纪外交的命脉。

我返回“黑钻石”的阅览室，再次打开抄本。我们还有更多的问题要去解决。抄本以圣徒年历为开篇，年历中列举了从一月到十二月每个月的圣徒节日。实际上，中世纪晚期的祈祷书，诸如弥撒书以及时祷书中，都有这一部分内容，而且，现代的很多祈祷书也是如此，因此我们就有必要问一问，为何这样一份年历会成为《圣咏》抄本的要件。年历的设置并不会影响人们阅读抄本中的诗篇。倘若宗教年历跟诗篇有什么关系，也只能说这种年历不是从每年的一月开始的，而是从将临期的第一个星期天开始的。拉丁《圣咏》自 6 世纪起便开始为人所知了，不过，在早期的四百年里，并没有哪份拉丁《圣咏》配有年历。在本书第四章中，我们曾谈到 4 世纪的“354 年编年史”，那是藏于加洛林宫廷图书馆的一份早期基督教年历。到了 10 世纪，许多来自该图书馆的带有年历的祈祷书在英格兰散布开
来。特别是在北英格兰地区，比德发起的历法算法研究潮流一直存在。现 307
存最早的附有年历的《圣咏》抄本就是用英语写就的，创制于 1000 年前后。对抄本的在俗所有人来说，年历应该是特别实用的，因为修士能够依

靠每日的弥撒仪式来确定节日，但在俗人士需要年历的提醒，而且，年历还可以用来记录忌辰以及其他纪念日。到了 11 世纪，年历已经成了《圣咏》抄本的标配，特别是在英格兰。

《哥本哈根圣咏》中的年历就透露了这份抄本明显的英格兰血统。年历是用黑色墨水写就的，重大节日则会被用红色、蓝色或者绿色墨水标注出来。记有年历的书页尽管没有插图，但很有节日氛围。这些特殊的日子，依照其在年历中的先后次序，大体上可列举如下：圣库斯伯特和威尔弗里德（Saints Cuthbert and Wilfrid）纪念日，用绿色墨水字写就；贝弗利的约翰（John of Beverley）纪念日，用蓝色墨水写就；圣邓斯坦（Dunstan）纪念日，用红色墨水写就；前来英格兰传教的使徒奥古斯丁的纪念日，用蓝色墨水写就（同一天，即 5 月 26 日也是比德的纪念日，用黑色墨水写就）；圣博托尔夫（Botolph），用红色墨水写就；圣阿尔本和奥斯瓦尔德（Alban and Oswald）用绿色墨水写就；埃德蒙德（Edmund）、国王及殉道者，用蓝色墨水写就。其中，林肯郡的圣博托尔夫以及萨福克郡的埃德蒙德，多多少少跟东盎格利亚（East Anglia）有关，讽刺的是，二人都是在丹麦人手中成为殉道者的；但库斯伯特、约克的威尔弗里德、约克郡的贝弗利的约翰、比德以及诺森布里亚国王奥斯瓦尔德，都非常明确地跟英格兰北方有关，特别是英格兰东北地区。库斯伯特、威尔弗里德和奥斯瓦尔德这三位圣徒更是出现在了《圣咏》文本后面的连祷词当中。

引起我注意的是年历当中没有出现的内容。年历中这些英格兰节日前都没有出现有关节日前夜的祈祷活动（vigil）以及节后第八天的节庆活动（octave）的记录，而修道院在庆祝主要节日都会安排这样的补充节日。换言之，这些补充节日的确重要，但没有进入最重大节日的行列。在 12 世纪的英格兰北方有三个潜在的此等奢华抄本的创制之地，分别是林肯、约克和达勒姆。不过，抄本里并不存在专属哪个地方的元素，也不存在可以将另外两个地方排除在外的元素。这份年历当中最明显的疏漏应该是圣托马斯·贝克特纪念日，托马斯·贝克特于 1170 年殉道，并于 1173 年 1 月获封圣徒。他的纪念日被设定在 12 月 29 日，那之后很快全欧洲都开始庆祝这一节日。圣托马斯的名字也没有出现在抄本后面的连祷词当中。但他的名字的缺失不一定能帮助我们断定抄本的创制日期要早于贝克特的封圣日期，因为中世纪的抄写员，跟今天的所有人一样，往往会忽略最明显的 310
东西，或者会固执己见。然而，若将《哥本哈根圣咏》的创制时间确定在1173年之前，那就完全符合了皇家庆典的时间表，使抄本得以在皇家庆典前，贝克特殉道之前六个月，在灵斯泰兹修道院创制完成。

年历的另一个重要特征是它带有奥古斯丁教团（The order of Augustinian canons）的元素。这一点，甚至比它的英格兰血统更明确，因为年历中有一个希波的奥古斯丁纪念日（8月28日，用红色墨水写就），以及该节节后第八天的庆祝日（9月4日，用蓝色墨水写就），更有蓝字的希波的奥古斯丁的圣髑迁移日（10月11日）——纪念希波的奥古斯丁的传统节日，在8世纪某一年的这一天，这位圣徒被重新安葬在帕维亚。著名的奥古斯丁教团是在这位圣徒于430年谢世之后很久才建立的，不过，该教团遵守了他们敬奉的这位圣徒订下的生活准则，并在12世纪时变得尤为著名。

在本书第六章中，我们曾经谈到，在诺曼征服后的那个时期里，我们是很难将英格兰的艺术作品和诺曼底的艺术作品区分开来的。不过，一百年后，虽然国王和贵族依然是诺曼人，且他们中的很多人在法兰西拥有地产，但两地的抄写风格和抄本装饰艺术已经开始变得不同。我们差不多可以肯定《哥本哈根圣咏》是由一个英格兰抄写员抄写的，因为抄本中字母“a”的上端有横线标记，字母“g”下端的环状笔画也没有完全封闭起来，这些都是英格兰风格的字母写法特征，而且那特别显眼的“&”符号，跟稍早一些的伯里《圣经》和朗伯斯《圣经》（Lambeth Bible）中的极为相像。仅就装饰艺术而论，《哥本哈根圣咏》也普遍被认为是来自英格兰的作品。C.M.考夫曼（C.M.Kauffman）于1975年出版了《1160~1190年罗曼

第326~327页：《哥本哈根圣咏》抄本中的年历，出现了包括圣奥斯瓦尔德日纪念日在内的多个英格兰节日，其中纪念奥古斯丁教团的护佑圣徒圣奥古斯丁的节日被列为最重大的节目之一

Augu | sti mense leo fervidus igne perurit.
Augu | sti nepa prima fugat de fine secunda.
KL Augustus habet dies xxxi. et luna xxix.

viii	c	KL		Avg. S' Petri ad uincula. Machab' mr. B'.
xvi	d	iiii	N	Sci Stephani pape et mr. Incipit vi. embol'.
v	e	iii	N	Inventio Sci Stephani prothomr.
	f	ii	N	
xiii	g	Non'		S' Osuualdi regis et mr.
ii	A	viii	id'	Scorum Syxti felicissimi et Agapiti mr.
	b	vii	id'	Avtumnus oritur.
x	c	vi	id'	Sci Ciriaci sociorumque eius mr.
	d	v	id'	Vigilia.
xviii	e	iiii	id'	Sci Laurentii levite et mr.
vii	f	iii	id'	Sci Tiburtii mr.
	g	ii	id'	
xv	A	Idus	S'	Sci Ypoliti sociorumque eius mr.
iiii	b	xix	kl'	Septemb'. Sci Eusebii prbi et conf'. Vigilia.
	c	xviii	kl'	Assumptio Sce Marie virginis.
xii	d	xvii	kl'	
i	e	xvi	kl'	Octave Sci Laurentii mr.
	f	xv	kl'	Sci Agapiti mr. et Sce Helene. Sol in virgine.
ix	g	xiiii	kl'	Sci Magni mr.
	A	xiii	kl'	
xvii	b	xii	kl'	
vi	c	xi	kl'	Oct' Sce Marie. S' Timothei et Simphor' mr.
	d	x	kl'	Vigilia.
xiiii	e	ix	kl'	Sci Bartholomei apli.
iii	f	viii	kl'	
	g	vii	kl'	
xi	A	vi	kl'	Sci Rufi mr.
xix	b	v	kl'	Sci Augustini doctoris. S' Hermetis mr.
	c	iiii	kl'	Decoll' Sci Iohis Bapt'. S' Sabine virg' et mr.
viii	d	iii	kl'	Scorum Felicis et Adaucti mr. Dies egyptiacus.
	e	ii	kl'	Finit vi. embol'.

Nox habet horas x. Dies xiiii.

idere ... Uirgo tuo bachū september opimat.

ertia ... Septēbris uulpis ferit a pede denā.

September habet dies .xxx. Lunā .xxx.

xvi F Kl. Sepī. Egidii abbīs. Prisci mr.

G iiii N Incipit .ii. embolism.

A iii N Dies egiptiacus.

iii B ii N Octauę Scī Augustini doctoris.

C Non. Hic finiunt dies caniculares.

D viii Id

E vii Id

F vi Id Natiuitas Scē Marię uirginis.

viii G v Id Scī Gorgonii mr.

ii A iiii Id

B iii Id Scōrum Prothi et Iacincti mr.

v C ii Id

iii D Idus

E xviii kl Octob. Exaltatio Scē Crucis. Scōrum Cornelii et Cyp.

ii F xvii kl Octauę Scē Marię. Scī Nichomedis mr.

G xvi kl Scōrum Eufemię Lucię et Geminiani mr.

A xv kl Sol intrat libram.

x B xiiii kl

C xiii kl

xvii D xii kl Vigilia

ii E xi kl Scī Mathei apli et euglistę. Dies egiptiacus.

F x kl Scī Mauricii sociorumque eius mr.

iiii G ix kl

iii A viii kl Equinoctiū sedm Romanos.

B vii kl

C vi kl

xix D v kl Scōrum Cosmę et Damiani mr.

E iiii kl

iiii F iii kl Scī Michaelis archangli.

G ii kl Scī Ieronimi prbi et conf.

Nox habet horas .xii. Dies .xii.

抄本》（*Romanesque Manuscripts, 1066-1190*），在这本12世纪英格兰彩饰抄本的标准汇编中，《哥本哈根圣咏》的一幅插图获得殊荣成为卷首图。这份为丹麦王室创制的奢华的《圣咏》抄本，为何诞生于英格兰呢？有很多情由可以对此做出解释。到了12世纪，英伦诸岛的抄本装饰技术已经高度发达了，而且传统深厚，相形之下，在斯堪的纳维亚半岛上这门技术仍然未经受时间的考验。英格兰北方，特别是东北地区，当时处于维京人的征服行动带来的文化影响下，甚至仍然有操持丹麦语的居民。实际上，就在一个多世纪之前，一个同样叫作克努特的人，也就是丹麦国王克努特二世，还是全英格兰的国王。克努特二世派遣一批英格兰神父前往斯堪的纳维亚，组织那里的教会事务。丹麦的宗教仪式是以英格兰的风俗和习惯为依托的。
311 （相比之下，瑞典教会则更倚重德意志的传统。）两地之间类似的联系还有很多，而且持续不断。于12世纪早期面世的圣克努特四世传，就是由一个英格兰修士，也就是坎特伯雷的艾尔诺特（Ælnoth of Canterbury），在丹麦写就的。《哥本哈根圣咏》里的圣物清单也能为此提供证据，因为其中一些条目定然是来自英格兰的。比如说，圣雷米吉乌斯的内脏碎片，很可能是林肯的主教雷米吉乌斯的内脏碎片，12世纪20年代，这位圣徒的坟墓被掘开，其骸骨和内脏碎片很可能就因此散落四方了。圣物清单上的圣母的头发当然是珍品，据信林肯大教堂和坎特伯雷大教堂就藏有这一圣物。本书第一章谈到的圣奥古斯丁修道院收藏的圣物当中，也包括了“真十字架”的残片。而贝克特的骸骨当然来自坎特伯雷。此等情形之下，我们也就不难想见，一份出自英格兰的《圣咏》抄本，会在一批随赠圣物的陪同下来到丹麦来。它们有可能是亨利二世或其家族给他们在丹麦的表兄弟的皇家赠礼。亨利二世的女儿嫁给了萨克森公爵、狮子亨利（Henry the Lion, duke of Saxony）；狮子亨利的女儿格特鲁德（Gertrude）则在幼年时就跟丹麦王子克努特订下婚约，二人于1177年完婚。格特鲁德于1182年成为丹麦王后（她的名字出现在了莎士比亚的《哈姆雷特》中）。由此可见，这些家族之间都有很深的交情。

前文（本书第292页）提到另外五份为私人所有的奢华《圣咏》抄本，

实际上，它们之间都是存在“亲缘关系”的，而且各个抄本的主人或者资助者之间应该也有千丝万缕的关联，只不过我们现在无法明确其具体情况。同《哥本哈根圣咏》的关系最近的当属今天收藏在格拉斯哥的《亨特圣咏》。《亨特圣咏》里面的年历同样有奥古斯丁纪念日，同样漏掉了圣托马斯·贝克特纪念日，而且，《亨特圣咏》的创制地似乎也是约克郡或林肯郡。这份抄本拥有十三幅整页插图，极为奢华。《亨特圣咏》的一名画师同样参与了《哥本哈根圣咏》的创制工作，这一点我们很快就会看到。两份抄本甚至有可能出自同一个抄写员之手。它们当然不能算是严格意义上的孪生抄本，毕竟，无论文字还是插图都存在诸多差异，不过，二者有时会被称作“姐妹”抄本。倘若哥本哈根的这份抄本是皇家抄本，那么格拉斯哥的应当也是。然而，格拉斯哥抄本究竟是为谁创制的，我们就不得而知了。它的使用地显然是在欧洲大陆而非英格兰，且关于它的最早的明确记载出现在 1769 年的法国。

接下来是尚蒂伊的《英格堡圣咏》。这份抄本是在法国创制的，为丹麦王后英格堡（Ingebourg of Denmark，1175~1236）而制，英格堡王后是丹 312
麦国王瓦尔德马的女儿，也是克努特的妹妹。这位王后肯定从孩童时代起就知道《哥本哈根圣咏》。1195 年，英格堡被送去法国同法国国王腓力·奥古斯都结婚（腓力·奥古斯都则是英格兰国王斯蒂芬的侄孙），这段婚姻令她痛苦且孤独，注定走向失败。同《英格堡圣咏》紧密相关的是《阿弗朗什圣咏》，这份抄本是在 1986 年被发掘出来的，并以发掘地命名（如今收藏在盖蒂博物馆），它跟《英格堡圣咏》所用的是同一批画师，而且很有可能是为英格堡的丈夫（腓力·奥古斯都是丹麦国王克努特的妹夫）定做的。《莱顿圣咏》也是在英格兰创制的，里面的年历似乎凸显了北方年历的特征，还被添加了亨利二世于 1189 年 7 月 7 日驾崩的讣告。这份抄本很可能一度属于亨利二世的私生子、若弗鲁瓦·金雀花，他也是约克大主教，是狮子亨利的妻子玛蒂尔达同父异母的兄弟，狮子亨利则是丹麦国王克努特的老丈人。后来，抄本转归若弗鲁瓦的侄女、卡斯蒂利亚的布兰卡（Blanche of Castile），也就是路易八世的王后，路易八世的父亲则是英格堡的丈夫。王后布兰卡是英格兰国王亨利二世的孙女，也是收藏在巴黎阿瑟纳尔图书馆的那份皇家《圣咏》抄本的主人和雇主。将英格兰、丹麦和法国的各个王室联结起来的松散的家族纽带，以及有六份抄本是成双成对地为国王和王后定制的这一事实，就不免令人猜测，著名的《亨特圣咏》是否就是为诸如明斯克的索菲亚（Sophia of Minsk，约 1140~1198）一类的人创制的呢？索菲亚是瓦尔德马的王后，也就是克努特六世的母后。它也可能是为索菲亚家族的另一个成员创制的，甚至有可能同样是为 1170 年的典礼创制的。这样的猜测的确相当有诱惑力。但这让我一下子想起埃里克·皮特森的告诫：“艺术史学家总是一下子就跳到结论部分，那也太快了。”

1999 年，埃里克·皮特森编辑并出版了一部文集，主题是丹麦的中世纪抄本文化，名为《活着的文字和彩饰图》（*Living Words & Luminous Pictures*），文集中收录了帕特里西亚·斯蒂尔尼曼的一篇有关《哥本哈根圣咏》的文章，斯蒂尔尼曼是真正的艺术史学家，但她在下结论时总是非常谨慎和理智。文章以一个彩饰师为切入点，这个彩饰师既参与了《哥本哈根圣咏》的创制工作，也参与了格拉斯哥的《亨特圣咏》的创制工作。斯蒂尔尼曼在其原先的论文中便已经提出，《哥本哈根圣咏》中的《诗篇》1~54、80 和《亨特圣咏》中的《诗篇》1~101 的首字母，是由同一个彩饰师绘制
313 的。后来斯蒂尔尼曼在大约同一时期的另外几份《圣咏》抄本里面也发现了这个彩饰师的作品，其中包括：两份彼得·伦巴德（Peter Lombard，约 1100~1160）的《四部语录》（*Sententiae*）的早期抄本（伦巴德在巴黎的两所座堂学校教学，其一建立于 1158 年，是已知的最早的座堂学校，其二的建立时间不会晚于 1169 年）；一份内容实际上是彼得·伦巴德所作的《保罗书信集评注全本》的首次修订版的抄本，该抄本收藏在巴黎圣母院图书馆，伦巴德本人于 1158~1160 年在此担任主教；还有一份记录了圣奥古斯丁的生平和行迹的抄本，应当是为巴黎的圣维克多修道院创制的，而且可以肯定就是在这座属于奥古斯丁教团的修道院内创制完成的。就历史上的可能性而论，若说这四份抄本当中有任何一份不是在巴黎创制的，那都有点不可思议。

这份抄本记录的是圣奥古斯丁的生平和行迹，《哥本哈根圣咏》的主彩饰师之一在巴黎圣维克多修道院为其绘制了彩饰

因此，我们有必要来看看圣维克多修道院。这座修道院建于 1110 年，位于巴黎的东城墙附近，创建者是香浦的威廉（William of Champeaux，约 1070~1121），此人是哲学家，也是阿伯拉尔（Abelard）的老师。奥古斯丁教团是由教堂教士，并非修士构成的。他们跟修道院外的世俗世界是有互动的，因为他们致力于将他们的学识传播给在俗教众。他们毫无疑问是会制作抄本的。该修道院的内部准则手册性质的《教规册》（*Liber Ordinis*）记录了修道院出钱雇抄写员的事。自创建伊始，圣维克多修道院设立了多 314
个学校，且其招生范围并不仅限于教团成员。学校中的著名教师包括：圣维克多的雨果（Hugh of Saint-Victor，亡于 1142），神学家及高产作家；圣维克多的理查德（Richard of Saint-Victor，亡于 1173），可以确定理查德是苏格兰人；圣维克多的安德鲁（Saint-Victor，亡于 1175），生于英格兰；圣维克多的亚当（Adam of Saint-Victor，亡于 1177 或 1192），可能也是英伦

出身。有关圣维克多修道院早期历史的文献表明，众多驻院修士以及来访学者来自英格兰，这一现象令人吃惊。于 1162~1170 年任院长的埃尔尼琉斯（Ernerius）本人就可能是英格兰人。他的妹妹嫁给了一个挪威人。（这些情况都是从帕特里西亚·斯蒂尔尼曼那里搜集来的。）在埃尔尼琉斯接任圣维克多修道院院长的那一年，丹麦的隆德（Lund）大主教埃斯基尔（Eskil）跟国王瓦尔德马发生冲突，遂流亡法国并来到圣维克多修道院。他带了三百九十七枚银币，将其交托埃尔尼琉斯看管。1168 年，埃斯基尔同瓦尔德马重归于好，后者邀请埃斯基尔前往灵斯泰兹去主持为刚刚获封圣徒的克努特·拉瓦德举办的圣髑迁移仪式以及幼王的加冕仪式。帕特里西亚认为，《哥本哈根圣咏》是大主教埃斯基尔流亡巴黎并暂居圣维克多修道院时（或这之后）雇人创制的，她还暗示说，那三百九十七枚银币应该就是用来支付抄写员和画师的酬劳的。

这的确是个重大发现。它表明在理论上，12 世纪最为伟大的英格兰抄本之一很有可能是在巴黎抄写并装饰的；而且若真是这样的，那么如今收藏在格拉斯哥的《亨特圣咏》也完全有可能是埃斯基尔雇人为丹麦的典礼创制的。我们可以肯定圣维克多修道院内是有一批英格兰抄写员和画师的。我们也知道 12 世纪法国的一批在英格兰出生并受训的抄写员的名字，其中就包括坎特伯雷的玛尼琉斯（Manerius of Canterbury），此人曾抄写了一部《大圣经》，该抄本如今收藏在巴黎的圣热内维耶夫图书馆（Bibliothèque Sainte-Geneviève）。《哥本哈根圣咏》里面的年历和连祷词的确极具英格兰风格，不过，它们没有表现出为其他英格兰本地抄本所有的特征，而是在整体上具有北方抄本的风格——这里的“北方”两字实际上跟英格兰道路指示牌上的没有区别，若是从巴黎的角度来看，所谓“北方”当然也可以将斯堪的纳维亚包括在内。圣维克多修道院隶属奥古斯丁教团，这恰恰符合了《哥本哈根圣咏》中年历的第二个特征。

315 早前，我在给苏富比拍卖行编制抄本名录的时候，并没有解决抄本的地点归属问题，不过我给出了几个备选答案。我的系主任及导师安东尼·霍布森（Anthony Hobson）先生在读了这份名录后十分失望，他用他低沉的噪音跟我说："你必须要给出一个明确的答案。"然而，在这件事情上，我的确不知道答案。一直以来，我为此焦虑不已，但一直无法做出决断。因为还存在其他的选择或变量。若这份抄本真的是埃斯基尔委任制作的，那么他在巴黎结识的画师和彩饰师可以在任何其他地方进行创作，包括英格兰（这种可能性是很大的）。另外，虽然最终的抄本看来非常统一且连贯，但是它的创制工程有可能是在一个地方开启，在另一个地方完工的。我当然希望我能给出结论。虽然埃里克・皮特森可能会赞许我的谨慎态度，但就我本人来说，我是很希望找到答案的。这份抄本甚至有可能是在丹麦创制的，这种可能性的确很小，但一直存在。这一想法反复出现在我脑海中，挥之不去。埃斯基尔大主教是在 1168 年回归丹麦的。庆典的举办时间则是 1170 年的夏天。这份抄本是为国王创制的。但中世纪的国王显然不能邮购抄本，他们只能自行雇抄写员和画师。只要酬劳足够多，整个工作坊，连同抄写员和画师以及全套的抄写设备，都可以去往资助人指定的任何地方，直接进驻丹麦王宫也不成问题。这份抄本很显然是由四个画师和一个抄写员同步完成的，对这样一个团队来说，两年的时间足够了。就我本人来说，我非常希望这份抄本的彩饰工作是在灵斯泰兹完成的。

《哥本哈根圣咏》的校勘情况并不复杂。[*]据我所知，第 7 对开页后面，也就是第 i 折和第 ii 折之间，很可能丢失了整整一折的整页插图，但这个情况好像一直以来都没有人注意到。确切地说，第 7 对开页后面原本是有一叠突出的衬页页根的，这些页根如今被人粗暴地切掉了。抄本的中径遭到严重的损毁，且第 8 对开页的底部被撕裂了。这样的情况在该抄本当中仅此一处，应该就是被人拆除了整整一折导致的。像这般奢华的早期《圣咏》抄本，其开篇部分的一系列整页插图通常呈现的是《旧约》中从伊甸园一直到《诗篇》作者大卫王所在的时代的场景。《亨特圣咏》就是这样（但也存在缺页现象）。这么做的意图很清楚，就是要将人的堕落同《诗 316

* 校勘情况如下：i^{1+6}（原来的卷首衬页现在被标注为第 1 对开页，该页上记录了圣物清单和年历），$ii\sim xxv^{8}$。

篇》联系起来，而《诗篇》则被认为是预言了基督的到来。如此看来，目前《哥本哈根圣咏》里面的插图只有整个系列的一半，因此原抄本可能还有八页插图，以组成同《亨特圣咏》相同的十六个《旧约》场景。大体上可以推断出，早在 13 世纪或者 14 世纪这些插图页便已经被移除了，在那个时期，主宰私人信仰的是圣母崇拜，因此人们觉得“圣母领报”场景而非亚当和夏娃的裸体更适合用作卷首插图，尤其对于会用到这份抄本的修女来说。

抄本创制工作的分工情况可以跟校勘情况完全匹配起来。这一情况实在是令人愉快。第一个画师绘制了第 ii 折中整页插图以外的全部插图，之后又开始绘制第 x~xv 折，也就是从第 72 对开页到第 119 对开页上的插图。在多个画师同时为抄本绘制插图时，抄本肯定是没有被装订起来的，各折因此也就能被分配给多个不同的画师。倘若前两个画师同时开始工作，那么在第一个画师创制三十二幅整页插图的时间内，第二个画师可以完成七十二页的文字页插图绘制工作，之后第一个画师就可以腾出手来完成接下来的工作。第一个画师用的是纪念碑式的华丽风格，运用了大量鲜艳的颜料和没有压花的抛光过的金箔，贴金层如同玻璃一般顺滑。开篇的整页插图中到处都是王室标志。《诗篇》87 所在页上的一个彩绘首字母中可能出现了抄本资助人的图像：图中呈现了上帝正在劝诫一个蓄了胡子的金发男子的场景。这很可能是从《诗篇》87:8 中得到的灵感，“你的忿怒重压我身”，这句话本身当然是针对《诗篇》作者大卫王的，但图中的人显然是北欧人，很像国王瓦尔德马。这个画师还绘制了另外一些首字母，其中就包括了为《诗篇》81 绘制的首字母，呈现的是圣殿里的基督的形象，以及天使在敦促一个人倾听上帝的场景（《诗篇》85 的配图），还有乐师祝圣上帝的场景（《诗篇》91 的配图）。其他许多图纯粹是装饰性的，风格怪诞。图

右页：《哥本哈根圣咏》整页插图的画师也负责绘制首字母，其中就包括右页的这个彩绘首字母，呈现的是上帝劝诫一个金发王子的场景

eam altissimus.

Dominus narrabit in scripturis populorum:
& principum horum qui fuerunt in ea.

Sicut letantium omnium: habitatio in te.

Canticum psalmi filiis chore in finem
pro melech ad respondendum. In
tellectus eman isrlite.

DOMINE
deus salutis meę:
in die clamaui &
nocte coram te.

Intret in conspectu
tuo oratio mea: inclina aurem tuam ad
precem meam.

Quia repleta est malis anima mea: & ui
ta mea inferno appropinquauit.

Estimatus sum cum descendentibus in la
cum: factus sum sicut homo sine adiu
torio. inter mortuos liber.

Sicut uulnerati dormientes in sepulchris

中的场景包括：一头可怕的狮子正抓着一个人的背后并且咬着他的脑袋；一个人后仰着坐在一头熊的背上，攻击一头正在演奏竖琴的驴；一头猩猩
318 在照镜子；一只全身光秃秃的动物，可能是条狗，脑袋上戴着巨大的橙色帽子，正坐在一头蓝色山羊背上，同时用绳子牵着另一条狗，它们的后面则跟着一个人；一对生有双翼的孪生兄弟，身穿橙色长袍，坐在一只巨鸟的背上；更有一个令人无比惊奇的黑褐色毛怪，有可能是头熊，很像是莫里斯·桑达克（Maurice Sendak）绘本里面的野兽，它后腿直立，爪子举在下巴下面，两眼盯着前方。最后这幅图出现在第 110 对开页的右页。倘若这份抄本是为孩童创制的，那么这些有趣的图像显然是很能吸引孩童的注意力，并且帮助他们记忆抄本内容的。

第二个画师是我们已经遇到过的，此人参与创制了《亨特圣咏》和另外四份在巴黎接受彩饰的抄本。在《哥本哈根圣咏》当中，这个画师负责为第 i 折（年历）、第 iii~ix 折（也就是第 16~71 对开页）绘制插图。此外，他还跟其他画师协作绘制了第 103 对开页右页等页面上的插图。那个巨大的贝亚图斯风格的彩绘首字母就出自这个画师之手，他为其贴上了真宝石。这个画师使用的颜色更淡一些，也更柔和一些，且他的贴金层通常有很漂亮的压花，如同雕花的金属工艺品的表层。他绘制的插图包括一系列巨大的彩绘首字母，呈现了很多与正文对应的场景，比如，撒母耳为大卫加冕的场景，这是《诗篇》26 的配图；拿单斥责大卫王的场景，这是《诗篇》50 的配图，图中拔示巴深情依偎在大卫王肩头，拔示巴的那一头编成了辫子的金色长发极具斯堪的纳维亚风格；还有扫罗命令多益将亚希米勒满门抄斩的场景，该事件起因是亚希米勒的背叛，这是《诗篇》51 的配图。这些话题在《诗篇》中是十分常见的，不过，对于一份皇家抄本来说，自然是有真正意义的。

右页：整页插图的画师时不时会将一些奇怪的动物以及怪兽画入图中，其中就包括这个直立着的长毛怪物

tio mea preueniet te.
Ut quid domine repellis orationem meam:
auertis faciem tuam a me?
Pauper sum ego & in laboribus a iuuentu
te mea: exaltatus autem humiliatus
sum & conturbatus.
In me transierunt ire tuę: & terrores tui con
turbauerunt me.
Circumdederunt me sicut aqua tota die:
circumdederunt me simul.
Elongasti a me amicum & proximum: &
notos meos a miseria. Intellectus ethan
israhite.

MISE
ricordi
as domini:
in eternum cantabo.
In generatione & generatione:

上图：格拉斯哥的《亨特圣咏》里的一幅插图，呈现的是撒母耳给大卫涂油的场景。该抄本是《哥本哈根圣咏》的近亲，两份抄本很可能出自同一个抄写员之手，并由同一个画师绘制彩饰

右页：《哥本哈根圣咏》中呈现同样的场景的插图，两幅图出自同一个画师，并且都是用来给《诗篇》26 配图的（此处用的是拉丁通行本中的编码）

第三个画师负责第 xvi~xviii 折的配图工作。虽然帕特里西亚·斯蒂尔尼曼将该画师辨识为第三个画师，但我不确定我能够将第三个画师同第一个画师区分开来。这几折的书页对应的是第 120~143 对开页。这个画师绘制的彩绘首字母主要是装饰性的，其中包括了一个人同一条白色的狗打斗的场景，以及一头蓝色狮子杀死一条绿色的狗的场景，还有一头站立着的熊的画面。

OMI
nus illu
minatio
mea. et sa
lus mea:
quem ti
mebo?
Dominus
protector uite mee: a quo trepidabo?
Dum appropiant super me nocentes: ut
edant carnes meas.
Qui tribulant me inimici mei: ipsi in
firmati sunt et ceciderunt.
Si consistant aduersum me castra: non
timebit cor meum.
Si exurgat aduersum me prelium: in
hoc ego sperabo.
Unam petii a domino. hanc requiram:
ut inhabitem in domo domini omni
bus diebus uite mee.

《哥本哈根圣咏》的第四个，也就是最后一个画师在 12 世纪的画师当中非常容易辨识，当然也非常有名。在英格兰，我们称呼他为西蒙大师（the Simon Master）。法国人则有时候会称呼他为“嘉布遣会《圣经》画师”（the Master of the Capuchins’ Bible）。一些“走投无路”的艺术史学家将他归入所谓的“海峡画派”（Channel School），因为他们无法搞清他的风格是更偏向英格兰还是法兰西。西蒙大师负责为第 xix~xxiv 折，也就是第 144~191 对开页配图。他绘制的首字母中出现了一个手持卷轴的国王的半
320 身像（这是《诗篇》137 的配图），以及颂歌中的先知以赛亚像和哈巴谷像等。另外一些插图则表现出典型的“海峡风格”，比如扭曲但强健的粉红色狮子；白色小狗在树叶丛中爬行；全身光秃秃的蓝色巨怪；相互撕咬的巨龙缠绕成首字母的形状；一头狮子用后腿坐在地上，一个手持剑和盾的人正在与之打斗；正在弹奏乐器的猫；一个装了木腿的人给一只兔子剃毛；一个裸体男人同绿色狮子搏斗；等等。

“画如此荒诞的怪物有什么意义呢？”明谷修道院的圣伯纳德（Saint Bernard of Clairvaux）在一篇斥责 12 世纪上半叶的艺术作品的文章中，发
322 出了这样的质问，“为什么要画这些无耻的猩猩？这些狮子？这些半人半兽的怪物？还有带斑点的老虎？为什么骑士在与它搏斗，而猎人在吹响号角呢？”这一切究竟有什么意义呢？什么意义都没有，这就是我给圣尔纳的回答，不过它们极大地提升了罗曼风格抄本的趣味性。莫里茨·马克普朗（Mouritz Mackeprang）于 1921 年发表了一篇早前写就的有关《哥本哈根圣咏》的文章，颇具勇气地将抄本中的彩绘首字母同《诗篇》的内容联系了起来。比如说，《诗篇》16 的彩绘首字母中的图案是，一头在跳舞的狮子把自己的肩膀靠在一条鱼身上；马克普朗认为，这应该是《诗篇》16:12 的配图，这一节的诗文提到“他像狮子急要抓食”。《诗篇》88 的首字母中有一个令人惊奇的站立着的毛怪；马克普朗将之同《诗篇》88:8 联系起来，“[他] 比一切在他四周的更可惧”。《诗篇》93 的彩绘首字母中一头混种熊或者狮子正在吞食一只羔羊；马克普朗则将之指向《诗篇》93:6，“他们 [恶人] 杀死寡妇和寄居的，又杀害孤儿”。如果你看得够仔细，就能够在

西蒙大师为《哥本哈根圣咏》绘制的首字母的细节图，呈现的是一只在弹奏雷贝琴的猫

《诗篇》中找到可以同插绘图匹配的诗文。但更有可能的是，大多数的配图纯粹是装饰性的，它们显然来自画师的想象。实情大概是这样的：画师一时不知道接下来该画什么内容，碰巧注意到页面上的文字当中出现了诸如“狮子”这样的词，于是脑洞大开，据此作画；这样的图显然不能说是刻意为文本配的图。

还有一些图案很常见，在其他抄本中也能找到类似的。《哥本哈根圣 323
咏》第 171 对开页的左页有西蒙大师绘制的一幅插图，呈现的是一只猫在弹奏雷贝琴——一种用琴弓拉响的弦乐器。令人费解的是，这样的图案在罗曼艺术当中是极其常见的，无论是在彩饰抄本还是在雕刻作品中都会出现。这肯定跟一首非常古老的童谣的开头有关，“Hey, diddle diddle, / The cat and the fiddle”（稀奇，稀奇，真稀奇 / 小猫拉着小提琴）。我甚至一度怀疑，它是不是跟小提琴的琴弦常被认为是用猫的内脏制作出来的有关，直到有一天，研究中世纪音乐的大师阿曼多・洛佩兹・巴尔迪维亚（Armando Lopez Valdivia）前来我的家中做客，他带了一把雷贝琴。当他在晚餐之后演奏起雷贝琴时，我的猫冲了过来，仿佛被磁场吸引住了一样，就那么

dii ancipites in manibus eorum.
Ad faciendam uindictam in nationib;: increpationes in populis.
Ad alligandos reges eorum in compedibus: & nobiles eorum in manicis ferreis.
Ut faciant in eis iudicium conscriptũ: gloria hec est omnibus sanctis eius.

Alleluya.

150 LAUDATE dominum in sanctis eius: laudate eum in firmamento uirtutis eius.
Laudate eum in uirtutibus eius: laudate eum secundum multitudinem magnitudinis eius.
Laudate eum in sono tube: laudate eum in psalterio & cithara.
Laudate eum in tympano & choro: laudate eum in cordis & organo.
Laudate eum in cimbalis bene sonantibus.

伴着琴声在地上翻滚，如痴如醉，眼睛不停地转动，有时它还倒立起来，张着嘴，就像是进入癫狂状态的德尔维希（dervish）舞者一样。毫无疑问，雷贝琴在 12 世纪被奏响的时候，中世纪的猫也会做出一样的反应，可能正是这样的喜剧性场景催生了抄本中的插图。

第 173 对开页左页上的彩绘首字母中有一个拖着一条木腿的人，他手持一把大剪刀，在给一只兔子去毛。这与中世纪的一个常用表述有关：做某件事情很难，难过单腿之人给兔子剪毛。野兔是田野中跑得最快的动物，要抓住兔子并为之剪毛已经是极为困难的事了，更何况对于单腿之人来说。配图象征的就是绝无可能之事。这一图案实际上也出现在了伯里《圣经》[伯里圣埃德蒙兹修道院《圣经》(Bible of Bury St Edmunds Abbey)，创制于约 1130 年] 的卷首插图中，这份抄本是英格兰最早的由已知的职业彩饰师雨果大师（跟前文谈到的画师雨果并不是一个人）独立完成的抄本。伯里《圣经》体积巨大，设计更是极为复杂，雨果在卷首页上画了这么一个怪异的图案，可能是在暗示为这样一份抄本做彩饰是一项几乎不可能完成的工作。不妨回头看看《哥本哈根圣咏》当中这幅插图所在的位置——它是《诗篇》终篇的配图。这可能也是在说，没有人觉得这份抄本能在 1170 年 6 月 25 日这个期限之前完工。所以，西蒙大师应该是要告诉大家，他的团队完成了一个不可能的任务。

对《哥本哈根圣咏》的起源、文本以及互相协作的画师的研究，把我
们带到了书籍史上的一个转折点，在这个转折点之后，阅读不再被修道院 325
垄断，世俗画师开始四方巡游，逐渐进入书稿制作行业，虽然在早期常规的工作坊尚未成形；同时，抄本也开始跨越教会设下的分水岭，从教堂手中不可让渡的财产转变成虽然奢华但也可被在俗教众购买的艺术品，开始拥有明确的定价和一定的商业价值。西蒙大师，跟绘制伯里《圣经》的雨

左页：《诗篇》终篇的彩绘首字母页，插图出自西蒙大师之手，呈现的是一个装了木腿的人抓获一只野兔并为之剃毛，表达的是中世纪的一个惯用说法，即极为艰巨的任务

果大师一样，显然是职业画师。西蒙很可能是在巴黎的圣维克多修道院开启自己的职业生涯的。他参与创制的很多书册实际上是被巴黎修道院学校的学生购买并且带回家中的教材，它们是对中世纪时曾为各个修道院所有的抄本的解读，这些修道院的分布范围非常广，包括诺曼底的波港（Bonport）、德国的利斯博恩（Liesborn）、奥地利的克罗斯特新堡（Klosterneuberg）以及匈牙利的埃斯泰尔戈姆（Esztergom）等。然而，西蒙也会巡游四方。因此没有理由认定他不曾通过他在圣维克多修道院的关系网到过丹麦。现代人给他的绰号“西蒙”，来自英格兰南部那伟大的圣阿尔班修道院的院长西蒙，后者于1167~1183年掌管这座修道院。西蒙院长跟巴黎的圣维克多修道院早有接触，因为他需要圣维克多向圣阿尔班提供新的抄本。很可能在12世纪70年代（显然是在他的院长任期内），他将一批范本带往英格兰，随行的还有一批画师，画师西蒙就在其中。在至少三份由圣阿尔班修道院的抄写员创制的抄本中，带有献给时任院长西蒙的插图或装饰图案。后来，西蒙大师在职业画师的道路上继续前进，只要机会合适，就会听从其他资助人的召唤，因此他可能留在了英格兰，也可能返回了法兰西。关于12世纪，我们得到了相当多的信息，但对于其中某些领域又一无所知。

《哥本哈根圣咏》还有一个特点并非这份抄本独有的，但在研究中世纪抄本的学者间尚未得到足够充分的探讨。该抄本的每一幅插图以及彩绘首字母的上方或者旁边，都有非常细小的针孔。这意味着抄本的所有插图
326 都曾被盖在一块织物下面，这些织物被缝合在书页上，以便起到保护作用。在奢华抄本，尤其是在12世纪的英格兰和北欧地区的抄本中，这种情况很常见。皇家《圣咏》抄本家族中的每个成员，即《亨特圣咏》《英格堡圣咏》《阿弗朗什圣咏》《布兰卡圣咏》《莱顿圣咏》，其彩饰旁也都有这样的针孔。一旦关注这个情况，你便会很吃惊地发现，它们出现在了那个时代的几乎所有奢华抄本上。没有理由怀疑，针孔与抄本本身是不同时代的产物。此类针孔有时出现在页面顶端，以便固定可向上掀起的布片，有时出现在首字母的左侧，偶尔在其正下方，以便布片从侧面或者上方打开，如

同小窗户一般。偶尔会有这样的织物在罗曼抄本里保留下来，并且仍然跟页面缝合着，不过这种情况极为罕见。它们通常是被很粗糙甚至有些随意地缝合到页面上的。此类织物可以对彩饰形成保护，防止页面因为摩擦而受到磨损，如同今天的人们会在《哥本哈根圣咏》里面放置现代纸张一样。但它们肯定不只有这一个作用，因为闭合着的抄本中的书页是不会受到摩擦的；即便真是如此，那么双面的卷首开篇绘图也只需要一张这样的织物。实际情况恰恰相反，《哥本哈根圣咏》里的所有整页插图页的顶端都有两排针孔，这意味着每一幅插图都有自己的保护性织物。

我们在翻阅中世纪的彩饰抄本，或者看到它们在玻璃橱柜里以打开着的形式被展出时，总是会被它们光彩夺目的模样震惊。不过，在《哥本哈根圣咏》的第一批主人打开这一抄本时，景象是完全不同的。抄本中的插图应该都无法被直接看到，它们就如同希腊正教会的圣像，隐藏在织物的后面。掀开织物，将那神圣的或者装饰性的插图“揭示”出来，此一举动本身应当就是实践信仰的一部分。这是对“启示”的具象化呈现，正如打开第 9 对开页左页上那红白相同的布帘向人们“揭示”基督道成肉身的场景一般。这一体验，是为了提醒我们，我们与画中人所处的不是同一世界。

实际上，这份中世纪的《圣咏》抄本以及其中的每日祷词，与今天信众的日常生活也是息息相关的。今天的欧洲俗众差不多都具备了基本的阅
读能力，这是一段漫长的教育发展历程的成果，源自由 12 世纪的欧洲宫廷 327
开启的新潮流。此一潮流在出现后便如同涓涓细流一般，沿社会等级之阶梯向下层流淌，令我们也能领受恩泽。今天，难以计数的男男女女仍然在使用《圣咏》,《圣咏》年历上的很多节日也仍标记着现代年历中的特殊时刻，即便对于那些并不信奉基督教的人来说也是如此，因为如情人节、复活节以及圣诞节等节日都出现在了《圣咏》年历当中。6 月 24 日在《哥本

第 346~347 页 :《哥本哈根圣咏》结尾部分的一系列短祷文，其中包括祈请上帝恩典的祷文和祈请上帝赐予和平并让自己免于敌人威胁的祷文等

D
EUS cui propri- or.
um est misereri semper &
parcere. suscipe deprecati
onem nrãm. & quos delicto
rum cathena constringit: miseratio tuę
pietatis absoluat. Alia.

O
Mnipotens sempiterne deus
qui facis mirabilia magna
solus. prętende sup famulos
tuos & sup cunctas congrega
tiones illis cõmissas spiritũ gratię salu
taris. & ut in ueritate tibi complaceant:
ppetuũ eis rorem tuę benedictionis in
funde. Alia.

P
Retende dñe fidelibus tuis
dexteram cęlestis auxilii. ut
& te toto corde perquirant:
& quę digne postulant conse
qui mereantur. Alia.

D
Eus a quo scã desideria re
cta consilia. & iusta sunt o

pera: da seruis tuis illam quam mundus da
re non potest pacem. ut et corda nostra manda
tis tuis dedita: et hostium sublata formidi
ne tempora sint tua protectione tranquilla.

A Domo tua Alia.
quesumus domine spiritales ne
quitie repellantur: et aeriarum di
scedat malignitas tempestatum.

Animabus quesumus Alia.
domine famulorum famularumque tua
rum oratio proficiat supplicantium.
ut eas et a peccatis omnibus exuas:
et tue redemptionis facias esse participes.

Deus qui es Alia.
sanctorum tuorum splendor
mirabilis atque lapsorum
sublevator inenarrabilis: fac
nos famulos tuos sancte dei genitricis semper
que uirginis marie et omnium sanctorum tuorum
ubique tueri presidiis. necnon familiarita
te atque consanguinitate nobis iunctis et

哈根圣咏》中既被标注为施洗者约翰的诞生日，也被标注为夏至（*Solsticium*），两个条目都以蓝色墨水写就。6月23日，也就是夏至日的前夜，在抄本里被称为“Sankt Hans Aften”（圣约翰前夜），这在今天的丹麦是一个大众节日，人们会在这一天的深夜在海滩上点燃篝火。我就曾在日德兰北部的斯卡恩（Gammel Skagen）参加了这个节日的庆祝活动，那里曾是埃里克公爵的封地，此番节日体验也令我接触到了斯堪的纳维亚的古老传统，而那种传统可能比基督教古老得多。

个体信仰并非本书的主题。不过，被收录在《哥本哈根圣咏》抄本中的信经的末尾有一条有关“诸圣共融”（communion of saints）的信纲，据我体会，这是用来与历代信众沟通的一种团契，信众通过这种团契分享共同的属灵渴念和体验。在皇家图书馆度过漫长的一天后，我就突然在一瞬间有了这样的体验。当时，我正读到第193对开页左页到第194对开页右页的晚间集祷经的和平祷词，“Deus a quo s[an]c[t]a desideria recta consilia & iusta sunt opera...”这份祷词即便对于12世纪的人来说也已经非常古老了，但在剑桥大学圣体学院的教堂里我仍然每晚都能听到，且在整个西方基督教世界中应该都还能听到，它同我们今天的生活息息相关，就如同当年它同瓦尔德马国王和克努特四世的生活息息相关一样，而他们也读过这份抄本上的这些词句。《公祷书》将这几句祷文翻译为，“神啊，凡圣洁的愿望，一切良善的劝告，和一切正直的事，都是从那里来的，赐给你的仆人那世界所不能给予的和平……守护着我们，令我们不再惧怕仇敌，也许我们可以在安息中度过我们的时光……”八百五十年来，这些祷文并没有发生变化，世人对和平和无所畏惧的渴念也没有发生变化。在这份共同的祈祷词中，今日的世界同昨日的世界一下子联结起来，两个世界的人的心在一同跳动。

fenum ut bos comedet.
nabuquodonosor erbas pascens uelud bos

第八章
《布兰诗歌》

13 世纪上半叶
慕尼黑，巴伐利亚州立图书馆，
Clm 4660

330 读中学的时候我选修了拉丁语，并不是我在这方面有什么天赋（实际上我没有），而是因为我在别的科目上表现得更糟糕。我上的国王中学是一所公办男校，位于新西兰的达尼丁（Dunedin），现在回想起来，那里的课程即便在当时也属于非常老套的了。我们痛苦地做着常规的语法和翻译练习。我在上预科时的一天，我们的拉丁语老师——我们平常都称呼他邓伍迪先生——突发奇想，从家里带来一台便携式留声机，为我们播放了卡尔·奥尔夫（Carl Orff，1895~1982）的配乐朗诵，朗诵的内容是中世纪的《布兰诗歌》（*Carmina Burana*）。那迷人的音乐以及动听且有韵律的拉丁语文本一下子把我们迷住了，里面讲述的是有关女孩、酒馆以及命运的不公的故事。教室里坐着的是一群体内的荷尔蒙在奔涌的少年，这样的拉丁语作品毫无疑问触碰到了我们的灵魂——一种凯撒的《高卢战记》绝对不会产生的效果。我们恳请邓伍迪先生一遍又一遍地播放这首歌，并向邓伍迪先生保证我们能借此学习拉丁语。邓伍迪先生人很好，他照做了。我们很快便记住了很多拉丁韵文，至今我仍然能想起来一些，比如“o! o! o! totus floreo, iam amore virginali, totus ardeo!”（哦！哦！哦！爱的岩浆在胸中涌动！为这初恋而喷发！）。我们就处于这样的年纪。这样的音乐对我们来说充满诱惑力，召唤我们去想象中世纪的学生的模样，多情且放纵的他们肆意游荡在 12 世纪欧洲的诗文和歌谣里，他
333 们的自由主义精神与 20 世纪 60 年代中叶的没什么两样。其他学校的拉丁语老师想必也这样做了，令我们这代人对这些充满欲望和反叛精神的拉丁诗文都很熟悉，拉丁语也正是因此而在当时仍是一门国际语言。

几年之后，也就是 20 世纪 70 年代初，我已经是牛津大学的研究生了，放暑假时我会背上背包，带着从博德利图书馆借来的相机，外出游走一番。我的路线跟《布兰诗歌》里面那些流浪学生的路线有很多重合之处，八百多年前，他们也会前往巴黎以及法兰西和德意志的那些拥有大教堂的城市，并且在奥地利的各个修道院之间穿行，拜读收藏于当地图书馆的抄本。我大多住在青年旅馆或者帐篷里。这样的体验虽然孤独，但也迷人，且我很享受这样的情景：一觉醒来，将发间的青草和昆虫拂去，接着前往市政图书馆的盥洗室洗漱一番，尔后相当光鲜地出现在问询台前，等着观瞻自己的清单上那些 12 世纪的珍贵书册。在不同的图书馆里，我时不时地会遇到同一批人，我们会自认为是一个国际游方学生群体的一分子，虽然我们来自不同的大学，有着不同的论文选题。还记得有一次，在奥地利的一座修道院里，我的德语不够用了，于是拉丁语便成了我的救命稻草，很显然，在我们的世界里，拉丁语是唯一的共通语言。

也就是在那段时间里，我第一次拜访了巴伐利亚州立图书馆，那一趟慕尼黑之行我至今还记得。此前，我走访了法国乡间的一些非常舒适且冷清的图书馆，学童和老人就在里面看报聊天，消磨午后的时光，相比之下，慕尼黑的图书馆真是令人生畏。巴伐利亚州立图书馆坐落在路德维希大街上，这条大街从慕尼黑城北的凯旋门一直延伸到城市中央地带的音乐厅广场。图书馆本身是一座巨大的古典风格的砖瓦建筑，用的是中欧各处可见的黄色涂料。它于 1843 年建成并开馆。图书馆外矗立着四座巨大的人物雕像，分别是修昔底德（代表历史）、荷马（代表文学）、亚里士多德（代表哲学）和希波克拉底（代表医学）。你登上街边的阶梯，推开三道大门中的一道，进入图书馆，就可以来到一个巨大的门厅。它就像一个你从 334
未见识过的巨型银行。随后，你走上巨大的白色大理石台阶，从古典风格

左页：巴伐利亚州立图书馆的大台阶，据说，巴伐利亚国王路德维希一世在世的时候，只有国王本人可以踏上此台阶

的廊柱中间穿行而过。台阶旁的金属扶手由小小的铜狮子连接。据说，于1825~1848年在位的巴伐利亚国王路德维希一世（King Ludwig I）本打算将此建成当世欧洲最为华丽、宏伟的台阶，而且在他活着的时候，只有他本人能够使用它。20世纪70年代，当我在紧张地攀登这一台阶的时候，我感觉自己只有两英寸高。我的头顶是阿尔布雷希特五世（Albrecht V）的雕像，此公是于1550~1579年在位的巴伐利亚公爵，也正是他于1558年为这座图书馆奠基；当然还有路德维希一世的雕像。台阶两侧各有一个四周由大型建筑围绕的方形庭院。若是要前往普通印刷书册的阅览室，请向前直走。要前往珍本和抄本部，则需要右拐后再向右拐，折返至图书馆的前侧，穿过入口上方排布着廊柱的“侯爵大厅”（Fürstenhall），然后左拐，沿着同路德维希大街平行的走廊前行，穿过图书馆展览室的大门，再通过一个十字转门，再次左拐（此时走向远离路德维希大街的方向，进入这座长方形建筑的远端），接着便要路过两个极为壮观的16世纪的地球仪，以及路德维希一世的流动图书馆，最终就来到了珍本阅览室。这个阅览室两边都可以自然采光，网状窗帘则被用来减弱光线强度。阅览室里面的长桌已经被一群灰白头发的老教授占领了，他们都拥有德国学术界的许多顶级学术头衔。借阅台设在阅览室的远端。阅览室中间有台阶通向中层的书架，书架上摆放着的可能是当今世界上最为全面的有关抄本的开架参考文献（本书第十二章还会谈到这个情况）。这里的氛围专业且学术，唯一的声响就是铅笔在不停地写写画画的声音。在慕尼黑的这座州立图书馆里，是根本不会有冷清或者乡间的气息存在的。

13世纪的《布兰诗歌》抄本——卡尔·奥尔夫的清唱剧的灵感来源——自1806年开始便一直在这座图书馆了。“布兰”（Burana）这个名字是上巴伐利亚的贝内迪克特博伊埃尔恩（Benediktbeuern）修道院的拉丁语拼法，这座修道院创建于8世纪，在慕尼黑以南大约四十英里的地方。
335 1803年，这座修道院因拿破仑推行的改革而遭到关闭，随后人们在该修道院的藏书当中发现了没有被列入藏书名录的《布兰诗歌》抄本。抄本辑录了大约三百五十首诗歌和歌谣，其中很多是该抄本独有的，但只有大约

上巴伐利亚的贝内迪克特博伊埃尔恩修道院，于 1803 年被关闭，《布兰诗歌》就是在此被发现并以此得名的

二十首诗歌或者其选段拥有奥尔夫的配乐版。大部分诗歌和歌谣是拉丁语的，但中间也夹杂了一些用各种欧洲语言写成的作品，还有一些重要作品用的是中古高地德语（Middle High German），它们是存留至今的方言歌谣当中最为古老的一批。《布兰诗歌》抄本绝对是现存的中世纪诗歌集抄本中最为精美的，而且也是流传最广的，它是德意志的民族瑰宝之一。

我有缘得见这份抄本，要归功于沃尔夫冈－瓦伦丁·伊卡斯（Wolfgang-Valentine Ikas），伊卡斯先生是慕尼黑的这座图书馆的珍本部负责人，我有幸在美国田纳西州的一次会议上与他结识。在我向他提出请求，希望能看一看他管理的抄本时，我感觉到了他的恐惧，他害怕我要看的是《奥托三世福音书》，这份抄本可是现存的最为珍贵且最为脆弱的抄本之一；当我说出要见的是《布兰诗歌》时，我明显感觉到他如释重负。不过，其实《布兰诗歌》也十分珍贵，通常情况下是无法见到的。即便是伊卡斯先生本人也从未见过这份抄本的真容。伊卡斯先生首先要征询“图书与抄本修复部”（Institut für Buch-und Handschriftenrestaurierung）负责人的意见，以确
336 定这份抄本的状况是否适合跟读者见面。几天的焦虑等待之后，我最终获得允准。

此次造访跟我还是学生时背着帆布书包到处乱跑的情形完全不同。图书馆的工作人员为我省去了领取读者票的程序，直接将我带进馆内。图书馆里已经有一些人了，我认得其中的几个，比如来自瓦尔堡研究中心的贝尔托德·克莱斯（Berthold Kress），他正在复印一篇俄语文章，是关于先知但以理的形象的，见到我他似乎毫不意外；还有冈瑟尔·格鲁克（Günther Glück），他来研究一些华美书册——他本人就有一批极为珍贵的藏书。一番寒暄之后，我径直前往借阅台。

《布兰诗歌》在这座图书馆被归入“瑰宝级抄本”（Tresorhandschrift）之列，是最高等级的抄本，因此我被要求戴上手套，手套是由馆方卖给读者的，读者可以留着它以便继续使用（但他们送了我一副）。手套是白色的，背面有棱纹，手腕处是猩红色的，很时髦，但它会让你看起来有点像被切掉了手。工作人员领着我来到一张桌子面前，这张桌子很特殊，被与其他桌子隔离了开来的，就在负责人办公桌的左边。之后，工作人员拿出两块楔子形状的塑料泡沫，上面覆盖有绿色的粗呢。抄本和其独立的增补书页分别收藏在两个用厚重的粗麻布包裹着的盒子里。

抄本的封皮大约 10 英寸长、7 英寸宽，不计装帧的抄本本身为 1.75 英寸厚。封皮的木板并不厚，是 18 世纪的物件，其内沿被打磨成斜边，是典型的德意志风格，并被用褐色皮革包裹了起来，皮革之上有无色压印纹理。抄本的装帧风格跟贝内迪克特博伊埃尔恩修道院的其他抄本是一样的，但这是存留至今的可以证明这份抄本的确出自该修道院的唯一证据。抄本上只配备了一个搭扣，且是中世纪晚期的，应该是从其他抄本上转移过来的。搭扣的皮带被系在封底的边缘，这也体现了典型的德意志风格，在法兰西或者英格兰风格的抄本上，皮带通常会被系在封面的边缘。这根皮带显然被修复过，是用白色的鞣革制成的，由此可以推断出抄本最初的封皮应该

就是这个颜色。搭扣本身是由黄铜制成的，上面刻有“ave”和“ma[r]ia”
的字样，用的是哥特字体，其中的字母“r”被一颗用来将搭扣钉在封面板 337
材上的钉子弄得模糊不清了。扣环如今被包裹了起来，仿佛被包上了包扎带，以防它同别的东西发生刮擦。诸如“Ave Maria”这样的词在中世纪德意志的抄本装帧当中是很常见的，它们并不能说明抄本的渊源，但完全符合了这样一份为宗教团体制作的抄本的风格。

只需要轻轻地按压抄本，搭扣便会自动解开。我在绿色粗呢书垫上将抄本打开。我首先看到的是一张衬页，上面有多处添加内容，比如用铅笔写的“B Buran 160”（19 世纪初期的字迹，并且被用横线划去了），用红墨水写的“s.XII–XIII”字样，应该是日期之类的表述（也被划掉了），还有就是现今的书架编号“Clm 4660”，字号很大，是用紫色粉笔写上去的。这个编号也出现在了书脊的一张纸签上。在巴伐利亚州立图书馆，“Clm”代表的是“Codex latinus monacensis”三个词的首字母缩写，意思就是“慕尼黑拉丁语抄本”，因此在严格意义上，人们不应该再继续用“Munich MS Clm”这一语义重复的表述了，因为所有的相关信息都已经被浓缩在三个首字母里面了。这些抄本是以递增的次序进行编号的。来自贝内迪克特博伊埃尔恩修道院的抄本占据了“Clm 4501–4663”这个号段；因此编号为“4660”的《布兰诗歌》应当在这些抄本里排第 160 号，这也就解释了卷首衬页里用铅笔添加的那个数字“160”。

抄本第一页上是著名的“时运之轮”图，呈现的是一个国王先是高居时运之轮的顶端，然后从时运之轮上摔落（王冠也随之掉落），最后被碾压在轮子底部的场景。在摔落的国王的右上方有一个 19 世纪的黑色签印，印着“BIBIOTHECA REGIA MONCENSIS”（慕尼黑皇家图书馆）的字样，这其实颇有反讽意味，毕竟，在第一次世界大战之后的 1918 年，时运之轮果真发生了旋转，巴伐利亚王国就此瓦解。页面底端挤着六行较小且密密麻麻的文字，应该是后来添加上去的，这些文字在奥尔夫的断音鼓点和铜钹声的衬托之下，读起来是颇为生动传神的，完全可以匹配“时运之轮”中的场景：“O fortuna, velud luna, statu variabilis, semp[er] crescis aut decrescis, vita detestabilis…”（哦，时运，像那月亮，流变不居，盈亏无常，可怕的生活……）

实际上，这根本就不是《布兰诗歌》的真正开篇。不妨看一看抄本的
338 校勘情况，这份抄本的校勘工作很容易，即便戴着手套也能完成，因为书页普遍很厚，缝合痕迹也很明显。*不过抄本如今的情况跟其原始情况很不一样。如今的卷首页显然是从抄本的其他位置转移过来的，应该是 18 世纪抄本重装工程的结果，这为了让抄本拥有一张常有插图的卷首页。倘若抄本的主人是藏书家，那么这样的调整就并非同寻常，毕竟，他们不会希望一打开抄本就看到大片文字直勾勾地盯着他们。不过，这并不是唯一的变动，实际上，当前抄本的编排顺序极为混乱，而且有严重的缺页现象。†哥廷根大学的教授威廉·迈耶（Wilhelm Meyer，1845~1917）就曾在州立图书馆收藏的大量散页里面发现了一批来自《布兰诗歌》的书页，其中包括了抄本最后一折里丢失的六页。如今，巴伐利亚州立图书馆给了这些散页独立的编号“Clm 4660a”，并称其为《布兰诗歌残章》(*Fragmenta Burana*)，将其与抄本收藏在一起。但这些散页以及迈耶教授于1870年写下的一份说明被放在独立的文件夹内，且被装在一个系着黑色缎带的卷宗夹里，该卷宗夹外还有一个粗呢布盒子。是否要将 18 世纪那质量低下的重装成果

* 按照抄本目前的装订顺序，校勘如下：i^{2}，ii~vi^{8}，vii^{6}[这一折是八页，缺了 vii~viii 页，即第 48 对开页后面的两页]，viii^{1}[这一折页数不明，只剩下一张单页，即第 49 对开页]，ix^{7}[这一折是八页，缺了第 vii 页，即第 55 对开页后面的一页]，x~xi^{8}，xii^{8+2}[这一折即第 78~79 对开页中，第 v 页后面被插入了一份双开页]，xiii~xiv^{8}，这之后丢失了整整一折，xv^{8}，xvi^{6}。第 48 对开页后面丢失的两页，实际上被转移到了卷首，即在现在的第 i 折。

† 这份抄本本来的装订顺序应当是这样的（各折序号为如今的序号）：vii+i、ii~vi、viii、xii、ix~xi、xiii~xvi。如此看来，开篇处至少缺了整整一折，第 98 对开页和第 99 对开页之间也缺了一折。书页的顺序应当是这样的（各对开页页码为如今的页码）：[卷首缺多页]、第 43~48 对开页、第 1~42 对开页、第 49 对开页、第 73~82 对开页、第 50~72 对开页、第 83~98 对开页、[缺一折]、第 99~112 对开页。

右页 :《布兰诗歌》目前的卷首页，插图呈现的是“时运之轮”，页面底端的歌谣为“O fortuna, velud luna”（哦，时运，像那月亮）

1

Regno

Regnabo

Regnavi

Sum sine regno

FAS ET NEFAS ambulant passu fere pari. prodigus non redimit vitium avari. virtus temperantia quadam singulari debet medium ad utrumque vitium caute contemplari. Si legisse memoras ethicam Catonis. in qua scriptum legitur: ambula cum bonis. cum ad dandi gloriam animum disponis. inter cetera hoc primum considera. quis sit dignus donis. Dare

O fortuna velud luna statu variabilis semper crescis aut decrescis vita detestabilis nunc obdurat et tunc curat ludo mentis aciem egestatem potestatem dissolvit ut glaciem. Sors immanis et inanis rota tu volubilis status malus vana salus semper dissolubilis obumbratam et velatam michi quoque niteris nunc per ludum dorsum nudum fero tui sceleris. Sors salutis et virtutis michi nunc contraria est affectus et defectus semper in angaria hac in hora sine mora cordis pulsum tangite quod per sortem sternit fortem.

mecum omnes plangite

纠正过来，令抄本恢复原貌，并将后来发现的散页放回到原来的位置，这个问题时不时地会被提出，因为若是凭借目前的装订顺序，人们是很难构想出抄本的原貌并领略其完整内容的。

有时候，抄本给人的第一印象包含着预料之外的启示。各个抄本看起
340 来都是不一样的。在慕尼黑的这间阅览室里，人们就在查阅各式抄本，从奥托王朝的祈祷书、意大利的法律文献到法国的时祷书。我是凭借抄本的版式、大小、字体（不阅读里面的内容）以及彩饰的尺寸和颜色将这些抄本识别出来的。实际上，我们当中有很多人可以看一眼便做出判断。M.R. 詹姆斯（M. R. James，1862~1936）应该是他那个时代里见识过最多中世纪抄本的人（至少在当时还活着的人当中是这样），也正是他于 1902 年最早将摩根的《贝亚图斯抄本》编入名录的。他在他写的那篇著名的鬼故事《阿尔贝里克神父的剪贴簿》（*Canon Alberic's Scrap-Book*）里，相当传神地刻画了这种根据直觉判断抄本的过程 ："甚至都没等打开外面的包装纸，丹尼斯通就已经对这书的体积和形状产生了兴趣。'太大了，肯定不是祈祷书，'他暗自说，'而且看形状也不可能是轮唱赞美诗集（antiphoner）。'"

如果我在远处看到有人翻看《布兰诗歌》，肯定以为那是在看一份日课经抄本。这份抄本远看之下的确像极了日课经。所谓的日课经曾是（且对于修士们来说现在仍是）《诗篇》和为教会年历选择的经文的标准汇编，用于从夜祷一直到睡前祷的每日祷告。一般是神职人员和教团成员在使用日课经。它通常十分便携，因此常被称为"Portiforium"（袖珍本），这样的抄本精简且有序、十分厚实，而且经文通常是用较随意的字体写就的，跟弥撒书不一样。德意志地区最早的日课经可以追溯到 1200 年前后，《布兰诗歌》恰恰也是在这个时期诞生的。二者的相似之处不仅在于形状和大小，还表现在页面布局方面 ：文本当中几乎每一句话都有红色的首字母，如同

右页 :《布兰诗歌》乍看起来就像是 13 世纪的日课经，因为它也有红色首字母、经文选段、红字标题，以及简短的纽姆谱（neumes）

comprehensam rea solo clarior non est sub polo millibus in
uita. Satis illi fuit graue. michi gratum et suaue quod fe
cisti inquid praue ue ue tamen caue ne reueles illi ca
ue. ut sim domi tuta. Si sensent meus pater uel mari
tus maior frater erit michi dies acer. uel si sciret mea
mater cum sit angue peior quater uirgis sum tributa.

Anus. Dulcis in tempore Item un sup.
florenti stat sub arbore Iuliana cum sorore. dul
cis amor. Refl. Qui te caret hoc tempore fit ui
lior. Ecce florescunt arbores lasciue canunt uolucres in
de tepescunt uirgines. dulcis amor. Ecce florescunt lilia
et uirgines dant agmina summa deorum carmina dulcis amor
Si tenerem quam cupio in nemore sub folio oscularer cum
gaudio dulcis amor. Item a t. ooooooooo.

Orig. Estas in[choatur] ameno tempore phe
busque dominatur depulso frigore. Vnius in amore
puelle uulneror multimodo dolore per quem et atte
ror. Ut mei misereatur et me recipiat et declinetur ad me
et ita desinat.

121

FLOREBAT. Olim studium. nunc uertitur
in tedium. iam scire diu uiguit. s; ludere preualu
it. Iam pueris astucia contingit ante tempora. qui
per maliuolentiam excludunt sapientiam. Set retro
actis seculis uix licuit discipulis tandem nonagenarium
quiescere post studium. At nunc decennes pueri de
cusso iugo liberi. se nunc magistros iactitant. ceci cecos
precipitant. Inplumes aues uolitant. brunelli cordas in
citant. boues in aula salitant. stiue precones militant.
In taberna gregorius iam disputat inglorius. seueritas
Jeronimi partem causatur obuli. Augustinus de sege
te. benedictus de uegete. sunt colloquentes clanculo.
et ad macellum sedulo. Mariam grauat sessio. nec
marthe placet actio. iam lye uenter sterilis. rachel lippe
scit oculis. Catonis iam rigiditas conuertitur ad gane
as. et castitas lucretie turpi seruit lasciuie. Que pri
or etas respuit. iam nunc clarius claruit. iam calidum
in frigidum. et humidum in aridum. Virtus migrat
in uicium. opus transit in ocium. nunc cuncte res de
bita exorbitant a semita. Vir prudens hoc consideret.
cor mundet et exoneret. ne frustra dicat domine in ulti

《诗篇》中的诗节一样，并且在字词上方会时不时标注有音符，这也是日课经中常见的情况。一些歌谣的开篇词实际上跟日课经里面诗篇的开篇词是一样的，都是人们耳熟能详的，诸如“Bonum est”（是好的）、“Lauda”（赞美）这样的词。人们注意到了《布兰诗歌》里的爱情诗遵循了从春天到秋天的顺序，而日课经的夏季篇也是从复活节到基督降临节的最后一个星期天的。当今的中世纪文学或者世俗音乐的研究者是否注意到了这样的相似之处，我并不是十分清楚，不过可以肯定，13 世纪早期的人们都会意识到这种对应关系。在几代人的时间后，方济各会的吟游诗人马特弗雷·埃 343
蒙高德（Matfre Ermengaud）就将自己的世俗诗集称为了 *Breviari d'amor*（《爱之日课经》）。

一旦将抄本恢复至原来的编排方式，便不难见出，它的内容是可以很清晰地划分为四个文本集的。它们通常是说教和讽刺诗；情歌——以“Incipiunt iubili”为大标题，意思是“歌谣部分由此开始”（第 18 对开页的左页）；饮酒和游戏歌谣；以及宗教剧。接下来让我们依次了解一下它们。

许多讽刺诗是以道德堕落为主题的，这一永恒的主题并非我们这个时代独有，也并非专属某个时代。“Ecce torpet probitas”（且看天丧斯文）就是其中的典型，揭露美德不再、金钱称王之炎凉世态的诗也很常见，比如“In terra nummus rex est hoc tempore summus”（此时金钱为主）。还有一些讲述的是命运之多舛，比如“Fortune plango vulnera”（哀悼命运之伤）以及前面提到的那首著名的“O fortuna, velud luna”（哦，时运女神），这两首诗都是添加在页边空白处的。另有一些则在哀叹学问的衰落，第 44 对开页左页就有诗如下：

Florebat olim studium
nunc vertitur in tedium,

左页：这首题为“Florebat olim studium”（学问一度兴盛）的诗，讲述的是学问衰落这永恒的主题，它将诗人所在的时代与学问备受尊崇的过往时代进行了对比

iam scire diu viguit,
s[e]d ludere p[re]valuit.
Iam pueris astutia
contingit ante temp[or]a,
qui p[er] malivolentiam
excludat sapientiam ...

（大意为：学问一度兴盛，而今沦落凡尘；知识一度受宠，而今世人更喜玩乐。市侩之风，过早侵袭孩童，终至智慧陨灭……）

抄本中更有一段很有意思的仿福音书文字，从第 11 对开页的右页开始，标题是“Ewangelium”，文字为红色（其中字母“w”用的是德语拼写
344 方法）。它被设计成了乍一看就像是日课经或者弥撒书当中《马可福音》的经文的模样，但是读到最后，读者会意识到它的主题是“银币”，“*INITIUM s[an]c[t]i ev[an]g[e]lii se[cu]nd[u]m marcas argenti,* In illo t[em]p[or]e dixit papa...”（马可银币福音书：那时，教皇……）。这实际上是一篇相当粗俗的散文，讲述的是教皇和枢机主教拒绝接纳任何不愿出大价钱换取特权的人。这段文字差不多全部由三十一条真实的拉丁经文组成，来自《书信集》《福音书》《约伯书》《诗篇》《西番雅书》《使徒行传》《耶利米书》《申命记》等——它们被从原有语境中抽取出来，重组在了一起。这事不免令我回想起当年诺克斯学院的一位候补牧师私下里跟我说的一段玩笑性质的布道词。那是一天深夜，他悄悄跟我说：“看哪，有两个博士，名叫亚当和夏娃，他们出去撒种，遇到一个育龄妇女，在这之后他们的族人不断增加……”后面还有很多（实际上，可能在喝几杯啤酒之后，我还能记起不少），要体会此等幽默，是需要熟知经文的。虽然抄本中这首讽刺诗的矛头直指罗马教廷，但我们只有将之置于宗教语境当中才能真正体会

右页：戏仿福音书的文本，其中的句子是从真实的福音书经文当中选取而来的，讽刺了教廷的腐败

languet mundus ope. Set cum sit plena uiis cedat his
uitia premantur orbe leto tristi spreto iure freto pellan
tur. Aruit spes estuans diuturnitate. secula iam pere
unt cum inbecillitate. ordo principatus mentis discrepata
uoluitur in serie. mundo non pirata. falso quoque ueri ta
tis conuincitur augurio. nec altius est in israhel fidem
dans centurio. Ewangelium

Initium sancti ewangelii secundum marcas argenti. In illo
tempore dixit papa romanis. Cum uenerit filius hominis
ad sedem maiestatis nostre primum dicite. amice ad
quid uenisti. At ille si perseuerauerit pulsans nil dans
uobis. eicite eum in tenebras exteriores. Factum est autem
ut quidam pauper clericus ueniret ad curiam domni pape.
et exclamauit dicens. Miseremini mei saltem uos hos
tiarii pape. quia manus paupertatis tetigit me. Ego non
egenus et pauper sum. ideo peto ut subueniatis calami
tati et miserie mee. Illi autem audientes indignati sunt
ualde. et dixerunt. amice paupertas tua tecum sit in
perditione. Vade retro sathanas. quia non sapis ea que
sapiunt nummi. Amen amen dico tibi. non intrabis in gau
dium domini tui. donec dederis nouissimum quadran
tem. Pauper uero abiit et uendidit pallium et tunicam.
et uniuersa que habuit. et dedit cardinalibus et hostia

LUCIS. Orto sydere. exit uirgo ꝑpere. Ite.
facie uernali. oues iussa regere baculo pastorali.
Sol effundens radium dat calorem nimium uirgo
speciosa solem uitat noxium sub arbore frondosa. Dum ꝑ
cedo paululum lingue soluo uinculum salue regis digna
audi queso seruulum esto michi benigna. Cur salutas
uirginem que non nouit hominem ex quo fuit nata sci-
as deus neminem inuenies ꝑ hec prata. Forte lupus ade-
rat quem fames expulerat gutturis auari. oue rapta ꝑ-
perat cupiens saturari. Dum puella cerneret quod sic o-
uem ꝑderet pleno clamat ore siquis ouem redderet me
gaudeat uxore. Mox ut uocem audio denudato gladio
lupus immolatur ouis ab exitio redempta reportatur.
VERE dulci mediante. Item alia.
non in maio paulo ante luce solis radiante uirgo
uultu elegante fronde stabat sub uernante canens
cum cicuta. Illuc ueni fato dante. nympha non est forme tante
equi pollens eius plante. que me uisto festinante grege fugit
cum balante. metu dissoluta. Clamans tendit ad ouile hanc
sequendo prece site. preces spernit et monile. michi timeas
hostile. quod ostendi tenet uile uirgo sic locuta. Munus ues-
trum inquit nolo. quia plenum est dolo et se sic defendit colo.

它的寓意。

情歌是《布兰诗歌》中最长且最有名的部分，大约由一百八十八首歌谣组成，当然，这还要看具体是如何划分的。从缮写格式来看，这部分内容是由几大段连贯的散文组成的，这跟莱顿《阿拉图斯抄本》以及《坎特伯雷故事集》亨维特抄本不一样，后两份抄本采用的都是每句话新起一行的格式；而且，我们只有在大声诵读这部分文本的时候才能辨识出其韵律模式。其中一些诗描述了历史上的情爱故事，比如埃涅阿斯和迦太基女王狄多之间的故事，不过，大多数讲述的是个人的浪漫体验或者不得回报的思念。很多诗是以春日场景为开篇的，这正是年轻人的思春时节。对于中世纪的世俗诗歌来说，这样的开篇很常见（比如《坎特伯雷故事集》的开篇就是“当四月……”，不过乔叟写得有点滑稽，因为 14 世纪的读者在看到四月时，不免会对情爱之事充满期待，然而，故事主人公的目标是朝圣）。在《布兰诗歌》里，众多乡间少女在洒满阳光的草地上漫步、嬉戏，有些花花公子正抓住机会求爱，有些则在苦苦等待。有一首诗是一个很好的例子，它从抄本的第 63 对开页左页中间开始，到下一页的上半页处结束，具体诗文如下： 347

Vere dulci mediante,
non in maio, paulo ante,
luce solis radiante,
virgo vultu elegante
fronde stabat sub vernante,
canens cum cicuta.
Illuc veni fato dante,

左页：题为“Vere dulci mediante”（正值春日）的诗歌的开篇，讲述的是作者同美丽牧羊女的一场春日的浪漫邂逅

non equis legibus dampnandus animus sed in negris retibus.
Corde si quis tam devoto ludum invitatur. huius rei testis otto.
cholum cuius regit gloto. quod sepe videtur. Causa ludi sepe
nudi sunt mei consortes. Dum sic prestem super vestem meam
mittunt sortes. Heu per ludo sepe nudo dat vestem saccus. Sed
dum penas mortis venas. dat nescire bachus. Tunc salutant
peccatum et laudant tabernarium. excluditur denarius pro
fertur sermo varius. Deu sal misir beschert devin. tunc eum
osculamur wir enahten nihtes denin sed bacho famulamur.
Tunc rotant cyphi desuper et canna pluit mustum. et qui potavit
sit nuper bibat plus quam sit iustum. Tunc postulantur tes
se poculis iactantur. nec de furore boree quicquam premeditatur.
In taberna quando sumus. Item de eodem.
non curamus quid sit humus. sed ad ludum properamus.
cui semper insudamus. quid agatur in taberna ubi num
mus est pincerna. hoc est opus ut queratur. sed quid loquar au
diatur. Quidam ludunt quidam bibunt. quidam indiscre
te vivunt. sed in ludo qui morantur. ex his quidam denudantur.
quidam ibi vestiuntur. quidam saccis induuntur. ibi nul
lus timet mortem. sed pro bacho mittunt sortem. Primo pro num
mata vini. ex hac bibunt libertini. semel bibunt pro captivis.
post hec bibunt ter pro vivis. quater pro christianis cunctis. quinquies

nimpha non est forme tante,
equi pollens eius plante,
que me viso festinante
grege fugit cum balante
metu dissoluta ...

[“正值春日，未到五月（这是一个普遍认可的推断，抄本中原文为“non in malo”而非“non in maio”，很难对此做出合理解释），阳光普照，甜美的少女在绿荫下吹笛。我在命运的指使下来到这里。没有仙女比她更美。她光着脚，是那样可爱。她见我匆匆到来（这里同样是一个推测，因为抄写员给出的文字其实是“que me iusto festinante”），便赶着她那咩咩叫的羊群逃离”（很显然，这个少女是个牧羊女她感到十分害怕”）] 接下来的内容大致上说的是：那公子追上牧羊女，给了牧羊女一条项链，牧羊女嗤之以鼻，但是公子将牧羊女按在地上，先是亲吻，接着又做了更多的事，那之后，牧羊女唯一关心的是不让自己的父亲和哥哥知道此事，特别是不能让自己的母亲知道，牧羊女说，她的母亲比蛇还歹毒（“angue peior”）。在民谣里面（且就少男少女的实际经验来说），这样的情节再正常不过了。

第 23 页对开页右页上有一首更为精巧的诗：

Dum Diane vitrea
sero lampas oritur,
et a fratris rosea 349
luce dum succenditur,
dulcis aura Zephiri

左页：这首饮酒诗题为“In taberna quando sumus”（我们身在酒馆），这张书页上有大片水渍，很可能是因为有人在酒馆使用了这份抄本

spirans omnes etheri
nubes tollit, sic emollit
vi chordarum pectora
et immutat cor quod nutat
ad amoris pignora ...

这首诗歌呈现的是明月升起、夕阳西下时分的场景："狄阿娜女神的水晶灯冉冉升起，她的哥哥用那玫瑰色的光芒将之映照，恬美西风吹拂而过，将天空中的云朵悉数带走，风中饱含韵律，令灵魂舒缓下来，令爱抚之后悸动的心灵归于平静……"这首诗描写了情人们在一番欢爱之后，恬静入睡的情形。诗人听着夜莺的叫声在夜空中回荡，闻着树下绽放的玫瑰花香，也渐渐闭上了眼睛。无论你是否喜欢卡尔·奥尔夫的音乐，这首诗本身都是十分美妙的。

梦境之后，我们在酒歌的歌声、啤酒桶的撞击声和拍打皮短裤的声音中醒来。抄本中的一些酒歌非常有名，比如，"In taberna quando sumus / non curamus quid sit humus"（我们身在酒馆，不管红尘俗世）；但肯定要关心一下自己有多少钱来喝酒：一杯为囚犯，三杯为生者，四杯为全体基督徒，五杯为死者，六杯为烟花姐妹，七杯为乡野士兵，八杯为顽劣伙伴，九杯为散落四方的修士，十杯为出海人，十一杯为争吵之人，十二杯为忏悔者，十三杯为旅人，如此等等，越喝越醉。这首酒歌出现在第 87 对开页的左页，页面上有严重的水渍，可能有人在酒馆使用过这份抄本。还有一些歌谣是关于赌博［"Tessera, blandita fueras michi ..."，"骰子，你（曾）让我欢欣不已……"］，和象棋（"Qui cupit egregium scachorum nosce ludum..."，"无论谁，若想知道这出名的象棋游戏……"，这首歌非常精确地解释了象棋的走法）的。有几首歌的篇幅很长，其中一首是这么开篇的，
350 "Cum in orbem universum ..."，这本来是《马可福音》16:15 中的命令，即"往普天下去"，不过，在歌中它被转换成了对欧洲大地之上所有的受苦者反抗诸般清规戒律的召唤，它告诉人们人生得意须尽欢，务必尽情吃喝玩

乐。纵情享乐者从四海八荒集结而来：意大利人、巴伐利亚人、萨克森人，还有奥地利人。

《布兰诗歌》的第四类文本是宗教剧。它面向的是虔诚的学者，而不是那些迷恋世俗歌谣的人。此类宗教剧是所有现代戏剧的中世纪先驱。礼拜剧（Liturgical play）诞生于10世纪初，其主题都是围绕着年历中的重大节日，如圣徒纪念日建立起来的。《布兰诗歌》当中，第一个宗教剧是圣诞剧，圣诞剧的传统今天依然延续着，至少在幼儿园是这样的。《主的诞生》（*Ludus de nativitate domini*）一剧，在第99对开页的右页开启，并带有用红色墨水写的舞台提示词。这部剧非常生动，很适合搬上舞台。剧中人物众多。圣奥古斯丁坐在教堂前面，他的两侧有以赛亚、但以理以及《旧约》中的一众先知。大祭司（Archisynagogus）从舞台左边引领一批犹太人进入；此时，以赛亚要吟唱道："Ecce virgo pariet sine viri semine / per quod mundum abluet a peccati crimine ..."（"必有童女怀孕生子，世界在他面前得以洁净，脱尽一切罪愆"，这些台词部分出自《以赛亚书》7:14，当然不是那么准确）。此时，但以理要唱出这样的告诫之词："O iudea misera, tua cadit unctio ..."（不幸的犹太人，你们将不再受膏），这是关于黑暗中的犹太人的。接着，埃里色雷女先知（ Erithraean Sibyl）指向天上的一颗星，告诉大家，这颗星预示着救主将以无沾成胎的方式降生。接着亚伦进场，将那开花的杖放在圣坛之上，那是代表十二部族的十二根杖当中唯一一支发芽开花的（参见《民数记》17:8），然后亚伦也开始歌唱。随后巴兰骑驴进场——观众肯定会喜欢这个桥段的——宣布有星要出于雅各（参见《民数记》24:17）。这时候，大祭司捶胸顿足，指斥这样的事情根本不合逻辑，他告诉犹太人说，无沾成胎，降生人子，这样的事情就跟牛生出骆驼一样，绝无可能。各方最终将争执提交奥古斯丁裁断，奥古斯丁给出裁决：预言不可能是错的。大祭司听后摇头低语，显然没有信服。接着便轮到天使长加百利带着马利亚出场，宣告圣子将要降生。天空中遂出现一颗星，合唱 352
团齐声吟唱，"Hodie xpistus natus est"（"今天，基督降生"，这正是圣诞节晚祷的轮唱词）。三王抵达，同希律王讨论这颗星的寓意，大祭司则正在给希律王邪恶的建议（此一场景十分幽默）。牧羊人跟撒旦争论这消息是不是真的。接下来来，这些人都来到伯利恒的马厩，来到圣子边上。希律王命令斩杀城中婴孩。最终希律王自己反被虫子活活啃死，从王座跌落。魔鬼抬走了他的尸体（此处会有观众的欢呼声）。约瑟带领马利亚和圣子前往埃及避难。这部剧的部分内容跟今天的圣诞节童话剧没有太大差别。

还有一些宗教剧是关于埃及国王的（当时圣母和圣子在埃及避难），以及关于本丢・彼拉多的。有一段唱词唱的是一个妓女向一个商人索要胭脂擦脸（“Chramer, gip die varwe mier...”），配上奥尔夫的音乐便成了一首俏皮的德语歌谣，它实际上原是抄本当中“彼拉多剧”的一部分，并且在抄本里面是由抹大拉的马利亚吟唱出来的，位于第 107 对开页的左页。

馆方要求我戴上白手套（你可能会觉得我对戴白手套一事一直耿耿于怀），由此产生的奇特情况是：在我翻阅到抄本的这一页时，我的白手套已经脏得不成样子了，已经有八百年历史的灰尘粘在上面了，尽管在翻阅过程中，我极度小心，仅仅触碰了书页的边缘。看来，不是我污染了抄本，恰恰相反，是抄本弄脏了我的手套。若是再用已经变黑的手套去触碰干净书页，就很危险了。在此之外还有一桩伤心事。我将这副手套小心翼翼地作为珍贵纪念品带回了家，毕竟，那上面沾染的是《布兰诗歌》的灰尘，结果我的太太看到手套震惊不已，直接把它丢进了洗衣机。

《布兰诗歌》共有八幅插图，画工娴熟，只是着色有些随意。现在就按照当前而非原来的顺序对其依次进行介绍。当前的卷首页插图就是著名
353 的“时运之轮”，轮子沿顺时针方向无情地旋转着。轮子左侧是一个年轻人攀着轮子边缘在向上升，并配有文字“regnabo”（我将君临天下）。轮子上方，这个年轻人已经成王，配图文字是“Regno”（我正君临天下）；当他来到轮子右侧时，他从轮子上跌落了下来，王冠也已掉落，配图文字是“regnavi”（我曾君临天下）；接下来，他就被压在了轮子底部，配图文字是“sum

右页：圣诞剧《主的诞生》的文本，有舞台指导和开场曲

Primo ponatur sedes Augustino in fronte ecclesie. et Augustinus
habeat a dextera parte Ysaiam et Danielem et alios prophetas. A sinistra
autem archisynagogum et suos Iudeos. Postea surgat Ysaias cum prophe
tia sua sic. Ecce uirgo pariet sine uiri semine. per quod mun
dum abluet a peccati crimine. de uenturo gaudeat Iudea nu
mine. et nunc ceca fugiat ab erroris limine. Postea. Ecce uirgo
concipiet. et c. Iterum cantet. Dabit illi dominus sedem David. et c.
Postea Daniel procedat prophetiam suam exprimens. O Iudea
misera. tua cadet unctio. cum rex regum ueniet ab excelso solio.
cum recento floride castitatis lilio. uirgo regem pariet. felix puer
perio. Iudea misera sedens in tenebris. repelle maculam delicti fu
nebris. et leto gaudio partus tam celebris. erroris minime cedas
illecebris. Postea cantet. Aspiciebam in uisu noctis. et c. Tertio lo
co Sybilla gesticulose procedat. que inspiciendo stellam. cum gestu
mobili cantet. Hec stelle nouitas fert nouum nuntium. quod
uirgo nesciens uiri commercium. et uirgo permanens post puer
perium. salutem populo pariet filium. Celo labitur ueste sub
altera. noua progenies matris ad ubera. beata faciens illius uiscera.
que nostra meruit purgare scelera. Intrare gremium flos no
uius ueniet. cum uirgo filium intacta pariet. qui hosti liuidos
ruinas excutiet. et noua secula rex nouus faciet. E celo ueniet

神圣罗马帝国皇帝腓特烈二世（1220~1250 在位）的印章，《布兰诗歌》里面端坐在“时运之轮”中央的那个人物很可能是依照此印章上的形象画的

sine regno”（我已无王权）。时运之轮是由六根辐条支撑起来，直径约三英寸，轮子中央没有穿孔的痕迹，跟莱顿的《阿拉图斯抄本》里的天体运行轨道图不一样；轮子的外缘很可能是依着圆盘或者圆形玻璃片抑或是罐子画的。端坐在轮子中央的那个人很有意思，人们通常将之视为“时运女神”的化身，但有点需要我们注意。其一，此人并非在轮子外的某个位置上推动轮子旋转，而是端坐在轮子里面，因此，应当说此人同样是臣服于时运之无常变幻的。更为怪异的是，这一形象看起来更像是男性，他下巴上的胡茬很明显，上嘴唇上也长了胡子。时运之神的典型形象就如同波埃修斯（Boethius）的《哲学的慰藉》（*Consolatio Philosophiae*，约 480~524）里呈现的那样，从来都是女性。盯着眼前的这幅插图，我突然间意识到，此人定然是成年后的国王，他头顶的王冠跟轮子顶端那个人的王冠一样，那人从轮子顶端跌落下来的时候，身披白绿相间的外袍，轮子中央的这个人也是一样的装扮。而这幅很可能是中世纪艺术作品当中被复制次数最多的时运之神的画作中，并没有出现时运之神的形象，时运之神根本就没有现身。我们都被页面底端的《哦，时运》误导了，更何况这首诗是后来添加上去的。

此外，图中人物肯定是男性，我们也许能辨识出他的身份。艺术史学
355 家定然已经注意到（尽管我不记得有谁提过这个情况），插图当中那个头戴

王冠的人物形象，很显然是依照一枚中世纪皇家印章的正面图案创制的。在那个时代的欧洲皇家印章中，同这幅插图最为切近者当属于 1220 年成为神圣罗马帝国皇帝的腓特烈二世（Frederick II）的印章。插图中的图案跟腓特烈二世的印章差不多一样大小。在图案设计上，两人的左膝都向前倾，手臂抬起，衣服的褶皱从脖颈处垂下。他们的王冠和发型也一模一样。倘若插图中的这个人物形象真的是从腓特烈二世的皇家特许状上复制而来的，那么这份抄本的创制地也就不难确定了——应该就是帝国境内的某个著名宗教机构，它有足够的声望收到过或者能接触到特许状，更重要的是，这样一来这份抄本的创制时间必须是在 1220 年之后了。

第二幅插图占据了第 64 对开页左页的整页。图中是两片绿意盎然的林地。这幅插图应当是中世纪艺术作品当中最早的风景画之一。人们通常认为它表现的是作为情爱诗篇背景的春日时光，但这也是错误的。正对着插图的诗文有如下开篇，“Ab estatis floribus amor nos salutat ...”（夏日正隆，爱情在迎候……）。这幅插图分为两栏：上栏的树林里百鸟啁啾；下栏中则是一个走兽出没的世界，有一只蹲着的野兔、一头鹿、一匹跳跃的马、一只在矮树丛当中的像是猎犬的动物，还有一头狮子。飞鸟和走兽如此判然两分的场景，令人不禁联想到罗曼风格的《诗篇》和《动物寓言集》抄本当中的创世周期图。据《创世记》，在创世周期当中，树木诞生于第三天，飞鸟第五天，走兽则要等到第六天。而且，图中出现了狮子，这显然更契合伊甸园的场景，而非春日的日耳曼丛林。第 56 对开页的右页上有两首诗，第一首列举了自然界的所有鸟类（雀鹰、公鸡、鹳、啄木鸟、喜鹊、蜂虎、海鸥、朱鹭、斑鸠、猫头鹰、寒鸦、秃鹫、鹦鹉、鸽子、林鸽、渡鸦、乌鸦、戴胜、莺鸟、鹧鸪、知更鸟，等等）；第二首则成了走兽列表，从狮子开始（跟《动物寓言集》中一样），包括猎豹（有德语注解“lieb-art”）、大象（注解为“elephant”）、熊（注解为“ber”），等等。这两个林中 357
场景应该是在表现上帝创造的大自然，而非中世纪的春日田园风光。

接下来的两幅插图则很明显是专注于爱情主题的。其一出现在第 72 对开页的左页，长且狭窄。将抄本调转九十度，便能看到一个站着的年轻

人，个头很高，穿红色衣服，正在给姑娘送花，那姑娘则是一袭绿色长裙，系着红白相间的腰带。插图上方有一行文字，“Suscipe flos florem quia flos designat amorem ...”（这花啊，请收下，她代表我心……），今天情人节的卖花人不正是在延续这个主题吗？ 13 世纪的宗教画当中，手持鲜花的圣母是德意志特有的形象。另一幅插图则出现在第 77 对开页的左页，主题是注定会失败的爱情和背叛。它也分成两栏，尽管这两栏并不是根据叙述顺序排列的。上图是狄多在迦太基城外送别埃涅阿斯的场景，图中的迦太基女王站在高高的窗前，目送埃涅阿斯离开，然后便自杀而亡，尸体从墙体之上跌落，落入火中。下图则是埃涅阿斯及其同伴聚集在海滩，随后他们借助一条小船登上大船，大船扬帆而去，埃涅阿斯伫立船头。

剩下的四幅插图则以饮酒和游戏为主题。第 89 对开页左页的插图也十分狭长，图中有三人在饮酒，第四个人正在酒杯上做十字标记，这显然是在戏仿弥撒仪式。图的下方有一首歌，开篇为，“Potatores exquisiti ...”（好酒客……）。第 91 对开页右页的插图呈现了人们在两张桌子上掷骰子玩游戏的场景。其下方诗文的开篇是“Tessera blandita fueras ...”，前文已经介绍过这首诗了。接下来一页的插图是有两人正在下双陆棋的场景，另有一人正拿酒进来。这毫无疑问是在一间酒馆里。最后一幅插图呈现的游戏应当属于我们今天所谓的益智游戏，而非消磨时间的无聊游戏：画面当中的两个人正在下象棋。下方诗文讲述的是游戏规则，前文也已经提到了这一点。棋盘上棋子的位置分布都很真实，这一点在艺术作品中极为不同寻常。我曾亲自试验了一番，倘若我执黑先行，走上十五步，就可以再现插图中的棋盘上的棋局。显然，绘图之人是懂得棋道的，并且为我们呈现了一场真实的对弈。

虽然这些插图的画工都相当精细，而且与正文文字大体上是同一个时 359
期的，但我们仍然可以清楚地看出，这些插图都是在抄写工作完成之后才

左页：森林和林地，上帝的造物。上图展现的是飞鸟，下图则是走兽，如野兔、鹿、马以及狮子等

timpanum cum lyra. Do er zû der linden chom. dixit se/
deamus. div minne twanch sere den man ludum faciam̄.
Er graif mir an den wizen lip. non absq; timore. er sprah
ich mache dich ein wip dulcis es cum ore. Er warf mir
uf daz hemdelin. corpe detecta. er rante mir in daz pur
gelin cuspide erecta. Er nam den chocher unde den bogen.
bene uenabatur. der selbe hete mich betrogen ludus cōpleat̄.

Suscipe flos florem quia flos designat amorem.

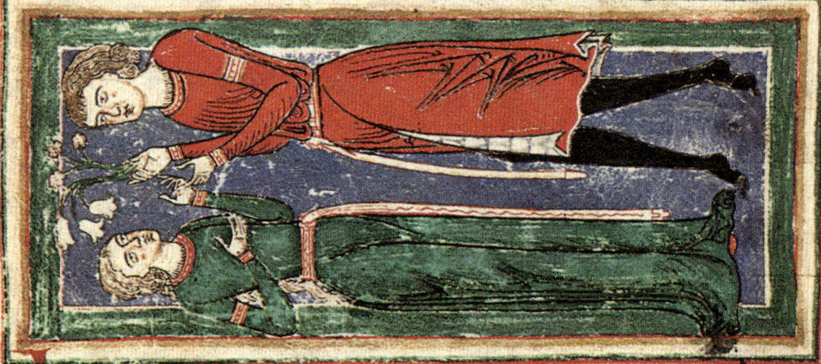

Illo de flore nimio sum captus amore.
Hunc florem flora dulcissima semper odora.
Nam uelud aurora fiet tua forma decora.
Florem flora uide quem dum uideas michi ride.
Flore florente tua uox cantus phylomene.
Oscula des flori rubeo flos conuenit ori.
Flos in pictura non est flos immo figura.
Qui pingit florem non pingit floris odorem.

被绘制在抄本上的，且人们在制作抄本时没有为其设计插图。插图在抄本当中的位置都相当怪异，有时候会在相关主题的诗的结尾处。这并非中世纪抄本的常规做法。插图所占空间的形状也不寻常，应该不是事先设计好的。“时运之轮”的插图是十字形的，其底部被压缩到严重变形了，而且与下方诗文的第一行发生了重叠。“时运”主题当然很契合同一页面的《哦，时运》，但这首诗也是后来添加上去；至于谁先谁后，我们并不是十分明确。一对情侣的插图也被过度压缩，甚至不得不被从书页的侧面插入正文中。狄多和埃涅阿斯离别场景的插图没有用完全部的可用空间。饮酒者的插图则不仅同上方文字的最后一行重叠了，还跟插图下方的首字母“P”发生了重叠。双陆棋插图的边框更是越过了下方的文字。对于此等情形，唯一的解释就是，这些插图跟页边或者页脚处的很多诗文一样，是后来添加上去的，作用是丰富抄本，它们并非原初设计，也非抄本的范本当中原有的设计。此一情况足以表明，这份抄本不是依照一本完整的彩绘抄本范本创制而成的，抄写员在创制它的过程中，对它进行了不断的加工和升级。简而言之，《布兰诗歌》是一本原创诗集，而非复制品。

那么这些诗歌的渊源何在呢？很可能诗集的编者只是将早期的诗歌辑录成集了。为了探察诗文的来源和创制日期，研究中世纪音乐和抄本的专家们绞尽脑汁，且彼此之间争执不休。该学术领域太过危险，我并不想介入。诗琴弹奏者斯科特·施瓦茨（Scott Schwartz）将这些诗歌称为“*Carmina Piranha*”（复仇之歌），他是有充分理由的。的确有些诗歌词是可以在其他地方找到的，但几乎所有文本都来自 12 世纪，比抄本本身早了一 360
代。还有为数不多的几首诗是记有明确日期的。有一首诗讲述的是 1177 年夏天教皇亚历山大三世同腓特烈·巴巴罗萨达成的《威尼斯和约》，诗的开篇是，“Anno xpisti incarnationis ...”（当耶稣道成肉身）。另一首诗则讲述了 1187 年十字军运动当中法国人遭遇的惨败，并哀叹耶路撒冷于次年落入

左页：该页的插图中为一对情侣，男孩正在向爱侣献花求爱，并恳求女孩接受

Conciliās hostes. tu rumpis federa pacis.
Et qui nulla sciunt omnia scire facis.
Multis clausa seris tibi panditur archa tenacis.
Tu das ut detur. nil dare posse facis.
Das ceco visum. das claudo currere solacis.
Crederis esse deus. hec quia cuncta facis.
Ergo bibamus. ne sitiamus. vas repleamus.
Quisquis suorum posteriorum sive priorum
Sit sine cura. morte futura reperiatur
Pone merum et talos. pereat qui crastina curet.
Bachus erat captus. vinculisque tenacibus aptus.
Noluit ergo deus carceris esse reus.
Sed incontinenti dirupit vincula sua.
Et factis fortibus redit clarus.

Potatores exquisiti licet
sitis sine siti. et bibatis expediti. et scyphorum inobliti scyphi
crebro repetiti non dormiant. et sermones inauditi pro
siliant. Qui potare non potestis. ite procul ab his festis. non est locus
hic modestis. inter letos mos agrestis modestie. et est sue certus testis

萨拉丁之手："Heu, voce flebili cogor enarrare / facinus quod accidit nup[er] ultra mare / quando Saladino concessum est vastare / terram quam dignatus est xp[istu]s sic amare ..."（哦，且让我哭诉，刚刚发生在大洋之外的事，萨拉丁肆意摧毁了那片土地，那可是基督钟爱之地啊……）它传递了这样的信息：在圣地战场上，英勇的基督徒骑士以一对三百的绝对劣势在同敌人作战。可以想见吟游诗人在欧洲各个宫廷当中吟唱这首歌的场景，他既是在发布新闻，也是在传唱英雄业绩。抄本中已知最晚的作品出现在第 52 对开页的右页，开篇词是"Dum philippus moritur ..."（菲利普去世），这首诗是在悲叹巴巴罗萨皇帝的幼子、士瓦本的菲利普（Philip of Swabia）的死亡，此子因受到巴伐利亚的普法尔茨伯爵（Count Palatine of Bauaria）的嫉恨，被杀害在班贝格。这是发生在 1208 年 6 月 21 日的事。

只有一首诗提到了作者的名字，开篇是"Versa est in luctum cythara walteri ..."（"沃尔特的琴音变成悲音……"，典故出自《约伯记》30:31），主题是宗教和法治的普遍衰败。这首诗出现在第 51 对开页的左页，页面内侧的空白处画有一根手指在指向该诗，对其带来的启迪表示赞许。这首诗的作者很可能是沙蒂永的沃尔特（Walter of Châtillon，1135~1204，此人死于麻风病），他是法国神学家，曾创作了一部广为流传的史诗《亚历山大纪》。部分其他诗歌的创作者也可以被追踪到，只是不确定性比较高，比如奥尔良的雨果（Hugh of Orléans，约 1093~1160），他也可能来自巴黎或者其他地方，绰号"普利玛斯"（Primas）；布卢瓦的彼得（Peter of Blois，约 1130~1212），事务律师，也曾担任公职，是英王亨利二世的秘书；校长菲利普（Philip the Chancellor，约 1160~1236），从 1217 年开始担任巴黎圣母院教堂学校的校长；还有一个神秘人物，自称"大诗人"（Archpoet），此人是达塞尔的雷纳德（Rainald of Dassel）家族的成员——雷纳德是 1159~1167 年的科隆大主教；等等。《布兰诗歌》中是否有彼得·阿伯拉尔

左页：饮酒歌"好酒客……"的开篇，插图中的几个男人在酒馆饮酒并戏仿弥撒仪式上祝福圣杯的动作

（Peter Abelard，1079~1142）的作品，这个问题一直处于激烈争议中，此人
362 是颇具魅力的哲学家，也是巴黎的学校当中第一个真正出色的教师。抄本
第 68 对开页右页上的那首诗就有可能出自阿伯拉尔之手，开篇如下：

Hebet sydus leti visus
cordis nubilo,
tepet oris mei risus,
carens iubilo ...

（我心中阴云升腾，脸上再无昔日光彩，嘴角笑意突然凝结，快乐不再……）这首诗哀叹情人被残忍分开、不得相见，读起来令人心碎，这正是 1118 年阿伯拉尔的处境。那一年，他不得不同爱洛伊丝（Héloïse）分开——既是因为司法裁决，也是因为他遭到了残忍至极的阉割。之所以将这首诗归于阿伯拉尔，主要还是因为作者宣称自己的爱人拥有日神（Phoebus）的名字，“cuius nomen est a phebea”（“她的名字叫作福玻斯”，这个表述本身是后来增补进来的），可以照亮世界。日神福玻斯是希腊神话中的赫利俄斯（helios），这个名字无论是在发音还是在拼写上都跟爱洛伊丝有几分相像。此一证据尽管增加了作者是阿伯拉尔的可能性，但也可能只是学过古典学的情侣之间开的甜蜜玩笑。

卡尔·奥尔夫认为《布兰诗歌》是吟游诗人和流浪歌手 [goliards，该词源于“Goliath”（歌利亚），指那些流离在社会之外的人] 口中的民间歌谣集，然而，其中可以确定渊源的诗文，通常出人意料地出自学者，甚至是神职人员的圈子。抄本当中到处穿插着古典著作以及《圣经》的引文和典故。上一章，我们谈到 12 世纪时，学问冲破了本笃会修道院那高高院墙

右页：这首开篇为“哦，且让我哭诉”的诗是在纪念 1189 年十字军东征运动当中法国军队的毁灭性惨败，萨拉丁是诗中提到的那个胜利者

ti. p te crucem subii. quare non subisti. hanc loco peniten
tie. uade iam peristi. Ergo fetens lazarus ducatur in
exemplum. digne penitentib; ut sit eis templum. in quo
uirtus habitat sue passionis. hanc impleat et muniat
ipse suis donis.

Heu. Voce flebili cogor enarrare. facinus quod acci
dit nup ultra mare. quando saladino concessum est uas
tare. terram quam dignatus est xpc sic amare. Exeun
te iunio anno post milleno. centum et octoginta uno
ti cum septeno. quo respexit dns mundum sorde ple
no. erigens de paupe paupem a ceno. Malus comes tri
poli mentem ferens ream. magna cum timinide te
nens tyberiam. turcos suis fraudib; ducit in iudeam.
atq; primu occupat totam galileam. Saladinus con
uocat barbaros p girum. habitantes phrigia. pontum
usq; tyrum. agarenos populos araben et syrum. ab
egipti finib; usq; in epirum. Veniunt hircomili.
turgo et edite. mauri atq; getuli barbari et scite. fi
lii moab amon et ismahelite. atq; cum hiis omnibus
sunt amalechite. Turcos ac massagetas precipit ad
esse. katari atq; sarmates nolunt hinc abesse. cur
runt quadriuandili. medi atq; perse. undiq; conue
niunt gentes sic diuerse. Terram intrant inclitam

构筑起的古老屏障，新的教团纷纷崛起，如奥古斯丁教团（包括维克多修道派）等新兴教团多位于城市中，同世俗世界关系密切，而这是早期修士刻意避免的做法。这对 12 世纪的社会和民众识字率产生了巨大影响。城市的教堂中都是教堂牧师而非修士，教堂本身也逐渐发展为学问中心，并将越来越多的人引入学问王国。在法国，诸如沙特尔、奥尔良、蒙彼利埃和
364 拉昂这些地方的教堂学校，完全是靠在任教师的名望吸引学生的。时运之轮也决定着这些教师的来去和聚散。这其中，职业生涯最为持久者当属巴黎的教堂学校的教师，巴黎毕竟是法兰西的首府及宫廷所在。彼得·阿伯拉尔和彼得·伦巴德（亡于 1160）就是圣母院学校的教师；圣维克多的雨果（亡于 1142）及其继任者们则吸引了众多学生来到左岸的圣维克多修道院学习，《哥本哈根圣咏》很可能就是在这里创制的，从此地往西北方向步行二十分钟即可抵达巴黎圣母院。这些学问殿堂在随后的一百年里，逐渐聚合起来，最终在 13 世纪上半叶合并成巴黎大学。

这是一所国际性大学。学生来自欧洲各地。而这得益于此一时期相对平稳的社会和经济状况。语言不是问题，全部的教学和学术交流都是用拉丁语进行的。在 12 世纪的大部分时间里，大学还没有发展成实体，因此大量学生一有机会，就会从一个城市的学校转到另一个城市的学校。有时候，学生会跟随教师一同游学，因为很多教师自身也是游方之人。一番游学之后，昔日的学生可能会创立自己的学校。真正意义上的游方学者属于这个时代。跟所有初次离家的年轻人一样，他们极富浪漫主义精神，而且都兴致高昂，不过总体上来说，他们即不是社会的反叛者，也不是蔑视权威之人。其实很多人是神职人员，最起码也是小教团出身，他们希望能够凭借自己接受的教育在政治体制或者宗教体制当中闯荡一番，以开启新的职业生涯，其中一部分人的学历是很高的。

右页：以“Hebet sydus leti visus”（我心中阴云升腾）为开篇的诗，描绘的是爱侣被残忍分开的故事，很可能出自对失去爱洛伊丝倍感伤怀的阿伯拉尔之手

bilis venus amoris, dea me tibi subicio auxilio egens
tuo, iam caleo et pereo in ea. Collaudare meam pudicam
delectabilem amabilem amo frequenter eam. pro quam
mestus vigeo et gaudeo. illam pre cunctis diligo et vene-
ror ut deam. Nu grůnet aver div heide mit grůneme
lobe stat der walt der winder chalt twanch si sere beide div
zit hat sich verwandelot ein senediv not. mant mich an
der gůten von der ich unigerne scheide. Vnde supra.

HEBET. Sydus leti visus cordis nubilo, tepet
oris mei risus carens iubilo, iure mereo, occultatur
nam propinqua cordis vigor floret in qua totus hereo.
In amoris hec chorea, cunctis prenitet cuius nomen est phe-
bea luce renitet et pro speculo servit solo, illam colo eam volo nu-
tu solo in hoc seculo. Tempus queror tam diurne solitudinis
quo furabar vi nocturne aptitudinis, oris basia a quo stillat
cynamomum et rimatur cordis domum dulcis cassia. Tabet
illa tamen caret spes solacii. iuvenilis flos exaret tanti spacii.
intercisio annulletur ut secura adiunctivis prestet vira hec
divisio. Roter munt wie du dich swachest. la din lachen sin.
scheme dich swenne du so lachest. nach deme schaden din.
dest niht wolgetan owi so verlorner stunde sol von minne-
chlichen munde solich unminne ergan. Item alia.

这样的例子有很多，布卢瓦的彼得就是其中一个，他先是于 12 世纪 40 年代前往图尔的教堂学校，在伯纳德·西尔维斯特里斯（Bernard Silvestris）门下研读文学和修辞学，之后转往意大利的博洛尼亚，跟随乌姆贝托·克里韦利（Umberto Crivelli）等人学习罗马法，最终于 12 世纪 60 年代来到巴黎研究神学。在巴黎，他自己也开始招收学生，以补助学费。后来，他接连成为西西里幼王的老师、鲁昂大主教的秘书、巴斯的主任牧师、亨利二世的书写员，随后参与了第三次十字军东征，最终在伦敦担任主任牧师
365 之职。步入晚年的他收到老友、奥尔奈修道院一名修士的信，信中希望他能就二人共同度过的躁动的青年时代写点什么。布卢瓦的彼得回信说，最好还是忘掉青年时代的那些粗俗歌谣（“omissis ergolascivioribus cantilenis”），并在信中附上了几首他刚刚写就的歌，说它们有更成熟的风格，希望能疏解老友的郁闷心情。通过比对风格，今天的人们普遍认为，《布兰诗歌》当中有六首歌是布卢瓦的彼得的手笔，其中就包括第 36 对开页右页上的那首开篇为“Dum prius inculta / coleret virgulta / estas iam adulta ...”（夏日降临，万物长成，昔日荒地，芳草萋萋）的歌。它讲述了歌手望见一个在一棵葱绿的酸橙树下的美丽少女，她名叫菲丽丝，于是他跟随少女走过草地，满心欢喜。纯洁少女拒绝了歌手的进攻，歌手强行与她发生了关系（“me totum toti insero”，其实就是强奸），欢愉过后，少女筋疲力尽，歌手也痛苦不已。这不管如何定义都应当属于“色情诗”（*lascivia cantilena*）。它并不一定是在记录布卢瓦的彼得生活中的真实事件，这位诗人应当是奉行独身准则的神职人员，但是，人们一定曾在肆意的欢笑声和掌声中唱这首歌，为了它的韵律当中鼓荡着的年轻的激情和想象。“菲丽丝”这个名字很有古典风韵，她原是忒修斯（Theseus）的儿媳，因为奥维德的《女杰书简》（*Heriodes*）而在 12 世纪为人所知。她的名字将这首歌带入了一个虚构世界，也使这首歌变得更能令人接受。

12 世纪的学者对古典诗歌毫不陌生。维吉尔的《埃涅阿斯纪》是狄多和埃涅阿斯爱情故事的出处。大家对此类故事应该是耳熟能详的，不需要更多的解释。《布兰诗歌》中多次提到奥维德的名字。他 的《爱经》（*Ars Am-*

atoria）和马提雅尔（Martial）的讽刺诗，跟《布兰诗歌》中的诗文一样直白且不堪入目，而且它们在中世纪修道院的藏书室里是极为常见的。[至于卡图卢斯（Catullus）的作品，则要到 14 世纪才会被大范围地重新发掘出来。] 不过古典诗歌和《布兰诗歌》有一个很大的不同点。古典韵文都奉行很是正规的音长韵律（quantitative metre），其字词是按照传统的且固有的长、短音节模式排布起来的，需要长时间的学习才能掌握。而《布兰诗歌》中的大部分诗歌采用了简单的节奏韵律，跟很多现代诗歌是一样的，它们的韵脚通常设置在每一行的结尾处甚至每一行内部。这种韵律很可能是为了 12 世纪颇为流行的圣歌而发展起来的。它非常适合配合游行或者舞蹈的鼓点和节奏，奥尔夫就很巧妙地运用了这种韵律，他的曲子中的韵脚非常明显，听 367
起来就像是在不断重复。这些迷人且朗朗上口的韵文当然很容易沿着当时的贸易路线传播开来，东征的十字军还有四处游走的使者和学生也会将之带往 12 世纪欧洲大陆的各处。吟诵私人情感或者道德节律的诗歌，本来都是地方性的，或者相当严肃认真的，但是经过在旅途上以及酒馆里的反复传播和吟唱之后，便在各地都流行起来。口传文学的大范围传播，反过来也能让人们对那个时代的人们的旅行情况及路线有大量的了解，同时解释了为什么《布兰诗歌》的词句会有些混乱和随意——很多学者因为看不惯这样的表述方式，便将罪责推在抄写员身上，认为它们由是抄写员随意攒在一起的。实际上不妨想一想，任何靠着个体的记忆向四海传布的文本，在传播过程作用，定然会出现各种小小的变动，而《布兰诗歌》的编纂人其实可能非常尽职尽责，他们将听到的诗文或者唱词一字不落地辑录了下来。

在 12 世纪的欧洲，拉丁语仍然是通用的书面语言，因此，在法国创作的韵文，到了伦敦、科隆、罗马或者萨尔斯堡，同样是可以被理解的，至少在受教育群体当中是这样的。此类诗歌一旦远离其原初的语境，便可能变为配舞歌曲；不过，部分曲子中被增补了一些用德语写就的词句。用欧洲各地的俗语写就的最早一些韵文中，有很多作品跟女性有关，原因很简单，在此一时期的欧洲，女性跟男性比较起来懂得拉丁语的更少。《布兰诗歌》当中有大约四十首情爱诗歌有用德语写就的副歌，这部分的韵律跟拉

est omnibus qui volunt beari quedam excellentie p̄lo
solari ut amet et faciat amari. Suziu vrôwe min la
mih des geniezen du bist min ougenschin. Venus wil mih
schiezen. nu la mih churtoisie diner minne niezen.
ia ne mag mih nimmer din verdriezen. I. T. e. oy.

LONGA spes et dubia permixta timore. solvit
in suspiria mentem cum dolore. que iam diutiu
anxia mansit in amore. nec tamen mestum pel
lo dolorem. Heu cui est pluritas pauperata parum. et lo
a diversitas duxerunt invarum. quam pre cunctis cari
tas cordis habet carum. omnis largus odit avarum. In hoc
loco stringitur nodus absque nodo. nec ullus recipitur mo
dus in hoc modo. sed qui numquam solvitur plus constrin
git nodo. Ro ducundela lodircundela. Hanc amo prece
teris quam non vincit rosa. quam proferre poteris cantibus
nec prosa. nec voce nec litteris quam sit speciosa. flos in
amore spirat odore. Te rogo suppliciter dea probitatis. las
sum in me vinculum fac anxietatis. ne mortis periculum
sit merces pietatis. laus tibi soli laus tibi soli. Roseam
gerit faciem formosa preceteris cuius amore ardeo ig
neisque flammis. gravem eius sentio stimulum amoris
plus amore plus amore. Ino pino saucius hesito stu

丁语部分是一样的。这很可能是用于轮唱的，在轮唱时，男女会用不同的语言同时吟唱该曲子。《布兰诗歌》当中还有十二首诗是部分或者全部用德语写就的。这些诗在现存的欧洲俗语文本当中，算是极为古老的。其中一些德语诗显然是唱给女性听的，女性的仰慕者或者追求者肯定觉得，倘若小姐们能够听明白唱词，那么自己成功的概率就会更大一些。比如这样的唱词，“Süziu vrouw min ...”（甜美的爱人啊……），是在恳请那位小姐享受维纳斯射来的箭，以及“Selich wip,vil süziz wip ...”（可爱的你，最甜蜜的 368
你……），呈现了作者给自己的心上人传递情书的场景。还有一些诗则是需要用女声演绎的，是唱给男人听的。第 72 对开页的右页上面就有一首相当迷人的诗，讲述的是一位女性正在跟同自己彻夜厮守的秘密情人窃窃私语，“Ich sich den morgen sterne brehen ...”（看呐，晨星亮了……），并催促爱侣悄悄离开，不要被人发现。它令人联想起莎士比亚的朱丽叶在黎明幽光初现之时对罗密欧说的话，“O, now be gone! More light and light it grows”［天已经亮了，天已经亮了；快走吧，快走吧！（《罗密欧与朱丽叶》第三幕第五场）］。《布兰诗歌》当中有一首著名的五行韵文，是用德语写就的，文中，主人公欣然提出，即便是失落整个世界的财富，也愿意以此换取在英格兰王后怀中安枕一夜的机会。不过，抄写员最初给出的文字是“英格兰国王”（chunich van engellant），这个表述后来被划去了，改成了“王后”（diu chunegin）。在我看来，这话应该出自一位讲德语的女人之口。阿基坦的埃莉诺（Eleanor of Aquitaine，约 1122~1204）是 1154~1189 年的英格兰王后，她可是位令人生畏的人物，不太可能成为男人情爱幻想的对象，不过，埃莉诺的儿子，勇猛的狮心王理查（Richard the Lionheart），正于 1192~1194 年被囚禁在附近的奥地利，并且未婚。若真是这样，我们也就能在大体上确定这首德语诗的诞生时间和地点了。

左页：页面顶端是以德语写就的韵文，包括“Süziu vrouw min”（甜美的爱人啊……）这样的向女性求爱的诗句

今天的人们普遍认为，《布兰诗歌》并不是在贝内迪克特博伊埃尔恩修道院编纂的，很可能是在更南一些的地方，也就是今天的奥地利完成的，当时这个地区属于大巴伐利亚。抄本中的笔迹透露出奥地利书册当中经常出现的意大利特征；书页很平滑，那样的触感也显然是南方风格，跟德意志那表面更粗糙的羊皮纸不是一回事情。（若是单靠影印本，或是隔着白手套，是不可能得出这样的结论的。）前文谈到“时运之轮”可能取材于腓特烈二世的印章，若真是如此，那么这份抄本的创制时间就不会早于 1220 年。然而，《布兰诗歌》的文字都是从“顶行上方”（above the topline）开始的——这是古文书家的行话。此处需要解释一下，中世纪的抄写员在开启抄写工作之前，通常会将页面的各行各列精确地用尺画出来，以保持文字的规整。1230 年之前，抄写员都会将第一行文字写在所画顶端横线的上方。1230 之后，
370 规矩改了，第一行文字都被写在顶行的下方。至于为何会出现这样的变化，我们基本上一无所知，只知道在此一时段，哥特风格的抄本中普遍倾向于压缩文字使其变得更为工整。这场变化发生得太快了，而且横扫了整个欧洲。当然，各个地区的实际情况存在差异，不过这已经成了确定 13 世纪上半叶的抄本的创制时间的经验法则。据此可以确定，《布兰诗歌》抄本应该是在 1220~1230 年创制完成的，当能也可能是在 13 世纪 30 年代初期。

文本中有关抄本创制地的线索大多指向蒂罗尔州或其东方的施蒂利亚 [Styria，也就是今天的施泰尔马克州（Steiermark）] 公爵领地。前文引述的一首歌谣也曾提到，与抄本创制地毗邻的是意大利的一些地区，还有巴伐利亚和奥地利（维也纳）。另有一首诗赞扬了玛利亚萨尔（Maria Saal）的教区长那无与伦比的好客态度，可以确认，这个教区长名叫海因里希（Heinrich），于 1232 年被任命为施蒂利亚塞考（Seckau）教区的主教。人们通常也认为，这份抄本很可能是在塞考的主教宫中创制完成的，并且很可能是海因里希的前任主教卡尔资助的，后者是 1218~1231 年该教区的

右页：德语韵文，其中第 2 行起讲述的是女孩因天渐渐破晓而央求情人离开自己的床榻

expulso p(ro)cul tercio. Fit ludus ineffabilis, membris desertis
labilis. Ich sich den morgenstern brehen nu helt la dich niht
gerne sehen vil liebe des ist min rat swer tovgenlichen min-
net wie tugentlich daz stet da frivntschaft hüte hat. Itē.
VIRGO. Quedam nobilis div gie zeholze vmbe ir
do si die burde do gevant. Refl. Eia heia wie si
sanch. cicha cicha wie si sanch vincula vincula vin-
cula rumpebat. Venit quidam iuvenis pulcher et ama-
bilis der zetrant ir den bris. Er vienc si bi der wizen hant.
er fürt si in daz vogelsanch. Venit sive aquilo der warf
si verre in einen loch er warf si verre in den walt. Itē.
ICH. was ein chint so wolgetan. virgo dum flo-
rebam. do brist mich div werlt al. omnibus place-
bam. Refl. Hoy et oe maledicantur tilie
iuxta viam posite. Ia wolde ih an die wisen gan. flores adu-
nare. do wolde mich ein ungetan ibi deflorare. Er nam mich
bi der wizen hant. sed non indecenter. er wist mich div wise
lanch valde fraudulenter. Er graif mir an daz wize ge-
want. valde indecenter er fürte mih bi der hant multum
violenter. Er sprach vrowe gewir baz. nemus est remotum.
dirre wech der habe hat planxi et hoc totum. Iz stat ein
linde wolgetan. non procul a via da hab ich mine herphe lan

采邑主教。此一带有不确定性的结论是慕尼黑的伟大古文书学家伯恩哈德·比绍夫（Bernhard Bischoff）在为1967年出版的《布兰诗歌》影印本撰写的一篇文章中提出的。此后，哥廷根大学的乔治·斯蒂尔（Georg Steer）于1983年发表了一篇文章，他在文中极为详尽地探讨了这个问题，并提出论断称，诗歌中出现的德意志方言表明，抄本的创制之地要在更西面的某个地方，确切地说，是在蒂罗尔西南地区，而非施蒂利亚。对于语言学角度的论证，我没有能力反驳或确证，但斯蒂尔借此指出了该抄本的一个可能诞生地，那就是位于布里克森（Brixen）正北面的新施蒂夫特（Neustift）的奥古斯丁修道院，该修道院创建于12世纪40年代，坐落于因斯布鲁克和萨尔斯堡之间，在慕尼黑东南方向五十五英里处。该修道院敬奉的圣奥古斯丁，在《布兰诗歌》当中正主持着圣诞剧。

人们不免会觉得——特别是对于义愤填膺的新教徒来说——《布兰诗歌》不过是粗俗歌曲集，供一些下流的修士娱乐之用。这绝对不是《布兰诗歌》的初衷。众所周知，奥古斯丁教团，无论是修道院性质还是教堂性质的，都不戒惧世俗红尘。他们会将较为粗俗的诗文寓言化，甚至将之解释成教牧关怀性质的文本，其内容是教团中人在平日里听取忏悔之时了解到的尘世罪孽。除此之外，我觉得还应当将视野拓展开来，将这样一部诗
371 集抄本视为12世纪社会的巨大变迁的产物，在这场变迁当中，先前被修道院垄断的学问越过修道院的高墙，向着俗世传播、散布。修士们的阅读是缓慢的，他们将书册从头到尾反复咀嚼、记忆并进行思考；在俗教众以及在俗神职人员的阅读则通常是快速的，他们会在书中寻找自己需要的信息。此一情况在12世纪纷纷涌现的新型抄本当中得到了鲜明印证。在1200年前后，有大批的“百科全书”（encyclopaedias）、“诗集”（anthologies）、“选集”（florilegia）、“汇编”（compendia）以及概要性质的抄本问世；还出现了一些专为大众编写的作品的抄本，所涉及的都是传统的修道院论题，比如神学（彼得·伦巴德）、《圣经》解读［《标准释经书》（Glossa Ordinaria）］、《圣经》史学［彼得·科迈斯特（Peter Comestor）］、教会法［格兰西，（Gratian）］等，当然也少不了祈祷书（日课经和弥撒书），这些都是

此一时期出现的新型抄本。甚至《圣经》经文本身，即使已经经历了世世代代的研究和传承，到此一时期也遭遇了重构，并为了在俗读者群体的便利，被划分成了有先后次序的章节。古老的学问仿佛已经走上了消亡之路。当代世界的轻佻肤浅是《布兰诗歌》当中反复出现的主题。前文谈到，乍看起来，《布兰诗歌》的外貌跟日课经抄本极为相像，这一点跟这个问题是有关系的。两者在内容上的相似性也极为明显。诗歌和歌谣都是昔日的口传文本，而日课经里面的圣咏和祈祷词对于修士群体来说也曾经是口传文本，它们都是因为开始被人们淡忘而被辑录和编纂成袖珍集子。《布兰诗歌》里面的很多诗歌此前已经被吟唱百年之久了。人们想要将之付诸文字的原因是多方面的，诸如布卢瓦的彼得的老友，想要记录他们那已然消逝的青葱岁月（这对于年岁渐长之人来说是人之常情），当然更多的是为了追赶记录世事的潮流。说实在的，我们眼前的《布兰诗歌》是一份百科全书性质的手册、一本井然有序的集子，记载着世俗的和学术性的韵文，并且全然应和了 13 世纪早期的宗教精神。

《布兰诗歌》抄本中并没有明显证据可以解释它最终是如何以及在何时来到贝内迪克特博伊埃尔恩的本笃会修道院的。如果一定要猜，我觉得 18 世纪之前它不在这座修道院，原因是 18 世纪之前，南德意志地区的修道院藏书室还不是通用藏书库和公众的文献索引库。1803 年，巴伐利亚的法令 372
将教会财产还俗，当时负责贝内迪克特博伊埃尔恩修道院财产清点工作的是约翰·克里斯托弗，阿雷廷男爵（Johann Christoph, Freiherr von Aretin，1773~1824）。据此人记述，在清点之时，他发现一间藏有禁书的密室，所谓禁书，至少从前面谈到的新教徒的眼光来看，可能就包含不适合修士的歌谣。阿雷廷男爵据说对这里面的《布兰诗歌》痴迷不已，遂将其据为己有并随身携带——就如同神父随身携带日课经一样——直到委任期结束。1806 年，贝内迪克特博伊埃尔恩修道院的藏书被搬迁到慕尼黑的州立图书馆，这位男爵也成为该图书馆的主要馆员。

1843 年 10 月，《布兰诗歌》进入巴伐利亚州立图书馆的馆藏珍品名录并参加了展览，也就是趁此次展出之机，我们的抄本同大名鼎鼎的雅各布·格林（Jacob Grimm，1785~1863）邂逅了，雅各布·格林就是如今以收集童话故事而著称的格林兄弟之一。格林随后返回巴伐利亚州立图书馆察看了《布兰诗歌》，并说服当时的图书管理员约翰·安德莱亚斯·施穆勒（Johann Andreas Schmeller，1785~1852）于 1847 年编辑并出版了这本书，书名是《布兰诗歌：慕尼黑图书馆馆藏贝内迪克特博伊埃尔恩修道院藏书中的十三世纪拉丁语和德语民谣与诗歌》（*Carmina Burana, Lateinische und deutsche Lieder und Gedichte einer Handschrift des XIII. Jahrhunderts aus Benedictbeuern auf der K. Bibliothek zu München*），这份诗集的现代名称便也由此落定。该版本虽然错漏甚多，但今天仍有再版，不过在学术界内，它已经被阿尔冯斯·希尔卡和奥托·舒曼（Alfons Hilka and Otto Schumann）编辑并于 1930~1970 年发行的更有学术价值的多卷本取代了。

一本第四版的施穆勒版《布兰诗歌》，也就是 1904 年出版于布雷斯劳的版本（Breslau, 1904），于 1934 年由沃尔兹堡的旧书书商赫尔穆特·滕内尔（Helmut Tenner）交付弗朗克古物拍卖行（Frank's Antiquariat），最终拍出了很低的价格——3.5 德国马克，买主就是当时没什么名气的作曲家、慕尼黑的卡尔·奥尔夫。《布兰诗歌》于当年的 3 月 29 日来到奥尔夫手中。“那一天真是令人难忘，”奥尔夫后来回忆说，“我打开它，在第一页上就看到了著名的‘时运之轮’，下面还有几行文字，‘哦，时运，像那月亮，流变不居……’，这图、这文字，令我心醉情迷。”你我都知道，奥尔夫所说的这一页不是原来的卷首页，“时运”诗也是抄写员后来添加上去的，奥尔夫显然不知道也不关心这个情况，他已经被彻底迷住了。他即刻着手为之配乐，就以施穆勒
373 版的书名为这一中世纪文本的名称。一个星期之后，奥尔夫致信友人、时任班贝格档案馆管理员的米克尔·霍夫曼（Michel Hofmann，1903~1968），询问“布兰”（Burana）一词的意思，因为他在拉丁语词典里面查不到这个词。霍夫曼遂跟他讲述了巴伐利亚图书馆收藏的这份抄本，不过没有证据显示奥尔夫有兴趣前往图书馆察看抄本本身，甚至也没有使用希尔卡和舒曼的更新、更好的版本。乐曲的谱写工作迅速展开，奥尔夫和霍夫曼建立了常规联系，一人配乐，另一人负责修改歌词。奥尔夫署名为“布兰奴斯”（Bura-

nus），霍夫曼署名为“卡米奴斯”（Carminus）。1936 年 8 月，奥尔夫完成了谱曲工作，他的作品于 1937 年 6 月 8 日在法兰克福迎来首演。

对于 20 世纪 30 年代中期的慕尼黑，我们必须考虑当时的政治状况。1933 年，希特勒上台。奥尔夫的此番工作，究竟是不是纳粹宣传攻势的组成部分，这是一个有巨大争议的问题。从某种意义上可以说，《布兰诗歌》拥有纳粹代表的所有元素：一份伟大的中世纪德语文本，它在整个欧洲独一无二，既宣扬年轻的力量和男子气概，又宣扬十字军精神和骑士精神。这一切都通过令人迷醉的鼓点和反复的节奏，转化成一场伟大且壮观的表演。不过，我们也可以换个角度来看这个问题：尽管奥尔夫更多地选择了德语诗歌，但一些纳粹分子仍然对里面的拉丁语诗歌持怀疑态度，原创的配乐则更是被视为现代和异域的危险事物。帝国音乐局更是提出了那臭名昭著的批评，将之称为“巴伐利亚的黑人音乐”（bayerische Niggermusik）。奥尔夫本人的政治立场是极为模糊的。1938 年，他接受任命为莎士比亚的《仲夏夜之梦》重新配乐，以取代费利克斯·门德尔松的曲子，后者当时因自己的犹太人身份而遭到攻击，这件事成了奥尔夫的耻辱。战争期间，《布兰诗歌》在德国各地上演，演出的足迹遍布德累斯顿、埃森、科隆、美因茨、斯图加特、格尔利茨、法兰克福、哥廷根、汉堡、亚琛、明斯特、慕尼黑等地。必定是其乐曲和舞台场景，而非那古老的文本，抓住了时代精神。约瑟夫·戈培尔（Joseph Goebbels）在 1944 年 9 月 12 日的日记中留下了有关奥尔夫的一段话：“……‘布兰诗歌’展现出精致的美感，倘若我们能让他在歌词方面做些修改，那么他的音乐肯定大有前途。以后有机会的话，我会请他来的。”据我所知，二人之间没有会面。战后，卡尔·奥尔夫 374
将自己刻画为纳粹的隐秘反对者（像他这么做的不在少数），并据此自证清白，然而很有可能他的“证词”并不可信。1951 年 6 月，《布兰诗歌》首次在不列颠上演，地点是新落成的皇家节日音乐厅（Royal Festival Hall），其时，《泰晤士报》的乐评人依然认为这场演出在政治上太过敏感了，“正是简洁的特征：结构简单的节律、三度音程上的合唱、同曲异词的反复曲式、德意志啤酒花园和校园歌谣……都是纯正的条顿风情”。将《布兰诗歌》同希特勒的德国联系起来，这对于在国王中学时的我们来说是从未有过的想法，实际上，在《布兰诗歌》首演的 15 年后，我们在教室里聆听时，我们觉得这就是真正的中世纪风格的乐曲。

今天，《布兰诗歌》的配乐是现代音乐中演出次数最多的曲目之一。开篇的“哦，时运”可能是贝多芬第五交响曲的开场之后最家喻户晓的四个音符。如今，再去聆听一番，便很容易辨别出奥尔夫的配乐实际上跟真正
375 的中世纪歌谣是没有任何关联的。抄本本身给出的音律节奏，跟 20 世纪中叶以文本为依托创制而成的宏大管弦乐作品，也没有任何关系。为配合音乐而接受了编辑和重组的诗文，与 12 世纪初沙蒂永的沃尔特或者布卢瓦的彼得轻声哼唱的完全不同。无论如何，名字有些怪异的《布兰诗歌》抄本，

1941 年奥尔夫的《布兰诗歌》在斯图加特的符腾堡州立剧院上演时的场景，舞台以“时运之轮”为背景

卡尔·奥尔夫（1895~1982），照片拍摄于1938年，此时奥尔夫刚刚创作完《布兰诗歌》

如今以编号“Clm 4660”的身份藏身慕尼黑，并且位于巴伐利亚州立图书馆的“顶级珍本”行列，读者若得到许可，是可以在图书馆的阅览室中见到这份抄本的。多亏了卡尔·奥尔夫，抄本里面的诗文和歌谣能被如此之多的人读到，这完全超出了研究中世纪的学者的想象。在写作本章的时候，我将“Carmina Burana”一词键入搜索引擎，在随便哪个网站都能够得到大约两百六十万个搜索结果（当然这一数据在本书下印之前就会变动）；若是键入“Book of Kells”（凯尔经），这个数据则为一百一十八万；“Très Riches Heures”（豪华时祷书）为十万；“Spinola Hours”（斯皮诺拉时祷书）则不足六千。没错，时运之轮的确令人吃惊。

第九章
纳瓦拉的让娜时祷书

14 世纪第二个二十五年
巴黎，法国国家图书馆，
ms n.a. lat. 3145

376 贝希特斯加登（Berchtesgaden）在德国东南角的巴伐利亚地区的阿尔卑斯山上，此处毗邻萨尔茨堡，稍稍往前就进入奥地利了，距离上一章提到的《布兰诗歌》可能的创制地大约三十五英里。贝希特斯加登之上，是一片叫上萨尔茨堡（Obersalzburg）的山区。1933 年的夏天，阿道夫·希特勒在这里买下了一块土地并建造了一栋被叫作“贝格霍夫”（Berghof）的宅邸，这是一处幽僻且安全的山间休养之地，也是一个私家堡垒，它俯看着世上最美妙的风光之一。贝格霍夫附近是约瑟夫·戈培尔、阿尔伯特·斯佩尔等纳粹高官的宅邸。在 1945 年的欧洲，第二次世界大战进入收尾阶段，此时，无论是德国方面还是盟国方面，都期望希特勒及其核心圈子会退避上萨尔茨堡，令上萨尔茨堡成为这场大战最终的哈米吉多顿（Armageddon，“末日战场”）。当时人们都相信，上萨尔茨堡已经极度要塞化了，足以抵抗一场持久且猛烈的围城攻击，然而，事实并非如此。1945 年 4 月中旬，美国第七集团军和法国第一集团军，在雅各布·德弗斯将军（General Jacob Devers）的统一指挥下，分别从北面和西面向着贝希特斯加登开进。4 月 25 日，英国皇家空军对上萨尔茨堡实施了轰炸。从这一刻起，纳粹的权威灰飞烟灭，当地人闯入纳粹高官的宅邸，将里面的贵重物品洗劫一空。4 月 30 日，希特勒在柏林的地堡中自杀。5 月 4 日，盟军进入贝
378 希特斯加登，当时现场已经是一片乱象，几乎沦为废墟。美国第七集团军包括来自法国第二装甲旅的分遣军力，这个装甲旅最初于 1942 年在中非组建，随后参与了诺曼底和巴黎的解放行动。法国第一集团军是在北非组建

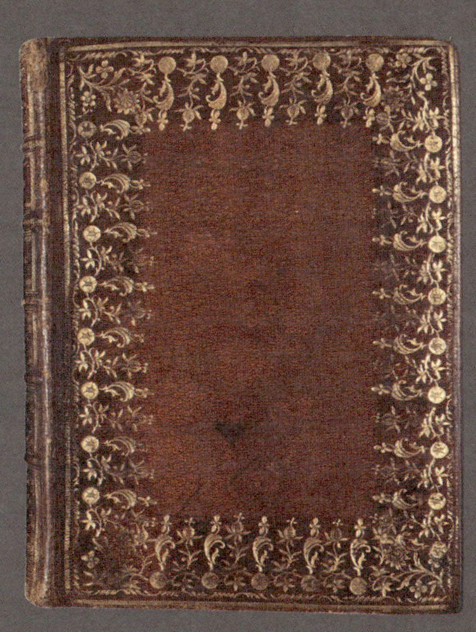

的，之后于 1944 年突入法国南部。到 5 月 4 日的下午，“自由法兰西”的旗帜便在希特勒的贝格霍夫上空飘扬起来了。法军尤其无意尊重纳粹的财物，美军在战事报告里面指控法军犯下了这一劫掠罪行，法军自然否认了此项指控，还反过来指控美军正将上萨尔茨堡的物品装船运回美国。这些日子里的混乱状态和兴奋情绪是前所未有的，毫无疑问，两支军队的士兵都欢欣异常，纷纷将价值不一的“纪念品”装进了自己的行囊。军队在多份报告中都提到同一个情况：当时有一列八节车厢的货车就停靠在贝希特斯加登火车站的侧轨之上，这列货车遭到法军的袭击，法军对其开火，迫使其打开车门。乍得突击团（Régiment de Marche du Tchad）第十一步兵连的一个法国军官回忆说，在进入车厢时，他感觉自己踩到了一块砖，他将那块“砖”捡起来仔细一看，才意识到那是一份中世纪抄本。随后，他用褐色的纸将其包裹并收藏起来。还有一名军官，是一名随军医生，也踩到了一份装在长方形小盒子里的抄本。两份抄本遂成为二人的私人藏品。这列火车实际上装载了帝国元帅戈林盗取并私藏的部分艺术品；在预期末日即将到来的时候，戈林将它们运往上萨尔茨堡，以保安全。在第七军团“遗迹和艺术品委员会”的成员詹姆斯·洛里默（James Rorimer）于一个星期之后抵达贝希特斯加登后，美军便将火车上剩下的宝藏看护起来，并竖立了临时的标示牌，上书：“The Hermann Göring Art Collection –Through Courtesy of the 101st Airborne Division”（赫尔曼·戈林艺术藏品——承蒙第 101 空降师好意）。

回到法国之后，发现了第一份抄本的军官遂将抄本拿给瓦朗谢讷图书馆的一个朋友看，二人在一番琢磨之后，极度震惊地意识到，这就是那名扬四海的《贝里公爵最美时祷书》（*Très Belles Heures* of the Duc de Berry），该抄本于 1383 年在巴黎完成彩饰。大约在 1884 年，阿道夫·罗斯柴尔德
379 男爵（Baron Adolphe de Rothschild，1823~1900）买入了这份抄本，1941 年 3 月，这份抄本在巴黎失窃，当时是被存放在阿道夫男爵的侄孙莫里斯·罗斯柴尔德男爵（Baron Maurice de Rothschild，1878~1957）的银行保险柜里的，莫里斯男爵在战后报告了这桩失窃案。抄本最终完璧归赵，男

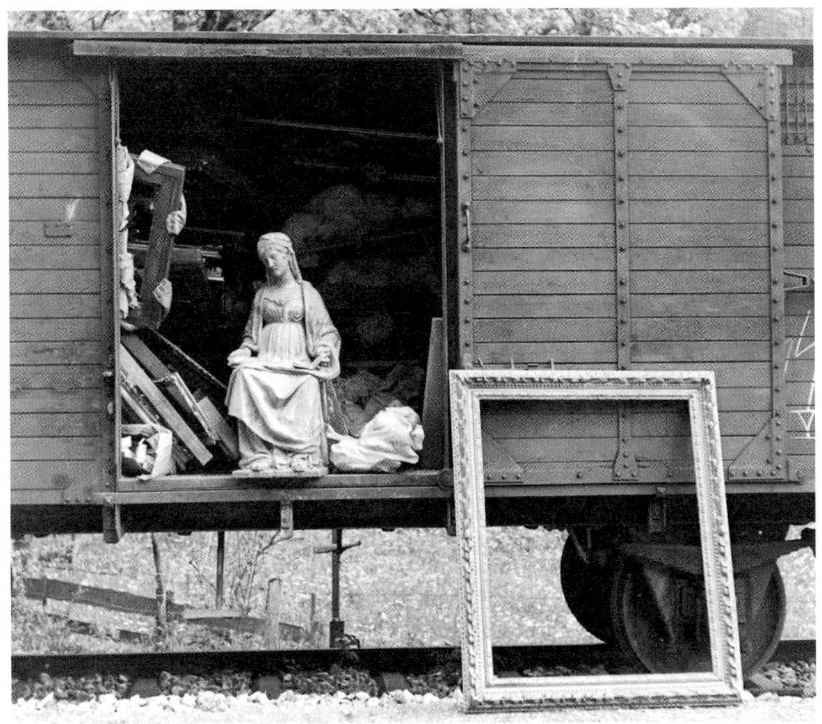

1945 年 5 月初停靠在贝希特斯加登的那列货车，车内藏有帝国元帅赫尔曼·戈林收藏的部分艺术品

爵也于 1956 年将之捐献给法国国家图书馆。如今它仍然由国家图书馆收藏，编号是“ms n.a. lat. 3093”。

1951 年，在贝希特斯加登寻获另一份抄本的军官将抄本捐献给了位于布列塔尼中部的博奎恩修道院（monastery of Boquen），这位退役军官曾在此地休养了一段时间。这里曾是一座中世纪修道院，但于 1790 年遭到镇压。1936 年，多姆·阿列克谢·普雷斯（Dom Alexis Presse）带领一批西多会修士重建了这座修道院。我们对抄本捐赠的细节不是十分清楚，毕竟，该抄本也是以非法方式于 1945 被解救出来的。多姆·阿列克谢于 1965 年 11 月谢世，据说，他生前将抄本的故事告诉了自己的继承人多姆·伯纳

埃德蒙德·罗斯柴尔德男爵（1845~1934），生活在巴黎，收藏了不少顶级抄本，其中很多在二战期间遭劫

德·贝斯雷特（Dom Bernard Besret），后者最终将该修道院变成了一个天
380 主教复兴运动中心。此事在莫里斯·兰斯（Maurice Rheims，1910~2003）的自传中有所提及，此人是巴黎的一个艺术品拍卖人，也是罗斯柴尔德家族的密友。据兰斯回忆，1967年的夏天，博奎恩修道院因为暴风雨的破坏，需要翻修屋顶，贝斯雷特遂拿出抄本，请鲁昂的一个古书书商估价，后者意识到此书的分量，于是将其送往巴黎的国家图书馆。三天后，抄本抵达时任国家图书馆抄本部负责人的马赛尔·托马斯（Marcel Thomas）那里，托马斯与当年刚刚进入抄本部的年轻助理弗朗索瓦·阿弗里尔（François Avril）一同展开鉴定。很快，他们就意识到，这份抄本是失传已久的《纳瓦拉的让娜时祷书》（Hours of Queen Jeanne de Navarre）。

本书第五章（第200页）曾简短提及这份名扬四海的抄本，1919年，伦敦苏富比拍卖行的叶茨·汤普森拍卖场里就有这份抄本，当时它拍出了

创纪录的天价，买主是“一个满腔热忱的法国人”，其身份无人知道。现
在我们知道买主是巴黎的埃德蒙德·罗斯柴尔德男爵（Baron Edmond de
Rothschild，1845~1934）。在埃德蒙德的一百零二份中世纪彩饰抄本藏品
当中，《纳瓦拉的让娜时祷书》的编号是“MS 94”。如今，埃德蒙德男爵
在圣奥雷诺郊区街 41 号的宅邸已经成了美国驻法国大使馆，但其门牌上保
留了“E.R.”的字母组合图案。埃德蒙德·罗斯柴尔德的遗孀阿德尔海德 381
（Adelheid）于 1935 年谢世，此后为了财产分割一事，伦敦书商莫里斯·埃
丁豪森（Maurice Ettinghausen）对埃德蒙德的藏品进行了估价。藏品清单
的副本如今保存在罗斯柴尔德家族在英格兰白金汉郡的宅邸瓦德斯顿庄
园（Waddesdon Manor）的档案室里。在这份清单上，《纳瓦拉的让娜时祷
书》的估价是 3000 英镑，被分给埃德蒙德的女儿亚历山德里娜·罗斯柴尔
德（Alexandrine de Rothschild，1884~1965），她也居住在巴黎。亚历山德
里娜性格古怪，喜欢幽居，生活在一座相当壮观的图书馆里。纳粹占领期
间，她的艺术藏品跟他哥哥莫里斯（如上文提到的）的艺术藏品遭遇了同
样的命运：于 1940 年 9 月被统一劫掠。《纳瓦拉的让娜时祷书》就此消失
不见，没有任何记录。亚历山德里娜夫人（这是人们对她的习惯称呼）将
此事上报，令这本时祷书进入了《法国 1939~1945 年战争期间被掠夺文物
名录》（*Répertoire des biens spoliés en France durant la guerre 1939~1945*）。
展读这样一份名录，实在是令人感到十分痛心。它实际上是一本册子，用
灰色布料和金属螺丝装订而成，由设立在德国境内法军占领区的“中央文 382
物赔偿部”（Bureau central des Restitutions）于战争刚结束时发布。名录被
印在一叠散页上，纸张非常脆弱，涵括了法语、俄语、英语和德语条目，
说白了，这就是一份战地手册，用来追踪并确认因战争而落入无主状态的
艺术品。我手头就有这份名录第七卷的副本，仅此一卷就有上千页，其中
第 30 页上列举了战争期间从法国流落至纳粹德国的一部分中世纪抄本，第
344 号抄本的索引号为 32.141，并有如下纪要：“时祷书——纳瓦拉的让娜
二世所有，编号‘ms du XIVe’，二百七十一对开页……一百零八幅插图，
有大量彩绘字母和幽默边饰。”这就是亚历山德里娜·罗斯柴尔德的抄本。

在那个时期，德国和中欧的许多洞穴、盐井以及城堡成了收藏战利品和劫掠品的巨型仓库，但这份抄本并没有从这些地方现身。战后的约三十年间，人们都以为它已经在战争中“阵亡”了。然而，1970 年 5 月，在鲁瓦约蒙（Royaumont）和巴黎同时举行的圣路易谢世七百周年典礼上，法国人公布了这份抄本重见天日的消息，马赛尔·托马斯认为此事堪称奇迹。

继续兰斯先生的故事。他记述说，他曾为小埃德蒙德·罗斯柴尔德男爵（Baron Edmond de Rothschild，1926~1997），也就是亚历山德里娜的侄子兼继承人，安排过一次会面。会面之时，小埃德蒙德询问博奎恩修道院的院长翻修屋顶需要多少钱，得到的答复是四万法郎；男爵立刻开出了四万法郎的支票。实际上，当天早上，法国国家图书馆方面已经告知男爵，

《战争期间被掠夺文物名录》，该页的第 5 条就是《纳瓦拉的让娜时祷书》

MANUSCRITS ANTERIEURS A 1800 МАНУСКРИПТЫ ДО 1800 г. MANUSCRIPTS PREVIOUS TO 1800 MANUSKRIPTE VOR 1800

340	32.330		**Bible hébraïque.** 1. vol. épais sur vélin orné de nombreuses miniatures dans, un étui en maroquin janséniste brun portant le millésime de 1370	M. James, Armand de Rothschild
341	35.664		**Double feuille** d'un manuscrit français avec très belles miniatures sans cadre. env. 45×30 cm.	M. Erwin Rosenthal
342	33.041		**Heures** — Livre d'heures de Charles le Noble, ms. de la fin du XIVe s. rel. cuir à décor d'arabesques persan	Baron Maurice de Rothschild
343	33.041		**Heures** — Livre d'heures du Duc de Berry, ms. sur vélin de la fin du XIVe s. richement décoré de miniatures en camaïeu	*Idem*
344	32.141		**Heures** — Livre d'heures de Jeanne II Reine de Navarre, ms. du XIVe s. (271 feuillets 0,18/0,145/0,04), rel. maroq. citron avec ornements et tranches dorées, doublé de tabis rouge. 108 miniatures, lettres ornées et bordures à sujets humoristiques	Baronne Alexandrine de Rothschild
345	28.244	**Isaac Ben Joseph de Corbeille**	Abrégé d'un grand livre de préceptes de Moïse de Coucy, avec deux commentaires. Sur le premier feuillet de garde une consignation de décès du 7 Tévet 5083 (1322), in-4 de 327 feuilles, vélin, écriture rabbinique allemande du XIVe s.	Alliance Israélite Universelle
346	28.244	**Levi Ben Gerson**	Commentaire sur Esther et les Proverbes, copie achevée le 3 yar, 5098 (23 Avril, 1338). En tête du premier feuillet cette mention d'un possesseur: « Moi, Jacob Ben Samuel, Morpurgo de Gradimont, l'an 426 » in- 4 de 118 feuilles, papier, écriture rabbinique espagnole	*Idem*
347	28.244		**Livre de Prières** — Fin XIVe s., enluminé de vignettes, sur vélin, éd. italienne avec notice du censeur en espagnol	*Idem*
348	32.069	**Lyra (Nicolaus de)**	Liber glossatarius super epistolas beati Pauli, 1396	M. Jean Furstenberg
349	32.069	**Lombard (Pierre)**	Lombardi Petri sententiarum libri IV. XIVe ou XVe s.	*Idem*
350	10.005 Strasb.		**Das Recht der Gebuehrenschaft** von Geringsheim, Suntheim und Kenle „Kehl" (Betrifft die Rheinfähre) ms. de 10 pages sur parchemin, 1380	M. Mutterer
351	32.141		**Roman de Giron le Courtois** — ms. du XIVe s. (incomplet), 80 feuillets, 103 dessins à la plume dans les marges plus 4 dessins d'arbres. 0,495/0,33/0,03, reliure en velours rouge, écrin maroq. Lavallière	Baronne Alexandrine de Rothschild
352	28.244	**Salomon (Ezobi)**	Les Homélies — ms. français composé par Salomon Ezobi, rabbin français du XIVe s.	Alliance Israélite Universelle
353	33.041		**Il Trionfo di Petrarca.** Rel. cuir sombre avec dessin ; le dos brun a été rénové (0,22×0,15)	Baron Maurice de Rothschild
			XVe SIECLE	
354	44.225		**Bible** en latin. Dédicace d'un abbé suisse en français	M. Siegbert Bernstein

— 30 —

他们很想得到这份抄本。据兰斯记述，小埃德蒙德·罗斯柴尔德当时一边在与约翰内斯堡的奥本海默先生——钻石大王哈利·奥本海默（Harry Oppenheimer，1908~2000）通电话，一边用手抚摸着这份时祷书抄本，就如同007剧中的大反派布罗菲尔德和他的白猫一样；最终，奥本海默突然中断了谈话，并宣布说："我甚至都没时间读《圣经》，就让他们拿走这份抄本吧。"于是，《纳瓦拉的让娜时祷书》来到巴黎的国家图书馆，编号为"ms n.a. lat. 3145"，现在，我们就前去拜访它吧。

法国国家图书馆的藏书的前身是中世纪历任国王的藏品，特别是查理五世和路易十二的藏品，二人分别于1364~1380年和1498~1515年任法兰西国王；不过，该图书馆成为公众机构，则是法国大革命的功劳。1795年，
皇家图书馆更名为国家图书馆，并于19世纪中叶时使用了一段时间"帝国 383
图书馆"这个名称。1868年，图书馆搬迁到拿破仑三世选定的位于黎塞留大街的东面的新址，新馆建筑极为壮观，距离卢浮宫不远，在其北面，是由古典风格的建筑师亨利·拉布鲁斯特（Henri Labrouste，1801~1875）设计的。法国国家图书馆位列世界级图书馆之列，这在很大程度上要归功于列奥波德·德利尔（Léopold Delisle，1826~1910）的不懈努力，德利尔于1874年成为国家图书馆的馆长，于1905年退休。1996年，国家图书馆将主要的印刷书册和现代书册迁移到更新的"弗朗索瓦－密特朗图书馆"（Bibliothèque François-Mitterrand），这座坐落在塞纳河上游河畔的新馆并不受大家待见，不过令人欣慰的是，中世纪抄本留在老馆里，我从我的老馆借阅卡中受益已长达半个世纪之久。

事实上，在我前去拜访《纳瓦拉的让娜时祷书》时，老馆仍然有一处主体建筑没有完工，这项工程开启于2010年，预期工期为七到八年。因此，读者不能像往日那样，从正对着黎塞留大街的大厅进入图书馆了，而是只能暂时从图书馆背面维维恩大街上的小花园进入图书馆。2015年1月，《查理周刊》事件之后不久，巴黎的安全问题变得相当棘手，我也必须接受街口一道探测门的检查。在我通过时安全门的警报响了，但检测员

看起来已经很疲惫了，随便挥挥手就让我过去了。施工期间，读者只能从后门进入图书馆，进门便是一个门厅，厅内有一道建于 19 世纪的楼梯。其时，位于该门厅左侧的主入口大厅是关闭着的。图书馆一楼的远端角落里是著名的“椭圆大厅”（*Salle ovale* reading room），也就是普通文献阅览室。若想约见珍本，就要沿着巨大的石头楼梯向上走——楼梯底端两侧有一列廊柱，柱顶是女神头像——上行一层就是抄本室，再上一层则是钱币和徽章室。我熟悉的抄本阅览室很大，与同黎塞留大街平行的庭院一般长，但它也因为主体工程而暂时关闭了。我非常希望在我这本书出版之时，这
384 间阅览室能够重新开放。在此期间，读者若想查阅抄本，就要到楼梯平台对面的“马扎然画廊”（Galerie Mazarine），这也是一间很长的阅览室，俯临维维恩大街上图书馆入口所在的花园。我到过马扎然画廊，不过，当时只是为了看里面的展览。这间画廊实际上是旁边的马扎然酒店的遗留建筑，建于 1644~1655 年，是当时的红衣主教儒勒·马扎然（Jules Mazarin，1602~1661）用来存放他收藏的艺术品的。画廊本身非常高，金碧辉煌，装饰有吉安·弗朗西斯科·罗曼尼利（Gian Francesco Romanelli，亡于 1662）的田园风格壁画，壁画的灵感取自奥维德的《变形记》。现在，为了配合图书馆的修建工作，这间画廊被改造成了简化版的“抄本阅览室”：窗户被配上了白色布幔，装饰有壁画的墙壁则被用红色板材遮挡了起来，墙边新布置了几列临时性的纯木书架，复合板木桌也被摆了进来，并配备有没有坐垫的木椅，先前的六盏大吊灯暂时停用了，一排排不那么华丽的条形荧光灯负责整个房间的照明。

借阅程序没有变。阅览室入口处是一张长长的桌子，旁边坐了多名男性工作人员。他们的职责就是收取借阅卡，并将其换成一张小小的红色方形塑料卡片（我记得早些年这些卡片是木制的），塑料卡片上是安排好的座位号。此前我已告诉工作人员，我要拜访的是一份分量十足的泥金装饰抄本，于是我便被安排在 45 号座位，紧邻阅览室监视器所在的中央通道，附近的座位大部分已经被女性占领。我在这里填了借阅申请卡，在将我的名字和住址填上去以外，我还向工作人员出示了中世纪抄本部负责人夏洛

马扎然画廊，法国国家图书馆重新修建期间，这座画廊暂时被改造成了图书馆的抄本阅览室

特·德诺埃尔写给我的电子邮件，她授权我翻阅抄本原件（在巴黎，图书馆的工作人员多多少少会用微缩胶卷来敷衍你，特别是当他们觉得你的法语不够好，不足以跟他们争辩时）。在抄本被送来的时候，我把手中的红色塑料卡片交给管理员，以换取抄本原件。这样的程序过于复杂了，似乎没有这个必要，不过，这就是他们的行事风格。

我眼前的这份《纳瓦拉的让娜时祷书》要比我上次见到它时显得更有分量，它大约是 7.25 英寸长、5.5 英寸宽、2.25 英寸厚，当然厚度还要看对抄本的按压力度。这就让我们很能理解这份抄本当初在贝希特斯加登时，为什么会被误认成砖块了。它是于 1780 年前后完成装帧的，封皮用的是黄褐色的摩洛哥羊皮，羊皮上有极为精细的贴金图案。粘在封里上的衬页是用朱红色绸缎制成的，且有金色的边缘。这份抄本看来相当珍贵。没有明显痕迹表明它在战火中的德国遭受过损坏，只是卷首的长方形藏书标签被

《纳瓦拉的让娜时祷书》里面的一张衬页，其页面上端角落处有铅笔写的“MS 94”字样，这是罗斯柴尔德藏品名录编号

揭去了，毫无疑问那是亨利·叶茨·汤普森的标签（此一情况前文谈到过，见第 201 页）。这是该抄本上唯一能揭露抄本现代主人身份的证据。扉页的左上角有很小的铅笔写的标注，“MS 94”，字迹已经很模糊了，应该是罗斯柴尔德的藏品编号。衬页上也留有为数不多的标注，不过，从中无法看出 1945 年该抄本在贝希特斯加登被发现时，其主人是谁。

抄本文本的主体内容大致分为以下几个部分：（1）一份教会年历，标记有各个圣徒节日，每一页的顶端和底端都绘有寓意性质的插图；（2）三位一体日课（Hours of the Holy Trinity），每天从夜祷到睡前祷的八个日课时辰的经文旁都配有相应的插图；（3）圣母马利亚日课（Hours of the Virgin Mary），八个日课时辰的经文旁同样配有插图；（4）一些短祷文，配有两幅插图；（5）七篇忏悔诗（Penitential Psalms）以及一份诸圣连祷文，都
386 配有插图；（6）圣路易日课（Hours of Saint Louis），日课旁配有插图；（7）十字日课，也配有插图；（8）诸圣徒的祷文，特别是圣母祷文和三位一体祷文，分别以拉丁语和法语呈现，其中包括了圣母七乐经文（Seven Joys of the Virgin）、守护天使祈祷文、圣阿波罗尼亚牙痛祈祷文、弥撒仪式高举圣

饼之时的祈祷文，此外还有怀孕之人的守护神圣玛格丽特（Saint Margaret）的生平经文，以及另外一些祈祷文，这部分配有十二幅插图；（9）代祷文，或是为召请特定圣徒的祷文，比如召请了圣安妮（Saint Anne）、圣尼凯斯（Saint Nicaise）、圣马丁（Saint Martin）、圣吉尔斯（Saint Giles）、圣若斯（Saint Josse of Ponthieu），以及殉教者的遗骸等，每位圣徒都配有插图；（10）另一些短祷文，包括七篇上行之诗（Gradual Psalms）；（11）亡者日课（Office or Vigils of the Dead），配有一幅葬礼插图；（12）另一些代祷文，召请的是圣十字架、圣米迦勒、众天使，也召请了施洗者约翰、福音书作者圣约翰、圣彼得、三博士、圣伦纳德（Leonard）、马赛（或者图卢兹）的圣路易、圣丹尼（Denis）、圣尼古拉斯（Nicholas），都有配图；（13）专用于基督降临节的圣母日课的经文译异文，配有一幅插图；（14）专用于圣诞节和洁净礼日之间的圣母日课的经文异文，配有一幅插图；（15）圣哲罗姆《圣咏》（Psalter of Saint Jerome）和其他一些祷文；（16）后来增补进去的各种祷文，包括圣灵日课（Hours of the Holy Ghost）。

此等复合文本组成了我们今天所谓的“时祷书”（Book of Hours），“时祷书”这个术语源于中世纪，其具体内容虽然在每个抄本中各不相同，但 387
有一些明确的特征：要包含八个特定的祷文和诗篇合集供人们分别在八个“时辰”的日课中诵读，这八个日课时辰划分了中世纪的一天，分别是夜祷（Matins）、晨曦祷（Lauds）、第一时辰（Prime）、第三时辰（Terce）、第六时辰（Sext）、第九时辰（None）、晚祷（Vespers）和睡前祷（Compline）。《纳瓦拉的让娜时祷书》的十六部分内容当中，有七部分为日课内容。在本书第十二章中，我们将见到另一份时祷书，到时我会对日课内容进行更进一步的讲解。现在只需要点明，所谓“时祷书”，实际上就是在俗信徒的祈祷书，供其个人日常祈祷之用，可以在家中或其他地方使用，不能被带入教堂。每天要在固定时间诵读诗篇和祷文的观念源自中世纪修道院中的漫长实践。当然，日课并非中世纪隐修生活的全部内容，不过，修士和修女们的生活无疑是以日课的节奏展开的。数个世纪里，在俗信众生活在修道院高墙之外的俗世当中，对修道院内的事情基本上一无所知，只是会心怀隐约的不安，因为修士和修女们日复一日地沐浴在属灵恩泽当中，而那样的恩泽是尘世中人无从分享的。12 世纪时，大规模的社会变迁潮流席卷而来，其中包括了前几章中谈到的那些变化，比如修道院对读写能力以及抄本行业的垄断格局归于终结，民众对宗教的虔诚度日益加深，在俗信众开始渴求在不进入修道院的前提下，也能够积极融入宗教生活。此等情况之下，《圣咏》抄本，如同《哥本哈根圣咏》揭示的那样，遂成为在俗信众为效仿宗教教团生活而普遍拥有的最早一批书册之一。

然而，整部《圣咏》太过厚重了，对于宗教经验不足的在俗之人来说读起来有些困难。于是，到了 13 世纪晚期，在世俗贵族阶层中出现了新的潮流——制作袖珍本的祷文汇编，即对诗篇和祈祷词进行甄选，并以恰当的顺序编排，以便在俗信众在日常生活中诵读，具体的诵读时间则效仿了修道院中传统的日课时辰安排，也就是从夜祷一直到睡前祷。每一个短小紧凑的祷文集合都有特定的宗教论题或是献给特定的圣徒的，其中最主要的是圣母，因为到了中世纪后期，圣母崇拜日益兴盛。最终有大量时祷书
388 抄本被制作出来。如今依然有数千份这样的抄本存在于世，仅仅是法国国家图书馆就拥有超过三百份，而它们可能是所有泥金装饰抄本当中最具知名度的。《纳瓦拉的让娜时祷书》是其中的早期之作；而本书最后一章的主人公《斯皮诺拉时祷书》则是最年轻的一批之一。

在 14 世纪早期为法兰西王室创制的祈祷书中，无论是《圣咏》抄本还是时祷书抄本，都拥有两个十分鲜明的特征。其一，这些祈祷书的主人都是女性。直到查理五世（于 1364~1380 年任法兰西国王）和其弟弟贝里公爵（Duc de Berry，1340~1416）的时期，这些祈祷书才真正开始为男性所用，即使是这二人委任制作的、当世尤为著名的时祷书抄本，其初衷也很可能是供家中女性祈祷使用。另一个鲜明特征就在于，这些皇家抄本同教

右页：《纳瓦拉的让娜时祷书》的年历中 5 月的那一页，其中圣方济各的变体日，也就是 5 月 25 日，被划定为最高等级的节日

KL

May a .xxxi. iours. et la lune .xxx.

xi.	b			Saint phelippe et saint iaques apostres. feste double.	ix. lc.
	c	vi.	F.		
xix	d	v.	K.	Invencion de la sainte croiz. demidouble.	ix. lc. D
viij	e	iiij.	F.		
	f	iij.	K.		
xvi.	g	ij.	F.	Saint iehan devant la porte latine. feste double.	ix. lc.
v.	A	Nonas	K		
	b	viij.	F	L'apparicion saint michiel larchange. demidouble.	ix. lc.
xiij	c	vij.	K		
ij.	d	vi.	F	Sains gordien et epimache martirs.	ix. lc.
	e	v.	K		
x.	f	iiij.	F	Sains nere achile. et pancrace. martirs.	ix. lc.
	g	iij.	K		
xviij	A	ij.	F	Saint boniface. martir.	ix. lc.
vij.	b	IDES			
	c	xvij.	F		
xv.	d	xvi.	kl		
iiij.	e	xv.	F		
	f	xiiij.	kl	Sainte potenciene vierge.	ix. lc.
xij.	g	xiij.	F		
i.	A	xij.	kl		
	b	xi.	F		
ix.	c	x.	kl		
	d	ix.	F		
xvij.	e	viij.	kl	La translation saint francois. grant double. ix. lc.	S. urbain pape. ix. lc. D
vi.	f	vij.	F	Saint eleuthere pape et martir.	ix. lc.
	g	vi.	kl	Saint iehan pape et martir.	ix. lc.
xiiij	A	v.	F		
iij.	b	iiij.	kl.		
	c	iij.	F	Saint felix pape et martir.	ix. lc.
xi.	d	ij.	kl	Sainte pronnelle vierge.	ix. lc.

unt illud. Ci cõmence une tres especial oroi
E precorte o do son de nr̃e dam
O mina sanctissima maria.
mater domini nostri ihu xpi.
pietate plenissima. summi re
gis filia. mater gloriosissima. mater orpha
norum. consolatio desolatorum. via erranci
um. salus in te sperancium. virgo ante par
tum. virgo post partum. virgo in partu. fons
misericordie. fons salutis et gracie. fons pie
tatis et leticie. fons consolacionis et indul
gencie. ut intercedas pro me ancilla tua. Jo
hanna nauarre regina. ante conspectum fi
lii tui. ut per sanctam suam misericordi
am. et tuam sanctam intercessionem mi
chi concedat ante tempus mortis mee. pu
ram de peccatis meis confessionem. et ue
ram penitenciam. et post mortem cum
sanctis et electis suis uitam et requiem
sempiternam. Amen. Et sensuit leuan
gile de la circoncision ihucrist selonc S. luc.

团，特别是多米尼克教团和方济各教团，有着紧密关联。当时宫廷内的告解神父和本堂神父，通常出自这两个教团。他们身为王族成员的精神顾问和知己，当然会对日常接触的在俗贵族女性有潜移默化的影响，这些女性遂纷纷效仿修士的生活习惯。最终更有不少贵族女性在丈夫亡故之后进入女修院，寻求隐修生活，并在知名的修道院当中度过残年，这些修道院包括巴黎圣马赛尔郊区的洛尔西尼（Lourcines）修道院，一座方济各会的修道院，由圣路易的遗孀、普罗旺斯的玛格丽特于 13 世纪 70 年代创建；以及多米尼克教团的普瓦西修道院，在塞纳河巴黎河段的下游，由圣路易的儿子腓力四世于 1298 年创建。

我们眼前的这份抄本有着强烈的方济各会特征。抄本当中的年历将圣方济各的纪念日（10 月 4 日），以及这位圣徒的遗骸迁移日（5 月 25 日）标记为最高等级的节日（grand double），方济各会修士图卢兹的圣路易的纪念日（8 月 19 日）也被划入同一等级，抄本称这位修士为“小兄弟会”（Friars Minor，指方济各会）的马赛的路易。帕多瓦的圣安多尼和圣嘉勒的纪念日则被标记为“feste double”等级，两位圣徒都是方济各会出身（纪念日分别 6 月 13 日和 8 月 12 日），此外，这一等级的节日中包含了方济各会两个已经谢世的恩主的纪念日，分别是 1 月 29 日和 11 月 27 日。节日的等级以教堂仪式在对应日子所用经文（lection）数多少表示，这种 391
做法在教堂的日课经或者弥撒书里面是很常规的，但在在俗信徒的时祷书里很难见到。

然而，眼前这份抄本最初的主人并非修士或者修女，其身份是可以确定的。抄本里面大约有二十张书页的边缘处有小插图，呈现女王跪地祈祷的情景，这位女王头戴金色王冠，袍服以貂皮镶边，有时身前会有一份打开着的抄本。在抄本的其他一些地方，女王跪地祈祷的形象被呈现在彩绘

左页：圣母祷文，彩绘首字母中跪着的女性的名字出现在文本第 12~13 行，“您的仆人，纳瓦拉女王胡安娜”

首字母里面。有时候她也会出现在插图当中，如正亲眼见证基督遭受鞭刑的场景，或者当面朝拜圣母和圣子。抄本中的很多祷文有所调整，以方便女性使用，例如，很多拉丁语词的后缀被更换成了阴性后缀：“... ut michi indigne peccatrici ancille tue”（“请赐予我，您卑微且有罪的仆人”，此句中的词都被调整为阴性词了）；“... concede michi famule tue”（“请赐予我，您的仆人”，此处，祈祷人若是男性，则应当用“famulo tuo”这个表述）；祈祷人在接纳“共融”的时候，要诵读如下祷文，“Domine non sum digna ...”（“救主啊，我这卑微的人”，此处的形容词也被调整为阴性形式了）。我们的运气实在是好，抄本当中提到了该女王的名字。她的名字出现在一份圣母祷文当中，祷文中碰巧有这样一句代祷词：“ut intercedas pro me ancilla tua Johanna navarre regina”（请为我恳请恩泽，您的仆人，纳瓦拉女王胡安娜）。这句珍贵的代祷文出现在抄本第 151 对开页的左页，在页面中间处，很容易被读者忽略。

让娜（Jeanne，即上文中的胡安娜，1312~1349），是 1305~1316 年的纳瓦拉国王、1314~1316 年的法兰西国王路易十世唯一活下来的孩子。父王驾崩之时，让娜年仅四岁。她的出身遭到了质疑，尽管那不是她的错；据传，她的母亲、勃艮第的玛格丽特有婚外情，于是，反对派紧急召请古老的《萨利克法典》（*Salic Law*），以阻止让娜继承法兰西王位。对于相关的法条坎特伯雷大主教已经给出了解释，见莎士比亚的《亨利五世》——“在萨利克的土地上妇女没有继承权”（《亨利五世》第一幕第二场），而法国人就把这“萨利克的土地”曲解为法兰西的土地。让娜的叔叔就是据此
393 条款挤掉了让娜，自立为王，史称腓力五世，在位时间是 1316~1322 年。腓力五世也因此成了一个诅咒的受害者，传说卡佩王朝的统治者都受到了诅咒，因为他们于 1307 年烧死了圣殿骑士团大团长。这些国王被称为“邪恶国王”（Rois maudits）。腓力五世驾崩之后，也没有留下男性继承人，他的弟弟遂继承王位，史称查理四世，于 1322~1328 年在位；1328 年，查理四世驾崩，让娜再次有了主张王位的机会，不过，这一次，让娜的堂叔父成功上位，史称腓力六世，于 1328~1350 年在位，腓力六世开创了瓦卢瓦

王朝（Valois dynasty）。中世纪的公主通常命运多舛，这一点的确令人伤感。我不确定让娜是否已经被写入哪一部激情四溢的镀金本历史小说，被塑造成同命运抗争的励志女性，此类小说是我太太这样的读者喜闻乐见的，且不管怎么说，让娜的确是这样的女性。最终，两个王室达成协议。让娜和丈夫埃夫勒的腓力（Philippe d'Évreux）共同获得纳瓦拉的王位。纳瓦拉是比利牛斯山巴斯克地区的一个小小的山间王国，对于今天的我们来说已经消逝很久了，此一地区也已经分属西班牙和法国了。这里实际上是法兰西国王的古老封地，但它不受《萨利克法典》管辖，于是让娜于 1329 年 3 月 5 日在纳瓦拉首府潘普洛纳（Pamplona）加冕成为女王。

这份抄本里到处都可以看到纳瓦拉纹章，它用纹章学的术语来描述就是："红底（*gules*）；十字形，有圣安德鲁十字形和链条状的内缘饰边，都连在一起，金色（*or*）。"抄本当中，有八十多个彩绘首字母中出现了该纹章；其他地方也有，比如年历当中双子座的双子所持的盾牌上，以及页面边缘彩饰里面的类人怪物所持的盾牌上。一些插图的背景当中也有该图案，比如在耶稣诞生图当中，棋盘格的背景中就有纹章的纹理。此类细节，加之"纳瓦拉女王胡安娜"这个称谓，实际上就足以论定这份抄本的创制时间不会早于 1328 年，因为让娜是在这一年登基的。抄本当中另外还有很多彩绘首字母中有埃夫勒纹章，那是让娜于 1318 年完婚之后添加的纹章（法兰西百合花底：右斜分，银色和红色块状交替）。至于抄本最晚的创制时间，抄本当中的让娜从未以遗孀的形象现身，这就意味着抄本是在她的丈夫活着的时候，也就是 1343 年让娜成为遗孀之前创制完成的。

第 85 对开页左页到第 105 对开页左页呈现的是圣路易日课的内容，这 394
部分有极为丰富的彩绘插图，很不寻常。其祷文和经文涵盖了从夜祷到睡前祷的八个时辰，与主题更传统的时祷书并无两样，只不过，这份抄本是为纪念家族圣徒而作的，而这位圣徒就生活在抄本问世的六十年前。路易九世（于 1226~1270 年任法兰西国王）是一个充满骑士精神的东征者，也是巴黎圣礼拜堂（Sainte Chapelle）的虔诚的建造者。1297 年，博义八世（Boriface VIII）将路易九世封圣。纳瓦拉的让娜是这位圣徒国王的曾曾孙

couchier chascun iour contre tous perilz de nuit.
Angele qui meus es custos
pietate superna. Me tibi
commissam. serva deffen
de guberna.
Mentem terge meam vicijs la[illegible]q; vetrina

女。事实上，让娜的丈夫是这位圣徒国王在另一家族分支上的曾孙子。据我们所知，载有圣路易日课的抄本，都是在 14 世纪上半叶专为圣路易家族成员定制的。这其中最早的当属《勃艮第的布朗歇时祷书》(Hours of Blanche of Burgundy)，勃艮第的布朗歇（约 1295~1326）是圣路易的弟弟的曾孙女，也是查理四世的第一任王后，查理四世是圣路易的曾孙子。如今，这份时祷书抄本收藏于纽约公共图书馆。还有一份这样的抄本是相当袖珍的《埃夫勒的让娜时祷书》[Hours of Jeanne d'Évreux，埃夫勒的让娜（1310~1371）是查理四世的第三任王后，也是纳瓦拉的让娜的弟妹]，它如今收藏于纽约的大都会博物馆，距离纽约公共图书馆不远。埃夫勒的让娜也是圣路易的直系后裔。第三份这样的抄本则是为纳瓦拉的让娜的大女儿、纳瓦拉的玛丽（1329~1347）制作的，玛丽是阿拉贡的王后，这份抄本如今收藏于威尼斯的圣马可图书馆（Biblioteca Marciana）。圣路易日课同样出现在所谓的《萨伏伊时祷书》(Savoy Hours ）当中，这份抄本也是为勃艮第的布朗歇制作的。不过，1904 年，收藏该抄本的都灵国立图书馆发生了火灾，该抄本也葬身火海。这份抄本的卷首页标题解释了为何圣路易日课会成为“法国最神圣的且最高贵的王朝”(à personnes qui sont de si sainte et de si très noble lignié comme est celle de France ）的王室祈祷书的一部分。

《纳瓦拉的让娜时祷书》当中，圣路易日课的插图取材于这位圣徒的早期生活，呈现的都是一些有趣且私密的场景，像是一本家族相册。翻阅这份抄本时，可以想象到当年让娜为自己的孩子们翻动这些书页的样子，她的孩子包括玛丽（生于 1329 年，前面提到过）、布朗什（生于 1330 年）、
查理（Charles，生于 1332 年）、阿格尼斯（Agnes，生于 14 世纪 30 年代）、 396
腓力（Philippe，生于 1336 年），还有沿用了圣徒国王的名字的路易（生于 1341 年；在他之前让娜还有一个孩子叫路易，但夭折了）。让娜肯定会为

左页：纳瓦拉的让娜的纹章和画像在抄本里反复出现；该页上的插图中，女王正在赈济穷人，且有天使相伴

他们讲故事以及故事里的教诲。这些插图里的第一幅（即卷首页插图）呈现的是孩童时代的圣路易学习读写的场景，他的母亲卡斯蒂尔的布朗什和一个拿着教鞭的老师在指导他。图中的男孩则手捧手册。在本书第七章中，我们在莱顿见到了著名的罗曼时期的泥金装饰《圣咏》抄本，里面有一句14世纪的题词说，这份《圣咏》抄本就是圣路易童年时代所用之书（见本书第298页）。莱顿的这份抄本曾属于让娜的祖母、姑母，后来则归属让娜的女儿，这意味着让娜本人也完全有可能曾是这份抄本的主人。《纳瓦拉的让娜时祷书》中的这幅插图所呈现的应该就是圣路易学习《圣咏》的情景，由此便基本上可以断定，莱顿的泥金装饰《圣咏》抄本是这位圣徒的传家之物，同时也是他的童年教科书。

其他插图则分别呈现了孩童时代的圣路易望弥撒的场景（对应日课中的晨祷）；1226年路易在马车内准备前往兰斯加冕的场景，有一位王后陪伴着他，很显然是他那意志坚定的母亲，因为加冕之时，路易只有十二岁，还没有结婚（第一时辰）；新王涂油礼的场景（第三时辰）；加冕场景（第六时辰）；1239年路易手持荆棘王冠的场景，这件圣物被赎回一事大大推动了准备收藏它的巴黎圣礼拜堂的修建工程（第九时辰）；1244年路易卧病在床的场景，此时的圣路易担心自己命不久矣，遂承诺继续十字军东征行动（晚祷）；还有1245年，教皇专使、沙托鲁的奥多策动十字军行动的场景（睡前祷）。这些插图跟抄本当中的其他插图一样，都有四瓣花形的边框，边框颜色为法国王室那标志性的“三色”（*tricoleur*，也就是红、白、蓝），如今它因为法国国旗而家喻户晓了。插图中的高潮场景是圣路易发动十字军东征，该场景为这一抄本所独有，可能是因为1333年，圣路易的曾曾孙子腓力六世也尝试策动一场新的东征而被绘制上去的。若真是这样，我们便可以将抄本的创制时间界定在1333年或这之后不久。抄本里的年历中，在3月27日的边上有用红墨水写下的“复活节”字样。不能单纯地

右页：孩童时代的圣路易被马车运往兰斯加冕，这幅图出自极为珍贵的圣路易日课部分

Eus Ad prime
in adiutorium meum in
tende Domine ad adiuuan
dum me festina. Gloria pa
tri et filio et spiritui sancto. Sicut erat in
principio et nunc et semper et in secula secu

Duce. Oroison.
debonnaire. vierge devant le
saint conceuement. vierge
ou saint conceuement. vier
ge ou saint enfantement. humble vierge
mere dieu dame de toute mame. et de tout

将这里的“复活节”理解成就在 3 月 27 日这一天，毕竟，它也可能指的是“复活节季”（Eastertide），不过，1334 年的复活节礼拜日恰恰就是 3 月 27
日。这时距离圣路易完婚并开始以自己的名义统治法兰西恰好一百年。这 397
一年，纳瓦拉的让娜的长女也刚好五岁，正值开始学习阅读的年龄。

《纳瓦拉的让娜时祷书》是极其个人化的，这一点非常明显。我们在本书前面章节当中见到的其他抄本上，很少会留有其最初的主人或者资助人对文本进行干预的痕迹。但是纳瓦拉的让娜显然直接踏入了文本。祷文中出现了她本人的名字，并且出现了她所属家族的圣徒，很可能还有她亲自甄选的其他内容，比如圣阿波罗尼亚代祷文、用法语写就的圣玛格丽特小传等。曾于 1902 年为叶茨·汤普森撰写了该抄本的长篇纪要的西德尼·科克莱尔（Sydney Cockerell）认为，圣阿波罗尼亚代祷文“很可能表明让娜……饱受牙痛之苦”；圣玛格丽特是分娩护佑者，对于让娜这类生了很多孩子的年轻女性来说，召请这位圣徒完全是可以理解的事。抄本当中所有的礼规和标题都是用法语写的，因为这是家庭中，尤其是女性用的语言。让娜的专任牧师（假设他是一个方济各会神父），应该就是这样循循善诱，引领着让娜走上宗教之路的。抄本中的一些有关礼规的表述方式是非常亲密且直接的，比如说，“Vous devez savoir ...”（“您应该知道”）。我们完全可以想象到让娜的专任牧师就是用这样的语气对她高声宣讲的：“夫人，您应该知道，依据罗马教廷的规矩，《谢恩经》是不可以在晨祷之前被诵读的……”让娜也出现在了彩绘边框上，她站在她的时祷书的书页边缘，从尘世望向神圣之境。实际上，当中世纪的祈祷书开始将尘世之人纳入插图当中时，他们通常会被置于尽可能偏远和独立于书页主体的位置上，确切地说，就是不同的宇宙当中；这样一来，尘世之人就只能在页面边缘形成的帷幕后面或者彩绘首字母里面，注视那神圣之境。不过，在这份抄本

左页：纳瓦拉的让娜进入了圣母和圣子的神圣空间，直接跪在圣母和圣子旁，背景则是埃夫勒和纳瓦拉的纹章

cede. p dnm nrm ihm xpm filium tuu. qui te
cum uiuit et regnat in unitate spiritus sancti
deus p omnia secula seculor. Amen. Do
mine exaudi orationem meam. Et clamor
meus ad te ueniat. Benedicamus domino.
Deo gracias. Anime omniu fidelium defunc
torum p misericordiam dei requiescant i pace. am.

当中，有几幅插图呈现了纳瓦拉的让娜作为抄本的主人，直接进入神圣之
境的情形。比如第 118 对开页的左页上的插图配的是一句对圣母说的法语
祷文："Douce debonnaire vierge ..."（亲爱的圣母……）。图中的圣母朝向
圣子，俯身，右手伸向首字母"D"，对于此等场景，人们通常都会预期让
娜站在首字母所在的位置，并充满敬畏地向上凝望。然而，首字母纯粹是
装饰，让娜悄然越过插图的边框，进入这神圣场景的内部，跪在圣母旁边。
一幅图中竟有两个头戴王冠的女王。此等创举实在是令人惊奇，可以说是 *399*
宗教艺术史上的极为大胆的一步。不过，插图里的圣母在看着圣子，实际
上并没有注意到中世纪的纳瓦拉女王已经悄然进入她的"包厢"了。在另
一幅插图当中，一位天使则直接进入了尘世，并且在称颂让娜，因为后者
正在赈济穷人。

巴黎的国家图书馆里的氛围从来都是轻松惬意的。轻柔的好古之风仍然存在于法兰西大地之上，这是在其他地方感受不到的。我的四周在翻阅抄本的人都是那么悠闲——除了美国人，美国人是很好辨别的，他们身上有股近乎狂热的勤奋劲以及时间上的紧迫感。我坐在我的椅子上，时而极为闲适地欣赏这份抄本片刻，时而紧张忙碌地做一番笔记。亨利·叶茨·汤普森在 1902 年的纪要中将这份抄本描述为"最为迷人的时祷书之一"，而它的确令人心醉神怡。

我坐在那里，观察抄本中的细微之处，一个小时的惬意时光倏忽而过。这份抄本就如同一个迷人的微缩宇宙，和三位一体夜祷文的插图中上帝手中的球体一样，微缩并囊括了整个世界，包括一艘载着绿树和房屋、正待抵达海港的航船。在圣母夜祷文部分的圣母领报图中，有六个不请自来的天使在扮演乐师的角色，他们置身于拿撒勒的马利亚家中的阁楼里，笛子、

左页：三博士来朝，作为女王的让娜跪在画面下方进行祈祷，女王身后有一个男童正在责骂马厩里三博士的马

鼓、诗琴、拨弦扬琴和风笛是他们的乐器，他们演奏得如此热烈，令人不禁怀疑，圣母在这样的情形下能否集中精力进行祈祷，能否听清加百利对她说的话。在第 163 对开页右页上，更有一个激情四溢的天使在击打定音鼓，这位天使显然已经进入狂热状态，甚至已将手臂伸出，去击打对面的鼓了。晚祷的图是“逃往埃及”，图中有两座异教像在圣母一家经过之时，正从绞刑架一样的架子上坠落。该图已经向中世纪朝圣客指明，其中一座雕像在现实中就躺在埃及的沙漠里（当然，我们今天都知道那就是斯芬克斯的雕像）。页底的边缘处画有一些小插图，其中一些与主插图的主题相关。第一时辰的圣子降生图外，绘有一些怪异人物，他们正在照看自己的婴孩。第六时辰的是主显节插图，主图下方，一个男孩正在责骂马厩里三
401 博士的马。书页边缘处则绘有一些很漂亮的鸟，而且都是写实风格的，这在如此早期的欧洲艺术作品当中可不是寻常现象，这些鸟包括猫头鹰、金翅雀、啄木鸟、麻雀、鸭子甚至鹦鹉。其他元素包括：几只蝴蝶、一只蝙蝠、一群正在试图脱掉一个男孩的袜子的孩童、一个手持弓箭正将野兔赶入洞中的猎人、一个叉腿站立且头顶鸟笼的人（在第 153 对开页的右页，我也理解不了这幅图），还有二人对弈的画面（完全没有《布兰诗歌》里的插图画得精准），此外还有男童打斗的场景、一个妇女割破自己喉咙的场景、一头医师装扮的猩猩、一个男人用一枚巨大（且说实话很可笑）的戒指向一个姑娘求婚的场景；诸如此类的画面还有很多。在《战争期间被掠夺文物名录》中，它们被称为幽默边饰，但它们中其实有一些黑暗元素。比如说，有些插图页的边缘处画有恶龙、怪兽以及梦魇怪物。抄本当中，即便是最为简朴的页面也能令人体会到此等奢华的哥特风格泥金装饰抄本的一个特征，也就是所谓的“常春藤叶”页边框——常春藤的茎秆上“生长”着金色叶片，令书页在被翻动时金光闪闪。不过，曾有一位植物学家

右页：“向牧羊人报喜”，页面底端农夫正在配合风笛跳舞，常春藤叶页边饰当中，还有一些古怪的人以及鸟

Deus in adiutorium meum in
tende. Domine ad adiuuandu
me festina. Gloria patri et filio
et spiritui sancto. Sicut erat
in principio et nunc et semper: et in secula se
culorum. Amen. Alleluya. Maria uirgo.

告诉我，法语抄本里面的这种页边框实际上跟常春藤一点关系都没有——跟人们通常认为的不同，它其实是一种泻根属植物（*Bryomia dioica*），这种植物的毒性很大，非常危险，常跟恶龙、狮子以及怪兽等害人之物一同出现在抄本的插图中。显然，中世纪抄本的页边并不是惬意祥和之地，就如同身为贵族的纳瓦拉的让娜本人也没有安稳的生活那样。

现在我需要重新集中精神。这很困难，因为午后的阅览室暖意融融，令人倦意陡生。我仔细对抄本实施了校勘，校勘结果在下方的注释当中。* 校勘情况中有两个出人意料的地方。其一，第 10 对开页后面显然缺失的一页便是如今的扉页，在第 1 对开页的前面，页码标注为“a”，这一页跟第
402 1 对开页右页上都有一些印痕，应该是一度缝在抄本卷首页上的朝圣徽章留下来的。这对于我们了解抄本在 14 世纪的情形可能会有作用。更让人吃惊的情况是第 121 对开页的缺失。1902 年，科克莱尔对这份抄本实施校勘并标注页码时，这一插图页肯定还在，而且在 1919 年该抄本被拍卖时，它也在；当亚历山德里娜·罗斯柴尔德将抄本于战争期间失窃的情况上报时，这一页也不可能已经丢失了。是赫尔曼·戈林把这一页割走了吗？戈林虽然罪行累累，但没有受过这一指控。当年，科克莱尔为这幅插图留下了如下的描述：“端坐在王位之上的圣母头戴王冠。她的头顶悬挂着一个环形华盖。圣母右手拿着一朵花，左手扶着站在自己膝上的圣子，圣子的身体则向着图中的让娜女王倾斜。让娜女王正双手交叉，面向首字母‘R’跪地祷告。背景则是蓝色、粉色和金色相间的棋盘格。”这样的场景甚是温馨，画有这一场景的书页可能正挂在欧洲某一处建筑的墙上，书页的主人想必也

---

* i^{2+2}[一个后人添加进去的双开页，也就是第 1~2 对开页，前面是一张空白衬页，后面是一张于 1420 年前后被增补在内的插图页]，ii^{7}[共八个对开页，第 vii 页是空白页，第 viii 页被撕掉了，第 10 对开页后是一张空白页]，$\mathrm{iii{\sim}v}^{8}$，vi^{4}，$\mathrm{vii{\sim}xiv}^{8}$，$\mathrm{xv}^{6}$，$\mathrm{xvi}^{8}$，$\mathrm{xvii}^{7}$[共八个对开页，第 v 页缺失，该页被标注为第 121 对开页]，xviii^{7}[共八个对开页，第 iii 页缺失，也就是第 126 对开页后面的一页]，xix^{8}，$\mathrm{xx{\sim}xxi}^{7}$[共八个对开页，两折都缺失了第 vii 页，分别是第 145 页后一页和 152 对开页后一页]，$\mathrm{xxii{\sim}xxvi}^{8}$，$\mathrm{xxvii}^{4}$[这几折显然是完整的]，$\mathrm{xxviii{\sim}xxxiv}^{8}$，$\mathrm{xxxv}^{4}$[原本的最后一页]，$\mathrm{xxxvi}^{5}$[14 世纪晚期的增补页，共六个对开页，第 vi 页缺失，也就是第 263 对开页后面的一页]，xxxvii^{8}[15 世纪晚期的增补页]，大部分页面的页脚有页码标记。

不会察觉到什么。

教会年历也是这份抄本令人着迷的地方之一，年历的配图都相当复杂且引人入胜。不妨先看看上页边。年历每一页的上页边都绘有一道极为炫目的哥特式大门，那很显然是通往天堂的入口，圣母屹立城垛之上挥舞着旗帜。每道大门都支撑起一道彩虹状的拱门，拱门横跨整个页面，门内则是一幅风景画。太阳是沿着拱门的轨迹运行的。黄道十二宫从拱门中出现，比如一月的水瓶宫、二月的双鱼宫、三月的白羊宫等，这些都是从基督教天堂而来并进入尘世的异教意象。十二星座依次步入前景，天体的运行引发了尘世的季节转换，这实际上也是莱顿的《阿拉图斯抄本》中传播的古代天象观念。一月的风景图看起来像是一张第一次世界大战当中，饱受战争肆虐的佛兰德斯地区的老照片——在一个被摧残殆尽的世界里，树木已经无法继续生长，树叶也都飘零而去。二月的风景也好不到哪里去，而且还下着雨。到了三月，树枝上开始长出嫩芽。四月则是谷物生长的时节，树木也都有了绿叶。五月的草地铺满野花，天气已经非常暖和，双子座的两兄弟可以赤身裸体地嬉戏了（虽然它们用了一面盾牌遮羞）。六月的树林郁郁葱葱。七月，青草已经被收割并堆放了 404
起来，八月则是小麦丰收的季节，九月的葡萄藤上缀满葡萄（天秤座，也就是带着一副天秤的少女，已经准备好为之称重了），十月，猪开始搜寻橡果，十一月的树叶则开始从树上纷纷飘落。在十二月的图中，唯一一次出现了人类参与这永恒季节循环的景象：在肃穆的摩羯宫符号下方，一个农夫正从已经是光秃秃的树上砍伐木料，以供取暖和做饭之用。每张这样的插图页的左上角都会有一个小小的人像，那是圣保罗。之所以会出现圣保罗的形象，是因为年历中会指定每年的教会节日，并列出每个节日对应的礼拜经文，而诵读《保罗书信集》是弥撒仪式中不可缺失的一部分。只不过，保罗书信的收信人是十一个而非十二个，因此，一月的插图就用的是保罗本人皈依基督教的场景，该场景当中的保罗从马背上跌落，回头望去，正看见上帝的手从天堂显现（《使徒行传》9:4）。这之后，依照《圣经》经文的顺序，每个月的插图中会出现一批新的听众，如二月是三个小小的罗马人，三月是几个哥林多人，四月是三个加拉太人，五月是两个以弗所人，如此类推，九月是单身一人的提摩太，十月是提多（Titus）和两个同伴（应该就是《提多书》3:13 提及的西纳和亚波罗），十一月是腓利门，十二月则是四个希伯来人。

此等场景是非常精美的，我们在古代的天象学当中能找到它们的渊源，在这份抄本问世大约八十年之后诞生的《贝里公爵豪华时祷书》的那份著名年历中也能找到它们的影子，它们最终影响了 16 世纪的《斯皮诺拉时祷书》（我们将在本书第十二章更为详细地了解这份抄本）。不过，跟年历页的底端页边上呈现的那些充满复杂的神学意义的场景相比，它们差了一大截。

每页年历页的底端都绘有极为精致的哥特式建筑。这是犹太会堂。每座会堂边上都站立着一个《旧约》先知。先知的边上则是耶稣的十二个门徒之一，虽然两者的会面发生的可能性很小。画面当中，先知和门徒在进行非常礼貌但也相当拘谨的交流，先知从自己的先知书里面引一段话出来，耶稣的门徒则从《使徒信经》里面摘引相对应的段落予以回应。比如说，一月的插图当中，先知耶利米说，“Patrem vocavit me”（“他称我为父”，
405 《耶利米书》3:4，经文原文实际上是“*vocavis*”），圣彼得则颇为机智地回应说，“Credo in patre[m] omnipotentem creatorem celi et terre”（“我信全能的父，造天地的主”）。二月，大卫引用自己的《诗篇》说，“Filius meus es tu”（“你是我的儿子”，《诗篇》2:7），福音书作者圣约翰则对以“Et in ihesum xpistum filium eius unicum,Dominum nostrum”（我信我主耶稣，上帝的独生子）。三月，先知以赛亚说，“Virgo concepiet et pariet filiu[m]”（“必有童女怀孕生子”，《以赛亚书》7:14），圣詹姆斯则对以，“Qui conceptus est de spiritu sancto natus ex m[ari]a virgine”（因着圣灵感孕，从童贞女马利亚所生），如此等等，一直到十二月的撒迦利亚，其时，撒迦利亚（Zechariah）引用了《撒迦利亚》9:13 的经文，“我要激发你的众子”，圣马提亚则用《使徒信经》里的最后一句话回应，“我信身体复活，我信永生”。这还不是全部。每一个场景当中，先知都会回手从犹太会堂的建筑上取下一块砖头，递给使徒。这砖头像极了小小的书册，就如同被贝希特斯加登的法国军官

误以为是砖头的《纳瓦拉的让娜时祷书》。先知在这么做的时候，使徒会抓住先知外袍的褶边。就这样，砖头一块接一块地被取下来，数月后那古老的犹太会堂开始坍塌，到了三月，它的一根柱子已经倾倒了，到了四月，一座塔楼坍塌了，到了六月，建筑的一侧已经沦为废墟，到了最后的十二月，犹太会堂已然只剩下一片残砖断瓦。用剩余的砖块建造而成的基督教堂便可以从会堂的废墟当中拔地而起。

这种风格鲜明的年历插图，就如同圣路易日课一样，是特属于一小组彼此关联的抄本的，且这些抄本都是为法兰西宫廷创制的。它们的源头可能是一份名叫《贝尔维尔日课经》（Belleville Breviary）的抄本，它的彩饰绘制于 1330 年前后，彩饰师是让·普塞尔（Jean Pucelle，亡于 1334），此人是 14 世纪早期法国宫廷画师当中最有名且最具创造性的一位。《贝尔维尔日课经》的年历跟《纳瓦拉的让娜时祷书》的差不多是一样的，只是版式更大一些。其实，《纳瓦拉的让娜时祷书》参考了普塞尔制作的多份抄本，其中就包括了前文提到的《埃夫勒的让娜时祷书》，后者如今收藏于纽约的大都会博物馆，早在 14 世纪就已经被认定出自普塞尔之笔。埃夫勒的
让娜是纳瓦拉的让娜的丈夫的妹妹，家族成员间当然会知道彼此手中的祈 407
祷书，她们也很可能会转借给器重的画匠作范本。我们面前的这份时祷书当中，有诸多细节很显然是从《埃夫勒的让娜时祷书》当中借取而来的，甚至有可能是直接描摹的，包括“圣母领报”场景的那种意大利式构图风格——阁楼上都有吵吵闹闹的天使乐师，页边配图也有许多类似之处，如天使向牧羊人报喜的场景下方的页边，都画有灰白胡子的农夫的侧面像。

事实上，《纳瓦拉的让娜时祷书》里面的插图应该是多人协作完成的，
这一点并不难识别。早在 1902 年，西德尼·科克莱尔便已经将这些画师 408
甄别出来并予以标注了，他得出的结论在今天仍然能得到普遍认同。不过在我看来，他甄别出的画师一和画师二，实际上是很难被区分开来的。这个（或这对）画师完成了年历（从《贝尔维尔日课经》中借取而来）、三一日课、圣路易日课的彩绘工作，此外也绘制了散落在抄本各处的多幅插图，包括让娜个人的护佑圣徒圣阿波罗尼亚和圣玛格丽特代祷文的插图。这位

Decembre a .xxxi. iour. et la lune .xxx.
euesque et confesseur.
Sainte bibiene uierge.
Sainte barbe uierge et mire.
Saint sabe abbe et confesseur.
Saint nicolas euesque et confesseur.
Saint ambroise euesque et confesseur. feste double.
La conception nostre dame. feste double.
Saint melchiade pape et martyr.
Saint damas pape et confesseur.
Sainte luce uierge et mire. Demidouble.
Vegile.
Saint thomas apostre. demidouble.
Vegile de noel.
La natiuite nostre seigneur ihesucrist. grant double.
Saint estienne le premier martyr. feste double.
Saint iehan apostre et euangeliste. feste double.
Les sains innocens martyrs. demidouble.
Saint thomas arceuesque et martyr.
Saint seuestre pape et confesseur.
Zacharias
Mathias
Suscitabo filios tuos
Carnis resurrectionem et uitam eternam.

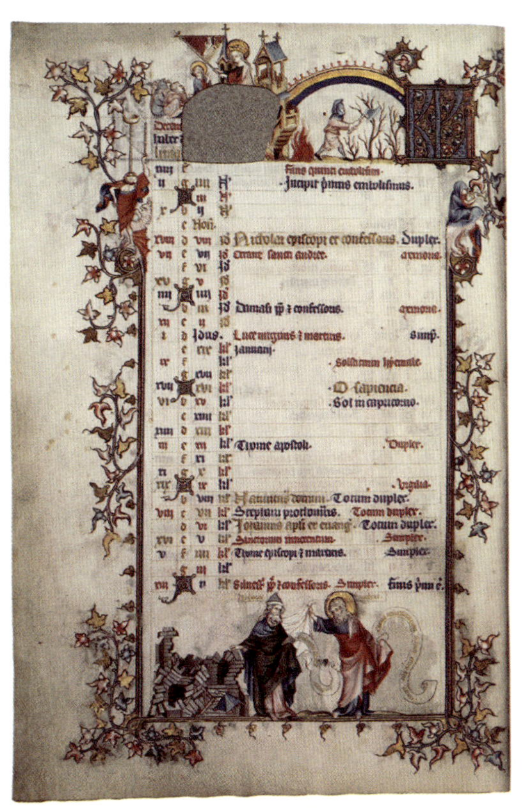

《纳瓦拉的让娜时祷书》的年历（左页），其中的圣像图非常罕见，差不多完全照搬了稍早一些的《贝尔维尔日课经》中的绘图（右页），后者是宫廷画师让·普塞尔的手笔

画师的手笔在另外一些抄本当中也能见到，包括创制于1336~1343年的一些抄本。此人有可能是让·普塞尔的门生或者徒弟，因此有机会接触并熟悉让·普塞尔的风格。

科克莱尔标记的第三个画师是最有意思的，也是技巧最为精湛纯熟的。
实际上他才是这份时祷书的头号画师。他绘制了抄本中的十八幅插图，包 410
括核心文本圣母日课的插图（在这些插图中我们已经发现两个跟普塞尔插图的类似之处了，其一是“报喜”场景的构图风格，其二是灰白胡子的农夫），此外，这个画师还负责十字架日课的插图，以及其他单独的插图，那两幅呈现了纳瓦拉的让娜本人形象的插图也在其中。他的风格是很容易辨

《纳瓦拉的让娜时祷书》中的报喜图（右页），天使乐师群集阁楼之上，该画面的构图多多少少令人联想起《埃夫勒的让娜日课经》（左图）中出自普塞尔之手的报喜图

识的。他的作品出现在诞生于14世纪30~60年代的巴黎的大量抄本当中，其中就包括了为佛兰德斯的约兰达（Yolande of Flanders）、查理五世以及贝里公爵制作的时祷书。很幸运的是，大量档案记录了法兰西宫廷给这些画师支付的酬劳。据这些档案，只有一个画师为这三个资助者都工作过。人们一般称呼此人为“让·勒诺瓦尔”（Jean le Noir）。1366年，勒诺瓦尔受雇于查理五世，1371年，他成为“皇家画师”（illumineur du roi），1372年和1375年，他的名字又出现在贝里公爵的薪酬册上。因此，我们在找的画师必定是勒诺瓦尔。本书至此，我们第一次遇到一个有名有姓的职业画师，而且其历史真实性有其他证据可以证实。

Ci commencent les heures de nostre da
me selonc lusage de la court de rome.
Omine labia mea aperies.
Et os meum annunciabit lau
dem tuam.
Eus in adiutorium me

我们甚至知道他的住址。让·勒诺瓦尔在布里的埃朗堡（Erembourg de Brie）街*西边有一间住宅，这条街也就是今天的布特布里（Boutebrie），在巴黎左岸地区，位于皇家宫殿正南方向步行大约十分钟处。布特布里跟当年一样，仍然连接着羊皮纸（de la Parcheminerie）街——另一个跟中世纪的抄本行业有关系的名字——以及克吕尼－索邦地铁站（Cluny-La Sorbonne）所在的圣日耳曼（Saint-Germain）大道。很有意思的是，让·普塞尔——勒诺瓦尔的老师，1334谢世前也居住在这条街上，而且在路的同一侧，因此勒诺瓦尔很有可能在老师谢世之后继承了老师的房子。有关勒诺瓦尔的最早记录出现在稍早于1332年的时候，据这份文献记载，“让·勒诺瓦尔，毛笔彩饰师”（Jehannin Lenoir, enlumineur de pincel），疑似盗窃让·博韦（Jean de Beauvais）放在两个水桶上面的四文钱而被捕，人们在右岸勒诺瓦尔的住所外面发现了这两个水桶，遂将其推定为嫌疑人。这之后，勒诺瓦尔的名字便可以在巴黎的多份市政档案中被追踪到，直到1380年他谢世。勒诺瓦尔的女儿波尔古特（Bourgot）也是画师。

有关《纳瓦拉的让娜时祷书》的一切信息都指向巴黎。在当时的欧洲，
411 巴黎是最为富庶且最为庞大的城市，人口规模达到了二十五万。那里是皇宫所在，有巴黎圣母院坐镇巴黎教区，还拥有中世纪最大的大学。仅仅这三大机构的财富量和需求量令巴黎成为顶级艺术家和工匠的汇聚之地。在皇宫和圣母院中间的“西堤岛”（Île de la Cité）上，以及塞纳河的诸多廊桥上都有商店。在这个时期，此一区域汇聚了精美抄本、珍贵的金属工艺品、象牙制品、纺织品，还有各色珠宝，这些物品的做工之精细令人赞叹，价格也都相当昂贵。但同时，法兰西正面临连年歉收的糟糕局面，以及无情的瘟疫——1348~1349年的黑死病。麻烦的是，从1337年开始，这个国家陷入了百年战争的泥潭当中，战争本身耗费巨大，其间更是遭遇了1346年的克雷西大败和1356年的普瓦捷大败。然而，从该时期的泥金装饰抄本来看，法兰西王室就仿佛与世隔绝了一般，并没有意识到这艰难世事。他们

* 这条街也被称作 rue des Enlumineurs，即彩饰街。——译者注

《纳瓦拉的让娜时祷书》最后一批增补插图之一，呈现的是法国国王腓力六世携家人跪在圣礼拜堂的圣物面前的场景

在城堡和宫殿里，过着悠然自得的恬静生活。抄本也只在家族内部流传并传承着，外人无从观瞻。比如说，《埃夫勒的让娜时祷书》以及《贝尔维尔日课经》就是先被传给查理五世，然后又成为贝里公爵的财产的。正如王室的婚配圈子是很狭窄的，此等珍品当然也被控制在王室内部。

早在 19 世纪，人们便已经认为，《纳瓦拉的让娜时祷书》肯定是由腓力六世送给纳瓦拉的让娜的，因为二人当时达成了一笔交易，腓力六世继承法兰西王位，让娜则获得纳瓦拉王位。能佐证这种看法的证据就在第 150 对开页的右页上面，这一页的绘图呈现了一个国王和一个王后引领整个家族跪在圣礼拜堂的圣物面前的场景，从纹章可以清晰辨识出，这个国王便是腓力六世，王后便是腓力六世的第一任妻子勃艮第的让娜，二人于 1313 年完婚，1348 年，王后归天。不过，事实上，这份抄本的传递路线按理说很可能是相反的。抄本是为纳瓦拉的让娜制作的，这一点是可以肯定的，毕竟，祈祷文当中提到了她本人的名字，但并没有证据显示她把这份抄本带去了纳瓦拉，也没有证据显示它曾离开巴黎。腓力六世及其家人的插图是由科克莱尔辨识出来的第四个画师绘制的。这个画师绘制了抄本里的
412 十七幅插图，它们是两份代祷文的插图，并都有圣徒画像。这些插图在各方面都跟前面几个画师的截然不同，无论是在风格还是画工（前者更粗糙）上。这个画师可能是在更为后期的阶段为抄本绘制彩饰的，且我并不是第一个这么认为的人。它们很可能是在 14 世纪 40 年代绘制的。纳瓦拉的让娜有可能在丈夫离世之时将这份抄本传给了其他的家族成员。法兰西国王和王后在圣礼拜堂跪拜圣物的场景中，也出现了其他人。国王和王后身边有一个年轻人陪伴，这个年轻人双臂抬起，做祈祷状。他毫无疑问是国王和王后的儿子兼继承人让王子（Prince Jean，1319~1364），也就是后来的法兰西国王让二世。王子身后则是一个女人和一个孩童，我们无法在 14 世纪 30 年代中期的王室中找到与他们的形象相符的人物。不过，若是将这幅插图的绘制时间推后十年，我们就能找到匹配此二人身份的人了，那位女性就是卢森堡的博讷（Bonne of Luxembourg），波希米亚国王之女，她与让于 1332 年完婚；男孩就是他们的儿子，生于 1338 年 1 月，后成为法国国王查理五世。

第四个画师绘制的这些代祷文插图中，包括了一幅不同寻常的马赛的
413 圣路易插图，这位圣徒是图卢兹主教，也是法兰西国王圣路易的侄子，于 1317 年获封圣徒——又一位家族圣徒。据说他曾在当时还是孩童的让王子身染重病几乎无望时救过王子的性命，于是，王子那满怀感恩之情的父亲便在纳瓦拉的让娜的丈夫的陪同下，前往这位圣徒的圣所朝圣。前文谈到，《纳瓦拉的让娜时祷书》的卷首页上有中世纪朝圣徽章留下的痕迹。由此便可以推定，在二人的这场朝圣之旅中，这份时祷书也是随行成员。此一情况提高了我们前面的猜测的可能性：这份抄本此时已经从纳瓦拉的让娜那里转归腓力六世及其家族了。此类祈祷书通常是专门为女性所用的，因此，它在这之后很可能就归太子妃卢森堡的博讷所有。这样一幅呈现太子妃的皇家公婆的插图，当然是为了强调她通过婚姻同圣路易的王朝建立起来的关联，她当然也会把这一点告诉自己的儿子。

实际上，无论是纳瓦拉的让娜还是卢森堡的博讷都没有熬过黑死病，二人在1349年的几个星期之内相继离世，纳瓦拉的让娜卒于三十七岁，卢森堡的博讷卒于三十四岁。让娜的女儿布朗什后来嫁给腓力六世，成为他的第二任妻子以及王后。博讷的子嗣当中，包括了于1364年加冕为法兰西国王的查理五世以及大名鼎鼎的贝里公爵。在《纳瓦拉的让娜时祷书》当中，很多埃夫勒纹章被部分地刮去了，只留下法兰西王室的百合花纹章。更有一个埃夫勒纹章干脆被由三个百合花饰组成的纹章覆盖了，后者是查理五世于1376年启用的纹章。因此，这份抄本很可能一直是由法兰西王室保存的。

在抄本之起源的问题上，有时候的确会出现这样的情况：证据近在眼前，人们却视而不见。1402年创制的贝里公爵藏书名录里面，有一个相当详细的条目值得我们关注。该条目记录了一份一直以来未获得身份认定的时祷书抄本。条目纪要显示，这份抄本以三一日课和圣母日课开篇，还有大量的圣徒代祷文。实际上，时祷书抄本很少像我们眼前的抄本这样，在年历之后便以三一日课和圣母日课开篇，而且它的确有大量的圣 414
徒插图——三十幅之多。这就令我们很想直接做出判定，但这还不是全部。该纪要继续描述道：“这份时祷书绘图优美，彩饰华丽，它的主人是诺曼底女公爵，国王的母亲。”毫无疑问，纪要所指之人就是卢森堡的博讷，1332~1349年的诺曼底公爵夫人，我们在第150对开页的右页可以见到她，这位纳瓦拉的让娜的时祷书的继任主人。接着纪要对抄本的装帧工艺做了一番描述：抄本有两个瓷釉环扣，并配有法兰西和巴伐利亚王后的徽章，王后指的是查理六世的妻子、巴伐利亚的伊莎博（Isabeau of Bavaria，1370~1435），二人于1385年完婚。因此，这份抄本定然是为这位王后而接受了重新装订，之后才被传递到了贝里的让（Jean de Berry）手中。此外，我们甚至能从这份纪要中了解到，贝里公爵对这份时祷书做了什么。名录的边缘处有这么一条备注，“赠给英格兰王后”。因为贝里公爵的此一赠礼之举不可能早于1402年，所以这位受赠的英格兰王后定然是纳瓦拉的琼（Joan of Navarre，约1370~1437）、布列塔尼公爵遗孀，她于1403年2月7

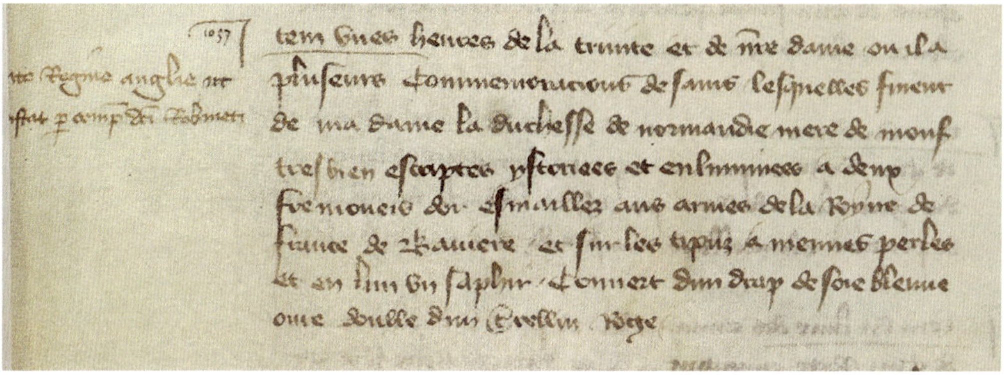

贝里公爵 1402 年的藏书名录，这是对其中一份时祷书抄本的详细描述，它显然是家传之物，很可能就是《纳瓦拉的让娜时祷书》

日嫁给英格兰国王亨利四世。《纳瓦拉的让娜时祷书》有可能是作为嫁妆来到英格兰的，且这样的嫁妆非常合适。新任的英格兰王后不仅是贝里公爵的侄女（因为这位王后的母亲就是法兰西的琼，也就是贝里公爵的妹妹），
415 同时也是纳瓦拉的让娜的孙女，而这份时祷书最初就是为纳瓦拉的让娜创制的。因此，经文当中的那句祈祷词，“intercedas pro me ancilla tua Johanna navarre regina”，便再一次得以跟抄本主人匹配起来了，只不过，这一次是另一个 Johanna*，且是英格兰的王后。

倘若此番认证是正确的，那么我们就填补了这份抄本的生平当中的一个重大空白。它就是为纳瓦拉的让娜制作的，并且在纳瓦拉的让娜活着的时候，便已经转归她堂兄的家族，后者则雇了第四位画师，并将抄本传给了卢森堡的博讷。之后，博讷的儿子查理五世将之传给他的儿媳巴伐利亚的伊莎博，伊莎博为这份抄本添加了两个环扣，然后就将抄本传给了贝里公爵，贝里公爵则巧妙地将之传给了已经身为王后的纳瓦拉的琼——抄本原主人的孙女。此等曲折回环的传承脉络、辗转于王室中的女性之间的经

* 祷词中的 Johanna（胡安娜）在各语言中译法不同，可指让娜，也可指琼。——译者注

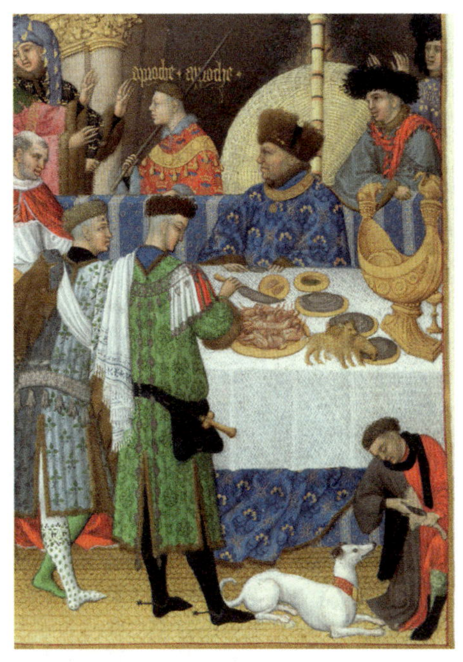

贝里公爵（1340~1416），他的妹妹嫁给了纳瓦拉的让娜的儿子，该插图呈现的是《贝里公爵豪华时祷书》里面公爵宴请客人的场景

历，对于时祷书来说是很典型的。就《纳瓦拉的让娜时祷书》来说，真正有意思的地方是，相继进入这个传承脉络的女性要么是圣路易的直系后裔，要么嫁给了圣路易的直系后裔。因此，《纳瓦拉的让娜时祷书》的主人包括了三个不同国家的王后、一个太子妃、一个法兰西国王和中世纪最出名的皇家藏书人贝里公爵。科克莱尔若是知道这些，想必会大喜过望。 417

《纳瓦拉的让娜时祷书》是贝里公爵给予英格兰王后的赠礼，此一推断还有一个图证，那就是后来被插入抄本的卷首插图，否则，我们就无法解释这幅插图了。这幅画出自 1420 年前后的一个英格兰画师之手，而且基本上可以断定是在伦敦绘制的。它呈现了一位身着皇家袍服的女性在圣三一体、圣母和圣子面前跪地祈祷的场景，这恰恰印证了贝里公爵藏书名录纪要当中的两段说明文字。这位女性的头发上有一个椭圆形的金拱——这肯定不是光环，而是一种高高的发饰，她的衣服的颜色与法国和英格兰王室

纹章的颜色一致。她手持卷轴，上书“[mer]cy and grace”（“怜悯与恩典”，原文就是英文）。这个画师还为《瓦卢瓦的凯瑟琳时祷书》[瓦卢瓦的凯瑟琳（Catherine of Valois），1401~1437，查理六世的女儿，于 1420 年成为亨利五世的王后] 绘制插图，由此可见，我们可能要在已是星光璀璨的《纳瓦拉的让娜时祷书》的传承脉络中添上另一个法兰西王后的名字了。

接下来我们的这份时祷书将回归巴黎，尽管此事的具体情况我无从知晓。我的看法是，这份时祷书在圣路易一族中的女性间的传承脉络，到瓦卢瓦的凯瑟琳这里直接归于终结了，因为她没有合适的抄本传承人。因此，肯定是有人将它赠予了科德利埃（Cordelières）女修院，这座修道院坐落在巴黎圣马塞尔区的洛尔西尼大街，是方济各会所属的修女会（Franciscan minoresses）建立的隐修院，圣路易的未亡人是这座女修院的共同创建人。它是为上层女性而建的，并且是用来纪念圣路易本人的。既然没有了圣路易的直系血亲做抄本传承人，那么这座女修院成为这份时祷书的新主人，显然是再合适不过了。它的院址在今天巴黎第 13 区的布洛卡（Broca）大街。抄本末尾的几页中有一份连祷文，很明显是供方济各会的修士或者修女使用的，以法语写就，时间上不会早于 1481 年，因为它召请了于 1481 年封圣的方济各会圣徒卡比奥的贝拉尔德（Berard of Carbio），且其中的祷词的编排方式显然也很契合一个女性教团。《纳瓦拉的让娜时祷书》最后一行的下方是一句被抹去的题词，科克莱尔将其辨识如下，“Ces heures sont a 418
seur anne belline”（修女安妮・贝林用书）。当然可能事实确实如此，不过，我本人不太确定。这句话不一定意味着这份抄本为这个名叫安妮的修女所有，但她肯定用过这本祈祷书。

幸运的是，17 世纪时，有人真真切切地遇见过这份抄本，而抄本当时确实就在洛尔西尼大街的这座女修院里。前文（第四章，本书第 171

左页：15 世纪初一个英格兰画师增补到《纳瓦拉的让娜时祷书》里的插图，呈现的是一个女性跪地祈祷的场景，该女性很显然就是英格兰王后页）提到古文物家尼古拉斯－克劳德·法布里·德·佩雷斯科（Nicolas-Claude Fabri de Peiresc，1580~1637）对圣路易的画像非常有兴致，而这座女修院中就有关于这位圣徒生平的壁画。当佩雷斯科来到这里的时候，肯定有修女跟他提到女修院中的时祷书抄本以及其中珍贵的带有插图的圣路易日课。1621 年，佩雷斯科获得允许借阅这份抄本。卷首页上留下的简单说明文字便是佩雷斯科的手笔。他对整份抄本，连同里面的大量插图进行了研究，并准确地鉴别出抄本最初的主人是纳瓦拉的让娜。佩雷斯科所做的笔记如今与他在卡庞特拉的图书馆里的文件材料收藏在一起，并于 1882 年被公开刊印，但在那时，人们还不知道笔记中描述的这份抄本也流传下来了。

我当然希望佩雷斯科将时祷书还给了修道院。但此人是个狂热的收藏家，完全有可能将它留在自己手里了。1796 年，该修道院最终关闭并被拆

尼古拉斯－克劳迪·法布里·佩雷斯科（1580~1637），最早对《纳瓦拉的让娜时祷书》展开研究的古文物收藏家，也正是此人确认了抄本最初的主人

除，但在此之前，这份抄本应该就已经不在修女手中了。它那满是金饰的摩洛哥小山羊皮封皮，具备了理查德·维耶（Richard Wier，亡于 1792）的装帧的一切标志性特征——理查德·维耶是伦敦的一个书稿装订人，拥有苏格兰血统，1774 年起便带着自己的妻子一起住在图卢兹。我经不住诱惑，小心翼翼地在压纹上用铅笔做了拓片，时刻觉得管理员会走上前来警告我，并告诉我说要起诉我，会在天亮的时候把我送上断头台，但实际上，他们的脸上都带着温和的笑意。维耶的装帧风格的特点之一，便是对彩色丝绸环衬的使用，且这些环衬通常饰有宽宽的金边，我们眼前的这份时祷书就是这样的；另一特点是，书脊的顶端和底端布满希腊回纹（Greek Key），中间部分被菱形花蕾框分为数片区域，框内印有大朵的金花，书名则以大写斜体的形式印在红色和绿色的签条之上，但签条上的法语都很糟糕。此处签条上的文字为“HEURES SUR: VELIN”（时祷书：羊皮纸制）和“AVECMINITURES”（“带插图”，原文如此，写作一个词）。后来，维耶越 419
来越沉迷于酒精。他在法国唯一的客户是尤斯丁·麦卡锡－雷伯爵（Count Justin MacCarthy-Reagh，1744~1811），此人是来自蒂珀雷里（Tipperary）的地主，十分富有，年轻时在法国待过一段时间，后来成为 18 世纪的大藏书家。1761 年，麦卡锡卖掉自己在爱尔兰的地产，搬迁到了图卢兹。1765 年，他同一个西印度甘蔗种植园园主的女儿成婚。1776 年，他在给自己买到法国公民身份的同时，顺便也买了一个伯爵封号。麦卡锡的巨型藏书馆拥有大量彩饰抄本和封皮皮质上等的珍藏版印刷书，1815 年，巴黎书商德布雷兄弟（de Bure brothers）为麦卡锡的藏书编制了名录，1817 年在拍卖麦卡锡藏书馆本身的时候，就沿用了这份名录。《纳瓦拉的让娜时祷书》就在拍卖名录里面，编号是 392，买主是伦敦蓓尔美尔街上的书商佩恩和福斯（Payne and Foss），拍卖价是 350 法郎，约合 13 英镑 10 先令。两位书商应该是想将该抄本卖给弗朗西斯·杜斯（Francis Douce，1757~1834），因为拍卖当天，他们为杜斯购买了六份抄本，倘若当年他们成功将这份抄本也卖给了杜斯，那么牛津大学博德利图书馆那极为丰富的杜斯藏品当中，就应当有《纳瓦拉的让娜时祷书》。

420 珍贵抄本留在书商手中达数十年之久，这样的事情在 19 世纪早期并不少见。佩恩和福斯一直开业到 1850 年。1847 年，《纳瓦拉的让娜时祷书》最终由伦敦的另一个书商、来自新邦德街的亨利·乔治·伯恩（Henry George Bohn，1796~1884），卖给了阿什伯纳姆伯爵四世伯特兰。伯特兰正是在这一年从利布里手中购买了 10 世纪的《贝亚图斯抄本》，也就是本书第五章谈到的那份抄本。于是，《纳瓦拉的让娜时祷书》成为苏塞克斯阿什伯纳姆图书馆的“H.88”号藏品。跟《贝亚图斯抄本》一样，这份时祷书也出现在 1897 年亨利·叶茨·汤普森从阿什伯纳姆伯爵五世那里购买的“阿什伯纳姆‘附录’”剩余藏书当中。当时它的标价是 300 英镑。

在这章中，西德尼·科克莱尔总是神出鬼没。他曾是威廉·莫里斯（William Morris，1834~1896）的秘书和遗嘱执行人，莫里斯是设计师和中世纪艺术的倡导者。在莫里斯去世之后和 1908 年科克莱尔获得任命成为剑桥大学菲茨威廉博物馆的馆长之前，科克莱尔游走于彩饰抄本领域，为富人提供有关其收藏的抄本方面的咨询并为之编制名录，以此为生，他的咨询对象就包括了叶茨·汤普森。随后，科克莱尔成为《纳瓦拉的让娜时祷书》专家，毕竟，是他发现了让娜的名字。也正是他令这份漂亮但身份不明的标价 300 英镑的普通抄本，成了世界级的圣物。1899 年，他获准用三个星期的时间，将抄本带到巴黎；来到巴黎之后，他把它带给时任法国国家图书馆馆长的列奥波德·德利尔看。二人交谈之时，科克莱尔用铅笔在抄本第二扉页上记了一些笔记，很有他特色的蝇头小字如今依然可以辨识。很有可能还是德利尔点明，佩雷斯科于 1882 年描述的那份一直不见踪迹的抄本，就是科克莱尔带到巴黎的这份抄本。当年晚些时候，很显然是在科克莱尔提供的材料的支撑之下，叶茨·汤普森资助印制了一份有关该抄本的华美手册，交给罗克斯堡藏书俱乐部（Roxburghe Club，叶茨于前一年获得了该俱乐部的入会资格），该手册叫作《纳瓦拉女王琼二世时祷书的三十二幅插图》（Thirty-Two Miniatures from the Book of Hours of Joan II, Queen of Navarre），于 1899 年被分发给俱乐部的各个会员。叶茨·汤普森抄本名录（1902 年）的第二卷，也就是 M.R. 詹姆斯曾为其中的《贝亚图

西德尼·科克莱尔（1867~1962），收藏家们颇为青睐的抄本顾问，后担任剑桥大学菲茨威廉博物馆馆长，曾为《纳瓦拉的让娜时祷书》做了大量宣传

斯抄本》撰写介绍文字的那一卷上，有科克莱尔为《纳瓦拉的让娜时祷书》撰写的详尽纪要，这份纪要随后成为关于该抄本的主要描述文字，特别是 421
在抄本从 1919 年开始不再与世人见面的情况下。1908 年，该抄本在伯灵顿艺术俱乐部（Burlington Fine Arts Club）第一次面向公众展出。

1919 年 1 月，已经是菲茨威廉博物馆馆长的科克莱尔获悉叶茨·汤普森打算卖掉自己的藏书（参阅本书第 199 页），感到极为震惊和难过。于是，他再次将《纳瓦拉的让娜时祷书》从汤普森处借出，并于 1 月 30 日带着它前往伦敦格罗夫纳酒店同 T.H. 里赫斯（T. H. Riches）共进午餐，里赫斯是菲茨威廉博物馆的幕后赞助人，科克莱尔说服里赫斯即刻向叶茨·汤普森为此抄本开出 4000 英镑的价格，并且同意最终将它遗赠给剑桥大学。此次会谈的细节被科克莱尔记录在了日记中，这份日记如今收藏在大英图书馆。第二天早上，叶茨·汤普森提出有意接受这个报价，但是汤普森夫人认为这份抄本至少值 5000 英镑，双方的谈判遂告破裂，这令科克莱尔极为愤怒且失望。1919 年 4 月 14 日，《泰晤士报》登载了苏富比拍卖行即将开拍汤普森藏书的消息，其中就特别提到了《纳瓦拉的让娜时祷书》，还点评说，该抄本“是由著名的佩雷斯科在巴黎的一座女修院发现的”，这
422 个点评看似多余，但对最终的拍卖结果产生了重大影响。拍卖日在这一年的 6 月 3 日。《纳瓦拉的让娜时祷书》排在第“V”号（拍卖次序是按照罗马数字排列的）。当天的拍卖人是苏富比拍卖行的合伙人蒙塔古·巴洛（Montagne Barlow）爵士。他叫的底价是两千英镑。来自夸里奇的埃德蒙德·德林（Edmund Dring）是埃德蒙德·罗斯柴尔德男爵的代理人，《纳瓦拉的让娜时祷书》对男爵有着特殊吸引力，他和儿子已经拥有《埃夫勒的让娜时祷书》《贝里公爵豪华时祷书》《贝里公爵最美时祷书》，还有贝里公爵的远亲高贵者查理的时祷书。实际上，此时的罗斯柴尔德家族跟 14 世纪的法兰西王室一样，都喜欢让婚姻对象和抄本维持在家族内部。

然而，此时的拍卖厅里出现了一位强大的竞拍对手，查尔斯·哈格贝格－怀特（Charles Hagberg-Wright，1862~1940，1934 年获得册封成为骑士）。哈格贝格－怀特论职业只是一个图书管理员，但是颇具私人资源，实际上是个收藏家，也是罗克斯堡俱乐部的会员，而且在这一年的早些时候，他迎娶了一个颇为富有的寡妇。更有意思的是，哈格贝格－怀特其人对佩雷斯科极有兴趣。1926 年，他写了一部佩雷斯科的传记，其中就描述了 1621 年佩雷斯科同《纳瓦拉的让娜时祷书》会面的情形。在 1919 年的苏富比拍卖大厅里，哈格贝格－怀特的竞拍几乎到了疯狂的程度，最终迫使罗斯柴尔德男爵给出了绝对是史无前例的叫价：11800 英镑。这样的价格在此后多年都未被其他抄本超越，那疯狂竞拍的场面也成了在场之人永远挥之不去的记忆。在同一天的拍卖会上，10 世纪的《贝亚图斯抄本》——1897 年就被估价 1600 英镑（当时的《纳瓦拉的让娜时祷书》估价只有 300 英镑）——只拍出了 1000 英镑的价格。就这样，《纳瓦拉的让娜时祷书》第六次，也是最后一次越过了英吉利海峡。

到了现在，我们不妨查验一些此前完全不为人知的信息。我向抄本部

的夏洛特·德诺伊女士询问有关这份抄本的更多信息，德诺伊女士遂将我介绍给图书馆档案部的同事奥雷利安·孔罗先生。两人在交谈之间向我透露，法国国家图书馆是于 1967~1973 年获得《纳瓦拉的让娜时祷书》的，有一些内部材料记录了当时的具体情况。于是我回到巴黎的弗朗索瓦－密特朗新馆去查看这些内部材料，新馆就坐落在巴黎东部，地铁十四号线的终点附近。这是一座巨大的现代建筑，用木材、玻璃和亮银金属建成，周 423
围有四座塔楼式建筑，呈四本打开着的直立书册的形状。阅览区在地下数层，多个阅览室围绕着一个巨大的地下中央采光井散布开来，采光井里面种满了树木和蕨类植物。工作人员直接把我领到“Salle T ”阅览室（这里的阅览室都是用字母命名的），这一间是专供查阅有关藏书的档案材料的。

我约见的卷宗编号为“E38/b221”，是一个白色的档案盒，里面的文件都写在黄色纸张上，并被装在紫色的文件夹里。其中有信笺、回忆录、旧式的复印件、回信草稿等，有一些被夹在了一起，按时间倒序排列。这些文件涉及的核心人物包括埃迪恩尼·邓尼利（Étienne Dennery），曾任国家图书馆的综合管理员；马赛尔·托马斯，国家图书馆的抄本管理员；迈特尔·格奥格斯·伊扎尔（Maître Georges Izard），国家图书馆法律顾问；多姆·伯纳德·贝斯雷特，曾任布列塔尼博奎恩修道院院长，《纳瓦拉的让娜时祷书》就是在这座修道院重见天日的；当然还有埃德蒙德·罗斯柴尔德男爵，他是雅各布·罗斯柴尔德男爵的侄子兼继承人；以及男爵夫人亚历山德里娜。这些文件足以填补目前为止的一些日期上的空白，而且，它讲述的故事跟莫里斯·兰斯口中的截然不同。

1967 年 7 月，贝斯雷特将抄本存放在国家图书馆，为其做检查。当时，人们认为这份时祷书是安茹家族的物件，不过，图书馆工作人员很快便认出它就是丢失了的《纳瓦拉的让娜时祷书》，并将之同《战争期间被掠夺文物名录》中的纪要进行比照。有足够的信息可以确认，在贝希特斯加登的时候究竟是谁发现了这份抄本——除了那名医官之外，贝斯雷特还提到了一条信息：此人是来自科多尔省的前国会议员。埃德蒙德·罗斯柴尔德很快得到了时祷书失而复得的消息。档案当中更有一封写于 1967 年年底的信，是莫里斯·兰斯写给邓尼利的，信中传递了一个消息，即男爵有意拍卖抄本，并且会将拍卖所得分给博奎恩修道院一部分，剩下的则转归男爵自己在耶路撒冷设立的一个基金。这一年的 12 月 28 日，男爵前往国家图书馆，跟馆方商议收购条件，当然，所得收入也要分一部分给博奎恩修道院。当时双方提议由巴黎书商吉罗 – 巴丹（Giraud-Badin）对抄本进行第三方估价。

更具爆炸性的消息来自一份备忘录，这份备忘录的提供者是柏林财
424 政部的弗劳·伯姆（Frau Böhm），时间是 1968 年 2 月 14 日。她提供了有关时祷书的战时经历信息，这些信息很重要也很精确。据备忘录，这份抄本在战时落入“国家领袖罗森贝格任务小组”（Einsatzstab Reichsleiter Rosenberg，简称“ERR”）手中，该机构是专门负责管理盗窃而来的艺术品的，总部设在巴黎的法国国立网球场博物馆（Jeu de Paume museum）。该抄本在 ERR 中的索引号是“R1550”。1942 年 3 月，它通过私人渠道（备忘录中这个词被加了下划线）被转给赫尔曼·戈林。前文曾谈到盟军是在贝希特斯加登的一列火车附近发现这份抄本的，这个说法的唯一来源是贝斯雷特本人，档案中还有贝斯雷特写于 1968 年 6 月 12 日的那封信，现在我们总算有了第一个独立证据，可以证明是戈林本人“征用”了《纳瓦拉的让娜时祷书》。弗劳·伯姆还说，亚历山德里娜·罗斯柴尔德已经收到了德国政府的补偿金。这份备忘录随附了一批文件。1958 年 3 月 29 日，亚历山德里娜的律师汉斯·多伊奇（Hans Deutsch）向柏林方面发送了律师函，要求赔偿自己客户在战时丢失的多件艺术品，其中就包括《纳瓦拉的让娜时祷书》，为此多伊奇还专门聘请书商海因里希·艾斯曼对这份时祷书进行了估价，当时的估值为 73200000 法郎，合 50000 英镑略多一些，换算成美元则是 150000 略少一些。1958 年 9 月 25 日，柏林财政部最终同意，为包括时祷书在内的丢失艺术品赔偿 17500000 帝国马克（约合 1500000 美元或者 4200000 英镑）。1959 年 3 月 3 日，这笔巨额赔偿款通过瑞士银行被转给亚历山德里娜·罗斯柴尔德。就如同常规的保险赔偿案一样，既然赔偿已经做出，那么《纳瓦拉的让娜时祷书》即使被意外寻获，也不再是罗斯柴尔

赫尔曼·戈林（1893~1946）陪同阿道夫·希特勒（1889~1945）欣赏一幅画，戈林正计划将其纳入私人收藏

德家族的财产了，并且从法律上讲，应当归属西德政府，因为是西德政府支付了这笔赔偿款。

在这个问题上，必须向多姆·伯纳德·贝斯雷特的韧劲表示钦佩。到了 1968 年，他仍没有放弃斗争，一直在争取他的修道院在这笔款项当中应当享有的份额，并要求将抄本归还他本人。1968 年 6 月，设立在慕尼黑的高等税政署（Oberfinanzdirektion）告诉法国国家图书馆，不能满足贝斯雷特的要求，因为贝斯雷特的这个主张尚有争议。最终，1969 年 10 月，在征求了莫里斯·兰斯的意见之后，贝斯雷特承认战败。1969 年 11 月 7 日，埃德蒙德男爵也相当豁然地退出了这场斗争，当然，他并不知道自己的姑妈同德国方面达成的协议。从理论上来说，这件案子若就此尘埃落定，德意 425
志联邦政府就完全可以将抄本交付西柏林或者慕尼黑的某个图书馆。很可能就是念及于此，1971 年 7 月，马赛尔·托马斯想了一个办法，将《纳瓦拉的让娜时祷书》定为法兰西的民族瑰宝和文化象征，这也就意味着，它是不能出口的。

与此同时，法国国家图书馆同西德大使馆展开了一场马拉松式的交涉。马赛尔·托马斯赢得了有不少人脉的慕尼黑的抄本史学家弗洛伦丁·米特里希（Florentine Mütherich）的支持，两人一起拜访了德意志驻巴黎的文化专员汉斯·豪泽（Hans Hauser），向他强调说，倘若能妥善解决此问题，就能大大提升他国对德意志的好感度。最终的方案是：在同意支付亚历山德里娜女士 365000 帝国马克的前提下，外加支付四个点的利息，计息时间从抄本被返还法国那天开始。1973 年 1 月 15 日，豪泽先生代表联邦德国财政部在此方案上签字，方案规定由法国政府支付这笔赔偿款，分期三年执行。法国政府遂按照约定支付了赔偿款和利息，《纳瓦拉的让娜时祷书》就此回归法兰西。纳瓦拉的让娜本人不曾坐上法兰西王位，不过，她的这份充满传奇经历的抄本如今安全地进驻了法国国家图书馆——这里才是它真正的家。

arbor quam uidit nabuquodo nosor
fenum ut bos comedes.
nabuquodonosor erbus pascens uelud bos

第十章
《坎特伯雷故事集》亨维特抄本

约 1400 年
阿伯里斯特威斯，威尔士国家图书馆，
Peniarth MS 392 D

426 一个中世纪抄写员竟然能够登上一份全国性报纸的头版头条，这可不是常见的事情。2004 年 7 月 20 日，星期二，这一天发行的英格兰《卫报》给出了这样的头条，“乔叟的马虎抄写员六百年后现真容”。这篇头条文章源自前一天发布的一份新闻稿，讲述了《坎特伯雷故事集》的作者杰弗里·乔叟（Geoffrey Chaucer，约 1343~1400）曾经写了一首短诗，该诗很显然是他写给自己的那个名叫“亚当”（Adam）的私人抄写员的，目的是恳请这个抄写员更认真细致一些。文章的内容还包括：《坎特伯雷故事集》现存的两份最古老抄本出自同一个抄写员之手，也就是在 14 世纪晚期的一份文件上留下签名“Adam Pinkhurst”（亚当·平克赫斯特）的那个神秘的伦敦抄写员；现在可以肯定他就是乔叟所说的那个“亚当”。此一发现应当归功于林尼·R. 穆内（Linne R. Mooney），穆内是美国人，出生在缅因州，现在约克大学英语系教书。这篇文章解释了一些相关情况：

> [穆内教授] 一直在追踪亚当·平克赫斯特。她研究了平克赫斯特在伦敦抄书人公会（Scriveners' company）入会誓言里面留下的签名，这也是该公会最早的一批档案材料之一。之后，穆内教授将这个签名同《坎特伯雷故事集》抄本进行了比照……“看过这些档案材料的人不在少数，不过，很不巧，这些人都不是研究中世纪抄书人的。”这是穆内教授昨天跟《卫报》记者说的一席话。很显然，看过伦敦抄书人公会的这份档案材料的人并没有能力做出鉴别，从中判断出那个

428 **签名跟《坎特伯雷故事集》抄本属于同一个人……他们不像穆内教授那样，对那一时期的书法有如此深湛的了解。**

稍后我们会详细探讨这样一个重大认证，将如何改变我们对这份中世纪英语文学最伟大作品的最初传播情况的认知，现在则不妨暂停一下，看一看 2004 年夏天，公众对这则新闻有何反应。英国学界的反应是一片哗然，怒潮涌动，这大大出乎我的意料，我原本觉得他们会很高兴才对。穆内教授不管怎么说都不是抄本研究者，还是一个美国人，却在有此等分量的英格兰问题上大发宏论，并被奉为顶级专家，这当然会为她招致恨意。于是，有一些人等不及考量穆内教授提出的证据，便急不可耐地给出预判，认为穆内的结论根本就是荒谬的。就像对女权主义问题发表议论的男性，林尼女士被认定根本就没有资格在这个问题上发表看法。如此不公，实在是要命，且对林尼女士来说，这会造成十足的烦扰。大学的公共休息室看似是个温文尔雅的世界，实际上随时会变得极为残酷。亚当·平克赫斯特的身份问题引发的这场持续论战，遂向着 18 世纪小册子战争的方向演变，信任和嫉恨、理性和历史考证，都参与进来，一起推动这场战争。

2004 年之后，学术界在这个身份认证的问题上彻底分化。我们不妨将其中一派人称为"维基百科"派，这派人将林尼女士的认证视为已经被证实的事实，将之接纳下来，并将事态继续向前推进，把更多的抄本归在"平克赫斯特"名下，用更多的素材充实这个抄写员的职业生涯，绘声绘色地呈现了此人在这个伟大文本传播过程中扮演的角色。于是，亚当·平克赫斯特，这个基本上不曾见诸史撰的人物，在《牛津国家人物传记大辞典》(*Oxford Dictionary of National Biography*) 里面拥有了自己的内容翔实的词条，这一词条当然是林尼·穆内撰写的，她在词条当中明确地将亚当·平克赫斯特称为"杰弗里·乔叟的抄写员"，同时也很确定地说他的"笔迹很容易辨识"。另一派当然是秉持强烈的反对态度，甚至可以说是带有敌意的态度，对林尼女士提出的结论完全不予认同。当然，也有很多秉持保留态度的英国古文书专家拒绝介入这场斗争，这可以说是最好的情况

了。我认为，是已故的马尔科姆·帕克斯（Malcolm Parkes）先生在该问
题上第一个提出了这种带有策略性的表达——他说，目前“陪审团尚未进
场”。实际上，今天的很多学者仍然是这样认为的。无论是在乔叟本人的生
平当中，还是在《坎特伯雷故事集》里面，法庭和陪审团都反复出现，既 429
然如此，我们在本章中也不妨召集一次陪审团，并对各方证人展开问讯。

乔叟出生在伦敦，父亲是酒商，确切地说是酒类批发商。这样的家境令乔叟接受了良好教育，精通多门语言，并拥有相当多的国外游学经历。百年战争期间，他加入了爱德华三世的军队，1359 年的兰斯之围令乔叟沦为俘虏，他于几个月后被赎回。他的婚姻堪称门当户对，女方是英格兰王室近亲。这令乔叟有机会担任多个皇家管理职位，其中最主要的是海关官员，负责伦敦港的羊毛、羊皮和其他皮货的进出口关税业务。乔叟还担任过外交官、治安法官，当然也进过议会。他那代人正赶上英语开始赢得世人尊重的时期。在 14 世纪之前的中世纪，不列颠上流社会仍然奉法语为体面语言，本土化的法语则被称为盎格鲁－诺曼语，而且当时的阅读世界主要还是拉丁语的天下。在此前三百多年的光阴当中，传承自盎格鲁－撒克逊人的英语，不过是无知农夫的俗气语言罢了。于是英语在这个过程中逐渐开始吸收法语词汇。1348~1350 年，在黑死病造成的巨大社会动荡当中，一种被称为“中古英语”（Middle English）的混合语言应运而生，并且在社会等级阶梯上不断攀升。乔叟自己的圈子位于非常受尊重的中上层。他的早期作品包括了《公爵夫人之书》（*Book of the Duchess*），这本书是为了纪念兰开夏公爵、冈特的约翰的妻子（于 1368 年逝世）而作的，用英语写成。他还将波埃修斯用拉丁文写成的《哲学的慰藉》翻译成了英语，并创作了韵文体骑士传奇《特洛伊罗斯与克瑞西达》（*Troilus and Criseyde*），这一长篇叙事诗取材于特洛伊战争，写于 14 世纪 80 年代中期。今天，乔叟可谓享誉世界，这样的声名主要还是来自他的《坎特伯雷故事集》。这本书以韵文体和散文体写就，是一部规模庞大的故事集。《坎特伯雷故事集》借二十九个三教九流的朝圣客之口讲述了许多故事，这些朝圣客是偶然聚集在一起的，朝圣之路则是从伦敦到圣徒托马斯·贝克特在坎特伯雷的圣所。

据故事集的总引交代，南华克塔巴旅馆的老板提议大家在朝圣路上讲一些故事作为消遣。旅馆老板是这批朝圣客的领路人，他建议说，在去的路上，430 每个人讲两个故事，在回来的路上，也是一样。按照这样的计划，整个故事集就应当包含 120 个故事才对。不过，乔叟于 1400 年 10 月、不到 60 岁时就故去了，因此只完成了大约 24 个故事。

乔叟并未留下亲笔书写的手稿，至少此类手稿尚未被人发现。《坎特伯雷故事集》现存最古老的两份抄本，通常被论定抄写于 1400 年前后，或者稍晚一些。这两份抄本就是本章的主题。其一是人们常常说起的亨维特抄本（Hengwrt Chancer），我们将前往阿伯里斯特威斯（Aberystwyth）会见这份抄本，另一份抄本的创制时间则要稍晚一些，不过比亨维特抄本华美得多，这就是人们常常说起的埃尔斯米尔抄本（Ellesmere Chaucer），该

《坎特伯雷故事集》埃尔斯米尔抄本，跟亨维特抄本共享一个抄写员，如今收藏在加利福尼亚的亨廷顿图书馆

抄本一度归属布里奇沃特家族，也就是后来的埃尔斯米尔勋爵，这个家族的后人于 1917 年将抄本卖给了加利福尼亚的亨利·亨廷顿。亨廷顿家族的图书馆和艺术画廊位于洛杉矶附近的圣马力诺，于 1928 年向公众开放，这一抄本是其中的明星级瑰宝。正是这份抄本的页边空白处有那些著名插图，呈现的是在马背上的朝圣客的画面。我们知道的关于《坎特伯雷故事集》原文的情况，基本上都来自这两个主要见证人，一个叫“亨维特”，一个叫“埃尔斯米尔”。这两份抄本也是该故事集一切现代版本的基础。如此说来，431
我们可以将这二者视为非常纯净且准确的文本。

早在 1935 年就有人认为，亨维特抄本和埃尔斯米尔应该出自同一个抄写员之手。1978 年，伊安·多伊勒（Ian Doyle）和马尔科姆·帕克斯发表了开拓性的文章，确认了此一观点。这两位作者是中古英语古文书主流研究圈子里的双子星，二人还提供了另外两份文件来证明自己的观点。其一是乔叟的《特洛伊罗斯与克瑞西达》抄本的残片，现存赫特福德郡的哈特菲尔德档案馆；另一份文件是一张工作额度分配表，涉及约翰·高尔（John Gower）的中古英语长诗《一个情人的忏悔》（*Confessio Amantis*）抄本的抄写工作，这份抄本是由多名抄写员协同制作的，现收藏于剑桥大学三一学院图书馆。在分配表当中，多伊勒和帕克斯认为我们的这位抄写员应当是无明显特征的“第二抄写员”（Scribe B）。无论此人是谁，定然都是一位非常接近乔叟生活的时代的职业抄写员，并且是在伦敦地区从业的，从他的拼写风格就能看出这一点。迄今，这些情况可以说是不存在争议的，而且多多少少得到了普遍认可。

在针对“亚当·平克赫斯特”的这场审讯中，第一个要传唤的证人 432
当然就是亨维特抄本本身。在真实的法庭上，证人是必须先自报姓名的。“亨维特”在威尔士语中指“旧礼拜堂”（Old Hall），一度是一栋很大的房子，在格温内思郡（Gwynedd）的多尔盖莱（Dolgellau）附近，阿伯里斯特威斯以北大约二十五英里的地方。我们在亨维特抄本上时不时地会看到一些很潦草的字迹，甚至是一些幼稚的题词，从中可见在 16 世纪时，该抄本位于威尔士边境地带的切斯特（Chester）。到了 17 世纪中叶，它被罗

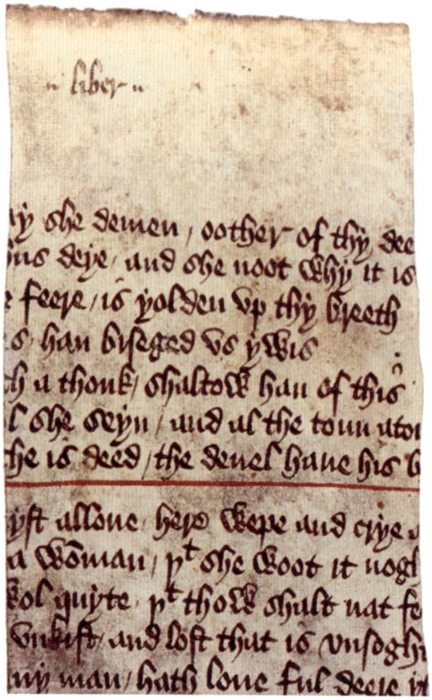

已经佚失的《特洛伊罗斯与克瑞西达》抄本的一份残片，跟亨维特抄本和埃尔斯米尔抄本共享一个抄写员，这份残片如今收藏在哈特菲尔德家族档案馆

伯特·鲍威尔·沃恩（Robert Powell Vaughan，约 1591~1667）收藏，此人是威尔士的一个古物收藏家，从妻子的家族继承了亨维特地产。他的藏书包括了一批早期威尔士文学的顶级作品，比如 13 世纪的《卡马森黑皮书》（Black Book of Carmarthen）以及 14 世纪的《塔利辛之书》（Book of Taliesin）。1658 年，亨维特抄本在这个家族图书馆当中的编号和纪要为："编号 154，乔叟作品，写于优质牛皮纸上，对开本，4 英寸厚。"自那之后，它便一直待在亨维特的书架上，基本上无人问津，直到没有子嗣的第三任准男爵罗伯特·沃恩爵士（Sir Robert Vaughan，1803~1859）去世。罗伯特·沃恩生前将家族藏书传给了自己的朋友、佩尼阿尔特（Peniarth）的威廉·韦恩（William Wynne），韦恩本人也是个大收藏家。1904 年，亨维特的藏书和佩尼阿尔特的藏书都离开了韦恩庄园，被统一卖给了约翰·威廉斯爵士（Sir John Williams，1840~1926），此人是医生，也是一个慈善家，

正是他出资修建了威尔士国家图书馆，而且，他还是“开膛手杰克”的真实身份的众多候选人之一，当然，也是可能性最小的一个。威尔士国家图书馆选址在西海岸的阿伯里斯特威斯，而非威尔士首府卡迪夫，这主要就是因为威廉斯爵士在他于 1909 年立下的遗嘱中提出了这个条件。

威尔士国家图书馆（Llyfrgell Genedlaethol Cymru）堪称英伦诸岛之上最难以接近的学问堡垒之一。阿伯里斯特威斯距离伦敦至少有五个小时的车程，而且这也要取决于交通状况。离图书馆最近的机场在伯明翰或者曼彻斯特。如果像我一样选择火车，从伯明翰出发的最快路线，也需要三小时二十五分钟，且我一上车就发现车厢里拥挤不堪，连坐的地方都找不到。火车一路走走停停，一路上要经过伍尔弗汉普顿（Wolverhampton）和什鲁斯伯里（Shrewsbury），还要穿越整个威尔士中部区域，停靠许多小站，其中很多站的站名听起来实在是古老，诸如凯尔苏斯（Caersws）、马汉莱斯（Machynlleth）、达维十字（Dovey Junction）以及博斯（Borth）等。这一路上的风景由一望无际的平整绿地和稀稀落落的石筑农舍构成，像极了很 433
久之前的铁道模型中的场景。直到火车晃晃悠悠地驶入阿伯里斯特威斯车站的时候，车厢里差不多已经空无一人了。阿伯里斯特威斯是一座迷人的海滨小城，滨海地带差不多全部是 19 世纪的浅色石瓦屋顶建筑。我选择在马林台（Marine Terrace）的格维斯提西姆鲁（Gwesty Cymru）酒店住了下来，从此处可以将海景和夕阳尽收眼底。阿伯里斯特威斯给人的感受是那么的清静和安逸，我去的时候虽然正值六月中旬，但路上没有什么车，海滩上也只有海鸥在歇息，还有那灰色的沙子随着海水温柔摇曳。这里的所有人都会讲威尔士语（而且在生活中也只讲威尔士语），不懂英语，这令我如同置身于芬兰那样的异域之地，偶尔有车从身边驶过时，我看到那熟悉的英国车牌，都会感到十分吃惊。

早上，我搭乘出租车沿着山坡而上，前往国家图书馆。这座图书馆坐落在一个风景壮丽的小山坡上，俯临城中的石瓦屋顶。图书馆本身是用花岗岩建造而成的巨大古典建筑，正门台阶的最下方有一块纪念石，纪念的是 1937 年 7 月乔治六世主持的开馆典礼；后来我才了解到，关于这座

威尔士国家图书馆，建于 1907 年，如同一座巨大皇宫矗立在山丘上，俯临整个海滨城市阿伯里斯特威斯

建筑还有很多其他的纪念日，因为二十世纪之初以来，这座建筑经历了多次扩建和内修，几乎把所有的建筑风格都用了一遍。从地面层的入口进入图书馆后，我便来到了主楼梯的右侧，再穿过一道玻璃转门就是门厅，门厅并不高，其中有一个问询台和一个图书馆书店。一名金色头发的接待员正在当班，态度非常和善，我告诉她我来见抄本部主任玛莱杜德·ap·休（Maredudd ap Huw）先生。这位女士当然是用英语回应了我，但她在打电话跟玛莱杜德沟通的时候，用的是威尔士语。这是一通漫长的电话，这位女士还时不时地向我这边看上两眼，甚是认真。我不知道他们在交谈什么，在我的想象中她应该是在警告玛莱杜德，眼前的这个访客实在怪异，面相不善，头发还乱糟糟的，因此她建议他拒绝这样的访客；通话结束之后，她面带甜甜的微笑，告诉我稍等片刻。

玛莱杜德是个年轻人，个头高高的，衣着整洁，黑色头发修剪得工工整整，戴着不厚的眼镜。他对我的态度太过热情，令我有些尴尬。我预期自己会被留在阅览室里面，无人理睬，就像以前我造访各图书馆时发生的那样，但实际情况恰恰相反，玛莱杜德极为热情地领我上楼，直接进了馆长办公室，这是一间俯临整个阿伯里斯特威斯城的豪华会议室，房间角落里有一根石柱，柱顶是约翰·威廉斯爵士的大理石胸像。房间里面似乎已经坐满了人，我被先后引见给：抄本保护中心负责人萨利·麦金尼斯、档案和抄本部负责人尼亚·迈·丹尼尔、档案管理员里斯·达维斯；甚至连馆长兼首席执行官阿莱德·格鲁菲德·琼斯也来到了现场。很显然，他们都是来见证我跟这份最伟大的中古英语抄本的第一次正式会面的。跟《凯尔经》一样，《坎特伯雷故事集》亨维特抄本也是联合国教科文组织世界文化遗产名录中的一员，并不轻易露面。会议室里还专门配了一名摄影师。我感觉到我很可能会让在场的众人失望，特别是在他们都期望我当场就给出一些结论甚至做出令人震惊的发现的情况下。

这间房间很狭长，远端是高高的金属框窗户。威尼斯风格的窗帘已经被拉起。众人安排我在长桌前面坐下，桌面用的是深绿色的皮革，我所坐的椅子有与之相配的皮革坐垫。正对着我的是 20 世纪 30 年代的装饰风格壁炉，由黄色和白色的大理石制成。一个褐色布盒已经被放在桌子上，盒子的脊背上印有“PENIARTH / MS / 392D”字样，对于一份世界级的抄本来说，这样的编号实在是太普通了。编号的下方有一块红色皮革，玛莱杜德解释说，这是最高限制等级的标志。工作人员递给我一副白色手套，手套包装上面印有“中国制造”的字样，这也就解释了为何这手套会这么小。一开始，我都小心翼翼地戴着手套，不过渐渐地，我就默默地忽视了它。 435

我取出抄本的时候，房间里的人都屏住了呼吸，不过，他们没过多久便觉得有些无聊，纷纷溜了出去。眼前的亨维特抄本是用高等质地的现代红色摩洛哥小山羊皮装订起来的，封面有黑线画出的方框和菱形图案，两条编织而成的皮带系在封底，皮带顶头带有银环，银环正好能跟封皮边缘处的书扣扣在一起。封皮和封底用的是木板，且明显要比书页大一些。书脊上面的书名非常冗长，包括以下字样：“THE TALES OF CANTERBURY”（坎特伯雷故事集）、“GEOFFREY CHAUCER”（杰弗里·乔叟）以及“HENGWRT MS.154. PENIARTH MS. 392D”，都是烫金字。这一装帧是由该图书馆于 1956 年制作的。格雷格诺格出版社（Gregynog Press）是格温多琳·达维斯和玛格丽特·达维斯姐妹的私人出版机构，曾坐落在威尔士中部的格雷格诺格庄园（Gregynog Hall）。1940 年，该出版社关门大吉，余下的皮革以及装订材料便被玛格丽特·达维斯于 1954 年转赠给了威尔士国家图书馆。图书馆遂决定利用这批材料，对馆内的一批珍本进行重装，亨维特抄本当然就在其中。但该抄本的装帧风格跟同一时期接受了重装的《圣奥古斯丁福音书》或者《凯尔经》比起来，应该说要传统得多，《圣奥古斯丁福音书》和《凯尔经》在重装之时使用的是朴素的橡木板。亨维特抄本先前的封皮是从中世纪晚期传承下来的，已经非常脆弱了，现在被单独保存着，他们也将其拿给我看了。旧的封皮差不多是黑色的；新的封皮则是红色的。这样的颜色虽然是出于巧合，但很配乔叟在牛津雇的那个抄写员——该抄写员的床头摞着二十份抄本，它们都有着黑色或红色的封皮。

亨维特抄本大约 11.5 英寸长、8.25 英寸宽。卷首页上有一个带泥金装饰的边框将文字环绕起来，边饰图案当中不时地会伸出几根粉色和蓝色的枝条，上面长满了叶子。抄本的第一页显然已经破旧不堪了，而且因为经常暴露在外而被磨得光亮，粉色的颜料也已经严重褪色，但贴金图案仍然在厚厚的白色黏合剂上闪着亮光。第一页上面有一个巨大的首字母“W”，有六行文字的高度，这就是那著名的开篇句“Whan that Averyll wt his shoures soote...”（当四月的甘霖渗透了……）的首字母。亨维特抄本当然没有埃尔斯米尔抄本那般奢华，跟同时代法国的那些为贝里公爵这等人物制作的泥金装饰抄本更不能比，但是，它一点也不廉价。亨维特抄本用了黄金。这份抄本也是相当大的，特别是跟那个时代的很多中古英语抄本
436 比起来，比如《农夫皮尔斯》（*Piers Plowman*）以及《威克里夫圣经抄本》等，这些抄本都很小，看起来也普普通通。亨维特抄本用的是羊皮纸，并

亨维特抄本的开篇页，内容为《坎特伯雷故事集》的总引部分，装饰有彩绘首字母和边框

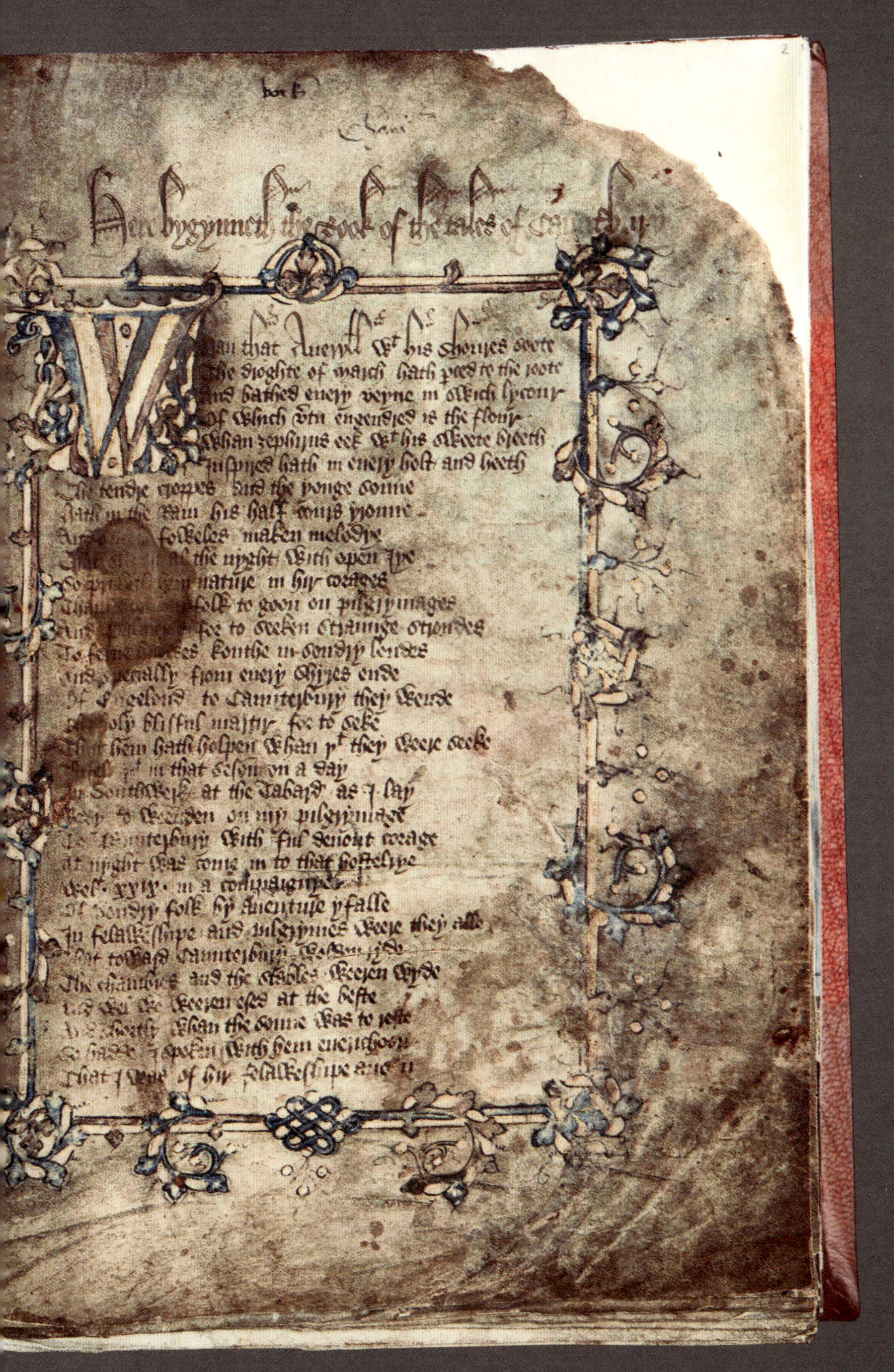

Heer bygynneth the Book of the tales of Caunterbury

Whan that Aueryll wt his shoures soote
The droghte of March hath perced to the roote
And bathed euery veyne in swich lycour
Of which vertu engendred is the flour
Whan zephirus eek wt his sweete breeth
Inspired hath in euery holt and heeth
The tendre croppes and the yonge sonne
Hath in the Ram his half cours yronne
A[illegible] fowheles maken melodye
[illegible] the nyght with open Iye
So p[illegible] nature in hir corages
[illegible] folk to goon on pilgrymages
And [illegible] for to seeken straunge strondes
To fer[illegible] kowthe in sondry londes
And specially from euery shires ende
Of Engelond to Caunterbury they wende
[illegible] holy blisful martir for to seke
That hem hath holpen whan pt they were seeke
Bifil pt in that seson on a day
In Southwerk at the Tabard as I lay
Redy to wenden on my pilgrymage
To Caunterbury with ful deuout corage
At nyght was come in to that hostelrye
Wel .xxix. in a compaignye
Of sondry folk by auenture yfalle
In felaweshipe and pilgrymes were they alle
That toward Caunterbury wolden ryde
The chambres and the stables weren wyde
And wel we weren esed at the beste
And shortly whan the sonne was to reste
So hadde I spoken with hem euerichon
That I was of hir felaweshipe anon

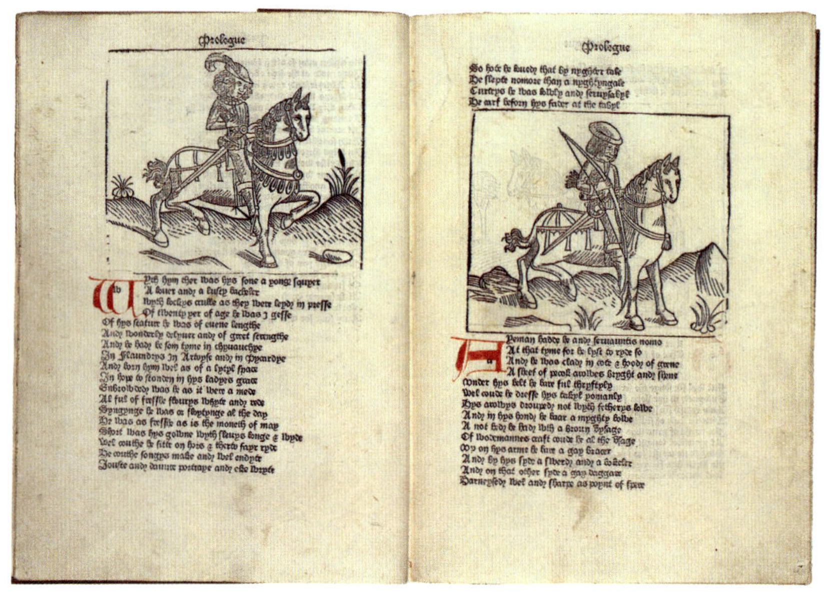

上图：第二版《坎特伯雷故事集》的总引部分，文字描绘的是一个乡绅和一个农夫，该版由威廉·卡克斯顿于 1483 年在威斯敏斯特刊印

右页：亨维特抄本当中同样的描述一个乡绅（从第 7 行开始）和一个农夫的文本段落

非普通纸张，实际上，当时的英格兰已经开始使用普通纸张制作廉价书册了，但亨维特抄本所用羊皮都是上好质地的，触感很柔软。

一看到这份抄本就能注意到，它的差不多所有书页的右上角都被用新的羊皮纸修补完整了，显得非常突兀，但在影印本里不是十分明显。羊皮纸的成分是蛋白质，很容易遭受啃噬。很可能是在 18 世纪这份抄本“无人光顾”时，页面的上端被老鼠啃噬掉了（我们可以就此编一则儿童故事，就叫作“吃了‘亨维特’的老鼠”）。1956 年，图书馆对这份抄本实施重装，残破的页边遂被新鲜的白色羊皮纸彻底取代，装订人根本没有考虑新旧纸张的色彩协调性问题。结果是每张开篇页都斑驳不堪，就如同斑点可卡犬的毛色一样。同时，书页的外缘被染成了红色，且包括新增羊皮纸在内的

But for to tellen yow of his array
His hors weere goode but he ne was nat gay
Of ffustian he wered a gypon
Al bismotered with his haubergeoun
ffor he was laate comen from his viage
And wente for to doon his pilgrymage
With hym ther was his sone a yong Squyer
A louere and a lusty bachiler
With lokkes crulle as they weere leyd in presse
Of .xx. yeer he was of age I gesse
Of his stature he was of euene lengthe
And wonderly delyuere and of greet strengthe
And he hadde been somtyme in chyuachye
In fflaundres in Artoys and Picardye
And born hym wel as in so litel space
In hope to stonden in his lady grace
Embrouded was he as it weere a meede
Al ful of fresshe floures white and reede
Syngynge he was or floytynge al the day
He was as fressh as is the monthe of May
Short was his gowne with sleues longe and wyde
Wel koude he sitte on hors and faire ryde
He koude songes wel make and endite
Iuste and eek daunce and wel purtreye and write
So hoote he loued that by nyghtertale
He sleepte namoore than dooth a nyghtyngale
Curteys he was lowely and seruysable
And carf biforn his fader at the table
A yeman he hadde and seruantz namo
At that tyme for hym liste ryde so
And he was clad in cote and hood of greene
A sheef of pecok arwes bright and keene
Vnder his belt he bar ful thriftily
Wel koude he dresse his takel yemanly
His arwes drouped noght with fetheres lowe
And in his hand he bar a myghty bowe
A not heed hadde he with a broun visage
Of wodecraft koude he wel al the vsage
Vpon his arm he bar a gay bracer
And by his syde a swerd and a bokeler

书页的上缘被贴了金，这应该也是 1956 年重装工程的遗产，因为第 87 对开页是一张增补页，上面被溅了红色颜料。

亨维特抄本的大部分页面上有文字，韵文部分通常呈现为狭窄的一列，散文部分则被呈现在纵向的长方形框中；每页四十行文字，字号都很大，且十分齐整，其中，“第二抄写员”的字体跟 1483 年威廉·卡克斯顿在威斯敏斯特印制的每页三十八行的第二版《坎特伯雷故事集》里的铅字字体很相近。抄本的彩绘首字母都是蓝色和红色的，很是漂亮；每个段落的开头也会有蓝色的段落标记。很多页面的上页边抄写有相应故事的标题。这样一来，读者很轻易就能找到想读的内容。抄本的字号很大，因此它完全可以被用作公共诵读本。这不免令我想起帕克图书馆收藏的那份乔叟的《特洛伊罗斯》抄本（约 1415~1420），该抄本的卷首页插图呈现的就是作
438 者本人在一场贵族花园聚会之上，为宾客诵读自己的诗歌的场景。很显然，亨维特抄本是为读经台而制的，或者最起码也是应该被捧着读的。在我本人翻阅这份抄本的时候，它被放置在一个很大且很松软的灰色垫子之上。

因为这份抄本是在现代重装的，且翻动起来很容易，所以它的校勘也很方便。*我将校勘情况标示在了下面的注释当中，不过，我并没有采用常规的表述方式，而是将该抄本分为了五个不同的单元，它们就像是五份各自独立的抄本：（1）第 i~viii 折；（2）第 ix~xii 折；（3）第 xiii~xv 折；（4）第 xvi~xxix 折；（5）最后的第 xxx~xxxi 折。每一单元看起来都是单独的一个整体。第 57 对开页的左页，也就是第一单元的尾页，是“厨师的故事”的第二页，故事在此中断，抄写员留下了一些空白的空间，仿佛在等待乔
442 叟续写这个故事。最终抄写员意识到乔叟不会继续这个故事了，于是用颜色稍有不同的墨水留下了这样一行标注：“*Of this Cokes tale maked Chaucer na moore*”（乔叟没有继续这个厨师的故事）。接下来一页，也就是第 58

* 校勘情况如下：现代衬页（其中一页被标注为第 1 页）+ 第 2~57 对开页（i~v^{8}，vi^{2}，vii^{6}，viii^{8}），第 58~87 对开页（ix~xii^{8}），第 88~111 对开页（xiii~xv^{8}），第 112~234 对开页 [xvi~xx^{8}，xxi^{1+8}，xxi^{1+8}(这一折的第二页，也就是抄本的第 153 对开页，是单页），xxii^{16}，xxiii~xxviii^{8}，xxix^{10}]，以及第 235~50 对开页（xxx~xxxi^{8}），卷尾至少缺了一折。

对开页的右页看起来就像是另一份抄本的开篇，拥有独立的标题，“*Here bigynneth the prologe of the tale of the Wyf of Bathe*”（此处是“巴斯妇的故事”的开场语），更绘有一个很大的首字母“E”。这个单元在第 86 对开页左页的底端以“法庭差役的故事”（Summoner’s Tale）结束，第 87 对开页则是一张完整的空白页，就如同一份独立抄本的空白底页一样。第 88 对开页右页又像是一份独立抄本的开篇页，标注有如下文字，“*Here bigynneth the prologe of the Monkes [tale]*”（此处是“僧士的故事”的开场语），这句话中最后一个词被老鼠啃掉了，该页上还绘有很大的首字母“W”。这个单元的最后一个故事是“伙食经理的故事”，结尾出现在三折之后，也就是第 111 对开页的右页，此页没有页码标注。这个单元的开篇页和结尾页显然要比前面的第 87 对开页的左页和后面的第 112 对开页的右页脏很多，看样子，这些不同单元在抄本最终被装订起来之前，被分开传阅了很长时间。第 xxix 折在第 234 对开页的左页收尾，同样很像一份独立抄本的尾页，写有字体与正文不同的题词，其中提到了作者的名字 ：“*Here is endid Chaucers tale of Melibe*”（此处是乔叟的“梅利比的故事”的结尾）。对面的第 235 对开页右页，最后一个单元的开篇，其标题是“*The Prologe of the Persons tale*”（“牧师的故事”的开场语），这一页更黑、更脏，看起来也像是被当作独立抄本保存了一段时间。这五个独立单元甚至都没有被以正确的次序装订起来。比如说，第三单元，也就是第 88~111 对开页，本是位于目前的第四单元和第五单元，也是第 234 对开页和第 235 对开页之间的。因为第 88 对开页右页上有如下句子，“Whan ended was my tale of Melibee ...”（“梅利比的故事”就此结束），但实际上，“梅利比的故事”是在第 234 对开页的左页收尾的 ；再比如，第 235 对开页右页上出现了“By that the Mau[n] ciple hadde his tale al ended ...”（“伙食经理的故事”到此结束），但实际上，这个故事是在第 111 对开页的左页收尾的。

第 468~469 页 :《坎特伯雷故事集》亨维特抄本当中“厨师的故事”部分，叙事突然中止，令人遗憾，抄写员给出了旁注，指明乔叟写到此处就没再写下去了 ；接下来便是“巴斯妇的故事”

His maister shal it in his shoppe abye
Al haue he no part of the mynstralcye
For thefte and riot they been conuertible
Al konne he pleye on Giterne or Ribible
Reuel and trouthe as in a lowe degree
They been ful wrothe al day as men may see
This ioly prentys with his maister bood
Til he were neigh out of his prentishood
Al were he snybbed bothe erly and late
And somtyme lad with reuel to Newegate
But atte laste his maister hym bithoghte
Vp on a day whan he his papir soghte
Of a prouerbe that seith this same word
Wel bet is roten Appul out of hoord
Than þt it rotte al the remenaunt
So fareth it by a riotous seruaunt
It is ful lasse harm to lete hym pace
Than he shende alle the seruantz in the place
Ther fore his maister yaf hym acquitaunce
And bad hym go with sorwe and with meschaunce
And thus this ioly prentys hadde his leue
Now lat hym riote al the nyght or leue
And for ther nys no theef with oute a lowke
That helpeth hym to wasten and to sowke
Of that he brybe kan or borwe may
Anon he sente his bed and his array
Vn to a compeer of his owene sort
That loued dees and reuel and disport
And hadde a wyf that heeld for contenaunce
A shoppe and swyued for hir sustenaunce

Of this Cokes tale maked Chaucer na moore

Heere bigynneth the prologe of the tale of the Wyf of Bathe

Experience though noon auctoritee
Were in this world / is right ynogh for me
To speke of wo / that is in mariage
For lordynges / sith þt I twelf yeer was of age
Thonked be god / that is eterne on lyue
Housbondes atte chirche dore / I haue had fyue
If I so ofte / myghte han wedded be
And alle were worthy men / in hir degree
But me was told certeyn / noght longe agon is
That sith þt Crist ne wente neuere but onys
To weddyng / in the Cane of Galilee
That by the same ensample / taughte he me
That I ne sholde wedded be but ones
Herkne eek lo / which a sharp word for the nones
Bisyde a welle / Ihesus god and man
Spak in repreeue of the Samaritan
Thow hast yhad fyue housbondes quod he
And that ilke man / which that now hath thee
Is nat thyn housbonde / thus he seyde certeyn
What that he mente therby / I kan nat seyn
But þt I axe / why þt the fifthe man
Was noon housbonde to the Samaritan
How manye myghte she han in mariage
Yet herde I neuere tellen in myn age
Vp on this nombre diffynycioun
Men may dyuyne / and glosen vp and doun
But wel I woot expres / with outen lye
God bad vs / for to wexe and multiplye
That gentil text / kan I wel vnderstonde
Eek wel I woot / he seyde þt myn housbonde
Sholde lete fader / and moder / and take to me
But of no nombre / mencioun made he
Of bigamye / or of Octogamye
Why sholde men thanne speke of it vileynye
Lo heere the wise kyng daun Salomon
I trowe he hadde wyues many oon

乔叟作品的研究者对上述情况都很清楚，不过，需要特别指出的是，亨维特抄本有如此明显的独立单元，就仿佛它本身是一部中世纪的“文集”（也就是德语中的“Sammelbände”），是由抄本最初的主人将各处搜集来的短篇故事汇编而成的。但它与文集不同的地方在于，它的五个单元都出自同一个抄写员之手。

对于各个单元的装订顺序如此混乱的情况，我无法给出合理解释。更
444 何况该抄本一直这么忠诚地维持着中世纪晚期的装订顺序。因此，这样的情况并不是后来的重装造成的，跟《布兰诗歌》的情况不一样。很有可能这五个单元一开始就是作为抄本的范本独立成册的，这样就方便多个抄写员同时展开工作了，实际上，中世纪巴黎的书商通常就是这么做的，他们会把抄本拆分成多个独立单元，分配给多个抄写员，这些独立单元常被称为“peciae”（样本）。在单独的抄写工作完成之后，五份样本就被统一汇总到了“第二抄写员”的手中，应该是在该抄写员去世之后，人们才第一次将它们装订在了一起，装订顺序是随机的，可能按照的是当时的摆放位置。

虽然我们不应该在细节上过度纠结，但这一抄本确实给人留下了这样的印象：各个抄写员都是分批接活和进行抄写工作的，他们事先并不知道各个部分将由哪些内容组成。有几折的长度颇为怪异。比如说，第 vi 折就只有两页，随后一折有六页，它们原本可能是一组八页的书页，只是它们的抄写工作是在两个不同的阶段中完成的。有时两个故事的衔接处会出现空白（比如第 128 对开页左页、第 153 对开页右页、第 153 对开页左页以及第 165 对开页右页），这很可能是因为抄写员在等待短小的衔接段落，但最后显然没有等到。第一个这样的空白部分出现在第 128 对开页的左页，此处的确应当有一段“侍从的故事”的开场语，因为埃尔斯米尔抄本中就有，由此可见，抄写员的等待是有道理的。亨维特抄本中有两段开场语很

右页：“僧侣的故事”的开篇页，也是亨维特抄本第三单元的开篇页，看似一份新抄本的卷首页

Here bigynneth the prologe of the Monkes

Whan ended was my tale of Melibee
And of Prudence and hyr benygnitee
Oure hoost seyde as I am feithful man
And by that precious corpus Madrian
I hadde leue than a barel ale
That goode lief my wyf hadde herd this tale
She nys no thyng of swich pacience
As was this Melibeus wyf Prudence
By goddes bones whan I bete my knaues
She bryngeth me the grete clobbed staues
And crieth slee the dogges euerichon
And breke hem bothe bak and euery bon
And if þt any neighebore of myne
Wol nat in chirche to my wyf enclyne
Or be so hardy to hyr to trespace
Whan she comth she rampeth in my face
And crieth false coward wrek thy wyf
By corpus bones I wol haue thy knyf
And thow shalt haue my distaf and go spynne
Fro day to nyght right thus she wol bigynne
Allas she seith þt euere þt I was shape
To wedden a milksop or a coward ape
That wol been ouerlad of euery wight
Thow darst nat stonden by thy wyues right
This is my lif but if þt I wol fighte
And out at dore anoon I moot me dighte
Or ellis I am but lost but if þt I
Be lyk a wilde leon fool hardy
I woot wel she wol do me sle som day
Som neighebore and thanne go my wey
For I am perilous with knyf in honde
Al be it that I dar nat hyr withstonde
For she is big in armes by my feith
That shal he fynde þt hyr mysdooth or seith
But lat vs passe awey fro this matere
My lord the Monk quod he be myrie of cheere

可能来得太晚了，抄写员不得不将之插入正文文本当中。“商人的故事”的开场语就是这样被强行塞到原本应该是空白页的第 137 对开页左页的。第 153 对开页是一张插入页，这很可能是因为抄写员在最后一刻才收到这段讲述旅馆老板介绍自由农的文本。最明显的例子是“厨师的故事”这一部分，前文提到抄写员后来在故事中断处写下了准确的说明文字：“乔叟没有继续这个厨师的故事。”当他开始在这句话前一页抄写这个故事时，他为预期中的大段后续文字留出了很多空间，但这一预期显然落空了。范本本身就有残缺这一解释在此并不适用，抄写员肯定根据别的信息给出了说明。也就是说，抄写员至少在写下这行字时，已经知道乔叟去世了。

445 对于大多数抄本来说，我们很可能仅凭其风格便可以相当准确地判定其制作时间。因为抄本字体以及彩饰风格在不断演化，特别是在中世纪晚期的欧洲大城市中，比如说伦敦，所以我们通常可以将诞生于这些城市的大部分抄本的制作时间精确到十年以内，有时候甚至可以精确到几年内。亨维特抄本的风格令人们普遍将其制作时间判定在 14 世纪 90 年代后期至 15 世纪初。不过，亨维特抄本的制作时间问题是极其重要的，绝少有哪份抄本的制作时间会如此重要。乔叟很可能是在 1400 年 10 月 25 日谢世的，当时他并未完成和出版《坎特伯雷故事集》。此时，很多已经写完的故事是不分先后的，其中一些故事甚至还没有被指定为是哪个朝圣者的发言。乔叟肯定留存了手稿，它们很可能是捆扎起来的小册，每一册的大小应该都跟“亨维特抄本”的独立单元差不多。倘若亨维特抄本是在 1400 年 10 月之前制作的，那么从理论上来说，这有可能就是乔叟自己的抄本，也就是说是在他亲自监督之下由专业人员制作的——乔叟亲笔完成一个接着一个故事的书写工作，随后将之交给抄写员；倘若亨维特抄本是在作者死后制作的，那么从理论上来说这一抄本同样有可能是根据乔叟的手稿制作的，因为乔叟的遗嘱执行人会陆续从乔叟的遗产中得到这些手稿。倘若林尼·穆内是对的，即“第二抄写员”是一直伴随乔叟左右的亚当，那么这份抄本的权威性问题也就更重要了。在抄本时代，任何作品在不断被传抄的过程中都会出现错误，对于这些作品的研究者来说，最理想的状态就是尽可能地找到最接近作者落笔时的原稿的抄本。

据我判断，亨维特抄本是抄写员分两个阶段制作的，而且这两个阶段之间很可能还间隔了数年时间。标题、修订以及衔接段落是在文本抄写和绘图工作完成之后才被抄上去的。这个情况此前一直没有人特别注意过。第一个这样的证据是开篇页的标题，“*Here bygynneth the Book'of the tales of Cant[er]bury*”，这行文字被写在了彩绘边框的上方，也就是边框的外面； 448
而此一时期的英语抄本中，标题通常是在边框里面的。由此便基本上可以判定，这个标题是在绘图工作完成之后被加上去的，当时框里显然已经没有空间留给这些文字了。这个情况很有意思，因为在埃尔斯米尔抄本的卷首就没有“坎特伯雷故事集”的字样，卷尾倒是出现了——它以如下一行文字收尾：“*Heere is ended the book of the tales of Caunterbury compiled by Geffrey Chaucer of whos soule Ih[es]u crist have mercy Amen*”（杰弗里·乔叟的《坎特伯雷故事集》在此收尾，愿耶稣基督怜悯他，阿门）。这行文字显然表明，此时的乔叟已然故去。人们普遍认为，乔叟写下的最后的文字就是故事集末尾的那份“撤稿声明”（retraction，这份声明在亨维特抄本里是见不到的），在声明中，乔叟对自己的文学成就提出了批评，认为那都是有关“人世浮华”（worldly vanities）的作品，十分肤浅，为此，他列举了自己的多部作品，当然《坎特伯雷故事集》也被包括在内，他说这本书“引人入罪”（that sownen into synne）——这是“坎特伯雷故事集”这个名字第一次现身。倘若亨维特抄本是在乔叟仍然在世的时候开始制作的（这很有可能），那么当时乔叟很有还没有想到“坎特伯雷故事集”这个书名。

还有一个相关细节。在首字母的位置上，抄写员都是先写下小小的字母作引导，然后才填上巨大的蓝色首字母。画上首字母之后，引导字母就被覆盖掉了。这是那个时代的标准做法，中世纪晚期的所有专业人士在制

第 474~475 页：“律师的故事”结尾处的空白页，抄写员预计该故事会有更多内容，以便跟接下来的“侍从的故事”接续起来，但该页最终被布雷莱顿家族成员的生日记录填满，他们的出生年份集中在 1605~1612 年

...an In tender age, hath most In ...

...eth alwas to keepe he...

...:: wherfore, in age who greatly long...

...rnt to mowe: In youth he must aplye

...n self good seed to sowe :::

q. Ellen Banester the grandmother
of the undernamed children

Ellen Brereton was borne the 24 of July
beinge on wensday betwixt 4 & 5 of the clocke
In the after noone and in the yeare of
the Lords god 1605. And in the raigne
of Kinge James of England the thred
Shee was borne at Newington beyond london

John Brereton was borne the fifte day
of desember on a fryday att none of
2 the clocke in the night in the yeare
of the lord. 1606. christened att
Allhallows church in chester

Francis Brereton borne the 19 of
June on monday 2 of the clocke
3 in the after none. att llanbor
neare carnarvon. 1609

Richard Brereton was born the 19 of Aug...
on a monday att 3 of the clocke in the
after none att llanbor 1611
Ann Brereton borne the 14 of marche o...
a monday att seven of the clocke in ...
morninge in llanbiee 1612

Heere bigynneth the Squieres tale

At Sarray in the land of Tartarye
Ther dwelte a kyng that werreyed Russye
Thurgh which ther deyde many a doghty man
This noble kyng was cleped Cambyuskan
Which in his tyme was of so greet renoun
That ther nas nowher in no regioun
So excellent a lord in alle thyng
Hym lakked noght þt longed to a kyng
As of the secte of which þt he was born
He kepte his lay to which þt he was sworn
And ther to he was hardy wys and riche
Pitous and Iust and eueremoore yliche
Sooth of his word benigne and honurable
Of his corage as any centre stable
Yong fressh and strong in armes desirous
As any bacheler of al his hous
A fair persone he was and fortunat
And kepte alwey so wel roial estat
That ther nas nowher swich another man
This noble kyng this Tartre Cambyuskan
Hadde two sones on Elpheta his wyf
Of whiche the eldeste highte Algarsyf
That oother sone was cleped Cambalo
A doghter hadde this worthy kyng also
That yongest was and highte Canacee
But for to telle yow al hir beautee
It lyth nat in my tonge nyn my konnyng
I dar nat vndertake so heigh a thyng
Myn englissh eek is insufficient
It moste been a rethor excellent
That koude his colours longynge for that art
If he sholde hire discryuen euery part
I am noon swich I moot speke as I kan
And so bifel that whan this Cambyuskan
Hath .xx. wynter born his diademe
As he was wont fro yeer to yeer I deme

Centrum circuli

作抄本时都会如此。这虽然只是一个细节，但也足以表明亨维特抄本并非哪个业余抄写员在家庭作坊里面制作出来的，而是职业团队的作品，在这个职业团队当中，抄写员会给画师提供相关的说明和指引，而画师在工作时眼前是没有范本来参照的。更具说服力的一点是：整份抄本当中都有小
449 小的蓝色段落标记，有点像“¶”，它旁边也有抄写员画的折线状引导符号，这些引导符号最终会被彩绘覆盖。不过，请注意，标题和结尾处是没有这样的标记的。也就是说，在抄写员开始抄写并为画师标注引导符号的时候，标题并不在他的设计范围之内。这一点是非常重要的。这份抄本显然是由几本小册子组成的，每本册子中包含了几组乔叟写的故事。而有几个单元的起始页和收尾页已经非常破旧，这就表明，在某一段时间里，这些小册子并没有被装订在一起。只是后来才有人将这些独立单元装订成一个统一的文集，为每个部分写上标题，并为其起了“坎特伯雷故事集”这个总标题，这就是抄本制作第二个阶段的事情，并且发生在乔叟死后，在此，需要特别注意的是，到了这个阶段，抄本仍然在（或者又回到了）抄写员手中。

陪审团的女士们和先生们，在这个问题上，我们需要请杰弗里·乔叟本人来作证了。在我的想象中，证人席上的乔叟应该就是《特洛伊罗斯》里的自画像中的形象：蓄着胡子，浅褐色头发向后梳着，身穿粉红色的高领短上衣，站在讲经台旁，一块红色和金色的布从台子的正面垂下。画像当中，他的一只手搭在讲经台的边上，另一只手则指向听众。

正文中的蓝色段落标记旁有抄写员画的折线状引导符号（左图），标题旁则没有引导符号（右图），可见两者不是在同一个阶段完成的

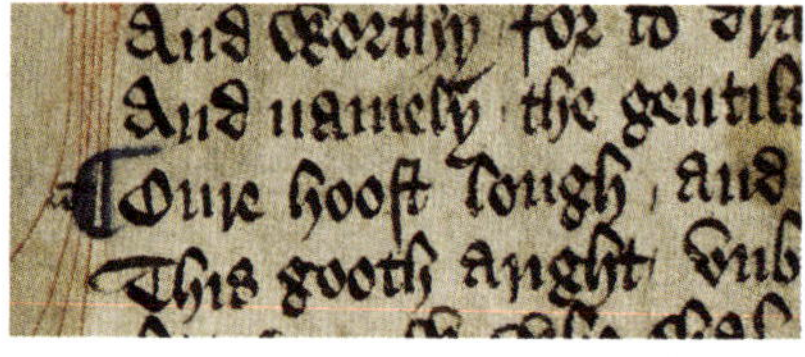

杰弗里·乔叟，正站在讲经台里旁向一群很有礼节的听众讲话，这幅图是《特洛伊罗斯》全本抄本（创制于约 1415~1420 年）的卷首插图

剑桥大学三一学院图书馆收藏了一份乔叟的杂文集的抄本，其制作时间大体上在 1430~1432 年。抄本中有一首普遍被认为是乔叟手笔的短诗，原来的标题是“Chauciers wordes a Geffrey unto Adame his owen scryveyne”（乔叟的《杰弗里劝诫自己的抄写员亚当》）。这就是本章开篇介绍的头条文章引用的短诗，具体内容如下： 450

抄写员亚当 / 如若碰巧
你再次抄录 / 波西或特洛伊罗斯的故事
愿你长上伤痂 / 在你的长发之下
除非你更精准地抄写我的创作
白天我总要将你的抄录多次返工
将之修改、涂去和刮掉
一切皆源自你的粗心和毛躁

有人提出质疑，认为这首短诗根本不是乔叟的作品，因为标题中乔叟

的名字是这部杂文集的编者约翰·雪莱（John Shirley，约 1366~1456）后来添加上去的。然而，反复查证后我们发现，雪莱是值得信任的证人。此人是颇有文化修养的伦敦书商，同时也做翻译和抄写工作，乔叟谢世时雪莱大约三十五岁。因此也就不难想见，二人是有机缘会面的。后来，雪莱也跟乔叟一样，担任了伦敦港的稽查员一职。他肯定跟当时所有的主要抄写员共事过。很多抄本中留有他的签名。他的签名实际上还出现在了埃尔斯米尔抄本以及《特洛伊罗斯》抄本的封底上。如果说在当时的英格兰真的有谁认识这些抄写员并且同这些抄本都有过接触，那肯定就是约翰·雪莱了。这首致亚当的短诗自 1561 年起，便一直被收录在乔叟的作品集当中，并且我们也没有切实理据可以论定它并非乔叟手笔。倘若它是别人所作，那就是别人以乔叟的名义创作的，毕竟《特洛伊罗斯》和《哲学的慰
451 藉》都是乔叟的作品，它们也因此令该诗与乔叟建立起了一种令人信服和接受的联系。

剩下唯一的解释就是这首诗只是寓言性质的，其中的寓意是：作者，也就是造物主，在告诫世人的先祖亚当，希望亚当不要再因为自己的疏忽而弄乱原本完美和谐的造物。在这种解读中，亚当那长发遮掩下的疤，可能是长在脖子上的水泡，且是黑死病的症状，在乔叟生活的时代，人们实际上都认为那是神谴的标志——上帝借此来惩罚人类对恩典的滥用。

不过，让我们先只考虑这首诗的表面含义。诗中，杰弗里·乔叟是在对“自己的抄写员”发话，且用了抄写员的名字而非姓氏。这个抄写员已经抄录了乔叟于 14 世纪 80 年代早期至中期写就的《哲学的慰藉》和《特洛伊罗斯与克瑞西达》。诗中传递了这样的信息：乔叟可以在亚当完成抄写之后对抄本实施修订，这也就意味着，乔叟本人就是这一校正本的委托人，并且会在同意将其作为范本发布之前对其进行修订。若真是如此，那么这段合作关系就应当出现在 14 世纪 80 年代。至于对亚当的批评，究竟是个玩笑，还是确实在指责亚当是个糟糕的抄写员，我们就无从得知了。倘若亚当真的很糟糕，那么乔叟应该就不会动再次聘请亚当的念头（除非这首
452 短诗只是在开玩笑，否则它其实没有什么意义）。亨维特抄本并不存在任何

能表现出抄写员粗心和毛躁的迹象，实际情况恰恰相反。

对于乔叟是否真的需要专门雇一个抄写员为自己工作的问题，我们只能做猜测。他除了在短诗中对亚当宣泄了一番嘲讽之词以外，还讽刺了《特洛伊罗斯》抄本里面亚当的“抄写员式”（Scrivenish）字体。另外，在埃尔斯米尔抄本里那幅著名的马背上的乔叟画像当中，乔叟的脖子上挂着一个皮革笔套（penner），这是画像中用来表示职业抄书人身份的传统标记，而这幅画像是乔叟本人的最早画像，且画像所在的卷册跟亨维特抄本共享了一个抄写员。据此，我们可以说，乔叟在他的同时代人眼中，也是一个相当有能力的抄写员。

短诗中提及的涂抹和刮除在中世纪抄本的制作过程中是很常见的，即便是最尽心尽职的抄写员也会需要修正并调整自己的作品。亨维特抄本当然也少不了乔叟说的这些情况，将书页对着光线，便不难看到，偶尔会有单词或者词组是被刮去后重写的。实际上，笔和刀都是中世纪抄写员的工

乔叟的《杰弗里劝诫自己的抄写员亚当》，诗中乔叟斥责这个名叫“亚当”的抄写员在抄录《哲学的慰藉》和《特洛伊罗斯》时不够细心，该图出自唯一一份抄有这首诗的抄本

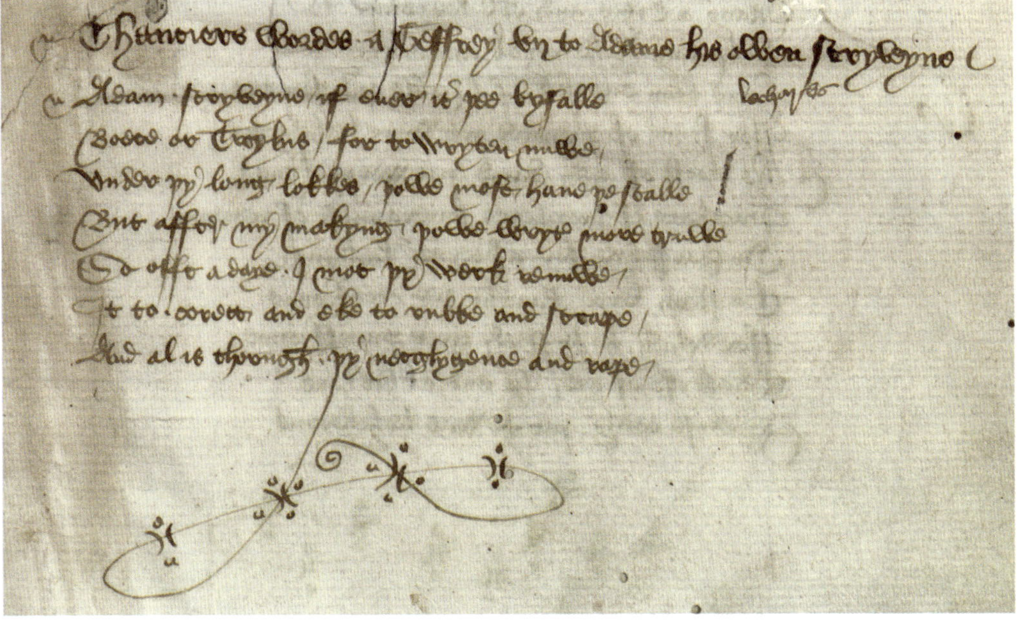
Chauciers wordes . a . Geffrey vn to Adame his owen scryveyne
Adam scryveyne / if euer it thee byfalle
Boece or Troylus / for to wryten nuwe /
Vnder thy longe lokkes / thowe most haue the scalle
But affter my makyng / thowe wryte more truwe
So offt a daye I mot thy werk renuwe /
It to corect and eke to rubbe and scrape /
And al is thorugh thy neglygence and rape /

具，羊皮纸是承受得住大量刮擦的，在这点上它跟现代纸张不一样。抄本中的修订痕迹也并非不常见，而短诗的确可以表明，亚当是在羊皮纸上进行抄写的，因此，这个亚当肯定不只是个档案管理人。

在 14 世纪的英格兰，亚当这个名字并不鲜见。实际上，在林尼・穆内之前很久，乔叟研究者们就已经寻遍伦敦书业公会的档案，试图找出短诗当中的这个亚当究竟是何人。早在 1929 年，便已经有人提出“亚当・平克赫斯特”这个名字，不过，当时的说法并没有切实的证据相佐，仅仅是出于相同的名字。另一个潜在候选人是“亚当・斯特德曼”（Adam Stedeman），他是于 1384 年在伦敦登记成为抄写员的，跟《特洛伊罗斯》抄本的制作时间也很契合，还有一个叫作“亚当・莱切斯特”（Adam Leycestre）的人，最早的现身时间是 1382 年，是个羊皮纸制作人，而羊皮纸制作人通常拥有制书业中的多种手艺。短诗当中提到的刮擦，也有可能是在揶揄亚当・莱切斯特在制作羊皮纸之时的毛糙作风。

至此，让我们假设法官在对第一天的庭审证据做总结。我们知道这份
453 抄本出自一个可以接触到乔叟的原稿的职业抄写员之手，而这份由五个独立单元组成的原稿此前并未进入公共领域。倘若在亨维特抄本的制作工作开启之时，乔叟还活着，那么这份抄本就是校正本。这些修订不太可能是权威的。显然在第二个阶段，抄写员对还在自己手中的抄本进行了再校正，为其插入小标题并启用了新的总标题“坎特伯雷故事集”，而且当时，这个抄写员已经获悉乔叟故去，因此也就知道没有后续文稿了。该抄本很可能是作为范本被制作出来的，抄书员会据此创作副本，令这本故事集传布开来。大约就是在这十五年前，乔叟曾需要一个誊写员为自己制作《哲学的慰藉》和《特洛伊罗斯》的校正本，他请到的是一个名叫“亚当”的人。在这个阶段，我们暂且没有办法回答“亚当”是否就是《坎特伯雷故事集》的抄写员的问题。

现在该是我们这个虚拟法庭的传唤员，于第二天早上的庭审中，传唤被告“亚当・平克赫斯特”本人前来作证的时候了。平克赫斯特如约前来，

宣读了誓言。平克赫斯特是 14 世纪晚期成立的抄书人公会里的一名资深成员。抄书人公会是一个市级的行会组织，是为抄写人和文件代笔人设置的，如今仍然作为伦敦金融城的古老同业公会之一保持兴盛。人们通常认为该组织是于 1373 年建立，并于 1392 年开始正式招收会员的。关于此事的唯一记录由该行会自己保存，但它被长期存放在伦敦市政图书馆（Guildhall Library）。该行会的大部分早期档案葬身 1666 年伦敦的那场大火，不过这份记录倒是存留了下来，成为为数不多的中世纪“幸存者”之一。要约见这份材料，你需要前往坐落在伦敦金融城的伦敦市政厅，从格雷沙姆（Gresham）大街拐入阿尔德曼波利（Aldermanbury）路，按随路牌的指示，经过市政厅主入口而后沿着建筑外缘向前走就可以了。在写着“城市商业图书馆”（City Business Library）的入口处进门，然后左拐并上行几步，便可以进入市政厅图书馆了。这座图书馆的现代气息令人吃惊：混凝土墙壁，白色的长桌和红色的座椅，头顶是明亮的带状荧光灯。那些长桌前已经坐满了面色疲惫的中年人，他们很可能是前来查询同伦敦有关的谱系史或者商业史的。

我们要找的“MS 5370”号藏品存放在一个有衬垫的盒子里面。它的封 454
皮是可拆卸的，由早期的棕褐色鞣革制成，被一根皮带捆扎了起来，并系有一个很大的金属扣子，整件藏品有点像上学时用的剑桥包。文本开篇是伦敦城抄书人公会的规章。第 53~162 页呈现了 1392~1600 年入会会员的条目，配有拉丁语的入会誓词并有会员的拉丁语签名，通常每一页上有多个条目。“亚当·平克赫斯特”出现在第 56 页，是第八位成员。在所有条目当中，“平克赫斯特”的是最长且字迹最为精美的条目之一。从此等浮夸的条目中，我们足以看出平克赫斯特性格张扬——若是在今天，他很可能就是那种打着蝶形领结、衣着光鲜并且还要在口袋里放一条丝绸手绢之人。此一条目的主要内容是：我，亚当·平克赫斯特，是本城公民和公会抄写员，自感力不胜任，知悉并谨记先辈巨匠立定的誓言，等等（在此省略的内容有二十一行之长），于此，我自愿遵从本会规章条例，共襄本会之荣誉和效能，且我志愿并亲笔写下此内容，以见证我的忠诚誓言，此致，永恒。

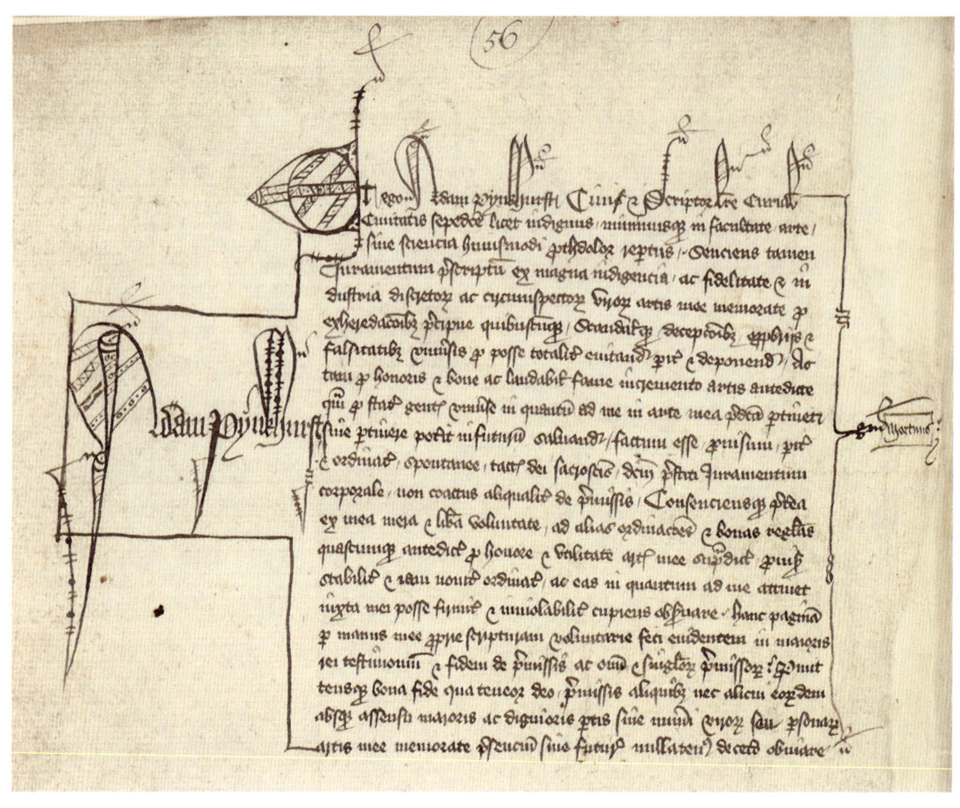

亚当 · 平克赫斯特于 14 世纪 90 年代在伦敦抄书人公会章程和入会申请表上面写下的入会誓言，一旁有他本人的签名

条目左侧页边处有他大大的花体签名，“Adam Pynkhurst”，并画有一个边框。条目并未标注日期，不过应该写于 14 世纪 90 年代中期。

该条目字号大且字迹优美。不过，我的第一反应是，此等字体跟亨维特抄本中的字体并不是十分相像。于是我把亨维特抄本的影印本放在平克赫斯特誓言条目的旁边，反反复复进行比对。对于此等明显的差异，当然可以有多个解释。比如说，此一条目是为入会材料而写，而且用了拉丁语；亨维特抄本则是以标准书写体写就的文学文本，并且是英语的。用古文书家的行话来说，前者是“文书体”（secretary hand），后者则是“英格兰圆体草书体”（anglicana），或发展得更成熟一些的“方体草书体”（anglicana formata）。两个文本的语言差异也增加了比较的难度，因为不同的语言有不同的缩写符号和字母，中古英语的一些字母是拉丁语里没有的。
一个职业抄写员需要掌握多种字体。我见过一份中世纪的职业抄写员字体 455
范式表，其中一个抄写员展示了他能写的多种字体，具体采用哪种字体则视抄写内容而定，比如说，特许状、祈祷书和文学作品要求的字体不同。即便抄写内容的类型相同，抄写不同语种的文本也会有不同的惯例。不同的签名抄本并不一定有相同的字体，这和比较打印字体不一样，字迹看上去不同的抄本也可能出自同一个抄写员之手。为了将亨维特抄本和埃尔斯米尔抄本当中的“第二抄写员”认定为这份入会誓言的撰写人平克赫斯特，林尼·穆内单独挑选出来十二个在三份文本当中都经常出现的字母进行比对，同时仔细研究了两种装饰图案——在“第二抄写员”创制的抄本当中，文字行的上方时不时会出现这两种装饰图案，而在亚当·平克赫斯特的誓言中，它们也出现了很多次。林尼·穆内据此得出结论说，它们“显然是
平克赫斯特的专属图案，简直就是他的签名”。 456

对于亨维特抄本和埃尔斯米尔抄本当中的“第二抄写员”是否就是亚当·平克赫斯特的问题，无论陪审团给出怎样的判决，有一点都是可以肯定的：这份抄书人誓词表明，历史上确有亚当·平克赫斯特其人，他在伦敦执业，负责抄写行政文书。依照林尼·穆内对平克赫斯特的笔迹的判定，穆内教授的研究团队一直在致力于从未署名文稿中寻找平克赫斯特的笔迹，并且在这方面有了一些发现，他们的搜索范围为从 14 世纪 80 年代中期到 1415 年，甚至到 1427 年的文件，其中，伦敦市政厅存留的官方档案当然是重点。他们试图认证的材料当中包括一份申请书，这份申请书现存基尤（Kew）的国家档案馆，是杰弗里·乔叟以自己的名义写就的，用的是法语，内容是为他的一个副手向国王申请一个羊毛关税稽查员的职位。平克赫斯特似乎曾代表伦敦布商公会（Mercers’ Company）写了一份诉状，于 1388 年呈交皇家议事会，指控前任伦敦市长尼古拉斯·本柏（Nicholas Brembre）犯有叛国罪，这也是有日期可考的最早的英语诉状。在 14 世纪

90 年代布商公会管理员账目当中，平克赫斯特的笔迹在一些条目中也是清晰可辨的；在 15 世纪初期伦敦市政厅的信笺册当中，同样出现了平克赫斯特的笔迹。这足以表明，平克赫斯特是伦敦金融城的各个市政机构以及行会组织的文员群体当中，一个同组织关系相当密切的抄写员。这些证据看起来应该是无可争议且相当明确的，足以证明平克赫斯特是一个文书代笔人。当然，乔叟的申请书有可能是个例外，它太凑巧了，不像是真的。誓言册上平克赫斯特的条目，就跟中世纪的其他入会条目一样，其右侧空白处有后人留下的一个旁注，“mortuus”，意思就是“亡故”；亚当·平克赫斯特曾活在这世上然后故去。

此外还有一份独立证据，也谈到一个名叫亚当·平克赫斯特的人，他的妻子叫乔安娜，他们于 1355 年居住在萨里（Surrey）；1370 年，他作为国王的弓箭手再次出现在文书中，日薪六便士，终生领薪，最后一次领薪是在 1400 年（很可能是因为此人在这一年去世，或者是因为这一年英格兰王位突发变动）。不过，这两个亚当·平克赫斯特是否就是同一个人，我们暂且无从确定。有可能萨里的平克赫斯特年轻时是弓箭手，后来才转入
457 抄写行业；也可能是父子同名，父子俩分别投身弓箭手和抄写员的职业。1355 年，萨里的平克赫斯特已经结婚，因此他的出生时间不可能晚于 1335 年太多，并且应该比乔叟年长，这样算起来，到 1415 年，他至少有八十岁了，这不是没有可能，但是，此等高龄的人显然不可能再从事抄写工作了。因此，前文中的抄写员平克赫斯特有可能是萨里的平克赫斯特的儿子或者近亲。

除了这些文件材料而外，人们也逐渐将一些文学抄本归为亚当·平克赫斯特的抄写作品。剑桥大学三一学院图书馆收藏的《农夫皮尔斯》抄本，在西蒙·霍罗宾（Simon Horobin）和林尼·穆内看来，有着跟平克赫斯特在抄书人公会入会誓言当中留下的非常相像的字迹。另外还有两份抄本的笔迹跟亨维特抄本当中“第二抄写员”的也极为相像。其一是艾斯特勒·斯塔布斯（Estelle Stubbs）发现的乔叟的《哲学的慰藉》的早期抄本，该抄本也是阿伯里斯特威斯的佩尼阿尔特系列抄本之一，而且在 19 世纪，

《农夫皮尔斯》抄本，很可能是亚当·平克赫斯特的抄写作品，笔迹跟同业公会的入会誓词中的极为相近

它碰巧跟亨维特抄本在同一个书架。其二是另一份《坎特伯雷故事集》抄本的残章，如今收藏在剑桥大学图书馆，是伊安·多伊勒最先提醒人们注意这份残章的，霍罗宾和穆内随后便将之正式归为平克赫斯特的手笔。

就这样，平克赫斯特名下的中古英语抄本逐渐增多，要特别注意的是， 458
其中乔叟作品的抄本占据了很高比例，包括一份《哲学的慰藉》抄本、一份《特洛伊罗斯》抄本，以及至少三份《坎特伯雷故事集》抄本。倘若亚当·平克赫斯特真的是乔叟的常规抄写员，那么这些抄本的文本权威度当然就会随之提升，因为它们极其接近作者的原稿。倘若佩尼阿尔特系列抄本当中的《哲学的慰藉》抄本真的如同林尼·穆内认定的那样，创制于14世纪80年代，那么它很有可能就是乔叟在讽刺短诗当中提及的抄本，而且，据此也可以认定，乔叟是仔细审读过该抄本的。这样一来，威尔士国家图书馆就拥有了两份意义非凡的英语文学抄本。那天午饭后的茶休时间里，我和玛莱杜德坐在图书馆的咖啡厅里面聊天，玛莱杜德说他觉得这可能不是巧合，并推测这两份抄本在很长一段时间里是待在一起的。他提出，在现代早期英格兰的书册收藏业当中，英语抄本并不受重视，因此很有可能流落偏远之地——如威尔士。

不妨拓宽一下思路：倘若作为伦敦职业行会的档案抄写员和文书的平克赫斯特，在乔叟谢世之际，在准备《坎特伯雷故事集》抄本的出版工作，那么这一信息就能填补我们在中古英语抄本行业方面的知识空缺，毕竟我们对此了解甚少，特别是对于文学作品在中世纪的英格兰究竟是如何出版并发行的，我们基本上一无所知。相比之下，我们知道在同期的法国和意大利，都存在一个由书商和代理人组成的完善的网络，他们会专门运作抄本的抄写和销售工作。其中一位成员在下一章我们会谈到，名叫雅各布·德·圣彼得罗（Jacopo di San Pietro）。在 14 世纪晚期的法国，有乔叟这等社会等级的作者，可能会专门雇人为自己的新作品制作一份精美的抄本，为其配上大量插图，并将其进献给国王或者其他上流社会中的拥有宫廷或者教会背景的大人物。这些抄本的装帧设计都极能抓人眼球。作者通常会委托知名书商寻找合适的抄写员，而这些抄本甚至会在完成并被进献给相关人士之前，就已经在抄写作坊里面获得一定的知名度了。倘若抄本
459 赢得受赠人的好感，受赠人就会在他的朋友圈中予以推荐。他的朋友们若因此想要订制自己的抄本，就会找同一个书商代理此事，该书商可能仍有先前的范本，或者会将受赠人手中的抄本暂时借回以便进行转录。查理六世和贝里公爵的藏书清单就揭示了这样一个过程。一旦这样的“出版”进程得以开启，它就拥有了自己的生命。1400 年前后的法国和意大利抄本业便是以这样的形式兴盛起来的。

英格兰的抄本资助情况则截然不同。理查二世和亨利四世确实有些藏书，不过大部分是很久之前的文本的抄本。类似法国国王查理六世、贝里公爵、勃艮第公爵以及教宗和意大利各邦国统治者的那种藏书丰富的半公共性图书馆，在此一时期的英格兰是看不到的。不列颠的俗语书册市场基本上由中产阶级占据，而且很低调。在《坎特伯雷故事集》的八十五份流传下来的抄本中，只有三份有中世纪的纹章，也就是说，只有这三份抄本

发生于 15 世纪早期的巴黎的献书场景，作者克里斯丁·德·皮赞正将自己的新作进献给法兰西国王查理六世，希望国王能够在权贵圈中推荐此书

的主人来自上层阶级；且有四分之一的抄本是用普通纸张制作的，只能算是抄本市场中的低端产品。《坎特伯雷故事集》的抄本都没有对应叙事的配图，仅仅是给各个朝圣客画了最基本的画像而已。这样的情况跟欧洲大陆的显然是无法比拟的，在欧洲大陆，诸如《玫瑰传奇》以及薄伽丘的作品的贵族抄本，都会配有数十幅乃至数百幅的彩绘插图。这真是让人遗憾，《坎特伯雷故事集》里面的冒险故事以及爱情故事本会为我们提供大量中世纪晚期的华美插图的。 460

在法国，书商（*libraire*）会具体负责统筹抄本制作流程。所谓的书商，有时候本身就是抄写员，他们会负责确保范本的供应，设计抄本风格，抄写或安排他人抄写文本，还会负责寻找并雇用画师。他们也会负责将书稿收集起来，并进行校勘和装订，然后将成稿发送给客户，甚至为之开具相应的发票。在英格兰几乎是找不到可以同他们相提并论的角色的。据我了解，在乔叟的生平当中，伦敦只有六人既是书商又兼有其他角色，比如画匠、羊皮纸工匠以及装订工等，而这六人当中，只有一人是全职的，此人名叫托马斯·马尔勒伯（Thomas Marleburgh），据载他于 1391~1429 年，在圣保罗大教堂北面的主祷文广场（Paternoster Row）开有两家门店。然而在 1370~1400 年的欧洲大陆，仅巴黎一地我们就知道有七十七个这样的职业书商；这一差距是相当大的。

以上情况多多少少反映了 14 世纪晚期的英格兰作为一个岛国的孤立状态，中古英语对欧洲大陆来说，是一门无法理解的奇怪语言，黑死病更是对英格兰产生了毁灭性影响。此一时期的英格兰艺术品中，顶多也就是刺绣和雪花石膏作品拿得出手，但它们是根本不能跟意大利或者法国的精美绘画以及珠宝相提并论的。很显然，此时的英格兰在文化上仍是一潭死水。抄本史研究者还做过不少猜想，诸如《坎特伯雷故事集》这样的作品究竟是为何会被制成抄本并面世的。人们一度认为，此一时期的伦敦也许存在商业性质的抄写作坊，用于文学抄本的制作工作，不过，还没有独立证据
461 可以证明这一点。1978 年，多伊勒和帕克斯提出，在当时的英格兰，书稿制作流程也许根本不像人们设想的那般规范，并且很可能就集中在西伦敦的威斯敏斯特。二人描述了在英格兰皇家管理体系当中拥有职位的抄写员，是如何在书稿行业做兼职，将抄本卖给宫廷成员以及其访客的。诗人托马斯·霍克利夫（Thomas Hoccleve，约 1368~1426）就是这样的人物，他的正式职位是威斯敏斯特宫御玺处的官员。威廉·卡克斯顿很可能就是利用了这个滋养金流的区域的商机，于 1476 年年底，在威斯敏斯特教堂附近创建了自己的印制坊，并且在当年冬天印制了第一本书，而这本书应该就是《坎特伯雷故事集》。乔叟本人最后的住所就在威斯敏斯特，租于 1399 年；乔叟死后被葬在威斯敏斯特教堂，而卡克斯顿的墓就在附近的圣玛格丽特教堂。倘若林尼·穆内将亚当·平克赫斯特视为乔叟作品传播过程当中的关键人物的看法是正确的，那么毫无疑问，整件事的重心就不在威斯敏斯

特了，而是向东转移回了伦敦市政厅附近的抄写员那里，也就是往主祷文广场东北方向步行几分钟的地方。倘若平克赫斯特就是乔叟的“私人抄书员”，那么他这么做可能是出于对已故雇主的忠诚，或为了帮助实现已故雇主的遗愿。如果没有他，那么《坎特伯雷故事集》也许就已经消失在历史进程当中了，当然，前提是：他的确是平克赫斯特。

一切历史探究都存在这样一种风险：一个大胆且新颖的看法一开始是作为一种可能性被提出来的，此一看法随后不断被人重复，它的可能性遂于无形之中被提高了，再往后，人们便放下了应有的谨慎和警觉，将此看法当作真实的信息接纳下来。在平克赫斯特认证问题上，任何一项因素倘若个别来看，都是可以得到证实的，但是我们需要做出合理的假设才能将它们连接起来。具体而言，倘若乔叟确实于 14 世纪 80 年代雇用了一个糟糕的抄写员（此事的前提是乔叟的确在这一时期创作了一部需要抄写的文学作品），那么我们就需要想象该抄写员，在倏忽之间成了大师级的抄写员和商人，并在 15 世纪活跃于出版行业。这当然是有可能的，不过，亚当·平克赫斯特、伦敦抄书人公会的注册会员，显然不曾以其他身份出现在书稿行业当中，更确切地说，在 14 世纪 90 年代之后，他的名字根本没有再出现在任何档案当中。考虑到亨维特抄本和埃尔斯米尔抄本是出自职 462
业抄写员之手，并且是抄写员与职业画师协作而成的，我们可以认为可能的情况是这样的：《坎特伯雷故事集》的初始抄本的制作和发行工作，是由托马斯·马尔勒伯甚至约翰·雪莱这样的书商来运作的，后者于 1456 年以九十岁高龄谢世。此二人在文学圈中都拥有合适的关系网。托马斯·马尔勒伯曾委托托马斯·霍克利夫写了诗歌，后者曾作为抄写员跟“第二抄写员”合作抄写了如今收藏在三一学院的高尔抄本，而多伊勒和帕克斯的研究依托的就是这份抄本。约翰·雪莱当然不会是“第二抄写员”，不过，他肯定经手过乔叟的抄本，包括埃尔斯米尔抄本在内，而且也正是雪莱保存并认出了乔叟写给“自己的抄写员”的那首短诗，而该短诗本应是乔叟“自己的抄写员”的财产。这些人都是与“第二抄写员”有关的人。遗憾的是，无论是马尔勒伯还是雪莱，都没有用过“亚当”这个名字，除非“亚当”这个名字本身也是虚构出来的，以掩盖抄写员的真实身份或者配合短诗的韵律。

找出亚当·平克赫斯特的真实身份，便能为解开中世纪英格兰抄本行业的谜团提供一个名字和一种理解方式作为线索。然而，整个谜题是建立在这么一个假设之上的：亚当·平克赫斯特——一个历史中真实存在的人——的笔迹就是“第二抄写员”的笔迹。平克赫斯特留下的唯一一个签名文本就是半页抄书人同业公会的拉丁文入会誓言。这半页文字就是一切，其他的所有论证都取决于此。倘若这里字迹与乔叟的抄本上的不一样，或者我们不能确定是一样的，那么整个谜题就随之坍塌，我们对乔叟写给抄写员的那首短诗做出的解读也不成立。此等责任的确是沉重且巨大的。我们这些古文书家，一辈子都在比对字迹，但实际上，我们通常没有办法证明自己的判断是正确的，原因很简单，一切判断都是现今的我们做出的，而我们并没有跟抄本同处一个时代和一个地方。研究中世纪希伯来文本的马拉奇·贝特－阿里耶（Malachi Beit-Arié）曾经告诉我，他向往能上天堂看看，因为在那里，他可以见到那些他为之奉献了全部学术生涯的抄写员。他会问他们：“我是对的吗？这是您的字迹吗？”但恐怕他们的回答可能是：“你知道的，这都是很久以前的事了，我实在记不得了。”

对于将平克赫斯特认定为“第二抄写员”这个问题，最早的理由详尽
463 的反对意见出自简·罗伯茨（Jane Roberts）于 2011 年发表在《中世纪》（*Medium Aevum*）上的文章。我们当然不能完全根据一个人的身份和地位来对他或她提出的观点做出判断，尽管这样的陷阱在这种论战中太过常见了；但简·罗伯茨的确是重量级的古文书家，特别是在英语抄本领域造诣极深，因此，对于她的推断我们肯定是有必要认真听一听的，甚至也可以召请她前来我们的虚拟法庭作证。罗伯茨在退休前一直在伦敦大学国王学院担任英语语言学和中世纪文学教授。正是她于 2004 年最早注意到 1388 布商公会诉状中的笔迹跟“第二抄写员”的字迹存在相似之处。不过，她并不认同“第二抄写员”就是亚当·平克赫斯特。罗伯茨说，布商公会账目册上被归于平克赫斯特的条目，实际上可能出自抄写员马丁·克罗姆

（Martin Kelom）之手，克罗姆因参与制作该抄本而得到了报酬。罗伯茨还将林尼·穆内认为有平克赫斯特专属风格的那些字母一个一个挑出来，指出即便是在被认定出自平克赫斯特之手的抄本中，这些字母的写法也存在诸多差异，或它们的特征是此一时期受过职业训练的抄写员普遍会有的。罗伯茨同时指出，被林尼·穆内认作平克赫斯特专属的修饰图案，在此一时期其他抄写员制作的抄本中也出现了。这并不是说目前被归于平克赫斯特的抄本并不是他制作的，而是说这些特征并非平克赫斯特专属。

古文书家的第一判断通常是基于他们自己所谓的“品相”（ductus）。这有点像是根据面相，而不是通过测量鼻子、耳朵、眼睛、嘴巴等部位的具体尺寸来认人。文本的“品相”包括了抄写员落笔的角度、力度、平顺度、字号以及字间距等。将诸般因素综合起来，便能了解一个抄写员的书写风格。然而，对于目前为止很多从技术细节上被判定为出自平克赫斯特的抄本，我们是很难从“品相”角度看出它们的统一性的。

我曾有过两次在刑事法庭（Crown Court）的陪审经历，一次是在剑桥，另一次是在伦敦的南华克，这两次经历都很有意思，而且令人心生莫名的宽慰感。记得当时，在陪审团离场讨论最终判决之前，法官会非常仔细地告知陪审团诸般细节和注意事项。他告诉我们说，在有罪或者无罪问 464
题上，我们必须放弃先前的成见，必须完全依托在法庭上出示的证据做出判断。法官还提醒我们说，英国奉行的是无罪推定原则，在定罪之前，嫌疑人都是清白的。他还强调说，倘若有哪位陪审员认为证据存在瑕疵，哪怕是最微末的瑕疵，那么他或她就有绝对的法律责任去判定被告无罪。同时，法官要求十二名陪审员达成一致判决，倘若确实无法达成一致，那么法官最终将接受多数判决。

现在，不妨设想一下我们就围坐在陪审室的长桌边。被告亚当·平克赫斯特被指控为亨维特抄本的抄写员，并且被指认抄写了其他许多文件和文学作品的抄本。2004年以来，我私底下是特别希望原告林尼·穆内胜诉的，来到法庭时我也带着希望林尼的指控能够被证实的偏见。现在，我们就在这房间里掂量并权衡证据。我们必须意识到，收藏于阿伯里斯特威斯的《坎特伯雷故事集》抄本，是由一个能够逐一接触并获得原先零散的范本的人收集起来的，范本的来源必定也非常接近乔叟本人或者（和）乔叟的宅邸，而且该抄本是分两个阶段制作的。我们记得，乔叟应当是在 14 世纪 80 年代雇了一个被他称为“亚当”的抄写员。我们调查过伦敦的一个名叫亚当·平克赫斯特的市政文件抄写员的签名文档。倘若所有这些文稿上的笔迹可以被明确地判定是一样的，那么根据加总在一起的证据，我们就能够做出合理判断了。法官曾告诫我们说，不能有一丝不确定之处。于是，我们决定开启一次初步投票，就按照座位的顺序，而我恰恰是第一个投票的。我是否认为“第二抄写员”毫无疑问就是亚当·平克赫斯特呢？在场众人都在等待我的回答。我深呼吸一下，回答说：不，我不这么认为。我确实不觉得这一点得到了确证。当然，剩下的十一个陪审员完全有可能形成一个多数票的局面，将我的看法否决掉。

最后，玛莱杜德陪着我在威尔士国家图书馆游览了一圈，由此结束了这令人难忘的一天。他隔着一段距离，将图书馆建筑后面的藏品库的走廊
465 指给我看，那些藏品保管库看起来就像是法院大楼地下室的房间一样，最珍贵的中世纪英语抄本亨维特抄本就居住在里面，藏身于褐色布盒里。之后我们两人穿过展厅往回走。工作人员用电话预约了一辆能载我前往车站的出租车。玛莱杜德离开了一会儿，就在我要上车之前，他拿了一副扑克牌、一个咖啡杯和一个杯托出现在我面前，它们都绘有亨维特抄本卷首页的插图。我也许永远也弄不清楚究竟是谁抄写了亨维特抄本，不过，那杯子和杯托现在就在我的厨房里。

arbor in qua uidit nabuquodonosor
sublimem uertice robur caum lncultur
rum cōmotunaur
ubec gli
fenum ua bos comedet.
nabuquodonosor erbas pascens uelud bos

第十一章
维斯孔蒂《半神》抄本

约 1438 年
圣彼得堡，俄罗斯国家图书馆，
Cod. Lat.Q.v.XVII.2

466 倘若你要参加海战，我这里倒是有几个作战技巧推荐给你。将毒蛇装入瓶子，然后将瓶子扔到敌船上，瓶子碎裂之后，里面的毒蛇就会爬出来到处咬你的敌人。别笑，不少军事专家推荐过这个方法，而且显然最早是汉尼拔向安条克大帝（Antiochus the Great）提出的。当毒蛇在对敌人展开攻击时，你可以趁机将弯刀掷向敌船，切断敌船的绳索，同时开炮点燃敌船的船帆；并命人脱去外衣、带上锥子，偷偷潜入敌船下方，趁乱在敌船的船体上迅速地凿出几个洞，如此一来，敌船很快就会沉入水中。诸如此类的战斗技法还有很多，它们都以文字或漂亮的彩绘插图的形式被呈现在一部写给王公贵族的实用著作里，作品的主题是武器和战法，作者是帕维亚的人文主义者兼法学家卡托内·萨科（Catone Sacco，约 1395~1463），而萨科很可能是在 1438 年将它进献给了菲利波·马里亚·维斯孔蒂（Filippo Maria Visconti，1392~1447）——1402 年起的帕维亚公爵和 1412 年起的米兰公爵。萨科的这部作品则被称为《半神》（*Semideus*）。

菲利波·马里亚公爵的大部分职业生涯是在战争中度过的。此一时期意大利的各个邦国合纵连横，各怀野心，没有稳定的效忠对象。1438 年，维斯孔蒂被卷入第四次伦巴第战争，主要对抗的是威尼斯共和国及其盟国。
468 文艺复兴时期意大利王公的信誉和生存乃取决于军事能力。萨科创作这本书的初衷，是希望公爵大人能够借助书中的战斗技法，展开更强大的防御行动，对抗穆斯林，因为此时的穆斯林舰队正在威胁地中海东部基督徒所在的地区。1430 年，奥斯曼帝国皇帝穆拉德二世（Murad II）的军队在塞

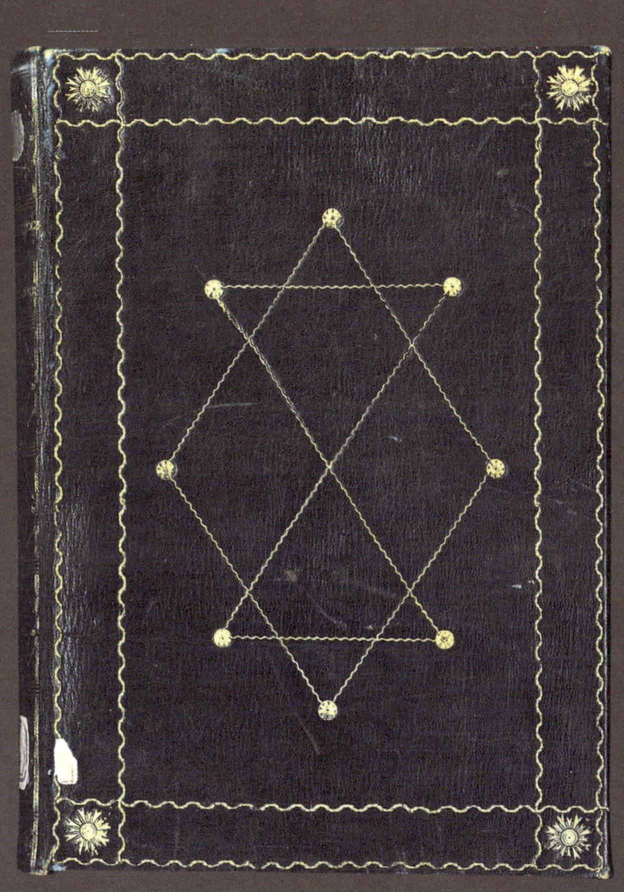

萨洛尼基决定性地挫败了在此设防的威尼斯军队，随后，奥斯曼大军就向着巴尔干地区无情地推进了。《半神》当中提到的诸多战斗技法，包括对毒蛇的使用，在维斯孔蒂家族中是颇受待见的，因为自维斯孔蒂家族于 13 世纪将米兰纳入家族势力范围之后，一条蝰蛇吞噬一个男孩的图案便成了这个家族的纹章。

菲利波·马里亚于 1447 年 8 月 13 日谢世，没有继承人。他唯一的女儿是私生女，名叫比安卡·玛利亚（Bianca Maria），此女后来嫁给弗朗切斯科·斯福尔扎（Francesco Sforza，1401~1466）。斯福尔扎原是维斯孔蒂家族军团中的一名雇佣兵，这桩婚姻令他接手了老丈人的公爵领地，他也再续老丈人的辉煌，重建了强大的米兰王朝。弗朗切斯科获得了老丈人的地产和艺术藏品。《半神》抄本自然也就出现在 1459 年 6 月 6 日帕维亚城堡公爵图书馆的名录上面，编号 599，“Semideus Catonis Sacchi ad

菲利波·马里亚·维斯孔蒂，1412~1447 年的米兰大公，图中他正在接受柯勒乔的加拉西奥赠书

法国国王路易十二，1498~1515 年在位，该图呈现的是 1400 年入侵伦巴第前，他全副甲胄跪地祈祷的场景，他的护佑圣徒陪伴在侧

Philippum Mariam ducem Mediolani”（《半神》抄本，卡托内・萨科敬赠米 469
兰大公菲利波・马里亚）。帕维亚在米兰南边，距离米兰大约二十五英里，是米兰大公的势力范围当中的副都。在弗朗切斯科的孙子吉安・加莱亚佐・斯福尔扎（Gian Galeazzo Sforza，1476~1494 年的米兰大公）继承帕维亚城堡时，《半神》抄本仍在这座城堡里。1488 年，帕维亚方面再次制作了一份图书馆藏品名录。这份名录要更为详细一些，先记录了一批宝物，比如犀牛角、鲸鱼的牙齿、一顶带有尖角的维京人头盔、一枚海龟龟壳（已经破损）、一只罗盘、一幅木刻的世界地图等，接着便是上千册的藏书；《半神》抄本是第 31 号藏书，当时的装帧材料是深红色的天鹅绒，配有六个银质环扣（其中两个已经破损），该抄本存放在一个烫金皮盒里面。1490 年，《半神》再次出现在这座图书馆的新名录当中，这一次的藏书编号是第 22 号。

1494 年，吉安·加莱亚佐的爵位被传给了他的叔叔卢多维科·马里亚·斯福尔扎（Ludovico Maria Sforza，1452~1508），卢多维科·斯福尔扎人称“摩尔人”，在他之后，公国的继承权问题便开始出现纷争。新登基的法国国王路易十二（于 1498~1515 年在位）觉得自己要比斯福尔扎家族更有权继承这个公国，因为路易十二是瓦伦蒂娜·维斯孔蒂（Valentina Visconti，1371~1408）的直系后裔，瓦伦蒂娜·维斯孔蒂则是前维斯孔蒂
470 公爵菲利波·马里亚的姐姐。瓦伦蒂娜后来嫁给了奥尔良公爵、瓦卢瓦的路易（Louis of Valois, duc d'Orléans，1372~1407，后遭刺杀），也就是法国国王查理六世的弟弟。二人育有一子，即奥尔良的查理（Charles d'Orléans，1394~1465），也就是后来的路易十二的父亲。此一时期的欧洲，每位君王都会不断地创造冲突和参与战争，这是他们的主要任务。路易十二在继承王位的时候，就已经是久历战阵的老兵了，且他在备战意大利战争时展现出的军事能力堪称典范。他说服原本秉持反对态度的神圣罗马帝国皇帝保持中立，同时与米兰的老冤家威尼斯结成同盟。他还任命吉安·吉亚科莫·特里沃尔齐奥（Gian Giacomo Trivulzio）——米兰内部一个反卢多维科派系的领袖为大将。1499 年 7 月，一支主要由法军组成的大军进入伦巴第，这支军队的规模大约为 27000 人，其中包括 10000 骑兵。他们一路上攻城略地，摧毁了每一座被征服的城镇，以此来瓦解对手的抵抗意志。8 月底，法军已经做好围攻帕维亚的准备了。9 月 2 日，卢多维科逃离米兰，并于三天后宣布逊位。10 月 9 日，路易十二遂以新任米兰公爵的身份耀武扬威地进入米兰城。卢多维科在流亡集团当中集结力量，展开强力反攻，于 1500 年 2 月夺回帕维亚，但他最终还是战败并沦为俘虏，被押送法国，最终死在了那里。

471 依据当时的战争惯例，被征服城市是要遭受征服者任意劫掠的。而另一条惯例是，文艺复兴时期的意大利统治者通常是大藏书家。由此便不难想见，1499 年或者更有可能是在 1500 年，当大批法国士兵在米兰城各处的酒馆当中宴饮放纵，四处蹂躏意大利姑娘时，路易十二的手下已经来到帕维亚城堡的藏书室里，将书架上的藏书扫荡一空并打包运走了。维斯孔

彼得·多布罗夫斯基（1754~1816），俄国外交官、中世纪抄本的投机收藏家，于法国大革命的动荡期间在巴黎大肆搜掠

蒂－斯福尔扎藏书室的大批藏品就此来到法国，《半神》抄本也在其中，最终，大部分藏品进驻了布卢瓦的皇家藏书室，并于1518年被编入布卢瓦皇家藏书室的藏品名录。列奥纳多·达·芬奇后来也成了法国人在米兰斩获的“战利品”之一，他于1519年在布卢瓦附近谢世。从帕维亚城堡劫掠而来的这批书册当中，如今有三百多册收藏在巴黎的法国国家图书馆，其中还包括原来在彼得拉克手中的十七份抄本。

接下来，我们的故事就要随着1789年法国大革命的爆发而转入法国历史上的另一个暴力动荡期。彼得·多布罗夫斯基（Piotr Dubrowsky，1754~1816）是典型的机会主义者，同时也是这个动荡年代的见证者；他跟我们在本书第五章中遇到的利布里一样，是个充满激情但有些不择手段的收藏家。多布罗夫斯基在基辅出生，在他接受教育的时候，法国文化在俄罗斯被奉为欧洲最为雅致的文化。1777年，多布罗夫斯基居住在巴黎。1780 年，他在驻巴黎的俄国大使馆供职，并在几番迁升之后，坐到了使馆参赞的位置上。当时有一幅多布罗夫斯基的侧面像，将他呈现为一个胖胖的和善男子，他鼻子很长，双下巴，身穿一件宽领大纽扣外套，还围着一条丝绸围巾。1792 年 8 月，大革命进入高潮，多布罗夫斯基不得不在俄国使馆关闭之后离开法国，此时的多布罗夫斯基被发现拥有一批最为珍贵的法兰西档案和彩饰抄本。它们差不多都是 1789 年 7 月 14 日巴黎暴民洗劫巴士底狱行动中的战利品，且主要是巴黎的圣日耳曼德佩皇家修道院（royal abbey of Saint-Germain-des-Prés）的藏品，该修道院的财产和巨量藏品于 1791 年 6 月被革命委员会扣押，修道院本身也于 1792 年 2 月正式关闭。1795~1796 年，该修道院的古老藏书转为国有，但当时已经有很多极为珍贵的彩饰抄本落入多布罗夫斯基手中，并且离开法国了。很多人相信
472 多布罗夫斯基盗走了这些珍宝，也有人认为他是无意间买下它们的，当然也有可能是二者兼而有之，实情究竟如何，我们并不清楚。其中一份抄本是意大利文艺复兴时期的李维的《罗马史》抄本，它曾经的主人很可能就包括了洛伦佐·美第奇，据多布罗夫斯基自己说，该抄本是哲学家让－雅克·卢梭（Jean-Jacques Rousseau，1712~1778）赠送给他的。应该说，这个可能性是不存在的，毕竟，跟他手中的其他抄本一样，这份抄本此前同样是圣日耳曼德佩修道院的财产。不管怎么说，多布罗夫斯基最终将大约七百份抄本收入囊中，其中包括了一批举世无双的瑰宝级抄本，比如 8 世纪的比德的《教会史》（*Historia Ecclesiastica*）抄本，来自维尔茅斯－亚罗修道院；用紫色羊皮纸制成的加洛林福音书彩绘抄本；12 世纪的英格兰《动物寓言集》（Bestiary）抄本；14 世纪纳瓦拉王室的法语《圣经》（*Bible Historiale*）抄本；马丹·勒弗朗（Martin le Franc）的《美德与财富的战争》（*L'Estrif de Vertu et de Fortune*）彩饰抄本，这份无与伦比的抄本是为勃艮第公爵好人腓力制作的；当然，还有来自帕维亚的《半神》抄本。

1800 年，多布罗夫斯基回到俄罗斯，当时他正处于缺钱的状态。有传闻说他正在跟人谈交易，打算在英格兰出售自己的藏书。这是抄本迁移流转史上的一个潜在的重大时刻，这种情况在我们这部抄本传奇当中已经

不是第一次出现了。不过，时任俄罗斯艺术研究院院长的亚历山大·斯特罗戈诺夫伯爵（Count Alexander Strogonov）介入了谈判，最终是在 1805 年，沙皇亚历山大一世在圣彼得堡新建立的帝国图书馆将多布罗夫斯基的全部收藏买下。1814 年，该图书馆向公众开放。俄国革命之后，该图书馆于 1932 年被改名为萨尔蒂科夫－谢德林国家图书馆（Saltykov-Shchedrin State Public Library），当然，此时的圣彼得堡也被改名为列宁格勒。1992 年后，该图书馆被称为俄罗斯国家图书馆，也就是人们常常说起的圣彼得堡的“Rossiyskaya Natsional'naya Biblioteka”；接下来我们将去探访这座图书馆。

第一道障碍是无比烦琐的俄罗斯签证申请手续，申请表上有太多需要填写的内容了，特别是曾经上过的学校，无分小学、中学和大学，一概要填写上去；从事过的所有工作，须提供相应的日期以及联系人的名字和电话号码；以及此前十年间去过的所有国家以及出入境日期。倘若沾染过政治冲突或者军事冲突，则无论是哪个年龄段的事情，都必须填写上去。还有一些信息则是非常敏感的。到了该填写前往俄罗斯的目的的时候，我沉
吟了片刻，本来是要写“希望获得政府相关部门允许，考察一份有关武器 473
和军事战略的抄本”，不过，最终我还是写下了“旅游”字样取而代之。之后，我便将全部的表格和相应的费用送至中伦敦的俄罗斯领事馆。

回想起来，我上一次造访圣彼得堡已经是二十五年前的事情了，如今，那里的沉闷氛围已然完全消散了。圣彼得堡已经是一个商业化和国际化的城市了——跟布拉格和北京一样，在埃尔米塔日博物馆或者涅瓦大道的纪念品商店里，你完全可以用英语跟俄罗斯人自由交流。出租车费依然很便宜，不过，餐饮方面的消费很贵，当然质量也很高，跟我去过的其他城市不相上下。那些怪异的俄语字母甚是迷人，我只能一个字母接一个字母地辨认商店招牌和广告上的词，最终像一个五岁孩童那样，缓慢但骄傲地将拼出来的词（比如“意面屋”或者“可口可乐”）大声念出来。我到圣彼得堡时是盛夏时节，正值人们所说的“极昼”时期——圣彼得堡所在的纬度

很高，这段时间里天黑的时间非常短。一大早，我沿着涅瓦大道向东而行，远离涅瓦河向着丰坦卡河的方向，那明亮且刺眼的波罗的海阳光直射着我的眼睛，而且在我晚上返回的时候，太阳仍然正对着我。

俄罗斯国家图书馆就在我的右手边，确切地说，是在奥斯特洛夫斯克格广场（Ostrovskogo Square）的角落里，这个公园并不大，周围种满了树，中央是一座巨大的于 1873 年树立起来的凯瑟琳大帝的铜像。广场的远端是亚利山德林斯基大剧院（Alexandrinsky Theatre），这是一座黄色和白色的新古典风格的大型建筑。俄罗斯国家图书馆则是一座巨大的 19 世纪的灰色石制建筑，贴着广场的西侧边缘。要进入图书馆，需要穿过几道厚重的大门。所有的标识都是用西里尔字母写的。我左侧的一个柜台后面是一个跟已故的赫鲁晓夫夫人有几分相像的妇女在值班。我斗胆缓慢且清楚地说了一句“我是来拜访一份抄本的”。她用俄语高声回了一句便消失不见了。很快，一个年轻得多的助理从我对面那看上去像是两个木橱的地方出现了，她的英语说得很好。她引领我走进一个木橱柜里面。“稍坐片刻，”她说，“请出示护照。”坐下来之后，我几乎看不到柜台后面的管理员，而她就在那里抄录我的详细信息。但我能看到很多的橡皮章。来前，我向圣体学院的院长索要了一封介绍信，此时这封信派上了用场。我将信交给管理员，她似乎
474 对此有所触动。“您是教授？”她问道。之后，她将我领到右边的一个计算机屏幕面前，我意识到她要给我拍照了。“你愿意的话，可以笑一下。”她说。“那就不太像俄罗斯人了。”我提出，但她没有任何反应。接着，我便拿到了一张我拥有的最具异域风情的借阅卡：绿色和白色相间的塑料卡片上印着我的全名“де амель кристофер фрэнсис риверс”。她要求检查我随身携带的书——一本笔记本和保罗·罗索（Paolo Rosso）版的《半神》抄本印刷本，本来我是要将印刷本跟抄本原本进行对勘的。她非常坚定地告诉我：不行，读者是不能将任何印刷书带入阅览室的。我万分恳求，但都没有效果。“规则不是我定的。”她说。这次我本想再嘟囔一句“这非常俄罗斯”，但克制住了。她将我的书收走并将其存放在空空如也的衣帽间。倘若罗索教授读到这段话，想必会十分欣慰，因为他的书再也不会接受严

位于圣彼得堡奥斯特洛夫斯克格广场的俄罗斯国家图书馆的正面。一楼最靠右的房间是抄本阅览室

格对勘了。

她一直把我送到图书馆转门处，然后告诉我到底层后往右走，再右拐，接着往左拐，沿着一条通道往前走，要先经过几道门再经过几道门；大部分内容我当时就忘了。长长的通道上铺了红色的地毯，并展示了一批苏联时期的旧书。我想起二十五年前造访这座图书馆的时候曾被告知，凯瑟琳大帝当年购置的伏尔泰的藏书，就在这些展示柜后，不过，我也有可能记错了。沿着通道走了一段之后，我发现自己来到一个在一段楼梯下方的铺了瓷砖的门厅里，完全迷失了方向。此时，一个管理员模样的人从我身旁经过。“抄本？”我以恳求的态度询问他。他指引我穿过另一道门，然后沿着另一条通道往下走，这条通道的两边都是书架，其中部分被用围墙隔了起来，通道尽头就是抄本阅览室，它同外面延伸到涅瓦大街的广场平行。

这间阅览室像是 20 世纪 30 年代的一间教室，很舒适，有十二张被排成工整的两排的小桌子。大大的白色百叶窗遮挡了从外面广场上直射进来的阳光。若是在隆冬的“极夜”时节，情况肯定会不一样。墙壁是淡绿色的，墙边是很高的橱柜和书架，都配有木梯。索引册制作得很是严肃，看起来有些年代了。还有几排装满了索引卡的抽屉柜——这样的检索系统如今很难见到了。镶木地板已经有些破损了，有些地方铺了褐色的条状地毯。拱形的天花板上时不时地会有管道和电线暴露出来。座椅都很小，是硬木的，放置了红布坐垫。所有的桌子都朝向管理员所在的长桌，那长桌被放置在阅览室入口旁边的，如同教室里的讲台一样，当天，长桌上摆放了一个巨大的花瓶，里面插满了菊花，并饰有粉色丝带。倘若在这长桌后面再放上一块黑板，这间阅览室就跟教室没有区别了。我像一名好学生一样，选择了最前排的桌子。

此次拜访，我约见的是奥尔加·布列斯金娜（Olga Bleskina），图书馆西欧抄本处主任。布列斯金娜很和善，也很愿意提供帮助，更重要的是，她对她管理的抄本都很了解。我有更多的表格需要填写，而且都是俄语表格。每张表格都是每填完一个部分就要盖上一个官方印章。我们主要是用德语交流，布列斯金娜的德语要比英语更流利一些。她那一头黑发短而直，向左分，她戴着一条很精致的玻璃项链，穿着一件淡绿色的套头衫。我再次把圣体学院院长的介绍信拿给她看，她把信留下了。最后，她拿来了《半神》抄本。

抄本藏身在一个软皮文件夹里面，文件夹是苏联政府分配的（上面的印章上有不少字，不过我能看明白的就是一个日期：1959 年），它被白色封
476 条封着，我便将那封条拆开。这与 1488 年的用来放置抄本的烫金皮盒完全不一样。文件夹上夹了一张纸条，纸条上是我的俄文名字，我已经能辨认出来了。抄本用一张薄纸松松地包裹着，还保留 19 世纪初期的装帧，非常漂亮，用的是绿色直纹摩洛哥小山羊皮，封皮和封底边缘以及书脊上都有精美的烫金波浪线，以及小小的旭日图案——曾经的维斯孔蒂家族的标志。抄本的书顶和书底也都贴了金，且当抄本紧紧闭合的时候，很明显能够看出那上面有两条深色印痕，但这种印痕在翻口上找不到。它们肯定是 1488

年抄本纪要中描述的六个银质环扣留下的印记：显然是顶端和底端各有两个，而残损并且已经丢失的就是翻口的那两个。银质环扣氧化后留下了痕迹。该抄本很可能一直维持着这个装帧，直到多布罗夫斯基时代的人对之进行了重新装订，但显然此次重装没有修剪从中世纪留下来的书顶和书底。

抄本的后衬页用的是淡紫色纸张，卷首衬页则已经脱落了。抄本里面有一张 19 世纪的藏书标签，用俄语写就，上面有“17”“5”“2”这几个数字，我猜这些数字表示的是该抄本所在的书柜号以及它在书柜上的具体位置。这一点可以从抄本的书架编号中看出来：“Lat.Q.v.XVII.2”，这其中，字母“Q”指代的是“quarto”（四开本），也就是说，该抄本是 10.5 英寸长、7.5 英寸宽。跟中、东欧地区的图书馆收藏的很多抄本一样，这份抄本的卷首附有一张已经泛黄的纸条，上面记录的是所有借阅过该抄本的人的签名；我数了一下，共有十四个名字，都是 2006 年之前的，差不多全是俄语签名，只有一个让我有些惊喜，那是我的一个老朋友的签名，“James Marrow”（詹姆斯·马洛），马洛是普林斯顿大学的教授，签名时间是 1996 年 8 月 28 日。他来过这里这一点我早该猜到的。

抄本的第一页最初是空白页，不过，现在那上面留有 16 世纪的法语记录，列着博格纳家族（Burgeneys family）几个子嗣的出生日期，从 1518 年的西蒙一直到 1537 年的让。字迹已经模糊难辨了。这些文字实际上也是最早的证据，证明在 1499~1500 年帕维亚城堡遭法国人洗劫之后，该抄本很快便来到了法国，并且很明显，它当时是在私人手中，尚未来到皇家藏书室。早期，教堂和修道院的珍贵藏书都会被用来记录圣物名录（参见本书 477
前文第 27 页以及第 301~302 页），而到了 16 世纪，法兰西各个显赫家族就将家族子嗣的出生日期标注在家族收藏的珍本上，通常还会标注星期几以及具体的出生时辰这些在算命的时候用得上的信息。此类记录通常也被称为“家族资料册”（*livres de raison*）。大部分来自帕维亚的抄本最终被送至布卢瓦的皇家藏书室，这些抄本的卷尾通常会有如下的标注文字，“De pavie ~ au Roy Loys XII”（来自帕维亚，路易十二藏书）。但是《半神》抄本上没有这样的文字。相反，其卷尾页上的标注文字是于 16 世纪初期写下的“*madame*”（女士）。很可能该抄本因为制作得特别精美而被特地挑选出来，赠给了一位女士，而这位女士很可能就是布列塔尼的安妮——一位著名的藏书家以及1499~1514年路易十二的王后。还有一位博格纳的路易，是莫莱昂的领主，他在弗朗索瓦一世（法国国王，于1515~1547年在位）统治期的后半段时间里担任宫廷医师，该抄本也可能是赠给他或者他的妻子的礼物。博格纳家族的子嗣出生信息上随附了孩子们教父教母的名字，其中一位写着是来自布卢瓦的（“de Bloys”），由此便不难见出，该抄本可能还没有与它先前的同伴隔得太远——并没有远离皇家藏书室。

接下来两页的页边有16世纪到17世纪留下的一些法语文本，字迹很是潦草，其中包括三首诗。它们无论是在内容还是抄写字体上都算不上什么杰作。第一首诗的开篇是这样的（我在注释里试着翻译了一下）：

Chanter je veus en tous lieux
A mon plaisir que les dieux
Rois princes et grandz monarquez
Le monde avec les parquez
Et mesmes tout l’univers
Sans me declarer diverz
Mourount plus tost que de voir
A leur plaisir comme moy
Nefs chasteaux et le devoir
Issant de ceulx que je voy
En ce livre gracieux
Radore pas les haults dieux.

478 其中，开篇的“Ch”两个字母被颇有讲究地写在了一起，呈现出一个人的侧身像。从上到下读每行的首字母，你便会注意到，这其实是一首藏头诗，每行的首字母串联起来组成了一个人名，“Charles Manier”（查尔斯·马尼耶），他很可能是抄本的主人，或者至少是他题上了这些字。

第二首法语诗大概意思是说，该抄本的内容要胜过西塞罗写的所有作品。第三首诗讲述的是如何打仗，如何攻打城堡和城市，并且特别交代，倘若有谁发现了这份抄本，请主动将其物归原主，否则的话后果自负：

Il enseigne la maniere / a ceste race guerriere
de prendre chasteau ou ville / Et cequi y est utille
qui donque ci le trouvera / de bon coeur le rendra
a Moy Seul qui le possede / Sil ne vault quon ly procede

当时的情况可能是这样的：该抄本于 17 世纪圣日耳曼德佩修道院大量搜罗书册时被收入这座修道院。第 1 对开页的左页、第 9 对开页的右页和第 116 对开页的右页的页边上都有花体的题词，“Ex Musæo Petri Dubrowsky”（彼得·多布罗夫斯基藏书），这是收藏人自己动手写上去的，颇为大胆。他还在卷首衬页上面附了一张纸条，写了一些他对该抄本简短但也非常准确的描述。

现在我们可以来看看抄本主文了。文本用的都是拉丁文。校勘情况跟抄本分为三个部分这一情况是契合的。* 第一部分是卡托内·萨科给菲利波·马里亚·维斯孔蒂的献词，第二部分则是萨科赞美圣母的颂词，最后一部分也是最长的，是《半神》第三卷的内容，主题是军事战略。接下来我们将依次考察它们。

前言是献给一位杰出的君主和最卓越的领主的，此人当然是米兰大公、帕维亚和安吉拉（Anghiera）伯爵、热那亚领主。在献词当中，卡托内·萨科颂扬了公爵大人的虔诚、智慧、坚韧、宽宏、可靠以及宽厚等品性（都是标准颂词），并将他比作古代英雄。之后，萨科列举了一系列当时落入

* 这三个单元分别是：（a）第 1 对开页右页至第 8 对开页左页，这是献词部分，从第 2 对开页右页起（i^{8}）；（b）第 9 对开页右页至第 36 对开页左页，这是“圣母颂”（*De laudibus Virginis*）部分（ii~iv^{8}, v^{4}）；（c）第 37 对开页右页至第 116 对开页右页，这是《半神》的正文部分（vi~xv^{8}）。

穆斯林之手的基督教圣地：比如耶路撒冷，萨科预期这位大公终会征服该 479
地；比如伯利恒，那是东方三王携带礼物前来朝圣的地方；比如埃及的耶稣基督最初的成长之地；萨拉森人的痛苦之地，也是基督徒的甜蜜之地；还有约旦河、红海、西奈山等地。萨科说，长久以来，他一直在期盼这些地方能从异教徒手中被解放出来。他解释说，他将在抄本中附上《半神》第三卷即有关军事战略的部分，这一卷的内容取材于古代权威，包括奥卢斯·格利乌斯（Aulus Gellius）、弗朗提努斯（Frontinus）、加图（Cato）、亚里士多德以及维盖提乌斯（Vegetius）等，他自己也做了一些补充，此等军事战略，加之圣母的恩典，必能够帮助米兰大公轻松制敌。萨科说他明白同博学的君主比起来，他自己当然是无知的，因为君主已然是半神，为此，萨科专门引述了克劳狄安（Claudian）的诗，诗中朱庇特嘲笑了阿基米德为了理解宇宙而做的那些可笑实验。不过，萨科还说，既然公爵大人曾为了收复自己在意大利的正当领地而战斗，那么若他能将圣地从即将被摧毁的境地中拯救出来就更好了，圣母是会为他提供庇佑的，更何况，大公的名字里就有圣母的名字。倘若连雅典那样的小城都能够在战争中取胜［萨科在此引用了柏拉图的《蒂迈欧篇》（*Timaeus*）］，或者说，倘若《旧约》中的勇士都能够在绝境中取胜，那么比古往今来一切君主更伟大的战无不胜的菲利波·马里亚（抄本第 6 对开页的左页上出现了这个名字），在圣母的庇佑之下，当然也能够轻易地征服野蛮人，解放圣地，成为全能上帝的骑士。接下来，萨科做了一番很有意思的计算。他说，依据《圣经》谱系，从亚当到圣母，刚好是六十代人；而农神萨图恩（Saturn）到大公，刚好也传承了六十代。这一巧合正预示了菲利波·马里亚·维斯孔蒂的超自然身份。

此一情况恰恰解释了献词前面的两幅怪异的卷首插图。右手页的顶端

左页：《半神》抄本当中菲利波·马里亚·维斯孔蒂的家谱，从页面底端的萨图恩、朱庇特和维纳斯开始，一直向上延伸到页面顶端圣母下方的菲利波·马里亚

绘有一个圆盘，其中呈现的是圣三一体。该页的布局有点像是字母“U”，中间则是一根柱子。柱子是由小小的圆脸串联而成的，就如同念珠串一样，每张圆脸的旁边都有极小的字标注着名字。这张插图页已经严重磨损了，我们需要花上一些时间才能辨识出其内容。处于页面顶端中央位置的是亚当，沿着页面向下依次排列着森斯（Seth）、以诺（Enoch），等等，一直到
481 页面底端的所罗门，该谱系也就是在这里出现了分支，左手边那一支开始向上而行，一直到左上角的约瑟，右手边的分支的顶端则是约瑟的妻子圣母马利亚。如此加总起来，两边的谱系的确都恰好传承了六十代人。接着便可以比照一下该页对页上的插图。对页上的“念珠”要更小一些，且上面的谱系是从下往上发展的。页面底端是一个绿色怪物，显然就是农神，接下来是一张戴着王冠的小脸，标注文字显示这是众神之王朱庇特。他的谱系向上延伸，依次是朱庇特的女儿维纳斯、维纳斯的儿子埃涅阿斯，埃涅阿斯之子阿斯卡尼俄斯（Ascanius），等等，随后渐渐从古罗马的人物传到了马泰奥·维斯孔蒂（Matteo Visconti，1250~1322）、斯蒂法诺（Stefano，约 1287~1327）、加莱亚佐（Galeazzo，1354~1378）、吉安·加莱亚佐（Gian Galeazzo，1378~1402），最后就是吉安·加莱亚佐的儿子，也就是最高处的菲利波·马里亚·维斯孔蒂，再上方就是圣母加冕礼的场景，如此算来，恰好也传承了六十代人。

步入文艺复兴时期的意大利并亲自见证文艺复兴的发生是件非常有意思的事。一方面，这些人物是绝对虔诚的基督徒，他们议论着该如何为基督教世界收复圣地，依据的是《圣经》经文，并且在圣母的庇护下。另一方面，菲利波·马里亚的名字既跟圣母有关，又来自于马其顿的那个勇士之王。抄本献词中的每句话都引自古典作品，包括古希腊的和古罗马的著作，公爵大人被比作朱庇特，并被呈现为古代神明的直系后裔，是一个半神，就如同他同样是半神的先祖、维纳斯之子埃涅阿斯一样。在这里基督教似乎是缺场的。这跟今天的俄罗斯有点像，俄罗斯重建与基督教和沙皇的渊源，仿佛苏联时期只是它开的一个小差；同样的，在第一幅卷首插图当中，维斯孔蒂家族中的诸位君主被呈现在一个有着信奉古代异教的罗马

先祖的谱系之中，与基督教基本没有什么关系。

这两页面的页边彩饰都是用菲利波·马里亚的纹章装饰的，其中就包括了蝰蛇吞噬男童的维斯孔蒂纹章图案（*biscione*）——该图案据说是属于奥托尼·维斯孔蒂（Ottone Visconti）在第一次十字军东征中杀死的一个萨拉森人的，它同米兰城的帝国之鹰图案将纹章二分或者四等分；彩饰中的其他图案还包括：作为菲利波·马里亚个人标志的旭日图案（*raza*）、一顶 482
与棕榈叶和月桂枝条串在一起的王冠、一顶垂有打结的布条的王冠［十字军士兵通常会戴有类似装扮（*nodo*）的头盔］；最后还有他个人的座右铭"a bon droit"（奉天承运）。这些图案为这一抄本的开篇增添了战斗气氛和十字军精神，如同号兵吹响了战争的号角——它们肯定能吸引抄本受赠人的目光。

菲利波·马里亚·维斯孔蒂生于1392年，是意大利文艺复兴时期真正意义上的第一代大藏书家之一，大致跟佛罗伦萨的老柯西莫·美第奇（the elder Cosimo de'Medici，1389~1464）是同时代人，要比曼托瓦的弗朗切斯科·贡扎加（Francesco Gonzaga，1395~1444）、那不勒斯的阿拉贡的阿方索（Alfonso of Aragon，1401~1458）、费拉拉的埃斯特家族的莱奥内洛（Leonello d'Este，1407~1450）这一批人稍早一些。这些人都收集了数量令人惊叹的藏书。在此一时期的意大利，藏书已经成为时尚，各邦国的开明君主对文学知识也极为崇尚。此时已经远离了丹麦国王尚在学习基础字母表、以诵读《圣咏》（参见本书第七章）的12世纪。帕维亚的维斯孔蒂图书馆1426年的藏书名录中，有上千份的手稿或者抄本，其中只有一份《圣咏》——这一年，这位公爵才三十四岁。古典拉丁文献在其中享有突出位置，通常一部作品就有多份抄本。《半神》献词当中征引的所有古代作家的作品，都出现在了图书馆名录当中，包括四份弗朗提诺斯论战争的抄本，这意味着卡托内·萨科很有可能就是将帕维亚的公爵藏书室作为自己的参考文献库的。此外，馆内还有大量的编年史册，很显然，这是公爵大人的个人兴趣所在。菲利波·马里亚资助制作的不少编年史中，得以保存下来的就包括了苏埃托尼乌斯（Suetonius）的《罗马十二帝王传》意

《维斯孔蒂时祷书》，如今收藏在佛罗伦萨，抄本中画满了菲利波·马里亚·维斯孔蒂的纹章和徽章，包括蝰蛇吞食小孩的图案以及公爵自己的座右铭“a bon droit”（奉天承运）

大利译本的抄本，该抄本如今收藏在巴黎，是由一名菲利波经常雇用的宫廷画师绘制的，这位画师也因此被称为“帝王传画师”（Master of the Vitae Imperatorum）。

藏书名录中也出现了大量传统神学文本以及在俗信仰文本。这里同样出现了一个双重世界，其一是信仰古代异教的世界，其二是信仰基督教的世界，它们不仅出现在同一个书架上，甚至出现在同一本书当中。菲利波·马里亚的藏书并非全部是由他自己搜集而来的，有很多是祖上传承下来的，并且有些肯定是二手的。彼得拉克的大部分藏书在这份名录当中，
483 这倒不是因为维斯孔蒂的品位，而是机缘使然。其他的藏书，诸如《半神》，则是别人主动赠送给他的。从很多方面可以说，内容如此广泛的藏书，更接近查理六世（于 1380~1422 在位）的法兰西皇家图书馆，跟意大利文艺复兴时期狂热的佛罗伦萨派的那种人文主义品位相去甚远。菲利波·马里亚资助的抄本中，最大型且私人的项目是一份极为奢华的时祷书抄本，人称《维斯孔蒂时祷书》（Visconti Hours），如今收藏在佛罗伦萨。这份抄本是为他的父亲吉安·加莱亚佐制作的。它也跟《半神》抄本一样，

装饰中满是公爵本人的纹章、象征图案和座右铭。

虽然藏身于圣彼得堡的《半神》抄本是意大利文艺复兴的产物，不过，它的文本的字体似乎完全没有当时在佛罗伦萨和罗马极为流行的新人文主义“古体字”（*litera antiqua*）的痕迹。《半神》抄本仍然用的是传统的哥特圆体字，跟《维斯孔蒂时祷书》以及为菲利波·马里亚的妻子、萨伏伊的玛丽制作的日课经抄本的字体非常相近。人文主义风格的抄本很晚才出现在伦巴第地区，这一点的确让人意外。此一时期，意大利其他地区基本上都在用所谓的“白葡萄藤”（white-vine）图案来装饰古典文本，这一图案也源于古典艺术，但是《半神》抄本仍然使用了正式的哥特风格的彩绘首字母，就跟《维斯孔蒂时祷书》中的一样。

《半神》抄本的第二部分则将我们带回基督教世界，不过这部分的文本显然采用了西塞罗的文风。它的开篇页是第 9 对开页的右页，绘有装饰着 484
“圣母领报”场景的首字母，呈现的是圣母坐在山间开阔的梯田之上的景象。页边围绕着一个宽阔的以常春藤叶子装饰起来的贴金边框，且反复出现了四叶花的形状，花中呈现的是菲利波·马里亚·维斯孔蒂的纹章、旭日徽章以及打结的布。页面底端，维斯孔蒂家族纹章跟象征帕维亚的三只鹰被并置在纹章的盾牌上，两个分别穿着蓝色和粉色长袍的天使飘在空中，将纹章高高擎起。文本和边框之间有一幅小图，图中，一头鹿悠闲地站在草地上，两边各有一条狗，很可能一条是寻回犬，另一条是灵缇犬。

这部分的开篇页上并没有标题，不过，在结尾的版本记录页上这一文本被命名为 *De laudibus virginis*，也就是“圣母颂”，作者是卡托内［萨科］。它的开篇句是，“Si unquam P.C. ad comendationem cuiusq[ua]m timidus accessi ...”［各位元老（P.C. 指 patres conscripti，是在古罗马元老院演说之时，对在场元老的尊称），我此番前来，乃受人举荐，诚惶诚恐］。很显然，这是一份“圣母颂”，文中引用了《圣经》经文和众多古典作家的作品，这些作家包括亚里士多德、毕达哥拉斯、荷马以及柏拉图等，所用语言是法庭辩论式语言。“请耐心听我说，”作者在某处高声说道（由此可以想见作者在房间里面来回走动、拇指放在短外衣翻领下面的场景），“否则您会很难明白我在说什么。”文中特别谈到了两个论题，其一是此时距离驳倒犹太人（也就是指基督道成肉身）已经有一千四百三十八年了——既然这是一份用来赠礼的抄本，那就意味着它的创制时间应该就是 1438 年；其二是锡耶纳的贝纳迪诺（Bernardino of Siena，1380~1444）的布道词中的一句引言，文中提及了贝纳迪诺的名字并且可见他当时尚在世，该引文的意思是说，圣子在天堂无母孕育而成，在尘世则是无父而生。如今，我已经有搜索引擎可以使用了——这样的便利是卡托内·萨科享受不到的——由此我便很轻松地确认了此引文出自圣奥古斯丁之口。萨科在另一本人文主义文集当中也收录了这句讲词，如今该文集被收藏在大英图书馆，它最早的主人是纽伦堡的人文主义者托马斯·皮尔克海默（Thomas Pirckheimer），而皮尔克海默恰恰就是在 1438 年唯一一次造访帕维亚的，这再次确认了抄本的制作时间。

486 我们终于能看一看《半神》抄本的主体内容了。《半神》的文本本身实际上是一篇对话，两个对话人分别被设定为“A”和“B”，“A”可能代表的是理想君主，也就是标题中的“半神”，“B”则是君主的老师，显然就是卡托内·萨科本人。在这份抄本当中，首字母“A”和“B”分别以金色和蓝色呈现，金色字母描有蓝色边框，蓝色字母则描有红色边框。这部分内容是在第 37 页右页开启的，开篇文字是，“Preclaram ego esse rem militarem censeo ...”（我认为战争艺术是高贵的）。一开始，对话推进得很是缓慢，两人讨论的主题是战争史的源头，大致上可翻译如下：

> [A：]“就我来说，我认为兵法是十分高贵的，因为它是给人类的所有行动增光添彩的。”
>
> B：“的确如此，不过当然，它是需要使用者的审慎思考和技巧的。

右页：《半神》抄本当中“圣母颂”的开篇，这是献给圣母的颂词，而圣母是菲利波·马里亚·维斯孔蒂的护佑神；页底的签名是“Dubrowsky”（多布罗夫斯基）

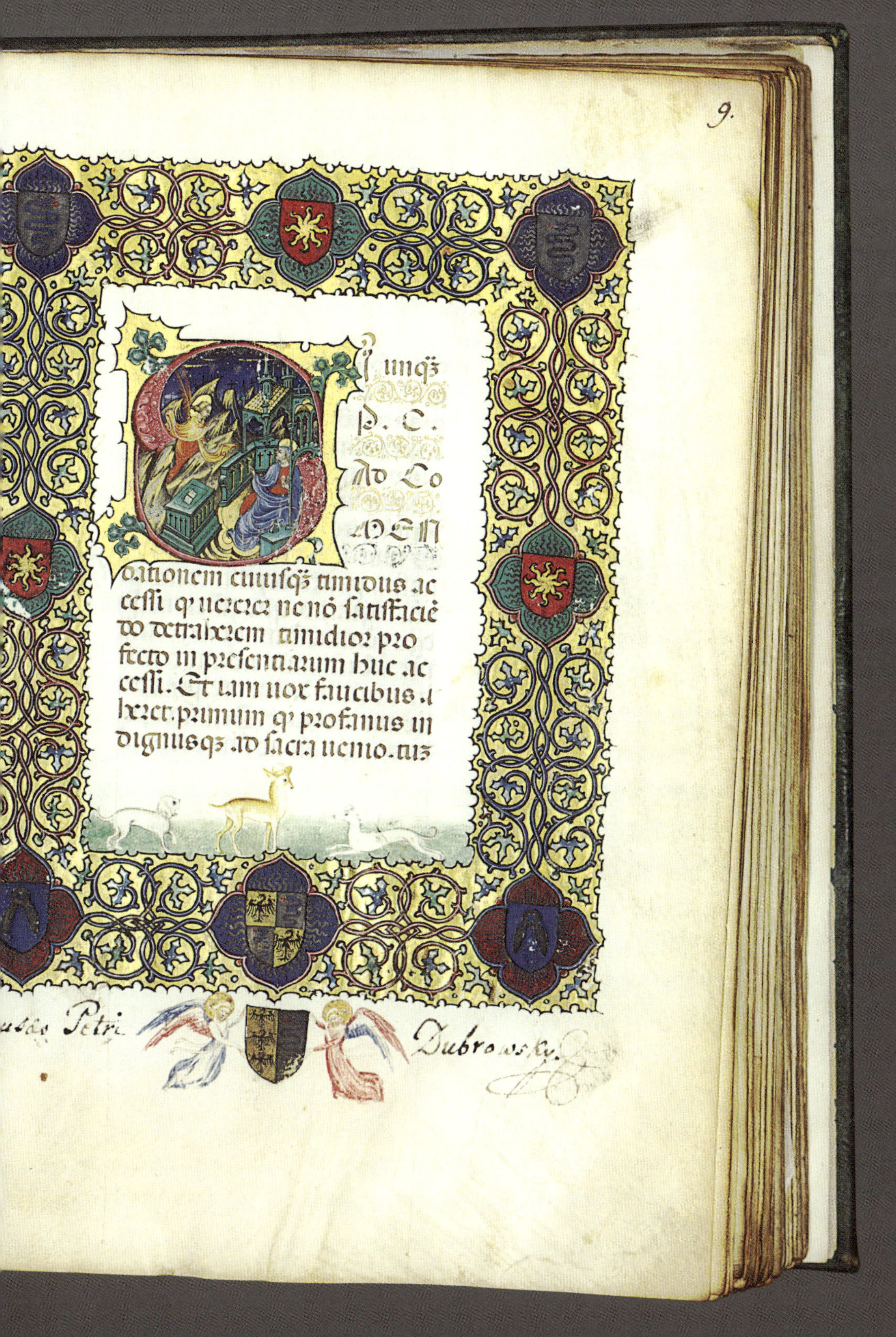
9.
unq꜅
P. C.
Ad Co
MEN
dationem cuiusq꜅ timidus ac
cessi q' uererer ne nō satisfaciē
do detraherem timidior pro
fecto in presentiarum huc ac
cessi. Et iam vox faucibus a
hereret. primum q' profanus in
dignusq꜅ ad sacra uenio. tu
Petri
Dubrowsky

> 且看看凯撒、梅特卢斯、费边、西庇阿（Scipios）吧，看看两位加图吧，这些人都享有无可置疑的声望，都是这门艺术的大师，而半神需要在此等艺术当中接受考验。”
>
> A：“你把两位加图也算在内，这让我颇为吃惊啊。”
>
> B：“怎么能没有加图呢？”
>
> A：“他们不都是在和平时期建立声望的作家吗？”
>
> B：“和平时期？”
>
> A：“好像有识之士都是这么说的。”
>
> B：“你似乎认为只有和平才能创造智者。也许你觉得，两人更多的时间是在悠闲的状态中度过的，而非行动，但实际上，思考和写作本身也是行动。加图和西庇阿（也就是征服非洲的西庇阿）这等人物，虽然有时看起来悠闲，但实际上一直十分活跃，两人对作战理念的贡献是不相上下的……”

这一页的页边彩饰包括了右上角的被六翼天使（红色）环绕的圣母和圣子，以及左下角的跪在地上的菲利波·马里亚本人。文本正下方是公爵的纹章，由两个飞在空中的天使协力抬起，这里的天使已经身披铠甲，两侧也有纹章图，一侧是旭日和鸽子，另一侧则是打结的布条。这些图案都被
488 公爵本人的座右铭或战斗口号环绕起来：四遍亮金色的以哥特字体写就的“a bon droit”。

我将抄本翻到这一页时候，已经是圣彼得堡的中午了，早上九点图书馆开门之后，我便一直在这间阅览室里。我伸了伸懒腰，然后往四周看了看。阅览室里已经坐满了人。这间阅览室并没有配置用于支撑抄本的架子或者垫子（而且肯定也没有白色手套），同时我注意到，其他借阅者用的

右页：抄本的第三部分为《半神》的文本，以对话形式展开，对话人是“A”和“B”，谈论的是战争实践和技法

37
Demitri liber tertius.
Decla
ram ego
esse rem
militarem
censeo. q
et operam
navasse il-
lustres om
intelligo.
Est profecto si ingenio pru
dentia et arte moderetur. vides ce
sares omnes. metellos. fabios. sci
piones et catones. omnesque quos
fama perspicua columus. in ea re
abon
dropt.
abo
dropt
abon
dropt.

都是有色笔而非铅笔。阅览室的管理员是个很友善的中年女士，戴着大号眼镜，她很显然意识到我错过了午餐，于是拿了威士忌味的俄罗斯巧克力给我吃。我不知道她叫什么，她也不会讲英语，但是我认为她就是图书馆工作人员中的圣人。我坐在座位上，打开巧克力的包装纸，一边吃，一边（非常小心地）翻动着眼前这份极为精美的意大利文艺复兴时期的抄本。说实在的，在这间阅览室里可能抽烟都是被允许的。

我当然没有办法将《半神》抄本的文本读给各位听，那可是一百四十页的复杂拉丁语。不过，我们可以通过抄本中那令人惊叹的插图来了解它的叙事，精美的插图是这份王公级抄本的最大的特征，而且，对我来说，它们总令我想起圣彼得堡那暖洋洋的夏日午后和俄罗斯酒心巧克力散发出的威士忌醇香。第一幅插图在几页文本之后。与之对应的对话谈论的是为何昔日的伟人都是战士。它呈现的是一名全副甲胄的骑士坐在腾跃而起的白马之上，仰望着天空中的圣母和圣子。这骑士的战袍上面印有维斯孔蒂家族的纹章，从其面貌特征不难判断出，这名骑士是吉安·加莱亚佐·维斯孔蒂，也就是菲利波·马里亚已故的父亲——直直的胡须以及后卷的灰色头发是加莱亚佐的标志，正如《维斯孔蒂时祷书》中的画像呈现出来的那样。第二幅插图出现在一页之后，该图中，萨科在为两个与他同名的古典人物加图辩护，这两位加图在对话的开篇便已经被介绍过了，萨科很显然是将它们视为自己思想上的（也有可能是真正意义上的）先辈。这幅插图的构造很像一个巨大的香槟喷泉，水从上而下层层浇灌，每一层都布满
491 了加图的历代后人，他们就像是端坐在塔楼的各层浴池中。两页之后的插图再次呈现了一位维斯孔蒂家族的王公，此人毫无疑问是菲利波·马里亚，他正在将剑高高举起，冲向战场，圣母则在上方保护着他。他的战马被用绿布覆盖了起来，布上面饰有维斯孔蒂家族那蛇吞噬男孩的纹章。

右页：菲利波·马里亚·维斯孔蒂，公爵的甲胄和战马的罩袍上都有家族纹章，战马正在奔向战场，公爵的护佑神圣母则在上方悉心护佑他

lectum ducem mulieribus suis uo
luptates conferre? an hec pueris?
Nonque quidem. est enim uir
tus placitis abstinuisse bonis.
Hoc ipsum studium uite. cui
a plerisque sepe negligatur. et male
Catoni semper plurimum cordi
fuit: dum non cessaret illis p[illegible]
te uirtutis fructum exprimere.
Nam libenter unum aliquod e
preceptum eius ducis audirem.
Hoc quidem cum maxime in
oratione quam dixit numancie
apud equites. Accipe et eternum
tene memoria. cogitate inquit cu

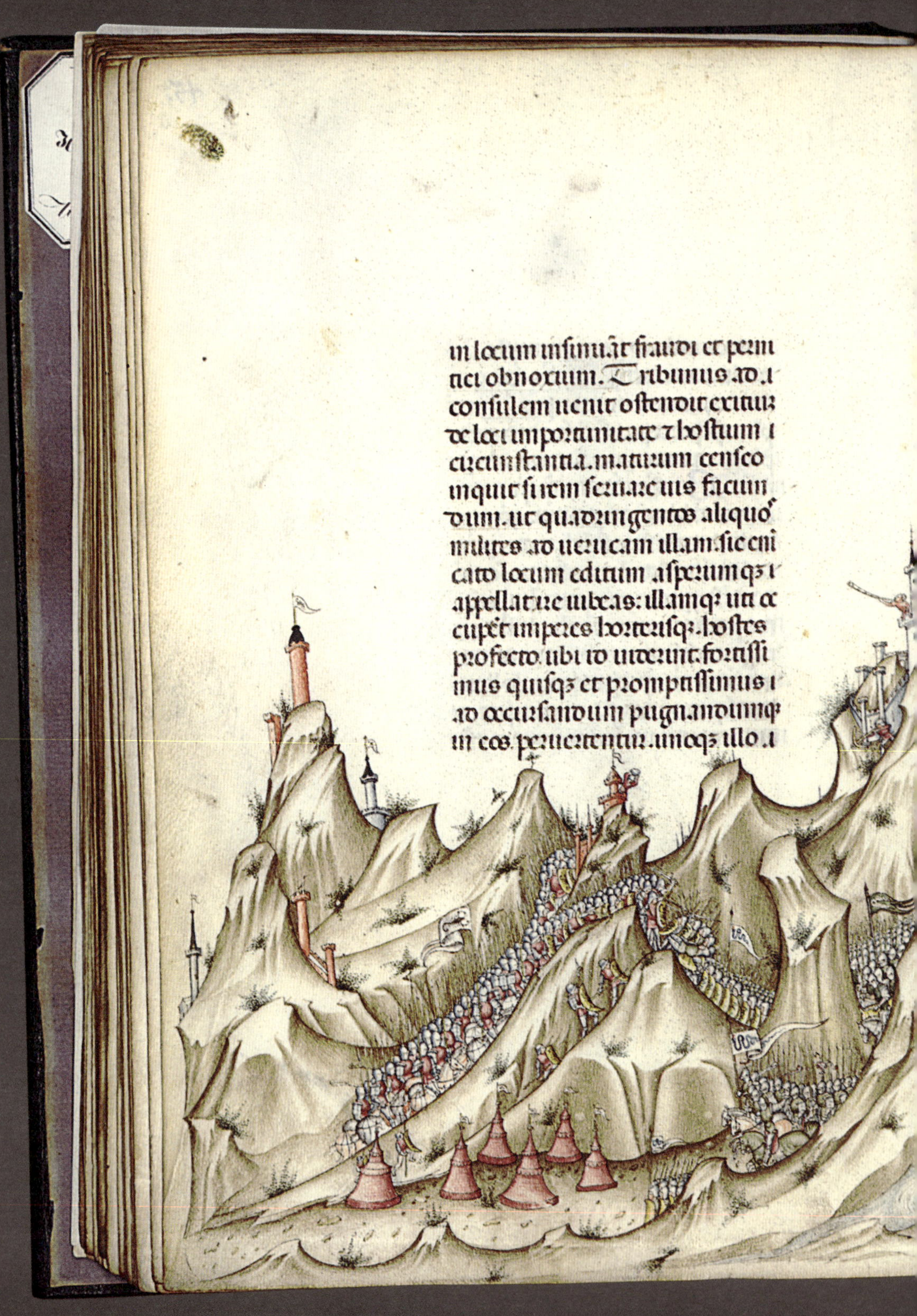

in locum insinuatur fraudi et perni
ciei obnoxium. Tribunus ad .
consulem venit ostendit exitium
de loci importunitate et hostium
circumstantia. maturum censeo
inquit si rem servare vis faciun
dum. ut quadringentos aliquos
milites ad verrucam illam. sic eni
Cato locum editum asperumque
appellat ire iubeas: illamque uti oc
cupent imperes hortarisque. hostes
profecto. ubi id viderint. fortissi
mus quisque et promptissimus
ad occursandum pugnandumque
in eos praevertentur. unoque illo .

我们在第 45 对开页的左页遇到了第一幅描绘战争场面的插图。画面的左边是红色装束的军队正在穿越一道山间隘口，他们的旗帜是白色的，上面绣了一只黑色蝎子。这支军队已经在战场上搭建了帐篷和营地。这显然是敌军，因为《维斯孔蒂时祷书》里面展示的正待穿越红海的法老的邪恶大军中，也出现了这样的黑蝎子图案。不过，这支敌军将要遭遇强力阻击。插图右上角的山顶塔楼的城垛上，一个信号兵正在吹响号角，一支分遣军团也正在维斯孔蒂家族的旗帜引领下，高声呐喊着冲向战场。

维斯孔蒂大军随后就在第 59 对开页右页与帝国军队会合，在家族鹰旗的引领之下，向敌人的城市发起了进攻。城中很明显地矗立着一座尖塔。对应的文字描述了他们是如何对这城市展开进攻的：在上帝的护佑之下，他们手持盾牌、启动投石机，催动攻城器械，迫近城墙，此外还使用了一些我认为是火炮（文中称之为“呼啸的黄铜”）的武器，以及火焰发射器、投石索等。文中列举了很多攻城武器，诸如“tormentis, fundibulis, scorpiis”一类，我的拉丁语词典实在是太小了，只将这些器械一概译为“投石器”，当然，在行家眼中，它们肯定是各有不同的。插图中还呈现了众人推着一圈金属颜色的臼炮向前行进的场景，以及近战场面：盾牌上有黑蝎子图案一方的大多数士兵已经遭到斩杀或者落入壕沟。基督徒大军最终突破了吊桥，杀入城中，如入无人之境。

接下来的画面是维斯孔蒂大军在渡过炎热荒漠中的一条河。一些士兵已经脱掉身上铠甲，跳入河中并开始喝水。圣母则在天空中的骄阳之上注视着这支军队（圣母和圣子出现在很多页的页边）。这之后便是一个夜间的
场景，深蓝色的夜空繁星点点。敌军挤在画面右侧的山间，他们的帐篷外 492
篝火在燃烧，营地周围插满长矛，矛头都朝向外侧。基督徒士兵则全副甲胄地在山间悄悄穿行，并已经渗透入敌军的长矛阵当中，正在对敌军展开偷袭；敌军毫无防备，被捉住时还穿着睡衣。第 69 对开页右页插图呈现的

左页：举黑色蝎子旗的敌军在山谷当中扎营，维斯孔蒂的军队正从山顶的要塞冲出，对敌军展开攻击

则是一场激战。各个军团正从四面八方赶来。很多军团有纹章。敌军的盾牌之上是蝎子或者摩尔人的脑袋图案；基督徒军队的则很多样，包括维斯孔蒂家族纹章，以及以吉伯林鹰徽（Ghibelline eagle）为首的其他纹章，代表伦巴第盟军。图中的士兵都没有盾牌并且全副甲胄，在这种情况下就很难分清敌我了（中世纪的实际状况则更是如此），由此可见，纹章的重要性十分突出。在接下来的插图中，维斯孔蒂的军队休息了一天。士兵们在河边的树林里安营扎寨。一些马被牵入马厩歇息；另一些则被领到河边饮水。大部分士兵已经卸去甲胄。有些在玩摔跤和杂耍，另一些在玩九柱游戏，或是在晒太阳、聊天、爬树，当然也有士兵在帐篷外面跪地祈祷。这样的悠闲时光并没有持续多久。下一页的插图就呈现了这支军队在山谷里遭到疯狂攻击的场景。滴着鲜血的头和断肢四处乱飞。不过，看哪，正有两名坐在马背上的维斯孔蒂军队传令兵指着画面左侧山上的一条狭窄通道，援军正从通道中奔来援救。接下来的插图呈现的则是马匹的多种用途，比如驮运、拉车、冲锋，等等；还有士兵们砍下林中枝条给马喂食的画面。

这些插图都是彩绘而成的，极其迷人，充满想象力。其色彩是柔和的薄层水彩的颜色。绘图在小块文字周围铺展开来，令那文字块如同旗帜一般在战场上飘动。图中风景更是令人神往不已，有着高高耸立的大山以及童话故事中那掩映在苍翠树林当中的城堡。现实的战场则被灌注了骑士传奇之风。图中士兵虽然被呈现得很小，但画工精美，完全可以看出士兵忙碌而认真的状态。我新结识的好友，也就是那位管理员，拿了放大镜给我，并且又
495 给了我一块巧克力，而此时的我已经完全入迷了，当年菲利波·马里亚·维斯孔蒂初次将这本奇妙的书拿在手中的时候，想必也是这般状态吧。

第 89 对开页右页上绘有一幅整页插图，没有文字。我们随之来到了中东荒凉的高地，它在峡谷上方。图中央的营垒跟西奈山斜坡上的圣凯瑟琳修道院非常相像，只不过，这里的营垒显然是伊斯兰风格的，有顶端有新

夜间敌军在空旷处扎营，基督徒军队正偷偷越过敌军用长矛围成的防御圈，对敌军展开伏击

aulam ducis aduersantis intra
castra. quod et machabeo die il
lucescente adiuuante eum dni
protectione factum in anthio
cum filium eupatoris pfuisse
legimus. Ceterum si longius
ducendus uideatur, hisce rebus
opus esse ignorari nõ oportet.
primum ut uarios uiarum cas
circũspiciat. ideo diuerticula et
flumina. montes nemora et reli
qua picta habere nõ erit incon
gruens. tum etiam et ductores
instructos in itinere fidos hẽat.
aut datis custodibus ne euadat

uel causa id temptandi nascat.
uel explorandi. tunc existimo
una ex hoste prospecta non im
probabis si e uestigio in ipsos
hostes forte inermes uel impro
uidos irruerit. Aut si ut scipio
affricanus contra hanibalem:
qui ita per continuos dies ordi
natum duxit exercitum ut me
dia acies fortissimis firmaret.
et cum hostes sic assidue ordi
nate procederent. eo die quo
fuit decernendum. legionarios
scipio in cornibus collocauit et
mediam aciem retrahendo cor

月的圆顶和尖塔。营垒大门的上方悬挂着印有摩尔人脑袋图案的盾牌，吊闸门已经落下。佩戴了帝国鹰徽的士兵们则正将燃烧的火弹抛入营垒。画面右边有一片树林已经着火了，火焰升腾，浓烟掠过这座要塞。一批逃到要塞外的敌军遭到残酷的屠杀。整个画面看起来极为炽烈。一个士兵正在点燃一门巨大的瞄准了要塞的臼炮。虽然炮弹尚未发射，但炮筒里面已经冒出火焰了。将欧洲臼炮运到这样的荒漠当中，所需的后勤力量是巨大的[这便不免令人想起 1867 年，特沃德罗斯（Téwodros）皇帝命人拖着他视若宝贝的七吨重的大炮穿越埃塞俄比亚的故事]。很快，一幅双页插图便呈现了运送这样的武器的场面。数列的士兵，全是短衣襟小打扮，肩扛长长的木梁，木梁上串着绳索和链条。天空中星光闪烁，这很可能是一个寒冷的夜晚。很快，这些材料便在对页的图中被组装了起来，最终组成了一架攻城器械，它的底部是可以滚动的，因此也就可以协助进攻者越过壕沟，并将他们从上方送入敌军的城堡。第 96 对开页右页呈现的山地战很显然发生在夜间。画面左下方是一批黑人模样的士兵正在跟一批有着蝎子盾徽的穆斯林士兵进行肉搏战的场景。一支基督教军队正从山口穿行而来，全副甲胄，吹着号角，手持亮晃晃的火炬。

最后四幅插图则是以水战和海战为主题的。其中第一幅插图呈现的就
是本章开篇提到的场景，维斯孔蒂战船上的士兵正用装满毒蛇的罐子和火 498
球攻击敌船。一些士兵动用了十字弩。战场在一条宽宽的河上，敌方战船聚集在下游。岸边也有一场战斗，还站有一些观战之人。不过，切不可忘记 W.H. 奥登的诗《美术馆》（*Musée des Beaux Arts*），开篇如下："关于苦难他们总是很清楚的，这些古典画家……"这首诗表达的是文艺复兴时期的艺术作品中普通人总是过着最日常的生活，即便是在最为特殊的时刻。

左页：基督徒军队正在休憩，战马在河中饮水，士兵们在阳光下玩游戏和放松

第 526~527 页：基督徒军队在荒漠中攻击萨拉森人的要塞，基督徒正在给臼炮点火并手抛弹药，火球越过城垛，飞入要塞，圣母和圣子在左上方关注着战况

在这幅插图当中尺寸最大的人物形象是右下角的一个小市民，他将马拴起来后，燃起一堆篝火，正在给自己做晚餐。他背对战场，仿佛身后的一切都跟他无关。

接下来的插图呈现的是海战的场景，人们使用的是同样的作战技法——将装满毒蛇的瓶子扔向敌船，然后潜到敌船下方凿洞。几页之后的一幅插图展示了如何点燃敌军的沿河要塞。一个士兵用绞盘放出一根绳子，那绳子的一端系在一条装满爆炸物的小船上，小船顺流而下，朝着河上的一座桥漂去。画面左边，一群人正在一个要塞的墙下点火，但是城垛上面的守军也正在用木块砸这些纵火者。画面右边，士兵们正将木柴和火弹堆放在要塞墙体下面。最后一幅插图描绘的是如何建造浮桥。一名士兵游到河对岸，将绳索绑在两岸的树桩上，然后在绳索上绑上木板和捆扎好的树枝。画面右边，军队已经准备过桥了。天空中闪耀着月亮和星星，很显然，这是在夜间。《半神》的全部文本在第 116 对开页右页结束，收尾文字是“Catonis sacci papiensis semideus explicit”（卡托内・萨科的《半神》在此收尾），最后留有意大利人文主义抄本通常会有的美好祝词，“lege feliciter”（享受阅读吧）。

《半神》的作者卡托内・萨科是一位不太有名望但十分勤奋的人文主义学者和作家，他同许多二流学者一样，在意大利文艺复兴时期各邦国的宫廷圈子边缘谋生。他是一位古典学者，也是民法学家，从 1417~1418 年起在帕维亚大学任教，直到 1463 年谢世。他曾为罗马法的“法典”（*Codex*）和“汇编”（*Digest*）——查士丁尼法典的两个主要组成部分——写过评注。此外，萨科还给当时的政治家写过一系列的信笺和哲学短札。《半神》是稀有文本，其传播过程也非同寻常。《半神》全本乃三卷本，初衷是全面阐述
500 政治家的治国之道。第一卷的主题是理想君主，也就是“半神”，此一论题

右页：敌船遭到火球和装有毒蛇的瓶子攻击的场景，士兵们已经偷偷潜到敌船下方，正在木船的底上凿洞

sem dimittat in eum et terrestrem
exercitum exaggerauerit nauticis
remigibus nauarchijs et centurionis
sub integro confligat illud eueniet
ut prius sint hostes superati quam
potuerint sibi ullo consilio prospi
cere. Ceterum si eiusmodi ces
saret occasio talibus propugna
culis uti nouum uideatur. primum
ut catapultasque focosque et lampa
des ardentes coniciant et in eccol
les quales supra declarauimus.
Hanibal aut regi antiocho mō
strauit ut uascula uiperis plena
in hostium classem iaceat. item

卡托内·萨科的墓碑如今仍然可以在帕维亚看到，就在科索新街（Corso Strada Nuova）旁边的一处庭院里面，墓碑呈现的是萨科在教室里授课的场景

取材于古罗马的历史。第二卷的主题是和平时期君主的职责。第三卷，也就是我们眼前的这一卷，讲述的则是实战当中军事统帅的作战技法。这三卷加总起来，实际上开创了一个文学体裁，此一体裁后来因卡斯蒂利奥内的《廷臣论》（*Cortegiano of Castiglione*，约 1507）和马基雅维利的《君主论》（很可能写于 1513 年）而发扬光大。然而，在已知的抄本或者印刷本中，并没有三卷同时出现的《半神》全本。有一份抄本中，单独出现了第一卷和第二卷的内容，如今这份抄本收藏在德国富尔达的黑森州州立图书馆（Hessische Landesbibliothek）；在巴塞尔也曾发现一份含有第一卷文本的抄本。15 世纪中期至晚期的一本杂文集同时收录了这两份抄本中的《半

神》文本，这部文集是以普通纸张制成的，选文很多，不完整的《半神》在里面只能算是很小的组成部分。第三卷则一直只在圣彼得堡的这份奢华抄本中存在。在前言中，萨科明确地告诉向菲利波·马里亚·维斯孔蒂，
他将“附”上《半神》第三卷的内容，因为它们关乎他创制该抄本的意图。 501
这句话出现在第 5 对开页右页的顶端："attuli Semidei librum tertium"（谨附《半神》抄本第三卷）。我们将在后文中重新考量这句话。

回到伦敦，我同艺术史家安娜·梅洛葛拉尼（Anna Melograni）女士展开了一系列很有意思的交流，从中学到的东西令我沉醉不已。梅洛葛拉尼女士供职意大利文化遗产和文化活动部，毕生都在研究 15 世纪伦巴第地区的彩饰抄本。我们这些研究抄本的人，都是极为依赖同道中人的支持和帮助的，分享各自的想法和推测是我们这一行的乐趣之一。《半神》抄本的绘图很复杂，还有诸多费解之处，令我困惑不已，于是我便向梅洛葛拉尼求助。

梅洛葛拉尼的第一反应就是，这些军事场景的插图不可能是在 1438 年这么晚的年份绘制的。1438 年这个创制时间此前并没有人质疑过。安娜认为，这些插图跟收藏在哥本哈根的一份有薄伽丘的《名女》（*De mulieribus*）和其他一些文本的抄本中的页底插图极为相像，甚至有可能就是同一个画师的手笔。《名女》抄本的版本记录页显示，该抄本是于 1401 年 2 月 10 日在帕维亚制作完成的，并且时间精确到了当天晚上的十一点（一个漆黑的冬日的夜晚）。它出自一个无名画师之手，这个画师是 14 世纪晚期的彩饰师帕维亚的彼得罗（Pietro da Pavia）的圈中人。于是我比较了两份抄本的副本，并且认为我可以肯定，两者的确出自同一个画师之手：画中有一样蛮荒的山丘、一样的写实风格的森林，以及小小的如同在舞台剧中的人。梅洛葛拉尼女士告诉我，仅从照片来判断，她认为《半神》抄本插图的绘制时间肯定不会晚于 1430 年，也可能要比这早得多。不过开篇首字母、边饰以及菲利波·马里亚·维斯孔蒂的家族纹章和个人徽章，应该都是在抄本前言中提到的 1438 年这一年绘制的。

我觉得实际情况很可能是这样的。卡托内·萨科显然是颇为自豪地雇

人为《半神》的全部三卷本制作了大师级彩饰本。当然，具体时间我无从论定，只知道在 1418 年之前萨科一直在帕维亚大学教书。这便不免令我回想起本书第十章中的《哲学的慰藉》抄本和《特洛伊罗斯》抄本，当时我们假定抄写员亚当于 14 世纪 80 年代将这两份抄本初步抄录在羊皮纸上，随后将它们呈送年轻的乔叟修订；很可能跟这两份抄本的情况一样，萨科
502 请人制作的《半神》全本抄本，是供自己修订之用的。圣彼得堡的这份抄本当中出现了许多细节上修订，基本上可以肯定是萨科本人的笔迹，都是用小小的准人文主义字体写就的。依据萨科的指示，文本被置于页面中央非常小的长方形框内，一个文本框通常只能容纳十五行，大约是 3.625 英寸长、2.75 英寸宽，不足整个页面的八分之一。之后，这些留有大量空白的书页便被一页一页地交给哥本哈根薄伽丘抄本的画师慢慢地配图，即便不是这个画师本人，也应该是一个风格与他极为切近的画师。此举的意图，很可能就是为了让每一页文本都能被绘图环绕起来。如此制作出来的作品是可以作为奢华赠礼的，当然也可能纯粹是为了满足个人的虚荣心，就跟今天一些作家为自己的处女作定制奢华版本一样。我们可以设想这个画师的配图工作是在 15 世纪 20 年代缓缓地推进着的。但很可能在距 1430 年还有那么一段时间的时候，这个画师谢世了或者放弃了，抑或是卡托内·萨科对此失去了信心，再或者就是萨科没钱了，这个大工程便只能中断了。哪个学者不曾经历这样的工程呢？几年之后，也就是在 1438 年的时候，萨科捕捉到了重续这项工程的机会，便决定将抄本翻新后献给菲利波·马里亚·维斯孔蒂。此时，萨科决定将主题集中于战争，以及当时正在酝酿的一场新的十字军运动。为此，萨科写了新的前言，以及颂扬公爵的“圣母颂”。他还选取了已经制作完成但尚未被装订在一起的《半神》抄本当中的最后十折，也就是契合战争主题的第三卷，并将之如同他自己说的那样，“附”在新抄本上。此时的萨科应该雇用了当初的抄写员，当然他也有可能自己用正式字体完成了抄录。这也就是为什么第 iv 折只有四页，因为这一折必须同写于数年前的第 v 折（自第 37 对开页起）匹配起来。

接下来，就需要为这份复合抄本绘制彩饰以供赠礼了。当初的画师应

该已经亡故了，或者说是长久地淡出了这个行业。在抄本的增补部分，我
们已经看不到这个画师的手笔了，取而代之的是多个新的职业画师的作
品。之所以一下子雇用多个画师，很显然是出于应急的考虑——萨科需在
某个特殊日期之前完成抄本的彩饰。每个单元的开篇页都被画上了带维斯
孔蒂家族纹章以及菲利波·马里亚·维斯孔蒂本人徽章的彩饰边框，卷首
衬页更是被画上了公爵大人那始于农神的谱系传承图。该抄本当中，还经 503
常出现小小的圣母和圣子边饰画像，有时它们跟文本本身体现的军事主题
并不相关，但肯定能够吸引中名为“马里亚”的受赠人菲利波公爵的注
意。这些增补的彩绘——再次感谢安娜·梅洛葛拉尼——可能是贝索佐的
米开利诺（Michelino da Besozzo）的手笔，此人是当时的知名艺术家，在
1388~1450 年帕维亚的档案当中有所记载，也是壁画家和木板画画家，在
帕维亚和米兰均有工作经历。不过，《半神》抄本上那饰有“圣母领报”图
的卷首首字母，看起来像极了帕维亚的乔瓦尼·贝尔贝洛（Giovanni Bel-
bello da Pavia，活跃于约 1425~1462）的早期作品。乔瓦尼·贝尔贝洛堪称
传奇画师，在意大利北方的很多地方留下了自己的作品，不过，他是在自
己的出生地帕维亚开启职业生涯的。在帕维亚，他完成了菲利波·马里亚
的《维斯孔蒂时祷书》的制作工作，同时也参与制作了《萨伏伊的玛丽日课
经》（Breviary of Marie of Savoy）。那散射着条纹状光芒的天空、怪石嶙峋
的山坡、回纹挂毯，以及最重要的着色全然是这一时期的贝尔贝洛的风格。
倘若他真的参与了 1438 年《半神》抄本的制作工作，那我们就能为他的生
平传记再增添一个小小的脚注。

在将《半神》抄本的各个部分合在一起且用深红色天鹅绒装订起来，并为之配上银质环扣和烫金皮盒之后，萨科便可以将它进献给米兰大公了。如今收藏在巴黎的那批来自帕维亚的抄本当中，有一份柯勒乔的加拉西奥（Galassio da Coreggio，约 1368~1442）的《盎格鲁史略》（*Historia Angliae*）赠礼抄本，该抄本的卷首插图就描绘了这位米兰大公接受赠书的场景。图中菲利波·马里亚·维斯孔蒂头戴一顶大大的平顶帽，身穿暗褐色的天鹅绒袍服，端坐在罩着长长的红色花布的王座之上。帽子下面看不到他的

头发，这说明公爵大人当时要么已经秃顶了，要么就是剃光了后脑勺的头发。此等形象看起来跟弗拉基米尔·普京倒是有几分相像。长脖子、直鼻子、眼神锐利逼人的公爵大人直视着跪在自己面前献书的作者，作者左手拿着帽子，右手拿着一份红色封皮且配有四个金色环扣的小小抄本。公爵的身体微微前倾并伸出双手。

也许菲利波·马里亚会对《半神》抄本心存感恩，但它其实没有产生任何效果。想必卡托内·萨科对此会非常失望。公爵没有策动新的十字军
504 东征，无论是公爵还是作者，也没有制作新抄本的意愿。三卷本的《半神》抄本并没有存留下来，因为作者萨科本人送走了他仅有的第三卷。最初他应该保存了他自己的抄本的剩余部分，这一部分很可能也是由哥本哈根薄伽丘抄本的画师提供的彩饰；而这半册孤本应该就是收藏在富尔达和巴塞尔的那两份抄本的文本来源。然而，在 1463 年萨科谢世之后没多久，这半册孤本便消失不见了。

本书前一章曾经谈道，在此一时期的法国和意大利，如此复杂且精美的抄本的制作流程，是由职业书商统筹的。这些书商的任务就是将一个抄本的承包人、抄写员、彩饰师以及装订人集结到一起。一个非常有名的例证就是意大利人维斯帕西亚诺·达·比斯蒂奇（Vespasiano da Bisticci，1421~1498）。比斯蒂奇来自佛罗伦萨，几乎认识人文主义抄本的买主圈子和资助人圈子中的每一个人。在帕维亚，也有与比斯蒂奇类似的这么一号人物，此人就是雅各布·德·圣彼得罗，据信正是他具体负责了最终被进献给菲利波·马里亚的《半神》抄本。雅各布被人称为“bedellus”，这个词的字面意思是“仪仗官”，在中世纪的巴黎经常被用来指大学里拥有半官方身份的书稿业从业人员。卡托内·萨科后来在为自己的《民法评注集》（*Lectura super quibusdam titulis libri VI Codicis*）制作用来进献给弗朗切斯科·斯福尔扎的抄本的时候，找的就是雅各布。这份抄本如今收藏在巴黎。它的后衬页上面留有一行小小的手写字，“1458 die XIIII° Iunii hoc Opus Aminiavit et ligavit Jacobus de S[an]cto Petri P[a]p[i]e”，意思就是，“帕

acute & cito reperiemus . diſtincte & ornate diſponemus. grauiter & uenuſte pronuntiabimus . firme & perpetuo meminerimus . ornate & ſuauiter eloquemur . Ergo amplius in arte rhetorica nihil eſt. Hæc omnia adipiſcemur : ſi rationes præceptionis diligentia conſequamur & exercitatione .

FINIS.

Opus Impreſſum Papie Per Iacobum De Sancto Petro. M.cccc°.Lxxvii. Die .xii.Menſis Nouembris.

雅各布·圣彼得罗为一本 1477 年出版的印刷书撰写的纪要，可以肯定，此人在年轻时曾为菲利波·马里亚·维斯孔蒂和卡托内·萨科工作

维亚的雅各布·德·圣彼得罗为本书绘图并负责装订此书，1458 年 6 月 14 日”。该抄本卷首页的彩绘画有斯福尔扎的纹章和徽章，风格很朴素。这样的图显然不是出自《半神》抄本的画师之手的。雅各布显然参与了帕维亚的公爵图书馆的管理维护工作，并且在馆中履行一些常规职责。现存的维斯孔蒂藏书当中，至少有四册在他的监督之下进行了重装，以便图书馆收藏，其中就包括了 11 世纪的波埃修斯评亚里士多德抄本，该抄本的主人曾经是彼得拉克。抄本中留有 15 世纪的题词，说该抄本是由“Jacobus de Sancto Petro bidelus”（仪仗官雅各布·德·圣彼得罗）装订的。在此次重装之前，该抄本就已经在帕维亚的公爵图书馆了，据图书馆 1426 年的藏书名录显示，它当时是用木板和白色皮革装订的。而 15 世纪的这次重装用的 505
是带有无色印花的小牛皮，很可能就出自雅各布或他雇的人之手。有意思的是，到了晚年，雅各布还成了印刷商。

在欧洲，活字印刷术于 15 世纪 50 年代早期，在美因茨的约翰·古腾堡（Johann Gutenberg，约 1395~1468）手中得到改进并趋于完善。古腾堡在这件事中厥功甚伟，这是毫无疑问的。文化史学家有充分理由强调古

腾堡的伟大创造所催生的真正意义上的变革力量——他们将之同车轮或者互联网的发明相提并论。有了这样的技术，人类的思想和语言就可以无限制地被复制并传播了，而且显然依托的是完全一样的印本。虽然排版的速度不比手抄的速度更快，但是一旦活字版面制作完成，就可以开始以数百份印本为单位进行批量生产了，而且时间成本和金钱成本较之往日单独一份的手抄本，都大为缩减。在本书呈现的抄本史中，我们经常能体会抄写员犯错以及这些错误造成的影响；相形之下，在印刷过程中，理论上人们是可以通过校对来避免此类错误的。印刷术令语言变得稳定，提升了民众的文化程度，加速了知识（或罪恶）的传播，促进人类经验的分享和升级——对于印刷术在这些方面发挥的巨大作用我们怎么估量都不过分。印
506 刷术在欧洲的传播速度令人吃惊。截至 1500 年，也就是摇篮期（incunable）结束的时候，欧洲就已经有 350 个城镇设立了印刷机构，发行的印刷书册超过 30000 种，总印量达到了 9000000 册。当然，传统的中世纪抄本依然凭借其独一无二的特质而散发着魅力和光彩；即使在现在，批量生产的摇篮本也很常见。

印刷术很早便在意大利传布开来。人们普遍认为，是两个德意志人——康拉德·斯维赫伊姆（Konrad Sweynheym）和阿诺德·潘纳尔茨（Arnold Pannartz），于 1465 年在罗马附近的苏比亚科（Subiaco）修道院创建了意大利最早的印刷机构。两年后，他们进驻罗马，专门为人文主义雇主印制极为豪华的拉丁语书册，这些书册通常还会由人工进行彩饰。实际上，据说早在 1462~1463 年，就有一位名叫乌尔里希·汉（Ulrich Han）的维也纳巡游印刷商，在博洛尼亚或者费拉拉这样的地方组织印刷了一批令人惊叹的意大利语祈祷书。随后的几年之内，威尼斯（1469）、福利尼奥（1470）、费拉拉、米兰、佛罗伦萨、博洛尼亚以及那不勒斯（后五个城市都是在 1471 年）等地便纷纷涌现了发展成熟的的印刷机构，1472 年，帕多瓦、帕尔马、曼图亚以及维罗纳等地也不甘落后，纷纷赶了上来，尔后印刷术便在其他地方越来越迅速地传播开来。帕维亚很可能在 1473 年拥有了自己的印刷机构。1477 年 11 月 12 日，被误认为是西塞罗的作品的《论公共

演讲的理论》（*Rhetorica ad Herennium*）在帕维亚出版，负责该书的印刷商名叫雅各布·德·圣彼得罗（Jacobus de Sancto Petro），应该就是前文谈到的那个人。1438 年的雅各布既是书商，也是画师和装订工，与大学和维斯孔蒂图书馆都有关联，他当时可能三十岁了；如此算来，到 1477 年，雅各布应该已经六十多岁了，但还有能力在退休前在印上这么一本书，而此时，中世纪的世界正在渐渐消逝。

毫无疑问，印刷术彻底改变了书稿制作业和出版业，昔日的众多职业抄书员要么失业，要么努力适应新环境。不过，就基本运作规则而言，15 世纪的书稿业一开始并没有发生重大变化。此一时期，仍然有人在制作羊皮纸和普通纸张，有人在提供范本，有大批的作者、编者、设计者、装订工以及书商在数个世纪以来形成的传统轨道上运作着。包括雅各布在内，众多职业人士仍然在做传统的工作，只是在技术层面上略有变通而已。虽 507
然技术在发展，但是人们对美妙书册的喜爱仍然不减，提供这些美妙书册的行业也仍然兴盛着。

还有一件事是 1438 年之后没有改变的，甚至一直延续到了今天，那就是人类的好战倾向。人类总是需要用意识形态上的自我正义感来为战争“正名”，这样的倾向是无法抵制的。菲利波·马里亚·维斯孔蒂当然不曾策动并召集十字军东征。集结起来的穆斯林力量会否对欧洲文化构成潜在威胁的担忧在今天又浮现了，只不过这一次，将毒蛇装进瓶子里不会再成为我们解决问题的答案。

第十二章
斯皮诺拉时祷书

约 1515~1520 年
洛杉矶，保罗·盖蒂博物馆，
MS Ludwig IX.18

508 三十多年前，也就是 1983 年 10 月，我第一次造访今天盖蒂博物馆的所在地，那时距离这座博物馆正式开放还有十四年的光阴。当时的盖蒂信托基金刚刚签订了一份合同，购买了洛杉矶附近圣莫尼卡（Santa Monica）山的一处荒瘠山顶。我还记得当时的情形，这座新博物馆刚刚任命的馆长约翰·瓦尔什（John Walsh），开车带我沿着一条崎岖不平且满是尘土的道路向山顶行进，我们一边在松动的岩石和荆棘丛当中摸索着前行，一边欣赏着西面太平洋上那辽阔而朦胧的景色，遥望着远处的圣莫尼卡城、好莱坞的标志，以及东面洛杉矶城中心的摩天大楼。野兔不时地从灌木丛中跃起。我依稀记得头顶还有老鹰在盘旋，当然，这也可能只是我的想象。在这山顶的荒野当中，我俨然感到自己位于新世界的边缘并且已将新世界踩在脚下了，约翰·瓦尔什挥舞着双臂，向我解释说，他们将在这里建造一座巨大的艺术博物馆，且馆中会收藏一批顶级的欧洲彩饰抄本。

如今，三十多年过去了，我再次来到洛杉矶，回到同一座山的山脚，站在酒店的阳台上，仰望着马路对面、高处的那座闪烁着光芒的现代卫城。这一天的天气相当清爽，当然，在南加州这不足为奇。在酒店大堂，我询问工作人员是否能徒步前往盖蒂博物馆，他们颇为同情地看着我，仿佛站在他们面前的人在智力上有欠缺，并且将我带到了酒店摆渡车所在的位置。
510 我向摆渡车司机表示歉意，说给他添麻烦了，司机说：“我们这里的人行道可不是很多啊。”摆渡车在沿着塞普尔维达（Sepulveda）大道稍稍上行一段距离后抵达第一个站点，在这段路上，我是车上唯一的乘客。抵达第一个

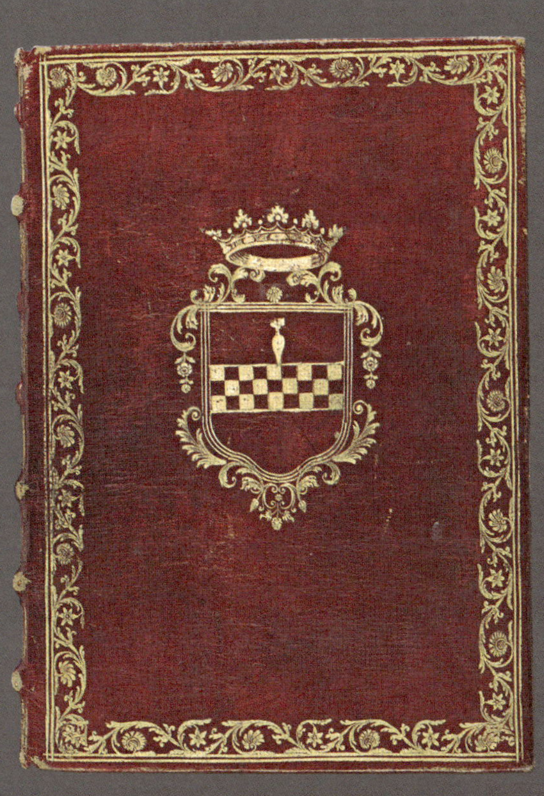

路口后，摆渡车左转，驶入圣迭戈高速公路下方，然后便进入了山脚的博物馆安检区域，这些安检门看起来有点像法国机动车道上的收费站。在美国，一切穿制服的人都会先将你假设为罪犯，直到最终事实证明并非如此。安检人员将身子探过来，要我出示“预约停车号”，我当然不知道要预先准备这一项内容，关键是我根本就没有车，这令他们感到难以置信并对我产生了强烈怀疑。这里明明应该是个无阶级社会，而且博物馆是免费的，是为全体洛杉矶人创建的，但似乎任何开不起车的人都被视为该博物馆不愿意接待的人。

山脚下、安检门旁、山顶上都修建有多个多层的停车平台。除非得到允许直接开车上行，否则你就只能先穿过左侧的第一个停车场，乘电梯上行一层（在洛杉矶，没人会去爬楼梯），然后在那里搭乘白色的由三节车厢组成的无人驾驶火车了。这列小火车每隔几分钟便会有一趟，沿着山的一侧驶向山顶，一路上都在一片充满艺术气息的风景当中穿行，令你仿佛置身于曼坦尼亚（Mantegna）画作的背景风光当中，最终，小火车会抵达博物馆边上的一个小小站台。仅仅是免费搭乘这么一趟小火车也很值得。下了小火车，加州的热辣阳光便会一下子扑过来，你的眼睛着实需要时间去适应一番。这里的建筑都很宽敞，但不是很高，建筑群如同一座中世纪城镇一样，绕着山崖铺展开来，这里正是当年我和约翰·瓦尔什一起穿行过的山岩区。整座博物馆以及多个图书馆和研究中心是从 1997 年 12 月起对外开放的。建造这样一座博物馆的成本相当惊人，甚至令家底雄厚的盖蒂基金都有些吃不消。在历史上，此等规划、此等耗费，恐怕也只有埃斯科里亚尔修道院或者凡尔赛宫可以与之相提并论了。从小火车终点站的站台上向外望去，能看到几层庭院堆叠在一起，仿佛是大歌剧院的舞台上的布景，而最顶层的便是博物馆的门廊。门廊中放置着巨大托盘，里面摆着各种植物，还有马约尔（Maillol）和查尔斯·雷（Charles Ray）的雕塑作品，很有艺术气息。很显然，这是真正意义上的博物馆，跟我们在前面章节中遇到的那些图书馆不是一回事。从骄阳之下进入博物馆，立刻就能感受到
511 空调的作用。这里为你提供了丰富的参观选择，无论是在左边还是右边你

盖蒂博物馆，坐落在俯临洛杉矶的山顶之上，由艺术博物馆、研究机构和其他机构组成，从 1977 年起向公众开放

都可以看到丰富的展品——就如同花样繁多的美国菜单一样——包括画作、雕塑、装饰艺术、摄影作品、家具，以及在昏暗的展厅中闪闪发光的泥金装饰抄本。一切看上去都是真材实料，令人放心；当然，也都价格不菲。馆中有衣着整洁的俊男靓女为你引路，他们都有着清一色的蓝眼睛和白牙齿。这些人所处的肯定是世上最热门的实习岗位，而且很显然他们都很享受自己的工作。

我告诉其中一个工作人员，我跟抄本部负责人伊丽莎白·莫里森（Elizabeth Morrison）女士有约。如果说美国的安检人员通常会将你预设为罪犯，那么可以说在洛杉矶，除了安检人员之外的所有人都会将你视为最亲密的好友，直呼你的名字。仿佛帮助我是他们最快乐的事一样，他们领着我离开门厅，回到小火车站——我本来应当从小火车站左拐，沿着那里的斜道下行，前往“中央安检处”的（这一路之上，我差不多听完了这些年轻人半辈子的经历以及他们的好莱坞计划）。在安检台前，安检人员一如既往地要我出示“Photo ID”（带有照片的身份证件），这是他们的说法，在美国，它通常是指驾照。于是，我又被仔细“掂量”了一番，最终得到
512 了一张带夹子的日间通行卡。接着，这些年轻人又护送我到拐角处搭乘另一部电梯，下到L3层，走入一条宽宽的、没有窗户的水泥走廊，这里的天花板上装设着管道，仿佛就是一条劳教所的通道，不过，各处张贴着的盖蒂博物馆的展览海报倒是活跃了氛围。拐过几个直角之后（此时，我已经彻底找不着北了），我们便进入了抄本和绘画部。年轻人带我进去的时候，房间里几乎是一片欢声雷动。此等热情，令我们这些习惯了欧洲图书馆之拘谨氛围的人，不免有些无地自容。工作人员从四面八方拥来，一个接一个做了介绍。这的确是个快乐的地方，足以见出管理状况是何等良好。

这间阅览室跟博物馆外墙平行。墙上高高的尖顶窗令人如同置身于中世纪城堡，透过这些窗户可以看到外面的山岩，以及峡谷对面山坡上的房屋。白色窗帘当然已经拉了下来，加州的阳光实在是太强烈了。阅览室两端的书柜上摆满了最新的参考书。两个书柜边都有一张用非常厚实的抛了光的黑色木料制作而成的长桌，以及与之搭配的绿色皮椅子。其中一张桌子是用来翻阅抄本的，另一张桌子则是用来欣赏画作的。它们看来都造价不菲。我曾多次拜访这间阅览室，每次我都是这里唯一的读者。这一次，抄本桌已经预先布置好了，看上去像是摆着一份供单人享用的晚餐：灰色的泡沫垫子已经备好，它是用来支撑珍贵抄本的；颇有些分量的条状书镇看着就像是用紫色天鹅绒做的蛇，它是用来压在书页之上，使抄本在不用手触碰书页的情况下也能保持打开状态的。桌子上还放着两端系有重物的白色绳子。工作人员给了我一副白色螺纹手套，不过，伊丽莎白·莫里森女士随后向我解释说，博物馆正在考虑放宽这项规定。馆方还提供了用来做笔记的铅笔。

我要约见的抄本已经躺在一个很大的推车里面等候多时了，它看起来就跟一个坐在自己那加长豪车的后座上的百万富翁一样孤独。抄本被放在

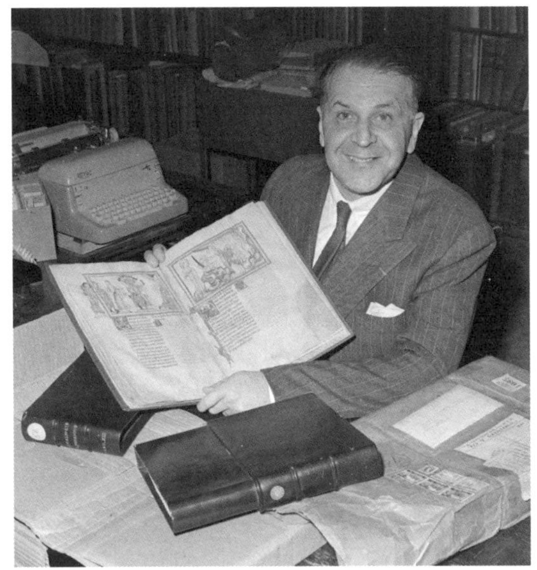

H.P. 克劳斯（1907~1988），知名的抄本交易商，照片当中，他手捧 13 世纪的《戴森·佩林斯启示录抄本》（Dyson Perrins Apocalypse），该抄本同样被卖给了彼得·路德维希和艾琳·路德维希夫妇，如今也收藏在盖蒂博物馆

一个现代式样的盒子里，盒子被精细打磨过的红色摩洛哥小山羊皮包裹着，盒口上面有烫金字样，“The Spinola Hours”和“Bruges *c*. 1510”，它们还是从 20 世纪 70 年代晚期留下来的，当时纽约的大书商 H.P. 克劳斯（H. P. Kraus）正打算出售这份抄本，遂将之打理了一番，以增加其视觉冲击力。我们立刻能感觉到抄本的奢华和诱惑力。据说，当时有一个记者希望克劳 513
斯先生简短地解释一下，什么样的人会买彩饰抄本。克劳斯先生用他那带着明显的奥地利口音的英语说：“我能说的就是两个字——富人。”这并不是一本普普通通的“时祷书”，这可是大名鼎鼎的“斯皮诺拉时祷书”。然而，这个名字恰恰就是克劳斯先生一手创造出来的，他希望能借此表现该抄本的声望和独特之处，实际上，在制作这个盒子的时候，“斯皮诺拉”这个名字尚不存在，抄本本身也几乎没有人知道。

在本书第九章中，我们见识了一份早期的皇家时祷书。当时我们也曾谈到，在不到一百年的时间里，欧洲几乎每个受过教育的人，甚至包括半文盲在内，都向往着自己也能拥有一本时祷书。此类抄本都是为私人定制

的，当时的有钱人通常会琢磨着尽自己的财力所能，购置一份最为昂贵的时祷书。时祷书通常是为家庭所用、在家族内部流传的，往往会被放在家中的小祈祷桌上，或者被放在主人的腿上。就其性质而言，时祷书是非常私密的个人物品。它们常常会被保存在床头柜上，或者在藏有家族之宝的金银首饰盒子旁边，并且会被展示给来访的客人看。实际上，博物馆要比图书馆更适合时祷书安身。本章的一个主题就是“奢华”，而盖蒂博物馆的这份抄本是不会让我们失望的。

《斯皮诺拉时祷书》从来都是顶级奢侈品，造价极为昂贵。在本书的
514 抄本史探寻之旅中，一开始我们见到的那些抄本，最初是没有商业价值的，它们的价格就是制作它们的原材料的花销。早期的抄写员和彩绘师通常都是教团成员，是不领薪酬的。他们制作出来的抄本都是为教团所用，是不会被标上售价的。不过，随着职业抄写员介入其中，私人客户也开始雇人制作抄本（参见本书第六章和第七章），到了这一步，抄本便有了自己的价格，且成了可销售的商品。此等情形之下，顶级抄本很快就变得非常昂贵。印刷术的发明极大地降低了书籍的造价。不过，人性就是如此，克劳斯先生所说的“富人”仍然会展开竞争，去追逐那些奢华精美的彩饰手抄本。实际上，到了 15 世纪 70 年代，荷兰南部的一些商业性质的书籍作坊就几乎放弃了图书馆的订单，转而开始做奢华抄本生意，并将全欧洲的王公贵族和新起的商业寡头视为他们潜在的客户群体。此举非但没有令荷兰人失业，反而为荷兰派画师赢得了商业上的巨大成功。荷兰画师有意识地在印刷术力所不及的领域开辟新路，精练自己的手艺，他们制作出来的抄本因此变得越来越奢华精美，当然也越来越昂贵。现在，我坐在作为世界上最富有的文化机构之一的盖蒂博物馆内，准备见一份由荷兰画师绘制的抄本中的顶级作品。

刚离开盒子，《斯皮诺拉时祷书》就展现出了雍容华贵的气质。它比很多时祷书大，大约是 9.25 英寸长、6.5 英寸宽、2.5 英寸厚。抄本本身的装帧用的是 18 世纪晚期的深红色皮革，且从封皮的风格来看，很可能是来自意大利的皮革。封面和封底的边缘都有一圈金色的花边饰，是由不断重复

的卷叶纹饰和花纹饰组合而成的。封面正中央呈现的是一个盾形纹章，纹
章的上方是一顶王冠，两侧则被洛可可纹饰围绕起来，凸显了抄本主人之
尊贵地位以及抄本为其独有的性质。这是热那亚的斯皮诺拉家族的纹章，
抄本的现代名字正源于这个家族。我们会在后文考察抄本的各任主人的身
份。书脊上有七条隆起的横条将缝合线覆盖起来，但没有文字。应该说，
并没有必要在书脊上印文字，因为这份抄本一开始就不是为图书馆制作的，
所以无须写上书名以供读者辨识。抄本的贴金书口上刻着十分精美的菱形 515
图案，且每个菱形框里面都有一个小小的花冠图案。此等装饰也就是所谓
的“书口烫花装饰”（gauffering）。它们很可能是这份抄本首创的，因为在
接近结尾处的一幅插图当中，抹大拉的马利亚就拿着一本金边书，上面有
极为相似的设计。封皮的四角稍有受过碰撞的痕迹，不过总体来说，《斯皮
诺拉时祷书》的保存状态堪称完美。毫无疑问，它是得到了悉心看护的。

一番观察之后，我戴上了白手套——虽然很不情愿，但还是不想冒
犯十分友好的管理员克里斯蒂·赛亚卡（Caristine Sciacca）——并开始翻
阅抄本。封皮内侧以亮绿色绸缎作为封里。正对着它的衬页则是一张相当
厚实的羊皮纸，并且被封里的边缘固定着。此页上有两张现代印制而成的
藏书标签，呈现的是略显抽象主义风格的人物侧脸图案，其中的人脸跟猫 517
头鹰脸重叠在一起，共用一只眼睛，该图案是瑞士艺术家汉斯·埃尔尼
（Hans Erni，1909~2015，享年 106 岁）蚀刻而成的。一张标签上面印了几
个大写字母，“Irene & Peter Ludwig, Aachen”（艾琳和彼得·路德维希，亚
琛）。实际上，这两张标签差不多给出了该抄本生平当中唯一明白无误的信
息：其昔日主人（虽然只是在短暂的五年中）是彼得·路德维希博士（Dr
Peter Ludwig，1925~1996）和他的妻子艾琳（Irene，1927~2010），他们分
别来自亚琛和科隆，是巧克力业大亨，更是艺术收藏大家，尤其热衷于 20
世纪的绘画作品。路德维希夫妇是从克劳斯手中购买到《斯皮诺拉时祷书》
的，当时的克劳斯正在其事业顶峰。克劳斯先生的女儿玛丽·安·福尔特
（Mary Ann Folter）很是友善地告诉我，这桩买卖发生在 1978 年 1 月，当时
的标价刚好超过一百万美元。一本书能在 20 世纪 70 年代卖出上百万美元

Januarius
hz dies xxxi.
luna xxx.
iii A Circũcisio dñi
b Oct s. stephani
xi c Oct sci iohis
d Oct innocẽt
xix e Oct s. thome
viii f Epiphania dñi
g ysidori epi
xvi A Eugenii cf
v b Juliani mr
c pauli hemi
xiii d Iginii pape
ii e Iohis pape
f Oct epipha
x g Felicis ipia
A Mauri abb
xviii b Marcelli pp
vii c Anthonii ab
d Prisce virg
xv e Marii 7 marthe
iiii f Fabiani 7 seb
g Agnetis vg
xii A Vincentii mr
i b Emerentiane v
c Thimothei
ix d Cõversio pauli
e policarpi epi
xvii f Johis crisos
vi g Agnetis so
A Valerii epi
xiiii b Aldegundis v
iii c Ciri 7 iohis
AQVARIVS

《斯皮诺拉时祷书》衬页上的彼得·路德维希（1925~1996）和艾琳·路德维希（1927~2010）的藏书标签，由瑞士艺术家汉斯·埃尔尼设计

的价格，这可不是寻常的事。实际上，路德维希博士此前已经有很长时间的秘密的抄本购买经历了，只不过基本上都是从克劳斯手中购买的。我跟路德维希博士见过一面，在我的印象中，他个子很高且沉默寡言。他的藏品一直被存放在科隆的希努特根博物馆（Schnütgen-Museum），那里的彩饰抄本藏品种类繁多、极其丰富，就如同巨龙的黄金宝藏，记得当时陪同我

左页：《斯皮诺拉时祷书》年历的开篇页，呈现的是一个人先在一月的炉火边取暖而后小心翼翼地来到冬日的庭院里的场景

参观的正是路德维希博士手下极为精明的名录编制人约阿希姆·普罗齐克（Joachim Plotzek）。在他最终印发于世的希努特根博物馆藏品目录中，《斯皮诺拉时祷书》被绘制在了第二大卷的红色封面之上。1983 年，路德维希收藏的大约一百四十份彩饰抄本被一次性出售给了新建的盖蒂博物馆，博物馆此举的意图是要填补古代文物和文艺复兴时期的绘画艺术之间的藏品空缺，这笔交易在当时的德国引发了民众的反感情绪。也就是由于这桩交易，约翰·瓦尔什载着我登上了洛杉矶郊外的那个蛮荒山顶。

抄本的第一页是空白页。翻过这张空白页，我们便一下子进入了中世纪晚期的世界。《斯皮诺拉时祷书》跟大多数《圣咏》抄本和时祷书抄本一样，也是以圣徒年历开篇的。年历分两栏写就，用的是红色和黑色墨
521 水，且页面上的彩饰极为丰富。一月的页底配图是一男一女的室内生活场景，背景是在冬天。我们很难猜测他们所处的社会阶层，最起码，图中的那个男人衣着考究，腰间挂着钱包；他们的窗户是石质直棂的，很高且装有玻璃；巨大的壁炉也是用石料建成，刻有盾形纹章；但这样的房间又像是我们今天所谓的卧室－客厅两用房间，睡觉、吃饭、起居都在这个房间里。很显然，这不会是中世纪贵族的住所，倒有可能是城堡里仆人使用的房间。图中的女人正在准备一人份的饭菜，看样子很孤单，就像坐在盖蒂博物馆这间阅览室的长桌旁的我一样。那男人则由一只猫和一壶酒陪伴着，在炉火前面烘烤自己那已经冻僵了的手脚。画面最右侧是另一个男人，或者可能是装束稍有不同的同一个男人，正小心翼翼地走进一月的雪地里，
522 他脖子上缠着灰色围巾，双手藏在外套里面。那条通往院门的路此前已经被踩过了，泛着棕褐色。到了二月，雪融化不见了，农夫们已经开始犁地

第 549~550 页：年历的三月和四月，三月人们开始修剪城堡花园里的葡萄架，四月人们开始领着家畜到外面走动

第 551 页：《斯皮诺拉时祷书》年历的五月，呈现的是划船聚会场景，人们在音乐和美酒的陪伴下庆祝着五月的到来和夏季的降临

KL Marcius habet dies xxxj Luna xxx.

iij	d	Albini epi
	e	Lucij episco
xj	f	Marini mr
	g	Adriani mr
xix	A	Eusebij et focar.
viij	b	Victoris mr
	c	Perpetue et felic.
xvj	d	Cypriani epi
v	e	xl. martyrum
	f	Celidonij mr
xiij	g	Gorgonij mr
ij	A	Gregorij pape
	b	Innocencij pape
x	c	Scor lxv. mr
	d	Longini mr
xviij	e	Hylarij epi
vij	f	Gertrudis v.
	g	Alexandri c.
xv	A	Johis heremite
iiij	b	Cutberti epi
	c	Benedicti abb
xij	d	Pauli episco.
j	e	Victoriani mr
	f	Pigmenij psb.
ix	g	Annunciacio marie
	A	Ludgerij epi
xvij	b	Resurrectio dni
vj	c	Arnoldi epi
	d	Gregorij epi
xiiij	e	Dominica
iij	f	Balbine vg.

ARIES

Aprilis ha
bet dies xxx
luna xxix
g Theodore vg
xi A uchasij epi
b Theodosie v
xix c Ambrosij c
viij d Claudiani cf
xvj e Firmini mr
v f Pelusij psbri
g Celestini pa
xiij A Marie egipti
ij b Appolonij p
c Leonis ppe
x d Zenonis mr
e Eufemie vg
xviij f Tyburcij mr
vij g Helene regie
A Calixti ppe
xv b Aniceti ppe
iiij c Eleutherij mr
d Anthonij mr
xij e Mameiti epi
j f Marcellini c
g Sotheris z ga
ix A Georgij mr
b Sidrac z misa
xvij c Marci evag
vj d Cleti pape
e Anastasij c
xiiij f Vitalis mr
iij g Petri mris
A Quirini mr
TAVRVS

Mayus habet dies xxxi luna xxx.

xi b Phi[lippi] & iacobi
c Anastasii epi
xix d Inuē[n]c[io] cruc[is]
viii e Floriani m[a]r[tyris]
f latina[m]
xvi g Jo[hann]is an[te] porta[m]
v A Juuenalis m[artyris]
b Appari[cio] mich[aelis]
xiii c Gengulfi m[a]r[tyris]
ii d Gordiani m[a]r[tyris]
e Mamerti epi
x f Nerei & achil[lei]
g Seruacii epi
xviii A Bonifacii c[onfessoris]
vii b Ysidori m[a]r[tyris]
c Peregrini epi
xv d Sui episco[pi]
iiii e Marci m[a]r[tyr]is
f Potentiane v[irginis]
xii g Bernardini c[on]f[essoris]
i A Valerii epi
b Casti & emuli
ix c Desiderii epi
d Rogationu[m]
xvii e Vrbani & fra[n]c[isc]a
vi f Eleuterii epi
g Jo[hann]is pape
xiiii A Jo[hann]is pape
iii b Maximini c[onfessoris]
c Felicis pape
xi d Petronille v[irginis]

并往地里种植物，很可能是在架葡萄藤。三月的配图里一对贵族夫妇正走出城堡，带着他们的宠物狗，进入外面的花园。天气还没怎么转暖。园丁们正在铺设花坛，他们戴着帽子，穿着短外套，还没有脱掉羊毛裹腿。仔细观察，你就可以发现背景中有一条护城河，一群天鹅正在河里游动，游向吊桥上的一个妇女。她可能是前来给这些天鹅喂食的。四月，家畜第一次离开院落，来到外面田野里。老牛带着牛犊，绵羊领着春天刚出生的羊羔，母鸡则被一群小鸡围着。牛的脖子上都系着铃铛。一个妇女正在挤牛奶，另一个妇女则在搅拌牛奶制作黄油。五月第一天的天亮时分，古老的立夏庆祝活动开始了，贵族纷纷骑马来到一座桥上，桥下有一条船，年轻人在船上聚会，那插着山楂树枝条的船儿正慢悠悠地顺流而下，船上还有几位乐师。一个年轻人正在船的后部饮酒；另有一个酒瓶被挂在船侧以便给酒降温。岸边的鸢尾花已经进入繁盛期。实际上，在初夏时节的剑桥大
522 学，透过公寓里的窗户，你可以看到剑河上差不多完全一样的景色。六月迎来了剪羊毛的时节，一个男人在酒馆外的凳子上歇息。七月是割草的时节，割下的青草已经装满了推车。我一页一页地翻动着抄本，中世纪一整年的景象便渐渐出现在我眼前。八月的人们忙着收割小麦。九月要开启一个新的季节，为此，人们犁地和播种。时令就这么继续下去，一直到十二月，雪花重现，护城河里的水流再次结成冰。在该图的前景中，人们正在杀猪，并将猪血盛放在一个煎锅里，画面左侧厨房里的人则在制作血布丁，这是为即将到来的圣诞节准备的。这些画面都是我们极为熟悉的，但是在抄本中被渲染得仿佛有魔力一般。固定的节律令我们的内心涌起难以抗拒的浓浓乡愁。画面之真实、之亲切，如同勃鲁盖尔（Brueghel）的作品。我从管理员那里借了一个放大镜，转瞬间，盖蒂博物馆和二十一世纪的世界便都消失了；恍惚间，我已能碰触到（除了我还戴着那可恶的手套）16 世纪之初荷兰南部的乡间生活。场景一下子变得十分真实，生活中最微末的细节都出现在了我的眼前。此等直接的触碰带来的喜悦，恐怕是任何的影印本都无法提供的。

说到底，这些中世纪时祷书所附的年历都是早已佚失的 4 世纪的“354

《斯皮诺拉时祷书》年历页面顶端的童趣游戏画面，此处呈现的是七月的场景，孩子们在吹奏乐器和捕捉蝴蝶

年编年史”之后裔。在本书第四章（第171页）中，我提过“354年编年史”这份古代晚期的神秘抄本。它诞生于信奉古代异教的时代，是为某个早期基督徒制作的年历，于9世纪重见天日，当时的加洛林宫廷对它十分推崇并以它为范本制作了抄本。它开启的抄本王朝持续时间之长令人震惊。《斯皮诺拉时祷书》的开篇语是，“Januarius h[abe]t dies xxxi”（1月有三十一天），这句话是一字不改地从其一千一百五十年前的先祖那里借取而来的。《哥本哈根圣咏》（见本书第七章）以及《纳瓦拉的让娜时祷书》中的年历也采用了此开篇语。古代的黄道十二宫，虽然跟这样的基督教祈祷书并无任何实际关联，但也依然出现在了《斯皮诺拉时祷书》抄本年历页每一页的下端角落里，很显然，这是从“354年编年史”当中传承而来的。

《斯皮诺拉时祷书》抄本中，年历页的顶端呈现了一系列的童趣游戏，但并不是所有游戏都能够被辨识出来（至少我没有这个能力）。这些游戏图的画面是金色和褐色的，像是木刻画。一月，孩子们在模仿骑士比武，纷纷拖着圆桶穿越冰面。似乎还有跳舞游戏，孩子们有点像是在跳康加舞， 523 骑在彼此的背上。四月，孩子们显然是在玩弹子游戏。七月则是在用帽子捕捉蝴蝶。十二月，孩子们到处嬉戏玩闹，骑上木马相互踢打，并且一起

第554~555页：《斯皮诺拉时祷书》中的第一幅大图，呈现的是基督背负十字架走过“苦路”的场景；尔后他在天堂复活并赐福尘世

ORatio deuotissima vero
nice domini nostri ihu
xpisti . que sequitur .

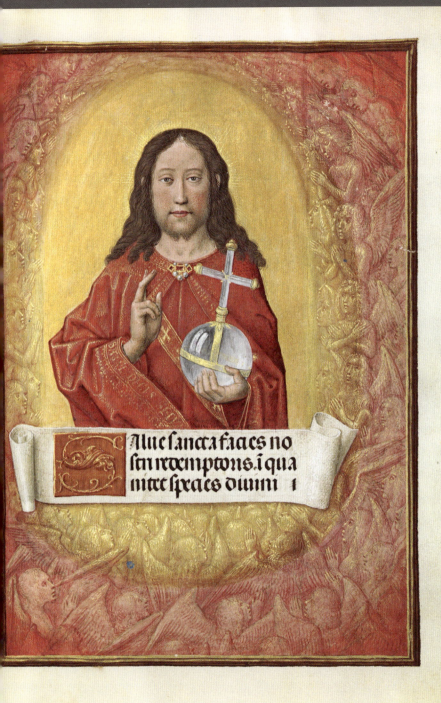

Salue sancta facies no
stri redemptoris. i qua
nitet species diuini

划船，捕鸟，进行撞柱游戏、推铁环游戏以及滑雪橇等。中世纪艺术作品中的人物在我们看来，通常都不那么兴高采烈，神态都很凝重，但是，这些孩子的确玩得很高兴。

中世纪抄本所附年历当中重要的圣徒节日，通常会被用红色的文字标注出来，我们今天会称那一天为“Red Letter Day”（“红字节日”，今天也指纪念日）。在《斯皮诺拉时祷书》当中，这些重要节日也会被呈现在页面边缘处的圆盘中，这些圆盘有时会被链条状的图案“系”在页边框上，有点像是圣诞树上吊着的圆球。《斯皮诺拉时祷书》里面的“红字节日”都是基督教世界中的普通节日，基本上没有地方化的元素，这也许会让人有些失望。当然，这份年历里面也出现了一些比较次要的名字，这些名字相比之下就不像是抄写员从自己的储备库里抽取出来的，其中包括了一系列的圣徒，诸如阿尔德冈达（Aldegunda）、阿曼德（Amand）、圣女华波加（Walburga）、格特鲁德（Gertrude）等；以及一些北欧的地方圣徒，如：尼卡修斯（Nichasius）、贞古尔夫（Gengulph）、波尼法修（Boniface）、伊拉斯谟（Erasmus）、塞味利诺（Severinus）、雷步英（Lebuin）、威廉巴（Willibald）、基利安（Kylian）、多纳图斯（Donatus）、雷马克（Remacle）、两个厄瓦德（Ewalds）、一万一千贞女、于贝尔特（Hubert）以及威利布罗尔德（Willibrord）等。借助阅览室参考文献里面的圣徒词典，我们便基本上可以通过这些圣徒的名字断定眼前这份《斯皮诺拉时祷书》抄本是在佛兰德斯、荷兰和莱茵兰地区制作的，当然，其实仅凭抄本的绘图风格，也能猜个八九不离十了。

众圣徒的名字足以提醒我们，这份抄本首先是一本祈祷书。将书页从年历页往后翻，便能对抄本的宗教用途一目了然。首先出现的是一幅双页插图，一页呈现的是圣母和圣维罗妮卡（Saint Veronica）的画像，画工
526 十分精细，两人的眼睛里泛着泪光，因为她们正看着沦为囚犯的耶稣被士兵们拖拽着，行走在“苦路”（Via Dolorosa）之上；另一页呈现的则是已经飞升天堂的基督的正面像。他手持水晶球，在众天使的簇拥之下，众天使则身穿金色和浅红色的袍服。基督在庄严祝福中抬起右手。这样的构

图应该是从另外的抄本中借取而来的，而且人们普遍认为它出自大画家扬·凡·爱克（Jan van Eyck）的一幅已经佚失的画作。这两幅图的画风极具写实风格。图中的耶稣都直直地盯着我们这些看画人的眼睛。倘若今天再有人创制这样一幅宗教绘画，我们势必会认为它过于情绪化，具有过于强烈的罗马天主教风格，对之嗤之以鼻。我们需要花一点时间才会意识到这是五百年前的画作，而且是手绘的。实际上，它们能让人略微感受到即将来临的宗教改革的精神。它们唤起的宗教情感在抄本和读者之间反复震荡着。荷兰人的基督教信仰极其私人化。共同生活弟兄会（Brethren of the Common Life）的创始人格特·格罗特（Geert de Groote，1340~1384）、被人们普遍认作《效仿基督》（*Imitatio Christi*）的作者的托马斯·肯皮斯（Thomas à Kempis，约1380~1471）等人强调并主张的，恰恰就是个体在俗信徒跟救赎之间的直接关联，所谓直接关联，意思就是无须通过教会这样的“中介”机构。普通的在俗信徒是可以直接凝视基督的眼睛的。祈祷和个体信仰都是很棘手的社会史论题，不过，它们的重要性并不会因此而减弱。时祷书是个体虔诚度的试金石，而这些在荷兰南部广泛存在且极为盛行的祈祷书，就为我们提供了大量有关日常生活中的这个难以捉摸且少有记录的方面的信息。

接下来我们不妨直奔主题，见识见识该抄本的主体文本，也就是圣母日课。实际上，该文本是在整部抄本的三分之一处才开启的。跟大多数时祷书一样，只要找到相应的开篇图，就能够很轻松地找到文本了。按惯例，夜祷对应的开篇配图是“圣母领报”。抄本最初没有页码；如今我们将有这幅图的页面标注为第92对开页的左页，但是抄本的早期主人们都是借助开篇图来定位文本的。这一页几乎是《斯皮诺拉时祷书》的标题页，配图将页面中间的文本框环绕起来，文本框里有用红色墨水写就的如下字样：

第558~559页：“圣母领报”图，在圣母祈祷之时，天使长前来传递信息；与之匹配的是基甸祈请圣露降在羊毛上面的场景，这是典型的《旧约》画面

Incipiūt hore beate marie
virginis secundū usū
Romanū. Ad matutinū.

Domine labia mea ape
ries Et os meum annũ
tiabit laudem tuam.

“Incipiu[n]t hore beate marie virginis secundu[m] usu[m] Romanu[m]. Ad ma-
527 tutin[as]”（依据罗马惯例，圣母日课始于夜祷）。画面当中呈现了一座拥有古典风格的淡紫色大理石柱的房子，以表现“圣母领报”发生于古典时代，不过房子本身是弗莱芒文艺复兴时期的砖墙建筑，坐落在一个泥泞的庭院当中，带有一个围了篱笆的花园，花园边上则是一个中世纪的门房，远处还有镇上的钟楼，整个画面就跟布鲁日（Bruges）的景观差不多。我们既可以看到建筑外面的景观，也能看到其内部情况，整幅画面就如同透过 X 光机一样，可以一直看到圣母卧室旁的家族礼拜堂里面的景象。画面当中，在一份祈祷书前面跪地祈祷的正是马利亚本人，那用于祈祷的书也像是一本时祷书，有着绿色的布封皮，被摊在祈祷桌上。

在此，不妨试着将自己融入 16 世纪之初的一个虔诚的欧洲妇女的心境当中。她会被告知，此一历史性事件——加百利出现在马利亚位于拿撒勒的家中——是创世历史中最令人敬畏也最为神圣的事件（《路加福音》1:28）。在这样的一个神圣时刻，一个纯粹的凡夫俗子，如同你我这般，突然发现自己得到了上帝的恩宠，在众女子中受赞颂，并就此孕育了圣子。自此之后，但凡虔诚的基督徒，无疑都将渴念得到上帝此等的绝对接纳。中世纪的时祷书的女主人，很可能会盯着这“圣母领报”场景，幻想得到此等拣选会是什么样的感觉。这幅图令她集中自己的虔诚心念。她会摒弃一切杂念，一门心思地去领悟圣母本人在那样一个时刻的心念和体验。同样的，中世纪晚期的男性信徒，也会被鼓励着去亲身体悟基督在受难事件和十字架事件中感受到的恐惧和痛楚。毫无疑问，“圣母领报”和“受难”是中世纪晚期艺术作品中最为常见的主题。

在“圣母领报”这样一个神圣的时刻，如同画面所示，圣母按照惯例是要跪在祈祷书面前全心祈祷的。我们无法看到祈祷书上的文字。不过我们也都知道，拿撒勒在罗马帝国境内，《路加福音》的开篇便已经明示了这一点，拉丁语则是罗马人的通用语言。由此便可以非常合理地推断出，圣母面前的祈祷书应该是《旧约》，而且极有可能就是《诗篇》和《先知
530 书》。中世纪的人不需要在这个问题上做过多探究，就可以认定圣母是在用

拉丁语祈祷。因此，时祷书的主人在诵读并体悟圣母日课中的拉丁语《诗篇》和《先知书》经文的时候，会认为自己面对的就是圣母当年诵读并思量的字词。她会在自己家中的读经台上放上一本摊开的时祷书，如同图中圣母所做的那样，为自己重现圣母登上这一切宗教体验中的绝对巅峰时的历史场景。天使长的著名赐福，“*Ave*”（没有标注受赐福之人的具体名字），“*gratia plena dominus tecum*”，被呈现在画面正中，用的是金色的哥特字体，意思就是，“万福，你充满圣宠，主与你同在”。这句话可能也是说给读者听的。

圣母日课当中，各个“时辰”对应的祷文，通常都取自圣母本人应该也知道的《旧约》经文。起始句一般来自《诗篇》50:17 以及《诗篇》69:1~2。夜祷文通常涵括以下内容：《诗篇》94，“Venite exultemus ...”（来阿，我们要向耶和华歌唱……）；《诗篇》18，“Celi enarrant ...”（诸天述说神的荣耀……）；《诗篇》23，“Domini est terra ...”（地和其中所充满的，世界和住在其间的，都属耶和华……）；等等。还有出自《便西拉智训》24:11~20 的三段经文，它们描述的是上帝的永恒以及选民的至福。中间反复穿插了诸如“Ave maria gratia plena”（万福马利亚，你充满圣宠）以及“Benedicta tu in mulieribus”（你在众妇女中受赞颂）——天使长加百利就是用这几句话打断圣母诵读《诗篇》的。

夜祷是指在黎明前，加百利出现在马利亚于拿撒勒的家中的那个时辰，诵读时祷书中的对应祷文；晨祷则是在天刚刚亮，马利亚派人去请自己的亲戚以利沙伯的时候；第一时辰的祷文是在清晨诵读的，此时大约就是耶稣诞生的时间；第三时辰的祷文是在上午过了一半的时候诵读的，前一天夜里离开了自己的羊群的牧羊人就是在此时抵达伯利恒的；第六时辰的祷文是在上午快要结束的时候诵读的，这个时辰更为尊贵，因为三王就 531

第 562~563 页：星期天圣三一日课的经文配图；与之匹配的是亚伯拉罕和三个天使的画面，寓指《旧约》对三位一体的预示。此页上的文本框给人以错觉，看上去像是羊皮纸条被钉在了页面上

Die dnica. hore de scã tri
Domine nitate. Ad mat.
labia mea aperies.

t os meum annuntia
bit laudem tuam.
eus i adiutoriuz

是在此时携带财宝来朝的；第九时辰（None）这个词后来发展为英语中的“Noon”（正午），是指中午时分，圣子就是在这个时辰稍晚些的时候被送往神殿祭司处行割礼的；晚祷则是傍晚时分的功课，圣家（Holy Family）就是在这个时候逃向埃及，以躲避希律王的怒火的；睡前祷告则是在夜间的第一个时辰进行的，圣母是在此时终结其尘世生命，升入天堂的。时祷书中的每个时辰都有对应的彩绘图，从“圣母领报”（如我们所见）、“圣母往见”、“圣诞”、“牧羊人”、“三博士”、“割礼”、“逃难”一直到“圣母升天”。这些都是所有时祷书中的常见主题。

在中世纪晚期，像《斯皮诺拉时祷书》这般奢华的抄本并不多见，它为从夜祷到睡前祷的每个时辰都配了多组祷文，以便抄本主人在一个星期的不同日子里使用。圣母日课前面还有大约八十页的篇幅，呈现的是星期天的三一日课、星期一的圣灵日课、星期二的圣灵日课、星期三的诸圣日课、星期四的圣礼日课、星期五的十字架日课（耶稣被钉十字架事件就发生在星期五），圣母日课则被安排在星期六。另外还有三份简短的敬礼弥撒，分别是三王弥撒（Mass of the Three Kings，同三王在科隆的圣物有关的，或是同皇族有关）；消除瘟疫弥撒——黑死病留下的可怕记忆仍在人们的脑海中；以及行路人弥撒。

圣母日课之后便是忏悔诗，以及与忏悔诗相伴的连祷文。这部分文本是在第 165 对开页的左页开篇的。自早期基督教时代以来，七忏悔诗便一直是祈祷书的组成部分。据说，它们寓指七宗罪，而这七宗罪是那极易犯错的《诗篇》作者大卫王在不同时间犯下的。在中世纪晚期，七忏悔诗通常是在大斋节期间的星期五诵读的，不过，对于个人来说，则很适合在犯
534 下错误或变得软弱时诵读。与之相伴的连祷文也非常迷人，由古老的呼告组成，一个接一个地召唤诸圣徒的名字，极具节律感，如同钟声一般，以“Ora pro nobis”（请为我们祈祷）为间奏，接着便列举出人类内心深处的诸般恐惧和尘世之上的诸般危险，如打雷、闪电、暴死等，并求主将我们从中解脱出来。跟年历一样，连祷文也是源自基督教的初创时代的。它们在内容上连接着第 184 对开页左页的亡灵日课（Office of the Dead）。死亡

是中世纪欧洲的核心问题之一。在中世纪的欧洲，战争、无法预测的歉收、瘟疫以及悄然而至的疾病，都令生命变得极为脆弱。那个时候的欧洲人时时刻刻都在担心死亡会不期而至，担心自己会没有时间忏悔，也没有时间行临终礼。亡灵日课由一系列的葬礼仪典组成，读者会想象那正是他们自己的葬礼。这就好比主动参加自己的葬礼，并以此阻断死神不期而至的机会，而且，做好准备总是一件明智的事。

《斯皮诺拉时祷书》在诸多短祷文和经文、圣哲罗姆辑录的《圣咏》以及圣伯纳德辑录的韵文中结束，最后一部分内容包括为忙碌之人定制的删节版《诗篇》，一连串的召请特定圣徒的长长的代祷文，以及在弥撒仪式前后进行私人祷告时诵读的祷文。其中记录的五百多年前人们的日常期望和恐惧，令“时祷书”在不经意间成为极其鲜活的历史文献。

今天的人们在欣赏一份时祷书抄本的时候，主要是在品鉴其中的插图。盖蒂博物馆是一座艺术博物馆。它收藏的时祷书抄本已经超过三十份，更有大量来自其他时祷书抄本的残片。此等抄本里面的插图，不是普通意义上的文本配图。它们不是用来呈现文本叙事的（时祷书的文本本身也没有叙事性）。时祷书里面的插图，如同我们之前在找寻夜祷文部分时经历的那样，是一种非常实用的设置，借助它们，我们可以很容易地定位并找出所需文本，同时，它们也起到了辅助冥想的作用。《斯皮诺拉时祷书》的真正特点就在于：很多插图在画工精美之外，都是极为复杂且极具新意的。2003 年，《斯皮诺拉时祷书》来到伦敦的皇家学院展出，当时人们给出了这样的评价：“这是一份在彩绘插图上最具野心也最具创造力的 16 世纪的 535
弗莱芒抄本。”考虑 16 世纪正是彩饰抄本大量涌现的时代，这样的赞颂可谓分量十足。抄本中的许多插图以对页的形式呈现，如同双联画一样。右页上的场景有时是以预表的形式呈现的，确切地说，就是通常会呈现《旧约》中的某个事件，而该事件的寓意将在基督教中得到应验。比如说，亚伯拉罕和三天使的插图，就是同三位一体的画面成对出现的，以标识三一日课的开篇。其中的寓意是：亚伯拉罕与作为上帝信使的三天使的此番相遇（《创世记》18），预示了日后基督教阐述的圣父－圣子－圣灵三一体。

Die luna. hora pro de
Equiem functis. Ad m.
eternam dona eis dñe.

以色列人在旷野中收取灵粮（《出埃及记》16）以及麦基洗德将饼和酒赐予亚伯兰的士兵（《创世记》14）的场景，则与中世纪的圣体游行队伍对应起来，星期四的圣礼日课的配图正是圣餐所用的圣饼——维系基督徒生命的神圣之粮。摩西以及摩西挂在杆子上用来拯救以色列人的铜蛇（《民数记》21）则被置于“基督被钉十字架事件”插图的旁边，以标识十字架日课的开篇；诸如此类，不一而足。圣母日课的夜祷文的开篇插图“圣母领报”，则是跟基甸祈求羊毛上的露水的故事（《士师记》6:36~40）匹配起来的，因为后者预表圣灵感孕事件。这样的例子还有很多，为《旧约》和《新约》中的许多《圣经》故事提供了在插图中出场的机会。当然，这需要我们对经文有所了解，或者熟悉其他呈现了《圣经》中的预表的艺术作品，比如说在当时的荷兰地区颇为流行的《穷人圣经》（*Biblia pauperum*）。我们时常能够在弗莱芒花饰窗上面看到类似的绘图。《斯皮诺拉时祷书》当中的《旧约》场景强化了这样的类比，即它们至少在一定程度上能代表圣母本人所知的那个宗教世界。抄本中还有一系列十分逼真的圣徒画像；两幅亡灵日课的配图，呈现的是庄严的死亡场景和一场昂贵的葬礼；以及末日审判图，图中基督脚踩水晶球，驾临金色天穹，尘世之人则正从凡间的雾瘴当中爬升上来。

在盖蒂博物馆阅览室的长桌边反反复复地欣赏这些插图，这样的体验 537
实在是太过瘾了。这些图也许无法触及现代读者的内心，但定会让人身心愉悦，并将往昔的生活图景都带至读者的眼前。实际上，品味这样的画作，就仿佛在参观挂满弗莱芒老画师作品的艺术长廊，因为前者在品质上甚至不逊色于顶级木板画。一些小的细节更是为画作添加了更具吸引力的人文主义色彩和不可抵挡的魅力。任何读者都会期望向他人指明这些元素，跟众人分享自己的心得。在一幅插图中，一个富有之家的客厅里面有一只被

左页：财主与拉撒路，这是星期一的亡灵日课的配图，呈现的是富人宴饮的场景，一只猴子蹲在窗沿上，一个穷人因乞讨未果而死去，他的灵魂升入天堂

Die veneris. hore de scā
Domine cruce. Ad ma.
labia mea aperies.

关在笼子里的鹦鹉。鹦鹉旁边有一只蹲在窗沿上的猴子——关于这只猴子的品种问题，我回到剑桥之后，特意请教了灵长类动物学家威廉·麦克格雷（William McGrew）教授，他告诉我，这是一只巴巴利猕猴，很可能是来自直布罗陀。小天使从圣母花园里偷摘花朵，那些都是百合花。听闻圣诞的消息，一个牧羊人欢呼雀跃，他身边的狗却是一脸茫然。克劳斯先生在他还是抄本的主人时，曾用这幅插画制作了圣诞卡片。约瑟在逃难埃及途中休憩时，在一条瀑布旁边给一只蓝白相间的陶罐灌了水，陶罐的倒影映在下方的一池碧水当中。今天的比利时仍然在生产这样的陶罐。孩子们如我们常见的那般在大人的腿间穿行，以便挤到最前面观看耶稣受刑的场面，那奇景也当然令孩子们震惊不已。孩提时代的大卫正在试着戴上大人的头盔，那头盔对他来说太大了，于是他在同歌利亚决斗之前扔掉了它。污水顺着将死之人所在房间的外部砖墙流下，那个房间的窗沿上面的花显然被浇了过多的水。还有一幅图呈现的是美妙的夜景，星星开始在夜空中闪耀，照在西边地平线上的最后一抹夕阳中，圣朱利安坐在一艘小船上，一个妇女正为这位圣徒打着一盏灯笼。学者在研究抄本时，总是习惯于从一座大山的山顶望向另一座大山的山顶，完全忽略了掩映其间的峡谷和小山丘［这是抄本学家 L.M.J. 德莱西（L. M. J. Delaissé）于 20 世纪 60 年代在牛津大学教书的时候，经常使用的比喻］；说得没错，我也是直到为苏富比
拍卖行编制普通时祷书拍卖名录时，才真正意识到这些极具新意的非凡抄 539
本有着何等卓越的品质，而《斯皮诺拉时祷书》毫无疑问就是我希望看到的那个高耸入云的大山之巅。

接下来我们还有别的任务，不过，在此之前，我要对《斯皮诺拉时祷书》的另外两个特点做简略介绍。其一，任何一本书的书页本质上都是平面的、二维的，毕竟文本的性质就是如此。视角的逐步演化是艺术史中的

左页：耶稣被钉十字架，星期五十字架日课的配图，图中的文本框看上去仿佛是立体的，似乎能转到另一侧

标准主题之一。此一时期的欧洲画师已经开始尝试将平面的书页同三维空间的错觉结合起来了。这在 15 世纪晚期成了抄本艺术中最受关注的技法之一，特别是在意大利东北部以及荷兰南部。《斯皮诺拉时祷书》插图大多绘有给人错觉的木质画框，黑色和金色的阴影令画框呈现出立体感，就仿佛是立在我们眼前的实体木板画，或是一扇开向一个平行宇宙的实实在在的窗户。页面中央的长方形文字框则打破了这一错觉。有时，画师会对文字进行改造，刻意为其制造出一些阴影，令其看上去像是写在落在书页上的立体卷轴上的；有时，画师会让文字看上去像是写在钉在书页上的羊皮纸条上的，其逼真程度会让我们在一时之间觉得那钉子也是真的；有时，画中的天使会倾斜着身体进入我们的世界，拿着那文字框给我们看；有时，画师还会将文字框画成长方形的镶板的样子，并将其一侧“铰接”在画框上，使其看上去可以像百叶窗那样被折叠起来，以展示被它覆盖了的背景中的画作。这些画师在以全新的方式试探现实和错觉之间的关系。而这些试验产生的效果则是完全无法由印刷实现的。

另一个特点很容易被这些令人叹为观止的插图掩盖，那就是，《斯皮诺拉时祷书》的每一页文本页都绘有华丽的边框，将文本环绕起来。此等全方位的页面边框贯穿了整份抄本的文本页，即便是在最为昂贵的抄本中，这种情形也极为罕见。《斯皮诺拉时祷书》的页边异乎寻常地宽，这跟《半神》抄本有点像。每页的文本部分大约只有 4 英寸长、3 英寸宽；文本的
540 四面都是边框，边框为 5.75 英寸长、4 英寸宽；页面的总面积则几乎是带框文字的两倍，长度超过了 9 英寸。倘若宽页边是奢华的表现，那么这份抄本已经奢华到了极致。一些环绕文本的边框给人以织物或者蚀刻木材的错觉。大多数边框是以所谓的“根特 - 布鲁日”风格呈现出来的，这意味着，它们都饰有十分写实的花朵和莓子，那些花朵和莓子仿佛就是在被采摘下来之后，被随意扔在了浅金色或彩色的地面上，它们的影子落在右边。

右页：页面边框上的花饰十分写实，昆虫都不免在上面停留，但实际上那些昆虫也是画上去的

dextris dei. ℣. Stephanus ple
nus gratia et fortitudine facie
bat prodigia et signa magna in
populo. Oremus. Oro.
Omnipotens sempiterne
deus qui primitias martyrū in
beati levite stephani sanguine
dedicasti. Tribue quesumus. ut
pro nobis intercessor existat qui
pro suis etiam persecutoribus ex
oravit. dominum nostrum ihm
xpistū filium tuum Qui tecum
vivit et regnat in unitate spūs
sancti deus per omnia secula se
culorum Amen.

其中各种花都有，康乃馨、蓟花、矢车菊、玫瑰、紫罗兰、石竹、草莓花、勿忘我，等等，画工更是细致入微。有时候，还会有蜗牛和其他昆虫混杂其中，看起来同样逼真。这造成了一种双重错觉。花朵如此真实，连蝴蝶都信以为真，遂停在花朵上面；我们不自觉地伸手去赶走蝴蝶，这时才意识到，那蝴蝶也是画上去的，真正受骗的是我们自己。

如今，盖蒂博物馆的阅览室管控严密，并不会出现蝴蝶。现代博物馆的管理人员拥有巨大权力，就如同公司里的合规官一般。工作人员甚至都不会被允许将花瓶带到办公室，以免昆虫之类的生物趁机溜进来。《斯皮诺拉时祷书》中的视觉陷阱，只有在抄本于开着窗户的家中被使用，或被放于坐在室外花园中的主人的腿上时，才会奏效；而这一点，也能令我们了解到更多有关文艺复兴时期荷兰人的日常生活的信息。

在诞生于文艺复兴时期的佛兰德斯地区的大量抄本中，《斯皮诺拉时祷书》是一位亲王，属于一个非常有名的皇家抄本家族。这个抄本家族或多或少包括了那个时代中最为奢华的一批时祷书，比如，1508~1519 年在位的神圣罗马帝国皇帝马克西米利安的《第一祈祷书》（First Prayerbook，现藏于维也纳）；《花饰时祷书》（La Flora Hours，现藏于那不勒斯），该抄本的主人很可能是于 1483~1498 年在位的法国国王查理八世；《詹姆斯四世时祷书》（现藏于维也纳），主人是于 1488~1513 年在位的苏格兰国王詹姆斯四世及其王后、英格兰国王亨利八世的妹妹玛丽·都铎；《伊莎贝拉时祷书》（现藏于克利夫兰），主人是 1474~1504 年的卡斯蒂利亚和莱昂女王伊莎贝拉一世；《罗斯柴尔德祈祷书》（Rothschild Prayerbook，现藏于澳大利亚珀
542 斯），实际上是一本时祷书；《勃兰登堡的阿尔布雷希特时祷书》（Hours of Albrecht of Brandenburg，现由私人收藏），阿尔布雷希特也就是 1514~1545 年的美因茨大主教；此外还包括了一系列皇家日课经，比如《卡斯蒂利亚的伊莎贝拉日课经》（Breviary of Isabella of Castile，现藏于伦敦）；《曼努埃尔一世的日课经》（Breviary of Manuel I，现藏于比利时安特卫普），曾为 1495~1521 年的葡萄牙国王曼努埃尔一世所有；《葡萄牙的埃莉诺日课经》（Breviary of Eleanor of Portugal，现藏于纽约），埃利诺是一位王太后，亡于

1525 年；以及《格里马尼日课经》（Grimani Breviary，现藏于威尼斯）。这些抄本的前主人都是当时欧洲的统治者。

在此一时期荷兰南部地区的奢华艺术品市场中，这些抄本的真正特殊之处在于：每份抄本都是由众多画师合作完成的。它们跟普通时祷书不同，普通时祷书抄本通常是由一个画师绘制的。还有一个情况需要注意：所有这些奢华抄本都出自同一批画师之手。五个当时极为杰出的彩饰师中，有四个参与了所有这些奢华抄本的绘制工作，包括《斯皮诺拉时祷书》在内。他们在这些项目中的角色和作用有大有小，就如同“东方快车谋杀案”中的那些人一样。这看起来就像是雇主刻意想要将当时所有名画师的作品都纳入自己的抄本。

此一时期的抄本制作业还有一个奇特之处：书商不曾参与这个流程，至少我们找不到这方面的证据。比如，跟法国、意大利乃至英格兰的情况不一样，对于布鲁日、根特或者安特卫普这些地方的抄本委托代理人，我们基本上是一无所知的。最初，这是因为荷兰南部地区的商业城市都制定了极为严格的行会章程。比如说，在布鲁日，抄业制作行业涉及两个行会，一个是圣路加画师和马鞍制造者行会，这个行会非常强大，成员可能包括抄本彩饰师；另一个是福音书作者圣约翰抄本制作者行会，这个行会要小很多，总部设在埃克豪特修道院（abbey of Eeckhout），也就是今天的格罗宁根博物馆（Groeninge Museum）的所在地。在画师行会推行的一系列的章程规定下，客户同画师必须面对面建立委托关系，不得通过中介；除非涉及王公贵族，否则便不得有例外。

恰恰就是这个例外，很可能为我们提供了追源这些奢华抄本的线索。作为抄本委托人的王室成员或者亲王完全绕过了书业行会。这些抄本制作项目的管理人可能就是他们的私人抄写员，抄写员负责统筹规划，从有限的优秀画师中挑选合适人选。从有几份抄本中我们可以追踪到抄写员的名 543
字及其作品，比如，布鲁塞尔的 F. 格拉提安（F. Gratianus）在摩根图书馆收藏的一份查理五世的时祷书抄本上留有签名；约翰尼斯·德·波玛利亚（Johannes de Bomalia）在包括《詹姆斯四世时祷书》在内的多份抄本中都有签名。《斯皮诺拉时祷书》的文本用的是哥特体，字迹圆润，排列均匀，非常清晰。据我判断，它的抄写员也是《罗斯柴尔德祈祷书》的抄写员，而且两份抄本用的应该也是同一批画师。有一个小小的线索可以帮助我们追踪此抄写员的身份。《斯皮诺拉时祷书》第 8 对开页左页上的开篇标题旁以及第 312 对开页右页的文本结尾处，都有小写的首字母“d”，倘若这不是签名，就很难做别的解释了。

让我们休息一会儿，在盖蒂博物馆用个午餐。陪同我一起用餐的是莫里森女士和托马斯·科伦（Thomas Kren）先生，两人分别是现任和前任抄本部负责人。博物馆中有多家餐厅，他们带我去了其中一家。餐厅里的世界跟文艺复兴时期的佛兰德斯完全不同。加州风情令人沉醉，食物都是极为健康的，用餐的人都相当苗条，喝的是冰镇矿泉水，侍者也极为亲切。从餐厅里可以远眺洛杉矶，那美丽的风光令人叹为观止。托马斯·科伦的毕业论文写得就是根特－布鲁日地区的彩饰，他在荷兰南部抄本研究领域是一位公认的专家。对我来说，现在正是个好机会，可以就着黄尾鱼鱼生配牛油果的美妙午餐，向这些专家讨教一番。

托马斯及其同僚都认为《斯皮诺拉时祷书》出自五个画师之手。抄本中的一些插图是由某个画师独自创作的，还有一些则要归功于该画师的“作坊”。就我自己来说，我确实搞不清楚作坊内部的分工情况，我能做的就是对品质进行鉴定，鉴于我们对中世纪抄本制作中的协作情况以及画师执业生涯中的起起落落的了解，我认为独立作品和团队作品实际上是难以区分的。

为了方便起见，我们可以为这五个画师编号，并将他们所绘的《斯皮诺拉时祷书》的八十四幅整页插图进行如下分类。（1）有四十七幅插图是由“詹姆斯四世时祷书画师”绘制的。该画师得名于他参与制作的、如今收藏在维也纳的那份苏格兰国王的时祷书抄本，前面提过这份抄本。关于
544 此人就是在文献中有充分记载的著名彩饰师、根特的赫拉德·沃伦堡（Gerard Horenbout，约 1465~ 约 1540）的证据在不断增多，但都不是决定性

的，沃伦堡从1515年起开始担任奥地利的玛格丽特的宫廷画师。（2）有二十四幅插图出自“马克西米利安第一祈祷书画师”之手，前文也提过这本祈祷书。同样有可信但非绝对的证据表明这个画师是亚历山大·贝宁（Alexander Bening）；贝宁自1469年起便见诸档案记录，直到于1519年谢世。他的儿子西蒙·贝宁（Simon Bening，约1483~1561）比他名气更大。（3）八幅插图出自“吕贝克圣经抄本画师”（Master of the Lübeck Bible）之手，所谓《吕贝克圣经》是指一份于1494年在吕贝克制作的《圣经》抄本，该抄本中的木刻画的设计者就是这个画师，不过很显然，他的主业是抄本画师，并且很可能定居在根特。（4）有三幅插图出自“德累斯顿祈祷书画师”（Master of the Dresden Prayerbook）之手。严格来说，这个画师留名的抄本是一本时祷书而非祈祷书，而且是这个画师的早期作品，大约绘制于1470年。《斯皮诺拉时祷书》里的插图应该是他职业生涯晚期的作品，因此，无论是《斯皮诺拉时祷书》里的插图，还是德累斯顿抄本里的插图，都不能体现这个画师的巅峰水准。（5）剩下的两幅插图则出自“1500年前后多份祈祷书的画师”之手。这样的名称对一个如此天才的画师来说，实在是太不恰当了，此人的作品包括由大英图书馆收藏的精美的《玫瑰传奇》抄本，以及如今藏于维也纳、一度属于奥地利的玛格丽特的时祷书抄本。

仅从上述情况便不难见出，《斯皮诺拉时祷书》的五个画师都曾受雇于顶级的宫廷人士，而“詹姆斯四世时祷书画师”（很可能就是赫拉德·沃伦堡）则是《斯皮诺拉时祷书》的主画师。“马克西米利安第一祈祷书画师”次之，此人很可能就是亚历山大·贝宁，剩下的三个画师在《斯皮诺拉时祷书》抄本的绘制工作中仅扮演了很小的角色。五个画师基本上都出自比利时的根特－布鲁日画师圈子，或者是暂时被借调来为荷兰南部地区的雇主效力的。

已经是下午了，我们该对《斯皮诺拉时祷书》进行校勘了。校勘这份抄本是极为艰难的，因为它不仅结构怪异，而且被装订得极为紧密。该抄本先前的主人更是在抄本内侧的书页间填补了一些绵纸，这虽是出于好心，但显然缺乏指导，令校勘工作难上加难（倘若让我主管盖蒂博物馆，我要 545

ecce agnus dei
magister ubi habitas

做的第一件事就是清除这些绵纸）；更何况，我手上还戴着烦人的手套，而有时候为了看清双开页内侧的缝合线，我必须靠着熟练且极为精细的手法推拉书页，手套严重阻碍了我使用这一方法。我费了九牛二虎之力，总算是可以将我自认为正确的校勘情况标注在脚注中了。* 此一校勘状况揭示了一些情况。首先（这一点此前应该没有人注意过），环绕文本的花饰边框是出自两个画师之手的。其中一个画师在文本框底部和右侧的边框内侧描了笔直的金线。这个画师喜欢在非常鲜亮的黄色背景上绘制由小花组成的花簇。另一个画师描的则是红色而非金色的边线，他绘制的花朵要更大一些，还带有茎秆，填涂的背景色也没有那么鲜亮。二人的分工明显是以折为单元进行的。金线画师承担的是第 ii~ix、xi~xiv、xvii、xxviii~xxxii 以及 xl~xli 折。红线画师承担的是第 x、xv~xvi、xviii~xxii、xxiv~xxvii 和 xxxvii~xxxix 折。第 i 折，也就是年历折，配的是带插图的边框；第 xxiii 和 xxxiii 折配的是风格迥异的建筑式样的边框；第 xxxiv~xxxvi 折属于代祷词部分，这部分的边框饰图本就是不一样的。由此可以推断出，该抄本在制作过程中被以折为单元拆分成了多个独立部分，然后才被分配给各个画师。

* i^{7}[共 8 页，缺了第 i 页], ii~xi^{8}, xii^{4}, xiii^{2}, xiv^{6}, xv~xvi^{8}, xvii^{8+1}[第 iii 页（也就是第 118 对开页）是单页], xviii~xxii^{8}，xxiii^{6+2} [第 i 页和第 viii 页（也就是第 165 对开页和第 172 对开页）是单页]，xxiv~xxix^{8}，xxx^{6+2}[第 iii 页和第 vi 页（也就是第 223 对开页和第 226 对开页）是单页]，xxxi^{8}，xxxii^{2+1}[第 ii 页（也就是第 238 对开页）是单页], xxxiii~xxxv^{8}, xxxvi^{6+2}[第 iii 页和第 iv 页（也就是第 266、267 对开页）是单页]，xxxvii^{8+2}[第 i 页和第 v 页（也就是第 272 对开页和第 276 对开页）是单页]，xxxviii^{8}，xxxix^{8+1}[第 i 页（也就是第 290 对开页）是单页]，xl^{8+1}[第 viii 页（也就是第 306 对开页）是单页]，xli^{5}[很可能共六页，丢失了最后一页空白页，也有可能共八页，缺了第 iv~v 页，也就是第 310 对开页后的两页]。

左页：施洗者约翰指向耶稣，一个门徒于是前来向耶稣问话（《约翰福音》1:38）；这是整份抄本当中唯一一幅整页插图，是“马克西米利安第一祈祷书画师”的手笔

第 578~579 页：大卫在祈祷，这幅图出现在七忏悔诗的开篇处，出自“吕贝克圣经抄本画师”之手，受损已经相当严重了，最终它的对页图不得不被一幅风格不同的新图取代，新图出自“马克西米利安第一祈祷书画师”之手

venite benedicti
ite maledicti
NE:REMINISCARIS

Omine ne in furore
tuo arguas me neqz i
ira tua corripias me

现在不妨关注一下这份时祷书抄本的两个主画师（我们暂且把另外三个只是偶尔参与其中的画师留给后文）。“詹姆斯四世时祷书画师”（很可能是沃伦堡）的工作单元是第 i~ix、xiii、xvi、xix~xxi 折。“马克西米利安第一祈祷书画师”（很可能是贝宁）的工作单元是第 xi~xii、xxxiii、xxx~xxxii、xxxiv、xxxvi~xxxvii 和 xxxix 折。二人从未在单折内部有过协作的情况。这一点倒是出乎意料，而且这表明，二人有可能并不在同一个地方工作，或者他们的工作时间是错开的。

547 我认为根据两个主画师的分工机制，就有可能分析出各画师的合理的工作安排顺序。让我们假设圣母日课是最先进行彩饰的——它毕竟是全书的核心文本。这是一个独立的部分（第 xiii~xxii 折）。其中最早出现的插图在第三时辰祷文的结尾处，应该是出自当时已经年迈的“德累斯顿祈祷书画师”以及“多份祈祷书画师”之手。这些插图都不错，但有些传统。接着，在抄本制作工程的早期阶段，人们决定提升抄本的品质；甚至也有可能是雇主换了人。于是，可能是沃伦堡的画师加入了这个工程。他移除了夜祷的开篇图并重新绘制了一幅。夜祷部分的前两页由此成了今天的彩绘双开页，且自成一折（第 xiii 折），这一情况只能用重新绘制后的替代品来解释。沃伦堡为这两页画了非同凡响的“圣母领报”图和极具创意的基甸和羊毛的场景。之后，这位画师从第六时辰祷文入手，完成了圣母日课文接下来的全部彩饰。同时，他还增补了一份年历（第 i 折），一份很不寻常的非周末的日课（从第 ii 折到第 ix 折），七忏悔诗和亡灵日课（第 xxiii~xxix 折，一气呵成），以及代祷文部分（第 xxxv 折）。实际上，到了这里，该抄本也就算是完成了，并且已经相当奢华了。但是不久后，“马克西米利安第一祈祷书画师”和“吕贝克圣经抄本画师”也受雇加入团队。二人带来了第 xi~xii 折的福音书部分，其中第 xii 折只有四页（该折中最后一页是空白页），因为它要与已经就位的第 xiii 折连接起来。在他们的手中，代祷文部分得到了扩充，大批女性圣徒被包括进来（第 xxxiv 折和第 xxxvi 折），其中两位，即圣芭芭拉和圣克莱尔，与她们的画像一起出现在附在第 xxxvi 折中的两张单页上，这似乎表明，即便在制作过程中，抄本也在不断升级。还有两位圣徒的画像出现在了另插入的新书页上，分别是圣哲罗姆（第 223 对开页左页）和施洗者约翰（第 267 对开页左页），后者的画像实际上是抄本里仅有的一幅整页插图，图中没有文本框，两幅图都出自“马克西米利安第一祈祷书画师”之手。最令人费解的情况出现在第 165 对开页，这是七忏悔诗开篇的配图页。校勘情况显示，这是一张单页。它没有 550
跟看上去明显是它另一半的第 172 对开页连起来，因而它只能是后来增补进去取代原先内容的。怪就怪在这里。第 166 对开页右页的插图取材于大卫王的生平故事，出自“吕贝克圣经抄本画师”之手。人们通常会预期其对页上的图呈现的是大卫王的罪过，比如一幅拔示巴的画像。第 166 对开页右页的顶端有磨损和剥落的情况。其对页上的配图肯定是出了问题，遂被移除并被不那么合适的末日审判图（第 165 对开页左页）取代，该图由“马克西米利安第一祈祷书画师”绘制。仅此一点就足以表明，“马克西米利安第一祈祷书画师”是最后加入这项工程的，他负责对抄本中的空缺进行填补以及修正抄本中出现的问题。此等情形不免令人意识到，抄本的主人拿到的是一份已经非常完善的时祷书抄本，他又分阶段地改造抄本，不断地指点画师修改、调整抄本，看着这份抄本一步一步地“升级进化”，最终将它打造成了一份更为复杂且大不一样的抄本。

今天的《斯皮诺拉时祷书》中已经没有任何明确的证据可供我们追踪并确认抄本的第一任主人的身份了。但可以肯定的是，他或她极其富贵，或者极其幸运。此等奢华抄本显然不是为销售给普通客户制作的。它的规模、它的创新性以及它那一看即知的巨大花费，会令上文提到的那些诞生于同一时期且是为欧洲君主制作的奢华时祷书抄本黯然失色，即使它们都出自同一批画师之手。在本书第七章中，我们谈到了“哈默尔准则”（de Hamel rule），具体是说，倘若你不能确证某份抄本是否是皇家抄本，那么该抄本就不是皇家抄本，因为皇家抄本都是非同凡响的。如此说来，既然《斯皮诺拉时祷书》是所有抄本当中最为奢华的，那么我们就应该到当时欧洲社会的最顶层去寻找它最初的主人。此一时期荷兰南部地区诞生了不少昂贵的时祷书抄本。通常，要确认此类抄本的主人，我们只能通过卷首的纹章，或抄本中在祈祷的主人的画像来辨别。盾形纹章通常出现在卷首，有时也会在卷尾现身；这方面的例子包括天主教的《伊莎贝拉时祷书》、《花饰时祷书》、《詹姆斯四世时祷书》以及《勃兰登堡时祷书》等——我们都是借助纹章才辨识出这些抄本最初的主人的。《斯皮诺拉时祷书》的校勘情况显示，每个单元的单页尾页都被撕去了。这几张单页恰恰是抄本主人
551 的纹章最有可能出现的地方。另一个奇怪之处在于，该抄本的结尾处也有个人对圣母的祷词部分，并且也配有巨大的彩绘首字母以及装饰边框（第 311 对开页右页），但没有彩绘图页与之匹配。这部分内容的开篇在最后一折（六页折）的中间。因此很有可能有一张双开页后来被人移除了，而这张双开页上就有抄本原主人向圣母祈祷的画面。

现在我们不妨合上盖蒂博物馆抄本和绘画部长桌上的这份《斯皮诺拉时祷书》抄本，观察一下它那 18 世纪晚期的装帧。故事也就是在这里发生了令人意外的神奇转折。在所有细节层面上，《斯皮诺拉时祷书》的装帧跟《贝里公爵豪华时祷书》的都一模一样，后者可以说是这个世界上最富名望的时祷书抄本，是林堡兄弟（Limbourg brothers）于 1415 年前后制作而成的杰作。实际上，我曾两次前往尚蒂伊的孔代美术馆考察《贝里公爵豪华时祷书》（我很高兴有这样的经历，因为想要见到这份抄本其实十分困难），第一次是在 1981 年 3 月，当时在得到馆长雷蒙德·卡泽勒斯（Raymond Cazelles）允准之后，我还小心翼翼地做了抄本封皮的铅笔拓印，那些拓印我至今仍然悉心保存着。《贝里公爵豪华时祷书》的贴金书口显然与《斯皮诺拉时祷书》的使用了完全一样花饰模具。两份时祷书使用的红色皮革也是一样的。封里是同样特殊的绿色丝绸，且其对页也都是很朴素的衬页。在洛杉矶的时祷书和在尚蒂伊的时祷书的封面中央都有盾形纹章，纹章上都有一顶王冠，并且纹章都被成簇下垂的鲜花边饰围绕着；很显然，这样的图案并不是由一整块批量生产出来的纹章模具压印出来的，而是由多个印章一块一块组合而成的。我们知道这是热那亚的斯皮诺拉家族的纹章。

然而，可能还有一份抄本可以加入这种令人震惊的比对当中，那就是

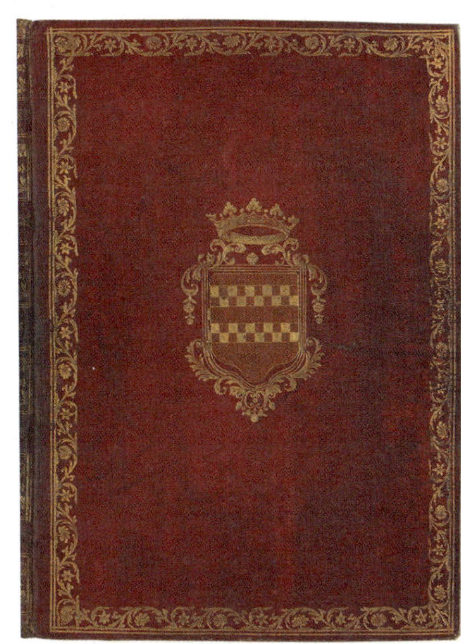

《贝里公爵豪华时祷书》的内部封皮（左图），印有斯皮诺拉家族纹章，跟《斯皮诺拉时祷书》的封皮是一样的。《罗斯柴尔德祈祷书》的外部封皮（右图），以红色天鹅绒包裹，很可能是19世纪的装帧，饰有镀银配件

《罗斯柴尔德祈祷书》。这份抄本的风格跟《斯皮诺拉时祷书》的最为切近，
其装帧用的是19世纪的深红色天鹅绒，并搭配有更早期的镀银底板，人们
普遍认为这些底板是在安塞尔姆·冯·罗斯柴尔德男爵（Baron Anselm von
Rothschild，1803~1874）任抄本主人的时候，被从别处挪过来用以美化抄
本的，这位男爵正是那个盛产大收藏家的家族中的另一个成员。如今，这
份大师之作收藏在西澳大利亚的施嘉里画廊（Kerry Stokes Collection）。对 552
于它的生平记录，我们可以说是一无所知，只知道它于19世纪中叶进入罗
斯柴尔德藏品名录当中。2015年8月，该抄本在墨尔本备展，我也有幸再
次见到这本祈祷书。刚翻开这份抄本，我便体会到了一种令人震惊的熟悉
感。其封里跟《斯皮诺拉时祷书》的和《贝里公爵豪华时祷书》的一模一
样。它们都用了完全一样的亮绿色丝绸，有着完全一样的厚且朴素的羊皮

Eus in Ad. Terciam.
adiutorium meum
intende.

上图：《罗斯柴尔德祈祷书》中的“耶稣诞生”图，包括约瑟夫和马利亚抵达伯利恒以及牧羊人在田间载歌载舞的场景

左页：《斯皮诺拉时祷书》中的“耶稣诞生”图，也包括了牧羊人载歌载舞的场景，他们的旁边还有一条狗，这应该是“1500 年前后多份祈祷书的画师”的手笔

纸衬页。贴金书口上也有完全一样的菱形装饰框，框里是小小的花饰。这
实在是太不可思议了。深红色天鹅绒封皮包裹在昔日的封皮外，可以看到
书脊上有七条缝合带，这一点跟《斯皮诺拉时祷书》也一模一样。天鹅绒
很厚，令整个封皮显得比抄本本身略大了一些。我愿意在此豪赌一番：倘 553
若揭去这天鹅绒封皮，肯定能发现抄本原来的封皮用的是跟《斯皮诺拉时
祷书》一样的暗红色摩洛哥小山羊皮。我还记得另外一个情况，能更进一
步支持我的这个赌局：我在 1975 年初见《斯皮诺拉时祷书》时，看到很多
插图页的底端标注着画家的名字，是有人于 19 世纪早期至中叶用铅笔标注
的。这些名字包括路加斯·范·莱登（Lucas van Leyden）、汉斯·梅姆林
（Hans Memling）、阿尔布雷希特·丢勒等人在内。如此荒谬的标注后来被

抹去了，很可能是克劳斯先生做的；但偶尔还能分辨出很微弱的痕迹，比如说，“耶稣被十字架”事件插图以及摩西和铜蛇的插图就被归为丟勒的手笔。同样的标注也出现在了《罗斯柴尔德祈祷书》的一些页面底端，并且是同样的铅笔笔迹，这些笔迹也已经被人抹去了。很显然，这两份抄本曾跟《贝里公爵豪华时祷书》共处于同一批藏品中，而且这三份抄本曾采用了同一风格的装帧。倘若我们能够确定其中任何一份抄本的渊源，那么就能找出全部三份抄本的渊源。

我们必须回过头去看看。《贝里公爵豪华时祷书》的早期生平很是复杂。1485 年，它的主人是萨伏伊公爵查理一世（Charles I）及其妻子蒙费拉的布朗什（Blanche of Montferrat）。二人都是贝里公爵的直系后裔。他们唯一的女继承人后来成了萨伏伊的菲利贝尔二世（Philibert II）的第一任妻子，而菲利贝尔二世最终将这份时祷书抄本传给了他的最后一任妻子奥地利的玛格丽特（Margaret of Austria，1480~1530）。玛格丽特后来以菲利贝尔二世遗孀的身份成为尼德兰的摄政王，并带走了大约二十本萨伏伊的公爵图书馆藏书，《贝里公爵豪华时祷书》就在其中。在于 1523~1524 年编制的玛格丽特藏品名录当中，这份抄本还处于没有被正式装订起来的状态。直到 1524 年它才得到装订，装订人是玛格丽特的宫廷珠宝匠阿伯勒奥的马丁（Martin des Ableaux），这很可能是这份抄本初次被装订。抄本末尾的空白衬页上依稀能够看到当年两个环扣的铜针留下的氧化痕迹，环扣可能就是最初的装帧的部件。1530 年 12 月，玛格丽特谢世，《贝里公爵豪华时祷书》便由让·拉夫特（Jean Raffault）保管，拉夫特是讷夫维尔的领主（seigneur de Neufville），也是玛格丽特的财务总管，这之后，《贝里公爵豪华时祷书》从世人的视野中消失了数个世纪之久。

为了验证之前的设想，我们假设奥地利的玛格丽特当时在《贝里公爵

右页：《斯皮诺拉时祷书》里的插图，图中主角在打猎时被死神刺中，尔后便死在卧榻之上，他的家人陪伴在他身旁，该图出自“詹姆斯四世时祷书画师”之手

Incipiũt vigilie mor
tuorum. Antiphã. Pla
cebo domino. psalm9

555 豪华时祷书》以外，也拥有《斯皮诺拉时祷书》和《罗斯柴尔德祈祷书》，且这三份抄本在她去世后，都被收藏在同一处。（将《斯皮诺拉时祷书》同奥地利的玛格丽特联系起来的想法，是约阿希姆·普罗齐克于 1982 年最早提出的。）有很多细微线索可以佐证这个想法，比如说，在最后阶段被增补进抄本的代祷文中，女圣徒得到了强调，而且从名字看，她们都来自德意志和西班牙，这同玛格丽特的身份十分契合，毕竟，她既是神圣罗马帝国皇帝的女儿，又是西班牙王位继承人的遗孀。《斯皮诺拉时祷书》的连祷文就召请了托莱多的圣依德丰苏（Saint Ildephonsus）。玛格丽特是当时欧洲资金最为雄厚并且人脉最广的艺术主顾之一。最重要的是，“詹姆斯四世时祷书画师”——倘若我们认定他就是赫拉德·沃伦堡——从 1515 年 4 月开始，就受雇成为玛格丽特的宫廷画师和男侍从（*valet de chambre*）。他至少为玛格丽特服务到 1522 年。1521 年丢勒前往荷兰时，曾拜访了这位宫廷画
557 师。从风格上判断，1515 年之后的这七年恰好就是《斯皮诺拉时祷书》和《罗斯柴尔德祈祷书》的制作时段。

玛格丽特的母亲是勃艮第的玛丽（Mary of Burgundy，1457~1482）——勃艮第公国唯一的女继承人，玛格丽特的父亲是奥地利的马克西米利安（Maximilian of Austria，1459~1519），也就是德意志国王以及 1508 年起的神圣罗马帝国的皇帝（前文谈到的《马克西米利安第一祈祷书》就是以他的名字命名的）。玛格丽特出生在布鲁塞尔，在根特受洗。她于孩童时代便同未来的法国国王查理八世订立婚约，因此是以太子妃的身份被抚养成人的。1491 年，该婚约被撤销。玛格丽特转而嫁给了体弱多病的西班牙王子胡安，即费迪南和伊莎贝拉的确定继承人（也是阿拉贡的凯瑟琳的长兄）。胡安没有活过 1497 年，谢世时仅十九岁。1501 年，玛格丽特改嫁萨伏伊公爵菲利贝尔二世；三年后，这位公爵也归了天，原因是在酷暑时节外出打猎。《斯皮诺拉时祷书》里的亡灵日课中有一幅非常生动的页底插图，图中一个人于骑马在外驰骋时被死神刺中，很快便奄奄一息地躺在了床上，他的家人围拢在他床前，焦虑不堪。死前菲利贝尔公爵卧病了数日。据说，当时玛格丽特在极度焦虑之中将自己极为珍贵的珍珠项链磨成粉末，做成

药汤给公爵灌了下去，但这没能救下公爵的性命。1506 年，由于玛格丽特的哥哥美男子费利佩（Philippe the Handsome）也归了天，二十六岁的玛格丽特终于从萨伏伊返回尼德兰，坐上了摄政王和总督的位子。在此期间，玛格丽特在梅赫伦（Mechelen，又称马林）建造了一座文艺复兴风格的宫殿，甚是宏伟，就在安特卫普和布鲁塞尔之间，距离根特大约三十英里。玛格丽特没有留下子嗣，也没有再嫁。

玛格丽特拥有令人惊叹的艺术收藏。她的藏品包括了扬·范·艾克（Jan van Eyck）的《阿诺菲尼的婚礼》（Arnolfini marriage），这幅无与伦比的画作如今已经是英国国家美术馆的镇馆之宝。玛格丽特收藏的抄本有将近四百份之多，其中包括了她的父亲留给她的 11 世纪的《埃希特纳赫奥里斯抄本》，该抄本是为神圣罗马帝国皇帝亨利三世制作的（如今收藏在埃斯科里亚尔的西班牙皇家图书馆）。1519 年，伊拉斯谟曾前往梅赫伦查阅该抄本，并在自己的 1522 年希腊语《新约》译本的前言当中引述了该抄本。玛格丽特的第一本时祷书是在她三岁时受赠的，那时她正以太子妃身份前 558
往法兰西宫廷。这份抄本很可能就是著名的《勃艮第的玛丽本时祷书》，收藏在柏林；勃艮第的玛丽就是玛格丽特的母亲，玛格丽特前往法国时，玛丽刚刚谢世。玛格丽特的哥哥美男子费利佩则在玛格丽特前往西班牙同胡安结婚时，赠送给妹妹第二本时祷书，这本时祷书应该就是如今收藏在维也纳的《詹姆斯四世时祷书》。后来，在《贝里公爵时祷书》之外，玛格丽特又获得了未完工的《博讷时祷书》（Hours of Bona），萨伏伊的博讷是米兰大公加莱亚佐·斯福尔扎（本书第十一章中的《半神》抄本的主人）的遗孀。玛格丽特将《博讷时祷书》带回梅赫伦并请自己的宫廷画师赫拉特·沃伦堡将之完成。玛格丽特后来将这份抄本送给自己的外甥、神圣罗马帝国皇帝查理五世。如今，它被收藏在大英图书馆。

倘若《罗斯柴尔德祈祷书》和《斯皮诺拉时祷书》都是奥地利的玛格丽特雇人制作的，那么很有可能是祈祷书先面世，大约是在 1515 年沃伦堡刚刚加入这位女公爵的“发薪名单”时。倘若这个前后顺序是正确的，那么玛格丽特在获得《斯皮诺拉时祷书》时，《斯皮诺拉时祷书》很可能还没有完工；就像《斯福尔扎时祷书》一样，玛格丽特请沃伦堡扩充并完善这份抄本。倘若《马克西米利安第一祈祷书》的画师确实是亚历山大·贝宁，那么该抄本的诞生时间不会晚于 1519 年，因为亚历山大·贝宁是在这一年谢世的。它很可能是在 1520 年前最终完工的。

1523~1524 年的玛格丽特藏品名录中，共有六份时祷书抄本。我们可以对它们逐一甄别，看看它们是不是《斯皮诺拉时祷书》或者《罗斯柴尔德祈祷书》：其中有一份太小，还有一份太老，还有两份现藏于其他地方；最后只剩下两份没有被排除。最后两份中一份的名录纪要将其描述为，“une assez grosses heures”，意思是说，一本很大的时祷书（但显然没有《贝里公爵时祷书》那么大，因为后者的描述是“une grande heure”，即“一本巨大的时祷书”）；并且说该抄本的封皮是用绿色天鹅绒制作的，配有镀银环扣。在名录中，该抄本的编号为第 53 号。另一份抄本的编号为 367，有一条更详细的描述：“*Premier, une riche heure en parchemin, bien historiee et enlumynee, couvertes de satin noir, clouant a deux fermilletz d'or, escriptes a la main.*”可想而知，“一本很大的时祷书”是在描述《罗斯柴尔
559 德祈祷书》，因为该祈祷书的确很大，比《斯皮诺拉时祷书》还要大一些。至于第 367 号藏品会不会就是有黑色绸缎封皮和两个金环扣的《斯皮诺拉时祷书》呢？因为它的确如描述的那样极为豪华、彩绘精美且是手抄而成的。

名录纪要显示，该抄本被收藏在梅赫伦的宫殿里“有壁炉的房间旁边的一个小壁橱里面，俯临小教堂的廊台”。如今，根特美术馆（Museum voor Schone Kunsten in Ghent）保存有一幅双联画，画中呈现的是奥地利的玛格丽特在一份黑色封皮的时祷书抄本前跪地祈祷的场景，玛格丽特的身后就有一个壁炉，壁炉的旁边是一个雕花的木质壁橱。玛格丽特的脚边有一条狗和一只猴子（《斯皮诺拉时祷书》的插图“财主与拉撒路”中这两种
560 动物都是财主的宠物）。正对着玛格丽特画像的是圣母和圣子图，背景是透过窗户望见的一座教堂。15 世纪的布鲁日的格鲁修斯（Gruuthuse）宫内，有一间用于私人祈祷的顶层房间，房间内设有一扇望向附近的圣母大教堂（Onze-Lieve-Vrouwekerk）的窗户。如今收藏在维也纳的那份为玛格丽特

奥地利的玛格丽特（1480~1530）的画像，双联画中的一幅，出自“1499 年画师”之手，画中，玛格丽特跪在一本祈祷书前，身旁是一个壁炉、一条狗和一只猴子

的母亲、勃艮第的玛丽制作的时祷书抄本中，就画有抄本的主人在这样一扇窗户边诵读时祷书的场景，透过窗户可以看到下方教堂里的唱诗班。这些画面提示了我们诸如《斯皮诺拉时祷书》或者《罗斯柴尔德祈祷书》这样的抄本在梅赫伦宫中的最初用途。

名录中的“很大的时祷书”抄本和“豪华时祷书”抄本在玛格丽特谢世之后被传给了玛格丽特的侄女匈牙利的玛丽（Mary of Hungary，1505~1558），也就是神圣罗马帝国皇帝查理五世的妹妹。不过，这两份抄本跟《贝里公爵豪华时祷书》一样，在16世纪时便从世人的视野中消失了；约1569年，勃艮第公爵图书馆制作了藏书名录，但这三份抄本均没有出现在匈牙利的玛丽的藏书当中。前文曾提及，《斯皮诺拉时祷书》缺了带有盾形纹章的卷首页，而且很可能也缺了一幅抄本原主人跪在圣母面前祈祷的插图；《罗斯柴尔德祈祷书》也是如此，它的卷首页插图也不见了，并且圣母祈祷文的前一页被转移到了第145对开页右页的前面。也就是说，这两份抄本被以完全一样的方式抹去了原主人的身份。

倘若这三份抄本还在一起，那么它们很可能都被安布罗吉奥·斯皮诺拉（Ambrogio Spinola，1569~1630）带到了热那亚。安布罗吉奥·斯皮诺拉在荷西战争期间担任西班牙军队的将领，分别于1603年和1625年率军攻陷奥斯坦德（Ostend）和布雷达（Breda），他也是外交官和朝臣，最终于1629年退役回到他于热亚那的家中，回归之时，他携带了一批战利品，还带上了画家迭戈·委拉斯凯兹（Diego Velázquez）。是他的老友彼得·保罗·鲁本斯（Peter Paul Rubens）从中牵线，令他与画家委拉斯凯兹有了交集，斯皮诺拉遂带着这位画家来到意大利，欣赏抄本里的绘图。抄本的翻阅者常常不会留下任何痕迹（这是好事），不过，我们可以认为，委拉斯开兹甚至鲁本斯都有可能亲手翻看过《贝里公爵豪华时祷书》、《斯皮诺拉时祷书》和《罗斯柴尔德祈祷书》。

三份抄本的封皮显然是为热那亚的圣卢卡的温琴佐·斯皮诺拉（Vincenzo Spinola di San Luca）制作的。我们之所以做此推断，是因为温琴佐·斯皮诺
561 拉的继承人兼遗嘱执行人是他的外甥吉奥·巴蒂斯塔·塞拉（Gio Battista Serra，1768~1855），而包裹着《贝里公爵豪华时祷书》那印有斯皮诺拉家族纹章的封皮的皮革之上，呈现的就是塞拉的纹章（封底上的斯皮诺拉家族纹章则保持着原样）；塞拉死后不久，该抄本便进入了待售状态。他生前将该抄本传给了玛格丽塔的菲利克斯男爵（Baron Félix de Margherita），后者于1855年将它存放在热那亚的一所女子寄宿学校供人们观瞻，抄本很快就吸引了买家。阿道夫·德·罗斯柴尔德男爵加入了交易谈判，但是在1856年1月的拍卖会上，男爵被出价更高的奥玛勒公爵、奥尔良的亨利

（Henri d’ Orléans, Duc d’Aumale，1822~1897）击败。至于今天人们所说的《罗斯柴尔德祈祷书》，当年很可能是被阿道夫的老丈人、维也纳的安塞尔姆·冯·罗斯柴尔德买下的。最终，奥玛勒公爵将《贝里公爵豪华时祷书》遗赠给法国的孔代美术馆。《斯皮诺拉时祷书》很可能也被出售了，且自此从世人的视野中彻底消失了。

事实上，我本人就见证了《斯皮诺拉时祷书》重见天日的过程。1975年的夏天，我从剑桥大学毕业，直接来到苏富比拍卖行工作。那年10月中旬，我被派往慕尼黑，随同安东尼·霍布森先生参加一场拍卖前的展出，展出的内容是托马斯·菲利普斯（Thomas Phillipps）爵士的藏品，这些藏品预定于当年11月在伦敦被拍卖。此时，苏富比拍卖行刚在画廊街6a号开了一间小办公室，就在霍夫花园旁边，距离路德维希大街不远。一个退休肉商听闻此次展出的消息后，在女儿的陪同之下专程从柏林赶来，为我们带来了他自己收藏的一份抄本。我记得很清楚，他将那抄本从毛毯中取出，将其放在桌子上，随后抄本被传给了我，由我打开。这份抄本当然就是我们今天所说的《斯皮诺拉时祷书》。在场所有人都被它震惊了。安东尼·霍布森凑到我耳边，用英语低声跟我说，此等品质的抄本肯定已经出现在了记录中，他说他负责跟肉商聊天，而我就利用这段时间跑过路德维希大街，直奔慕尼黑州立图书馆查阅弗里德里希·温克勒（Friedrich Winkler）的《弗莱芒抄本彩绘》（*Die flämische Buchmalerei*）——这本书于1925年问世，是一份标准名录，记录了所有当时为公共机构所收藏的荷兰南部抄本（实际上，正是温克勒首创了前文提到的一系列抄本画师名，比如“马克西米利安第一祈祷书画师”等）。我还留着州立图书馆的借阅卡，因为不久前我还在读研时就来过这座图书馆（见本书第八章）。没过半个小 562
时我便从图书馆回到拍卖行办公室，我带回的消息是：这份非凡抄本并没有被记录在温克勒的书中。

关于这份抄本的来龙去脉，抄本的现任主人有多个版本的故事，其中一个故事是说，该抄本在他们家中已经传承了数代人之久，赫尔曼·戈林曾试图将其据为己有，但他们一家人将之藏在掏空的收音机里面，由此才

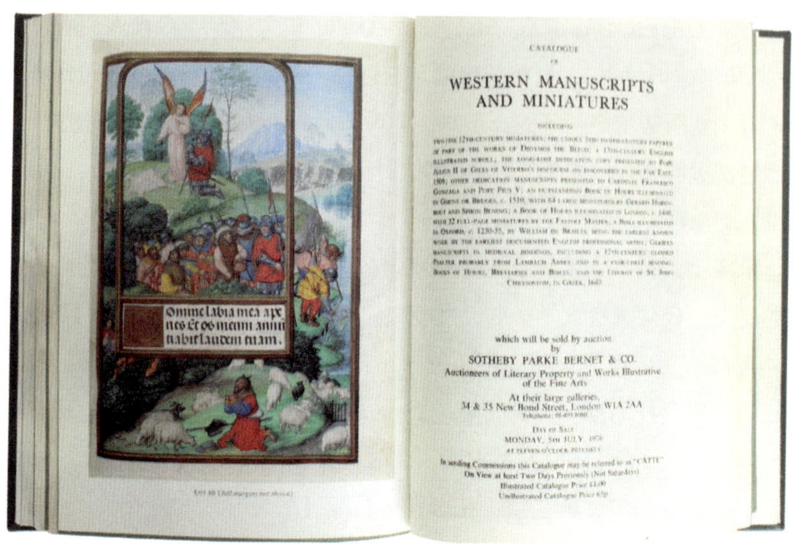

苏富比拍卖行 1976 年 7 月 5 日的拍卖名录，由克里斯托弗·德·哈默尔编制，这也是《斯皮诺拉时祷书》第一次被编入名录并得到介绍

令抄本活过了第二次世界大战。我们开了一张借据给老人，将抄本留下以便做进一步考察。在当时以及随后的四十年里，我们展开了大范围的调查，希望找出这份抄本在二十世纪的经历，但最终没有得到任何可喜或可忧的消息。实际上，这就如同谈恋爱一样，有时候是不能追查过甚的，尽管我直到现在都很遗憾当年没能问抄本主人更多的问题。最终，在多方考量之后，我们只能在完全缺乏具体证据的情况下，推测这份抄本是在柏林的私人藏家手中安然度过了恐怖的战争时期。抄本的扉页之上留有一个绿色的印章，很显然是现代人所为，旁边还有一个手写的首字母签名，应该就是我们在慕尼黑碰到的那个老人的名字。

1976 年 7 月，这份抄本如约来到伦敦参与拍卖。我为它撰写了长达六页的名录纪要，这是我写过的最长的纪要。在纪要当中，我初次尝试对参与抄本的画师进行甄别。那个时候还没有提前发布拍卖品的预估价格的机制。当时，珍本拍卖价格的最高纪录是由《卡克斯顿奥维德抄本》（Caxton

manuscript of Ovid）和《查茨沃斯乔叟抄本》（Chatsworth Chaucer）共同保
持的90000英镑（前者是1966年的拍卖价，后者是1974年的拍卖价）；据说，
要达到六位数是不可能的。1976 年 4 月的伦敦媒体登载了这样的消息，“神
秘抄本将在苏富比拍卖行挑战十万英镑天价”，这的确是桩新闻，而且更有
报道说：“……抄本世界泛起的阵阵涟漪，一场大潮即将来袭，且等待这神
秘抄本……在 7 月 5 日星期一现身苏富比吧。”很多人来到了我那俯临伦敦
中心圣乔治街的小小办公室，来欣赏这份神秘抄本，其中就包括出了名的极
具进攻性的买家汉斯·克劳斯。克劳斯先生在自传当中是这么谈论当年的事
情的：“我……决定亲自竞价，不给别人留任何机会。”拍卖当天是个酷热的
夏日，我们都预期克劳斯先生在这个早上会全力以赴。结果恰恰相反，克劳
斯先生闷闷不乐地坐在自己的座位上，极为散漫地举手并给出了大约 60000
英镑的报价，随后便明显地摇了摇头。但竞拍进程不知为什么仍在继续，价 *563*
格节节攀升，一直是几个满脸困惑的英国书商在与“神秘人士”竞价。价格
来到 250000 英镑，然后是 300000 英镑，并在 350000 英镑的位置上暂停了
一会儿。两位英国书商弗兰克·哈蒙德和查理·特莱伦不得不给出孤注一掷
的报价，但仍然失败了。370000 英镑，一锤定音。拍卖人在拍卖大厅里高
声宣布“汉斯·克劳斯”，此时所有人都被震惊了，但没有人比我更诧异。
实际上，克劳斯先生跟苏富比预先协定了自己的策略。他很清楚，拍卖大厅
里的所有人都会盯着他，等着他给出一个令竞争者灰心丧气的价位，于是他
跟当天的拍卖人达成如下约定：拍卖过程中，无论他说什么或者做什么（比
如摇头），都不重要，重要的是，只要他不摘下眼镜，就意味着他的竞价没
有结束。当然，克劳斯先生一直没有摘下眼镜，最终摘得这本时祷书。第二
天的《泰晤士报》引述了他的话：“在拍卖前，我已经跟太太和儿子商量过
了，只要不超过 700000 英镑，我就都能接受。”也就是从那一刻起，这份后
来被称为《斯皮诺拉时祷书》的抄本终于重见天日，并迅速名扬四海。

第 597 页 :《斯皮诺拉时祷书》的绿色丝绸封里，跟《贝里公爵豪华时祷书》和《罗斯柴尔德祈祷书》的是一样的

后 记

566 现在我们到了机场出发大厅候机，距离带着小孩或者其他需要更多登机时间的旅客开始登机还有半个小时。我们的行李已经被送去托运了，不过我们在看抄本时所做的珍贵笔记被装在了手提行李里。这是一次令人兴奋的非凡抄本之旅，我们拜访了一小部分世界上最为珍贵的抄本。还有很多图书馆是我们本该造访、以后一有机会就会去造访的。大英图书馆、梵蒂冈图书馆，可能还有维也纳的奥地利国家图书馆是遗漏的图书馆中最重要的三座，虽然在本书中我们提到过很多来自这些地方的抄本。布鲁塞尔、海牙、斯德哥尔摩、米兰以及威尼斯的国家图书馆中也有令人震惊的宝藏，当然也包括班贝格、圣加仑以及维罗纳的图书馆，这些最初都是教堂图书馆。此外还有藏书极其丰富的大学图书馆，诸如剑桥大学、曼彻斯特大学（约翰·瑞兰德图书馆）、格拉斯哥大学、日内瓦大学、莱比锡大学、克拉科夫大学、蒙彼利埃大学、哈佛大学、耶鲁大学等的图书馆。必须承认，我对大量分布于法国各行省的地方图书馆也很是喜爱，诸如特鲁瓦（Troyes）、第戎以及鲁昂的图书馆，其藏品都是在法国大革命之后从修道院流出，转由当地图书馆保存的。不管你住在哪里，附近都很可能有欧洲中世纪的抄本，就像我们在开普敦、东京、马尼拉、芝加哥、利马（圣弗朗西斯科女修道院）、墨尔本以及奥克兰看到的那样。在这段旅程中，最令我幸福的探索经历就是在小型展览上遇到伟大抄本。比如有在温彻斯特教堂见到的 12 世纪的伟大《圣经》抄本；在巴黎的雅克马尔－安德烈美术馆（Musée Jacquemart-André）见到的《布西科时祷书》（Boucicaut Hours）；在萨格勒布教堂圣物室见到的《托普斯科的乔治弥撒书》（Missal of George of Topusko），当时这份弥撒书是由一名修女专职看护的，修女还用食指戳了
戳书，向我保证那上面的是货真价实的黄金；在伊斯坦布尔的托普卡皮博 567
物馆（Topkapi museum），我还见到了两份出自马加什一世（Matthias Corvinus）宫廷的抄本，是 1541 年土耳其人占领匈牙利之时留下来的。这些抄本完全可以在本书中占有一席之地。本书中，我成功提到了另外一些珍本，比如收藏在罗萨诺教区博物馆的 6 世纪的希腊语福音书抄本、收藏在希尔德斯海姆的《阿尔巴尼圣咏》（Albani Psalter）、收藏在尚蒂伊的《英格堡圣咏》和《贝里公爵豪华时祷书》，还有当年为葡萄牙王室制作的那份令人震惊的日课经抄本，如今它就收藏在安特卫普的迈耶·范·登·贝格博物馆（Mayer van der Bergh Museum）的楼上。四处打听一下，你就会发现到处都可以找到抄本的踪迹。现在想来，我真应该从新西兰南端的达尼丁公共图书馆开启我的这趟非凡抄本之旅，那里的中世纪抄本虽然名气没有那么大，可都是货真价实的，少年时代的我就沉迷其中。当时工作人员允许我将抄本从展柜里面取出来，于是我常常在星期六去那里耗一整天，享受翻动书页带来的喜悦。

这些抄本之所以被保存在他们现在所在的地方，不妨说纯粹是出于一种巧合，而巧合也是贯穿本书所有章节的一种思路。人们可能会认为所有的伟大艺术品都应该是面向公众的且静止不动的，但是彩饰抄本完全不是这样的。实际上，它们那漂泊不定的经历是本书的一个出人意料的主旋律。本书寻访的十二份抄本中，只有一份如今仍然被保存在它的出生国，那就是《纳瓦拉的让娜时祷书》，至少就现代国家的政治边界而言是这样的；但即便是它也经历过多次动荡：曾经差点遵从“多塞遗嘱”（The Douce Bequest）去往牛津，或者作为 T.H. 里克斯（T.H.Riches）的赠礼被送往剑桥（当然，若是如此，叶茨·汤普森夫人势必会对西德尼·科克莱尔感到非常恼怒），更不用说差点消失在贝希特斯加登的脚下了。《贝亚图斯抄本》则先后在柏林和巴黎漂泊，后来又出现在了伦敦的拍卖会上，最后恰逢皮尔庞特·摩根先生需要一些古书（基本上无论什么古书都可以），于是移居到

了美国。《阿拉图斯抄本》曾经被收藏在斯德哥尔摩克里斯蒂娜女王的图书馆，如果没有意外，它现在就应该已经成了梵蒂冈的“女王藏书”的一部分，但碰巧女王的那位莱顿学者突然被解雇，还被允许挑选并带走一批自己喜欢的书册。倘若塞奥尔夫利特能多活两个月，《阿米提奴抄本》就已经到了罗马，并极有可能就此从世间消失，当然也就不会有今天的这个名字。倘若路易十二在1499年的帕维亚战事中败北，《半神》抄本就肯定不会出
568 现在俄罗斯。抄本的辗转漂泊，不仅源于学术研究以及慈善事业中的机缘巧合，也受到政治际遇的影响。本书提及的抄本中，半数以上经历过商业上的交易。其中有两份抄本更是在各自的时代创下了书籍拍卖的最高成交价纪录。有的抄本被视若珍宝，有的则是被弃若敝屣——在西班牙被用来交换一只价值仅三十法郎的怀表，或者干脆被抛弃在托斯卡纳的一个荒废的修道院里，被埋在常年不见阳光的灰尘堆里。《圣奥古斯丁福音书》有足够的名气，能在13世纪就被人书写一番；而《斯皮诺拉时祷书》则毫无名气，直到我在1975年打开了包裹着它的毯子。

这些抄本原本都是沉默且没有生命的物件。而将这些没有被记录过的抄本编入目录，从而赋予它们新的生命，是一件非常有满足感的事情。任何新发现的中世纪抄本，在被全方位检测之前都是没有确切身份的，我们需要确认里面的文本，对书稿结构进行校勘，在风格史的年代表中为抄本中的文字和彩饰找到可信的位置，并最终确定抄本出处。只有在这个检测过程结束之后，新发现的抄本才会拥有自己的“形象”（persona）、身份以及一个通常自此会一直伴随它的名字。没错，名字塑造了性格，就如同发生在我们的宠物身上的事一样——这的确是个很有意思的情况。“凯尔经”这个名字是在17世纪20年代被初次使用的，这样一个名字无疑令抄本本身更具名望，也更为神秘；否则，游客来都柏林的时候，想必也不会排起现在这样的长队，就为了看一眼“8世纪晚期的一份福音书抄本”，无论这份抄本是何等华美。“阿米提奴”和“布兰诗歌”这两个名字都是由接受了古典学训练的德意志语言学家在19世纪创造出来的，他们通常依据抄本的修道院渊源来为抄本分类，这两份抄本也就循着这条路，分别于1850年和

1847 年以新确定的身份，重新回到世上。西德尼・科克莱尔以其贵族品位而著称，是他最先将一份私人收藏家手中虽然雅致但暂且无名的抄本称作"纳瓦拉的让娜时祷书"。这个新的皇家称号毫无疑问帮助该抄本以高价进驻埃德蒙德・罗斯柴尔德男爵的藏书间，并最终成为法国国家图书馆的收藏。"斯皮诺拉时祷书"这个名字则来自一个等着该抄本以百万美元级价格被拍卖的书商。为了本书，我本人为收藏在圣彼得堡的一本虽有记录但无名字的抄本创造了一个名字——"维斯孔蒂半神"（the Visconti Semideus）。我希望这个名字能延续下去。先前收藏在埃克塞特教堂的由画师雨果绘制 569
彩饰的哲罗姆《以赛亚书评注》抄本，如今仍然没有一个真正意义上的名字，而一个被公众认可的专名的缺失在一定程度上削弱了该抄本的历史分量。博德利图书馆应该利用这个可以募集资金的机会向各方征询命名意见并进行招标。

身份得到确定的中世纪抄本都会拥有自己的独特个性，我们在此次非凡抄本之旅中所做的部分工作就是将抄本当作独立的个体，从而发掘它们身上特有的、从别的任何地方都无法了解的故事。有时候，我们要做的很简单——只需要阅读它们就行了，因为书是可以用文字说话的，而这是任何其他人工制品都无法做到的。从《布兰诗歌》的诗中，我们可以直接偷听到 12 世纪晚期的酒馆或者修道院里的窃窃私语。从《贝亚图斯抄本》里世人对即将降临的末日大决战的恐惧和诸多时祷书的祷词中，我们可以更深刻地了解这些抄本最初的主人的内心思虑和隐秘希望。今天，一小部分文本鉴定技术已经发挥了作用，这些技术可以根据词句上的特异之处以及文本当中出现的修订来追踪抄本的起源，并为我们打通探秘之路，由此我们可以抵达格里高利的私宅，也可以抵达乔叟作品的出版之处，甚至还可以在路上见证当年英格兰各个教堂的教士是如何相互走动，各自拿出新近斩获的来自诺曼底的书册比照一番的。这些都是历史中的小小脚注。我们在这趟旅程中遇到的抄本也向我们讲述了很多历史故事，比如欧洲是如何皈依基督教并融入罗马文化的，比如加洛林王朝的统治者们是如何催生那场知识大迁徙、是如何孕育并推行自己的仿古雄心的。这些抄本都不是二手资料——我们就置身于矿藏当中，直接开采着原矿。君王的地位、战争的影响、城市中同业公会的权力、意大利的政局以及荷兰农家庭院的冬日场景，所有这一切都出现在了这十二份抄本中。

我们对彩饰抄本的研究，是出于这些抄本本身的独特个性。我们会仔细观察抄本的羊皮纸、如俗体大写体和西哥特小写体等的诸般奇异字体（我强烈推荐诸位把这些当作日常谈资，在参加晚宴时说上那么两句）、彩饰和装帧，以及能够揭示书册是如何被抄写并最终装订起来的相关证据。
570 这些都是有着重大意义的研究，据此可以追踪职业画师行业以及商业出版的起源。测定并记录抄本的结构这项工作的价值一次又一次地被证实。很多时候，抄本提供的信息能够同其他的独立材料形成互证，比如《塞奥尔夫利特传》以及 14 世纪巴黎的税收等，都能为我们提供一些有效的名字和地点以充实抄本的生平记录。世人很可能会觉得，中世纪抄本中的泥金彩饰的绘制者都是无名无姓的。但在本书提及的抄本当中，大约有一半抄本的画师已经为我们所知，或者至少存在潜在的候选人。借助我们对这些抄本的考察，艺术史和文学史的研究都可以向前寸寸推进，即便是像对贝叶挂毯以及《坎特伯雷故事集》这般里程碑式作品的研究也不例外。

想必大家都已经注意到，常常会有一些事情是我们根本就不知道甚至目前没有办法知道的。比如说，我确实不知道《哥本哈根圣咏》是在何处制作的。我也不觉得我们就能够确认《坎特伯雷故事集》亨维特抄本的抄写员是谁。我做了一些猜测，比如对画师雨果的那份抄本的雇主，或者对《斯皮诺拉时祷书》最初的主人，但是这样的猜测很可能是完全错误的。在这些问题上，倘若有谁找到了更好或者更有说服力的证据，我不但不会因此有半点的恼恨，反而会很高兴。本书谈到的大多数抄本，其渊源有待进一步考证，不过目前存在的这些缺口，终有一天会被人填补完整。好的运气或者敏锐的观察力在这方面会提供很多帮助。在导言里，我说我将本书视为一场谈话——我们所有人都坐在一起，将抄本摊在桌子上，然后展开对话。我很乐意听取各方的新看法和新信息。跟历史研究的很多领域不同，在古文书领域存在着无限的机会去做一些新发现，或彻底修正先前的结论，因为在这个领域，只要你翻开一份抄本，就会有新的知识和信息涌现。

也正是因此，我衷心期待并鼓励新人加入这个领域。抄本史学家实际上是一个关系非常融洽的兄弟会群体，由一批志同道合的热情之士组成，这个群体既超越了国别界线，也不问个人的来历，所有人都满怀欣喜地参与中世纪书册的研究，其乐融融。我希望本书就能为诸位展示出这样的国
际协作精神：那么多的朋友和同僚给我提供了无私帮助，文中我已经谈到 571
了一些，后面的注释中还有更多。在我求教的人中没有一位是不愿意提供帮助的。这个世界上，中世纪抄本的数量是足够的，很可能超过了百万份，因此，材料是不缺的，我们没有必要太过小心地看护自己的专业领域。许多重要的收藏没有完整的名录，有些甚至没有名录，更何况还有很多其他东西有待发现。在这个领域，任何可以接触到足够材料的研究者都能够为研究添砖加瓦、为这个知识库的扩张贡献一份自己的力量；具备此等机遇和发展空间的传统学术领域可不多了。在珍本图书室、大学、古书公会从事抄本研究，都是相当有前景的职业，同时，对这个领域感兴趣、有热情且眼光敏锐的人，以及文稿编辑、私人收藏家、抄写员、艺术家乃至读者，也都有机会——一千多年来，这个领域一直是这样的。

你向不同的公共图书馆或者博物馆提出借阅抄本的请求时，得到的回应是大不一样的。站在管理员的立场上来看，抄本是极为脆弱的，而且有些也是极为珍贵的。约见顶级抄本的请求常常很难获得允许，我也并不鼓励。图书馆都有自己的规则。你只能仔细挑选，且不要太过贪心。初步的研究工作实际上是可以借助电子版完成的。等你准备充分的时候，便可以向图书管理员提出合情合理的请求，告诉他们你为什么需要见一见原本，在这种情况下，他们至少都是会听一听你的请求的，因为我们私下里都知道，同抄本原本见上一面的体验是没有什么能替代的。同时你也应当清楚，很多抄本的所有权在私人手中，并不见诸公共领域，这一点常常会被研究者们忽略。我们的这趟非凡抄本之旅中也有不少发生在拍卖行的故事，和抄本在私人手中辗转的故事，有些就发生在我们所处的时代，而且我们也

的确接触了一些属于私人藏品的抄本。很多私人藏品仍然在不断易手，有些中世纪抄本甚至并不是很贵（当然，它们完全有可能变得很贵），而一些抄本的残片完全是在个人经济能力范围之内的。完美主义者也许会对这样的残片嗤之以鼻，但是仔细观察一份 13 世纪《圣经》抄本的残片（只需要花一张话剧票的钱），你能从中学到的有关中世纪抄写活动的知识不会逊色于任何教材。若是有幸能躺在自家床上读一份时祷书抄本，那么恍惚间，你就会回到五百年前的世界里。

最后，我希望这样一趟旅行能让各位体会到追寻非凡抄本时的兴奋，
572 和翻阅非凡抄本时的那种纯粹的愉悦，我们向它们问了问题并倾听了它们的回答。现在，如同圣彼得堡的《半神》的结束语所说的那样，“*lege feliciter*”——“享受阅读吧”。

到登机的时候了，我们也该踏上回家之旅了。

水石书店版后记

新西兰最古老的抄本

一切是这样开始的。我出生于伦敦。1955 年，我四岁的时候，父亲在新西兰找到了一份工作，我便和家中兄弟一起乘船前往新西兰，当然，现在我才知道，我们当时乘坐的竟然是最后一艘由政府资金支持的移民船。对孩子们来说，那趟旅程堪称一次令人兴奋的冒险。我们穿越巴拿马运河，在皮特克恩岛停靠。我的父亲是一名对自然史有着浓厚兴趣的医生，自然很高兴能有此次在新西兰工作的机会。这片土地上有着独特的珍奇鸟类和植物，它们都有待深入研究；还有一些区域在等待人类探索。比如说鸮鹦鹉，一种源自恐龙时代的矮胖鹦鹉，于 1958 年被发现依然生活在峡湾地区（Fiordland）深处的灌木丛中。1957~1958 年，父亲加入了希拉里 - 富克斯（Hillary-Fuchs）探险队，前往南极地区记录阿德利企鹅的日常生活。我的母亲毕业于牛津大学，在中伦敦教授语言和艺术史，她刚开始对于迁居到基督城（Christchurch）郊区与世隔绝的平房当中的抉择很是挣扎了一番。20 世纪 50 年代的新西兰，距离我母亲生活着的热闹的城市中心的会客厅，距离西敏寺和英国国家美术馆，实在是太过遥远了。当时与家中通信的主要渠道就是淡蓝色的航空邮件，来回各需要十天之久。家人出生或死亡的消息则是通过电报传递的。乘船需要一个月。虽然我们当时只是小孩子，对这样的事情并没有直观的感受，但我们仍然从母亲那里汲取了对古老欧洲的忧思，将它当作一个失落了的文化和文明之地（现在想来，那样的看

达尼丁公共图书馆在莫里广场的老馆，1908 年开馆

法实在是有点不现实）。我们被要求保持英国口音，绝不融入新西兰人的生活。我和哥哥都对集邮有着极大的热情。我俩各收藏了一枚 1840 年的“黑便士”邮票，那是我们在萨里（Surrey）的爷爷奶奶送给我们的有史以来最棒的圣诞节礼物，而 1840 年正是英国在新西兰开启殖民进程的那一年。因此，对新西兰来说，1840 年之前就是史前时代了。

1963 年，我们向南岛更南边迁居，来到达尼丁，当时这座城市仍然延续了其苏格兰创建者们对学问以及长老会（Presbyterianism）伦理的敬重。母亲在这里要更快乐一些。在几个月的时间里，我就发现了位于莫里广场（Moray Place）的达尼丁公共图书馆——一座宏伟的新罗马风格的砖石建筑。该图书馆由来自苏格兰的卡耐基家族资助，于 1908 年开馆。进入图书馆入口大厅之后，可以沿着左侧宽敞的复式木质楼梯通往楼上，上到楼梯一半的地方是一个夹层画廊，同图书馆建筑的正面平行。沿着此画廊的一

右页：时祷书，彩饰很可能绘制于 15 世纪晚期的鲁昂，现收藏于达尼丁里德藏品室，编号“MS 8”

spone benefactoribus nostris
sempiterna bona retribue et
omnibus fidelibus defunctis
requiem eternam concede. Per

Ad vesperas
Deus in adiutorium
meum intende
Domine ad ad
iuvandum me festina. Gloria
patri et filio et spiritui sancto.
Sicut erat in principio et
nunc et semper et in secula secu

侧前行至尽头，再下一个台阶，就能看到一个小小的房间，房间里有一批玻璃展柜，里面陈设的都是极为珍贵的缮本，包括六份欧洲中世纪抄本。在享受了图书馆外现代街道上的明媚阳光之后，又与这样的珍贵书册相遇，我体会到的那种兴奋感简直无以言喻。这里收藏了两份 15 世纪的泥金装饰时祷书抄本和三份 13 世纪的拉丁语《圣经》抄本，更有一份出自 1320 年前后的布道用《圣经》残本。这些藏品如今仍然安静地躺在那里，尽管图书馆搬去了不远处的新建筑里。客观来说，它们并不是特别贵重的藏品，不过，对于当时只有十二三岁的我来说，它们是我所见过的最具魔力的东西了，且比我的那枚“黑便士”大了六百多岁。新西兰跟美国一样，拥有一段令人叹为观止的土著史前史，而且在殖民扩张历程当中占有重要地位，同时在现代政治和经济体系当中也扮演着重要角色；不过它没有对应于欧洲中世纪的历史时段。中世纪的哥特式教堂、沦为废墟的修道院以及古老的半木架房屋遍布欧洲大地，然而在新西兰，能找到的跟中世纪切实相关的东西，就只有这些容易携带的中世纪抄本了。它们有着典型的欧洲风格，而且是真真切切的物件。我完全被它们迷住了。

达尼丁图书馆的这些藏书是由阿尔弗雷德・哈米什・里德（Alfred Hamish Reed，1875~1975）搜集的。里德是出版商，也是一位多产作家，孩童时代就从英格兰来到了新西兰，1897 年，他迁居达尼丁，经营一家打字机公司。里德是个高个子，有着宽宽的胡子和一头浓密的白发；他颇为时髦，在八十甚至九十岁高龄的时候，仍然热衷于城际远足和爬山，因此在达尼丁当地小有名气。他总是穿着靴子、系着背带，走起路来大步流星。他跟这些抄本更有关联的一点是：他本人是一个福音教会基督徒。他曾印制了很多卡片，卡片的开头写着“我信从劳动、快乐以及善意的福音”。收藏低教会派（Low Church）经文抄本是一个悠久传统。托马斯・博德利先生就是此传统的早期例证，他通过收藏经文来支撑自己的清教信仰，这一

右页：15 世纪的威克里夫版福音书抄本，于 1956 年被里德购入成为其收藏品之一

nyng ledis: so he was a p̄st ī þe gos
pel among cristene men / for he was
bischop of alisaundre. & bi alle þingis
it was his werk to knowe p̄feties &
to dispose ī him self þe seiyinges of
þe gospel / & to knowe ī him self þe
teching of lawe. & to vndirstonde þe
dyuyn kynde of þe lord ī flesch /
whiche þingis it bihoueþ to be souzt
first in vs. Jero ī his p̄loge on mark
seiþ al þis. Capitulum primum.

THe bigynnyng of þe
gospel of iħu crist þe
sone of god. as it is wri
ten in ysaie þe p̄fete. lo
i sende myn aungel bifore þi face. þat
schal make þi weie redi bifor þee /
þe vois of a crier ī desert. make ze
redi þe weie of þe lord. make ze
hise paþis rizt / Joon was ī desert
baptisynge & p̄chinge þe baptem of
penaunce in to remissioun of synnes
and al þe cuntre of iudee wente out
to him: & alle men of ierusalem / & þei we
ren baptisid of him ī þe flom iordan /
& knouleche[d]e her synnes / & joon
was cloþid wiþ heeres of camels
& a girdil of skyn was aboute
hise leendis / & he eet hony soukes
& wilde hony / & p̄chide & seide / A

点我在前文（本书第 235~237 页）中谈到了。其他专门收藏《圣经》抄本的伟大收藏家包括：浸礼宗的安德鲁·吉福德（Andrew Gifford，1700~1784）和乔治·奥福尔（George Offor，1787~1864），贵格会的弗朗西斯·弗雷（Francis Fry，1803~1886）和亚历山大·佩科夫（Alexander Peckover，1830~1919），还有俄克拉荷马城的格林家族（Green family）——这个家族的私人收藏是 2017 年 11 月在华盛顿特区开馆的新圣经博物馆的核心藏书。有一种想法是，这些早期《圣经》抄本都是触摸得到的圣言，是可以跨越多个世纪见证信仰之虔诚的圣物。在百岁高龄获封阿尔弗雷德爵士的里德先生就一直致力于收藏《圣经》和宗教文本，同时也致力于收藏基督教赞美诗作家的亲笔书信。此类物件都是从英格兰来到新西兰的。里德先生在 1907 年购得了他平生第一份古老的《圣经》抄本，这是于 1599 年印制的一本《新约》，是里德先生以 2 先令 6 便士的价格从一名伦敦书商那里订购而来的。1919 年，里德开始购买中世纪抄本。到了 20 世纪 20 年代晚期，他决定将自己的藏书捐赠给达尼丁公共图书馆，而且他和他的夫人在 1938 年创建的慈善基金会为此提供长期支持。现在，他们终于有了多份重要藏品：出自 9 世纪的福音书抄本——当时澳大拉西亚（Australasia）最为古老的西方抄本——的多页残片、古腾堡《圣经》的一页，还有一份极为珍贵的由威克里夫翻译成中世纪英语的 15 世纪泥金装饰福音书抄本。最后这份抄本是里德先生于 1956 年以 560 英镑的价格从苏富比拍卖行购买而来的。现在回想起来，这应该算是他最有价值的一次出手了。

有一天，在我正透过玻璃看着图书馆展柜里的藏品时，里德先生出现了。他当时的听力已经十分糟糕了。“你喜欢这些？”他大声说道，那声音让图书馆里的所有人都不免抬头观望。“哦，是的。”我低声说，里德先生的出现显然让我惶恐极了。“你说什么？”他几乎是在喊叫，还把手罩在耳朵上，“大声点，孩子！”我想管理员应该已经告诉了他，有人一直在认真欣赏他的那些展品。他让管理人员为我打开玻璃展柜，于是，我第一次触碰到了中世纪羊皮纸并闻到了它们的味道。我觉得一开始是抄本的插图及其古老的历史令我着迷。有一天，我跟哥哥一起在图书馆，一本印制

A. H. 里德，收藏家、达尼丁公共图书馆的捐赠人，照片拍摄于 20 世纪 60 年代中期

于 1472 年的《圣经》恰好从英格兰运抵图书馆。图书馆的工作人员为了制作图书馆缮本的宣传册，还拍了一张我和哥哥一起欣赏这本书的照片。在对我感到十分困惑却又非常宽容的图书馆助理的鼓励下，我经常来图书馆，复制抄本里的那些红色和蓝色的彩绘首字母，并且试着用小巧的哥特式常春藤叶子图案和涡卷装饰图案绘制页边。我常常就那么全神贯注地缩在老图书馆楼上阅览室的桌子边，临摹放在旁边的抄本原件，非常愉快地度过整个星期六的下午。其他人想必会觉得我相当古怪，而我本来我也不是那么灵巧的人。直到今天，我仍然能够画出像里德先生“MS 8”号藏品——一本很可能来自 1490 年前后的鲁昂的时祷书——里的那些缠绕着的莨菪叶形装饰图案。我当时将一些图案描摹在了我的课本里，当然，画得并不好。馆方将很多抄本的单页裱在画框内，然后悬挂在楼梯上，我竟然询问了能否像借阅其他书一样借阅这些抄本页（不知道我为什么会觉得他们能够同意）。我的这个请求令图书馆办公室里出现了一场紧急磋商，最终他们认为，如果我承诺小心保管，他们也找不出什么理由拒绝我的请求。就这样，

我带着两张装裱好的书页，坐着校车回家了。这两张书页来自一份 9 世纪的福音书抄本，这令我的父母震惊不已。母亲说服我去邀请里德先生来家中做客；可能同样出于好奇，里德先生竟然同意了。里德先生是素食主义者（我不确定在那之前我是否遇到过素食主义者），并且滴酒不沾。他是一个非常健谈的人。我还记得当时的情形，里德先生知道我们来自英格兰之后，便讲起了他在英格兰的童年往事，他说他在 1885 年英国大选时，曾和一些淘气的朋友一起去打断当地的保守党集会，并高喊“投格拉德斯通”，接着，又跑到附近的自由党总部，高喊“投索尔兹伯里”。维多利亚时代的英国历史在新西兰的这间客厅里以第一人称的视角被重述了。

我当时在南达尼丁的国王中学上学，这是一所很大的州立男校，于 1935 年（王室庆典年）创办。我们的校服是深蓝色的短袖和灰色的套衫。我当时还有一口很怪异的英格兰口音，可能由于我在讲话时对此太过关注，

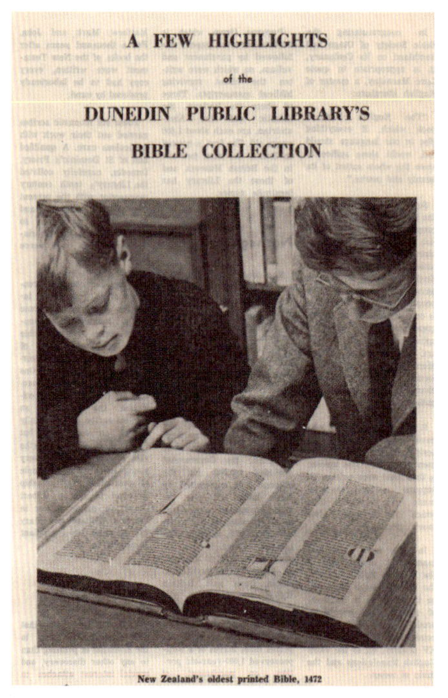

达尼丁图书馆的缮本宣传册，图中是克里斯托弗·德·哈默尔和哥哥正在观看一本早期《圣经》，照片拍摄于 1964 年

右页：达尼丁公共图书馆收藏的三张书页中的一页，出自诞生于 9 世纪法国北部的福音书抄本

quod esset primum mandatum in lege.

xxviiii Interrogatio dni quomodo scribe dicant xpm filium esse dauid.

cl De muliere duo minuta in dona rio iactanti.

cli De templi destructione.

clii De signis nouissimi temporis.

cliii De muliere effundente unguentum dni capiti & iude traditore.

cliiii De dni cena & cetera que in ea acta sunt. de dni oratione & iude traditione. iudeorumq. inlusionem.

clv De passione dni. & eorum que in ea gesta sunt.

clvi De resurrectione dni. & ubi marie ut discipulis apparuit. EXPLICIUNT.

INCIPIT EVANGELIU SCDM MARCUM.

Ti INitium euangelii ihu xpi filii dei. sicut scriptum est in isaia mr i
propheta; Ecce mitto angelum meum ante faciem tuam. mt ii ciii
qui preparabit uiam tuam ante te; lc lxx

Vox clamantis in deserto; Parate uiam dni. rectas facite mr ii
semitas eius; mt i viii
lc vii
io x

mr iii Fuit iohannes in deserto baptizans. & predicans baptis
mt vi viiii mum penitentie. in remissionem peccatorum; Et egredie
batur ad illum omnis iudee regio. & hierusolymite
uniuersi & baptizabantur ab illo in iordane flumine.
confitentes peccata sua;

Et erat iohannes uestitus pilis cameli. & zona pellicia circa mr iiii
lumbos eius; Et locustas & mel siluestre edebat; Et predi mt i xi
cabat dicens; Venit fortior me post me. cuius non sum lc x
dignus procumbens soluere corrigiã calciamentorũm io xii
eius; Ego baptizaui uos aqua. ille uero baptizabit uos
spiritu sancto;

Et factum est in diebus illis uenit ihc a nazareth galilee mr v
& baptizatus est in iordane a iohanne; Et statim ascen mt i xiiii
dens de aqua. uidit apertos celos. & spm tanquam lc xiii
io xv

反而有了轻微口吃。我很快就长成了一个满脸青春痘而且口齿不清的人。我自认为我的学习生活还不错，但是，在一个被喧闹声和英式橄榄球占据的世界里，中世纪抄本一直是我的秘密花园。学校里也有历史课，不过老师教得并不认真。我们也学法语和拉丁语。我自己还学了一年的德语，当时的国王中学并没有设置德语课，我们需要前往临近的一所女校即女王中学去上课，因此德语课成了班上最受追捧的课程。跟欧洲的情形不一样，在新西兰，特别是在那个时候的新西兰，现存的和已消失的语言，都是陌生且新奇之物。20 世纪 60 年代之前，人们基本上是不旅行的，也几乎没有人离开新西兰。我们的法语老师就不曾去过法国，我觉得他听过法国人讲法语的概率并不比我的拉丁语老师听过古罗马人讲拉丁语的高。在前文（本书第 330 和 333 页）中我曾谈到，我们在上学的时候对卡尔·奥尔夫版的《布兰诗歌》是何等的痴迷，对那个时候的我们来说，《布兰诗歌》把拉丁语变成了一种口头语言。然而，我所学的拉丁语知识，更多被用在了放学之后以及星期六前往达尼丁公共图书馆阅读中世纪抄本时。

我依然记得我当年对于“Reed MS 5”号抄本的疑惑。这是一本沾满污渍且已破损的家庭用时祷书，来自 15 世纪英格兰中部地区。在该抄本第 87 对开页的右页上有一段长长的拉丁语祈祷文，写着“Deprecor te domine ... per illam pacem quam conf rmasti inter angelos et homines fac pacem inter me Margeriam Fitzherbert et omnes inimicos meos ...”之类的词句。我记得当时我借助学校的拉丁语字典，将这些词一个一个拼接了起来，“I beseech you, Lord”——这个倒不难——“by that peace which ...”，接下来便是一个像是“confinasti”的单词，我无法在字典里找到它，直到我注意到这个词上面有个小标志，这肯定是在字母“m”（而非“in”）前的“ir”缩写标志，如此一来便豁然开朗了，“that peace which you confirmed between angels and men”（主啊，请赐予我天使与人类之间的那种和平与安宁吧）——想象一下一个十五岁的孩子在“和平”这个词正成为越南世代的流行语时，在达尼丁读到这些句子的模样——“make peace between me... ”——看！——“Margery FitzHerbert and all my enemies... ”（请让我……玛格丽·菲茨赫伯达尼丁公共图书馆“MS 5”号藏品的细节图，这是一份 15 世纪的时祷书抄本，抄本中出现了“玛格丽·菲茨赫伯特”（Margery FitzHerbert）的名字

特，同所有敌人和平相处……）。一个实实在在的名字就这样从纸间跳了出来，基本上可以肯定的是，该抄本自玫瑰战争之后便没有人读过，也没有人注意过这个名字。我很快从百科全书中了解到，德比郡的菲茨赫伯特家族曾被卷入玫瑰战争。我在那天了学到了两件事：我很享受探索发现的过程，以及抄本是会说话的。

对于我小小会年纪就如此痴迷中世纪书籍一事，我不知道我父母当时的真实想法。他们容忍了我的这个爱好，我觉得他们可能认为这是一个没有害处，但也没有什么意义的爱好。我的哥哥时常也会跟我一起去，他最开始很迷茫，不过很快就对摄影产生了兴趣，最终爱上了新闻工作。至于我的弟弟妹妹们则是分别跟早期的计算机、自然史和法律打起了交道。在我十六岁的时候，我和弟弟回英格兰待了六个星期，与住在维尔特郡的姨

妈和堂兄弟们一起过圣诞节，这次经历决定了我的命运。首先，我意识到我们的口音跟这里的人是一样的。更重要的是，我们见识到了大英博物馆展出的那些名扬天下的抄本，诸如《西奈抄本》《林迪斯法恩福音书》等。当时我甚至有幸参观了《死海古卷》（Dead Sea Scroll）的专场巡展。这样的经历让我非常兴奋。此外，我们在一个下雪天被带到牛津大学，参观了博德利图书馆的展品，其中就包括13世纪的伟大抄本《教导圣经》（Bible Moralisée）；我们在阿什莫林博物馆参观了阿尔弗雷德珠宝展出，这给我们兄弟俩留下了极为深刻的印象；我们还看到了保存在索尔兹伯里大教堂的《大宪章》（Magna Carta）。这一切对我来说都是一种启发。这些抄本的分量当然不是达尼丁图书馆里的抄本能够比拟的，不过，我也意识到，在英格兰，一个十三岁的孩子是绝对不会被允许打开展柜，去碰触其中的物件的，更别说乘校车将它们带回家了。新西兰与中世纪欧洲的遥远距离，既是一件坏事，也是一件好事，因此，我到现在还坚信，在世界的偏远之地的图书馆保存中世纪抄本是非常必要的。也是在此次探亲之旅中，我购买了属于自己的第一份中世纪抄本残片，来自一份以书法字体抄写的15世纪法国的合唱本抄本，上面有大大的精美的红色首字母。这半页残片花了我五法郎，约合五十便士，是我第一次造访巴黎时在塞纳河河边的旧书摊上淘到的。至今我依然保存着它，在我接近七百份的个人收藏品里，它编号“MS 1”。

回到新西兰后，我无意中发现了一本图鉴，名为《新西兰最古老的抄本》（*The Oldest Manuscripts in New Zealand*），作者是大卫·M. 泰勒（David M. Taylor），于1955年由教育研究委员会出版。该书主要讲述了作者在新西兰的各个图书馆和收藏机构中寻访中世纪抄本时发生的轶事。泰勒在书中描述了七十七份古老抄本，对于其中的半数抄本我目前已经有所了解。该书显然没有取得商业上的成功，因而在廉价出售；几年之后，我有幸见到泰勒先生，他甚至都不记得自己写过这么一本书了。我却被这本书深深迷住了，很快就将书中每一页的内容都烂熟于心。我也背上一个帆布背包（rucksack，新西兰人称之为“backpack”），踏上了自己的抄本之

本书作者私人藏品当中编号“MS 1”的残片，于 1967 年 1 月在巴黎购入，来自一份中世纪晚期的交替圣歌集（Antiphoner）抄本

旅。我的第一站是奥克兰，当时我住在一个同学的哥哥的学生公寓里，这对我来说已经是一件颇为大胆的事了。

我第一次来奥克兰的时候，奥克兰公共图书馆还在威斯利（Wellesley）大街上那过度拥挤的维多利亚风格建筑里。这座图书馆是于 1887 年 3 月开馆的，比里德一家来到奥克兰只早一个月。这座图书馆有一间双层阅览室，是由一系列铁柱子支撑起来的，里面摆放了诸多带基座的大理石半身像，记忆中我就坐在这间阅览室的长桌边，一本接一本地看着中世纪抄本。图书馆的藏书如今都被搬到了新馆，新馆也在同一条街上，于 1971 年完工。馆藏抄本主要是乔治·格雷爵士（Sir George Grey，1812~1898）的遗赠，格雷爵士曾出任南澳大利亚总督、新西兰总督（两次），以及开普敦殖民地总督，1877~1879 年，他升任新西兰总理。退休后，他就居住在奥克兰附近的豪拉基湾的一个私人小岛上。格雷爵士的收藏品跟里德先生的截然不同，格雷爵士显然是有意识地将尽可能多的欧洲文化引入这最偏远的殖民地。格雷爵士是一位贵族收藏家，在吉尔福德和桑德赫斯（Guildford and Sandhurst）的皇家文法学校接受过古典教育。奥克兰的抄本的语种涵盖了拉丁语、希腊语、法语、意大利语，甚至中世纪的捷克语。这里还收藏了西塞罗、约瑟夫斯（Josephus）、尤文纳尔、珀修斯（Persius）、瓦莱里乌斯·马克西姆斯（Valerius Maximus）等人作品的抄本。很显然，里德先生对此类藏品是不会感兴趣的。拿破仑对修道院的镇压，法国、意大利和德意志的革命带来的震荡和混乱，令人们很容易在 19 世纪的欧洲古书市场上获得这些令人仰慕的作家的作品。格雷的赠书当中还有一些《圣经》抄本，包括两份希腊语的早期福音书抄本，但是只有一份时祷书抄本，不过，这份时祷书很有意思：它曾被收藏在中世纪的苏格兰。

这些抄本实际上是格雷爵士收藏的第二批珍本。此前，他于 1861 年将自己的第一批藏书捐赠给了开普敦公共图书馆，可惜，这些藏书在此后基本无人问津。我曾多次前往开普敦公共图书馆，亲眼见证了那里的收藏跟奥克兰图书馆的是何其相像。比如说，和奥克兰的图书馆一样，开普敦的图书馆也藏有一份精美的希腊语福音书抄本，也有精美的弥撒书、读经表以及西塞罗、拉克坦提乌斯（Lactantius）、瓦莱里乌斯·马克西姆斯、波埃修斯、圭多·德拉·科伦纳（guido della colonna）、佩特鲁斯·里加（Petrus Riga）、薄伽丘、彼得拉克等人的作品。而且，两座图书馆常常会藏有同一本书的摇篮期印刷本，且摆放有几乎一模一样的格雷爵士的塑像，这倒是件便利的事，因为若是其中一地的塑像头部被毁坏了——在政治骚乱中经常会发生这样的事，那就从另一个地方复制一个就可以了。不过，说实在的，开普敦的图书馆要更好一些，那里的抄本更为珍贵，抄本中的彩饰也更为精美；当然二者都是维多利亚时代文化盛景的非凡见证。在 1953 年的一次广播访谈中，侨居海外的奥克兰人 J. A. W. 贝内特（J. A. W. Bennet）教授讲述了自己和学生们一起游历欧洲，寻访中世纪抄本的情形，教授说：“我回到新西兰后发现，若是我们待在家乡，直接坐车去奥克兰公

乔治·格雷爵士的塑像，位于开普敦的原荷属东印度公司花园里，现在这里是南非国家图书馆

共图书馆，可能可以做得更好，学到更多的知识。”

藏于奥克兰的两份最为气派的泥金装饰抄本中，一份是巨型的四卷本拉丁语《圣经》抄本，是荷兰迪尔斯泰德附近韦克（Wijk-bij-Duurstede）的多米尼克女修道院于 1411 年受赠的；另一份则是 15 世纪的十分豪华的两卷本插图版弥撒书，该抄本里有一个中世纪主教的纹章频繁出现，是有意覆盖在其他图案上的。有一种十分荒诞的说法是，古腾堡于 15 世纪 50 年代在美因茨制作的那本伟大的《圣经》，就是以这里的《圣经》抄本为范本的。格雷爵士在 1855 年，也就是他将自己的大部分藏书捐赠给开普敦公共图书馆的六年前，花了 105 英镑购得这份《圣经》抄本，这也是他的藏书当中最为昂贵的一本。不久之前，我在英格兰的萨夫伦沃尔登（Saffron Walden）偶然见过另一份《圣经》抄本，该抄本里有一条 1795 年的注解，将抄本本身同奥克兰的四卷本进行了比对，指出这两份抄本在当时都是布鲁塞尔多米尼克修会的珍藏品。如今，奥克兰的四卷本《圣经》抄本有着 19 世纪的装帧，非常厚实，用的都是亮丽得有些刺眼的草莓色天鹅绒，奥克兰公共图书馆的管理人员都叫该抄本“粉红大象”。而弥撒书抄本则有六十八幅小的和四幅整页的人物画像，我还清晰地记得翻动书页之时我是何等吃惊，它比我在达尼丁见过的所有抄本都精美得多。画像背景中画得十分精美的繁茂树林，把我直接送回了15世纪法兰西的淳朴乡村，跟由尼考棕榈树和栅栏围场构筑的新西兰现代景观全然不同。抄本里召请当地圣徒的祷文表明其使用之地是法兰西东部的贝桑松（Besançon）。第一次翻阅这份抄本的时候，我用了大概半天的时间才推断出，很多页面上被抹去的纹章应当是1463~1478年的贝桑松大主教查理·德·讷沙泰勒（Charles de Neuchâtel，1442~1498）的纹章。发现这一点并不难。我告诉大家这一点，并无自我夸耀之意，只是想简单地说明此前不曾有人尝试这样的鉴定。即便是业余爱好者，比如来自达尼丁的毫无经验的中学生，也能在中世纪抄本里获得有趣的发现。这本弥撒书的画师的笔迹也出现在了其他抄本中，他现在因奥克兰的一份同名抄本而以“查理·德·讷沙泰勒抄本画师”的名字为众人所知。实际上，每次见到这个名字，我都会感到小小的兴奋。

返回达尼丁之后，我在奥塔哥大学（Otago University）攻读了历史学学位。当时这所大学还没有中世纪方向的学位（现在已经有了），不过，我仍然会拜访公共图书馆，并且跟里德先生混得很熟了。我会前往里德先生在格林公园大街的家中做客，他的房子装修得非常古旧，里德先生一个人生活在那里面，极为朴素，至今我都难以忘记房间里面的灰尘，还有老人身上特有的味道。在里德先生的鼓励之下，我写了一本小书，题为《论时祷书：对达尼丁公共图书馆阿尔弗雷德和伊莎贝尔·里德藏品当中两份彩饰抄本的注解》（*Books of Hours, Notes on Two Illuminated Manuscripts in the Alfred and Isabel Reed Collection, Dunedin Public Library*），当时我十九岁，这算是我的第一篇专题论文，最终于1970年年初发表。玛丽·罗恩

右页：奥克兰格雷藏品当中的《查理·德·讷沙泰勒弥撒书》（Missal of Charles de Neufchâtel），页面右侧的抄本资助人纹章被抹去了

·I·N·R·I·

妮（Mary Ronnie），市图书馆的管理员，为这本小书撰写了前言，她提到，“……德·哈默尔先生从高中时代起就是图书馆的一员了”，非常巧妙地掩盖了这样一个情况：那并不是很久以前的事情。在此，我很高兴地告诉各位，罗恩妮小姐还健在呢。我对这本书是无比自豪的，但说实话，它写得相当糟糕，稚嫩且不成熟。很多年来，这本书一直被摆在图书馆里出售，标价 1 新西兰元，很可能现在也还在（在我看来，并不值得买）。

大学放假时，我来到威灵顿的亚历山大·特恩布尔图书馆（Alexander Turnbull Library）的抄本部打工。这是新西兰的第三个珍本收藏中心，也是最具规模的一个。该图书馆起初是私人图书馆，收藏了亚历山大·霍斯伯勒·特恩布尔（Alexander Horsburgh Turnbull，1868~1918）的 55000 册私人藏书。亚历山大·特恩布尔是一个非常成功的 19 世纪布商的继承人，他一生未婚，在我打工的时候，这座图书馆还保存着一些创建者的私人物品，因为图书馆当时仍在他那位于鲍温大街上的私宅里。后来，图书馆由于有地震风险而关闭了（这座私宅至今仍然伫立着），而今，特恩布尔的伟大遗产已经被收入新西兰国家图书馆，国家图书馆为之设立了特殊藏品部。亚历山大·特恩布尔本人只购买过一份具有代表性的泥金装饰抄本，当然是一份很好的抄本；不过，在他去世之后，便有另外的藏品源源不断地补充进来，包括一些捐赠，比如约翰·伊洛特爵士（Sir John Ilott，1884~1973）的赠书。我曾为特恩布尔的藏品编制了名录。特恩布尔本人购买的那份中世纪抄本是 12 世纪波埃修斯的插图版《论音乐》（*De musica*），非常精美。它的扉页上面还保留着当年的标题，坎特伯雷基督教堂修道院（Christ Church Cathedral Priory）的中世纪藏书名录中，有一个条目跟这个标题一模一样。我们尝试了紫外线技术，奇迹出现了，扉页标题后出现了一行被抹去的文字，“De claustro cantuarie”，即“来自坎特伯雷修道院”，由此真相大白。近些年来，好几架子的坎特伯雷大教堂的中世纪藏品来到了剑桥大学帕克图书馆，就在我的监管之下，其中一些是来自 12 世纪之前很久的藏品，然而威灵顿的波埃修斯抄本要比所有这些抄本都走得更远，而且直到今天，它对我来说都十分珍贵。

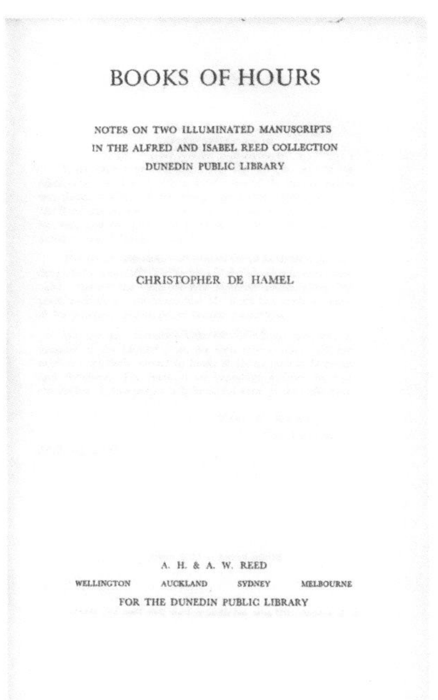

BOOKS OF HOURS

NOTES ON TWO ILLUMINATED MANUSCRIPTS
IN THE ALFRED AND ISABEL REED COLLECTION
DUNEDIN PUBLIC LIBRARY

CHRISTOPHER DE HAMEL

A. H. & A. W. REED
WELLINGTON AUCKLAND SYDNEY MELBOURNE
FOR THE DUNEDIN PUBLIC LIBRARY

《论时祷书》，作者克里斯托弗·德·哈默尔，1970 年出版

本科毕业后，我申请到牛津大学攻读硕士学位，研究中世纪抄本。在申请材料中我加入了我发表的《论时祷书》和编制的特恩布尔藏书名录。再往后，我在中世纪抄本世界里展开了更多的游历，其中一些故事就被呈现在了这本《非凡抄本寻访录》里。本书要专门献给纽约的斯科特·施瓦茨先生，他购买了很多本，也将这本书送给了很多人，此等热忱令我诚惶诚恐，无论是作为本书的作者，还是作为施瓦茨先生的朋友，恐怕我都担当不起。不过，倘若真的要说有谁对我的职业生涯以及我写的这本书影响最大，那就非 A. H. 里德先生和 20 世纪 60 年代达尼丁公共图书馆的工作人员莫属了，正是他们给了当年的那个学童莫大的鼓励。倘若有一天，有一个中学生读了这本书或者造访了帕克图书馆，并由此享受到了抄本的乐趣，那么这本书也就实现了它的价值。

参考文献与注释

导言

573 我首先要说的是，同艾伦·莱恩（Allen Lane）出版社的斯图亚特·普罗菲特（Stuart Proffitt）及其同事共事，是一件愉快且美妙的事。我所说的同事包括了本·辛约尔（Ben Sinyor）、理查德·杜吉德（Richard Duguid）、马克·汉斯利（Mark Handsley）以及西蒙·罗德斯（Simon Rhodes）等优秀人士，我们曾多次在一起商谈，会议时间虽长却令人兴奋；此外还有图片编辑塞西莉亚·麦凯（Cecilia Mackay）以及装帧设计师安德鲁·巴克尔（Andrew Barker），他们对本书的帮助和贡献都是无可估量的。偶尔，我们也会有一些分歧。比如说，我更偏爱原来的书名，“抄本访谈录”，因为我觉得“访谈”相比“寻访”更契合本书的内容，但是我最终还是顺从了出版人的经验，倘若这是为了一段迷人且令人愉悦的协作关系应当付出的代价，我觉得也值了。

第一章　圣奥古斯丁福音书

《圣奥古斯丁福音书》已经有了完整的电子版，可以在“帕克图书馆在线查阅”（Parker-on-the-Web）中找到，这是该网站主办方剑桥大学圣体学院和斯坦福大学通力协作的成果。关于这份抄本，最重要的研究论文是，F. Wormald, *The Miniatures in the Gospels of Saint Augustine, Corpus Christi College MS 286*, Cambridge, 1954 (*Sandars Lectures*,1948), reprinted in Wormald's *Collected Writings*, I, London and Oxford, 1984, pp. 13–35。此外，还有不少带有参考文献的重点精选文献，可参阅：E. A. Lowe, *Codices Latini Antiquiores: A Palaeographical Guide to Latin Manuscripts prior to the Ninth Century*, II,*Great Britain and Ireland*, 2nd edn, Oxford, 1972, p. 4, no. 126; M. Budny, *Insular, Anglo-Saxon, and Early Anglo-Norman Manuscript Art at Corpus Christi College, Cambridge: An Illustrated Catalogue*, Kalamazoo, Mich., and Cambridge, 1997, pp. 1–50, no. 1; B. Barker-Benfield,*St Augustine. Babbey, Canterbury*, London, 2008 (*Corpus of British Medieval Library Catalogues*, 13), especially III, pp. 1732–3；N. Morgan, S. Panayotova and S. Reynolds, *A Catalogue of Western Book Illumination in the Fitzwilliam Museum and the Cambridge Colleges*, II, i, *Italy & the Iberian Peninsula*, London and Turnhout, 2011, pp. 18–22, no. 1。

关于马修·帕克，暂且没有正式的学术传记问世，尽管 David J. Crankshaw 和 Alexandra Gillespie 为“马修·帕克”这个词条搜集整理了相当厚实的文献素材，见 *Oxford Dictionary of National Biography*。在呈现帕克作为收藏家的一面时，我参考了我本人为“斯卡拉博物馆系列”（Scala museums series）撰写的一份手册，C. de Hamel, *The Parker Library*, London, 2010；这份手册本身则主要参考了：R. I. Page, *Matthew Parker and His Books: Sandars Lectures in Bibliography delivered on 14, 16 and 18 May 1990*, Kalamazoo, Mich., 1993。现在我们在谋划出版一份相关的会议论文集，此次会议于 2016 年 3 月 17~19 日在剑桥召开，由 Anthony Grafton、Scott Mandelbrote 和 William Sherman 主持，会议主题是“马修·帕克：大主教、学者和收藏家”（“Matthew Parker, Archbishop, Scholar,Collector”）。加入帕克图书馆之后，我便同 Gill Cannell 和 574
Steven Archer 成了同事，他们都是很理想的同事。我部分简化了帕克遗嘱中的一些条款，这些条款规定了这批赠书的折损究竟到了何种程度是不能接受的，同时也规定了，倘若赠书在冈维尔和凯斯学院也发生了同样的折损，则将被转归三一学院。帕克的另一部分藏书则是被赠予了剑桥大学图书馆，尽管不是很多。本书第 20 页，我谈到了“安色尔”（uncial）一词源自“uncia”，意思就是“寸”；当然另有说法认为，“安色尔”一词最先是“initial”一词误拼而成，后来人们才将之与“寸”联系起来。关于“从句和短句分行法”（per cola et commata）的问题，我特意讨教了拉尔夫·汉娜（Ralph Hanna）教授，那次交流让我受益匪浅。本书第 20 页提到的《语词汇编》，是指 Corpus Christi College, MS 144, folio 8v (W. M. Lindsay, ed., *The Corpus Glossary*, Cambridge, 1921, p. 14)。关于蒂申多夫的《西奈抄本》，现主要收藏于大英图书馆（Add. MS 43725），具体可参阅一份极为优秀的总论：D. C. Parker, *Codex Sinaiticus: The Story of the World's Oldest Bible*, London and Peabody, Mass., 2010。关于本书于第 24 页谈到的菲茨威廉博物馆的展览，参见 P. Binski and S. Panayotova,eds.,*The Cambridge Illuminations:Ten Centuries of Book Illumination in the Medieval West*, London and Turnhout, 2005；在这部作品中，《圣奥古斯丁福音书》是其介绍的第一本书，出现在第 46~47 页，相应的章节由 R. McKitterick 撰写。亚利桑那主教写的书的具体信息是：K. Smith, *Augustine's Relic: Lessons from theOldest Bookin England*, New York, 2016。本书第 24 页引介了汉弗雷·万利（Humfrey Wanley），从他的文字中似乎可以看出，他是一个有趣且相当讨人喜欢的人；1699 年，汉弗雷曾造访帕克图书馆，当时的圣体学院还叫作“贝内特”（Bennet）学院（参见，P. L. Heyworth, ed.,*The Letters of Humphrey Wanley, Palaeographer, Anglo-Saxonist, Librarian*, 1672–1726, Oxford, 1989, p. 138）。万利本人也著书描述了《圣奥古斯丁福音书》，见 H. Wanley, *Antiquae Litteraturae Septentrionalis, Liber alter*, Oxford, 1705 (volume II of G. Hickes, *Linguarum Veterum Septentrionalium Thesaurus Grammatico-Criticus et Archaeologicus*), pp. 51 and 172–3。万利还将另一份福音书抄本同圣格里高利联系起来，这份抄本如今收藏在牛津大学博德利图书馆，见 Oxford, Bodleian Library, MS Auct. D.2.14。关于这两份福音书抄本，其他早期的古籍研究性质的论文包括：T. Astle, *The Origin and Progress of Writing, As Well Hieroglyphic As Elementary, Illustrated by Engravings Taken from Marbles, Manuscripts and Charters, Ancient and Modern*, London, 1784，在这本书中，有关《圣奥古斯丁福音书》的内容出现在第 83 页，插图编号是“plate X”；J. O. Westwood, *Palaeographia*

Sacra Pictoria: Being a Series of Illustrations of the Ancient Versions of the Bible, Copied from Illuminated Manuscripts, Executed between the Fourth and Sixteenth Centuries, London, 1843–5，其中第 10 部分单独标注了页码 1~6，标题是“The Gospels of Saints Augustine and Cuthbert”；J. Goodwin, *Evangelia Augustini Gregoriana: An Historical and Illustrative Description of MSS nos. CCLXXXVI and CXCVII in the Parker Library of Corpus Christi College, Cambridge, being the Gospels sent by Pope Gregory the Great to Augustine, ad DCI*, Cambridge, 1847 (*Publications of the Cambridge Antiquarian Society, Quarto series*, 3)。关于博德利图书馆收藏的那份福音书抄本，可参见 Lowe, *Codices Latini Antiquiores*, 前引书 , II, p. 31, no. 230; Barker-Benfield, 前引书，pp. 1734–5；关于这份福音书的完整抄本，可参阅 A. N. Doane, ed., *Anglo-Saxon Manuscripts in Microfiche Facsimile*, 7, Tempe, Az., 2002 (*Medieval & Renaissance Texts & Studies*, 187)。我曾在威斯康星的麦迪逊跟多亚尼（Doane）教授有过一次很有意思的交流，话题就是“Auct. D.2.14”抄本是在意大利制作的，还是在英格兰根据意大利范本由一个很可能是意大利人的抄写员抄写的。“MS 286”号抄本里面所附的特许状（本书第 27 页）记载于 P. H. Sawyer, *Anglo-Saxon Charters: An Annotated List and Bibliography*, London, 1968 (Royal Historical Society, *Guides and Handbooks*, 8), pp. 351 and 408, nos. 1198 and 1455；关于对这些特许状的讨论，可参阅 S. E. Kelly, ed., *Charters of St Augustine's Abbey, Canterbury, and Minster-in-Thanet*, Oxford, 1995 (*Anglo-Saxon Charters*, 4), pp. 95–7, no. 24 (and plate 3), and pp. 118–19, no. 31。关于坎特伯雷修道院的早期藏书情况，可参阅 R. Emms, “St Augustine' s Abbey, Canterbury，and ‘First Fruits of the Whole English
575 Church'”, pp. 32–45 in R. N. Swanson, ed., *The Church and the Book: Papers Read at the 2000 Summer Meeting and the 2001 Winter Meeting of the Ecclesiastical History Society*,Woodbridge,2004。Thomas Sprott 编写的编年史至今没有出版，这些材料仍然散落在两份抄本里面。Thomas Elmham 的 *Speculum Augustinianum* 由 C. Hardwick 编辑 ,London, 1858 (Rolls Series, 8)；原本为 Cambridge, Trinity Hall, MS 1. A Customary；本书第 27 页谈到的修道院章程实际上是指教团内部的手册，用于规约教团成员的职责和行为；这方面的例子可参见 E. M. Thompson, ed.,*Customary of the Benedictine Monasteries of Saint Augustine, Canterbury, and Saint Peter*, Westminster, London, 1902 (Henry Bradshaw Society, XXIII), p. 101。布德尼（Budny）对圣徒米尔德雷德（Saint Mildred）的相关论说，可见前引书 *Illustrated Catalogue*，pp. 6–7, 11。收藏于伦敦和剑桥两地的福音书抄本为 British Library Cotton MS Otho C.v 和 Corpus Christi College MS 197b（参见 Lowe,*Codices Latini Antiquiores*, 前引书 , II, p. 3, no.125, and Budny, pp. 55–73, no. 3)。本书第 33 页提到的 X 标记（*siglum* X），指的是以这份抄本为现代拉丁通行本《圣经》的文本依据提供的《圣经》解读，如 H. J. White and J. Wordsworth, *Novum Testamentum Domini Nostri Iesu Christi latine, secundum editionem Sancti Hieronymi*, Oxford, 1899，今天的 Bonifatius Fischer 等人编辑的版本 (3rd edn, Stuttgart, 1985) 仍对其有沿用。对“MS 286”抄本的文本分析，可参见 H. H. Glunz, *History of the Vulgate in England from Alcuin to Roger Bacon: Being an Inquiry into the Text of Some English Manuscripts of the Vulgate Gospels*, Cambridge, 1933, esp. pp. 294–304。我一直都尽量避免猜测这份抄本究竟是谁制作的或者是在罗马的什么地方制作的；圣高隆庞外方传教会（SSC）神父 Robert McCulloch 认为，格里高利很可能是委托了罗马的圣安德烈修道院制作的

这份抄本，奥古斯丁本人曾在这座修道院担任院长，该修道院也是格里高利在登临教宗大位之前在自家庄园地产上创建的。如今，这座修道院仍然存在，不过已经变成卡马尔迪斯派的修道院，附属于圣格里高利大教堂（San Gregorio Magno al Celio）。圣格里高利曾给塞勒努斯（Serenus）写了一封信，着重谈论了宗教艺术品的价值，本书第 39 页征引了这封信，参见 Gregory the Great, *Registrum Epistolarum*, book IX, ep. 13 (Migne, Patrologia Latina, LXXVII: 1027)；马修・帕克也知道这一点，并且在他于 1559 年呈送伊丽莎白女王的一封信中，特别提到了圣格里高利的这封信，见 J. Bruce and T. T. Perowne, eds., *Correspondence of Matthew Parker*, D.D., Cambridge, 1853, p. 89。比德关于圣奥古斯丁同埃塞尔伯特国王的会面的叙述可参见 Bede，*Historia Ecclesiastica Gentis Anglorum*, book I, cap. 35 (C. Plummer, ed., *Venerabilis Baedae: Opera Historica*, Oxford, 1896, pp. 45–6)。本书第 40 页谈到了圣路加画像上方门拱之上出现的塞杜利乌斯（Sedulius）的话，具体为，"Jura sacerdotii Lucas tenet ora iubenci"（"路加将教牧权能衔于小牛的口中"，*Carmen Paschale*, book I, line 357）。在圣路加手持书卷的图上，后来有人添加了如下文字，"Fuit homo missus a deo"（"有一个人，是从神那里差来的"），这句话实际上出自《约翰福音》1:6，不过，原经文指的是施洗者约翰，《路加福音》恰恰就是以施洗者约翰的诞生为开篇的。关于《圣奥古斯丁福音书》中的插图，可参阅 F. Wormald especially（前引书），以及，J. Lowden, "The Beginnings of Biblical Illustration"，pp. 9–59 in J. Williams, ed., *Imaging the Early Medieval Bible*, University Park, Pa, 1999，这本书也讲述了本书第 44~45 页列举的 6 世纪的另外一些抄本。本书第 42 页谈到两位教授运用拉曼光谱仪对一系列中世纪抄本展开了研究，他们取得的第一批研究成果可见 A. Beeby, A. R. Duckworth, R. G. Gameson and others, "Pigments of the Earliest Northumbrian Manuscripts"，Scriptorium, 59, 2015, pp. 33–59。如今收藏在蒙扎（Monza）的抄本的封面在多份作品中都得到了影印，可特别参见 J. Richards, *Consul of God: The Life and Times of Gregory the Great*, London, 1980, pl. 13。有关《阿巴该福音书》抄本的报道可见 M. Bailey,"Discovery of earliest illustrated manuscript"，*The Art Newspaper*, June 2010，不过，该书到现在为止还没有被完整出版；2013 年 11 月，牛津大学组织了以"阿巴该福音书及其背景"为主题的研讨会，我参加了此次会议并主持了部分议程。本书第 44~45 页提及的 6 世纪的另三份伟大福音书抄本分别是《拉布喇福音书》（*the Rabbula Gospels*, Florence, Biblioteca Laurenziana, cod. Plut. I.
56)；《罗萨诺福音书》（*the Rossano Gospels*, Rossano, Museo dell' Archivescovada）以及《锡诺普 576
福音书》（*the Codex Sinopensis*, Paris, Bibliothèquenationale de France, ms suppl. grec. 1286）。"拉布喇抄本"和"锡诺普抄本"都曾于 2006 年参加了华盛顿萨克勒画廊的展出，我就是在此次展出之时见到这两份抄本的；关于这两份抄本，可参阅 M. Brown, ed., *In the Beginning: Bibles before the Year 1000*, Washington, 2006, pp. 300 and 302, nos. 62 and 64。关于差点购得《罗萨诺福音书》抄本一事，可参阅 A. S. Lewis,*Life of the Rev. Samuel Savage Lewis, F.S.A., Fellow and Librarian of Corpus Christi College, Cambridge*, Cambridge, 1892, pp. 208–9。另一部作品对此事也有概述，见 J. M. Soskice,*Sisters of Sinai: How Two Lady Adventurers Found the Hidden Gospels*, London, 2009, p. 94。该抄本的影印本已经制作出来了，见 G. Cavallo, J. Gribomont and W. C. Loerke, eds., *Codex Purpureus Rossanensis*, Rome and Graz, 1985–7 (*Codices Selecti*, 81)。现存斯德哥尔摩的《奥里斯抄本》也已经有了影印本，见 R.Gameson, ed.,*The Codex Aureus: An Eighth-Century Gos-*

pel Book, Stockholm, Kungliga Bibliothek, A. 135*, Copenhagen, 2 vols., 2001–2 (*Early English Manuscripts in Facsimile*, 28–9)。本书第 47 页提及的大英图书馆收藏的那份福音书抄本为 "Royal MS 1.E.VI"，是在圣奥古斯丁修道院制作的，并且人们认为，该抄本至少有部分内容来自已经佚失的圣奥古斯丁的《圣经》抄本；参阅，J. J. G. Alexander, *Insular Manuscripts: 6th to the 9th Century*, London, 1978 (*A Survey of Manuscripts Illuminated in the British Isles*, I), pp. 58–9, no. 32，这部作品的第 161 页上还印有该抄本第 43 对开页右页上的那幅小牛插图。本书第 47~48 页提到的 12 世纪的《埃德温圣咏抄本》，为 "Cambridge, TrinityCollege, MS R.17.1"；该抄本的文前插图已经与抄本本身分离，如今分别被收藏在伦敦（Victoria and Albert Museum, 816–1894；British Library, Add. MS 37472）和纽约（ Morgan Library, M 521 and M 724），参见 M. Gibson, T. A. Heslop and R. W. Pfaff, eds., *The Eadwine Psalter: Text, Image and Monastic Culture in Twelfth-Century Canterbury*, London, 1992, esp. p. 29）。我给我的小儿子起名为埃德温，有一部分也是因为这份无与伦比的抄本。《盎格鲁 – 卡塔兰圣咏抄本》（Anglo-Catalan Psalter）为 "Paris, Bibliothèque nationale de France, ms lat. 8846"；参见 *Psalterium Glosatum* (*Salterio Anglo-Catalán*), facsimile, Barcelona, 2004，这一影印本的附录中有 N. Morgan 等人于 2006 年写的关于《圣奥古斯丁福音书》评注（第 48~49 页）。我要感谢坎特伯雷大教堂的档案员克莱西达・威廉斯，否则我无缘得见威廉・乌尔里于 1961 年写的有关《圣奥古斯丁福音书》抄本的坎特伯雷之旅的文稿。关于我的西敏寺之行，在当时我就做了文字记录，相关文章并被刊印在了圣体学院的年鉴上，本书中基本上我照搬了年鉴上的记录，略有改动，见 C. de Hamel, "The Pope and the Gospel Book of St. Augustine", *The Letter*, 89, Corpus Christi College, Cambridge, Michaelmas 2010, pp. 24–7。我曾将本章的初稿呈送小说家詹姆斯・朗西（James Runcie），他将其中一些细节，比如唱诗班吟唱之时书页的颤动等，融入了关于一个以帕克图书馆和坎特伯雷为背景的抄本窃贼的故事当中，见 "Ex Libris"，to appear in *Sidney Chambers and the End of Days*, 2017 (*The Grantchester Mysteries*, 6)。

第二章　阿米提奴抄本

《阿米提奴抄本》已经出了相当奢华的影印本，不过是缩编版的，没有注解，见 La Meta Editore, *La Bibbia Amiatina*, Florence, 2003。还有一份光盘版，是 2000 年由 "SISMEL"（Società Internazionale per lo Studio del Medio Evo Latino）制作的。关于这份抄本及其相关文献，主要参见 Lowe, *Codices Latini Antiquiores*, 前引书 , III, 1938, p. 8, no. 299 和 Alexander, Insular Manuscripts, 1978, 前引书 , pp. 32–5, no. 7。

关于维尔茅斯 – 亚罗的发掘情况，参见 R. J. Cramp, "Monastic Sites"，pp. 201Sit，in D. M. Wilson, ed.,*The Archaeology of Anglo-Saxon England*, London, 1976, esp. pp. 229Eng。比德关于维尔茅斯修道院的创建以及本尼迪克特・比斯科普和塞奥尔夫利特的罗马之行的叙述，可见
577 比 德 的 *Historia Abbatum*（C. Plummer, ed., *Venerabilis Baedae: Opera Historica*, as above, 1896, pp. 367–8 and 373）。二人的这趟罗马之行很可能带回了《马卡比书》，这份抄本的残片附在 Durham Cathedral Library, MS B.IV.6 后；这份残片作为插图被刊印于最近的一部作品：R. Gameson, *Manuscript Treasures of Durham Cathedral*, London, 2010, pp. 22–3, no. 1。关于出现了

塞奥尔夫利特的名字的那份献词，可参阅 J. Higgitt, "The Dedication Inscription at Jarrow and Its Context", *The Antiquaries Journal*, 59, 1979, pp. 343lna。维尔茅斯 - 亚罗修道院制作《圣经》抄本一事在 *Vita Ceolfridi* 中有记录，这份传记收录在 Plummer 编辑的一部比德的作品当中，见 Plummer's edition of Bede's *Opera Historica*, p. 395，比德在另一部作品中也谈到了此事，见 *Historia Abbatum* (Plummer, p. 379)。关于维尔茅斯 - 亚罗修道院的抄本制作情况，可参阅 E. A. Lowe, *English Uncial*, Oxford, 1960, esp. pp. 6–13，该书还刊印了同时代的一些主要文献；也可参阅 M. B. Parkes, *The Scriptorium of Wearmouth-Jarrow: Jarrow Lecture 1982*,Jarrow,1982。附在《圣经》抄本中的题词，在《塞奥尔夫利特传》中也有记载，见 *Vita Ceolfridi* (Plummer, p. 402)。本章主要参考的文献为：R. Marsden, *The Text of the Old Testament in Anglo-Saxon England*, Cambridge, 2005 (*Cambridge Studies in Anglo-Saxon England*, 15), esp. pp. 91–8。关于拉丁通行本的情况，已经有一份概论问世，其中也谈到了《阿米提奴抄本》的地位，见 P.-M. Bogaert, "The Latin Bible, c. 600 to c. 900", pp. 69–92 in R. Marsden and E. A. Matter, eds., *The New Cambridge History of the Bible*, II, *From 600 to 1450*, Cambridge, 2012。蒂申多夫就献词页的涂抹痕迹也曾有评说，见他本人编辑的作品 *Novum Testamentum Latine interprete Hieronymo, ex Celeberrimo Codice Amiatino Omnium et Antiquissimo et Praestantissimo, nunc primum edidit*, Leipzig, 1850, p. ix。原本词句的解析工作，可参阅 G. B. de Rossi, "De origine historia indicibus scrinii et bibliothecae Sedis Apostolicae commentatio", pp. lxxv–lxxviii in H. Stevenson and G. B. de Rossi, eds., *Codices Palatini Latini Bibliothecae Vaticanae*, I, Rome, 1886。同塞奥尔夫利特版《圣经》抄本里面的题词的比照情况，可参见 F. J. A. Hort, *The Academy*, 31, 26 February 1887, pp. 148–9。本书第 62 页引述了 H.J. 怀特的话（p. 273），出自 H. J. White，"The Codex Amiatinus and Its Birthplace"，*Studia Biblica et Ecclesiastica*, 2, 1890, pp. 273–308。在此对尼古拉斯·巴克尔（Nicolas Barker）先生深表感谢，我在整个这一章的写作中都非常倚重巴克尔的相关论述，同时，巴克尔先生也读过本章的初稿，提出了一些实用的建议。我多次用到的 R.L.S. 布鲁斯 - 米特福德的作品是：R.L. S. Bruce-Mitford, *The Art of the Codex Amiatinus: Jarrow Lecture 1967*, Jarrow, 1978 (reprinted *from The Journal of the British Archaeological Association*, 3 ser., 32, 1969, pp. 1–25)；本书第 65 页以"在等了很长时间后……"为起始句的引文，出自这部作品的第 1~2 页。本章对洛伦佐图书馆的描写，以及在其余章中对其他几座图书馆的描写，都是从一部相当优雅的作品当中得到的灵感，见 A. R. A. Hobson, *Great Libraries*, London, 1970；有关洛伦佐图书馆的描述在这本书的第 84~91 页。克莱尔·布莱亚（Claire Breay）替我查看了庭院中所种的果树，并给了其他一些相当周详的建议。斯科特·格瓦拉（Scott Gwara）也非常耐心地阅读了本章的内容。我相信我的校勘是准确的；此前有不同的校勘结果，比如 H. Quentin, *Mémoire sur l' établissement du texte de la Vulgate*, Rome, 1922, pp. 438–40，其作者试图将实际情况跟抄写员最初编订的有问题的页码匹配起来，而我完全没有参照这种编码体系。关于卡西奥多罗斯的藏书以及他收藏的包括《阿米提奴抄本》在内的多份抄本的情况，可参见 R. L. S. Bruce-Mitford, "Decoration and Miniatures", pp. 109–260 in T. D. Kendrick, ed., *Evangeliorum Quattuor Codex Lindisfarniensis*, companion volume to the facsimile, Lausanne, 1960, esp. pp. 143–9 in Chapter Three, "The Sources of the Evangelist Miniatures"；以及 P. Meyvaert, "Bede, Cassiodorus and the Codex Amiatinus", *Speculum*, 71, 1996,

pp. 827–83。本书第 74~75 页引述了卡西奥多罗斯对“大抄本”的一番描述，此番描述可见 Cassiodorus, *Institutiones*, I, 14:2–3 (R. A. B. Mynors, ed., *Cassiodori Senatoris Institutiones*, Oxford, 1937, p. 40)；据卡西奥多罗斯描述，该抄本有 95 折，算起来就是 380 页。关于拉文纳迦拉普拉西狄亚陵寝壁画呈现的书橱，我所知道的都来自 Gifford Combs。《林迪斯法恩福音书》中，
578 圣马太画像插图出现在第 25 对开页的左页（该抄本为“British Library, Cotton MS Nero D. iv”；这份抄本的相关文献浩如烟海，在此无法列举）。《阿米提奴抄本》的抄写员是英格兰人（见本书第 80~81 页），关于这个问题，Lowe 给出了简洁且具有决定性的证据，参见 Lowe, *English Uncial*，前引书；作者比较了维尔茅斯 – 亚罗修道院制作的其他抄本，包括：两份福音书抄本的残章（Utrecht, Universiteitsbibliotheek, Cod. 32, folios 94–105, 和 Durham Cathedral Library, A.II.17, folios 103–111），以及一张圣咏抄本中的残页 (Cambridge University Library, MS Ff.5.27, flyleaf)。“斯托尼霍斯特福音书”，又称“圣库斯伯特福音书”，为 British Library, Add. MS 89000。关于这份福音书抄本，参见 T. J. Brown, ed., *The Stonyhurst Gospel of Saint John*, Oxford, 1969，以及 C. Breay and B. Meehan, eds., *The St Cuthbert Gospel: Studies on the Insular Manuscript of the Gospel of Saint John*, London, 2015，后者是在我写完本章之后出版的；两位作者倾向于将两份福音书抄本以及《阿米提奴抄本》的制作时间定在 8 世纪早期（尽管《圣经》抄本的制作时间不会晚于 716 年），而目前的说法是，福音书抄本是后来才被放进库斯伯特的棺材的，而且很可能是库斯伯特下葬很久之后的事情，肯定要晚于 698 年，因为这位圣徒的遗骸就是在这一年入殓的。D.H.Wright 对曾参与《阿米提奴抄本》制作工作的抄写员进行了解析，见 D. H. Wright, “Some Notes on English Uncial”, *Traditio*, 17, 1961, pp. 441–56。关于《阿米提奴抄本》所用羊皮纸张的供应情况，参见 R. Gameson, “The Cost of the Codex Amiatinus”, *Notes and Queries*, March 1992, pp. 2–9。我实际上跟大家一样，一直认为《阿米提奴抄本》是用牛皮纸制作的。Jiří Vnouček 告诉我说，同小牛皮比起来，绵羊皮能够制作出更大的纸张，因为整张成年绵羊皮都可以被用来制作羊皮纸，牛皮纸则只能用小牛的皮，牛长大后牛皮的柔软度就不够了。本书第 84 页谈到了“格林韦尔（绿泉）书页”及其他残页，我在 Lyell Lectures 中的第一讲就是以此为主题的，见 Lyell Lectures, Oxford, 2009（待出版）。关于“格林韦尔（绿泉）书页”的最早描述，可见 C. H. Turner, “Iter Dunelmense: Durham Bible MSS, with the Text of a Leaf Lately in the Possession of Canon Greenwell of Durham, Now in the British Museum”, *Journal of Theological Studies*, 10, 1909, pp. 529–44。关于大英博物馆获取“格林韦尔（绿泉）书页”的时间，我借用了克莱尔 · 布莱亚的论述，如今，“格林韦尔（绿泉）书页”为 British Library, Add. MS 37777。关于“威洛比书页”（Willoughby leaves）的最早描述，见 W. H. Stevenson, *Report on the Manuscripts of Lord Middleton, Preserved at Wollaton Hall, Nottinghamshire*, London, 1911 (Historical Manuscripts Commission, report 69), pp. xi–xii, 196–7 and 611–12；“威洛比书页”如今为 British Library, Add. MS 45025。Lowe 对“格林韦尔（绿泉）书页”和“威洛比书页”都有描述，见 Lowe, *Codices Latini Antiquiores*, 前引书 , II, p. 17, no. 177；关于“班克斯书页”（Bankes leaf），可见 pp. 351–2 of B. Bischoff and V. Brown, “Addenda to *Codices Latini Antiquiores*”, *Mediaeval Studies*, 47, 1985, pp. 317–66。吉布森认为，“班克斯书页”来自第三份塞奥尔夫利特《圣经》抄本，但是这个看法是错误的，见 M. T. Gibson, *The Bible in the Latin West*, Notre Dame, Ind., and London, 1993 (*The*

Medieval Book, I), pp. 24–5, no. 3。《列王记》的引文问题，有一点需要注意，拉丁通行本《列王记》I~IV 部分，对应的是现代译本的《撒母耳记》I~II 部分和《列王记》I~II 部分。本书第 90 页的拉丁通行本的内容，引自 A. Colunga and L. Turrado, eds., *Biblia Sacra iuxta Vulgatam Clementinam: Nova editio*, Madrid, 1965。本书第 92~93 页谈到，比德有可能参与了《创世记》8:7 的修订工作，关于这一点，可参见 Marsden, *Text of the Old Testament*, 前引书 , p. 204 ；也可参阅 R. Marsden, "'Manus Bedae'：Bede's Contnibution to Ceolfrith' s Bibles" , *Anglo-Saxon England*, 27, 1998, pp. 65–85。关于圣物箱，可参见 M. Ryan, "A House-Shaped Shrine of Probable Irish Origin at Abbadia San Salvatore, Province of Siena, Italy" , pp. 141–50 in M. Ryan, ed., *Irish Antiquities: Essays in Memory of Joseph Raftery*, Bray, Co. Wicklow, 1998, reprinted in Ryan, *Studies in Medieval Irish Metalwork*, London, 2001, pp. 574–86。 N. X. O' Donoghue 认为，这些所谓的圣物箱并不是用来存放圣物的，而是用于存放圣饼的圣油箱，是专为游方僧设计的；参见 O' Donoghue, "Insular Chrismals and Houseshaped Shrines in the Early Middle Ages" , pp. 79–91 in C. Hourihane, ed., *Insular & Anglo-Saxon Art and Thought in the Early Medieval Period*, Princeton and University Park, Pa, 2011
(*The Index of Christian Art*, Occasional Papers, 13)。《塞奥尔夫利特传》(*Vita Ceolfridi*，Plummer, 579
p. 402) 中只谈到塞奥尔夫利特死后有一些人决定继续这趟行程 ("iter peregere")，不过他们最终是否抵达罗马，或者是否返还家乡，传记里并没有交代。

第三章　凯尔经

本章的写作在很多方面都要感谢伯纳德·米汉 (Bernard Meehan) 先生，他是都柏林三一学院抄本部的管理员和研究部主任。他曾写了一本相当精彩的插图版《论凯尔经》(Bernard Meehan, *The Book of Kells*, published by Thames & Hudson, London, 2012)，这部作品是他与《凯尔经》数十年朝夕共处的结晶，也是我 2012 年的暑期读物——还记得当时我正在丹麦北方度假，每天就拉上一张躺椅，在沙滩上阅读这本书，读完我就前往都柏林了。《凯尔经》拥有奢华的影印本：Faksimile Verlag, *The Book of Kells, MS 58, Trinity College Library, Dublin*, Lucerne, 1990。Peter Fox 编辑的《评论》(*Commentary*) 卷收录了 Umberto Eco, Peter Fox, Patrick McGurk (关于抄本文本) , GearóidMac Niocaill (关于爱尔兰语补录内容)，Bernard Meehan 和 Anthony Cairns (着重论述了装帧和颜料) 的相关文章。以上两部作品是本章的重点参考资料。该抄本还有一份更早的影印本 (Urs Graf, Berne, 1951)。2012 年之后，人们便可以免费在网上查阅《凯尔经》的电子版了，具体是在都柏林三一学院官网的"电子文库" (Digital Collections) 栏目中。还有一批《凯尔经》的名录纪要，可参阅 Lowe, *Codices Latini Antiquiores*, 前引书 , II, p.43, no.274; J.J.G. Alexander, *Insular Manuscripts*, 1978, 前引书 , pp. 71–6, no. 52 ；以及 M. L. Colker, *Trinity College, Dublin: Descriptive Catalogue of the Mediaeval and Renaissance Latin Manuscripts*, Aldershot, Hants., and Brookfield, Vt, 1991, pp. 106–8。《凯尔经》的详细参考文献多得令人无法想象。而关于《凯尔经》的彩饰，值得研读一番的文献包括：F. Henry, *The Book of Kells: Reproductions from the Manuscript in Trinity College, Dublin*, London, 1974; P. Brown, *The Book of Kells: Forty-Eight Pages and Details in Colour from the Manuscript in Trinity College, Dublin*, London and

New York, 1980; R. G. Calkins, *Illuminated Books of the Middle Ages*, London, 1983, esp. pp. 78–92; G. Henderson, *From Durrow to Kells: The Insular Gospel Books, 650–800*, London, 1985, pp. 131–98；以及 B. Meehan, *The Book of Kells: An Illustrated Introduction to the Manuscript in Trinity College, Dublin*, London, 1994。都柏林三一学院目前的规定是，任何新出的影印本若是要使用《凯尔经》的插图，那么彩印和黑白插图分别不得超过六幅。我们也略微考虑过使用图片库中未经授权的插图，但最终决定使用 19 世纪和 20 世纪初期的影印本中的，这些版本很久之前就已经是公版了，而且它们也是故事的组成部分。

本书第 96 页摘引的《伯明翰每日邮报》以及另外一些英国和爱尔兰新闻媒体的相关报道，以及介绍的《凯尔经》在现代的诸多未经考证来源的故事，都是我通过“凯尔经”这个关键词在 *Nineteenth-Century British Newspapers* database, Gale Digital Collections 中搜索而来的。1873 年，佩尔金斯版的《古腾堡圣经》（*Perkins copy of the Gutenberg Bible*）拍出了近六十年来的天价，关于这个情况，参见 R. Folter, “The Gutenberg Bible in the Antiquarian Book Trade”, pp. 271–351 in M. Davies, ed., *Incunabula: Studies in Fifteenth-Century Books presented to Lotte Hellinga*, London, 1999, p. 302。《乌尔斯特志略》抄本为“Trinity College, Dublin,MS 1282”，本章引用的名录纪要出现在该抄本第 54 对开页的右页，刊印于 S. Mac Airt and G. MacNiocaill, eds., *Annals of Ulster to ad 1131: Text and Translation*, Dublin, 1983, p. 439。中世纪盗书贼往往是因为看中了抄本的封皮而实施盗窃，关于这方面的情况，参见 C. de Hamel, “Book Thefts in the Middle Ages”, pp. 1–14 in R. Myers, M. Harris and G. Mandelbrote, eds., *Against the Law: Crime, Sharp Practice and*
580 *the Control of Print*, London, 2004。关于图书馆的情况，参见 P. Fox, *Trinity College Library, Dublin*, Cambridge, 2014。关于《凯尔经》的修复和重装情况，我得益于爱德华·奇斯（Edward Cheese）分享给我的一篇文章：A. G. Cairns, “Roger Powell’ s Innovation in Book Conservation: The Early Irish Manuscripts Repaired and Bound, 1953–1981”, pp. 68–87 in J. L. Sharpe, ed., *Roger Powell: The Compleat Binder*, Turnhout, 1996 (*Bibliologia*, 14)。我要感谢 G. Mac Niocaill 为我翻译的这些爱尔兰语文献，“The Irish ‘charters’”, pp. 154–65 in the facsimile commentary volume, 1990。本书第 113 页谈到，《凯尔经》第 7 对开页左页上的圣母和圣子画像是欧洲艺术作品当中最早的圣母圣子画像，这个观点来自 F. E. Warren, *The Liturgy and Ritual of the Celtic Church*, 2nd edn by J. Stevenson (the first was 1881), Woodbridge, 1987 (*Studies in Celtic History*, IX), p. lxxxv, n. 468, cited by Colker, p. 106。本书第 121 页对“岛屿大写体”（insular majuscule）的论述太过简单，不足以充分定义这种字体（我这么做，主要是为了令我的表述更为流畅）；关于这些字体，可参见 M. P. Brown, A *Guide to Western Historical Scripts from Antiquity to 1600*, London, 1990, including insular majuscule on pp. 50–51, no. 16。本书第 122 页征引的诗文，为 Hugh MacDiarmid 所作，开篇文字是“When a person is greatly interested in a problem...”（当一个人对一个问题极度感兴趣……），出自 *Complete Poems*, ed. M. Grieve and W. R. Aitken, II, Manchester, 1994, pp. 1389–93。关于职业抄写员现场讲解《凯尔经》的具体创制过程，参见 M. Drogin, *Medieval Calligraphy: Its History and Technique*, Montclair, NJ, and London, 1980, pp. 109–12。本书第 123 页引述的威尔士的杰拉德（Gerald of Wales）所作的描述，引自 J. F. Dimock, ed., *Giraldi Cambrensis Opera*, V, London, 1867 (Rolls Series, 21), pp. 123–4；这部作品的英译本为 J. J. O’ Meara, ed., Gerald of Wales, *The History*

and Topography of Ireland, Harmondsworth, 1982, p. 84。《凯尔经》并非一份独一无二的抄本，这个想法引人关注是因为 2015 年 11 月的一则新闻。当时，柏林一家图书馆在一份抄本的封皮中发现了一小片《路加福音》13:16 的残页，残页上的文字和装饰具有明显的《凯尔经》风格。很可能来自一份由早期英伦诸岛的传教团带到德意志的抄本。都柏林另外收藏的一些相当著名的岛屿风格福音书抄本包括 the Codex Usserianus Primus（据信最初是在意大利写就的）, Trinity College, MS 55, formerly A.4.15 (Lowe, *Codices Latini Antiquiores*, 前引书 , II, p. 42, no. 271, and Alexander, *Insular Manuscripts*, 1978, p.27, no.1); the Codex Usserianus Secundus (Garland of Howth), Trinity College, MS 56, formerly A.4.6 (Lowe, II, p. 43, no. 272); the Book of Durrow, Trinity College, MS 57, formerly A.4.5 (Lowe, II, p. 43, no. 273, Lowe 的评论源于此 , and Alexander, pp. 30–32, no. 6); the Book of Mulling, Trinity College, MS 60, formerly A.1.15 (Lowe, II, p. 44, no. 276); and the Book of Dimma, Trinity College, MS 59, formerly A.4.23 (Lowe, II, p. 44, no. 275)；我给出这些抄本曾经的编号是为了表明，这些抄本一度被收藏在同一个书柜的两层书架上，也就是该图书馆抄本室编号为“A”的书柜上，其中《凯尔经》编号为“A.1.6”；这实在是个令人震惊的情况，因为仅仅是这两层书架的价值加起来就超过了大多数国家银行的黄金储备。本章还提及收藏在爱尔兰之外的四份著名岛屿风格抄本，分别是：Lindisfarne Gospels, London, British Library, Cotton MS Nero D. iv (Lowe, II, p. 20, no. 187, and Alexander, pp.35–40, no. 9, and now a facsimile with commentary by Michelle Brown,*Das Buch von Lindisfarne: The Lindisfarne Gospels*, Lucerne, 2002); the Echternach Gospels, Paris, Bibliothèque nationale de France, mslat. 9389(Lowe,V,1950, p.18, no.578);the Barberini orWigboldGospels, Città del Vaticano, Biblioteca Apostolica Vaticana, Cod. Barb. lat. 570 (Lowe, I, 1934, p. 20, no. 63, and Alexander, pp. 61–2, no. 36)；以及 Cutbercht Gospels, Vienna, Österreichische Nationalbibliothek, Cod. 1224 (Lowe, X, 1963, p. 18, no. 1500, and Alexander, pp. 62–3, no. 37)。关于《凯尔经》所用颜料问题，参见 S. Bioletti, R. Leahy and others, “The Examination of the Book of Kells Using Micro-Raman Spectroscopy”, *Journal of Raman Spectroscopy*, 40, 2009, pp. 1043-9；有研究者认为,《凯尔经》也使用了天青色，一种只有接触从喜马拉雅而来的贸易路线才能获得的颜料，不过，此一看法并没有得到普遍认同。本书第 126 页引用的维斯特伍德的内容来自第一
章参考文献中提到的 Westwood, *Palaeographia Sacra Pictoria*,part 17, p. 5。本书第 129 页我提出 581
的整页插图应该是从其他抄本上直接挪过来的看法，我认为此前不曾有人提过，罗杰・鲍威尔（Roger Powell）的研究为此看法提供了支持，据他观察，这些插图页的羊皮纸跟该抄本中的其他羊皮纸是不一样的，应当是另外准备的（参阅 R. Powell, “The Book of Kells, The Book of Durrow: Comments on the Vellum, the Make-up, and Other Aspects”, *Scriptorium*, 10, 1956, pp. 3–21 中的第 4 页）；也许有一天，基因技术能够辨识出这些书页究竟是不是来自不同批次的动物皮。《凯尔经》的四个抄写员之间的分工主要是以折为单元展开的；例如，第一个抄写员负责的是第 xvi 折（第 130~140 对开页）和第 xxxiv~xxxviii 折（第 292~339 对开页）；第三个抄写员在第 x 折的末尾（第 87 对开页）完成了一个工作单元，然后从第 xvii 折的开篇（第 141 对开页）开启了自己的下一个工作单元；第四个抄写员则担当了第 xi~xiv 折（第 88~125 对开页）的工作，并在第 xxi 折的结尾（第 187 对开页）完成了自己的第二个工作单元。第 26 对开页后面的单页丢失，这一页文本中有《路加福音》当中部分希伯来人名的名录；第 177 对开页

后面的单页丢失，这一页呈现的是《路加福音》14:32~42 的内容；第 239 对开页后面的单页丢失，这一页呈现的是《路加福音》12:6~18 的内容；第 330 对开页后面缺了三页文本页，这部分呈现的是《约翰福音》12:28~13:19 的内容。《末日审判册》的页边残片被装订人作为纪念品保存了下来（见本书第 130 页），其具体情况可参阅 Bernard Quaritch Ltd, Catalogue 1348, 2007 (*Bookhands of the Middle Ages*, VIII), p. 41, no. 47。本书第 131 页谈到乌塞尔抄录的《凯尔经》里的特许状，为“Trinity College, MS 580”；“book of Kelles”字样出现在第 59 对开页的左页。关于乌塞尔对此事的描述，可参阅他所著的 *Britannicarum ecclesiarum antiquitates*, Dublin, 1639, p. 691。我谈到的《凯尔经》最终来到都柏林的过程，借助了福克斯先生正好发表的一部作品，见 Fox, *Trinity College Library*, 前引书 , esp. pp. 23–4 and 39。本书第 133~134 页引述的维多利亚女王的那番话，参见她的 *Leaves from the Journal of Our Life in the Highlands, from 1848 to 1861, to Which are Prefixed and Added Extracts from the Same Journal Giving an Account of Earlier Visits to Scotland, and Tours in England and Ireland*, ed. A. Helps, London, 1868, pp. 257–8。《凯尔经》中带有王室成员签名的现代衬页如今已经被单独装订成册。关于 19 世纪彩饰图案样式书的情况，可参阅 R. Watson, “Publishing for the Leisure Industry: Illuminating Manuals and the Reception of a Medieval Art in Victorian Britain” , pp. 78–107 in T. Coomans and J. De Maeyer, eds., *The Revival of Medieval Illumination*, Louvain, 2007, illustrating samples from the Book of Kells in W. J. Loftie’ s *Lessons in the Art of Illuminating*, 1885, on p. 97。海伦・坎贝尔・多利埃（Helen Campbell D’Olier）的描摹《凯尔经》插图的水彩画作，如今收藏在三一学院，“Trinity College, MS 4729”。里克特斯（C. L. Ricketts）的画作藏于布鲁明顿的印第安纳大学（Lilly Library），其中有两幅被收录在 S. Hindman and N. Rowe, eds., *Manuscript Illumination in the Modern Age: Recovery and Reconstruction*, Evanston, Ill., 2001, pp. 270–71 and pl. 37。跟伯纳德・米汉的那部作品一样，爱德华・沙利文爵士的著作的书名也非常简洁：*The Book of Kells*, London, Paris and New York, 1914（本书第 130 页谈到的那个糟糕的装订人的情况，就参考了沙利文爵士这本书的第 6 页）。乔伊斯给鲍尔的信转引自 R. Ellmann, *James Joyce*, Oxford and New York, 1982, II, p. 545。本书第 138 页引用的《芬尼根的守灵夜》的内容，可见 *Finnegans Wake*, pp. 122–3 of the London edition, 1939。乔伊斯所说的“*Tunc*”页，出自福音书中有关“基督被钉十字架”事件的描述，“Tunc crucifixerant xp[ist]i cum eo duos latrones”（“当时，有两个强盗与他同钉十字架”，《马太福音》27:38）；这一页的确显得十分怪异，无论是布局还是语法都是如此，就布局而言，大部分文字挤在“X”形十字架图案里，几乎无法辨认，就语法而言，“xpi”一词（也就是 Christi）在此显然是多余的，拉丁通行本的标准经文是，“Tunc crucifixi sunt cum eo duo latrones”。关于该抄本的渊源在于爱奥那岛（Iona）这一点，除了前面引用的文献外，也可参阅 P.Meyvaert, “The Book of Kells and Iona” , *The Art Bulletin*, 71, 1989, pp. 6–19。

第四章　莱顿的阿拉图斯抄本

582 莱顿的《阿拉图斯抄本》有一份精美的影印本：*Aratea, Faksimileband*, Lucerne, 1978；并有评注本 *Aratea, Kommentar zum Aratus des Germanicus, MS. Voss. Lat. Q. 79, Bibliotheek der Ri-*

jksuniversiteit Leiden, Lucerne, 1989, 书中有 B. Bischoff, B. Eastwood, T. A.-P. Klein, F. Mütherich and P. F. J. Obbema 的论文；穆特里奇的论文“Die Bilder”，可见该评注本的第 31~68 页，并被收入穆特里奇女士的文集 *Studies inCarolingian Manuscript Illumination*, London, 2004, pp. 147–265。莱顿大学已经制作了该抄本的高分辨率电子版，可以通过访问莱顿大学的“Digital Special Collections”（电子典藏）网站查阅该抄本。该抄本的部分插图也被收录于 W. Köhler and F. Mütherich, *Die karolingischen Miniaturen, IV, Die Hofschule Kaiser Lothars: Einzelhandschriften aus Lotharingien*, Berlin, 1971, plates 75–96。关于该抄本的参考文献，可见 C. L. Verkerk, “*Aratea*: A Review of the Literature Concerning Ms Vossianus lat. q. 79 in Leiden University Library”, *Journal of Medieval History*, 6, 1980, pp. 245–87。还有一部作品也相当有参考价值：G. Thiele,*Antike Himmelsbilder, mit Forschungen zu Hipparchos, Aratos und seinen Fortsetzern und Beiträgen zur Kunstgeschichte des Sternhimmels*,Berlin, 1898, esp. pp. 77–142。我重点参考的文献为：R. Katzenstein and E. Savage-Smith, *The Leiden Aratea: Ancient Constellations in a Medieval Manuscript*, Malibu, Calif., 1988（为该抄本在美国的展出而出版）; A. von Euw, *Der Leidener Aratus: Antike Sternbilder in einer Karolingischen Handschrift*, Munich, 1989; F. Mü Munich, “Book Illumination in the Court of Louis the Pious”, pp. 593m604 in P. Godman and R. Collins, eds., *Charlemagne's Heir: New Perspectives on the Reign of Louis the Pious (814–840)*, Oxford, 1990, reprinted in Mütherich,*Studies in Carolingian Manuscript Illumination*, 前引书, pp. 98–117; M. Dolan, “The Role of Illustrated Aratea Manuscripts in the Transmission of Astronomical Knowledge in the Middle Ages”, doctoral thesis, University of Pittsburgh, 2007, available on-line and remarkably good; and E. Dekker, “The Provenance of the Stars in the Leiden Aratea Picture Book”, *Journal of the Warburg and Courtauld Institutes*, 73, 2011, pp. 1–37（她还著有 *Illustrating the Phaenomena: Celestial Cartography in Antiquity and the Middle Ages*, Oxford, 2012)。盖恩先生的一部作品对我也有莫大帮助：D. B. Gain, *The Aratus Ascribed to Germanicus Caesar: Edited with an Introduction, Translation & Commentary*, London, 1976 (*University of London Classical Studies*, 8), conjured up for me by Peter Jones, Librarian of King's College, Cambridge。

关于查理曼的宫廷图书馆，我的主要参考文献为 B. Bischof 的论文，“Die Hofbibliothek Karls des Grossen”, pp. 149–69, *Mittelalterliche Studien*, III, Stuttgart, 1981, translated as “The Court Library of Charlemagne”, chapter 3 in M. Gorman, transl. and ed., *Manuscripts and Libraries in the Age of Charlemagne*, Cambridge, 2007 (*Cambridge Studies in Palaeography and Codicology*, 1), pp. 56–75；本书第 143 页提到的书单是否包括了查理曼宫廷图书馆当年的藏书，这个问题仍然是有争议的。对于这个时期的思想文化状况，Rosamond McKitterick 写了多部作品进行解析和阐述。本书第 143~144 页提到的 4 世纪的两份维吉尔抄本，分别是 Città del Vaticano, Biblioteca Apostolica Vaticana, cod. Vat. lat. 3225 和 Vat. lat. 3867。这两份抄本都享有盛名，D. H. Wright 为之撰写了很出色的概要，见 M. Buonocore, ed., *Vedere i Classici: L'illustrazione libraria dei testi antichi dall'età romana al tardo Medioevo*, Vatican City, 1996, pp. 141–5, nos. 1–2（也可参阅 D. H. Wright, *The Roman Vergil and the Origins of Medieval Book Design*, London, 2002)。关于“354年编年史”，我参考的是萨尔兹曼的作品，见 M. R. Salzman, *On Roman Time: The Codex-Calendar of 354 and the Rhythms of Urban Life in Late Antiquity*, Berkeley, 1990 (*The Transformation of the Classical*

Heritage, 17)。9 世纪赫罗德加利乌斯（Hrodgarius）制作的特伦斯抄本和《土地丈量法》如今都收藏在梵蒂冈（cod. Pal. lat. 3868 and Pal. lat. 1564）。本书第 145 页引述的斯卡利杰的著名评论，是他于 1606 年在莱顿大学的课堂上提出的，参见 K. van Ommen, "The Legacy of Joseph Justus Scaliger in Leiden University Library Catalogues,1609–1716" ,pp.51, 82 in M. Walsbyand N.Con-
583 stantinidou,eds., *Documenting the Early Modern Book World*, Leiden and Boston, 2013, p. 53，该书还提供了进一步的参考文献。我此次是受埃里克·科瓦科尔（Erik Kwakkel）和比德·古姆波特（Peter Gumbert）之邀前来莱顿做讲座的，其间，我们谈到了卢西娅·吉姆布瑞尔（Lucie Gimbrère）修女为莱顿抄本配置的封皮。当然，我也很感谢同大卫·冈茨（David Ganz）先生的一番交流，他让我受益匪浅。关于俗大写体的情况，可参见 Drogin, *Medieval Calligraphy*, 前引书 , pp. 89–92。本书第 150 页谈到的《乌得勒支圣咏抄本》——加洛林时代诞生于荷兰的另一份顶级抄本，可参阅展览名录 K. van der Horst, W. Noel and W. C. M. Wüstefeld, eds.,*The Utrecht Psalter in Medieval Art: Picturing the Psalms of David*, Tuurdijk, 1996（其中第 200 页的第 13 项也谈到了《阿拉图斯抄本》)。本书第 150 页谈到了天空的颜色从深蓝色（比如该抄本第 48 对开页左页和第 78 对开页左页）并渐变至青绿色（比如该抄本第 60 对开页左页和第 62 对开页左页）。为了保持行文流畅，本书第 150~65 页在描述插图时没有附上抄本页码，具体情况如下：(1) folio 3v, *Draco* the snake, with the bears *Ursus Minor* and *Ursus Major*（第 3 对开页左页，天龙座，并配有大熊和小熊）; (2) folio 6v, Hercules（第 6 对开页左页，武仙座）; (3) folio 8v, the garland, *Corona borealis*（第 8 对开页左页，北冕座）; (4) folio 10v, Ophiunchus the snake-bearer standing on a scorpion and holding a serpent（第 10 对开页左页，蛇夫座，蛇夫站在蝎子身上，手持一条蛇）; (5) folio 12v, presumably Boötes（第 12 对开页左页，可能是牧夫座）; (6) folio 16v, Gemini standing together（第 16 对开页左页，双子座，双子并肩站在一起）; (7) folio 18r, Cancer the crab（第 18 对开页右页，巨蟹座）; (8) folio 20v, Leo, a prancing lion（第 20 对开页左页，狮子座，一头奔跑的狮子）; (9) folio 22v, Auriga the charioteer holding three goat kids（第 22 对开页左页，御夫座，御夫驾驶着三只小山羊牵引的车）; (10) folio 24v, Taurus shown as half a bull（第 24 对开页左页，金牛座，陶鲁斯是半人半牛的形象）; (11) folio 26v, Cepheus reaching out his arms（第 26 对开页左页，仙王座，仙王伸出手臂）; (12) folio 28v, Cassiopeia enthroned（第 28 对开页左页，仙后座，仙后端坐在王座之上）; (13) folio 30v, Andromeda tied between rocks（第 30 对开页左页，仙女座，仙女被绑于两根岩柱之间）; (14) folio 32v, Pegasus, half a winged horse（第 32 对开页左页，飞马座，半人半马、肋生双翼）; (15) folio 34v, Aries leaping through a hoop（第 34 对开页左页，白羊座，阿瑞斯正从一个铁环中跳过）; (16) folio 36v, Triangula（第 36 对开页左页，三角座）;(17)folio 38v, Pisces, two fish（第 38 对开页左页，双鱼座，两条鱼）; (18) folio 40v, Perseus holding the head of Medusa（第 40 对开页左页，英仙座，珀修斯手持美杜莎的脑袋）; (19) folio 42v, the Pleiades, seven women' s heads（第 42 对开页左页，昴宿星团，呈现为七女的脑袋）; (20) folio 44r, Lyra（第 44 对开页右页，天秤座）; (21) folio 46v, Cygnus, a hissing swan（第 46 对开页左页，天鹅座，一只在鸣叫的天鹅）; (22) folio 48v, Aquarius emptying a vase（第 48 对开页左页，水瓶座，正在倒空水瓶）; (23) folio 50v, Capricorn（第 50 对开页左页，山羊座）; (24) folio 52v, Sagittarius（第 52 对开页左页，射手座）; (25) folio 54v, Aquila the eagle（第

54 对开页左页，天鹰座）; (26) folio 56v, Delphinus, a dolphin（第 56 对开页左页，海豚座）; (27) folio 58v, Orion, with Lepus between his legs（第 58 对开页左页，猎户座，一只天兔在他的两腿之间）；(28) folio 60v, Canis Maior（第 60 对开页左页，大犬座）; (29) folio 62v, Lepus the hare again（第 62 对开页左页，天兔座）; (30) folio 64v, Argo, half a ship（第 64 对开页左页，南船座，图中的阿尔戈斯为半船半人的形象）; (31) folio 66v, Cetus the sea monster（第 66 对开页左页，鲸鱼座）; (32) folio 68v, Eridanus the river god（第 68 对开页左页，波江座）; (33) folio 70v, Piscis Austrinus（第 70 对开页左页，南鱼座）; (34) folio 72v, Ara, an altar（第 72 对开页左页，天坛座); (35) folio 76v, Hydra,Corvus and Crater(第 76 对开页左页，长蛇座、乌鸦座和巨爵座); (36) folio 78v, Canis Minor（第 78 对开页左页，小犬座）。本书第 166 页提到的西塞罗《物象》译本的 9 世纪抄本，收藏于伦敦大英图书馆，见 British Library, Harley MS 647, folios 12v–17v。该抄本及其参考文献现在都可以在大英图书馆网站的泥金装饰手抄本目录中看到。古文物家奥特利（W. Y. Ottley）认为，这份抄本应该来自 2 世纪或 3 世纪（*Archaeologia: Miscellaneous Tracts Relating to Antiquity*, 26, 1836, pp. 47–214），这虽然是句题外话，但可以证明它是非常忠实于古代原本的。关于该抄本在公元后最初几个世纪中的演化史，有一份很有意思且相当富有见解的研究文献：H. Y. Gamble, *Books and Readers in the Early Church: A History of Early Christian Texts*, New Haven and London, 1995。本书第 169 页谈到我在阅览室给莱顿大学学生上的这次非正式辅导课，当时在场的一个学生 Jenneka Janzen 后来在莱顿大学的网站上写了一篇课后体验。莱顿《阿拉图斯抄本》第 26 对开页左页插图里的仙王克普斯的相貌同《洛泰尔圣咏抄本》（London, British Library, Add. MS 37768, folio 4r）当中大卫的相貌极为相似，穆特里奇指出了这一点，见 Mütherich, "Court of Louis the Pious"，前引书，p. 105。"354 年编年史"存世最久的记录是 Peiresc 在 17 世纪以如今已经佚失的加洛林抄本为范本制作的抄本（Biblioteca Apostolica Vaticana, cod. Barberini lat. 2154）。本书在第 171 页谈到阿尔昆提醒查理曼关注普林尼的《自然史》，关于这件事情，可参阅 Bischoff, "The Court Library of Charlemagne"，前引书，p. 57。关于第 93 对开页左页出现的天象图的准确性，有两篇文章值得参考：R. Mostert and M. Mostert, "Using astronomy as an aid to dating manuscripts: The example of the Leiden Aratea"，*Quaerendo*, 20, 1999, pp. 248–61；以及 E. Dekker, "Planetary Observations: The Case of the Leiden Planetary Configuration"，*Journal for the History of Astronomy*, 39, 2007, pp. 77–90。关于 3 月 18 日是创世纪念日
的说法，可参见 Dolan, "The Roleof Illustrated Aratea Manuscripts"，前引文，p. 220。我读过 *Vita* 584
Hludowici 一书的英译本，A. Cabaniss,*Son of Charlemagne: A Contemporary Life of Louis the Pious*, Syracuse, NY, 1961。关于岛屿风格的抄本插图页背面的印记可参阅 M. P. Brown,The *Lindisfarne Gospels: Society, Spirituality & the Scribe*, London, 2003, pp. 217–20, with plates 9a–b。1000 年前后以《阿拉图斯抄本》为范本创制的两份抄本分别是 Boulogne, Bibliothèque municipale, ms 188 和 Berne, Burgerbibliothek, MS 88。关于奥德波特资助抄本制作的情况，可参阅 M. Holcomb, ed., *Pen and Parchment: Drawing in the Middle Ages*, Metropolitan Museum of Art, New York, 2009, pp.74–6, no. 16。我很希望能找到那位于 1573 年卖掉了自己的地产的根特画师；本书第十二章谈到的画师西蒙·贝宁的可能性不大，因为他所处的时期太早了，他于 1561 年就谢世了。"bis capta"是一个常用的古典用词，特指特洛伊。苏西乌斯许下的编辑《阿拉图斯抄本》的承

诺，可参见 *Carmina tam sacra quam prophana*, Leiden, 1590 的献词部分。格劳秀斯的 *Syntagma Arateorum*, Louvain, 1600 在第 30 页特别提到了莱顿抄本。我在光的照射下看到的凹陷轮廓，应该是格劳秀斯本人留下的，而非中世纪的人所为。塞拉里乌斯所著《星图》（*Atlas Coelestis seu Harmonia Macrocosmica*, Amsterdam, 1660）的第 54 页后有一幅双页插图，呈现的就是这张天象图。有关格劳秀斯的藏书，可参阅 A. Nelson, "Deux notes concernant la bibliographie de Hugo Grotius", *Nordisk tidskrift för bok- och biblioteksväsen*, 39, 1952, pp. 18–25。关于克里斯蒂娜女王和沃斯（Vossius），我参考了 C. Callmer, *Königin Christina, ihre Bibliothekare und ihre Handschriften: Beiträge zur europäischen Bibliotheksgeschichte*, Stockholm, 1977 (*Acta Bibliothecae Regiae Stockholmiensis*, 30)，该书第 150 页谈到了莱顿抄本；也参考了 F. F. Blok, *Contributions to the History of Isaac Vossius's Library*, Amsterdam, 1974, esp. pp. 34–42。米克尔·里弗（Michael Reeve）告诉我在沃斯于 1689 年谢世之后，牛津大学和剑桥大学都试图获得沃斯的藏书，但最终败给了莱顿大学。本书第 184 页谈到的《梵蒂冈维吉尔抄本》最早的影印本的复杂历史，可参阅 D. H. Wright, "From Copy to Facsimile: A Millennium of Studying the Vatican Vergil", *British Library Journal*, 17, 1991, pp. 12–35。左特尔曾在自己的一部作品当中开列了一份包括六百三十七份抄本影印本的目录，见 H. Zotter, *Bibliographie faksimilierter Handschriften*, Graz, 1976，这份目录已经过时了；我也参考了巴克尔的一部相关作品：N.Barker, *The Roxburghe Club: A Bicentennial History*, n.p., 2012, Chapter 10, "The Development of the Facsimile", pp. 119–37。

第五章　摩根的贝亚图斯抄本

摩根的《贝亚图斯抄本》有一份全本影印本，见 *Apocalipsis de San Juan, Beato de Liébana, San Miguel de Escalada*, Valencia, 2000，附有一本评注集：*Estudio del Manuscrito*, 集中有英语和西班牙语的多篇论文，作者为 U. Eco, W. M. Voelkle, J. W. Williams, B. A. Shailor, L. G. Freeman, A. Del Campo Hernández, and J. González Echegaray。此等昂贵的现代影印本所附的评注集都存在这样一个问题：大多数研究型图书馆的财力负担不起。于是，我转而购买了另外一份拥有丰富插图的影印本：Williams and Shailor, *A Spanish Apocalypse: The Morgan Beatus Manuscript: Introduction and Commentaries*, New York, 1991。请允许我对威廉·沃克勒（William Voelkle）先生表达最诚挚的谢意，他给了我太多的帮助；我也很幸运，能够同巴巴拉·谢罗尔（Barbara Shailor）有过那样的交流；但没能与约翰·威廉斯（John Williams）碰面让我非常遗憾。关于所有《贝亚图斯抄本》，最重要的研究文献当属威廉教授的 *The Illustrated Beatus: A Corpus of the Illustrations of the Commentary on the Apocalypse*, 5 volumes, London, 1994–2003；此书出版之后，另有一份《贝亚图斯抄本》重见天日，是一份在意大利南部发现的抄本，如今收藏在日内瓦，巴巴拉·罗斯（Barbara Roth）给我看过这份抄本。威廉·沃克勒先生非常慷慨地
585 给我看了有关该抄本的两份打印文稿，也就是本书第 227 页提到的由约翰·威廉斯写的有关一场该抄本原计划参加但又被取消的展览的文章；其中有一篇文章题为 "Visions of the End in Medieval Spain: The Beatus Tradition"，这篇文章令我受益匪浅，它将由阿姆斯特丹大学出版社在 2016 年出版，由 Therese Martin 编辑，题为 *Visions of the End in Medieval Spain: Catalogue of*

Illustrated Beatus Commentaries on the Apocalypse and Study of the Geneva Beatus。本章在写作之时，该书尚未出版。

在本书第 191 页，我提到了“Saint John the Divine”（神明圣约翰），纽约的圣公会大教堂的守护圣徒，以及《启示录》中谈到的《启示录》作者（《启示录》1:9）；不过，关于这个约翰是否就是福音书作者圣约翰，中世纪和现代都存在争议。关于贝亚图斯时代末世论的背景情况，我最初参考的文献是：P. Fredriksen, “Tyconius and Augustine on the Apocalypse”, pp. 20–37 in R. K. Emmerson and B. McGinn,*The Apocalypse in the Middle Ages*, Ithaca, NY, 1992, and E. A. Matter, “The Apocalypse in Early Medieval Exegesis”, pp. 38–50 in the same volume; R. Landes, “Lest the Millenniumbe Fulfilled: Apocalyptic Expectations and the Pattern of Western Chronography, 100–800 C.E.”, pp. 205–8 in W. Verbeke, D. Verhelst and A. Welkenhuysen, eds., *The Use and Abuse of Eschatology in the Middle Ages*, Louvain, 1988 (*Mediaevalia Lovaniensia*, ser. 1, *Studia*, 15)；K. R. Poole, “Beatus of Liébana: Medieval Spain and the Othering of Islam”, pp. 47–66 in K. Kinane and M. A. Ryan, eds., *End of Days: Essays on the Apocalypse from Antiquity to Modernity*, Jefferson, NC, 2009。还有一部作品我虽然没有引用，但强烈推荐各位阅读：J. T. Palmer, *The Apocalypse in the Early Middle Ages*, Cambridge, 2014。本书第 190~191 页谈到，圣奥古斯丁是反对过分字面化地解释《圣经》当中的诸多末世论线索的，他就此写了一篇文章：写给 Heysichius 的 Epistle 199(Migne, *Patrologia Latina*, XXXIII: 801–925)。本书第 192 页谈到的独一无二的 9 世纪《贝亚图斯抄本》的彩绘残片为 Silos, Biblioteca del Monasterio de Santo Domingo, frag. 4[这座修道院虽然不是以托钵僧圣多米尼克命名的，但其实是本笃会修道院，以其圣徒院长（于 1073 年谢世）命名]。关于摩根的《贝亚图斯抄本》跟当年乌克莱斯的圣地亚哥骑士团（the order of Santiago of Uclès）手中的那份《贝亚图斯抄本》是同一物件的论点，可见 G. de Andrés, “Nuevas aportaciones documentales sobre los códices ‘Beatos’”, *Revista de archivos, bibliotecas y museos*, 81, 1978, pp. 543–5。利布里谈到弗拉西尼利（Frasinelli）曾斩获该抄本，此一叙述可见 British Library, Yates Thompson MS 54, formerly Add. MS 46200, folio102（该文献一度被收藏在“叶茨·汤普森抄本”内，今天这个系列中的很多抄本已经被转归大英图书馆了）；沃克勒在对抄本影印本的评注中也引述过此事。真正的《巴尔卡瓦多贝亚图斯抄本》如今的收藏状况是：Valladolid, Biblioteca de la Universidad, ms 433。弗里德里克·马登爵士（Sir Frederic Madden，1801~1873）曾于 1846 年在日记中讨论了他对利布里的印象（本书第 196 页），马登爵士是大英博物馆抄本部的负责人；本书关于此事的引述，可见 pp. 178–9 of A. N. L. Munby, “The Earl and the Thief” in N. Barker, ed., A. N. L. Munby, *Essays and Papers*, London, 1978, pp. 175–91。其他有关利布里以及阿什伯纳姆的记述包括：S. De Ricci, *English Collectors of Books & Manuscripts (1530–1930) and Their Marks of Ownership*, Cambridge, 1930, Chapter XI, pp.131–8（这部作品从来都很有用）；以 及 A.N.L.Munby,*Connoisseurs and Medieval Miniatures*, 1750–1850, Oxford, 1972, chapter VII, pp. 120–38; Munby, “The Triumph of Delisle: A Sequel to ‘The Earl and the Thief’”, in *Essays and Papers*, 前引书, pp.193–205， 和 J. M. Norman, *Scientist, Scholar & Scoundrel: A Bibliographical Investigation of the Life and Exploits of Count Guglielmo Libri*, New York, 2013. Lord Ashburnham will reappear in Chapter Nine。关于叶茨·汤普森，我至今还对我的一篇文章颇感自豪，“Was Henry

Yates Thompson a Gentleman?” , pp. 77–89 in R. Myers and M. Harris, eds., *Property of a Gentleman:*
586 *The Formation, Organisation and Dispersal of the Private Library*, 1620–1920,Winchester, 1991。国王中学和伊顿公学的校监 M.R. 詹姆斯（M. R. James，1862~1936）为这份抄本编制了名录，见 R. W. Pfaff, *Montague Rhodes James*, London, 1980, p. 193, “really anessay of the subject of Beatus commentaries in general”，pp.304–30,no.97,*A Descriptive Catalogue of the Second Series of Fifty Manuscripts (Nos. 51 to 100) in the Collection of Henry Yates Thompson*, Cambridge, 1902。本书第 199~200 页摘引了沃克勒先生附录在 2000 年抄本影印本上的文章中的一整段话，也参考了我本人跟威廉·沃克勒先生的几次交流，在我拜访摩根图书馆的前前后后，威廉·沃克勒先生无数次地为我提供帮助，可谓尽心竭力。沃克勒先生可以说是摩根图书馆的元老级人物了，他为除贝拉·达·科斯塔·格林女士（Belle da Costa Greene）外的历任馆长都工作过。关于格林女士，有一份她的传记：H. Ardizzone,*An Illuminated Life*, New York and London, 2007。书中第 367~368 页谈到了此一插曲，不过令人失望的是，该传记的作者对珍本一无所知。关于收藏人或者交易人的价格暗码，如同叶茨·汤普森使用的“bryanstole”，可参阅 I. Jackson, *The Price-Codes of the Book-Trade: APreliminary Guide*, Berkeley, 2010。我曾带了一份贝亚图斯的《启示录评注》的影印本前往纽约，此事在本书第 206 页有简单提及，这个影印本为 J. G. Echegaray, A. del Campo Hernández and L. G. Freeman, eds., *Beato de Liébana: Obras completes y complementarias*, I, Madrid, 2004 (*Biblioteca de autores cristianos Maior*, 76)。如今，这个影印本已经被另外一个版本取代了：R. Gryson, ed.,*Beati Liebanensis Tractatus de Apocalipsin*, Turnhout, 2012 (*Corpus Christianorum, Series Latina*, 107)。本书第 208 页谈到以希腊字母标示对应的数字的传统做法（isopsephy）：每个希腊字母都有一个对应的数值，alpha = 1, beta = 2, gamma = 3，依次类推，一直到，rho = 100, sigma = 200，等等，最后 omega = 800。彼得·克拉肯贝格（Peter Krakenberger）极为细心地阅读了本章初稿，并就其中几处有关西班牙的情况做了修正，此外，他还非常慷慨地赠送给我了一本他的译著：S. Sáenz-López Peréz, *The Beatus Maps: The Revelation of the World in the Middle Ages*, Burgos, 2014，这对我来说简直是雪中送炭。科克莱尔制作的 1902 年叶茨·汤普森名录的副本如今收藏在 library of the Grolier Club, New York，我在那里见过这份副本（本书第 222 页引述的科克莱尔的评论在这份副本的第 315 页页边）；科克莱尔当时对叶茨·汤普森的收藏是极为熟悉的，这一点可参见这份副本的第 420 页。我有一则有关《贝亚图斯抄本》亲身经历的插曲，2015 年，我曾随同国际图书协会（Association Internationale de Bibliophilie）前往马德里参会。在马德里的国家图书馆，馆方将一批馆藏珍品放在一张大桌子上供客人参观，其中就包括了两份《贝亚图斯抄本》。我们一行人即刻被这些珍本吸引了，就如同被花衣魔笛手的笛声吸引了一样，抄本中的绘图实在是令人目眩神迷、赞叹不已，我们甚至完全忽略了旁边的两本带彩绘的笔记，那可是达·芬奇的作品。《贝亚图斯抄本》就是有这样的魅力，把人们的注意力从最伟大的艺术家身上转移到自己身上。本书第 225~226 页谈到有一份《贝亚图斯抄本》上面有梅雅斯的学生埃梅特利乌斯的签名，该抄本为 Madrid, Archivo Histórico Nacional, Cod. 1097b；抄写员的签名在第 167 对开页的右页。人们一度觉得，这幅插图是从另一份抄本上挪过来的，这似乎没有太大必要，而且这样的操作似乎也太过复杂了。摩根图书馆中编号“M 429”的抄本在 J. J. G. Alexander, *Medieval Illuminators and Their*

Methods of Work, New Haven and London, 1992, p. 9, fig. 9 中被提及。伊西多尔和哲罗姆的“孪生文本”在 234 对开页右页到 237 对开页右页以及第 238 对开页左页到 292 对开页左页。本书第 231 页征引的不来梅的亚当的那段话，转引自 R. Landes, “The Fear of the Apocalyptic Year 1000: Augustinian Historiography, Medieval and Modern” , *Speculum*, 75, 2000, pp. 97–145，伯特菲斯的那段话则转引自，pp. 31–2 of C. Cubitt, “Apocalyptic and Eschatological Thought in England around the Year 1000” , *Transactions of the Royal Historical Society*, 6 ser., 25, 2015, pp. 27–52。

第六章 画师雨果

尽管名声在外，但“画师雨果抄本”并没有影印本，甚至也没有研究它的专著。它被记 587
录在 O. Pächt and J. J. G. Alexander, *Illuminated Manuscripts in the Bodleian Library, Oxford, I, German, Dutch, Flemish, French and Spanish Schools*, Oxford, 1966, pp. 34–5, no. 441 中。关于此一时期抄本制作业的代表性研究，可参见 N. R. Ker, *English Manuscripts in the Century after the Norman Conquest*, Oxford, 1960 (The Lyell Lectures, 1952–1953)。所有关于英格兰教堂或者修道院藏书情况的研究，必定参考了此人的另一部非读不可的研究指南：N. R. Ker, *Medieval Libraries of Great Britain: A List of Surviving Books*, 2nd edn, London, 1964。很多人知道，我曾将此书称为有史以来最有意思的参考书，同样值得一读的还有 N. R. Ker and A. G. Watson, *Supplement to the Second Edition*, London, 1987。

本章开篇谈到的《埃克塞特之书》抄本，可参见 N. R. Ker, *Catalogue of Manuscripts Containing Anglo-Saxon*, Oxford, 1957, p. 153, no. 116；该抄本已经拥有了电子版的影印本，B. J. Muir, ed., with N. Kennedy, *The Exeter Anthology of Old English Poetry*, Exeter, 2006。关于该抄本以及该抄本所在图书馆的另外一些抄本，有一本颇有价值的著作介绍了它们的背景，参阅 P. W. Conner, *Anglo-Saxon Exeter: A Tenth-Century Cultural History*, Woodbridge, 1993 (*Studies in Anglo-Saxon History*, IV)。关于博德利图书馆的早期状况，可参阅 I. Philip, *The Bodleian Library in the Seventeenth and Eighteenth Centuries*, Oxford, 1983，以及 M. Clapinson, *A Brief History of the Bodleian Library*, Oxford, 2015。博德利的自传可以被算作最早的英语文学作品之一，目前也已经再版了，由 W. Clennell 编辑：*The Autobiography of Sir Thomas Bodley*, Oxford, 2006。尼古拉斯·希利亚德（Nicholas Hilliard），博德利童年时代的伙伴，曾于 1598 年为博德利绘制了一幅肖像（K. Garlick, *Catalogue of Portraits in the Bodleian Library, by Mrs Reginald Lane Poole; Completely Revised and Expanded*, Oxford, 2004, p. 35；这幅肖像画于 1897 年被赠予牛津大学）。博德利写给牛津大学的建议信，已经被刊印过很多次了，最早刊印这封信的作品可能是：J. Gutch, ed., Anthony à Wood, *The History and Antiquities of the University of Oxford*, II, Oxford, 1796, p. 266。埃克塞特教堂主任牧师和参事会决定将该教堂收藏的抄本移送牛津大学，此一决定究竟是出于开明和远见，还是“明显违反了信托……置委托人所委托财产的继承人的利益于不顾”，在这个问题上，至今仍然存在争论（A. Clark, *A Bodleian Guide for Visitors*, Oxford, 1906, pp. 107–08）。当然，《埃克塞特之书》并没有在被搬迁藏书之列，不过，它没有就此湮没，因为马修·帕克知道这本书，参见 Cambridge, Corpus Christi College, MS 101, p. 449, marginal note。雨

果的哲罗姆抄本曾被送至牛津大学，并被记录在 *Catalogus Librorum Bibliothecœ Publicœ quam vir ornatissimus Thomas Bodleius eques auratus in Academia Oxoniensi nuper instituit*, Oxford, 1605 中（第 70 页）, reproduced in facsimile as *The First Printed Catalogue of the Bodleian Library*, Oxford, 1986。本书会用到一些具有地方特色的简称，在此请允许我略作解释，本书第 241 页提到“PPE”阅览室，这里的“PPE”是特指牛津大学的哲学、政治学和经济学学位，哈罗德·威尔逊、爱德华·希斯、大卫·卡梅隆、比尔·克林顿、贝娜齐尔·布托等众多名人就是从这里走向世界的。本书第 242 页提到的理查德·贾默森的那篇文章的具体信息是：Richard Gameson, “Hugo Pictor, enlumineur normand”, *Cahiers de civilisation médiévale*, 44, 2001, pp. 121–38；奥托·帕赫特则是我在他晚年时候结识的，他的那篇文章的具体信息是：Otto Pächt, “Hugo Pictor”, Bodleian Library Record, 3, 1950, pp. 96–103。我所用的“哲罗姆《以赛亚书评注》”的版本信息是：M. Adriaen, ed., S. *Hieronymi presbysteri: Commentarium in Esaiam*, Turnhout, 1963 (*Corpus Christianorum, Series Latina*, 73)；这个评注本如今已经有了一份新的英译本：T.P.Scheck, *St Jerome: Commentary on Isaiah, Including St Jerome's Translation of Origen's Homilies 1–9 on Isaiah*, NewYorkand Mahwah, NJ,2015(*Ancient Christian Writers: The Works of the Fathers in Translation*, 68)。我特地描述的插图，也就是该抄本第 vi 对开页左页的哲罗姆同欧多钦和帕玛丘在一起的插图，已经有了影印图，见 P. d' Ancona,*The Art of Illumination: An Anthology of Manuscripts from the Sixth to the Sixteenth Century*,transl. A. M. Brown, London and New York, 1969,plate 37，但是该书的配图文字认为它呈现的是圣母端坐在哲罗姆和以赛亚之间的王位上
588 的场景，这显然是错误的。本书第 252 页谈到的 12 世纪早期羊皮纸工匠的工作场景图，可见 Bamberg, Staatsbibliothek, cod. Msc. Patr. 5；这幅图被复制并刊印无数次了，我在自己的一部作品中也使用过：*Scribes and Illuminators*, London, 1992, p. 12, fig. 7（在我的这本书中，画师雨果的画像是在第 64 页, fig. 55）。格拉汉姆·波拉德（Graham Pollard）最早注意到，在罗曼风格的装订工艺中钉子很容易被拔出来，因此，封皮的皮带也很容易跟重装之后的封皮板材重新固定在一起，关于这个情况，参见波拉德的一篇文章的第 19 页：“The Construction of English Twelfth-Century Bindings”, *The Library*, 5 ser., 17, 1962, pp. 1–22。1327 年的埃克塞特财物清单当中，有两份哲罗姆作品的抄本，具体情况可见 G. Oliver, *Lives of the Bishops of Exeter and a History of the Cathedral*, Exeter, 1861, p. 302。关于这座中世纪图书馆的历史，我所依托的文献是：A. M. Erskine, “The Growth of Exeter Cathedral Library after Bishop Leofric's Time”, *Leofric of Exeter, Essays in Commemoration of the Foundation of Exeter Cathedral Library in A.D. 1072*, Exeter, 1972,pp. 43–55。中世纪的书册名录，通常会用抄本第二页的开篇词来命名抄本，这种做法很可能发端于 13 世纪后期索邦的图书馆，关于这个情况，可参见 J. Willoughby, “The Secundo Folio and Its Uses, Medieval and Modern”, *The Library*, 7 ser., 12, 2011, pp. 237–58。方济各会的联合借阅名录收藏在博德利图书馆，编号是“MS Tanner 165”，该名录已经被刊印出来，见 R. H. Rouse and M. A. Rouse, eds., with R. A. B. Mynors, *Registrum Anglie de Libris Doctorum et Auctorum Veterum*, London, 1991 (*Corpus of British Medieval Library Catalogues*, 2), 有关埃克塞特的抄本的内容在第 88~89 页, no. 6.72。本书第 255 页谈到，哲罗姆的《以赛亚书评注》提及了不列颠，关于这个情况，可参阅 Adriaen（1963）版本的第 463 页，或博德利图书馆版（Bodley 717）的 folio

186v。坎特伯雷基督教堂修道院曾收藏了一份哲罗姆的《以赛亚书评注》抄本，如今，该抄本的收藏信息是：Cambridge, Trinity College, MS B.5.24；维尔特郡索尔兹伯里也有一份，如今仍然收藏在当地教堂，编号是"MS25"，本书第 260 页谈到了这份抄本。马姆斯伯里的威廉（William of Malmesbury）做出的关于诺曼征服时期英格兰的这场宗教复兴潮流的评论，可参见 William of Malmesbury, *Gesta Regum Anglorum*, III: 246；也可参见 W. Stubbs, ed., *Willelmi Malmesbiriensis monachi de gestis regum Anglorum libri quinque*, II, London, 1889 (Rolls Series, 90), p. 306。盎格鲁 – 撒克逊时代一直延伸到 1100 年，其中包括了画师雨果所在的时代；人们所知的诞生于这个时代的英格兰的抄本或者同这个时代有关联的抄本，其名录可参阅 H. Gneuss, *Handlist of Anglo-Saxon Manuscripts: A List of Manuscripts and Manuscript Fragments Written or Owned in England up to 1100*, Tempe, Ariz., 2001, with supplements in Anglo-Saxon England, 32, 2003, pp. 293–305, and 40, 2012, pp. 293–306；在接下来的一代人的时间里，抄本的数量就陡然提升了，其名录可参阅 R. Gameson, *The Manuscripts of Early Norman England (c. 1066–1130)*, Oxford, 1999。此一时期的诺曼人系统地创立了一批家族图书馆，关于这个情况，可参阅 Ker,*English Manuscripts*, 前引书，p. 4, 和 R. M. Thomson, "The Norman Conquest and English Libraries"，pp. 27–40 in P. Ganz, ed., *The Book in Medieval Culture*, 2, Turnhout, 1986 (reprinted in Thomson, *England and the Twelfth-Century Renaissance*, Aldershot and Brookfield, Vt, 1998, no. XVIII)，以及 Thomson, *Books and Learning in Twelfth-CenturyEngland:The Endingofthe "AlterOrbis":The LyellLectures2000–2001*, Walkern, Herts., 2006, esp. pp. 48–60 and 101–4。诺曼人在将《以赛亚书评注》抄本输送给埃克塞特教堂的同时，也输送了另外一批书册：Ambrose, Jerome and Augustine (Bodley MS 137), Pseudo-Athanasius (Bodley MS 147), Augustine (Bodley MSS 301, 691 and 813), Gregory (Bodley MSS 707 and 783) 以及 Ambrose (Bodley MS 739)。关于这批抄本的情况，可参阅 R. Gameson, "Manuscrits normands à Exeter aux XIe et XIIe siècles"，pp. 107-27 in P. Bouet and M. Dosdat, eds., *Manuscrits et Enluminures dans le monde normand (Xe-XVe siècles)*, Caen, 1999, 以及 M. Gullick, "Manuscrits et copistes normands en Angleterre (XIe-XIIe siècles)"，同上书，pp. 83-93。关于哲罗姆的《以赛亚书评注》的文本研究，可参阅 R. Gryson and others, eds., *Commentaires de Jérôme sur le prophète Isaïe*, I–V, Freiburg, 1993–9 (*Vetus Latina: Aus der Geschichte der lateinischen Bibel*, 23, 27, 30 and 35–6)，这部作品同样是对先前一部著作 [B. Lambert, *Bibliotheca Hieronymiana Manuscripta: La tradition manuscrite des oeuvres de Saint Jérôme*, Steenbrugge, 1969 (*Instrumenta Patristica et Mediaevalia*, 4)] 的更新和改进。本书第 258 页谈到的高卢家族的哲罗姆的《以赛亚书评注》抄本 589
中，主要的两份抄本为：Paris, Bibliothèque nationale de France, ms lat. 11627 (from Corbie)，以及 Salzburg, Stiftsbibliothek Sankt Peter, a.X.22 (from Saint Amand)。关于索尔兹伯里的抄本制作业，可参阅 T. Webber, *Scribesand Scholars at Salisbury Cathedral, c. 1075–c. 1125*, Oxford, 1992，以及 Webber, "Salisbury and the Exon Domesday: Some Observations Concerning the Origin of Exeter Cathedral MS 3500"，*English Manuscript Studies*, 1, 1989, pp. 1–18。索尔兹伯里教堂"MS 25"号抄本当中的四段添加文字分别出现在第 4 对开页左页、第 2 对开页右页、第 3 对开页左页和第 5 对开页左页。我也曾研究了剑桥收藏的坎特伯雷抄本，Cambridge, Trinity College MS B.5.24。实际上，坎特伯雷抄本跟另两份抄本都存在细节上的差异。跟索尔兹伯里抄本一样，坎特伯雷

抄本里并没有出现添加文字；第 4 对开页左页上面的“salutare”一词在索尔兹伯里抄本也有，但坎特伯雷抄本里它被写在一个被抹去的词上；其第 7 对开页左页上的“scribens”一词，索尔兹伯里抄本上也有；不过坎特伯雷抄本第 10 对开页右页上的那个词是“ministeria”，同埃克塞特抄本的情况一样。由此可以得出，这三份抄本是各循其路来到英格兰的，并不存在其中一份是另两份的范本的情况。2016 年，又有一份哲罗姆的《以赛亚书评注》抄本的残章重见天日，目前被私人收藏；该抄本应当于 1100 年前后出自抄写员罗伯特（Robertus）之手，而这个抄写员肯定在诺曼底的普瑞奥克斯修道院（Préaux Abbey）工作过，并且负责为坎特伯雷提供抄本（其中就包括了如今收藏在剑桥大学和牛津大学的两份抄本：Cambridge, Trinity College MS B.4.5，以及 Oxford, Bodleian Library, MS Bodley 317）；不过，刚刚公之于世的这份残章同“Trinity B.5.24”抄本也存在微妙差异，并非后者的范本。本书第 262~263 页谈到的达勒姆主教圣加莱的威廉的那批藏书，具体情况可参阅 R. A. B. Mynors, *Durham Cathedral Manuscripts to the End of the Twelfth Century*, Durham, 1939, pp. 32–45; M. Gullick, “The Scribe of the Carilef Bible: A New Look at some Late Eleventh-Century Durham Cathedral Manuscripts”, pp. 61–83 in L. Brownrigg, ed., *Medieval Book Production: Assessing the Evidence*, Los Altos Hills, Calif., 1990; A. Lawrence-Mathers, *Manuscripts in Northumbria in the Eleventh and Twelfth Centuries*, Woodbridge, 2003, esp. pp. 27–48；以及 R. Gameson, *Manuscript Treasures of Durham Cathedral*, London, 2010, esp. pp. 50–61, nos. 10–12。圣加莱的威廉的《圣经》抄本为达勒姆教堂 A.II.4 号藏品；捐赠名录出现在第 1 对开页右页。奥古斯丁的《诗篇评注》第三卷抄本是达勒姆教堂“B. II. 14”号藏品；关于威廉主教资助创制该抄本的纪要在其最后一页。本书第 264 页谈到达勒姆的西米恩（Symeon of Durham）的一个看法，他认为威廉是在流亡之时将这些书册送回达勒姆的，关于这个说法，可参见 T. Arnold, ed., *Symeonis monachi opera omnia*, I, 1882 (Rolls Series, 75), p. 128。奥古斯丁的《诗篇评注》第二卷的收藏信息是 Durham B.II.13；有罗伯特·本杰明画像的彩绘首字母出现在第 102 对开页右页。米克尔·古利克（Michael Gullick）非常热心地阅读了本章的初稿并提出不少很好的建议。本书第 266~267 页上的对抄写员身份的辨识几乎都是古利克提出的，参见 Michael Gullick, “The Scribe of the Carilef Bible”, 1990。此处谈到的这个《圣经》抄写员抄录的其他抄本为：the additionsto Durham B.II.13, e.g., folio 23r (Augustine)，folio 23r (Augustine), Paris, Musée des Archives nationales, 138 (the Bayeux entry in the mortuary roll of Abbot Vitalis), Bodleian Library, MS Bodley 810 (Lanfranc, from Exeter)，以及 Bayeux, Bibliothèque municipale, mss 57–8 (the two-volume Gregory)。这位对《圣经》抄本实施修订的抄写员也对奥利金抄本进行过修正，该抄本的收藏信息是：Durham B.III.1。奥利金抄本的主要抄写员也参与了另外一些抄本的抄写工作，比如 Durham B.III.10 (Gregory), Bodleian Library, MS Bodley 301 (Augustine, from Exeter)，很可能还有 Rouen, Bibliothèque municipale, ms A 103 (460) (Augustine, from Jumièges)。罗伯特·本杰明则参与了下面两份抄本的制作工作：Bodley 301, Bayeux 57-58，以及 Rouen, Bibliothèque municipale, ms A 85 (467) (Augustine, from Saint-Ouen)。画师雨果在诺曼底也工作过的观点不是我首创的；实际上，前文提及的文章的作者都有这个看法，同时可参阅鲁昂市政图书馆和美术馆于 1975 年联合举办的一次展览的展出名录——尽管该名录看起来并不起眼，是用很朴素的纸装订起来的：*Manuscrits normands*, XI–XII ème siècles, compiled by François Avril, esp.

pp. 49–51, nos. 42–4；也可参阅多德韦尔和亚历山大的一些相关评论：C. R. Dodwell, *The Canterbury School of Illumination, 1066–1200*, Cambridge, 1954, pp. 115–18；J. J. G. Alexander, *Medieval Illuminators and Their Methods of Work*, 1992, 前引书，esp. pp. 10–11。本书第 268~269 页谈到，
"Bodley 717" 第一部分的彩绘首字母与留给它们的空间不完全匹配；这样的情况出现了多次， 590
比如第 16 对开页右页、第 31 对开页左页、第 61 对开页右页、第 87 对开页右页、第 104 对开页右页；画师雨果绘制的首字母则跟文本结合得相当完美，比如在第 201 对开页左页、第 216 对开页左页、第 230 对开页左页、第 256 对开页左页、第 270 对开页左页上。本书第 269~270 页谈到另外一批出自画师雨果之手的抄本，我在这个问题上的论述全然依托了古利克、贾默森以及汤姆森关于字体的研究以及帕西特和阿维里尔关于插图的研究。此处列举的这些抄本，包括：Bodley MS 691 (Augustine, from Exeter), Bodley 783 (Gregory, also from Exeter), Durham B.II.9 (Jerome, given by William of Saint-Calais to Durham), Stockholm, Riksarchivet, Frag. 194–5(homilies), Rouen ms A 366 (539) (Anselm, named as archbishop on folios 1r and 111r, from Jumièges), Rouen ms Y 109 (1408) (lives of the saints, also from Jumièges)，以及 Paris, Bibliothèque nationale de France, ms lat. 13765, folio B (hymnal fragment)。其中关于收藏在斯德哥尔摩的残章"，可参见 M. Gullick，pp. 57–8，"Preliminary observations on Romanesque manuscript fragments of English, Norman and Swedish origin in the Riksarkivet (Stockholm)", in J. Brunius, ed., *Medieval Book Fragments in Sweden: An International Seminar in Stockholm, 13–16 November 2003*, Stockholm, 2005 (*KVHAA Konferenser*, 58), pp. 31–82。它们包含了两篇训导词的部分内容；圣加莱的威廉赠送达勒姆的书册名录当中就有"II. libri sermonum & omeliaru[m]"，这两份文本在其他地方没有出现过，其中一份很可能是随着一批来自英格兰北方的书册一同抵达斯堪的纳维亚的，本书第七章会再次提及这条传输路线。本书第 272 页谈到，圣加莱的威廉是中途接手"Durham B.II.13–14"号抄本的资助工作的，关于这个情况，可参见 Gameson, *Manuscript Treasures*, p. 59。倘若画师是修士，那么他通常会在自己名字前面加上"frater"这个称号，可比较维森瑙修道院（Weissenau Abbey）的一份 12 世纪读经表抄本上的抄写员自画像，画像上有"fr. Rufillus"这一名字（Geneva, Bibliotheca Bodmeriana, Cod. 127, folio 244r）；有关这一情况，参阅 Alexander, *Medieval Illuminators*, 前引书，pp. 10–20，其中第 10 页讨论了画师雨果的职业，也谈到了其他职业画师以"pictor"自称的例子。关于最早的受雇用的抄写员和画师，可参阅 M.Gullick，"Professional Scribes in Eleventh-and Twelfth-Century England" ,English Manuscript Studies, 1100–1700, 7, 1998, pp. 1–24。本书第 273 页谈到了威廉・德・布莱利斯（William de Brailes），关于此人，可重点参阅 C. Donovan, *The de Brailes Hours: Shaping the Book of Hours in Thirteenth-Century Oxford*, London, 1991，他曾绘制了两幅签名自画像，这两幅画像的收藏信息是：British Library, Add. MS 49999, folio 43r 和 Cambridge,Fitzwilliam Museum, MS 330, folio 3r。1089 年的贝叶特许状上，圣加莱的威廉的名字也以见证人签名的形式出现，关于这个情况，参见 V. Bourrienne, ed., *Antiquus cartularius ecclesiae Baiocencis (Livre Noir)*, I, Rouen, 1902, pp. 8 and 12。关于抄写员切割羽管以及执笔动作的描述，可参见 E. Johnston, *Writing & Illuminating, & Lettering*, London, 1906, pp. 51–60 and 64–70，该书十分经典，已被多次重印；此外，我提到的另一些细节，比如抄写员坐凳子要比坐椅子更好一些，都得益于我同一个名叫唐纳德・杰克逊（Donald Jackson）的抄写员的

交流。不过，关于龙头椅子的情况，我参考的是 D. M. Wilson, *The Bayeux Tapestry*, London, 1985, pls. 10 and 13。抄写员的"Tres digiti scribunt ..."（三根手指在写）的感叹，在一份 11 世纪后期的 Aldhelm 抄本（"British Library, Royal MS 6.A.VI"）第 109 对开页的右页上就出现了。

第七章　哥本哈根圣咏

《哥本哈根圣咏》的高分辨率扫描图的范围目前只到第 18 对开页右页，具体见皇家图书馆官方网站的 e-manuskripter 模块。该抄本的所有主要插图（配相应的说明文字）被收录于 M. Mackeprang, V. Madesen and C. D. Petersen, *Greek and Latin Illuminated Manuscripts X–XIII Centuries in Danish Collections*, Copenhagen, London and Oxford, 1921, pp. 32–42 and pls. 48–60。考夫曼
591 也为该抄本编制了名录，详见 C. M. Kauffmann, *Romanesque Manuscripts, 1066–1190*, London and New York, 1975 (*A Survey of Manuscripts Illuminated in the British Isles*, 3), pp. 118–20, no. 96，and plates including colour frontispiece。

本书第 289 页谈到，真十字架的回归事件很可能在耶稣进入耶路撒冷的画面中得到了暗示，描绘该事件的画面跟圣米歇尔山的 11 世纪的"圣礼书"当中的一幅插图（New York, Morgan Library, M 641, folio 155v）有几分相像；参阅 J. J. G. Alexander, *Norman Illumination at Mont St. Michel*, 966–1100, Oxford, 1970, p. 159, n.1。关于本书第 291 页谈到的展览，可参阅 S. McKendrick, J. Lowden, K. Doyle and others, *Royal Manuscripts: The Genius of Illumination*, London, 2011。本书第 292 页列举的（且在这一章中反复出现的）另外五份著名的圣咏抄本分别是：(1) the Hunterian Psalter (Glasgow, University Library, MS Hunter 229): T. S. R. Boase, *The York Psalter*, London, 1962; Kauffmann, Romanesque Manuscripts, 前引书 , pp. 117–18, no. 9；N. Thorp, *The Glory of the Page: Medieval & Renaissance Illuminated Manuscripts from Glasgow University Library*, London, 1987, pp. 62–5, no. 14; (2) the Ingeborg Psalter (Chantilly, Musée Condé, ms 9): facsimile, F. Deuchler, ed., Ingeborg-Psalter, Le Psautier d' Ingeburge de Danemark, Ms. 9 olim 1695, Musée Condé, Chantilly, Graz, 1985 (Codices Selecti, 80); (3) the Psalter of Blanche of Castile (Paris, Bibliothèque de l' Arsenal, ms 9): H. Martin, ed., *Psautier de Saint Louis et de Blanche de Castile*, Paris, 1909; V. Leroquais, *Les psautiers manuscrits des bibliothèques publiques de France*, Macon, 1940, I, pp. xcvii–xcviii, and II, pp. 13–17，跟此处谈及的其他抄本一样，该抄本也被收录于 I. F. Walther and N. Wolf, *Codices Illustres: The World's Most Famous Illuminated Manuscripts, 400 to 1600*, Cologne, 2001, pp. 162-3（这原本应该是一本很出色的书）; (4)the "Avranches" Psalter (Los Angeles, J.Paul Getty Museum, MS 66): [apparently F. Avril], *Un très précieux Psautier du temps de Philippe Auguste*, Paris, 1986（一份由书商为"Ratton and Ladrière"撰写的名录，是已出版著作中对该抄本进行了最详尽介绍的作品），还可参阅 T. Kren, *French Illuminated Manuscripts in the J. Paul Getty Museum*, Los Angeles, 2007, pp. x–xi and 12–14；(5) the Leiden Psalter (Leiden, Universiteitsbibliotheek, Cod. BPL76A): N. Morgan, *Early Gothic Manuscripts*, I, *1190–1250*, London and New York, 1982 (*A Survey of Manuscripts Illuminated in the British Isles*, 4), pp. 61–2, no. 14，跟《阿拉图斯抄本》一样，该抄本也有高分辨率的电子版可供查阅，具体可见莱顿大学官方网站的 Digital Special Collections 模块。我

本人曾多次考察这五份抄本。本书第 296~297 页谈到的对《哥本哈根圣咏》的最早描述，可参阅 Johann Heinrich von Seelen, *Meditationes Exegeticae, quibus Varia Utriusque Testamenti, Loca Expenduntur et Illustrantur*,Lübeck, 1737, part V, pp. 185–95, *De Psalterio manuscripto Capelliano ob singularem elegantiam commemorabili observatio*；我是自行找到这份参考文献的，为此我还沾沾自喜了一阵子，但是后来得知，已经有人引用过这份文献了，而且征引之人还点明了诸多我没有注意到的情况，参见 E. Petersen, "Suscipere Digneris: Et fund og nogle hypoteser om Københavnerpsalteret Thott 143 2° og dets historie", *Fund og Forskning i Det Kongelige Biblioteks Samlinger*, 50, 2011；可在网上查阅。《哥本哈根圣咏》也被收录于 *Catalogi Bibliothecae Thottianae*, VII, Copenhagen, 1795, pp. 287–8。18 世纪的印花贴金纸通常被随意地称为"荷兰纸"（但实际上都来自德意志），具体情况可参见 E. W. Mick, *Altes Buntpapier*, Dortmund, 1979。本书第 298 页谈到的《达古尔夫圣咏》，如今的收藏信息是：Vienna, Österreichische Nationalbibliothek, Cod. 1861。另一份著名的 12 世纪《圣咏》抄本是唯一可以真正同《哥本哈根圣咏》相提并论的《巴尔巴尼圣咏》，也被叫作《圣阿尔巴圣咏》（*Albani or St Albans Psalter*），如今的收藏信息是：Hildesheim, Dombibliothek（可参阅 K. Collins, *The St Albans Psalter: Painting and Prayer in Medieval England*, Los Angeles, 2013）。本书第 298 页谈到了《哥本哈根圣咏》里的字母表和主祷文，这部分内容出现在抄本的第 189 对开页的左页。Primer of Claude de France, Cambridge, Fitzwilliam Museum, MS 159, p. 2 (The Cambridge Illuminations, 2005, pl. on p. 230) 中也有类似的内容，但这份抄本的制作时间要比《哥本哈根圣咏》晚；关于为孩童设计的字母表以及主祷文，可参阅 L. Shepard, *The History of the Horn Book: A Bibliographical Essay*, London, 1977。本书第 302~303 页概述了诺顿教授的一篇文章，这篇文章为 C. Norton, "Archbishop Eystein, King Mag- 592
nus and the Copenhagen Psalter: A New Hypothesis", pp. 184–215 in K. Bjørlykke, Ø. Ekroll, B. Syrstad Gran and M. Herman, eds., *Eystein Erlendsson – Erkebiskop, Politiker og Kirkebygger*, Trondheim, 2013。在规划本章写作之时，我尽量将帕特里西亚·斯蒂尔尼曼的文章往后压，这么做是为了让她的作品发挥最大作用，也就是说，虽然她的作品在注释中的位置很靠后，但它们的分量是相当重的。帕特里西亚·斯蒂尔尼曼的相关作品如下：P. Stirnemann, "The Copenhagen Psalter", dissertation, Columbia University, 1976, photocopy, Ann Arbor, 1979（我去丹麦时就带了这篇论文）; P. Stirnemann, "Histoire tripartite: Un inventaire des livres de Pierre Lombard, un exemplaire de sesSentences et le destinataire du Psautier de Copenhague", pp. 301–18 in D. Nebbiai-Dalla Guarda and J.-F. Genest, eds.,*Du copiste aucollectionneur: Mélanges d'histoire des textes et des bibliothèques en l'honneur d'André Vernet*, Turnhout, 1998; P. Stirnemann, "The Copenhagen Psalter", pp. 67–76 in E. Petersen, ed.,*Living Words & Luminous Pictures: Medieval Book Culture in Denmark*, Copenhagen, 1999; 以及 P. Stirnemann, "The Copenhagen Psalter (Kongel. Bibl. ms Thott 143 2 o) Reconsidered as a Coronation Present for Canute VI", pp. 323–8 in F. O. Büttner, ed., *The Illuminated Psalter: Studies in the Content, Purpose and Placement of Its Images*, Turnhout, 2004。《哥本哈根圣咏》抄本同灵斯泰兹教堂里的 1170 年前后的石质洗礼盆的联系，以及由此推断出的耶稣进入耶路撒冷的画面象征着皇家加冕礼的看法，可参阅 pp. 131–3 of K. Markus, "Baptism and the King's Coronation: Visual Rhetoric of the Valdemar Dynasty and Some Scanian and Danish Baptismal Fonts", pp. 122–42 in

K. Krodres and A. Mänd, eds., *Images and Objects in Ritual Practices in Medieval and Early Modern Northern and Central Europe*, Newcastle upon Tyne, 2013。本书第 306~307 页谈到了各个《圣咏》抄本上都会增补一份年历，关于这个情况，可参阅 R. W. Pfaff, “Why do Psalters have Calendars?”，这实际上是一份讲座整理稿，见 *Liturgical Calendars, Saints, and Services In Medieval England*, Aldershot and Brookfield, Vt, 1998, item VI, pp. 1–15；最早的两份出现这一情况的抄本是：Bosworth Psalter (British Library, Add. MS 37517, late tenth century) 和 Salisbury Psalter (Salisbury Cathedral, MS 150, c. 969–89)。英格兰北方的奥古斯丁教团年历跟《哥本哈根圣咏》中的有一些差异，具体情况可参阅 R. W. Pfaff, *The Liturgy in Medieval England: A History*, Cambridge, 2009, pp. 290–93。卡尔·诺登法尔克意识到《哥本哈根圣咏》年历是有英格兰北方的风格特质的，不过，他还是将这份《圣咏》抄本的创制地确定在英格兰南方（Carl Nordenfalk，Gyllene böcker: Illuminerade medeltida handskrifter i Dansk och Svensk ägo, Stockholm, 1952, pp. 30–31, no. 24）。本书第 310 页将《哥本哈根圣咏》中的字体同伯里《圣经》和朗伯斯《圣经》抄本中的字体进行了比较，我认为它们都是由同一个抄写员抄写的（Cambridge, Corpus Christi College, MS 2, and London, Lambeth Palace Library, MS 3; cf. R. M. Thomson, *The Bury Bible*, Woodbridge and Tokyo, 2001, and D. M. Shepard, Introducing the Lambeth Bible, Turnhout, 2007）。有人认为，雷米吉乌斯遗骸来自林肯的圣徒主教（亡于 1092）而非早先的兰斯的雷米吉乌斯（亡于 533），之所以会出现这种看法，主要是因为这些遗骸实际上都是身体器官而非遗骨，斯蒂尔尼曼和诺顿都注意到了这一点。本书第 313 页列举了多份抄本，据帕特里西亚·斯蒂尔尼曼的研究，它们的抄写员跟《哥本哈根圣咏》的《诗篇》1~54 以及《亨特圣咏》的《诗篇》1~101 的抄写员是同一个人；这些抄本分别是：Troyes, Médiathèque, ms 900 (Peter Lombard, *Sentences*, credibly dated 1158); Oxford, St John' s College, MS 49 [Peter Lombard, *Sentences*, 这份抄本一度为奇切斯特主教希拉里所有（Hilary, bishop of Chichester），这位主教曾于 1163 年和 1164 年在法国居住，于 1169 年谢世]; Paris, Bibliothèque nationale de France, ms lat. 17246 (Peter Lombard' s Great Gloss on the Pauline Epistles)；以及 Paris, Bibliothèque de l' Arsenal, ms 939 (miracles of Saint Augustine)。本书第 313~314 页谈到了圣维克多修道院缮写室的规则，具体情况可参阅 L. Milis, ed., *Liber ordinis Sancti Victoris Parisiensis*, Turnhout, 1984 (*Corpus Christianorum, Continuatio Medievalis*, 61), pp. 78–9。对于圣维克多修道院的研究以至这类研究的重要之处，可见于 E. A. Matter and L.
593 Smith, eds., *From Knowledge to Beatitude: St Victor, Twelfth Century Scholars*, and *Beyond: Essays in Honor of Grover A. Zinn, Jr.*, Notre Dame, Ind., 2013。本书第 314 页谈到的三卷本的“玛尼琉斯《圣经》抄本”为 Paris, Bibliothèque Sainte-Geneviève, mss 8–10；该抄本的抄写员来自坎特伯雷，此人的家族被记录于 Dodwell, *The Canterbury School of Illumination*, 我在第六章注释中提过此书, p. 588，以及 W. Cahn, *Romanesque Manuscripts: The Twelfth Century*, London, 1996 (*A Survey of Manuscripts Illuminated in France*, 3), II, pp. 99–102, no. 81。此处要特别解释一下：本书此处以及其他地方引用的拉丁文《诗篇》文本，一概采用的是中世纪拉丁通行本的编码。现代版《诗篇》的编码多是采用了希伯来文《圣经》的编码，但在译自希腊文七十士译本的拉丁通行本中，现代版《诗篇》9~10 被合并成了一篇，由此拉丁通行本中《诗篇》的编号比现代版的大一位，一直到《诗篇》147，拉丁通行本中《诗篇》147 被分为两篇，使得最终两个译本的

《诗篇》都是一百五十篇。本书第 320~322 页提到，圣伯纳德对在艺术作品中运用怪物形象的做法是颇为反对的，实际上，他的论述很长，参见他于 1125 年为 Saint-Thierry 修道院院长威廉写的 *Apologia*（J. Leclerq and H. M. Rochais, eds., *Sancti Bernardi opera*, III, Rome, 1963, p. 106）。本书第 323 页谈到了伯里《圣经》里的一个人在给兔子剪毛的插图，这幅插图如今的收藏信息是：Cambridge, Corpus Christi, MS 2, folio 1v。卡米勒认为这幅图是有寓意的，具体可参阅 M. Camille, *Image on the Edge: The Margins of Medieval Art*, London, 1992, pp. 18–20。画师“西蒙大师”的情况，可参阅 W. Cahn, “St Albans and the Channel Style in England”, pp. 187–211 in J. Hoffeld, ed., *The Year 1200: A Symposium*, New York, 1970（该书第 189 页谈到了《哥本哈根圣咏》）；R. M. Thomson, *Manuscripts from St Albans Abbey, 1066–1235*, Woodbridge, 1982, pp. 54–62 and 126–8；以及 D. Jackson, N. Morgan and S. Panayotova, *A Catalogue of Western Book Illumination in the Fitzwilliam Museum and the Cambridge Colleges*, III, i,*France, c. 1000–c.* 1250, London and Turnhout, 2015, pp. 141–5。本书第 325 页谈到的一些拥有西蒙大师制作的学术书的修道院为：Bonport (Numbers glossed, Paris, Bibliothèque nationale de France, ms lat. 74), Liesborn (Genesis glossed, Münster-in-Westfalen, Universitätsbibliothek, Hs 222), Klosterneuberg (works of Aristotle and Boethius, Klosterneuburg, Stiftsbibliothek, Cod. 1089)，以及 Esztergom (Esztergomi Fószékesegyházi Könyvtár [Cathedral library], I.21)。圣阿尔班修道院收藏的西蒙大师创制的抄本，如今的收藏信息如下：Cambridge, Corpus Christi College, MS 48 (Bible), Cambridge, Trinity College, O.5.8 (Ralph of Flaix)，以及 Stonyhurst College, Lancashire, MS 10 (Gregory)。在法国，人们通常称他为“嘉遣布会《圣经》画师”（Master of the Capucins Bible），因他而得名的抄本为 Paris, Bibliothèque nationale de France, ms lat. 16743, possibly from Troyes；可参阅 W.Cahn, *Romanesque Manuscripts: The Twelfth Century*, London, 1996 (*A Survey of Manuscripts Illuminated in France*, 3), II, pp. 96–9, no. 79。在此，请容许我说些离题的话。1183 年，修道院院长西蒙谢世之后，西蒙大师的去向我们便无从知晓了，他也许回了法国。不过，他的作品仍然出现在此一时期的另外一些抄本当中，比如 Corpus Christi College, Cambridge, MS 380 的泥金装饰中，这也是如今已知的唯一一份克里克莱德的罗伯特（Robert of Cricklade）的《信仰之谜》（*Speculum Fidei*）抄本，从字迹判断，这份抄本应该是在 1170~1190 年面世的；为同一位作者自有的《普林尼缩略语表》抄本（*Abbreviatio Plinii*，Windsor, Eton College, MS 134）的插图也出自西蒙之手。克里克莱德的罗伯特是圣弗理得斯韦德修道院（St Frideswide's Abbey）的院长，这是牛津的一座属于奥古斯丁教团的修道院，罗伯特就是在这座修道院谢世的，谢世时间应该是在 1188 年之后。由此也就基本上可以肯定，罗伯特的主要作品应该是在牛津完成的。一批早期卷宗显示，在日后将成为牛津大学的这个地界当时已有学术活动存在，这批卷宗中的一份材料是今天圣玛丽教堂旁边的凯特街上的一处土地的租赁状，签订时间大概是在 1190 年，画师罗杰是这份租赁状的见证人之一［参阅 H. E. Satter, ed. *A Cantulary of the Hospital of St. John the Evangelist*, I, Oxford (Oxford Historical Society, 66), p. 414］。他是否就是暂居牛津的西蒙大师呢？我们有没有可能真的遇上了西蒙大师的候选人之一呢？本书第 325~326 页讨论的缝合孔的问题，可参阅 C. Sciacca, “Raising the Curtain on the Use of Textiles in Manuscripts”, pp. 161–90 in K. M. Rudy and B. Baert, eds., *Weaving, Veiling and Dressing: Textiles and Their Metaphors in the Late Middle Ages*, Turnhout, 594

2007（感谢米克尔·古利克提醒我注意这篇文章）。如果有哪位正在拟定博士论文选题的读者，需要直接接触大量抄本，却不懂拉丁文，那么你可以选择对抄本中的保护性织物进行系统性记录，这种织物的应用范围曾是非常广泛的。

第八章 《布兰诗歌》

《布兰诗歌》有一份看着很呆板的影印本，见 *Carmina Burana, Faksimile-Ausgabe der Carmina Burana und der Fragmenta Burana, Handschrift Clm 4660 und 4660a der Bayerischen Staatsbibliothek in München*, Munich, 1967，比斯科夫为这份影印本写了一份质量相当高的评注：B. Bischoff, *Einführung zur Faksimile-Ausgabe*, in German and English。奥托·舒曼对《布兰诗歌》有很详尽的分析，见 A. Hilke and O. Schumann, eds., *Carmina Burana, mit Benutzung der Vorarbeiten Wilhelm Meyers, Kritisch Herausgegeben*, II, *Kommentar*, Heidelberg, 1930, pp. 3*–95*。比斯科夫和舒曼的作品都是本章依托的关键文献。造访慕尼黑之前，我进行了一些背景调查，瓦德尔的一本旧书是我的入门材料：Helen Waddell,*The Wandering Scholars*, London, 1927，我还参考了一本企鹅经典系列的新书：D. Parlett,*Selections from the Carmina Burana: A Verse Translation*,Harmondsworth and New York, 1986。还对我有很大帮助的是：P. G. Walsh, *Love Lyrics from the Carmina Burana: Edited and Translated*, Chapel Hill, NC, 1993; T. M. S. Lehtonen, *Fortuna, Money, and the Sublunar World: Twelfth-Century Ethical Poetics and the Satirical Poetry of the Carmina Burana*, Helsinki, 1995；以及 T. Marshall,*The Carmina Burana: Songs from Benediktbeuern*, Los Angeles, 2011。本章征引的全部诗歌的翻译工作，都是我自己完成的。在一辆长途客车上，我同波士顿室内交响乐团的安妮·阿泽玛有了交流机会，她还吟唱了《布兰诗歌》里的很多歌谣，我很感激能有这样的交流机会。

关于寻获贝内迪克特博伊埃尔恩修道院的藏书的情况，参见 G. Glauche, *Katalog der lateinischen Handschriften der Bayerischen Staatsbibliothek München: DiePergamenthandschriften aus Benediktbeuern, Clm 4501–4663*, Wiesbaden, 1994 (*Catalogus Codicum Manu Scriptorum BibliothecaeMonacensis*, n.s., III, i), pp. vii–viii。贝内迪克特博伊埃尔恩修道院藏书中，得以存留下来的抄本可参见 S. Krämer, *Handschriftenerbe des deutschen Mittelalters*, Munich, 1989 (*Mittelalterliche Bibliothekskataloge Deutschlands und der Schweiz*, Engänzungsband, 1), pp. 78–9。本书第 338 页谈到，《布兰诗歌》抄本的页码顺序实际上是非常混乱的，该抄本应该在 18 世纪时就是散乱着的，只是贝内迪克特博伊埃尔恩修道院在收藏这份抄本时对其进行了重组，令其变得更美观一些。未装订的散页很可能是在 1803 年人们清空修道院藏书室时被发现的。本书第 340 页谈到了《阿尔贝里克神父的剪贴簿》（*Canon Alberic's Scrap-Book*），见 M. R. James, *Ghost Stories of an Antiquary*, London, 1906, p. 13。关于日课经的变化历程，代表性的研究作品是：V. Leroquais, *Les bréviaires manuscrits des bibliothèques publiques de France*, Paris, 1934。本书第 340 页谈到了《布兰诗歌》中的一些歌谣的开篇词跟《诗篇》中的一样，比如 "Bonum est" (folio 3r) 以及 "Lauda" (folio 3v)，跟《诗篇》91 和 146~147 的开篇词就是一样的；在时祷书中，诗篇 "Bonum est" 是夜祷的结束篇，接下来的两篇晨祷则是以 "Laudate" 一词开篇的。本书第 343

页谈到了马特弗雷·埃蒙高德（Matfre Ermengaud，1246~1322）的《爱之日课经》（*Breviari d'Amor*）；奇怪的是，这份名为日课经的抄本本身跟日课经没有特别的相似之处（参阅 P. T. Ricketts, *Le Breviari d'amor de Matfre Ermengaud*, Leiden and London, 1976）。本书第 343 页谈到，倘若按原初的次序重组抄本书页，那么《布兰诗歌》的文本大体上可以分为四个部分：（1）说教和讽刺诗，第 43 对开页右页至第 48 对开页左页，以及第 1 对开页右页至第 18 对开页左页；（2）情歌，第 18 对开页左页至第 42 对开页左页、第 73 对开页右页至第 82 对开页左页，以及第 50 对开页右页至第 72 对开页左页；（3）饮酒和游戏歌谣，第 83 对开页右页至第 98 对开页左页；（4）宗教剧，第 99 对开页右页至第 112 对开页左页。本书第 353 页谈到，"时运之轮"正中央的那个人物也在承受时运变幻之苦，而时运女神很少出现在时运之轮的插图中，这是 12 世纪早期奥图恩的霍诺留斯（Honorius of Autun）就已经提出的论点（参见 H. 595
R. Patch, *The Goddess Fortuna in Medieval Literature*, London, 1967, reprinting the edition of 1927, p. 152）。腓特烈二世的印章是在 1220 年制作出来的，关于这枚印章，可参阅 R. Haussherr, ed., *Die Zeit der Staufer, Geschichte – Kunst – Kultur*, Stuttgart, 1977, I, p. 34, no. 50, and III, pl. 20。14 世纪之前的欧洲艺术中实际上是不存在写实风格的风景画的；这一点参见 O. Pächt, "Early Italian Nature Studies and the Early Calendar Landscape" ,*Journal of the Warburg and Courtauld Institutes*, 13, 1950, pp. 22–32。本书第 355 页谈到了有关创世周期的图，这方面的例子可参见一份 12 世纪晚期的动物寓言集：Oxford, Bodleian Library, MS Ashmole 1511, folios 5r（植物出现）, 6r（鸟类鱼类出现）and 6v（动物出现）。本书第 357 页谈到，手持花朵的圣母形象最早是在 13 世纪出现在德意志艺术作品当中的，我是从尼格尔·摩根（Nigel Morgan）的作品中读到这个观点的。本书第 364~365 页征引了布卢瓦的彼得的信，关于这封信，可见 Ep. LVII (Migne, *Patrologia Latina*, CCVII: 171–2)。关于布卢瓦的彼得，可参阅 R. W. Southern, "The Necessity for two Peters of Blois" , pp. 103–17 in L. M. Smith and B. Ward, eds., *Intellectual Life in the Middle Ages: Essays Presented to Margaret Gibson*, London, 1992。本书第 368 页和第 370 页谈到了所谓的"线上 / 线下"规则，关于这个问题的代表性论述可参见 N. R. Ker, "From 'Above Top Line' to 'Below Top Line' : A Change in Scribal Practice" , *Celtica*, 5, 1960, pp. 13–16, reprinted in A. G. Watson, ed., N. R. Ker, *Books, Collectors and Libraries: Studies in the Medieval Heritage*, London, 1985, pp. 71–4。伯恩哈德·比绍夫（Bernhard Bischoff，1906~1991）是现代古文书研究领域公认的巨人，关于他的研究可参阅 S. Krämer, *Bibliographie Bernhard Bischoff und Verzeichnis aller von ihm herangezogenen Handschriften*, Frankfurt, 1998 (Fuldaer Hochschulschriften, 27)。比斯科夫的诸多观点至今仍然是备受尊崇的。本书第 370 页谈到的乔治·斯蒂尔的那篇文章，具体信息是：Georg Steer, "'Carmina Buranain' Südtirol, Zur Herkunft des Clm 4660" , *Zeitschrift für deutsches Altertum und deutsche Literatur*, 112, 1983, pp. 1–37。关于 12 世纪晚期的抄本设计对于此一时期的知识重组运动的体现，可参阅 M. B. Parkes, "The Influence of the Concepts of Ordinatio and Compilatio on the Development of the Book" , pp. 35–70 in *Medieval Learning and Literature: Essays Presented to Richard William Hunt*, Oxford, 1976，以及 M. A. Rouse and R. H.Rouse, "Statim invenire: Schools, Preachers and New Attitudes to the Page" , pp. 201–25 in R. L. Benson and G. Constable, eds., *The Renaissance of the Twelfth Century*, Cambridge, Mass., 1982, reprinted in the Rouses' *Authentic Witness-*

es: Approaches to Medieval Texts and Manuscripts, Notre Dame, Ind., pp. 191–219。关于奥尔夫的生平，我主要参考了：A. Liess, Carl Orff, transl. A. and H. Parkin, London, 1966，以及 W. Thomas, *Das Rad der Fortuna: Ausgewählte Aufsätze zu Werk und Wirkung Carl Orffs*, Mainz, 1990，但我还没有充分理解这本书。本章提到的故事主要取材于：H. Schaefer and W. Thomas, eds., C. Orff, *Carmina Burana, Cantiones profanae cantoribus et choris cantandae comitantibus instrumentis atque imaginibus magicis, Faksimile der autographen Partitur in der Bayerischen Staatsbibliothek München*, Mainz and London, 1997, including W. Thomas, "'Fortune smiled on me 9' The Genesis and Influence of the Carmina Burana", pp. xvii–xxi, translated by D. Abbott；以及 F. Dangel-Hofmann, ed., *Briefe zur Entstehung der Carmina Burana, Carl Orff und Michel Hofmann, Herausgegeben und Kommentiert*, Tutzing, 1990。关于皇家节日音乐厅的音乐会的乐评是在 1951 年 6 月 12 日发布的，可以在 The Times Digital Archive 中输入关键词 "Burana" 进行查询。

第九章 纳瓦拉的让娜时祷书

倘若某个出版商富有雄心，那么为《纳瓦拉的让娜时祷书》制作并出版影印本将会是极具吸引力的选择。法国国家图书馆已经将《纳瓦拉的让娜时祷书》中的一些插图制成了电子版（预期还会制作更多），在法国国家图书馆的网站上都能够查阅到（Mandragore website for illuminated manuscripts in the Bibliothèque nationale de France）。围绕这份抄本，迄今最全面的出

596 版物仍然是：Roxburghe Club book of H. Yates Thompson, *Thirty-Two Miniatures from the Book of Hours of Joan II, Queen of Navarre: A Manuscript of the Fourteenth Century*, London, 1899；对这份抄本的标准描述仍然出现在 S. C. Cockerell, pp. 151–83, no. 75, in Yates Thompson' s *A Descriptive Catalogue of the Second Series of Fifty Manuscripts*, 1902，本书第五章也引过此书。

1945 年贝希特斯加登的情况，我参考的是 A. H. Mitchell, *Hitler's Mountain: The Führer, Obersalzburg and the American Occupation of Berchtesgaden*, Jefferson, NC, and London, 2007（军士误以为踩到砖块的故事，可见该书第 131 页）。关于《贝里公爵最美时祷书》重见天日的故事，可以参阅这份抄本的发现者弗朗西斯·罗格的相关陈述：Francis Rogé, "Tribulations d' un manuscrit à peintures du XVe siècle", pp. 337–40 in *Valenciennes et les anciens Pays-Bas: Mélanges offerts à Paul Lefrancq*, Valenciennes, 1976 (*Publication du Cercle Archéologique et Historique de Valenciennes*, IX)。在此需要特别说明一个情况，因为一位阅读了该章的早期读者对此抱有疑问：贝里公爵拥有多份时祷书，它们的名称来自贝里公爵藏书名录纪要里的相关用词，比如，*Très Belles Heures*（如今收藏在巴黎）、the *Petites Heures*（如今也收藏在巴黎）、the *Très Riches Heures*（如今收藏在尚蒂伊）、the *Belles Heures*（如今收藏在纽约）；这些抄本都是不一样的。莫里斯·兰斯的相关回忆材料最终得到出版，见 *The Glorious Obsession*, transl. P. Evans, London, 1980, pp. 224–7。1998 年，我应邀前往法国国家图书馆参加德利尔讲座，在准备此次演讲的过程中，我有机会跟马赛尔·托马斯和弗朗索瓦·阿弗里尔有过几次交流，当然也同莫里斯·兰斯有过短暂交谈，这都是很久之前的事情了，不过至今我仍然很感激自己能有这样的机会与他们交流，我的讲座内容最终也刊印出来了，见 C. de Hamel, *The Rothschilds and Their Collections of*

Illuminated Manuscripts, London, 2005（书中第 41 页谈到了贝希特斯加登的情况）。埃德蒙德·罗斯柴尔德男爵最新的抄本名录，可参见 F. Avril, "The Bibliophile and the Scholar: Count Paul Durrieu's List of Manuscripts Belonging to Baron Edmond de Rothschild" , pp. 366–76 in J. H. Marrow, R. A. Linenthal and W. Noel, eds., *The Medieval Book, Glosses from Friends & Colleagues of Christopher de Hamel*, 't Goy-Houten, 2010。《战争期间被掠夺文物名录》的全称是：Commandement en chef français en Allemagne, Groupe français du conseil de controle, *Répertoire des biens spoliés en France durant la guerre 1939–1945*, VII, Archives, manuscrits et livres rares, n.p., n.d。Meiss 的一部作品当中，曾多次提及《纳瓦拉的让娜时祷书》，并为之标注了"不知所踪"的字样，见 M. Meiss, *French Painting in the Time of Jean de Berry: The Late XIV Century and the Patronage of the Duke*, London and New York, 1967；阿弗里尔甚至认为该抄本已经"无处可寻"了，见 F. Avril, "Trois manuscrits de l' entourage de Jean Pucelle", *Revue de l'Art*, 9, 1970, pp. 37–48（尽管在这篇文章问世之时，阿弗里尔很可能已经亲眼见过这份抄本了）。这之后，阿弗里尔先生在很多作品中谈论了这份时祷书，包括：*Manuscript Painting in the Court of France: The Fourteenth Century (1310–1380)*, transl. U. Molinaro, London, 1978, esp. pp. 68–73, pls. 15–17；*Les Fastes du Gothique: Le siècle de Charles V, Galeries nationales du Grand Palais, 9e octobre 1981–1er février 1982*, Paris, 1981, pp. 312–14, no.265 中的展览名录纪要；以及他为一份影印本撰写的评注，见 *Les Petites Heures du Duc de Berry*,Lucerne,1988–9, esp. pp. 115–23。所有这些作品都是本章极为倚重的。本书第 385~386 页总括了抄本的各部分文本的对开页页码排布情况，具体如下：(1) the calendar, folios 4r–9v; (2) the Hours of the Holy Trinity, folios 11r–38r; (3) the Hours of the Virgin Mary, folios 39r–72r; (4) various short prayers, folios 72v–74v; (5) the Penitential Psalms and litany, folios 75r–85r; (6) the Hours of Saint Louis, folios 85v–105v; (7) the Hours of the Cross, folios 109r–116r; (8) miscellaneous prayers in honour of various saints, especially the Virgin Mary and the Trinity, in Latin and French, folios 116v–145r; (9) Suffrages, or prayers addressed to particular saints, folios 145v–150r; (10) other short prayers, folios 150v–158v; (11) the Office, or Vigils, of the Dead, folios 158v–182v; (12) further Suffrages, folios 183r–193v; (13) the special variants of the Hours of the Virgin for use in Advent, folios 194r–219v; (14) the special variants of the Hours of the Virgin for use between Christmas and the feast of the Purification, folios 220r–246r; (15) the Psalter of Saint Jerome and other prayers, folios 247r–257r; (16) miscellaneous additions, in later hands, folios 257v–271v。对这份时祷书文抄本的内 598
容的最佳描述，可参见 M.M.Manion, "Women, Art and Devotion: Three French Fourteenth-Century Royal Prayer Books" ,pp. 21–66 in M. M. Manion and B. J. Muir, eds.,*The Art of the Book: Its Place in Medieval Worship*, Exeter, 1998, esp. pp. 24–5 and 45–50（该书的封面呈现的就是《纳瓦拉的让娜时祷书》的插图）。关于时祷书这个抄本门类的总体历史发展，可参见以下这本经典之作的导言：V. Leroquais, *Les livres d'heures manuscrits de la Bibliothèque nationale*, Paris, 1927, pp. i–lxxxv。R. S. Wieck 编了两份非常精美的展览名录，见 *Time Sanctified: The Book of Hours in Medieval Art and Life*, New York, 1988 (for the Walters Art Gallery in Baltimore) 和 *Painted Prayers: The Book of Hours in Medieval and Renaissance Art*, New York, 1997 (for the Morgan Library)。同时可以参考的还有：S. Hindman and J. H. Marrow, eds., *Books of Hours Reconsidered*, London, 2013, including A.

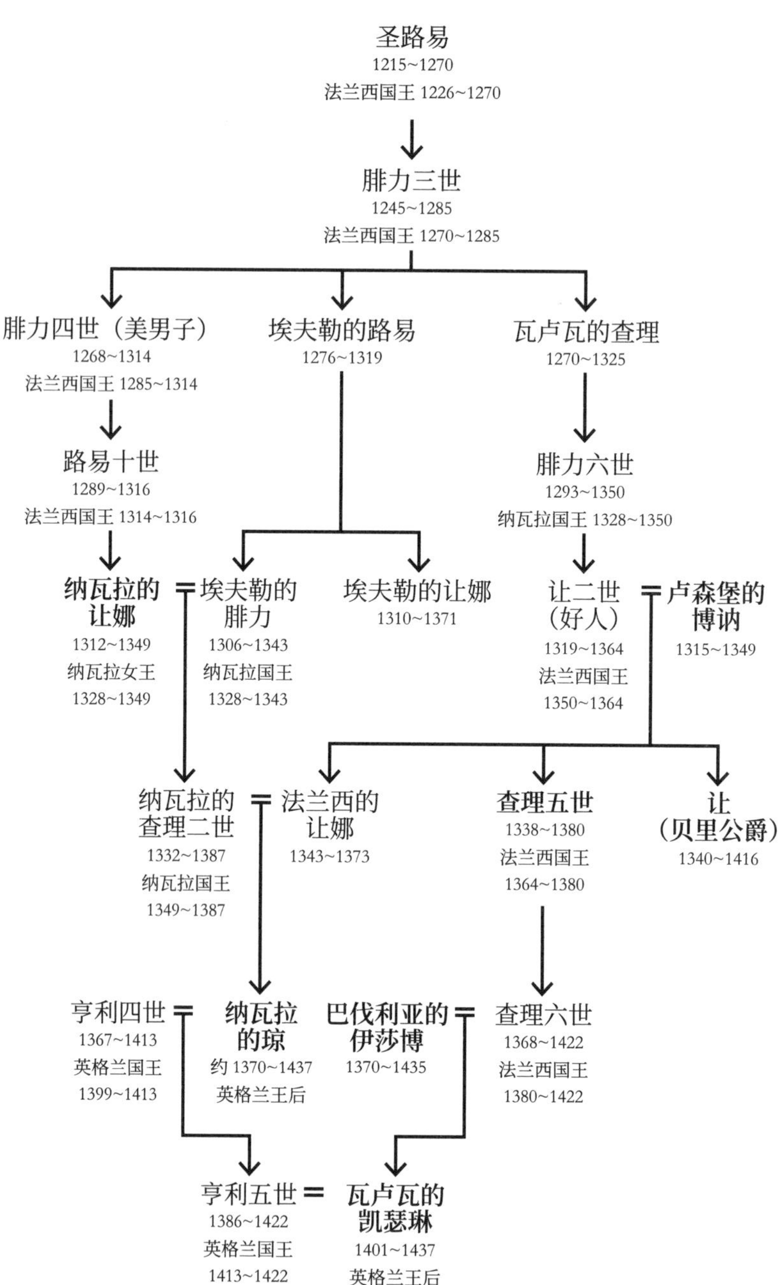

本书第九章中提到的圣路易的主要直系后裔，其中加粗的人名表示《纳瓦拉的让娜》曾经的主人（包括可以确定的以及我们推测出来的）

Bennett, “Some Perspectives on the Origins of Books of Hours in France in the Thirteenth Century” , pp. 19–40, 以及 N. Morgan, “English Books of Hours, c. 1240–c. 1480” , pp. 65–95（该书第 68~69 页引述了《纳瓦拉的让娜时祷书》的内容）。本书第 391 页谈到，女王跪地祈祷的形象经常出现在时祷书抄本当中，《纳瓦拉的让娜时祷书》中也有，分别出现在第 68 对开页右页、第 122 对开页左页、第 131 对开页左页以及第 152 对开页右页等页的彩绘首字母当中，同时也出现在第 125 对开页左页和第 137 对开页左页的插图当中。我给出的女性祈祷文的例子，可见《纳瓦拉的让娜时祷书》第 255 对开页左页、第 149 对开页左页和第 151 对开页左页。第 151 对开页左页直接提到了让娜，这一页的祈祷文的开篇为“Deprecor te odomina sanctissima maria ....”（亲爱的圣母啊……）。这提醒了我们在翻阅抄本中的祈祷文时，不妨多注意一些，说不定就会看到抄本主人的名字。我研究过的第一份时祷书抄本是达尼丁图书馆的 MS 5 号抄本，里面就有一份祈祷文祈请帮助“me margeriam fitzherbert”（第 87 对开页右页，当时没有人注意过这个情况）；另有一份更有名的时祷书抄本 Lambeth Palace MS 474，这份抄本相当朴素，里面有一份不起眼的祈祷文，召请了耶稣基督拯救“me famulum tuum regem Ricardum”（第 182 对开页右页），由此我确定了这份时祷书抄本的主人就是 1483~1485 年的英格兰国王理查三世（参见 A. F. Sutton and L. Visser-Fuchs, *The Hours of Richard III*, Stroud, Gloucs., and Wolfeboro Falls, NH, 1990）。关于圣路易日课，参见 M. Thomas, “L’iconographie de Saint Louis dans les Heures de Jeanne de Navarre” , pp. 209–31 in *Septième centenaire de la mort de Saint Louis: Actes des colloques de Royaumont et de Paris(21–27 mai 1970)*,Paris, 1976 ；和 M. C. Gaposchkin,*The Making of Saint Louis: Kingship, Sanctity and Crusade in the Later Middle Ages*, Ithaca, NY, and London, 2008, 以及同样是她的作品的 *Blessed Louis: The Most Glorious of Kings: Texts Relating to the Cult of Saint Louis*, Notre Dame, Ind., 2012。另外三份包括了圣路易日课的抄本（本书第 394 页曾有提及）分别是：(1)New York, Public Library, Spencer MS 56 (the Hours of Blanche of Burgundy; cf. the entry by Lucy Sandler in J. J. G. Alexander, J. H. Marrow and L. F. Sandler, *The Splendor of the Word, Medieval and Renaissance Illuminated Manuscripts at the New York Public Library*, New York, London and Turnhout, 2005, pp.223–6, no. 46); (2) the Hours of Jeanne d’Évreux (New York, Metropolitan Museum of Art, Acc. 54.1.2; facsimile, *The Hours of Jeanne d’Évreux, Acc. No. 54.1.2, The Metropolitan Museum of Art, The Cloisters Collection*, New York, commentary by B. Drake Boehm, A. Quandt, and W. D. Wixom, Lucerne, 2000); (3) the Hours of Marie de Navarre (Venice, Biblioteca nazionale Marciana, cod. lat. I.104 (12640); facsimile, *Libro de Horas de la reina María de Navarra*, commentary by M. Zorzi, S. Marcon, and others, Barcelona, 1996)。本书第 394 页谈到现已被损毁的都灵的《萨伏伊时祷书》里，有一部分圣路易日课的内容，这部分内容已经被刊印出来了，见 P. Durrieu, “Notice d’un des plus importants livres des prières du roi Charles V, Les Heures de Savoie”, pp. 500–555 in*Bibliothèque de l’*École des Chartes, 72, 1911, p. 510。本书第 396 页提及的孩童时代的圣路易学习阅读的插图，出现在《纳瓦拉的让娜时祷书》第 85 对开页左页上；该插图当中呈现的《圣咏》抄本，目前的收藏信息是：Leiden Universiteitsbibliotheek, Cod. BPL 76A；抄本旁指出这是圣路易用过的《圣咏》的题词，其书写时间跟《埃夫勒的让娜时祷书》的创制时间大约是相同的。
《纳瓦拉的让娜时祷书》当中的圣阿波罗尼亚祈祷文以及圣玛格丽特小传（本书第 397 页）， 599

分别出现在抄本的第 131 对开页右页和第 133 对开页右页至第 134 对开页左页。“Vous devez savoir ...”（你应该知道……）的开篇出现在第 43 对开页左页，并且已经被刊印在 Manion, “Women, Art and Devotion”，前引书，pp. 35–6 上。让娜赈济穷人的插图出现在第 123 对开页左页。有关本书第 399~401 页描述的那种幽默边饰，可参见一部颇为经典的著作：L. M. C.Randall, *Images in the Margins of Gothic Manuscripts*, Berkeley and Los Angeles, 1966；以及卡米勒的相当有争议的解读，M. Camille, *Image on the Edge: The Margins of Medieval Art*, London, 1992。本书第 405 页谈到了两卷本的《贝尔维尔日课经》，并给出了相应的简介。如今这份抄本的收藏信息是：Paris, Bibliothèque nationale de France, ms lat. 10484；该抄本还没有（但需要）影印本问世，不过已经以插图的形式出现在一些作品当中，比如 Avril, *Court of France*, pp. 60–63；Walther and Wolf, *Codices Illustres*, pp. 206–7 等。该日课经可以确定是属于查理五世的，不过，无法确定其最初的主人，有可能是贝尔维尔的让娜、克利松的奥利维耶（Olivier de Clisson）的妻子，1343 年，国王罚没了她的财物。查理五世后来将这份日课经赠送英格兰国王理查二世，理查二世的继承人亨利四世则将其回赠贝里公爵，其时，这份日课经中的年历成了包括《贝里公爵的大时祷书》（*Grandes Heures of the Duc de Berry*，*Bibliothèque nationale de France*, ms lat. 919）在内的下一代抄本的范本。《纳瓦拉的让娜时祷书》一度被认为是让·普塞尔的作品，此人是《埃夫勒的让娜时祷书》的画师（参见 K. Morand, *Jean Pucelle*, Oxford, 1962, pp. 20–21 and 48–9）；这两份抄本之间的关系，可特别参见 Avril, *Court of France*, p. 68, “Pucelle’s ghost still haunts the manuscript in a number of places”，以及 Boehm, “The Cloisters Hours and Jean Pucelle”，pp. 89–116。《纳瓦拉的让娜时祷书》抄本的第一个画师在本书第 408 页有提及，是弗朗索瓦·阿弗里尔在他的 *Les Fastes du Gothiques* 中最先将其辨识出来的，为此，阿弗里尔征引了一份 1336 年被呈送阿图瓦省（Artois）的彩饰诉状（如今其收藏信息是：Paris, Bibliothèque nationale de France, ms fr. 18437），此外还征引了托马斯·阿奎那（Thomas Aquinas）的两部作品的抄本，这两份抄本如今都藏于意大利（Florence, Biblioteca Laurenziana, cod. Fiesole 89，以及 Vatican, Biblioteca Apostolica, cod. Vat. lat. 744, dated 1343）。至于《纳瓦拉的让娜时祷书》的第三个画师，阿弗里尔认为是让·勒诺瓦尔，这位画师还参与了《查理五世日课经》以及《贝里公爵小时祷书》（*Petites Heures* of the Duc de Berry）的制作工作（这两份抄本如今的收藏信息是：Paris, Bibliothèque nationale de France, mss lat. 1052 and 18014）。关于让·勒诺瓦尔作为一个真实历史人物的信息，可参阅一部引人入胜的多卷本作品 R. H. Rouse and M. A. Rouse, *Manuscripts and Their Makers: Commercial Book Producers in Medieval Paris, 1200–1500*, Turnhout, 2000, I, pp. 265–7, and II, p. 79。科克莱尔甄别出来的《纳瓦拉的让娜时祷书》的第四个画师，承担的工作单元是第 145 对开页左页至第 150 对开页左页，以及第 183 对开页右页至第 193 对开页左页。有人认为，这个画师就是马耶（Mahiet），且他接受的是后期工作，参见 M. Keane, “Collaboration in the Hours of Jeanne de Navarre”，pp. 131–48 in A. Russakoff and K. Pyun, eds., *Jean Pucelle: Innovation and Collaboration in Manuscript Painting*, Turnhout, 2013, esp. pp. 131–46 and p. 146, n. 1。本书第 413 页提到的马赛的圣路易插图，出现在第 191 对开页右页。还有一幅插图上埃夫勒的纹章被查理五世的纹章覆盖了，这出现在第 52 对开页右页。将该抄本同贝里公爵藏书名录纪要匹配起来的初次尝试是在 F. Avril and P. D. Stirnemann, *Manuscrits enluminés d'origi-*

ne insulaire VIIe–XXe siècle, Paris, 1987, pp. 177–8, no. 219 中做出的。关于这份名录，可参见 L. Delisle, *Recherches sur la librairie de Charles V, roi de France, 1337–1380*, II, Paris, 1907, p. 238*, no. 97。关于负责绘制卷首插图的英格兰画师，可参见 K. L. Scott, *Later Gothic Manuscripts, 1390–1490*, London, 1990 (*A Survey of Manuscripts Illuminated in the British Isles*, VI), II, p. 214。本书第 417 页提到的《瓦卢瓦的凯瑟琳时祷书》，如今的收藏信息是：London, British Library, Add. MS 65100；该抄本先前的收藏信息是：Upholland College, Lancashire, MS 42(Christie's, 2 December 1987, lot 34)。本书第 418 页谈到了洛尔西尼大街上的苦行修女会收藏的抄本，其具体信息可参见：A. Longnon, *Documents Parisiens sur l'iconographie de S. Louis publiés par Auguste Longnon d'après un manuscrit de Peiresc conservéà la Bibliothèque de Carpentras*, Paris, 1882, pp. 7–11, 21–66 and plates VII–XII engraved from Peiresc's drawings。本书第 418 页也指出，法国大革命之后，该抄本便不再属于这家女修院了；1790 年，该女修院的最后一任院长宣布，当时修道院的藏书
仅有两百册，且都是宗教方面的，革命委员会派人调查了修道院藏书之后，并没有发现特别 600
有价值的藏书（具体情况可参见 A. Franklin,*Les anciennes bibliothèques de Paris: églises, monastères, colléges, etc.*, III, Paris, 1873, pp. 401–2）。关于麦卡锡（MacCarthy）的情况，可参见 C. Ramsden, "Richard Wier and Count MacCarthy", *The Book Collector*, 2, 1953, pp. 247–57；最早提出《纳瓦拉的让娜时祷书》也曾是麦卡锡藏书的看法的人是 S. De Ricci，参见 S. De Ricci, *Les manuscrits de la collection Henry Yates Thompson*, Paris, 1926, p. 60, no. 75。有关该图书馆的描述见 *Catalogue des livres rares et précieux de la bibliothèque de feu M. le comte de Mac-Carthy Reagh*, I, i, Paris, 1815。这份名录第 64 页的"lot 392"号藏品被认为就是《纳瓦拉的让娜时祷书》，这个看法应该可以说是一个定论了；名录纪要显示，"lot 392"藏品是一本配图精美的祈祷书，内有许多插图和页边绘图，极为华美，纸张是小开本，用的是摩洛哥烫金山羊皮纸，全书共五百四十二页，也就是两百七十一对开页——这些都跟《埃夫勒的让娜时祷书》一致，只是巧合的可能性微乎其微；唯一的差异是，该名录纪要显示，这份藏品的很多插图都是灰色的单色画"en camaïeu gris"，但《纳瓦拉的让娜时祷书》并非如此。如今为纽约格洛丽耶尔俱乐部（Grolier Club in New York）所收藏的该名录的副本显示，这份时祷书当时的估价是一百五十法郎，但实际卖价达到了三百五十法郎（作为参照，名录中前面的一份时祷书拥有三十三幅插图，最终只卖出了三十法郎，后面的一份时祷书拥有五十四幅插图，最终也只卖出了二十法郎；不过请注意，麦卡锡的"lot 61"藏品、无与伦比的古腾堡版牛皮纸《圣经》抄本，最终卖出了六千两百六十法郎，该抄本就是大英图书馆的 Grenville copy）。本书第 419 页谈到了麦卡锡藏品拍卖会的当天，杜斯（Douce）作为买家也来到现场，关于这一情况，可参见 Munby, *Connoisseur*, 前引书 , p. 52。关于西德尼·科克莱尔，已经有不少的文献可供参考，更有一部传记：W. Blunt, *Cockerell*, London, 1964；我本人在桑达斯讲座（Sandars Lectures）中也用了三讲来介绍此人，讲座内容已经整理完并发表，见 *The Book Collector*, 55, 2006, pp. 49–72, 201–23 and 339–66。西德尼·科克莱尔跟本书第 18 页提到的道格拉斯·科克莱尔（Douglas Cockerell）是亲兄弟。"伯灵顿艺术俱乐部名录"为 *Exhibition of Illuminated Manuscripts*, London, 1908；其中，《纳瓦拉的让娜时祷书》在这部作品的第 59~60 页，编号是"no. 130"。本书第 421 页引述了科克莱尔的日记，这本日记的收藏信息是 British Library, Add. MS 52656。关于

科克莱尔同托马斯·亨利·里赫斯（Thomas Henry Riches，1865~1935）的特殊关系，可参阅 S. Panayotova, “Cockerell and Riches” , *The Medieval Book* (the de Hamel festschrift，前引书), pp. 377–86。对此次拍卖会的描述，我主要依托的材料是记录在苏富比拍卖行的拍卖名录副本上的一些文字，见 *Twenty-Eight Manuscripts and Two Printed Books, the Property of Henry Yates Thompson*, Sotheby's, 3 June 1919，在此特别感谢玛拉·霍夫曼带我查阅这些材料；当然，《泰晤士报》与 1919 年 6 月 4 日的相关报道也是颇有价值的材料。阿兰·贝尔（Alan Bell）曾为《牛津国家人物传记大辞典》（*Oxford Dictionary of National Biography*）撰写了“查尔斯·哈格贝格–怀特”词条；怀特本人在伯灵顿艺术俱乐部藏书 *Nicholas Fabri de Peiresc*, 1926, p. 7 中回忆了《纳瓦拉的让娜时祷书》，称它是“他所认为的华贵珍本的典范”。法国国家图书馆通往抄本部的楼梯底端的柱子上，分别是佩雷斯科和德利尔的大理石人像。在此我要再次感谢夏洛特·德诺伊（Charlotte Denoël），没有她的帮助，本章最后那部分内容是不可能跟大家见面的。关于戈林在战争期间掠夺的艺术品，我们已有法国外交部档案馆（Les ArchivesDiplomatiques）影印的一份令人震惊的名录，也可以参阅 J.-M.Dreyfus,*Le catalogue Goering*,Paris, 2015，不过后者仅仅涵括了画作，因此《纳瓦拉的让娜时祷书》及其丢失的插图不在其中，但它的第 48 页显示了戈林从亚历山德里娜·罗斯柴尔德那里掠夺的另外一批藏品。

第十章 《坎特伯雷故事集》亨维特抄本

《坎特伯雷故事集》亨维特抄本已有完整的电子版，可以在威尔士国家图书馆网站上免费查阅。不过，在这之前还有 E. Stubbs, ed., *The Hengwrt Chaucer Digital Facsimile*，这是一份光盘阅读文件，是由威尔士国家图书馆同莱斯特德蒙特福德大学（De Montfort University）的“坎特伯雷故事集项目”协作完成的，由 Scholarly Digital Editions 于 2001 年出版；在光盘之前这
601 份抄本还有一个在尺寸上略有缩减的黑白影印本，这是我主要的参考资料：P. G. Ruggiers, ed., *The Canterbury Tales, Geoffrey Chaucer: A Facsimile and Transcription of the Hengwrt Manuscript, with Variants from the Ellesmere Manuscript*, Norman, Okla., and Folkestone, 1979, 随附评注文章的作者为 D. C. Baker, A. I. Doyle 和 M. B. Parkes。关于该抄本的标准描述，可参见 J. M. Manly and E. Rickert, *The Text of the Canterbury Tales*, Chicago, 1940, I, pp. 266–83, and II, pp. 477–9，以及 M. C. Seymour, *A Catalogue of Chaucer Manuscripts*, II, *The Canterbury Tales*, Aldershot, 1997, pp. 31–4。

2004 年 7 月 20 日的《卫报》可以通过网络查阅。林尼·穆内最早就乔叟的抄写员的身份问题提出的学术论证可参见“Chaucer's Scribe”, *Speculum*, 81, 2006, pp. 97–138，后来她将这个问题置于更大的背景中展开探讨，见 L. R. Mooney and E. Stubbs, *Scribes and the City, London Guildhall Clerks and the Dissemination of Middle English Literature, 1375–1425*, York, 2013, esp. chapter 4, “Adam Pinkhurst, Scrivener and Clerk of the Guildhall, c. 1378–1410” , pp. 67–85。作为本章主调而采用的陪审团措辞，借用自 A. S. G. Edwards 对一本书的书评，见 *The Library*, 7 ser., 15, 2014, pp. 79–81。本书第 430 页谈到了《坎特伯雷故事集》埃尔斯米尔抄本，如今该抄本的收藏信息是：San Marino, Huntington Library, MS El. 26. C. 9。铁路大亨亨利·亨廷顿（Henry Huntington，1850~1927）也曾是该抄本的主人，不过，要感谢亨廷顿先生拒绝了诱惑，没有

将之改名为“亨廷顿乔叟抄本”。该抄本已经有了彩色影印本，见 D. Woodward and M. Stevens, eds., *The New Ellesmere Chaucer Facsimile*, San Marino, Calif., and Tokyo, 1995，1996 年，该抄本的黑白影印本也出版了，且更便宜一些；关于该抄本的插图，可参见 K. Scott, *Later Gothic Manuscripts*, 前引书，pp. 140–43, no. 42，该书也谈到了亨维特抄本。我第一次见到亨维特抄本是在 1966 年，当时它被存放在一个玻璃展柜内，旁边就是牛皮纸的《古腾堡〈圣经〉抄本》，但我不曾有机会亲手触摸这份抄本。本书第 431 页谈到这样一种观点：亨维特抄本和埃尔斯米尔抄本出自同一个抄写员之手。这个观点最早是在 1935 年提出的，引自 J. S. P. Tatlock, “The Canterbury Tales in 1400”, *Proceedings of the Modern Languages Association*, 50, 1935, pp. 100–139 的第 128 页。本书第 431 页征引了多伊勒和帕克斯的一篇颇具启发性的文章，正是这篇文章提出了“Scribe B”（第二抄写员）这个名称，参见 A. I. Doyle and M. B. Parkes, “The Production of Copies of the *Canterbury Tales* and the *Confessio Amantis* in the Early Fifteenth Century”, pp. 163–210 in M. B. Parkes and A. G. Watson, eds.,*Medieval Scribes, Manuscripts and Libraries: Essays Presented to N. R. Ker*, London, 1978; 以及 A. I. Doyle, “The Copyist of the Ellesmere *Canterbury Tales*”, pp. 49–67 in M. Stevens and D. Woodward, eds., *The Ellesmere Chaucer: Essays in Interpretation*, San Marino, Calif., and Tokyo, 1995, the volume of commentaries accompanying the facsimile。另外两份最初被多伊勒和帕克斯视为“第二抄写员”的作品的抄本为：Hatfield House, library of Lord Salisbury, Cecil Papers, Box S/1 (Troilus) 和 Cambridge, Trinity College, MS R.3.2 (Gower)。在此顺便提一句，“第二抄写员”不可能是乔叟本人，因为乔叟是在 1408 年谢世的，而该抄本的制作时间是在 1408 年之后，也就是乔叟谢世八年之后的事情了。马尔科姆·帕克斯（Malcolm Parkes）不认为“第二抄写员”就是平克赫斯特，这是帕克斯的遗嘱执行人帕梅拉·罗宾逊谈到的一个情况，罗宾逊还将帕克斯在这个问题上最后给出的一些注解的影印件送给我看；据我所知，多伊勒在这个问题上一直是拒绝公开表态的，但他可能支持林尼·穆内的看法。本书第 432 页谈到的。约翰·威廉斯爵士可能是“开膛手杰克”的看法十分荒谬，源于 T. Williams with H. Price, *Uncle Jack*, London, 2005，我仅仅是为了维持没有偏私的法庭氛围才提出这个观点的。十分感谢玛莱杜德审阅了本章的初稿，并相当细心地修正了一些威尔士语词，包括他自己的名字在内，对此我感到十分不好意思，他的名字实在罕见，而且也很古老。本书第 435 页谈到了这样一个情况：亨维特抄本是在阿伯里斯特威斯用格雷格诺格出版社的封皮材料重新装订的；这一条信息实际上也是玛莱杜德提供的。本书第 436 页，我谈到“第二抄写员”的字迹跟 1483 年卡克斯顿的第二版《坎特伯雷故事集》中的字迹很相像。有理由认为，这并非巧合。倘若平克赫斯特的确就是布商公会的那个抄写员，则卡克斯顿恰恰就是该公会的会员。实际
上，在第二版的引言当中，卡克斯顿谈到这样一个情况：是一个熟人给了他一份抄本（如今 602
已经佚失），“抄本非常干净，并且是依据乔叟原作的第一份抄本抄录的”，卡克斯顿遂将该抄本用于自己的新版；这个熟人很有可能就来自布商公会。本书第 436 页第一次提到《特洛伊罗斯》抄本，该抄本如今收藏在剑桥大学基督圣体学院的帕克图书馆，编号 MS 61；该抄本已有影印本：edited by M. B. Parkes and E. Salter, *Troilus and Criseyde*, Cambridge, 1978。在抄写员身份问题出现争议之前，关于亨维特抄本本身及其校勘情况，有一篇指导性质的文章很有见地：R. Hanna, “The Hengwrt Manuscript and the Canon of the Canterbury Tales”, *English Manu-*

script Studies, 1100–1700, 1, 1989, pp. 64–84。本书第 444 页谈到，中世纪巴黎的抄写行当，通常是以“*peciae*”（样本）为单元进行分工协作的，关于这个情况，可着重参阅 J. Destrez, *La pecia dans les manuscrits universitaires du XIIIe et du XIVe siècle*, Paris, 1935；在抄写工作完成之前，这些单元都是分散着的，在抄写工作完成之后才会被装订起来，关于这个情况，可参阅 J. Destrez and M. D. Chenu, “Exemplaria universitaires des XIIIe et XIVe siècles”, *Scriptorium*, 7, 1953, pp. 68–80。本书第 450 页引用的乔叟写给亚当的短诗，如今的收藏信息是：Cambridge, Trinity College, MS R.3.20, p. 367。我们能否仅从字面意思上理解这首短诗，甚至乔叟是否真的写过这么一首短诗，都是近些年来热议的问题，关于这场争论，可参见 B. Mize, “Adam, and Chaucer’s Words unto Him”, *The Chaucer Review*, 35, 2001, pp. 351–77; A. Gillespie, “Reading Chaucer’s Words to Adam”, *The Chaucer Review*, 42, 2008, pp. 269–83; J. Sánchez-Marti, “Adam Pinkhurst. 2 ‘Necglygence and Rape’ Reconsidered”,*English Studies*, 92, 2011, pp. 360–74；以及 A. S. G. Edwards, “Chaucer and ‘Adam Scriveyn’”, *Medium Aevum*, 81, 2012, pp. 135–8。雪莱辑录的一部作品当中就收录了乔叟的这首诗，可参阅 A. I. Doyle, “More Light on John Shirley”, *Medium Aevum*, 30, 1961, pp. 93–101；康诺利的一部作品也对此问题做了补充，见 M. Connolly, *John Shirley: Book Production and the Noble Household in Fifteenth-Century England*, Aldershot, 1998。关于乔叟对于“抄写员式”字体的讽刺，见 Trolius, book II, line 1026。乔叟佩戴笔套的画像乃出现在埃尔斯米尔抄本第 153 对开页的左页。英国国家肖像馆（National Portrait Gallery）收藏的一幅中世纪晚期乔叟画像更为明显地呈现了乔叟的此一特质，在这幅画像当中，乔叟正在抚摸自己的笔套，F.W. 斯蒂尔将此视为证据，证明乔叟也曾经是抄写员（参见 F. W. Steer, *A History of the Worshipful Company of Scriveners of London*, London, 1973, p. 68 and pl. 1）。本书第 452 页谈到亨维特抄本当中有多处文字是写在涂抹痕迹上的情况，比如第 3 对开页右页的“fader at the table”以及第 14 对开页右页的“ypolita the queene”，应该说，此举只是抄写员在尽心尽责地修正错误，并没有别的意图。在 14 世纪，“亚当”这个名字在英格兰流行名字排行榜上居第十二位，排在了“彼得”“拉尔夫”“乔弗里”“菲利普”等名字前面；参见 p. 106 of V. Davis, “The Popularity of Late Medieval Personal Names as Reflected in English Ordination Lists, 1350–1540”, pp. 103–114 in D. Postles and J.T.Rosenthal, eds.,Studies on the Personal Name in Later Medieval England and Wales, Kalamazoo, 2006 (*Medieval Institute Publications, Studies in Medieval Culture*, 44)。早期将这首短诗里的“亚当”视为抄本行业一员的观点，可参见 B. M. Wagner in *The Times Literary Supplement*, 13 June 1929, p. 474, 和 C. P. Christianson, *A Directory of London Stationers and Book Artisans, 1300–1500*, New York, 1990, p. 149。大卫・皮尔森为我此次造访市政厅图书馆提供了不少帮助。关于入会誓词，可参见 Steer, *Scriveners*, 前引书 , pp. 4–5。平克赫斯特在入会名册上的纪要已经得到了刊印，见 Mooney and Stubbs, *Scribes and the City*, 前引书 , p. 66, fig. 4.1。关于本书第 454 页谈到的“英格兰圆体草书体（anglicanascript），可参见 M. B. Parkes, *English Cursive Book Hands, 1250–1500*, Oxford, 1969，这种字体通常被写得十分紧密，很难分辨；帕克斯在这本书中也谈到了埃尔斯米尔抄本，见 p. xxiii, n. 1。穆内特别挑选出来的十二个字母，见穆内的这篇文章的附录：“Chaucer’s Sceibe”, article of 2006, pp. 123–5；我引用的穆内所说的这些边饰配图“简直就是他的签名”这句话，见此文第 125 页的最后一行。乔叟向国王申请海关职位一事，可参

见 Kew, *National Archives*, C81/1394/87，但是这份申请书其实不到两行，因此不足以支撑任何论断。关于平克赫斯特和“第二抄写员”是否一个人的问题，有人支持这个看法，当然也有人反对，有关正方的论辩，可参阅 A. J. Fletcher, “The Criteria for Scribal Attribution: Dublin, Trini- 603
ty College, MS 244, Some Early Copies of the Works of Geoffrey Chaucer, and the Canon of Adam Pynkhurst Manuscripts” , *Review of English Studies*, 58, 2007, pp. 597–632；反方的回应则参见 S. Horobin, “The Criteria for Scribal Attribution: Dublin, Trinity College MS 244 Reconsidered” , *Review of English Studies*, 60, 2009, pp.371StudiesAttribution “ ‘Chaucer009, pp.3 ‘ Adam and the Hengwrt Project” , pp. 11 the H M. Connolly and L. R. Mooney, eds., *Design and Distribution of Late Medieval Manuscripts in England*, York, 2008; S. Horobin, “Adam Pinkhurst and the Copying of British Library Additional 35287oftheBTextof*Piers Plowman*” ,*Yearbook of Langland Studies*,23, 2009,pp.61–83;S. Horobin, “Adam Pinkhurst, Geoffrey Chaucer, and the Hengwrt Manuscript of the *Canterbury Tales*” ,*The Chaucer Review*, 44, 2010, pp. 351–67; A.J.Fletcher, “What Did Adam Pynkhurst (Not) Write? A Reply to Dr Horobin” , *Review of English Studies*, 61, 2010, pp. 690–710; L. R. Mooney, “Vernacular Literary Manuscripts and Their Scribes” , pp. 192-211 in A. Gillespie and D.L. Wakelin, eds., *The Production of Books in England*, 1350-1500, Cambridge, 2011, pp. 192-211，以及 R. F. Green, “The Early History of the Scriveners’ Company Common Paper and Its so-called Oaths” , pp. 1–20 in S.Horobin and L. R. Mooney, eds., *Middle English Texts in Transition: A Festschrift dedicated to Toshiyuki Takamiya on His 70th Birthday*, Woodbridge, 2014。本书第 457 页谈到的三份抄本，如今被归为平克赫斯特的抄写作品，这三份抄本的收藏信息分别是：Cambridge, Trinity College, MS B.15.17 (Piers Plowman)；Aberystwyth, National Library of Wales, Peniarth MS 393B (Chaucer’s Boece)；Cambridge University Library, MS Kk.1.3 (*Canterbury Tales*) 的残章。目前寻找平克赫斯特的学者尚未涉入的领域是与这位抄写员同时期的一些拉丁语抄本，若是认真找寻，想必也能见到他的笔迹，毕竟，一个职业抄写员是完全有可能抄写两种语言的文本的（比如在入会誓词中平克赫斯特用的就是拉丁语）；从这个角度倒也可以说，尽管乔叟的很多作品出自这个抄写员之手，但这些抄本很可能并非平克赫斯特的全部作品。本书第 459 页谈到，英格兰国王理查二世和亨利四世的藏书，跟同一时期的法国国王的藏书比起来并不多，参阅 S. H. Cavanaugh, “Royal Books, King John to Richard II” , *The Library*, 6 ser., 10, 1988, pp. 304–16，和 J. Stratford, “The Early Royal Collections and the Royal Library to 1461” , pp. 255–66 in L. Hellinga and J. B. Trapp, eds., *The Cambridge History of the Book*, III, 1400–1557, Cambridge, 1999。本书第 460 页谈到此一时期的巴黎拥有七十七个书商，这个信息来自 Rouse and Rouse, *Manuscripts and Their Makers*，本书第九章的注释中已征引过此书；英格兰方面的数据则来自 Christianson, *London Stationers and Book Artisans*, 前引书。本书第 461 页谈到，卡克斯顿选择了威斯敏斯特而非伦敦作为自己的印刷机构的经营地，且有证据证明卡克斯顿推出的乔叟作品抄本是英格兰最早的印刷书——具体创制时间为 1476 年年底或者 1477 年年初，相关信息参见 L. Hellinga, *Caxton in Focus: The Beginning of Printing in England*, London, 1982, pp. 67–8 and 80–81；以及 G. D. Painter and L. Hellinga, *Catalogue of Books Printed in the XVth Century Now in the British Library*, 11, *England*, ‘t Goy-Houten, 2007, pp. 8 and 104。反对将平克赫斯特认作“第二抄写员”的主要论点，

可参见 J. Roberts, “On Giving Scribe B a Name, and a Clutch of London Manuscripts from c. 1400”, *Medium Aevum*, 80, 2011, pp. 247–70。当然也有人保持中立，参见 L. Warner, “Scribes, Misattributed: Hoccleve and Pinkhurst”, *Studies in the Age of Chaucer*, 37, 2015, pp. 55–100，这篇文章写得非常精彩，在此应当对卡里・安・兰德（Kari Ann Rand）和劳伦斯・瓦内尔（Lawrence Warner）表示感谢。文章作者接纳了将“Trinity College B.15.17”抄本视为平克赫斯特作品的看法，但不认为由此就可以论定，该平克赫斯特就是亨维特抄本和埃尔斯米尔抄本里的“第二抄写员”，我认为这个看法相当有说服力。最后我想说的是，我也曾将本章的初稿呈送林尼・穆内审阅，她读得很快，但也非常细心，并提出了很多相当实用的修改意见，我采用了其中大多数意见，虽然她对我的结论感到遗憾，但是她非常慷慨地给出了“认可出版”（*imprimatur*）的评语。这足以表现出她的品性和心胸，在此，请容许我毫无保留地向她表示感激。

第十一章　维斯孔蒂《半神》抄本

604 维斯孔蒂《半神》抄本尚没有全本影印本。有一部分书页已经有高分辨率的照片问世，见 A. de Laborde, *Les principaux manuscrits à peintures conservés dans l'ancienne Bibliothèque impériale publique de Saint-Pétersbourg*, I, Paris, 1936, pp. 83–4, no. 81; T. Voronova and A. Sterligov, *Western European Illuminated Manuscripts of the 8th to the 16th Centuries in the National Library of Russia, St Petersburg*, transl. M. Faure, Bournemouth and St Petersburg, 1996, pp. 258–63, plates 334–47; 以及 *The Art of XV–XVI Century European Manuscripts*, exhibition catalogue, State Hermitage Museum, St Petersburg, 2005, pp. 260–65, no. 60, text in Russian。关于《半神》抄本的描述，可参见 W. Lublinsky, “Le Semideus de Caton Sacco”, pp. 95–118 in O. Dobiaš-Roždestvenskaja, ed., *Srednevekov'e v rukopisjach publicnoi biblioteki*, II, Leningrad, 1927 (*Analecta Medii Aevi*), in Russian with a summary in French; and in O. Bleskina, *Catalogus Codicum Manuscriptorum qui in Bibliotheca Publica Petropolitana asservantur*, St Petersburg, 2011, p. 280, no. 713。实际上，对于这里用到的多份文献我都应当感谢奥尔加・布列斯金娜（Olga Bleskina），是她很友善地为我提供了这些文献的影印本。不过，关于《半神》的最全面描述，当属 P.Rosso, *Il Semideus di Catone Sacco*, Milan, 2001(*Quaderni di studi senesi*,95), esp. pp. ccxxxvii–ccxlix。

关于维斯孔蒂图书馆及其藏书名录，我主要参考的是经典之作 E. Pellegrin, *La Bibliothèque des Visconti et des Sforza, ducs de Milan, au XVe siècle*, Paris, 1955 (*Publications de l'Institut de Recherche et d'Histoire des Textes*, V), 并以 M. G. Ottolenghi, “La biblioteca dei Visconti e degli Sforza: gli inventari del 1488 e del 1490”, *Studi Petrarcheschi*, n.s., 8, 1991, pp. 1–238 为辅助，对《半神》的描述出现在 pp. 19–21 以及 pl.V。本书第 468 页提到了蝰蛇吞噬孩童的纹章，它如今在米兰的阿尔法・罗密欧汽车制造公司的标识中存留下来了。1488 年对该抄本的描述为“Item Semideus Catonis Saci papiensis cum cantonis sex argenteis et claviculis duabus incompletis in carta cum coperta veluto cremesili et cum capsa una ex coreo deaurato”(Ottolenghi, p. 32)。关于对伦巴第地区的征服，具体情况及其背景，可参见 F. J. Baumgartner, *Louis XII*, Stroud, 1994, 以及 M. Mallett and C. Shaw, *The Italian Wars, 1494–1559: War, State and Society in Early Modern Europe*, Harlow, 2012。关于

维斯孔蒂·斯福尔扎搬迁到法国一事，可参阅 L. Delisle, *Le Cabinet des Manuscrits de la Bibliothèque impériale*, I, Paris, 1868 (*Histoire générale de Paris*), pp. 125–40；该书的 p. 133, n. 3 着重谈到了《半神》。在此，我实在忍不住要告诉大家，出版社向我预支的稿酬差不多都被我用于购买一份但丁抄本的残章了，该抄本也是在 1438 年为菲利波·马里亚·维斯孔蒂所斩获，并且在法国占领期间从帕维亚来到法国的，如今，该抄本的大部分内容的收藏信息是：Bibliothèque nationale de France, ms ital. 2017；时至今日，那场征服行动造成的抄本散落现象仍然存在。关于多布罗夫斯基在巴黎获得的藏书，可参见 P. Z. Thompson, "Biography of a Library: The Western European Manuscript Collection of Peter P. Dubrovskii in Leningrad", *The Journal of Library History*, 19, 1984, pp. 477–503；本书第 471 页谈到了多布罗夫斯基在抄本里面的题字，可见 p. 13 of *The Art of XV–XVI Century European Manuscripts*，前引书。多布罗夫斯基斩获的那份带有美第奇家族纹章的利维抄本为：Cod. Cl. Lat. F.v.2 in St Petersburg (Voronova and Sterligov, pp. 264–5)；此处谈到的另外一批珍本分别是：Lat.Q.v.I.18 (Bede), Lat.Q.v.I.26 (purple Gospel Book), Lat.Q.v.V.1 (Bestiary), Fr.F.v.I.I/1–2 (*Bible Historiale*), Fr.F.v.XV.6 (Martin le Franc)。此前我仅造访过圣彼得堡一次，关于那次旅程请参见 C. de Hamel, "The Colloquium of the International Association of Bibliophiles in Saint Petersburg, 12th in Leningradex core", *Bulletin du Bibliophile*, 1995, pp. 11–15。圣彼得堡图书馆的中世纪抄本收藏状况以及前文中提到的收藏名录，可参见 T. P. Voronova, "Western Manuscripts in the SaltykovShchedrin Library", *The Book Collector*, 5, 1956, pp. 12–18（《半神》在第 14 页），以及 O. Kristeller, *Iter Italicum, Accedunt Alia Itinera: A Finding List of Uncatalogued or Incompletely Catalogued Humanistic Manuscripts in Italian and Other Libraries*, V, London and Leiden, 1990, pp.177–96（《半神》在第 191 页）。本书第 477 页谈到了莫莱昂领主、博格纳的路易，关于此人，我无法提供准确的参考文献；此人的身份和来历完全无从确认，只是在网络上偶有闪现。本书第 477~478 页将抄本中第 2 对开页左页至第 3 对开页右页的页边诗刊印了出来，我承认，其中的第一首法语诗我看不太明白。这首诗的字迹太过潦草，而我翻译得也有些仓促，它的大意为："Chanter! I want to sing in all places, / However I want to, that the gods / Royal kings, princes and great monarchs / In all the world and its gardens, / So different I need not say how, / To death will come too soon to see, / On their own terms, as will I: / Power from ships and castles / How I see it all / Emerging in this lovely book / Regardless of the gods above"（歌颂！我想去各处歌颂，/ 快乐地歌颂那些神明 / 高贵的国王、王子和伟大的君主 / 在世界各地和他们的花园里，/ 我不必再说多么不一样的话，/ 死亡正在迅速接近，/ 他们也和我一样：/ 船上来的和城堡里的权威 / 我看见 / 它们从这绝妙的书中浮现 / 不顾那高高在上的神明）[大家应该一下子就能注意到，这里各行的首字母可以拼成"Christopher"（克里斯托弗，即作者名字，译者注）这个词]。这些诗跟引言的标题共享了第 2 对开页右页，同时也跟献词的开篇部分共享了第 2 对开页左页，献词的开篇为："Virginis laude esse omnem tuum ..."（赞美你……）。在 Kristeller, *Iter Italicum*, V, p. 191 中第一个词被错印成了"Legis"，而罗索将第二个词错印成了"Laudem"。本书第 479 页谈到了克劳狄安创作的诗歌，该诗也出现在抄本的尾页（开篇是"Iupiter in parvo cum cerneret ethera vitro ...", Claudian, *Carmina minora*, LI, lines 1–6）。菲利波·马里亚·维斯孔蒂收藏的著名的苏埃托尼乌斯抄本在本书第 482 页上曾有提及，该抄本也循着同样的 605

路线，跟随路易十二来到巴黎，如今的收藏信息是：Bibliothèque nationale de France, ms ital. 131。该抄本的画师是非常多产的，也因为该抄本而得名“帝王传画师”（Master of the Vitae Imperatorum）；参阅 A. Melograni, “Appunti di miniature lombarda: ricerche sul ‘Maestro delle Vitae Imperatorum’”, Storia dell’ Arte, 70, 1990, pp. 273–314，以及 the entry by F. Lollini in M. Bollati, ed., *Dizionario biografico dei miniatori italiani, Secoli IX–XVI*, Milan, 2004, pp. 587–9。本书第 483 页谈到了《维斯孔蒂时祷书》，该抄本被分成两卷，如今的收藏信息分别是：Biblioteca nazionale in Florence，即 I, Banco rari cod. 397 和 II, cod. Landau-Finaly 22；为方便起见，我用的是 M. Meiss and E. W. Kirsch, *The Visconti Hours*, London, 1972，不过，该抄本已经有了影印本，即 *Il libro d'ore Visconti*, Modena, 2003，上面附有 A. Di Domenico 和 M. Bollati 撰写的评注。《萨伏伊的玛丽日课经》如今的收藏信息是：Chambéry, Bibliothèque municipale, ms 4 (C. Heid-Guillaume and A. Ritz, *Manuscrits médiévaux de Chambéry, Textes et enluminures*, Paris and Turnhout, 1998, pp. 30–43, with plates)。本书第 484 页谈到的“圣母颂”（*De laudibus virginis*）在第 9 对开页右页开篇，在第 36 对开页左页收尾；本书的引文“请耐心听我说……”出自第 18 对开页右页；“已经有一千四百三十八年了”则出现在第 13 对开页左页。大英图书馆收藏的文集编号为“Arundel MS 138”，《圣母颂》的文本在第 220 对开页右页至第 225 对开页左页。此处提到的插图来自《半神》的第三部分，分别是：39r（骑士望向圣母和圣子）, 40r（加图的喷泉）, 42r（菲利波·马里亚·维斯孔蒂）, 45v（山口的军队）, 59r（向城市进攻）, 64r（穿越河流）, 66r（夜间军营）, 69r（阵地战）, 74v（休息日）, 79v（山谷中的战斗）, 84r（马匹）, 89r（进攻荒漠中的堡垒）, 91v~92r（搬运和组装围城武器）, 96r（夜间的战斗）, 99r（轰炸船只）, 100r（海战）, 103v（火烧河上要塞）和 106v（建造浮桥）。本书第 488 页和第 491 页将《维斯孔蒂时祷书》跟《半神》进行了对比，其中提到的插图包括《维斯孔蒂日课经》抄本第一卷第 40 对开页右页的“吉安·加莱亚佐·维斯孔蒂画像”和第二卷第 101 对开页左页的“法老的军队”插图。本书第 500 页刊印了萨科的墓碑碑文，在此要感谢塞西莉亚·麦凯，她一直在为本书搜寻相关的插图，而且也是她提醒我注意这样一份文献的：A. Cavagna Sanguiliani, “Arte retrospettiva: Antichi ricordi marmorei di professori dallt the gods / R”, pp. 379-92 in *Emporium, Parole e Figure*, 22, 1905, esp. pp. 381-82。本书第 500 页提到，萨科的《半神》抄本的第一卷和第二卷如今的收藏信息是：Fulda, Hessische Landesbibliothek, MS C. 10, folios 168r–185v。单独含有第一卷文本的抄本收
606 藏信息为：Basle, Öffentliche Universitätsbibliothek, MS F. IV. 2, folios 160r–183r。本书第 501 页曾对安娜·梅洛葛拉尼女士表示了感谢，在此我觉得有必要再感谢一次。她知道我很可能会引用她的作品——而我也满怀感激地这么做了，不过在此我需要强调一下，梅洛葛拉尼女士尚未亲眼见过藏于圣彼得堡的原本，她依托的是已经公布于世的扫描版，但那份扫描版制作得并不精细。我们这一行的人在没有见过原本便给出临时的评断时，都是极度缺乏信心的。倘若我由此得出的结论被证明是完全错误的，那么责任全在我，跟梅洛葛拉尼女士无关。除了安娜·梅洛葛拉尼女士外，我还要对凯伊·苏顿（Kay Sutton）表示感谢，她给我提供了很多关于此一时期的伦巴第画师的信息。如今藏于哥本哈根的抄本的具体收藏信息是：Kongelige Bibliotek, MS Gl. Kgl. S 2092 4°。该抄本的部分插图已经被刊印在以下这部作品当中：G. Algeri, “Un Boccaccio pavese del 1401 e qualche nota per Michelino da Besozzo”, *Arte Lombarda*, n.s., 116,

1996, pp.42–50。按现在的历法计算，哥本哈根抄本的诞生时间是 1401 年 2 月，不过，依据中世纪历法（每年在 3 月结束），这份抄本的诞生时间就应该算在 1402 年。本书第 503 页谈到的画师，均可参见 Bollati, *Dizionario biografico dei miniatori italiani*，前引书，该书还配有相应的参考文献。贝索佐的米开利诺（Michelino da Besozzo）的画作包括木板画《圣母的婚礼》（*Marriage of the Virgin*），该作如今的收藏信息是：Metropolitan Museum in New York, Maitland F. Griggs Bequest, acc. 43.98.7。本书第 503 页谈到的柯勒乔的加拉西奥的《盎格鲁史略》，如今的收藏信息是 Paris, Bibliothèque nationale de France, ms lat. 6041 D, folio 8 ter；参见 M. Natale and S. Romano, eds., *Arte lombarda dai Visconti agli Sforza*, Milan, 2015, p. 230, no. III.19 and plate on p. 203，在此，非常感谢弗朗西斯科·拉达利（Francesco Radaeli）将这本书赠送给我。本书第 504 页谈到，雅各布·德·圣彼得罗很可能参与了《半神》抄本的制作工作，最早提及此事的是玛利亚·格拉齐亚·奥托伦吉（Maria Grazia Ottolenghi, "Biblioteca dei Visconti", 1991），保罗·罗索在自己编纂的《半神》文本中认定了这个情况。1458 年，雅各布辑录出版了萨科的《民法评注集》（*Lectura*）抄本，并为之绘制了彩饰，如今这份抄本的收藏信息是 Paris, Bibliothèque nationale de France, ms lat. 4589；其中，雅各布的题词出现在第 366 对开页右页［法国国家图书馆的亚历山大·图尔（Alexandre Tur）还拿出了相关的图片供我现场查看］。雅各布负责装订的 11 世纪的波埃修斯抄本，如今的收藏信息是：Bibliothèque nationale de France, ms lat. 6400 A，该抄本第 107 对开页的左页上有雅各布留下的题词，"Jacobus de Sancto Petro bidelus ligavit"（雅各布·德·圣彼得罗负责装订此书）。本书第 506 页谈到印刷术很可能是在 1462~1463 年传播到意大利的，关于这个情况，有一个很有说服力的证据，出自 Christie's, 23 November 1998, lot 18，它描述了如今收藏在普林斯顿大学沙伊德图书馆（Scheide Library）的一份藏品。关于作为印刷商的雅各布·德·圣彼得罗的情况，可参阅 R. Proctor, *An Index to the Early Printed Books in the British Museum, from the Invention of Printing to MD*, London, 1898, pp. 482–3，以及 A. Coates, K. Jensen, C. Dondi, B. Wagner and H. Dixon, *A Catalogue of Books Printed in the Fifteenth Century, Now in the Bodleian Library*, II, Oxford, 2005, p. 796, no. C-216。

第十二章　斯皮诺拉时祷书

倘若要制作精美影印本，《斯皮诺拉时祷书》跟《纳瓦拉的让娜时祷书》一样，也是上上之选；关于《斯皮诺拉时祷书》，至今还没有专著问世。盖蒂博物馆的网站上可以查阅该时祷书的图片，制作得相当精美（在"Getty guide"中的"Art object, details"栏目里）。迄今，关于《斯皮诺拉时祷书》的最详细名录纪要仍然是 J. M. Plotzek, *Die Handschriften der Sammlung Ludwig*, II, Cologne, 1982, pp. 256–85。在科伦和麦肯德里克的一部作品中，《斯皮诺拉时祷书》以"no 124"的编号出场，见 T. Kren and S. McKendrick, *Illuminating the Renaissance: The Triumph of Flemish Manuscript Painting in Europe, Los Angeles*, 2003, pp. 414–17；该书第 529 页列出了许多有关《斯皮诺拉时祷书》的参考文献。

我曾在近几年间多次造访盖蒂博物馆，汤姆·科伦（Thom Kren）对我的招待甚是周到，令我的每次拜访都成为一种享受。伊丽莎白（贝丝）·莫里森（Beth Morrison）继任科伦成为盖蒂博物馆抄本部的负责人，她欣然审读了本章的初稿，提出了不少颇有帮助的意见。克劳斯公布的藏书名录当中，从来不曾出现《斯皮诺拉时祷书》的名字，不过，他的公司肯定经
607 手了这份时祷书，见他本人的作品 *In Retrospect: A Catalogue of 100 Outstanding Manuscripts Sold in the Last Four Decades by H. P. Kraus*, New York, 1978, pp. 224–7, no. 91。这是证明路德维希博士的大收藏家身份的最早证据。斯皮诺拉家族纹章最早是由赫尔塔·鲍尔（Hertha Bauer）甄别出来的，鲍尔是 H.P. 克劳斯公司的文献管理员，这个情况还是克劳斯公司的前任董事罗兰德·福尔特（Roland Folter）告诉我的。罗兰德·福尔特的妻子玛丽·安·福尔特（Mary-Ann Folter）是克劳斯先生的女儿，她非常细心地审读了本章的初稿，并将当年路德维希博士的售价告诉了我。她还补充说，路德维希博士有个习惯，那就是不期而至，他会突然造访他们以查看多份抄本，然后对这些抄本开出一个总价，因此，单份抄本的标价实际上都是名义上的，只是为了方便做账。本书第 526 页谈到了时祷书中的私人祷文，关于这个情况，可参阅 E. Duffy, *Marking the Hours: English People & Their Prayers, 1240–1570*, New Haven and London, 2006。关于时祷书在帮助抄本主人想象自己参与圣母的祈祷方面的推动作用，可参阅 C. de Hamel, "Books of Hours: Imaging the Word", pp. 137-43 in J. Sharpe and K. Van Kampen, eds.,*The Bible as Book: The Manuscript Tradition*, London, 1998。本书第 531 页提及的"七忏悔诗"，实际上在我们讨论《纳瓦拉的让娜时祷书》时已经被具体列举出来了，这七首忏悔诗在拉丁通行本中的编码以及各自对应的罪分别是：《诗篇》6（傲慢）, 31（贪婪）, 37（愤怒）, 50（色欲）, 101（暴食）, 129（嫉妒）以及 142（怠惰）。本书第 535 页征引的皇家学会的展览名录，可参见 *Illuminating the Renaissance*, 前引书, p. 414。本书第 537 页征引的德莱西（L. M. J. Delaissé）关于小山丘和大山之巅的比喻，出现在德莱西就梅斯的一部作品的第一卷所写的评论当中，参见 p. 209, *French Painting in the Time of Jean de Berry*（第九章的注释中已经提到了这部作品），也可见 *The Art Bulletin*, 52, 1970, pp. 206–12，是桑德拉·辛德曼（Sandra Hindman）向我推荐的这份参考文献。本书第 539 页谈到了在本来是二维的书页上创造出三维的错觉的做法，关于这个情况，最早是由奥托·帕西提出的，见 Otto Pächt, *The Master of Mary of Burgundy*, London, 1948, 以及 *Buchmalerei des Mittelalters, Eine Einführung*, Munich, 1984, pp. 198–202，也可参见帕西的得意门生乔纳森·亚历山大（Jonathan Alexander）关于这个问题写的一系列作品，例如 Jonathan Alexander, *The Book of Hours of Engelbert of Nassau*, New York, 1970，此书未标注页码。根特－布鲁日风格的抄本绘图，往往会给人多重错觉，关于这个情况，可参见 J. H. Marrow, *Pictorial Invention in Netherlandish Manuscript Illumination of the Late Middle Ages: The Play of Illusion and Meaning*, Louvain, 2005 (*Corpus of Illuminated Manuscripts, Low Countries series*, II)，该书有很多地方谈到了《斯皮诺拉时祷书》。本书第 539 页谈到了《斯皮诺拉时祷书》的插图里的文本框被赋予了立体感，在此我列举一些例子：folios 8v~9r（卷轴落在书页上），folios 10v~11r（文本被钉在书页上），folios 40r 和 165v（天使手拿文本），folios 56v~57r（文本如百叶窗般被铰接在书页上）。关于根特－布鲁日风格的页边绘图，可参见 C. Fisher, *Flowers in Medieval Manuscripts*, London, 2004，以及 A. M. W. As-Vijvers, *Re-Making the Margin: The Master of the David Scenes and Flemish Manuscript Painting around 1500*, transl. D. Webb, Turnhout, 2013，后者同这个问题并无太大的直接关联，这一点从书名上就能看出来。绘图当中花朵的影子之所以向右投射，是

因为窗户一般位于画师的左侧，这样就能够为右手作画的画师提供最佳的采光，这个情况从布鲁日画师西蒙·贝宁的两幅自画像当中就能看出来（参见 S. Hindman, *The Robert Lehman Collection*, IV, *Illuminations*, New York and Princeton, 1997, pp. 112–19, no. 14）。我一度很想知道，在根特－布鲁日风格的抄本当中，是否能根据插图中的花朵的花期将抄本制作日期精确到月份，然而，图中四季的花朵都杂糅在了一起，这就表明，画师在作画时并非实物取景，无论其画作的风格是何等写实，画师都是依据已经备好的素描作画的。《斯皮诺拉时祷书》的近亲当中不乏著名的时祷书抄本，本书第 540~542 页列举了一些，具体信息如下：Vienna, Österreichische Nationalbibliothek, Cod. 1907 (the First Prayerbook of the Emperor Maximilian, c. 1486): facsimile, W. Hilger, ed., *Das ältere Gebetbuch Kaiser Maximilians* I, Cod. Vind. 1907, Graz, 1973 (*Codices* 608
Selecti, 39); Naples, Biblioteca Nazionale di Napoli, Ms I.B. 51 (the La Flora Hours, not later than 1498): facsimile,*Horae Beatae Mariae Virginis, La Flora, Napoli, Biblioteca Nazionale Vittorio Emanuel III*, Ms I.B.51, Turin, 2008; Österreichische Nationalbibliothek, Cod. 1897 (the Hours of James IV, c. 1502–3): facsimile, F. Unterkircher, ed., *Das Gebetbuch Jakobs IV von Schottland*, Graz, 1987 (*Codices Selecti*, 85); Cleveland, Ohio, Museum of Art, Leonard C. Hanna Jr. Fund, 1963.256 (the Hours of Isabella the Catholic，这份时祷书的制作时间不会晚于 1504 年): facsimile, *The Hours of Queen Isabella the Catholic, The Cleveland Museum of Art, Cleveland/Ohio, Leonard C. Hanna Jr. Fund 1963–256, Commentary Volume*, Gütersloh and Munich, 2013, with accompanying commentary volume by L. De Kesel, 2013 [在此要特别感谢列维·德·柯塞尔（Lieve De Kesel），她不仅给我了一本她的著作——其中多次谈到《斯皮诺拉时祷书》，更悉心审读了本章的初稿并提出了诸多很有价值的意见，特别是在各个画师负责抄本的哪一部分这个问题上]; Perth, Australia, Kerry Stokes Collection, LIB.2014.017, formerly Vienna, Cod. Ser. Nov. 2844 (the Rothschild Prayerbook, c. 1515): facsimile, E. Trenkler, ed., *Rothschild-Gebetbuch, Cod. Vind. S.N. 2844*, Graz, 1979 (*Codices Selecti*, 67); F. Unterkircher, *Das Rothschild-Gebetbuch: Die schönsten Miniaturen eines flämischen Stundenbuches*, Graz, 1984; and private collection, formerly Lord Astor (the Hours of Albrecht of Brandenburg, c. 1522–3)，这份抄本最终于 2001 年 6 月 19 日在苏富比拍卖行拍卖，拍卖号是“lot 36”，是我为它撰写了名录纪要。《斯皮诺拉时祷书》的第二类近亲当属皇家时祷书，具体抄本信息如下：London, British Library, Add. MS 18851 (the Breviary of Isabella of Castile, not later than 1497): facsimile, *The Isabella Breviary, The British Library, London, Add. Ms. 18851*, Barcelona, 2012, with accompanying commentaries by S. McKendrick, E. R. García and N. Morgan; Antwerp, Museum Mayer van der Bergh, inv. no. 946 (Breviary probably for Manuel I of Portugal, c. 1500): cf. B. Dekeyzer, *Layers of Illusion: The Mayer van den Bergh Breviary*, transl. L. Preedy, Ghent and Amsterdam, 2004; New York, Morgan Library, M 52 (the Breviary of Eleanor of Portugal, early sixteenth century)；以及 Venice, Biblioteca Marciana, cod. lat. I. 99 (the Grimani Breviary, c. 1515–20); cf. A. Mazzucchi, ed., *Breviario Grimani, Ms Lat. I 99 = 2138, Biblioteca Nazionale Marciana, Venezia*, Rome, 2009。有关本书第 542 页谈到的规定了客户须跟画师直接交涉的行会章程，参见 M. Smeyers, *Naer natueren ghelike: Vlaamse Miniaturen voor Van Eyck (ca. 1350–ca. 1420)*, Louvain, 1993, p. 93[在此特向埃夫里恩·霍瓦尔茨（Evelien Hauwaerts）表示感谢，是他告诉了我这份参考文献]。关于受雇于宫廷人士的画师的

特权，可参见 p. 191 in L. Campbell, "The Art Market in the Southern Netherlands in the Fifteenth Century", *Burlington Magazine*, 118, pp. 188–98。关于已知的荷兰南部地区的时祷书抄本画师，本书第 543 页有所提及，可参见 R. Gay, "Scribe Biographies", pp. 182–8 in E. Morrison and T. Kren, eds., *Flemish Manuscript Painting in Context: Recent Research*, Los Angeles, 2006。《查理五世时祷书》如今的收藏信息是：New York, Morgan Library, M 491。本书第 543 页谈到了盖蒂博物馆的午餐，午餐之时，大家又提起了我写过的一句（已经被我抛在脑后的）话，见我的 *A History of Illuminated Manuscripts*, Oxford, 1986, pp. 168–9；当时我想讲的是军事占领期间巴黎抄本业的衰落，具体为"Hungry people do not buy books"（挨饿之人不买书）。早前拜访盖蒂博物馆抄本部的时候，我竟然吃惊地发现这句话被放大后打印了出来，并被张贴在抄本部大门的背后。本书第 543~544 页列举了《斯皮诺拉时祷书》的五个主要画师的分工情况，具体情况如下：(1)"詹姆斯四世时祷书画师"负责 folios 1v~65r, 92v~109v, 130v~149r, 184v~185r, 256v~257v 以及 259v~260v; (2)"马克西米利安第一祈祷书画师"负责 folios 85v~89v, 165v, 223v~245v, 248v~255v, 264v~270v 以及 276v~290v; (3)"吕贝克圣经抄本画师"负责 folios 83v~84r, 153v, 166r, 247v, 258v, 261v 以及 272v; (4)"德累斯顿祈祷书画师"负责 folios 110r~120r; (5) 1500 年前后多份祈祷书的画师负责 folios 125v~126r。其中，《德累斯顿祈祷书》的收藏信息是：Dresden, Sächsische Landesbibliothek Ms A 311。令人失望的是，湿气已经严重损毁了该抄本。也许将《德累斯顿祈祷书》的画师称为"卡庞特时祷书画师"要更好一些，因为后面这份抄本要精美得多。《卡庞特时祷书》（Carpentin Hours）名气不大，直到最近才开始为人所
609 知，一直是私人收藏品，关于这份抄本，可参阅 A. Bovey, *Jean de Carpentin's Book of Hours: The Genius of the Master of the Dresden Prayer Book*, London, 2011；以及 B. Brinkmann, *Die flämische Buchmalerei am Ende des Burgunderreichs: Der Meister des Dresdener Gebetbuchs und die Miniaturisten seiner Zeit*, Turnhout, 1997，该书第 325~329 页着重探讨了《斯皮诺拉时祷书》。"1500 年前后多份祈祷书的画师"这个名字的确拗口，本书第 544 页谈到了这个画师，他绘制的另外两份精美抄本的收藏信息分别是：London, British Library, Harley MS 4425 (Roman de la Rose)，以及 Vienna, Österreichische Nationalbibliothek, Cod. 1862 (the Hours of Margaret of Austria)。在本书的多个章节中都有无与伦比的《贝里公爵豪华时祷书》抄本的身影。在本书第 551 页它又出现了。该抄本如今的收藏信息是：Chantilly, Musée Condé, ms 65。关于这本时祷书，无论是复制品还是研究文献都是难以计数的，其中就包括一份影印本，R. Cazelles and J. Rathofer, eds., *Les Très Riches Heures du Duc de Berry*, Lucerne, 1984，该影印本将抄本封皮都印制下来了。前文曾谈到的《罗斯柴尔德祈祷书》，具体收藏信息是：Christie's, New York, 29 January 2014, lot 157，在 K. Sutton and M. M. Manion, *Revealing the Rothschild Prayer Book, c. 1505–1510*, Canberra, 2015 和 K. Challis in M. M. Manion, ed., *An Illumination: The Rothschild Prayerbook and Other Works from the Kerry Stokes Collection, c. 1280–1685*, Perth, 2015, pp. 14–35, no. 1 中都有对它的描述。在此要对凯特·查理斯女士（Kate Challis）、科里·斯托克斯和克里斯丁·斯托克斯（Kerry and Christine Stokes）表示感谢，当然还有馆长埃利卡·佩尔萨克（Erica Persak），在他们的帮助下，我才得以在墨尔本见到《罗斯柴尔德祈祷书》。奥地利的玛格丽特的藏书名录如今已经刊印出来了，参见 M. Debae, *La bibliothèque de Marguérite d'Autriche: Essai de reconstitution*

d'après l'inventaire de 1523–1524, Louvain and Paris, 1995；很可能对应着《罗斯柴尔德祈祷书》和《斯皮诺拉时祷书》的条目分别为该书 p.88, no. 53 和 p. 494, no.367。关于奥地利的玛格丽特的生平，我参阅的是 J. de Iongh, *Margaret of Austria, Regent of the Netherlands*, transl. M. D. H. Norton, London, 1954。奥地利的玛格丽特资助制作了多份抄本，具体情况参见 D. Eichberger, "Devotional Objects in Book Format: Diptychs in the Collection of Margaret of Austria and Her Family" , pp. 291–323 in Manion and Muir, eds.,*Art of the Book*, 第九章注释中已引；D. Eichberger,*Leben mit Kunst – Wirken durch Kunst: Sammelwesen und Hofkunst unter Margarete von Österreich, Regentin der Niederlande*, Turnhout, 2002；以及 H. W. Wijsman, *Luxury Bound: Illustrated Manuscript Productionand Noble and Princely Book Ownership in the Burgundian Netherlands (1400–1550)*, Turnhout, 2010, esp. pp. 201–7。奥地利的玛格丽特确实收藏过《贝里公爵豪华时祷书》这一点，很好地解释了为什么抄本中著名的年历插图会出现在制作于 1515~1520 年的《格里马尼日课经》(Grimani Breviary) 里；该日课经很可能也是为奥地利的玛格丽特制作的，后来才转入枢机主教多米尼克·格里马尼（Domenico Grimani，1461~1523）的手中。本书第 557 页提到了《埃希特纳赫奥里斯抄本》(Echternach *Codex Aureus*)，它也叫作《亨利三世黄金福音书》(Golden Gospels of Henry III)，如今的收藏信息是：El Escorial, Biblioteca de San Lorenzo, Cod. Vitr. 17；这是我见过的顶级抄本之一，完全应当在本书中享有自己的一章，只不过，本书已经有两章被贡献给福音书抄本了。柏林的《勃艮第的玛丽时祷书》(Hours of Mary of Burgundy) 如今的收藏信息是：Berlin, Staatliche Museen und Preussischer Kulturbesitz, Kupferstichkabinett, 78.B.12。这份时祷书的第 290 对开页的左页有一幅亡灵日课的插图，呈现的是一个贵族女性在骑马狂奔，她身后是一个人人手持长矛的骷髅军团在追赶着她；实际上，勃艮第的玛丽就是在 1482 年 3 月 27 日骑马之时出了意外而亡故的，当时她的女儿才两岁。美男子费利佩后来赠送给奥地利的玛格丽特的抄本，如今的收藏信息是：Österreichische Nationalbibliothek, Cod. 1862。我们刚刚谈到过这份抄本。玛格丽特的这两份时祷书抄本的确认工作，我主要依托的是 Wijsman, 前引书 , pp. 202 and 206。《萨伏伊的博讷日课经》(Hours of Bona of Savoy) 最终也是为奥地利的玛格丽特制作的，如今的收藏信息是：London, British Library, Add. MS 34294。关于这份抄本及其影印本，可分别参见 M. L. Evans, *The Sforza Hours*, London, 1992，以及 *Das Stundenbuch der Sforza*, with commentary volume by M. L. Evans and B. Brinkmann, Lucerne, 1994。本书第 559 页谈到了奥地利的玛格丽特的画像（收藏在根特美术博物馆，Museum voor Schone Kunsten in Ghent)，2015 年 7 月，这座博物馆将该画像长期租借给了维亚纳艺术史博物馆（Kunsthistorisches Museum)。《勃艮第的玛丽时祷书》抄本如今的收藏信息是：Vienna, Österreichische Nationalbibliothek, Cod. 1857。在该抄本当中，公爵夫人端坐窗前俯望教堂的插 610
图非常有名，这幅图在抄本第 14 对开页的左页。《贝里公爵豪华时祷书》究竟在斯皮诺拉家族里是如何传承的，它最终又是在什么情形下在热那亚被出售的，在这些问题上，我极为感激伊曼努尔·图莱特（Emmanuelle Toulet)，她向我提供了大量的信息和文献，包括她本人计划发表的一篇文章，"Du 'manuscrit de Gênes' aux 'Très Riches Heures du duc de Berry'"，这篇文章将被收入 P. Stirnemann and I. VillelaPetit, eds., *Les Très Riches Heures de Jean de Berry*, for publication by Editions Panini in Rome；关于罗斯柴尔德家族在这件事情上扮演的角色，可参阅 R.

Cazelles, *Le duc d'Aumale: Prince aux dix visages*, Paris, 1984, p. 197。本书第九章中，我们也遇到了罗斯柴尔德家族的另一批收藏家。关于阿道夫男爵的情况，可参阅我本人的一部作品，*Rothschilds and Their Collections*, pp. 5–7，关于安瑟尔姆男爵的情况，可参阅这部作品的第7~12页。在此需要指出的是，我提出的这三份伟大抄本从16世纪起到1856年都被收藏在一起的看法还没有得到最终的证明，倘若本书的读者能够提供这方面的证据或者有更好的解释，我都是非常期待的。本书第561页谈到了1975年我的那趟慕尼黑州立图书馆之行，当时我查阅的书是 F. Winkler, *Die flämische Buchmalerei des XV und XVI Jahrhunderts*, Leipzig, 1925；该书的最新版本是 G. Dogaer, *Flemish Miniature Painting in the 15th and 16th Centuries*, Amsterdam, 1987；新版已经将《斯皮诺拉时祷书》收入其中并且提供了插图，见该书第165~166页。题为“Mystery manuscript could top £100,000”（神秘抄本挑战十万英镑天价）的文章，可见 *Antiques and Art Weekly*, 26 April 1976, p. 21。H.P. 克劳斯先生本人的叙述，可参见克劳斯的自传：Chapter 43, “One Manuscript for $750,000”, pp. 319–23, *A Rare Book Saga*, London, 1979（他在第320页从他本人的角度讲述了那场竞拍）。《斯皮诺拉时祷书》在当年的拍卖名录上的信息是：Sotheby’s, 5 July 1976, lot 68, pp. 36–41。

插图列表

p. 409. Paris, Bibliothèque nationale de France, ms n.a. lat. 3145, folio 39r
p. 412. Paris, Bibliothèque nationale de France, ms n.a. lat. 3145, folio 150r, detail
p. 414. Paris, Bibliothèque nationale de France, ms fr. 11496, folio 80r, detail (*Gallica*)
p. 415. Chantilly, Musée Condé, ms 65, folio 1v, detail (*Bridgeman Images*)
p. 416. Paris, Bibliothèque nationale de France, ms n.a. lat. 3145, folio 3v
p. 419. Nicholas-Claude Fabri de Peiresc, painting attributed to Ludovicus Finson. Château de Versailles (*Heritage Image Partnership / Alamy*)
p. 421. Sydney Cockerell, photograph by Walter Stoneman (© *National Portrait Gallery, London*)
p. 425. Hermann Göring and Adolf Hitler, probably in Berlin, 1938 (© *2016. Photo Scala, Florence / bpk, Bildagentur für Kunst und Geschichte, Berlin*)
p. 427. Aberystwyth, National Library of Wales, Peniarth MS 392 D, upper cover of the binding, shown in relative scale to that of the Codex Amiatinus on p. 55 (*All images of this manuscript are reproduced by permission of Llyfrgell Genedlaethol Cymru, The National Library of Wales*)
p. 430. San Marino, Huntington Library and Art Gallery, MS EL 26.C.9, folios 153v–154r (*Bridgeman Images*)
p. 431. Hatfield, Hatfield House, Cecil Papers, Box S.1, detail (*by permission of the Marquess of Salisbury, Hatfield House; photograph courtesy of Linne Mooney*)
p. 433. National Library of Wales (*Alamy*)
p. 437. Aberystwyth, National Library of Wales, Peniarth MS 392 D, folio 2r
p. 438. Chaucer, *Canterbury Tales*, Caxton, 1483, folios 4v–5r (© *The British Library Board*)
p. 439. Aberystwyth, National Library of Wales, Peniarth MS 392 D, folio 3r
pp. 440–41. Aberystwyth, National Library of Wales, Peniarth MS 392 D, folios 57v–58r
p. 443. Aberystwyth, National Library of Wales, Peniarth MS 392 D, folio 88r
pp. 446–7. Aberystwyth, National Library of Wales, Peniarth MS 392 D, folios 128v–129r
p. 448. Aberystwyth, National Library of Wales, Peniarth MS 392 D, folio 41r, two details
p. 449. Cambridge, Corpus Christi College, MS 61, folio 1v, detail (© *The Master and Fellows, Corpus Christi College*)
p. 451. Cambridge, Trinity College, MS R.3.20, p. 367, detail (*The Master and Fellows of Trinity College, Cambridge*)
p. 455. London, Scriveners' Company, manuscript deposited in the Guildhall Library, MS 5370, p. 56, detail (*London Metropolitan Archives, reproduced by permission of the Worshipful Company of Scriveners*)
p. 457. Cambridge, Trinity College, MS R.3.14, folios 1v–2r, detail (*The Master and Fellows of Trinity College, Cambridge*)
p. 459. London, British Library, Harley MS 4431, folio 178r, detail (© *The British Library Board, All Rights Reserved / Bridgeman Images*)
p. 467. St Petersburg, National Library of Russia, Cod. Lat.Q.v.XVII.2, upper cover of the binding, shown in relative scale to that of the Codex Amiatinus on p. 55
p. 468. Paris, Bibliothèque nationale de France, ms lat. 6041 D, folio 8 *ter* (*De Agostini / Bridgeman Images*)
p. 469. Los Angeles, J. Paul Getty Museum, MS 79a, recto, detail
p. 470. Piotr Dubrowsky. The State Hermitage Museum, St Petersburg (© *The State Hermitage Museum. Photo: E. N. Nikolaeva*)
p. 474. National Library of Russia, St Petersburg (© *National Library of Russia*)
p. 480. St Petersburg, National Library of Russia, Cod. Lat.Q.v.XVII.2, folio 1v
p. 483. Florence, Biblioteca Nazionale Centrale, MS Landau-Finaly 22, folio 78v, detail (*De Agostini / Getty Images*)

Picture research by Cecilia Mackay

抄本索引

人名索引

图书在版编目(CIP)数据

非凡抄本寻访录 / （英）克里斯托弗·德·哈梅尔（Christopher de Hamel）著；林国荣译. --北京：社会科学文献出版社，2020. 2

书名原文：Meetings with Remarkable Manuscripts

ISBN 978-7-5201-3736-2

Ⅰ. ①非… Ⅱ. ①克… ②林… Ⅲ. ①欧洲-历史-研究 Ⅳ. ①K500

中国版本图书馆 CIP 数据核字（2018）第 240379 号

非凡抄本寻访录

著　　者 / ［英］克里斯托弗·德·哈梅尔（Christopher de Hamel）
译　　者 / 林国荣

出 版 人 / 谢寿光
组稿编辑 / 董风云　李　洋
责任编辑 / 刘　娟　钱家音

出　　版 / 社会科学文献出版社·甲骨文工作室（分社）（010）59366527
　　　　地址：北京市北三环中路甲 29 号院华龙大厦　邮编：100029
　　　　网址：www. ssap. com. cn
发　　行 / 市场营销中心（010）59367081　59367083
印　　装 / 北京盛通印刷股份有限公司

规　　格 / 开　本：787mm × 1092mm　1/16
　　　　印　张：43. 5　字　数：645 千字
版　　次 / 2020 年 2 月第 1 版　2020 年 2 月第 1 次印刷
书　　号 / ISBN 978-7-5201-3736-2
著作权合同登记号 / 图字 01-2018-3054 号
定　　价 / 198. 00 元

本书如有印装质量问题，请与读者服务中心（010-59367028）联系